French in Action

A

Beginning

Course in

Language

and Culture

Second Edition

French in Action

The

Capretz

Method

Workbook Part 2

Pierre J. Capretz
Yale University

with

Thomas Abbate

Béatrice Abetti

Frank Abetti

Yale University Press   *New Haven and London*

French in Action is a co-production of Yale University and the WGBH Educational Foundation, in association with Wellesley College.

Major funding for French in Action was provided by the Annenberg/CPB Project. Additional funding was provided by the Andrew W. Mellon Foundation, the Florence J. Gould Foundation, Inc., the Ministries of External Relations and of Culture and Communication of the French government, the Jessie B. Cox Charitable Trust, and the National Endowment for the Humanities.

Designed by Richard Hendel.
Set in Gill and Berkeley types by The Composing Room of Michigan, Inc., Grand Rapids, Michigan.
Printed by Edwards Bros., Ann Arbor, Michigan.

Grateful acknowledgment is made for permission to reproduce the following illustrations:
WGBH, Boston: Jean-Jacques Sempé, p. 240, nos. 1 and 2
All other illustrations were commissioned from the following artists: Gary Collett, Anne Ferrer, Sharka Hyland, and Claude Raynaud.

ISBN 0-300-05823-3
Library of Congress catalog card number: 93-28562
A catalogue record for this book is available from the British Library.
10 9 8 7 6 5

Contents

v

Acknowledgments

This program is based essentially on *Méthode de français* by Jean Boorsch and Pierre Capretz.

The development of *French in Action* was made possible initially by a grant from the Annenberg/CPB Project. The authors are enduringly grateful for the support of the Annenberg/CPB staff, especially Mara Mayor and Lynn Smith, and for the collaboration of colleagues and other professionals who served on the project advisory committee or lent their services as content consultants: R. Brent Bonah, the late Jean R. Carduner, Michelle Coquillat, Claud DuVerlie, Rose L. Hayden, Stanley Hoffmann, Pierre Léon, Yvonne Rochette Ozzello, Rodger A. Pool, Adelaide Russo, Mary Lindenstein Walshok, and Laurence Wylie.

The authors are indebted to Jeanne Manning for her contributions to the workbook and textbook; to Christian Siret and Kristen Svingen for their unfailing dedication during the creation of the original program; and to Bette Allen, Eric Eigenman, Véronique Guarino, Heather Kispert, Lynne LaCascia, Jack Olsen, David Pelizzari, Claudine Romana, Rebecca Ruquist, Shelby Sola, Satoko Takatomi, and Marie-Claire de Toledo for their skill and patience in helping to prepare this second edition.

The authors also wish to thank Judith Calvert, Mary Coleman, Laura Jones Dooley, Laura Dunne, Ellen Graham, Chris Harris, Channing Hughes, Susan Laity, Richard Miller, Noreen O'Connor-Abel, Jessica Schultz, Allison Schwarz, Faith Short, and Cele Syrotiak at Yale University Press, as well as designer Richard Hendel, without whose efforts the printed materials for this program could never have appeared.

Leçon **27**

Assimilation du texte

🎧 27.1 Mise en œuvre

Ecoutez le texte et la mise en œuvre dans l'enregistrement sonore. Répétez et répondez suivant les indications.

. . . .

🎧 27.2 Compréhension auditive

Phase 1: Regardez les images et répétez les énoncés que vous entendez.

Phase 2: Regardez les images et écrivez la lettre de chaque énoncé sous l'image qui lui correspond le mieux.

1. ___

2. ___

3. ___

4. ___

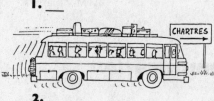

5. ___

6. ___

7. ___

8. ___

1

🎧 **27.3 Production orale**

Ecoutez les dialogues suivants. Vous allez jouer le rôle du deuxième personnage.

1. La vieille dame: Ah, vous êtes bien aimable, Mademoiselle. Je vous remercie, Mademoiselle.
   Mireille: (. . .)
2. Mireille: Aujourd'hui, je dois aller à Chartres.
   Robert: (. . .)
3. Mireille: On ne peut pas aller à Chartres en avion! C'est tout près; Chartres est trop près de Paris!
   Robert: (. . .)
4. Robert: Comment est-ce qu'on va à la gare Montparnasse?
   Mireille: (. . .)
5. Robert: L'autre jour, j'ai voulu prendre le métro . . . je me suis complètement perdu!
   Mireille: (. . .)

. . . .

🎧 **27.4 Compréhension auditive et production orale**

Ecoutez les passages suivants, et répondez aux questions.

1. Est-ce que la vieille dame a le bon numéro?
2. La vieille dame s'est trompée de numéro. Est-ce que c'est grave?
3. Pourquoi est-ce que Mireille veut aller à Chartres en train?
4. Où Mireille donne-t-elle rendez-vous à Robert?
5. Comment est-ce que Robert peut aller à la gare Montparnasse, d'après Mireille?

Préparation à la communication

🎧 **27.5 Activation orale: Prononciation; timbre des voyelles (révision)**

Répétez les expressions suivantes en faisant très attention au timbre des voyelles en caractères italiques. Evitez:

- de trop accentuer ces voyelles (rappelez-vous qu'il n'y a—en français—qu'un très léger accent tonique à la fin du groupe rythmique)
- de les diphtonguer
- d'anticiper la consonne suivante.

Faites particulièrement attention aux voyelles /ɔ/ et /o/.

/o/
C'est un *faux* numéro.
le *mé*tro, l'*au*to, la m*o*to
A l'h*ô*pital!
A pr*o*pos!
C'est un b*eau* chât*eau*!

/ɔ/
Le téléph*o*ne s*o*nne.
*Po*rte d'*O*rléans
C'est c*o*mmode.

. . . .

🎧 **27.6 Observation: Erreurs; *se tromper de***

	se tromper de *nom*
Non, Mme Courtois, ce n'est pas ici.	Vous **vous êtes trompée de** porte.
Non, ce n'est pas l'Armée du Salut.	Vous **vous êtes trompée de** numéro.

🎧 27.7 Activation orale: Erreurs; *se tromper de*

Répondez selon l'exemple.

Exemple:

Vous entendez: 1. Ah, non, Madame, ce n'est pas le 63.21.88.10.

Vous dites: Vous vous êtes trompée de numéro!

2. Non, Monsieur, cet avion ne va pas à New York; il va à Hong Kong!

3. Je croyais que j'étais dans le train de Chartres, mais c'était celui de Dreux.

4. Je t'avais dit à 10 heures, pas à 2 heures!

5. Pour aller à Chartres, Robert est allé à la gare de Lyon!

6. Mireille m'avait dit "devant le portail royal," et moi, j'attendais devant le portail sud!

7. Nous avions des billets de seconde, et nous sommes montés dans un wagon de première!

8. Robert était invité chez les Belleau lundi soir, mais il y est allé le dimanche!

- -

🎧 27.8 Observation: Les solutions faciles

n'avoir qu'à *infinitif*
Pour aller à la gare Montparnasse? C'est facile! Vous **n'avez qu'à** prendre le métro.

- -

🎧 27.9 Activation orale: *N'avoir qu'à* + infinitif

Répondez selon l'exemple.

Exemple:

Vous entendez: 1. Tu ne sais pas où est la gare Montparnasse? Demande à un agent!

Vous dites: Tu n'as qu'à demander à un agent!

2. Vous êtes pressé? Prenez un taxi!

3. Vous voulez aller à Chartres? Eh bien, venez avec moi!

4. Tu n'as pas de voiture? Prends le train!

5. Vous voulez me parler? Passez me voir demain!

6. Vous n'avez pas de voiture? Achetez une bicyclette!

7. Vous voulez acheter un billet? Allez au guichet!

8. Vous êtes en retard? Eh bien, dépêchez-vous!

- -

🎧 27.10 Observation: *Avoir peur de*

avoir peur de *infinitif*		
Avec une voiture de location, j'**aurais** **peur de** tomber en panne.		
Mireille **a** **peur de** tomber en panne.		

- -

🎧 27.11 Activation orale: *Avoir peur de*

Répondez selon l'exemple.

Exemple:

Vous entendez: 1. Je ne veux pas tomber en panne!

Vous dites: Tu as peur de tomber en panne?

2. Elle ne veut pas tomber en panne!

3. Nous ne voulons pas tomber en panne.

4. Robert et Mireille ne veulent pas tomber en panne.

5. Robert ne veut pas prendre l'avion.

6. Robert ne veut pas se tromper de train.

7. Robert ne veut pas être en retard.

8. Robert ne veut pas rater son train.

9. Il ne voulait pas rater son train.

⌂ 27.12 Observation: Insistance; *tenir à*

```
┌─────────────────────────────────────────┐
│          tenir à  infinitif              │
│                                          │
│     Vous    tenez à   venir  avec moi?   │
│           ┌─┘                            │
│ Venez, si vous y tenez.                  │
└─────────────────────────────────────────┘
```

· ·

⌂ 27.13 Activation orale: *Tenir à*

Répondez selon l'exemple.

Exemple:
Vous entendez: 1. Vous tenez à aller à Chartres?
Vous dites: Oui! Nous y tenons!

2. Tu tiens à aller à Chartres?
3. Robert tient à louer une voiture?
4. Vos parents tiennent à vous accompagner?
5. Tu tiens à venir?

· ·

⌂ 27.14 Activation orale: *Tenir à*

Répondez selon l'exemple.

Exemple:
Vous entendez: 1. Robert veut aller à Chartres?
Vous dites: Oui, il tient à y aller.

2. Mireille veut aller à Chartres aujourd'hui?
3. Robert veut voir la cathédrale?
4. Vous voulez absolument venir?
5. Vous voulez y aller en voiture?
6. Vous ne voulez pas y aller en train?
7. Vous ne voulez pas y aller à pied?

· ·

⌂ 27.15 Observation: Allées et venues; *y, en* (révision et extension)

Je suis allée à la maison . . . et il n'**y** avait personne!

Allez à Lyon! Vous **y** mangerez magnifiquement!

Vous connaissez le Pays Basque? J'ai envie d'**y** aller.

—Ce n'est pas demain que vous allez chez les Courtois?
—Oh, je peux **y** aller un autre jour!

—Tu étais à la maison?
—Oui, j'**en** viens.

—Vous allez à Lyon?
—Non, j'**en** viens!

en verbe	*y* verbe
—Vous venez **de** Chartres?	—Vous allez **à** Chartres?
—Oui, nous **en** venons.	—Oui, nous **y** allons.

Notez que *en* désigne le lieu d'où l'on vient.
Notez que *y* peut désigner le lieu où l'on va (*Ils vont à Chartres: ils y vont aujourd'hui*), ou le lieu où l'on est (*Ils sont à Chartres: ils y sont aujourd'hui*).

⌾ 27.16 Observation: Allées et venues; *y, en,* et passé composé

	y/en verbe
Ils sont allés à Chartres?	Oui, **y** sont allés.
Ils sont encore à Chartres?	Non, ils **en** sont repartis.

Avec un temps composé, *y* et *en* se placent devant l'auxiliaire. En règle générale, *y* et *en* occupent la même place qu'un pronom personnel.

⌾ 27.17 Activation orale: Allées et venues; *y*

Répondez selon l'exemple.

Exemple:
Vous entendez: 1. Tu vas à Chartres?
Vous dites: Oui, j'y vais.

2. Vous allez à Chartres?
3. Tu vas à la cathédrale?
4. Tu vas à la bibliothèque?
5. Tu vas au musée?
6. Il va aux Etats-Unis?
7. Il va à l'hôtel?
8. Ils vont au cinéma?
9. Vous êtes allés aux Etats-Unis?
10. Ils sont allés en France?
11. Ils sont allés à l'université?

⌾ 27.19 Activation orale: Allées et venues; *y, en*

Répondez selon les exemples.

Exemples:
Vous entendez: 1. Tu reviens de Chartres?
Vous dites: Non, j'y vais.

Vous entendez: 2. Tu vas à Chartres?
Vous dites: Non, j'en reviens.

3. Tu reviens des Etats-Unis?
4. Il va à Chartres?
5. Vous revenez de la cathédrale?
6. Vous allez à la bibliothèque?
7. Ils vont au musée?
8. Ils reviennent du cinéma?
9. Tu vas à l'université?
10. Tu reviens du Luxembourg?

⌾ 27.18 Activation orale: Allées et venues; *en*

Répondez selon l'exemple.

Exemple:
Vous entendez: 1. Tu viens de Chartres?
Vous dites: Oui, j'en viens.

2. Il vient de la gare?
3. Il vient des Etats-Unis?
4. Il vient de la cathédrale?
5. Tu viens de l'hôtel?
6. Tu viens de l'université?
7. Vous venez de la bibliothèque?

⌾ 27.20 Observation: Moyens de transport; *en, à*

Comment y va-t-on? —On peut y aller . . .	
en	à
en voiture	à cheval
en train	à bicyclette
en avion	à vélo
en bateau	à moto
en hélicoptère	à pied
en car	à ski

27.21 Activation écrite: Moyens de transport; *en, à*

Complétez.

1. Hubert adore la moto. Il va partout _____ moto.

2. Il fait aussi beaucoup de ski. Il a fait une bonne partie des Alpes _____ ski.

3. Son père est un fanatique de la marche. Il a fait toutes les Cévennes _____ pied.

4. Il fait aussi beaucoup de cheval. Il fait facilement 20 ou 30 kilomètres _____ cheval dans la journée.

5. La sœur de Mireille a fait tous les châteaux de la Loire _____ vélo, l'été dernier avec son mari.

6. Mais ils ont pris le train à Saumur et ils sont allés de Saumur à Paris _____ train.

7. La première fois que Mireille est allée passer l'été en Angleterre, ses parents l'ont accompagnée _____ voiture jusqu'à Dieppe; et elle est allée de Dieppe à Southampton _____ bateau.

8. La deuxième fois, ils ont traversé la Manche _____ aéroglisseur. La dernière fois, elle est partie seule; elle a fait Paris-Londres _____ avion.

9. La prochaine fois, elle veut y aller _____ hélicoptère!

. . . .

🎧 27.22 Observation: Questions de vitesse; *vite, rapide*

Comparez.

	verbe	adverbe
Le TGV	**va**	**vite.**
	nom	adjectif
C'est un	**train**	**rapide.**
	être	adjectif
Le TGV	**est**	**rapide.**

Le TGV (Train à Grande Vitesse) est un train **rapide.** Il va très **vite.** Il peut rouler à une vitesse de plus de 300 km à l'heure.

Notez que *vite* est associé à *va*, un verbe. *Vite* est un **adverbe** qui modifie un **verbe.**

Mais *rapide* est associé à *train*, un nom. *Rapide* est un **adjectif** qui modifie un **nom.**

. . . .

27.23 Activation écrite: Questions de vitesse; *vite, rapide*

Lisez les phrases suivantes et choisissez entre *vite* et la forme convenable de *rapide* pour les compléter.

1. Le TGV est un train _____. Il va très _____.

2. On peut aller à Chartres en autocar; ce n'est pas cher, mais ça ne va pas _____. L'autocar est un moyen de transport économique mais il n'est pas très _____.

3. L'avion, évidemment, est beaucoup plus _____.

4. Les trains _____ ne s'arrêtent que dans les villes importantes.

5. Les pompiers roulent à toute vitesse dans les rues. Ils conduisent _____.

6. Ça fait au moins une heure que nous attendons!

   Ça ne va pas _____ !

7. Mireille a l'esprit _____ . Elle comprend _____ !

8. Mme Courtois n'a pas d'accent portugais, non! Mais ce qu'elle parle _____ !

9. A ski, Mireille est très _____ . A la course à pied, Robert est plus _____ qu'elle. Il

   court plus _____ .

10. Allons, dépêche-toi! Fais _____ ! Je n'ai pas le temps d'attendre!

11. Eh bien, dis donc, tu n'es pas un _____ , toi! Ça fait une heure que je t'attends!

12. Robert est arrivé à la gare un peu en retard. Il est _____ allé acheter son billet au guichet.

13. Allez! Viens _____ ! Je t'attends!

14. Après un examen _____ de la situation, nous avons conclu qu'il valait mieux prendre le train.

15. En effet, le train est plus _____ que la voiture.

16. Même avec une Alpine Renault, qui est une voiture de sport extrêmement _____ , on va moins

    _____ qu'avec le train, à cause de la circulation.

. . . .

🎧 27.24 Observation: Réalité et supposition conditionnelle

Comparez.

indicatif
Tout le monde sait que la vie n'**est** pas facile (parce qu'il y a toujours tout un tas de difficultés).
conditionnel
La vie **serait** facile s'il n'y avait pas toutes ces difficultés.

La vie n'est pas facile, c'est la réalité. Le verbe (est) est à
l'indicatif. *La vie serait facile,* ce n'est pas la réalité, c'est une
supposition qui est présentée comme contraire à la réalité
parce qu'elle dépend d'une condition contraire à la réalité (*s'il
n'y avait pas toutes ces difficultés*). Le verbe (*serait*) est au
conditionnel.

∩ 27.25 Observation: Formes du conditionnel; radical du futur

Comparez.

conditionnel	futur de l'indicatif
Je **pourrais** visiter la cathédrale pendant que vous **iriez** au musée.	Je **pourrai** visiter la cathédrale pendant que vous **irez** au musée.
Si vous vouliez bien, j'**irais** volontiers avec vous.	J'**irai** avec vous!
Mes parents **aimeraient** faire votre connaissance.	Mes parents **aimeront** ça! J'en suis sûre!
Aller à Chartres à cheval, ce **serait** bien. . . .	Allons-y à cheval! Ce **sera** bien!

Vous remarquez que les formes du conditionnel ressemblent aux formes du futur—le radical est le même.

Mais les terminaisons sont différentes.

futur	**pourr**ai	**ir**ai	**aimer**ont	**ser**a
conditionnel	**pourr**ais	**ir**ais	**aimer**aient	**ser**ait

. . . .

∩ 27.26 Observation: Formes du conditionnel; terminaisons de l'imparfait

conditionnel	imparfait de l'indicatif
pendant que vous ir**iez** au musée Ce ser**ait** bien!	pendant que vous all**iez** au musée C'ét**ait** bien!

Vous remarquez que les terminaisons sont les mêmes que celles de l'imparfait.

imparfait	je pouv**ais**	c'ét**ait**	nous all**ions**	ils aim**aient**
conditionnel	je pourr**ais**	ce ser**ait**	nous ir**ions**	ils aim**aient**

. . . .

∩ 27.27 Activation: Discrimination auditive; conditionnel

Dans les phrases que vous allez entendre, déterminez s'il s'agit d'un indicatif ou d'un conditionnel, et cochez la case appropriée.

	1	2	3	4	5	6	7	8	9	10	11	12
indicatif												
conditionnel												

27.28 Activation écrite: Formes du conditionnel

Relisez les sections 3, 4, 5, 6, et 7 du texte de la leçon 27. Puis lisez le texte suivant. Déterminez quels sont les verbes qui manquent et écrivez-les au *conditionnel*. (Robert rêve, il imagine. Ce dont il parle n'est jamais arrivé, et n'arrivera sans doute jamais. Mais ça *pourrait* arriver, *hypothétiquement,* s'il *pouvait* arranger les choses comme il le *souhaite*.)

Rêverie de Robert

1. Ah, si Mireille voulait bien me permettre de l'accompagner! Nous _____ aller à Chartres ensemble. Elle ne veut pas aller voir la cathédrale, mais ça ne fait rien. Elle _____ très bien aller parler au conservateur du musée, et moi, je _____ visiter la cathédrale pendant qu'elle _____ ce monsieur . . . ou cette dame!

2. Puisque nous n'avons pas de voiture, j'en _____ une. Ou bien, nous _____ l'autocar; ça ne _____ pas très cher.

3. Ou alors, nous _____ en train. Nous _____ rendez-vous à la gare Montparnasse. Pour aller à la gare Montparnasse, je ne _____ pas le métro, parce que si je prenais le métro, je me _____ . (Je me perds toujours!) J'_____ à pied. Ce _____ plus prudent!

4. Quand j'_____ à la gare, Mireille _____ déjà là. Elle m'_____ (impatiemment), assise sur un banc. En m'attendant, elle _____ un magazine de mode ou le *Miroir des Sports*.

5. J'_____ deux billets (de première, bien sûr) au guichet. Nous n'_____ pas de composter nos billets, et nous _____ dans le train, en première, évidemment. Le train _____ tout de suite, exactement à l'heure indiquée. Dix minutes plus tard, le train _____ à Versailles, mais il ne s'_____ pas. (Nous _____ aller à Versailles un autre jour.)

6. Elle m'_____ à aller dîner chez elle jeudi soir, parce que ses parents _____ faire ma connaissance. Après le dîner, nous _____ au cinéma. Nous _____ un vieux film classique, sérieux et pathétique.

. . . .

🎧 27.29 Observation: Masculin, féminin; *-eur, -euse, -eux, -euse*

Masculin	Féminin
Il est moqu**eur**.	Elle est moqu**euse**.
Il est curi**eux**.	Elle est curi**euse**.

🎧 27.30 Activation orale: Masculin, féminin; *-eux, -euse*

Répondez selon l'exemple.

Exemple:

Vous entendez: 1. C'est un moyen de transport dangereux.

Vous voyez: C'est une route . . .

Vous dites: C'est une route dangereuse.

2. C'est un truc assez curieux. C'est une histoire assez . . .
3. Robert est très sentencieux. Mireille aussi peut être . . .
4. Il est très cérémonieux. Elle est moins . . .
5. Il est resté silencieux. Elle est restée . . .
6. Il est très heureux. Elle est très . . .
7. C'est un hôtel luxueux. La salle à manger est . . .
8. Mais le décor est affreux. Les couleurs sont . . .
9. Le service n'est pas fameux. La cuisine n'est pas . . .

. . . .

27.31 Activation écrite: Le téléphone (récapitulation)

Relisez les textes des leçons 12 (sections 3 et 4), 22 (sections 2, 3, et 5), 24 (section 10), et 27 (sections 1 et 2). Puis lisez les textes suivants; servez-vous de votre imagination et complétez.

"Le téléphone est une sacrée invention!" (Louis Aragon)

1. *18 heures.*

Dring! Le téléphone _____ . Mireille _____ .

Elle dit: _____ !

Une voix d'homme: C'est bien le Ministère de la Santé?

Mireille: Non, monsieur, je regrette, vous vous _____ !

La voix d'homme: Ah, excusez-moi!

Mireille: _____ !

18h 05.

Le téléphone: Dring!

La voix d'homme: Le 43.26.88.10?

Mireille: Oui. . . .

La voix d'homme: C'est bien le Ministère de la Santé?

Mireille: Non, monsieur, je regrette, vous avez _____ numéro!

18h 07.

Le téléphone: Dring!

La voix d'homme: Je voudrais parler à Mme Belleau.

Mireille: Je regrette, Monsieur, elle n'est pas là. Elle rentrera à 19 heures.

19h 05.

La voix d'homme: Je suis bien chez Mme Belleau?

Mireille: Oui, Monsieur . . . et Mme Belleau y est aussi . . . Ne _____ pas, je vous _____ . Maman! C'est _____ .

2. Mme Belleau: Tu as le _____ du Home Latin?

Mireille: Le Home Latin? Qu'est-ce que c'est que ça?

Mme Belleau: Un hôtel au Quartier Latin.

Mireille: Ah! Non, je n'ai pas le _____ mais c'est sûrement dans l'_____ !

3. Vous êtes dans un café. Vous voulez téléphoner _____ Mireille. Vous appelez le garçon. Qu'est-ce que vous

lui dites?

Vous: _____ .

Le garçon: _____

_____ .

Vous y allez, mais il y a cinq personnes qui font la queue! Vous ne pouvez pas attendre! Vous sortez dans la rue et vous

cherchez une _____ . Vous en trouvez une. Elle ne marche pas avec des pièces. (Ça ne fait rien, parce

que, de toute façon, vous n'avez pas _____ !) Elle marche avec une

_____ . Vous n'en avez pas. Alors vous allez _____ dans

un bureau de poste ou un bureau de tabac.

Bon, maintenant vous êtes prêt(e) à téléphoner. Vous _____ le combiné, puis vous introduisez la

_____ dans la _____ de l'appareil et vous _____ le numéro.

Quelqu'un répond. Ce n'est pas Mireille. Qu'est-ce que vous dites?

Vous: _____

_____

La voix: Je regrette, mais elle n'est pas encore rentrée. _____ vers six heures, si vous

voulez.

A 6h, vous avez de la chance, c'est Mireille qui _____ .

Vous dites: Allô! _____ vous?

Mireille: Oui, c'est _____ !

Vous: _____ moi! Je _____ si vous voudriez aller

à Chartres avec moi?

Mireille: Aller à Chartres avec vous? Quelle idée! Ecoutez, je ne sais pas. Mais je ne peux pas vous parler

maintenant; donnez-moi un _____ ce soir, vers 9h.

. . . .

🎧 27.32 Activation orale: Dialogue entre Mireille et Robert

Vous allez entendre un dialogue entre Mireille et Robert.
Ecoutez bien. Vous allez apprendre les réponses de Robert.

Mireille: Bon, eh bien, entendu! Rendez-vous à 11 heures à
la gare Montparnasse, côté banlieue.
Robert: **Comment est-ce qu'on va à la gare Montparnasse?**
Mireille: Oh, c'est facile, vous n'avez qu'à prendre le métro!
Robert: **Vous croyez?**

Mireille: Ben, oui, bien sûr! Pourquoi pas?
Robert: **L'autre jour, j'ai voulu prendre le métro . . . je
me suis complètement perdu!**
Mireille: Sans blague! Ce n'est pas possible! On ne peut pas
se perdre dans le métro!
Robert: **Moi, si!**

Exercices-tests

27.33 Exercice-test: *Se tromper de, n'avoir qu'à, avoir peur de, tenir à*

Complétez les phrases suivantes avec les expressions qui conviennent.

1. Tu veux aller à Chartres, et tu n'as pas de voiture? C'est très simple: tu _____ en louer une!

2. Robert veut absolument aller à Chartres avec Mireille. Il _____ l'accompagner.

3. Robert est inquiet: il _____ se perdre.

4. Robert voulait aller à la gare Montparnasse, et il s'est retrouvé à la gare Saint-Lazare! Il a dû _____ direction!

Vérifiez. Si vous avez fait des fautes, travaillez les sections 27.6 à 27.14 dans votre cahier d'exercices.

27.34 Exercice-test: Moyens de transport; *en, à*

Complétez.

1. Robert est parti à Chartres _____ pied!

2. Il aurait au moins pu y aller _____ vélo!

3. _____ voiture, ça aurait été plus rapide. . . .

4. En général, Mireille y va _____ train.

5. On ne peut pas y aller _____ avion!

Vérifiez. Si vous avez fait des fautes, travaillez les sections 27.20 et 27.21 dans votre cahier d'exercices.

27.35 Exercice-test: Le conditionnel

Déterminez si les phrases que vous entendez sont à l'indicatif ou au conditionnel. Cochez la case appropriée.

	1	2	3	4	5	6	7	8	9	10	11	12
indicatif												
conditionnel												

Vérifiez. Si vous avez fait des fautes, travaillez les sections 27.24 à 27.27 dans votre cahier d'exercices.

Libération de l'expression

27.36 Mise en question

Relisez le texte de la leçon; lisez les questions de la mise en question qui suit la mise en œuvre dans votre livre de textes. Réfléchissez à ces questions et essayez d'y répondre.

27.37 Mots en liberté

Si on veut aller de Paris en Angleterre, comment peut-on voyager?

On peut voyager en aéroglisseur, en ferry, à pied. . . .

Trouvez encore cinq possibilités.

Qu'est-ce qu'il faut faire pour prendre le métro?

Il faut trouver une station de métro, il faut savoir quelle direction on veut prendre, il ne faut pas se perdre dans ses pensées. . . .

Trouvez encore au moins trois choses qu'il faut faire.

27.38 Mise en scène et réinvention de l'histoire

Reconstituez un dialogue entre Robert et Mireille qui discutent des moyens de transport pour aller à Chartres.

Robert: Bon, on prend l'autocar!
Mireille: Non, l'autocar (. . .) .
Robert: Et si je louais une voiture?
Mireille: Je crois que c'est trop (. . .) .

Robert: J'ai une idée! L'aéroglisseur!
Mireille: Vous êtes fou! (. . .) .
Robert: Eh bien, alors, allons-y à cheval!
Mireille: Ce serait bien, mais (. . .) .

Robert: A motocyclette?
Mireille: Je ne sais pas! C'est (. . .) .
Robert: Alors, prenons le TGV!
Mireille: Ah, le train, c'est (. . .) .

· ·

27.39 Mise en scène et réinvention de l'histoire

1. X, vous êtes Robert (ou Mireille, ou quelqu'un d'autre); Y, vous êtes Mireille, (ou Robert, ou quelqu'un d'autre). X, vous téléphonez à Y. Vous voulez aller à Chartres avec Y. Y, vous répondez.

2. Dans le train de Chartres. On passe à Versailles. X cherche un guide pour l'été. Y propose le tutoiement. Y invite X à dîner.

3. X et Y font des plans pour l'après-midi.

· ·

27.40 Mise en scène et réinvention de l'histoire

Robert a rendez-vous avec Mireille à la gare Montparnasse pour aller à Chartres. Il va sûrement se perdre. Imaginez ses aventures. Utilisez les suggestions suivantes, ou inventez.

Au métro Odéon, Robert est tombé
- dans l'escalier.
- sur son père.
- sur une jeune fille fascinante.
- sur la tête.
- sur un homme tout en noir.

Il a pris
- un billet de seconde.
- un carnet de première.
- un kir.
- la direction de la Porte de Clignancourt.

Il s'est trompé de
- direction.
- voiture.

Il est monté dans
- une voiture de première.
- un train qui est tombé en panne.
- un train qui allait à la Porte de Clignancourt.

Il est descendu à
- Saint-Germain-des-Prés.
- la gare de l'Est.
- la gare du Nord.
- la gare de Lyon.

Il s'est perdu dans
- les couloirs.
- les escaliers.
- ses pensées.

Il a pris / loué
- l'aéroglisseur de Douvres.
- le train de Londres.
- le TGV de Lyon.
- l'avion à Roissy.
- l'hélicoptère Roissy-Orly.
- des patins à roulettes.
- une bicyclette.
- une voiture.
- un cheval.
- une moto.
- une planche à voile.

Il est arrivé à
- Edimbourg
- Marseille
- Tombouctou
- Bruxelles
- Valparaiso
- la gare Montparnasse
- la Porte d'Orléans

deux ans / un mois / une heure / trois heures / vingt ans après.

Il a trouvé
- Mireille
- une carte de Mireille

téléphonait à la police.
lisait l'annuaire du téléphone.
s'ennuyait beaucoup.
parlait avec un homme tout en noir.
avait des cheveux blancs.
dormait sur un banc.
promenait deux de ses petits-enfants.
qui était nerveuse, tendue, inquiète.
revenait de Chartres avec un beau Suédois.
buvait son quarante-sixième kir.
faisait des mots croisés.
était fatiguée de l'attendre.
venait d'épouser Hubert.
avait quitté Paris.
faisait le tour du monde.
le cherchait partout dans le monde.

donné son numéro de téléphone.
fait un cadeau de mariage.
offert un quarante-septième kir.
réveillée.

Il | lui / l' | a — aidée à faire les mots croisés.

tué | Hubert. / le beau Suédois.

invité | l'homme en noir | à dîner sur un bateau-mouche. / les petits-enfants

déchiré la page des mots croisés.
fini les mots croisés.

Préparation à la lecture et à l'écriture

27.41 Entraînement à la lecture

A. Lisez le document 2 de la leçon 27 dans votre livre de textes, puis lisez le texte suivant et répondez.

L'artichaut est une sorte de légume. L'artichaut est formé de feuilles serrées les unes contre les autres autour du "cœur" de l'artichaut. Pour manger un artichaut, on sépare les feuilles et on mange la base de chaque feuille.

Qu'est-ce qui est le plus grand, le volume des feuilles séparées (quand on a fini de manger l'artichaut), ou le volume de l'artichaut entier (avant qu'on le mange)?

_____

B. Lisez le document 3 et répondez.

Si on tombe dans la mer, dans une rivière, dans un lac, ou dans un bassin, qu'est-ce qui vaut mieux, savoir l'anglais ou savoir nager?

_____

27.42 Entraînement à la lecture

Lisez le document 4, puis lisez le texte suivant et complétez ou répondez selon le cas.

1. La RATP exploite les lignes de métro, de RER, et _____ .

2. Le RER (Réseau Express Régional) est un métro qui est plus rapide que le métro ordinaire et qui va plus loin.

   Si vous voulez traverser tout Paris, qu'est-ce qu'il vaut mieux prendre, le métro ou le RER?

   _____

3. Combien de personnes la RATP emploie-t-elle?

   _____

4. Quel est un des moyens utilisés pour assurer la sécurité dans le métro?

   _____

5. Arithmétique: Combien de tickets la RATP vend-elle, par jour?

_____

Combien de voyageurs transporte-t-elle, par jour?

_____

Conclusion: Combien y a-t-il de voyageurs qui voyagent sans ticket?

_____

Est-ce que vous pensez que ces gens voyagent en fraude, sans payer, ou qu'ils voyagent avec une carte hebdomadaire?

_____

. . . .

27.43 Lecture et interprétation

Examinez le document 5, et répondez aux questions suivantes.

1. Est-ce que c'est un billet de métro, de bus, de train, d'avion?

_____

2. Avec ce billet, on peut voyager d'où à où?

_____

3. Il donne droit à une place assise ou à une couchette?

_____

4. Il permet de voyager en quelle classe?

_____

5. Est-ce que c'est une place fenêtre? Qu'est-ce qui l'indique?

_____

6. Quel est le numéro de la place et dans quelle voiture se trouve-t-elle?

_____

7. Est-ce qu'il est permis de fumer à cette place?

_____

8. Qu'est-ce qu'il faut faire à ce billet avant de monter dans le train?

_____

9. Est-ce que ça a été fait?

_____

10. Quelle est la durée du voyage de Paris à Marseille?

_____

11. Il y a trois périodes dans la journée, qui correspondent à l'affluence: la période rouge, la période bleue, et la période blanche. La période rouge est celle de grande affluence; il y a beaucoup de monde, il faut payer le prix maximum. Dans les périodes bleue et blanche il y a moins de monde; on peut avoir des réductions. Qu'est-ce qui compte, pour déterminer la période, l'heure de départ ou l'heure d'arrivée?

_____

27.44 Lecture et interprétation

A. Etudiez le document 6. C'est une annonce qui veut être humoristique (est-ce que les cigarettes voyagent, ou est-ce que ce sont les fumeurs de cigarettes qui voyagent?). Ensuite, répondez aux questions suivantes:

1. Est-ce qu'on peut fumer dans les trains? _____

2. Est-ce qu'on peut fumer n'importe où? _____

3. Est-ce qu'on peut fumer dans certains compartiments ou certaines voitures? _____

4. Est-ce qu'on peut fumer dans les couloirs? _____

B. Lisez le document 7 et répondez.

1. Qu'est-ce qui crache le plus de fumée, les trains à vapeur ou les trains modernes? _____

2. Est-ce que le TGV est un train à vapeur? _____

. . . .

27.45 Lecture et interprétation

Lisez le document 8, et répondez ou complétez selon le cas.

1. Est-ce que le ton de cette chanson est respectueux ou irrévérencieux? _____

2. A votre avis, quelle est la version traditionnelle, celle de Mme Belleau ou celle de Marie-Laure?

_____

3. Quand on va au marché ou au magasin, on peut mettre ce qu'on achète dans un sac (souple) ou dans un

_____ (rigide). A l'origine, un _____ était un sac où on mettait le pain. Un

panier percé, c'est un vieux panier, un panier en mauvais état.

Leçon **28**

Assimilation du texte

🎧 28.1 Mise en œuvre

Ecoutez le texte et la mise en œuvre dans l'enregistrement sonore. Répétez et répondez suivant les indications.

. . . .

🎧 28.2 Compréhension auditive

Phase 1: Regardez les images et répétez les énoncés que vous entendez.

Phase 2: Regardez les images et écrivez la lettre qui identifie chaque énoncé sous l'image qui lui correspond le mieux.

1.___

2.___

3.___

4.___

5.___

6.___

7.___

8.___

∩ 28.3 Compréhension auditive et production orale

Ecoutez les dialogues suivants. Après chaque dialogue, vous allez entendre une question. Répondez à la question.

1. Est-ce que le train a du retard?
2. Que font Robert et Mireille en sortant de la gare?
3. Qu'est-ce que Robert commande?
4. Est-ce que le musée est loin de la gare?
5. Comment Robert et Mireille vont-ils au musée?
6. A quelle heure Mireille donne-t-elle rendez-vous à Robert?
7. Est-ce que Mireille est en retard?

. . . .

∩ 28.4 Production orale

Ecoutez les dialogues suivants. Vous allez jouer le rôle du second personnage.

1. Mireille: Moi, je prendrai juste une assiette de crudités.
   Robert: (. . .)
2. La serveuse: Une assiette de charcuterie, un pichet de rouge . . . voilà. Bon appétit!
   Mireille: (. . .)
3. Robert: Ton musée est près de la cathédrale?
   Mireille: (. . .)
4. Robert: On va prendre un taxi!
   Mireille: (. . .)
5. Robert: Tu ne vas pas au musée?
   Mireille: (. . .)

Préparation à la communication

∩ 28.5 Activation orale: Prononciation des voyelles (révision)

Répétez les expressions suivantes en faisant particulièrement attention aux voyelles /a/. Faites attention de ne les accentuer ni plus ni moins que les autres voyelles (rappelez-vous qu'il n'y a un léger accent tonique que sur la dernière syllabe d'un groupe rythmique). Faites attention de ne pas les diphtonguer, de ne pas anticiper la consonne suivante, et de distinguer le /a/ des autres voyelles; *j'arrive,* par exemple, est très différent de *je rive.*

J'arrive.
C'est facile.
Taxi! A l'hôpital!
C'est une belle promenade.
Voilà le Portail Royal.
Par hasard.
Ils assistent à un accident.
M. Potard, pharmacien de 1ère classe.
J'admire Bach.
La carafe.
Sur la table.
Ça fait mal.
Ça démarre.

. . . .

∩ 28.6 Observation: Le temps qui passe; *en avance, à l'heure, en retard* (révision et extension)

Le rendez-vous est à 3h.		
Il est 2h 50. Je suis **en avance**.	Il est 3h. Je suis **à l'heure**.	Il est 3h 10. Je suis **en retard**.

⌂ 28.7 Activation orale: Le temps qui passe; *en avance, à l'heure, en retard*

Répondez selon l'exemple.

Exemple:

Vous entendez: 1. Robert attendait Mireille à 3h. Elle arrive à 3h et quart.

Vous dites: Elle est en retard.

2. Nous vous attendions à midi. Il est 1h.
3. Mireille attendait Robert à 11h. Il arrive à 11h et quart.
4. Les Courtois attendaient Robert à 8h, et il est arrivé à 7h!
5. Je t'attendais à 5h, et il est presque 6h!
6. Vous m'attendiez à 11h. Eh bien, il est 11h pile!
7. Robert a rendez-vous avec Mireille à midi, au Luxembourg. Il est 11h et il est déjà là!

. . . .

⌂ 28.8 Observation: Le temps qui passe; *il y a une heure, tout à l'heure, dans une heure* (révision et extension)

	passé		*présent*		*futur*	
	1h	1h 50	2h	2h 10	3h	
	il y a une heure	tout à l'heure	maintenant	tout à l'heure	dans une heure	

Vous vous rappelez que *tout à l'heure* peut indiquer le passé immédiat ou le futur immédiat. *Il y a* + indication de temps se réfère au passé. *Dans* + indication de temps se réfère au futur.

. . . .

⌂ 28.9 Activation: Discrimination auditive; le temps qui passe; *il y a une heure, tout à l'heure, dans une heure*

Vous allez entendre une série d'énoncés. Vous voyez ci-dessous trois expressions de temps. Choisissez celle qui correspond le mieux à chacun des énoncés que vous entendez. Cochez la case appropriée.

(Il est 4 heures.)	1	2	3	4	5	6	7	8	9	10	11	12
il y a une heure												
tout à l'heure												
dans une heure												

. . . .

⌂ 28.10 Activation orale: Le temps qui passe; *il y a une heure, tout à l'heure, dans une heure*

Répondez selon les exemples.

Exemples:

Vous entendez: 1. Il est 4 heures. Mireille est partie à 3 heures.

Vous voyez: Mireille est partie . . .

Vous dites: Mireille est partie il y a une heure.

Vous entendez: 2. Il est 4 heures. Elle est partie à 3h 50.

Vous voyez: Elle est partie . . .

Vous dites: Elle est partie tout à l'heure.

Vous entendez: 3. Il est 4 heures. Elle va revenir à 5 heures.

Vous voyez: Elle va revenir . . .

Vous dites: Elle va revenir dans une heure.

4. Elle va revenir . . .
5. Je l'ai vue . . .
6. Je l'attends . . .
7. Elle était là . . .
8. Elle sera là . . .
9. Nous avons rendez-vous . . .
10. Nous avions rendez-vous . . .

🎧 28.11 Activation orale: Le temps qui passe; *il y a, dans*

Répondez selon l'exemple.

Exemple:
Vous entendez: 1. Il est 6h. Elle est partie à 4h.
Vous voyez: Quand est-elle partie?
Vous répondez: Elle est partie il y a deux heures.

2. Quand est-ce qu'elle va revenir?
3. Quand est-ce qu'elle va arriver?
4. Quand est-ce que Robert a vu Mireille?
5. Quand est-ce qu'il va voir Mireille?
6. Quand Robert et Mireille se sont-ils rencontrés?

. . . .

🎧 28.12 Observation: Le temps qui passe

Nous sommes en avance.	Nous sommes à l'heure.	Nous sommes en retard.
Il n'est pas 3h. Il n'est pas encore 3h. Il n'est que 2h et demie.	Il est juste 3h. Il est 3h pile. Il est exactement 3h.	Il est plus de 3h. Il est 3h passées. Il est déjà 3h et quart.

. . . .

🎧 28.13 Activation: Discrimination auditive; le temps qui passe

Vous allez entendre une série d'énoncés. Vous voyez trois expressions de temps. Indiquez l'expression qui correspond le mieux à chaque énoncé que vous entendez. Cochez la case appropriée.

Nous sommes . . .	1	2	3	4	5	6	7	8	9	10
en avance										
à l'heure										
en retard										

. . . .

🎧 28.14 Observation: Distance mesurée en temps

	c'est à *temps*	*point de départ*	*moyen de transport*
	C'est **à** deux heures C'est **à** 20 minutes C'est **à** 20 minutes.	**d'** ici **de** Chartres	à pied. en voiture.
C'est tout près. C'est loin.	C'est **à** 20 minutes au plus. C'est **à** 20 minutes au moins.		

. . . .

🎧 28.15 Activation orale: Distance mesurée en temps

Répondez selon l'exemple.

Exemple:
Vous entendez: 1. D'ici, à pied, il faut une heure.
Vous dites: C'est à une heure d'ici à pied.

2. De la gare, à pied, il faut 10 minutes.
3. De Paris, en voiture, il faut une heure et demie.
4. D'ici, en métro, il faut un quart d'heure.
5. De Paris, en avion, il faut sept heures.

⌗ 28.16 Activation orale: Distance mesurée en temps

Répondez selon les exemples.

Exemples:

Vous entendez: 1. C'est tout près. Il faut 20 minutes.
Vous dites: C'est à 20 minutes au plus.

Vous entendez: 2. C'est loin. Il faut 20 minutes.
Vous dites: C'est à 20 minutes au moins.

3. C'est tout près. Il faut une heure.
4. Ce n'est pas tout près. Il faut 40 minutes.
5. C'est très loin. Il faut deux heures.
6. Ce n'est pas loin du tout. Il faut un quart d'heure.

. . . .

⌗ 28.17 Observation: Le temps qui passe; *pendant, depuis, pour*

passé—présent
Robert est allé à l'université **pendant** deux ans.
Il a été étudiant **pendant** deux ans.
Mais il a quitté l'université **depuis** un mois.
Il y a un mois qu'il a quitté l'université.
projection
Il s'est mis en congé **pour** un an.

Pour indique un **projet, une intention.**
Pendant indique l'extension d'une durée.
Depuis indique le point de départ d'une durée.

. . . .

28.18 Activation écrite: Le temps qui passe; *pendant, depuis, pour*

Choisissez entre *pendant, depuis,* et *pour* pour compléter les phrases suivantes.

1. La cathédrale de Chartres est très connue _____ le XIIème siècle.

2. Elle a été un lieu de pèlerinage _____ tout le Moyen Age.

3. On a travaillé à la construction de la cathédrale _____ près de 50 ans.

4. On a fait des travaux de restauration _____ tout le XIXème siècle.

5. —Vous connaissez la ville?

   —Non, je n'y suis que _____ ce matin!

6. Ils ont parlé _____ tout le voyage.

7. Ils se sont promenés _____ la journée et ils sont allés au cinéma le soir.

8. Robert est resté en contemplation devant la vitrine pleine de bibelots et de souvenirs _____ plusieurs

   minutes.

9. Ils n'étaient pas à Chartres _____ une heure quand ils ont assisté à un accident.

10. Mireille s'intéresse à l'art _____ toujours!

11. Elle est à la Sorbonne _____ un an.

12. Elle est allée à l'école secondaire _____ sept longues années!

13. Elle va à l'école _____ l'âge de trois ans!

14. —Vous allez coucher à Chartres?

—Non, nous y allons _____ la journée.

15. Robert n'est à Paris que _____ quelques jours, mais il y est _____ un an (. . . ou plus?).

16. "Quand on est mort, c'est _____ longtemps." (Marie-Laure)

17. "On ne meurt qu'une fois, et c'est _____ si longtemps!" (Molière, *Le Dépit amoureux*)

· ·

🎧 28.19 Observation: *Faire mal, avoir mal*

	objet indirect		article défini	
Il		a	mal.	
Il		a	mal	à **la** jambe.
Il	s'	est fait mal.		
Il	s'	est fait mal	à **la** jambe.	
Tu	**lui**	fais	mal!	
Tu	**lui**	fais	mal	à **la** jambe!
La jambe	**lui**	fait	mal.	
Ça	**lui**	fait	mal.	

· ·

🎧 28.20 Activation orale: *Se faire mal*

Répondez selon l'exemple.

Exemple:
Vous entendez: 1. Vous vous êtes fait mal?
Vous dites: Non, je ne me suis pas fait mal.

2. Le cycliste s'est fait mal?
3. Elles se sont fait mal?
4. Tu t'es fait mal?
5. Aïe, je me suis fait mal!

🎧 28.21 Activation orale: *Avoir mal*

Répondez selon l'exemple.

Exemple:
Vous entendez: 1. Ouh! Mes jambes!
Vous dites: Tu as mal aux jambes?

2. Ouh! Mon bras!
3. Ouh! Mes dents!
4. Ouh! Mon ventre!
5. Ouh! Ma tête!
6. Ouh! Mes oreilles!

· ·

🎧 28.22 Activation orale: *Faire mal*

Répondez selon l'exemple.

Exemple:
Vous entendez: 1. Eh, là! Mon pied!
Vous dites: Je te fais mal au pied?

2. Eh, là! Ma jambe!
3. Eh, là! Ma tête!
4. Eh, là! Mon doigt!
5. Eh, là! Ma main!
6. Eh, là! Mes oreilles!

· ·

🎧 28.23 Activation orale: *Se faire mal*

Répondez selon l'exemple.

Exemple:
Vous entendez: 1. Ouille! Ma jambe!
Vous dites: Tu t'es fait mal à la jambe?

2. Ouille! Mon pied!
3. Ouille! Mon doigt!
4. Ouille! Ma main!
5. Ouille! Mon nez!
6. Ouille! Mon genou!

⋂ 28.24 Observation: Expressions de quantité (révision)

de + *article*	*expression de quantité*	**de**
De l' eau, s'il vous plaît. **Du** vin! **De la** charcuterie. **Des** crudités.	Une carafe Un pichet Une assiette Une assiette	**d'** eau, s'il vous plaît. **de** rouge! **de** charcuterie. **de** crudités.

· ·

⋂ 28.25 Activation orale: Expressions de quantité

Robert et Mireille se sont arrêtés pour déjeuner en face de
la gare. Qu'est-ce qu'ils ont commandé? Ecoutez
l'enregistrement et répondez selon les indications.

1. Mireille voulait des crudités. Qu'est-ce qu'elle a
   demandé?
2. Elle voulait de l'eau. Qu'est-ce qu'elle a demandé?
3. Robert voulait de la charcuterie et du vin rouge.
   Qu'est-ce qu'il a commandé?

· ·

⋂ 28.26 Observation: Le conditionnel (révision et extension)

indicatif	*conditionnel*
Est-ce que je **peux** parler à Mireille? Vous **devez** aller à Chartres. J' **irai** à Chartres avec vous.	Est-ce que je **pourrais** parler à Mlle Belleau? Vous **devriez** aller à Chartres. J' **irais** volontiers avec vous.

Le conditionnel est souvent utilisé pour atténuer la brutalité
d'une demande ou d'une déclaration. *Est-ce que je* **pourrais**
parler à Mlle Belleau?, par exemple, est plus poli que: *Est-ce que
je peux parler à Mireille? Vous devez aller à Chartres!* est plus
impératif, plus autoritaire que *Vous* **devriez** *y aller.*

Si je dis: "J'irai à Chartres avec vous," c'est moi qui décide, et
j'impose ma décision. Si je dis: "J'**irais** volontiers à Chartres
avec vous," je ne m'impose pas. Je propose un voyage à
Chartres à condition que mon interlocuteur soit d'accord:
"J'**irais** volontiers à Chartres avec vous (si vous voulez, si vous
êtes d'accord)."

⌾ 28.27 Observation: Situations hypothétiques; conditionnel et imparfait

situation réelle	La voiture **est** en panne. Nous ne **pouvons** pas aller à Chartres.
situation hypothétique	Si la voiture n'**était** pas en panne, nous **pourrions** aller à Chartres.

La situation réelle est exprimée avec des verbes à l'indicatif (*est, pouvons*). La situation hypothétique est exprimée par la combinaison d'un verbe au conditionnel (*pourrions*) et d'un verbe à l'imparfait (*était*). L'imparfait est utilisé après *si* pour exprimer la condition contraire à la réalité (*si la voiture n'était pas en panne*; mais nous savons que, dans la réalité, la voiture est en panne).

si	*imparfait*		*conditionnel*	
Si nous	**allions**	à Chartres ensemble, ce	**serait**	plus amusant.
Si vous	**vouliez,**	je	**pourrais**	louer une voiture.
S'il	**osait,**	Robert	**achèterait**	un cadeau pour Mireille.
Si c'	**était**	dimanche, il y	**aurait**	beaucoup plus de monde.
Si elle	**voulait,**	Mireille	**pourrait**	prendre la voiture de son oncle.

. . . .

⌾ 28.28 Activation orale: Situations hypothétiques; conditionnel et imparfait

Répondez selon l'exemple.

Exemple:

Vous entendez: 1. Quand tu veux, tu peux.
Vous dites: Si tu voulais, tu pourrais.

2. Quand je veux, je peux.
3. Quand il veut, il peut.
4. Quand vous voulez, vous pouvez.
5. Quand nous voulons, nous pouvons.
6. Quand elles veulent, elles peuvent.

⌾ 28.29 Activation orale: Situations hypothétiques; conditionnel et imparfait

Répondez selon l'exemple.

Exemple:

Vous entendez: 1. Si Mireille allait à Katmandou . . .
Vous dites: . . . j'irais aussi.

2. Si elle allait en Bretagne . . .
3. Si elle prenait le train . . .
4. Si elle voyageait en première . . .
5. Si elle descendait à Versailles . . .
6. Si elle s'arrêtait dans un café . . .
7. Si elle buvait un kir . . .
8. Si elle était contente . . .

⌾ 28.30 Activation orale: Situations hypothétiques; conditionnel et imparfait

Répondez selon l'exemple.

Exemple:

Vous entendez: 1. Quand il pleut, nous allons au musée.
Vous voyez: S'il pleuvait . . .
Vous dites: . . . nous irions au musée.

2. S'il pleuvait . . .
3. Si elle s'ennuyait . . .
4. Si on cherchait . . .
5. Si vous cherchiez . . .
6. Si nous avions de l'argent . . .
7. Si elle voulait aller à Chartres . . .
8. Si je conduisais . . .
9. S'il avait de l'argent . . .
10. S'ils avaient de l'argent . . .

28.31 Activation écrite: Situations hypothétiques; conditionnel et imparfait

Complétez selon l'exemple.

Exemple:
Vous voyez: 1. Elle n'a pas peur parce que je ne conduis pas.
Vous écrivez: Si je conduisais, elle aurait peur.

2. Elle n'a pas peur parce que je ne prends pas la voiture.

_____

3. Nous ne prenons pas de taxi parce que nous ne sommes pas pressés.

_____

4. Nous ne nous arrêtons pas au restaurant parce que nous n'avons pas faim.

_____

5. Il ne lui achète pas de cadeau parce qu'il n'ose pas.

_____

6. Ils ne prennent pas de taxi parce que ce n'est pas loin.

_____

7. Je ne voyage pas en première parce qu'elle ne veut pas.

_____

8. Il ne la suit pas derrière la cathédrale parce qu'il n'ose pas.

_____

9. Nous ne lui faisons pas signe, parce que nous ne savons pas ce qui se passe.

_____

. . . .

28.32 Observation: Impératif et pronoms, *y, en* (révision)

positif		*négatif*	
verbe	**pronom**	**pronom**	verbe
Allez	**- y** !	N' **y**	allez pas.
Accompagnez	**- la** !	Ne **l'**	accompagnez pas.
Téléphonez	**- lui** !	Ne **lui**	téléphonez pas.
Achetez	**- en** !	N' **en**	achetez pas.

Vous vous rappelez (leçons 12 et 18) qu'avec un impératif *négatif*, **y, en** et les pronoms personnels sont placés *avant* le verbe, mais qu'avec un impératif *positif*, ils sont placés *après* le verbe.

🎧 28.33 Activation orale: Ce qu'il faut faire, ce qu'il ne faut pas faire: *y, en,* pronoms, et impératif (révision)

Complétez selon les exemples.

Exemples:

Vous entendez: 1. Il faut téléphoner à Mireille.
Vous ajoutez: Téléphonez-lui.

Vous entendez: 2. Mais il ne faut pas lui téléphoner trop tôt!
  (Elle aime dormir!)
Vous ajoutez: Ne lui téléphonez pas trop tôt.

3. Il faut me téléphoner!
4. Mais il ne faut pas me téléphoner avant huit heures.
5. Il faut téléphoner aux Courtois.
6. Mais il ne faut pas leur téléphoner trop tard. (Ils se couchent tôt.)
7. Il faut aller à Versailles.
8. Mais il ne faut pas y aller un dimanche (il y a trop de monde).
9. Il faut visiter le château.
10. Mais il ne faut pas le visiter le dimanche.
11. Il faut acheter les billets (au guichet).
12. Il ne faut pas les perdre.
13. Il faut prendre du vin (il est excellent).
14. Il ne faut pas prendre de vin (quand on conduit, c'est dangereux).
15. Il faut acheter des cartes postales.
16. Il ne faut pas acheter ces dentelles (elles sont trop chères).

. . . .

🎧 28.34 Activation orale: *y,* passé composé, négation (révision)

Connaissance du monde

Répondez selon l'exemple.

Exemple:

Vous entendez: 1. Vous êtes allé(e) à Miami?
Vous dites: Oui, j'y suis allé(e); *ou* Non, je n'y suis jamais allé(e), *selon le cas.*

Vous êtes allé(e) à New York?
            à San Francisco?
            à Chicago?
Vous êtes allé(e) au Mexique?
            au Japon?
            en France?
            en Italie?
            à Paris?
            à Katmandou?

. . . .

🎧 28.35 Observation: Singulier et pluriel (révision et expansion)

singulier	pluriel	singulier	pluriel	singulier	pluriel
un tuyau	des tuyaux	un cheval	des chevaux	un travail	des travaux
un château	des châteaux	un hôpital	des hôpitaux	un corail	des coraux
un bureau	des bureaux	mental	mentaux	un vitrail	des vitraux
une eau	des eaux	principal	principaux		
beau	beaux			un portail	des portails

. . . .

🎧 28.36 Observation: Masculin, féminin; *-l, -lle*

masculin	féminin
Il est très ponctue**l**.	Elle est très ponctue**lle**.
C'est un intellectue**l**.	C'est une intellectue**lle**.
Il est nu**l** en maths.	Elle est nu**lle** en maths.

Remarquez qu'au point de vue de l'orthographe, il y a une double consonne finale au féminin.
Ceci est valable pour tous les adjectifs terminés en *-el* au masculin.

28.37 Activation écrite: Masculin, féminin; -l, -lle

Complétez en employant la forme féminine des adjectifs soulignés.

1. C'est un travail professionnel. Il a montré une grande conscience _____ .

2. C'est un travail à temps partiel. C'est une grève _____ .

3. C'est mortel quand il pleut. C'est une petite ville _____ .

4. Il est absolument nul. Elle est absolument _____ .

5. Il croit au Père Eternel. Il croit à la vie _____ .

6. C'est essentiel. C'est une considération _____ .

7. C'est très solennel. C'est une cérémonie _____ .

8. C'est un très bel homme. C'est une très _____ femme.

9. Il est très gentil. Elle est très _____ .

. . . .

28.38 Activation orale: Masculin, féminin (révision)

Répondez selon l'exemple.

Exemple:
Vous entendez: 1. Il est plutôt petit.
Vous dites: Elle est plutôt petite.

2. Il est très indépendant.	Elle est . . .
3. C'est un roman très émouvant.	C'est une histoire . . .
4. C'est une fille intéressante.	C'est un garçon . . .
5. C'est une solution évidente.	C'est un moyen . . .
6. C'est une histoire fascinante.	C'est un personnage . . .
7. C'est une histoire très courte.	C'est un roman . . .
8. Le restaurant est ouvert.	La fenêtre est . . .
9. Il a un pull vert.	Il a une chemise . . .
10. Elle est très forte en maths.	Il est . . .
11. Il aime la peinture abstraite.	Il fait de l'art . . .
12. C'est le bras droit.	C'est la jambe . . .
13. C'est une idée singulière.	C'est un type assez . . .
14. Elle est toujours première.	Il est toujours . . .
15. Il est toujours dernier.	Elle est toujours . . .
16. Il est étranger.	Elle est . . .
17. Elle est bavarde.	Il est . . .
18. Il a les pieds froids.	Il a les mains . . .
19. Le café est trop chaud.	La soupe est trop . . .
20. Mireille est très franche.	Robert est très . . .
21. On a servi une sauce blanche.	On a servi des haricots . . .
22. Il n'y a pas de crème fraîche.	Il n'y a pas de pain . . .
23. Elle est très douce.	Il est très . . .
24. Il est roux.	Elle est . . .
25. Elle est grosse.	Il est . . .
26. Il a les sourcils épais.	Il a les lèvres . . .
27. C'est direct.	La ligne est . . .

28.39 Activation écrite: Masculin et féminin des adjectifs (récapitulation)

Vous trouverez ci-dessous l'étrange histoire d'un petit employé de banque. Transformez-la en "l'histoire d'*une petite employée* de banque." Faites tous les changements nécessaires.

Exemple:

Elle s'appelait Emilie. Elle était née en 1963 . . .

Il s'appelait Emile. Il était né en 1963. Il était fils unique. A douze ans, Emile était un petit garçon fragile, assez laid, plutôt blond mais presque roux, et qui paraissait assez méchant et pas très intelligent. En réalité, il était très malheureux, toujours seul, sans aucun ami. A vingt ans, Emile était devenu très différent: grand, plein de charme, on peut même dire gracieux. Il avait à présent beaucoup d'amis. A l'université, c'était un étudiant assez brillant et spécialement bon en mathématiques. C'est pourquoi, à la sortie de l'université, il est entré dans une banque comme caissier. Chose curieuse, on a remarqué qu'à partir de ce moment-là, il s'est toujours habillé en noir. Il s'est marié peu après avec une belle jeune fille brune; mais il a divorcé au bout de quelques semaines, on ne sait pas pourquoi. Il s'est remarié l'année d'après avec une jeune veuve qu'il croyait très riche, mais qui dépensait simplement beaucoup d'argent. Pour plaire à sa femme, il a commencé à prendre de l'argent dans la caisse. Un beau jour, il a été pris et a été arrêté. Mais il s'est échappé de la voiture de police qui l'emmenait en prison, au moment où cette voiture passait dans un tunnel obscur (il y avait une grève de l'Electricité de France). A la sortie du tunnel, il avait disparu, et on ne l'a jamais revu. Cet homme mystérieux, c'était . . .

_____

_____

_____

_____

_____

_____

_____

_____

_____

_____

_____

_____

_____

_____

_____

_____

_____

_____

🎧 28.40 Activation orale: Dialogue entre Robert et Mireille

Vous allez entendre un dialogue entre Robert et Mireille. Ecoutez bien. Vous allez apprendre les réponses de Mireille.

Robert: Eh bien, dis donc, le train est arrivé à l'heure pile!
Mireille: **Evidemment! Les trains sont toujours à l'heure, en France. Ils partent exactement à l'heure, et ils arrivent exactement à l'heure.**

Robert: Toujours?
Mireille: **Oh, oui . . . toujours! Enfin . . . presque toujours!**

Exercices-tests

28.41 Exercice-test: *En avance, à l'heure, en retard, dans une heure, il y a une heure, tout à l'heure, 2h pile, 2h passées,* distance mesurée en temps

Complétez.

1. —Tu n'as pas vu Mireille?

—Si, je l'ai vue _____ cinq minutes.

Elle a dit qu'elle rentrait chez elle, et qu'elle allait revenir

_____ une heure.

2. J'avais rendez-vous avec Robert à 3h. Robert est

ponctuel, il est arrivé _____, à 3h

_____. Moi, j'étais un peu

_____, je suis arrivée à 3h 25.

3. Je me demande ce que fait Mireille. Nous avions

rendez-vous à 3h, et il est déjà 4h

_____ !

4. La gare Montparnasse? C'est tout près! C'est

_____ 5 minutes à pied.

Vérifiez. Si vous avez fait des fautes, travaillez les sections 28.6 à 28.16 dans votre cahier d'exercices.

. . . .

28.42 Exercice-test: Situations hypothétiques

Complétez.

1. Si vous alliez à Chartres, j' _____

volontiers moi aussi.

2. Si Mireille _____ un kir, Robert en

prendrait un aussi.

3. Si tu _____ à l'heure, je serais à

l'heure, moi aussi.

4. Si tu partais, je _____ avec toi.

5. Si tu faisais du karaté, je _____ du

karaté avec toi.

Vérifiez. Si vous avez fait des fautes, travaillez les sections 28.26 à 28.31 dans votre cahier d'exercices.

Libération de l'expression

28.43 Mise en question

Relisez le texte de la leçon; lisez les questions de la mise en question qui suit la mise en œuvre dans votre livre de textes. Réfléchissez à ces questions et essayez d'y répondre.

28.44 Mots en liberté

Qu'est-ce qu'on peut voir à Chartres?

On peut voir la cathédrale, ses arcs-boutants, ses sculptures, des bibelots, une gare, des trottoirs. . . .

Trouvez encore au moins cinq possibilités.

Qu'est-ce qu'on peut commander pour un déjeuner rapide?

On peut commander des huîtres, un croque-monsieur, un verre de vin. . . .

Trouvez encore au moins quatre possibilités.

. . . .

28.45 Mise en scène et réinvention de l'histoire

Reconstituez un dialogue entre Robert et Mireille qui viennent d'arriver à Chartres, où Mireille doit aller au musée. Vous pouvez imiter le dialogue de l'histoire, mais vous pouvez aussi inventer des variantes.

Robert: Eh bien, le train est arrivé à l'heure pile!
Mireille: Evidemment! (. . .).
Robert: J'ai un peu faim.
Mireille: Eh bien (. . .).
Robert: Qu'est-ce que tu vas prendre?
Mireille: (. . .).

Robert: Moi, (. . .).
Mireille: Tu as fini? Alors, allons voir la cathédrale.
Robert: Comment? Tu ne vas pas au musée?
Mireille: Si, mais (. . .).
Robert: Comment est-ce qu'on va à la cathédrale? On prend un taxi?
Mireille: (. . .).

. . . .

28.46 Mise en scène et réinvention

1. Robert raconte à un(e) ami(e) américain(e) son voyage à Chartres. Z, vous êtes l'ami(e). Vous posez des questions.

2. Mireille raconte à Ghislaine son voyage à Chartres. Y, vous êtes Ghislaine. Vous êtes très curieuse.

. . . .

28.47 Mise en scène et réinvention de l'histoire

Imaginez ce qui aurait pu se passer entre Mireille et le Suédois à Chartres.

C'est	la nuit. / le matin. / le soir. / l'après-midi.	Il est	1h. / 2h. / 4h. / 8h. / minuit. / midi.

quand elle assiste à un accident.

Mireille	traverse la promenade des Charbonniers / sort de la gare / mange des crudités à la terrasse d'un café / sort du musée / arrive devant la cathédrale

Il s'agit	d'un / d'une	aéroglisseur / hélicoptère / petit avion / Alpine / cheval / vélomoteur / camionnette / autobus / autocar / TGV / taxi

qui	s'est trompé de route / s'est perdu / n'a pas pu s'arrêter / n'a plus de freins / allait très vite / a eu peur d'un bruit / avait perdu sa direction	et heurte	la cathédrale. / une mobylette. / un train. / une vache. / la gare. / un Sénégalais. / un agent. / une pharmacie.

Un beau jeune homme à l'air suédois | descend / tombe / sort / est projeté | de l' / de la / du / de | aéroglisseur / hélicoptère / avion / Alpine / cheval / vélomoteur / camionnette / autobus / autocar / train / taxi

et vient rouler | sur / aux / sous / dans / devant | le / la / les / un / une | portail. / pharmacie. / trottoir. / rue. / cathédrale. / gare. / pieds / table / chaise | de Mireille.

Il | s'est / ne s'est pas | fait | très / un peu | mal | à la / au / aux | tête. / oreilles. / nez. / menton. / bras. / jambe. / pieds. / genou.

Ce jeune homme, c'est | un cousin de Mireille. / un amoureux de Mireille. / le mari de Mireille. / un agent de la SNCF. / un champion de tennis. / le gardien du musée. / une illusion de Robert.

Mireille:

Tiens! C'est | toi? / vous?

Bonjour | Fernando. / Björn. / Fersen. | Quelle coïncidence! / Je suis contente de | vous / te | voir! / Je commençais à m'ennuyer. / J'étais inquiète.

Il n'y a personne d'intéressant dans la cathédrale.

Chartres sans | toi / vous | c'est mortel!

Le musée est fermé.

J'ai suivi | tes / vos | indications.

Personne ne sait que je suis ici.

Maintenant qu'est-ce qu'on fait?

Pourquoi m' | as-tu / avez-vous | demandé de venir?

Le Suédois:

Mireille! | Ça fait | un mois / une éternité / deux jours | qu'on ne s'est pas vus. / Tu es / Vous êtes | fraîche comme une rose. / Quelle coïncidence!

Mireille:

Que | tu es / vous êtes | beau!

Le Suédois:

Oui, | j'ai / je suis | l'air si sympathique! / de belles jambes musclées. / une belle tête. / magnifique. / superbe.

Mireille:

J'aime bien | ton / votre | short très court. / pull collant. / jean serré.

Le Suédois:

Maintenant, il faut | tuer Robert. / partir tout de suite dans mon Alpine. / prendre le train pour la Suède. / arranger un "accident" pour Robert. / commander un pichet de rouge. / m'épouser tout de suite. / aller nous promener dans le petit jardin derrière la cathédrale.

Mireille:

Mais non! Je sais bien que | tu n'existes / vous n'existez | pas!

Préparation à la lecture et à l'écriture

28.48 Entraînement à la lecture et expansion du vocabulaire

Lisez le document I de la leçon 28 dans votre livre de textes.

A. Complétez

Dans son poème "Présentation de la Beauce à Notre-Dame de Chartres," Péguy s'adresse à la Vierge, à Notre-Dame de

Chartres. Il est parti, avec d'autres pèlerins, du Parisis, c'est-à-dire de la région de _____ , pour ce voyage

religieux de trois jours: Il est parti en _____ . Il a quitté sa boutique de libraire (qui était rue de la

Sorbonne), en compagnie d'étudiants qui ont _____ la Sorbonne et leurs cours d'archéologie ou de

sémantique pour aller en pèlerinage à Chartres. Péguy considérait la Sorbonne comme une mère qui n'avait pas grand-chose à

donner à ses enfants, ses "pauvres _____ ."

　Les pèlerins marchent sur les routes, dans la grande plaine de la Beauce où est Chartres. (Aujourd'hui, la plupart des

étudiants qui font encore le _____ à Chartres font l'aller—ou une partie de l'aller—à pied, et le

_____ en train.) Les pèlerins sont partis de la cathédrale de _____ de Paris qui est au

centre de l'île de la _____ . C'est une cathédrale majestueuse et magnifique extérieurement; son architecture,

ses sculptures constituent une _____ royale pour la Vierge à qui elle est dédiée. La symétrie, l'équilibre de sa

construction expriment l'équité, la perfection de l'âme, de l'esprit qui l'animent.

B. Maintenant, répondez.

1. Citez trois lieux de pèlerinage en Europe.

_____

2. A quelle époque a lieu le pèlerinage des étudiants à Chartres?

_____

3. Est-ce que Chartres est loin de Paris? C'est à quelle distance?

_____

4. Dans quelle région est Chartres? Et Paris?

_____

5. Quel était le métier de Péguy?

_____

6. Comment les catholiques appellent-ils la mère de Jésus-Christ?

_____

7. Qu'est-ce qui s'élève au cœur de l'île de la Cité à Paris?

_____

28.49 Entraînement à la lecture

A. Lisez le document 2. Relisez les sections 1 et 7 du texte, puis complétez les phrases suivantes.

D'après ce que dit Mireille dans la section 1, les trains français sont _____ : ils partent et ils arrivent à l'heure. La SNCF (la Société Nationale des Chemins de fer Français) est la société responsable du fonctionnement des trains.

Les trains de la SNCF sont _____ . Les gens qui sont à la SNCF, les employés de la SNCF, doivent être _____ , eux aussi. Pour être ponctuel, il est utile d'avoir toujours une montre, pour pouvoir vérifier l'heure qu'il est.

Avoir une montre dans le ventre, ça veut dire être _____ .

B. Lisez le document 3 et essayez de comprendre ce que se barrer veut dire (c'est de l'argot).

Ce matin, la secrétaire est arrivée en retard à son travail, et maintenant, c'est le soir, elle se barre dix minutes avant la fin du travail. Ça veut dire qu'elle _____ avant l'heure.

. . . .

28.50 Entraînement à la lecture et expansion du vocabulaire

Lisez le document 5, "La Ronde autour du monde," puis lisez et complétez le texte suivant.

Voici un bel emploi du conditionnel. . . . Les situations évoquées sont peu probables.

Les enfants font des _____ pour s'amuser: ils forment un cercle en se tenant par la main, et ils tournent en chantant et en dansant.

Les rondes sont des chansons naïves, populaires. Elles ont inspiré Paul Fort (1872–1960), qu'on appelait "le prince des poètes." (Il tenait sa cour à la Closerie des Lilas.) Paul Fort imitait le style populaire des rondes enfantines.

"Gars" est un mot de la langue populaire. Les gars, ce sont les _____ . On dit "un petit gars," "un beau gars." (Il y a une chanson, très populaire pendant les années 30, qui s'appelle "Les Gars de la Marine.")

Leçon 29

Assimilation du texte

🎧 29.1 Mise en œuvre

Ecoutez le texte et la mise en œuvre dans l'enregistrement sonore. Répétez et répondez suivant les indications.

. . . .

🎧 29.2 Compréhension auditive

Phase 1: Regardez les images ci-dessous, et répétez les énoncés que vous entendez.

Phase 2: Ecrivez la lettre de chaque énoncé sous l'image qui lui correspond le mieux.

1. __

2. __

3. __

4. __

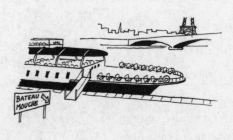

5. __

6. __

🎧 29.3 Production orale

Ecoutez les dialogues suivants. Vous allez jouer le rôle du second personnage.

1. Robert: Tu ne préférerais pas une petite Alpine Renault, par hasard?
   Mireille: (. . .)
2. Robert: Eh bien, dis donc, tu as l'air de t'y connaître!
   Mireille: (. . .)

3. Robert: Si on allait dîner sur un bateau-mouche? Ce serait bien! Je t'invite. . . .
   Mireille: (. . .)
4. Robert: Comment? Ton chauffeur ne t'attend pas avec l'Alpine?
   Mireille: (. . .)
5. Robert: Est-ce que je ne pourrais pas te voir demain?
   Mireille: (. . .)

. . . .

🎧 29.4 Compréhension auditive et production orale

Vous allez entendre de courts passages. Après chaque passage, vous entendrez une question. Répondez à la question.

1. Qu'est-ce que Robert aurait fait s'il avait su qu'il y avait tant de monde dans le train?
2. Pourquoi est-ce que Mireille voudrait un grand coffre?

3. Pourquoi est-ce que Mireille ne veut pas aller dîner sur un bateau-mouche?
4. Pourquoi est-ce qu'elle n'est pas libre ce soir?
5. Pourquoi est-ce qu'elle ne peut pas voir Robert demain?

Préparation à la communication

🎧 29.5 Observation: Prononciation; antériorité des consonnes françaises

Comparez la prononciation des consonnes dans les mots français suivants et dans les mots anglais correspondants.

touriste   taxi   disque   short

Si vous comparez très attentivement, vous remarquez que le /t/ de *taxi*, par exemple, est très différent dans le mot anglais et dans le mot français. En français, le *t* est articulé plus en avant qu'en anglais. En anglais, la pointe de la langue vient toucher les alvéoles des dents supérieures. En français, la pointe de la langue vient toucher les dents elles-mêmes.

La consonne française est donc prononcée **plus en avant** que la consonne anglaise; le point d'articulation français est **antérieur** au point d'articulation anglais. Cette antériorité est une caractéristique générale de la prononciation française.

. . . .

🎧 29.6 Activation orale: Prononciation; antériorité des consonnes françaises

Répétez les expressions suivantes. Faites attention d'articuler les consonnes bien en avant.

La Société Nationale.
On est serrés comme des sardines dans ton train!

Sept litres aux cent.
C'est un truc pour touristes!
Taxi! Au Tabou!
Taxi! Au Drugstore!
Faites très attention.

🎧 29.7 Observation: Perspicacité

supposition; prédiction	confirmation
Ça ne m'étonnerait pas si . . .	Je l'avais dit!
Vous allez voir que . . .	Je vous l'avais dit!
Tu verras que . . .	C'est ce que je disais!
Je suis sûr(e) que . . .	C'est bien ce que je
Je parie que . . .	disais!
	Qu'est-ce que je disais!
	Qu'est-ce que je te disais!
	Tu vois!
	J'ai toujours raison!
	Je ne me trompe jamais!

. . . .

29.8 Activation écrite: Perspicacité

Lisez les petits dialogues suivants et choisissez l'expression qui vous semble convenir le mieux à chaque situation.

1. Robert (*à la gare*): _____ que le train va être bondé!

   Robert (*dans le train*): _____ ! Toutes les places sont prises!

   _____ qu'on ne trouverait pas de places.

   Mireille: Mais si, nous trouverons une place! Tiens! _____ ? Ce compartiment est libre!

   Robert: D'accord, tu avais raison.

   Mireille: _____ !

2. Robert: A quelle heure le train part-il?

   Mireille: Je ne sais pas, vers 4h, je crois. . . . Mais oui, regarde! Il part à 15h 47! _____ .

   Robert: Oui!

   Mireille: _____ !

3. Robert: Nous y sommes déjà? Ce n'est vraiment pas loin!

   Mireille: _____ ! Mais tu ne veux pas me croire!

4. Robert: Hmm! _____ si cette amie était un ami avec un petit air suédois. . . .

   _____ qu'elle a rendez-vous aux Deux Magots avec un Suédois!

5. Mireille: Qu'est-ce qui t'est encore arrivé? Tu es tombée dans le bassin? _____ C'est de ma

   faute! Je n'aurais pas dû te laisser y aller seule! . . . Regarde, Robert! _____ ! Elle est allée

   tomber dans le bassin!

∩ 29.9 Observation: Freinage

freinage	
Il y a de bons **freins** . . . des **freins** à disque. Ça c'est des **freins**! Ça **freine** impeccablement. Il y a un excellent système de **freinage**. Comme **freinage** . . . impeccable!	un **frein** **freiner** le **freinage**

Les **freins** servent à s'arrêter. Remarquez que M. Bugatti, qui s'y connaissait, disait que les voitures étaient faites pour rouler, pas pour s'arrêter.

. . . .

∩ 29.10 Observation: Admiration

article indéfini	de + article défini
Ça, c'est **une** voiture de sport!	Ça, c'est **de la** bagnole!
Ça, c'est **un** train!	Ça, c'est **du** fromage!
Ça, c'est **un** garçon galant!	Ça, c'est **de la** galanterie!
Ça, c'est **des** freins!	Ça, c'est **de la** musique!

Notez qu'il y a une subtile différence entre les expressions de la colonne de gauche et celles de la colonne de droite. Les expressions de gauche se réfèrent à un objet (voiture, train) considéré comme une unité, ou à une personne (garçon) considérée comme un individu particulier. Les expressions de droite se réfèrent à une idée plus générale; par exemple, l'idée générale de galanterie, plutôt qu'une personne galante, l'idée générale de bagnole, le mythe de la voiture, plutôt qu'une voiture particulière.

. . . .

∩ 29.11 Activation orale: Admiration

Exclamez-vous selon l'exemple.

Exemple:
Vous entendez: 1. Alors, qu'est-ce que vous en dites? Ce sont de bons freins?
Vous dites: Oui! Ça, c'est des freins!

2. Alors? Ce sont de bonnes reprises?
3. Alors? Ça vous plaît comme bagnole?
4. Alors, ces vacances? Ça vous plaît? C'est bien?
5. Alors, c'est du bon cinéma? Ça vous plaît?

. . . .

29.12 Activation écrite: Admiration

Complétez.

1. Tonton Guillaume (*à Marie-Laure*): _____ gentille fille!

2. Mireille (*devant un tableau de Manet*): _____ peinture!

3. Mireille (*à son cousin Georges*): _____ garçon galant!

4. Tonton Guillaume (*sur une plage des Seychelles*): _____ vacances!

5. Robert (*parlant du* TGV): Trois cents kilomètres à l'heure! _____ train rapide!

6. Mireille (*devant une statue de Maillol, ou le Moïse de Michel-Ange*): _____ sculpture!

7. Mireille (*parlant de son prof d'art grec*): _____ prof sympa!

8. Monsieur Belleau (*parlant du système de freinage de l'Alpine*): _____ freins!

9. Tante Georgette (*enfin satisfaite*): _____ tête de veau!

10. M. Courtois: _____ bordeaux! _____ vin!

11. L'oncle Henri (*devant la télé*): _____ sport! _____ football! _____

    match!

12. Mireille (*sortant du cinéma*): _____ cinéma! _____ bon film!

13. Mme Belleau: _____ médecine! _____ médecin!

. . . .

🎧 29.13 Observation: *Ça arrive!*

	sujet **arriver**	**à**	*objet indirect*

Quelquefois, on tombe en panne; **ça**	**arrive!**
Ça	**arrive** à tout le monde!
Ça n'arrive qu'à moi!	
Ce sont des choses **qui arrivent!**	

présent	Mireille fait de l'auto-stop quelquefois.	**Ça lui arrive.**
passé	Mireille a fait de l'auto-stop quelquefois.	**Ça lui est arrivé.**

. . . .

🎧 29.14 Activation orale: *Ça arrive!*

Répondez selon l'exemple.

Exemple:

Vous entendez: Vous prenez l'avion quelquefois, vous deux?

Vous répondez: Ça nous arrive!

2. Vous prenez le train quelquefois?
3. Vous êtes tombés en panne quelquefois?
4. Tu fais de l'auto-stop?
5. Tu as déjà fait de l'auto-stop?
6. Mireille a déjà fait de l'auto-stop?
7. Les parents de Mireille prennent l'avion quelquefois?
8. Est-ce qu'ils ont pris un aéroglisseur?

. . . .

🎧 29.15 Activation orale: *Ça n'arrive jamais*

Répondez selon les exemples.

Exemples:

Vous entendez: 1. Vous êtes en retard quelquefois?

Vous dites: Oh, non! Ça nous arrive jamais!

Vous entendez: 2. Vous avez déjà pris l'aéroglisseur?

Vous dites: Non, ça ne nous est jamais arrivé.

3. Tu es en retard quelquefois?
4. Tu te perds dans le métro quelquefois?
5. Tu as déjà pris l'aéroglisseur?
6. Est-ce que Marie-Laure a déjà eu 10 sur 10 à un devoir?
7. Est-ce que Mireille et ses sœurs ont déjà pris un hélicoptère?
8. Est-ce que tu te trompes quelquefois?
9. Et moi, est-ce que je me trompe quelquefois?

29.16 Activation écrite: *Ça arrive, ne . . . que;* pronoms accentués (révision)

Lisez et complétez.

1. Marie-Laure: Ah, zut! Voilà que mon bateau est en panne au milieu du bassin! Ça n'arrive qu' _____ , ces trucs-là!

2. Mireille: Voilà que Marie-Laure a trouvé le moyen de tomber dans le bassin! Ça _____ !

3. Mireille: Mais enfin, tu ne pouvais pas faire attention, non? Ça _____ , ces trucs-là!

4. Robert: Ça y est! Je me suis encore perdu! Ça _____ !

5. Mireille: Pas possible! Vous vous êtes perdu dans le métro? Mais _____ ! Personne ne se perd dans le métro!

6. Marie-Laure: Mireille et Colette ont eu des billets pour aller au ciné sans payer! _____ !

7. Mireille: Cécile et Jean-Denis ont été invités à faire de la voile dans les îles grecques sur le yacht des Boussac!
   _____ !

8. Mireille: Notre voiture est tombée en panne en sortant de Paris! _____ !

. . . .

🎧 29.17 Observation: Avantages et inconvénients

avantages	inconvénients
L'avion, c'est rapide.	Mais c'est cher.
La moto, c'est amusant.	Mais c'est dangereux.
Un vélomoteur consomme peu.	Mais ce n'est pas confortable.
Les autocars ne sont pas chers.	Mais ils sont souvent bondés.

. . . .

🎧 29.18 Activation: Compréhension auditive; avantages et inconvénients

Déterminez si chacun des énoncés que vous allez entendre parle d'un avantage ou d'un inconvénient. Dites "C'est un avantage!" ou "C'est un inconvénient!" et cochez la case correspondante.

	1	2	3	4	5	6	7	8	9	10	11	12	13	14	15	16	17	18
avantage																		
inconvénient																		

. . . .

🎧 29.19 Observation: Le temps qu'on met

mettre	*temps*	**pour** *infinitif*		
Mireille **a mis**	huit heures	**pour**	aller	de Paris à Genève en stop.

🎧 29.20 Activation orale: Le temps qu'on met

Répondez selon l'exemple.

Exemple:

Vous entendez: 1. Mireille est partie de Paris à 10h du matin, et elle est arrivée à Genève à 6h du soir.

Vous dites: Elle a mis huit heures.

2. Robert est parti du Home Latin à 10h et demie et il est arrivé à la gare à 11h 10.
3. Nous sommes partis à 5h et nous sommes arrivés à 7h.

4. Vous êtes partis à 2h? Il est 3h maintenant.
5. Robert et Mireille sont partis du restaurant près de la gare à 2h moins le quart. Ils sont arrivés à la cathédrale à 2h moins cinq.
6. J'ai commencé à 1h. J'ai fini à 3h.
7. Quand Mireille va à la fac, elle part de chez elle à 11h. Elle arrive à la Sorbonne à 11h 10.
8. Il y a un train qui part de la gare Montparnasse à 18h 06 et qui arrive à 19h 06.

. . . .

🎧 29.21 Observation: Suggestions

si	*imparfait*	
Si on	**allait**	dîner sur un bateau-mouche?
Si je vous	**invitais**	à dîner?
Et **si** vous m'	**invitiez**	à dîner?

Si et l'imparfait sont utilisés pour faire des suggestions, des propositions.

. . . .

🎧 29.22 Activation orale: Suggestions

Répondez selon l'exemple.

Exemple:

Vous entendez: 1. Nous ne sommes jamais allés dîner sur un bateau-mouche.

Vous dites: Si nous allions dîner sur un bateau-mouche?

2. On n'est jamais allé dîner sur un bateau-mouche.
3. Nous ne sommes jamais allés à Chartres ensemble.
4. Nous ne sommes jamais partis en vacances ensemble.
5. Je ne vous ai jamais invité à dîner.
6. Vos parents ne m'ont jamais invité à dîner.
7. Vous ne m'avez jamais invité à dîner.

. . . .

🎧 29.23 Observation: Le conditionnel (révision)

	supposition	*résultat hypothétique*	
si	*imparfait*	*conditionnel présent*	
Si elle **avait**	un petit air suédois,	ça ne m' **étonnerait**	pas!
Si j' **avais**	assez d'argent,	j' **achèterais**	une petite voiture.
Si on **allait**	dîner sur un bateau-mouche, ça	te **dirait?**	
Si on **allait**	dîner sur un bateau-mouche, ça	**serait**	bien, non?

Le conditionnel est utilisé pour évoquer un résultat hypothétique, parce qu'il dépend d'une condition hypothétique (*si elle avait un petit air suédois*) ou contraire à la réalité (*si j'avais assez d'argent*). Le conditionnel présent est utilisé avec **l'imparfait de l'indicatif** (*si j'avais . . . j'achèterais*).

⌂ 29.24 Activation orale: Conditionnel présent et imparfait de l'indicatif

Il y a toujours une bonne raison!

Répondez selon l'exemple.

Exemple:
Vous entendez: 1. Mireille n'achète pas de voiture parce qu'elle n'a pas d'argent.
Vous dites: Si elle avait de l'argent, elle achèterait une voiture.

2. Elle n'a pas de voiture parce qu'elle n'a pas d'argent.
3. Elle prend le train parce qu'elle n'a pas de voiture.
4. Elle prend l'autobus parce qu'elle n'a pas de voiture.
5. Elle fait de l'auto-stop parce qu'elle n'a pas de voiture.
6. Elle ne loue pas de voiture parce qu'il y a un train commode.
7. Elle ne loue pas de voiture parce qu'elle a peur de tomber en panne.
8. Robert ne loue pas de voiture parce que Mireille a peur de tomber en panne.
9. Nous prenons le train parce que nous n'avons pas de voiture.
10. Nous n'allons pas à Chartres en voiture parce que nous n'avons pas de voiture.

. . . .

29.25 Activation écrite: Conditionnel présent et imparfait de l'indicatif

Voici des paires de phrases qui décrivent des situations vraies. Dans chaque paire la seconde phrase est plus ou moins une conséquence de la première. Dites ce qui se passerait si ce que dit la première phrase n'était pas vrai.

Exemple:
Vous voyez: Mireille a son bac. Elle est à la fac.
Vous écrivez: Si Mireille n'avait pas son bac, elle ne serait pas à la fac.

1. Mireille ne gagne pas d'argent. Elle habite chez ses parents.

_____

2. Mireille habite chez ses parents. Elle ne peut pas faire ce qu'elle veut.

_____

3. Mme Belleau travaille. Elle n'a pas le temps de s'occuper des études de Marie-Laure.

_____

4. Mireille suit des cours à la Sorbonne. Elle va souvent au Quartier Latin.

_____

5. Mireille fait des études d'histoire de l'art. Elle suit un cours à l'Institut d'Art et d'Archéologie.

_____

. . . .

⌂ 29.26 Activation: Dictée

Ecoutez et écrivez. Vous entendrez le texte trois fois.

Interview de Madame Veuve Jeulin

—Si _____ ! . . .

_____ !

∩ 29.27 Observation: Conditionnel passé

dans le présent	
imparfait	*conditionnel présent*
S'ils **avaient** une voiture, ils **iraient** en voiture.	
dans le passé	
plus-que-parfait	*conditionnel passé*
S'ils **avaient eu** une voiture, ils **seraient allés** en voiture.	

Le conditionnel présent est utilisé avec l'imparfait. Le conditionnel passé est utilisé avec le plus-que-parfait.

plus-que-parfait			*conditionnel passé*		
imparfait de l'auxiliaire	*participe passé*		*conditionnel de l'auxiliaire*	*participe passé*	
S'ils **avaient**	**eu**	une voiture, ils	**seraient**	**allés**	en voiture.
Si j' **avais**	**su**,	je	**serais**	**resté**	chez moi.
Si j' **avais**	**su**,	j'	**aurais**	**loué**	une voiture.

Le conditionnel passé est un temps composé. Il est composé d'un auxiliaire (*être* ou *avoir*) à l'imparfait, et du participe passé du verbe. (L'auxiliaire est le même que pour le passé composé et les autres temps composés. Le participe passé s'accorde de la même façon que pour le passé composé et les autres temps composés.)

. . . .

∩ 29.28 Activation orale: Conditionnel passé

Répondez selon l'exemple.

Exemple:
Vous entendez: 1. Ils ont pris le train parce qu'ils n'avaient pas de voiture. S'ils avaient eu une voiture . . .
Vous dites: . . . ils n'auraient pas pris le train.

2. Ils ont pris le train parce qu'il n'y avait pas de service d'hélicoptère; mais s'il y avait eu un service d'hélicoptère . . .
3. Ils ne sont pas allés en voiture parce qu'ils n'avaient pas de voiture; mais s'ils avaient eu une voiture . . .

4. Robert n'a pas loué de voiture parce que Mireille avait peur de tomber en panne. Si Mireille n'avait pas eu peur de tomber en panne . . .
5. Robert n'a pas loué de voiture parce qu'il ne savait pas qu'il y aurait tant de monde dans le train. S'il avait su . . .
6. Robert n'est pas resté chez lui parce qu'il ne savait pas qu'il y aurait tant de monde dans le train. S'il avait su . . .

29.29 Activation écrite: Conditionnel passé, plus-que-parfait de l'indicatif

Robert a rencontré Mireille. C'est un fait. Mais—catastrophe trop horrible à contempler—cette heureuse rencontre aurait pu ne pas avoir lieu (ils auraient pu ne pas se rencontrer). Cette rencontre a dépendu de beaucoup de circonstances fortuites qui auraient pu être différentes. Voici un récit composé d'une série de paires de phrases dans lesquelles la seconde est plus ou moins la conséquence de la première. Montrez que, si l'action exprimée dans la première phrase n'avait pas eu lieu, l'action exprimée dans la seconde phrase n'aurait pas eu lieu non plus. Sans toutes ces circonstances fortuites, sans tous ces miracles, cette rencontre providentielle n'aurait pas eu lieu.

Exemple:

Vous voyez: 1. Robert a quitté l'université. Il a rencontré Mireille.

Vous écrivez: Si Robert n'<u>avait pas quitté</u> l'université, il n'<u>aurait pas rencontré</u> Mireille.

2. Une amie de la mère de Robert était étudiante à Paris. Sa mère est venue y faire sa médecine.

   Si une amie de la mère de Robert n' _____ étudiante à Paris, sa mère ne

   _____ y faire sa médecine.

3. La mère de Robert habitait au Home Latin quand elle était étudiante. Robert a voulu y descendre.

   Si la mère de Robert n' _____ au Home Latin quand elle était étudiante, Robert n'

   _____ y descendre.

4. Robert est descendu au Home Latin. Il est allé se promener sur le boulevard Saint-Michel.

   Si Robert n' _____ au Home Latin, il ne _____ se promener sur le

   boulevard Saint-Michel.

5. Il y avait une grève d'étudiants ce jour-là. Il y avait des manifestants sur le boulevard.

   S'il n'y _____ de grève d'étudiants ce jour-là, il n'y _____ de

   manifestants sur le boulevard.

6. Robert s'est promené sur le boulevard. Il a vu les manifestants.

   Si Robert ne _____ sur le boulevard, il n' _____ les manifestants.

7. Robert a suivi les manifestants. Il est entré avec eux dans la cour de la Sorbonne.

   Si Robert n' _____ les manifestants, il ne _____ avec eux dans

   la cour de la Sorbonne.

8. Mireille a voulu consulter un tableau d'affichage. Elle est entrée à la Sorbonne.

   Si Mireille n' _____ consulter un tableau d'affichage, elle ne

   _____ à la Sorbonne.

9. Robert est entré dans la cour de la Sorbonne. Il a vu Mireille.

   Si Robert n' _____ dans la cour de la Sorbonne, il n' _____

   Mireille.

10. Robert a trouvé son visage agréable. Il lui a souri.

    Si Robert n' _____ son visage agréable, il ne lui _____ .

11. Il lui a souri. Elle lui a souri.

    S'il ne lui _____ , elle ne lui _____ .

12. Elle lui a souri. Il a engagé la conversation.

    Si elle ne lui _____ , il n' _____ la conversation.

13. Robert a engagé la conversation. Ils ont fait connaissance.

Si Robert n' _____ la conversation, ils n' _____ connaissance.

14. En résumé, il y a eu une grève d'étudiants. Robert et Mireille se sont rencontrés.

En résumé, s'il n'y _____ de grève d'étudiants, Robert et Mireille ne

_____ rencontrés.

🎧 29.30 Activation orale: Dialogue entre Robert et Mireille

Vous allez entendre un dialogue entre Robert et Mireille. Ecoutez bien. Vous allez apprendre les réponses de Mireille.

Robert: Tu fais de l'auto-stop?

Mireille: **Ça m'est arrivé. Une fois, je suis allée de Paris à Genève en stop.**

Robert: De Paris à Genève?

Mireille: **Oui! J'ai mis huit heures. Ce n'est pas mal!**

Exercices-tests

29.31 Exercice-test: *Ça arrive*

Complétez.

1. —Tu as déjà pris l'aéroglisseur?

—Oui, _____ arrivé.

2. Les Courtois vont quelquefois au restaurant?

Oui, _____ arrive.

3. Vous travaillez, quelquefois, vous deux?

Oh, oui! _____ arrive!

4. Mireille va à la bibliothèque, de temps en temps?

Oui, _____ arrive. . . .

Vérifiez. Si vous avez fait des fautes, travaillez les sections 29.13 à 29.16 dans votre cahier d'exercices.

29.32 Exercice-test: Situations hypothétiques au présent et au passé

Complétez selon l'exemple.

Exemple:
Vous voyez: Il a plu, alors je suis restée à la maison.
Vous écrivez: S'il n'avait pas plu, je ne serais pas restée à la maison.

1. Il pleut, alors je reste à la maison.

_____

2. On n'a pas de voiture, alors on prend le train.

_____

3. On n'avait pas de voiture, alors on a pris le train.

_____

4. Mireille n'était pas libre, alors Robert n'a pas pu l'inviter à dîner.

_____

5. L'autobus est arrivé, alors Robert n'a pas eu le temps de lui parler.

_____

Vérifiez. Si vous avez fait des fautes, travaillez les sections 29.23 à 29.29 dans votre cahier d'exercices.

Libération de l'expression

29.33 Mise en question

Relisez le texte de la leçon; lisez les questions de la mise en question qui suit la mise en œuvre dans votre livre de textes. Réfléchissez à ces questions et essayez d'y répondre.

. . . .

29.34 Mots en liberté

Quand on prend le train, qu'est-ce qu'on peut faire?

On peut prendre un taxi pour aller à la gare, aller à la gare de Lyon, prendre un billet de première, un aller simple, composter son billet (c'est obligatoire). . . .

Trouvez encore au moins cinq possibilités.

Quels sont les avantages du train?

On peut donner congé à son chauffeur, c'est moins fatigant que la bicyclette, on arrive frais comme une rose. . . .

Trouvez encore au moins deux avantages.

. . . .

29.35 Mise en scène et réinvention de l'histoire

Reconstituez une conversation entre Robert et Mireille au sujet de la voiture que Mireille aimerait avoir.

Robert: Qu'est-ce que tu aimerais avoir comme voiture?
Mireille: Eh bien, j'aimerais (. . .) avec (. . .).
Robert: Tu ne préférerais pas une petite Alpine Renault, par hasard?

Mireille: Ah, si! Ça, c'est (. . .). C'est une voiture (. . .) des reprises (. . .). Ça se conduit (. . .). Tu peux faire (. . .). Et comme freinage (. . .).
Robert: Eh bien, dis donc, tu as l'air de t'y connaître!
Mireille: Forcément (. . .). Remarque que moi, j'aime autant (. . .).

. . . .

29.36 Mise en scène et réinvention de l'histoire

X, vous présentez les avantages des différents moyens de locomotion:

L'avantage de . . . , c'est que . . .
Ce qu'il y a de bien avec . . . , c'est que . . .
Moi, ce que j'aime dans . . . , c'est que . . .
Moi, je préfère . . . parce que . . .

Y, vous présentez les inconvénients:

Oui, mais . . .
Peut-être, mais . . .
Ce n'est pas sûr, parce que . . .
L'ennui, c'est que . . .
Le problème, c'est que . . .
Seulement . . .

Vous pouvez considérer la marche à pied, la bicyclette, le ski, le cheval, la voiture à bœufs, le dromadaire, l'éléphant, le lama, la moto, le bateau à moteur ou à voile, l'aéroglisseur, l'hélicoptère, l'avion, le deltaplane, le parapente (le parachute de montagne), l'ULM (l'ultra-léger motorisé), le patin à glace ou à roulettes, la planche à voile, l'Alpine Renault, la mobylette ou le vélosolex, la mule, l'autocar, le train, l'auto-stop, l'ambulance . . .

. . . .

29.37 Mise en scène et réinvention de l'histoire

Que font Robert et Mireille le soir du jour où ils sont allés à Chartres? Est-ce qu'ils passent la soirée ensemble? Qu'est-ce qu'ils font? Est-ce qu'ils se séparent? Pourquoi? Que fait Robert? Que fait Mireille?

29.38 Mise en scène et réinvention de l'histoire

Imaginez un épisode avec le Suédois et l'homme en noir. Vous pouvez utiliser les suggestions suivantes ou inventer autre chose.

Robert est en train | de / d' |
- sortir | du / de la | gare. / cathédrale. / musée.
- choisir / acheter | un bijou. / une carte postale. / une blouse en dentelle.
- admirer | le portail ouest. / les vitraux. / les bibelots. / les poteries.
- se reposer sur un banc.
- boire un pichet de rouge.
- se couper les ongles.

Il voit un Suédois et un homme en noir

qui se dirigent vers | la gare. / le portail nord. / les magasins de bibelots. / le jardin derrière la cathédrale. / un petit café.

Le Suédois, c'est
- un cousin de Mireille.
- le petit ami de | Mireille. / Mme Belleau. / la mère de Robert.
- un neveu de Mme Courtois.
- un diplomate | russe. / suédois. / argentin.
- un champion de | karaté. / boxe. / course à pied. / tennis.

L'homme en noir, c'est
- le frère du Suédois
- un agent | des douanes. / de la Mafia. / de police. / double. / d'assurances.
- un assassin professionnel.
- un vétérinaire.
- un diplomate | russe. / américain. / suédois.
- un prêtre.

Robert | entend / n'entend pas | l'homme en noir qui dit:

Alors, tu as
- les boules de gomme?
- peur?
- l'argent?
- la bagnole?
- faim?
- l'héroïne?
- la victime?
- honte?
- un faible pour | Mireille? / Minouche? / le rouge? / la charcuterie?
- horreur | de Chartres? / de Robert? / du crime? / de cette histoire?

Le Suédois répond:
- Ne t'en fais pas!
- Forcément!
- Penses-tu!
- Je n'ai rien.
- J'ai tout.
- J'ai soif.

L'homme en noir:
Qu'est-ce qu'on va faire maintenant?

Le Suédois:

On va
- tuer | Mireille. / Robert, évidemment. / Robert et Mireille.
- faire sauter | la gare. / la cathédrale. / le musée. / le train.
- continuer à les suivre.
- dîner avec Mireille ce soir.

L'homme en noir:
Comment est-ce qu'on va arranger ça?

Le Suédois:

Eh bien, tu vas
- prendre le train.
- aller chez Vagenende ce soir.
- donner rendez-vous à Mireille au Flore.
- les tuer dans le train.
- les suivre sur le bateau-mouche.

L'homme en noir:

Ça | va être / ne va pas être | facile,

les gens / les compartiments / les cafés / les taxis / toutes les places / tous les monuments | vont être | illuminés. / bondés. / serrés comme des sardines. / étonnés. / vides. / pris. / prises.

Et après, qu'est-ce que je fais?

Le Suédois:

Je ne sais pas!
C'est ton problème!
Tu t'y connais; débrouille-toi!
Tu prends l'avion pour Tombouctou.
Tu prends l'Alpine et tu files!
Disparais!
Tu vas acheter des boules de gomme.

Tu gardes | le secret. / les boules de gomme.

Tu vas mettre | l'argent / les boules de gomme / l'héroïne / les cartes postales / les bijoux / les bibelots | à la banque.

· ·

29.39 Entraînement à la lecture

Lisez le document 2 de la leçon 29 dans votre livre de textes, et répondez aux questions suivantes.

1. Est-ce qu'il y a plus ou moins de cafés en France maintenant qu'au début du siècle?

_____

2. Où est-ce qu'il y a le plus de cafés, en banlieue ou au centre d'une ville?

_____

3. Aujourd'hui, est-ce qu'il y a plus ou moins de gens qui habitent en banlieue qu'autrefois?

_____

4. On peut boire dans tous les cafés. Dans beaucoup de cafés on peut aussi manger. Qu'est-ce qu'on peut y manger?

_____

· ·

29.40 Lecture et interprétation

Etudiez le document 3, et répondez.

1. D'après cette publicité, pourquoi est-ce que c'est bien d'aller dîner sur un bateau-mouche? Trouvez cinq raisons.

Il y a _____

On peut _____

2. A quelle heure part le bateau pour le dîner-croisière?

_____

Quels jours? _____

3. Combien de temps dure le dîner-croisière? _____

4. Combien est-ce que ça coûte? _____

29.41 Lecture et interprétation

Observez le document 4, lisez le texte ci-dessous, et écrivez trois ou quatre lignes de commentaire.

Considérez qu'il s'agit de deux véhicules. Le véhicule de gauche est une ambulance. Qu'est-ce qu'il transporte? Un malade? Un blessé? Peut-être quelqu'un qui a été blessé dans un accident de voiture? Le véhicule de droite est un corbillard, un fourgon mortuaire, une voiture des pompes funèbres. Il transporte le corps de quelqu'un qui est mort. La scène se passe à un croisement. Quand? Le jour, la nuit? Est-ce que le croisement est bien éclairé? Examinez les feux. Ils sont rouges, verts? Pour qui? Vous pouvez considérer aussi la vitesse des véhicules, la façon dont les conducteurs conduisent. Vous pouvez imaginer ce que les conducteurs disent, ou pensent.

_____

_____

_____

· ·

29.42 Entraînement à la lecture

Lisez le document 5 et complétez.

Si six passagers montent dans une voiture, on dit qu'ils sont montés _____ six dans cette voiture.

Si une voiture peut faire du deux cents kilomètres à l'heure, on dit qu'elle peut monter _____ deux cents (à l'heure).

· ·

29.43 Entraînement à la lecture

Lisez le document 6 et complétez.

1. Un bûcheron, c'est quelqu'un qui _____ des arbres.

2. On peut se chauffer avec du _____ , avec du charbon, ou à l'électricité.

3. Quand il fait très froid, on dit que l'hiver est _____ .

4. On dit ça; ça se dit; c'est un _____ .

· ·

29.44 Lecture et interprétation

Lisez le document 7 et répondez aux questions suivantes.

1. Dans quel quartier de Paris est la rue du Four?

_____

2. Est-ce que les deux personnages de la chanson vivent ensemble? Où habite la personne qui dit "je"?

_____

3. Qu'est-ce qu'ils aiment boire dans les cafés de Saint-Germain-des-Prés? _____

Leçon **30**

Assimilation du texte

🎧 30.1 Mise en œuvre

Ecoutez le texte et la mise en œuvre dans l'enregistrement sonore. Répétez et répondez selon les indications.

. . . .

🎧 30.2 Compréhension auditive

Phase 1: Regardez les images ci-dessous, et répétez les énoncés que vous entendez.

Phase 2: Ecrivez la lettre de chaque énoncé sous l'image qui lui correspond le mieux.

1. ___   2. ___

3. ___   4. ___   5. ___

6. ___   7. ___   8. ___

49

∩ 30.3 Production orale

Ecoutez les dialogues suivants. Vous allez jouer le rôle du second personnage.

1. Le patron de l'hôtel: Ah, bonjour, Monsieur. Vous avez bien dormi?
   Robert: (. . .)
2. Robert: Dites-moi, Provins, vous connaissez? Vous pouvez me dire où c'est?
   Le patron de l'hôtel: (. . .)
3. Robert: C'est du côté de Chartres?
   Le patron de l'hôtel: (. . .)

4. Robert: Je viens de la part du propriétaire du Home Latin. Je voudrais louer une voiture pour la journée.
   Le garagiste: (. . .)
5. Le garagiste: Tenez, j'ai là une Renault 11, cinq vitesses synchronisées au plancher. J'ai aussi une CX avec suspension hydraulique, très confortable.
   Robert (. . .)
6. Mireille: Allô, Tonton? C'est moi, Mireille. Dis-moi, je dois aller à Provins, voir mon amie Colette, tu sais, Colette Besson. Est-ce que tu pourrais me prêter une voiture?
   Guillaume: (. . .)

∩ 30.4 Compréhension auditive et production orale

Vous allez entendre de courts passages, chacun suivi d'une question. Répondez à la question.

1. Pourquoi est-ce que le garagiste ne peut pas donner cette voiture à Robert?
2. Qu'est-ce qu'il faut faire, à Denfert, pour prendre l'avenue du Général Leclerc?
3. Pourquoi est-ce qu'il n'y a pas moyen de se tromper?

4. Pourquoi est-ce que Mireille téléphone à Tonton Guillaume?
5. Pourquoi Tonton Guillaume va-t-il téléphoner au garage?
6. Pourquoi est-ce que Robert a fait demi-tour?
7. Pourquoi est-ce que l'Alpine s'est arrêtée?

Préparation à la communication

∩ 30.5 Observation: Prononciation; timbre des voyelles (révision)

Comparez.

heure	air
meurt	mer
sœur	sert
peur	père
beurre	Berre

La voyelle de la deuxième colonne est très différente de la voyelle de la première colonne. Pour bien marquer la distinction entre les deux voyelles, il faut faire attention de:

- ne pas anticiper le /r/ qui suit;
- ne pas diphtonguer la voyelle;
- prononcer un /r/ français: l'extrémité de la langue doit rester appuyée contre les dents inférieures.

∩ 30.6 Activation orale: Prononciation; timbre des voyelles

Répétez les expressions suivantes en faisant très attention aux voyelles en italique. Prononcez un /r/ français. Ne diphtonguez pas la voyelle.

Le chemin de *fer*.
Il y a un service d'hélicopt*è*res.
C'est ce que je préf*è*re.
A Denfert, prenez l'avenue du Général Leclerc.
Ce n'est pas ch*er*.

C'est une bonne aff*ai*re.
Du chambertin?
On peut f*ai*re du 140 kilomètres à l'h*eu*re.
Merci!

○ 30.7 Observation: Sollicitude; *qu'est-ce que vous avez?*

question	réponse
—Vous n'avez pas l'air en forme. Qu'est-ce que vous avez? Qu'est-ce qu'il y a? Il y a quelque chose qui ne va pas? Ça ne va pas?	—Je n'ai rien! Rien! Non, ça va! Si, ça va!

. . . .

○ 30.8 Activation orale: Sollicitude; *qu'est-ce que vous avez?*

Répondez très rapidement selon l'exemple.

Exemple:
Vous entendez: 1. Vous n'avez pas l'air en forme!
Vous dites: Qu'est-cè que vous avez?

2. Tu n'as pas l'air en forme!
3. Robert n'a pas l'air en forme!
4. Robert n'avait pas l'air en forme!
5. Tes parents n'avaient pas l'air en forme!
6. Tes parents n'ont pas l'air en forme!

. . . .

○ 30.9 Observation: Apparences

paraître + *adjectif*	
Robert **paraît** fatigué.	
avoir l'air + *adjectif*	**avoir l'air de** + *infinitif*
Mireille **a l'air** fragile.	Elle **a l'air de** s'y connaître!
sembler + *adjectif*	**sembler** + *infinitif*
Robert **semble** perdu.	Robert **semble** chercher quelque chose.
on dirait + *substantif*	**on dirait que** + *verbe*
On dirait de la craie.	**On dirait que** Robert a mal dormi!
il paraît que + *verbe*	
Il paraît que M. Courtois est absent.	
faire semblant de + *infinitif*	
Mireille **fait semblant de** ne pas le voir.	

30.10 Activation écrite: Apparences

Essayez de trouver l'expression qui correspond le mieux à chacune des situations suggérées par les phrases suivantes et complétez-les.

1. Un jeune homme se promène dans le parc; il _____ de s'ennuyer.

2. Mathématiques, médecine, droit. . . . Vous n' _____ très fixé!

3. Ce que vous dites est tout à fait correct! Mais vous _____ si cérémonieux!

4. Regardez-moi ce camembert! Il est beaucoup trop frais! _____ de la craie!

5. Non, je n'ai pas connu Hemingway. Mais j'ai entendu parler de lui. _____ il buvait beaucoup.

6. Le ciel est gris. _____ qu'il va pleuvoir.

7. Pourquoi as-tu cru que j'étais anglais? Est-ce que j' _____ anglais?

8. Oh, oh! Voilà ma sœur qui revient! Elle n' _____ contente!

9. Robert revient dans la cour de la Sorbonne. Il _____ chercher quelque chose . . . ou quelqu'un.

10. Si vous voulez engager la conversation avec un jeune homme, vous pouvez _____ tomber devant lui dans un escalier.

11. Robert entre dans une cabine téléphonique. Il _____ comprendre comment marche l'appareil.

12. En arrivant au Luxembourg, Mireille trouve Robert et Marie-Laure qui parlent, assis sur un banc. Elle _____ surprise de les voir ensemble.

    Elle dit: "Qu'est-ce que vous faites là, vous deux? Vous _____ bizarre."

    Et Marie-Laure répond: "Nous, _____ bizarre? Bizarre, bizarre!"

13. Robert s'arrête, il consulte la carte; il _____ tout à fait perdu.

14. Quand Mme Courtois les a présentés l'un à l'autre, Mireille et Robert _____ ne pas se connaître.

15. Tous ces gâteaux, ces croissants, ces brioches! Ça _____ bon, tout ça!

16. A Chartres, Robert a cru voir un jeune homme qui _____ suédois et qui portait un short bleu clair très court.

17. Vous avez bien dormi? Vous n' _____ pas _____ en forme!

. . . .

🎧 30.11 Observation: Expression indéfinie + de; c'est ce que nous avons de moins cher

expression indéfinie	de	adjectif
Vous n'avez **rien**	de	moins cher?
Non, c'est **ce que** nous avons	de	moins cher.
Si, nous avons **quelque chose**	de	moins cher.

🎧 30.12 Activation orale: Expression indéfinie + de

Répondez selon l'exemple.

Exemple:

Vous entendez: 1. Vous n'avez rien de plus grand?

Vous dites: Non, c'est ce que nous avons de plus grand.

2. Vous n'avez rien de moins grand?
3. Vous n'avez rien de plus petit?
4. Ils n'ont rien de plus petit?
5. Ils n'ont rien de plus grand?
6. Vous n'avez rien de moins cher?
7. Il n'y a rien de moins cher?
8. On ne fait rien de plus grand?

⋂ 30.13 Observation: Situation géographique; points cardinaux

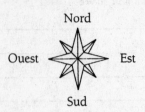

		à + *article*		**de**
Dunkerque	est	**au**	nord	**de** Paris.
Orléans	est	**au**	sud	**de** Paris.
La Bretagne	est	**à l'**	ouest	**de** Paris.
L'Alsace	est	**à l'**	est	**de** Paris.

. . . .

⋂ 30.14 Activation: Compréhension auditive; points cardinaux

Vous allez entendre des phrases qui donnent des situations géographiques. Identifiez ces positions et indiquez-les en écrivant le numéro de chaque phrase dans la case appropriée.

Exemple:

Vous entendez: 1. Dunkerque est au nord de Paris.

Vous écrivez 1 dans une case au nord de Paris.

Nord

Ouest   Paris   Est

Sud

. . . .

30.15 Activation écrite: Itinéraires (récapitulation)

A. Lisez attentivement les sections 1, 3, et 5 du texte de la leçon 30.

Vous êtes Robert, vous revenez de Bourgogne et vous voulez rendre votre voiture de location. Vous êtes maintenant sur l'autoroute, un peu après Fontainebleau. Vous allez bientôt arriver à Paris. Qu'est-ce que vous allez faire? Décrivez en détail votre itinéraire.

Je vais _____ autoroute. _____ le boulevard périphérique _____

Porte d'Orléans. _____ avenue du Général Leclerc _____ Denfert-Rochereau,

_____ boulevard Raspail _____ garage Shell.

B. Etudiez la carte de la région des grands crus de Bourgogne (document 8 dans votre livre de textes).
Vous êtes quelque part sur la Nationale 5. Un jeune homme s'arrête. C'est Robert. Il a l'air un peu perdu. Il vous demande ce qu'il doit faire pour aller à Givry. Expliquez-lui aussi précisément que possible l'itinéraire qu'il doit suivre.

_____

_____

_____

_____

_____

_____

C. Regardez la carte de France dans le document 8. (Le nord est en haut, le sud en bas.)

Où est la Bourgogne par rapport à Paris?

_____

Où est le Beaujolais par rapport à la Bourgogne?

_____

Où est Paris par rapport à Dijon?

_____

∩ 30.16 Observation: Impossibilité; *il n'y a pas moyen*

	il	y a	moyen de	*infinitif*
Est-ce qu'on peut se perdre? Non!	Il	n'y a pas	**moyen de**	se perdre!
Si!	Il	y a toujours	**moyen de**	se perdre!

∩ 30.17 Activation orale: Impossibilité; *il n'y a pas moyen*

Répondez selon l'exemple.

Exemple:

Vous entendez: 1. Est-ce qu'on peut se perdre?
Vous dites: Non, il n'y a pas moyen de se perdre.

2. Est-ce qu'on peut se tromper?
3. Est-ce qu'on peut attraper l'autoroute?
4. Est-ce qu'on peut sortir de l'autoroute?
5. Est-ce qu'on peut faire demi-tour?

∩ 30.18 Observation: Prêts et emprunts

		verbe	objet direct	à	objet indirect
Mireille n'a pas de voiture.	Elle	**emprunte**	une		voiture à son oncle.
Guillaume a deux voitures!	Il	**prête**	une de ses		voitures à Mireille.
Mireille est honnête . . .	Elle	**rend**	la		voiture à son oncle.

∩ 30.19 Activation orale: Prêts et emprunts

Ecoutez les énoncés suivants. Essayez de bien comprendre la situation, puis répondez selon les exemples.

Exemples:

Vous entendez: 1. Mireille n'avait pas d'argent. Marie-Laure en avait. Qu'est-ce que Mireille a fait?

Vous dites: Elle a emprunté de l'argent à Marie-Laure.

Vous entendez: 2. Qu'est-ce que Marie-Laure a fait?

Vous dites: Elle a prêté de l'argent à Mireille.

3. Marie-Laure n'a plus de pull propre pour aller à l'école. Mireille en a plusieurs. Qu'est-ce que Marie-Laure va faire?

4. Qu'est-ce que Mireille va faire?

5. Mireille n'a pas de voiture. Son oncle en a deux. Qu'est-ce qu'elle va faire?

6. Qu'est-ce que son oncle va faire?

30.20 Activation écrite: Prêts et emprunts

Lisez, calculez, et répondez.

1. Mireille avait 300F. Hubert lui a prêté 200F et Marie-Laure lui a emprunté 50F. Combien Mireille a-t-elle?

_____

2. Mireille avait 1.000F. Elle a prêté 100F à Marie-Laure. Elle a emprunté 500F à son père. Cécile lui a emprunté 300F pour aller chez le coiffeur. Elle a prêté 20F à Marie-Laure pour acheter des boules de gomme. Sa mère lui a prêté 200F. Marie-Laure lui a rendu 10F. Combien lui reste-t-il en poche?

_____

30.21 Activation écrite: Prêts et emprunts; pronoms (révision)

Etudiez le dialogue suivant. Essayez de deviner le sujet de la dispute et de trouver les mots qui manquent.

1. Marie-Laure: Rends-moi mon foulard!

   Mireille: _____ foulard?

   Marie-Laure: _____ que je t'ai _____ avant-hier!

   Mireille: Le foulard bleu? Mais tu me l'as _____ ! Tu ne me l'as pas _____ !

2. Marie-Laure: Non, pas du tout! Je ne te l'ai pas donné, je te _____ ! Alors, maintenant, _____ le-moi. Je _____ veux!

   Mireille: De toute façon, je ne peux pas te le _____ !

   Marie-Laure: Et pourquoi ça? Tu _____ as perdu?

   Mireille: Non, je ne _____ pas _____ !

3. Marie-Laure: Alors rends-_____ moi tout de suite!

   Mireille: Je ne peux pas _____ le _____ parce que je ne _____ ai pas. Colette me l'a _____ !

   Marie-Laure: Eh bien, téléphone-_____ et dis-_____ de te _____ tout de suite! Et c'est bien la dernière fois que je _____ quelque chose!

∩ 30.22 Observation: Indifférence; *ça m'est égal*

Le garagiste: Changement de vitesse manuel ou
   automatique?
Robert: Oh, **ça m'est égal.**
Mireille: Tu peux me prêter une voiture?
Tonton Guillaume: Bien sûr! Prends celle que tu voudras; **ça
   m'est égal.**

ça	objet indirect	être	égal
Ça	m'	est	égal.
Ça	lui	est	égal.

. . . .

∩ 30.23 Activation orale: Indifférence; pronoms objets indirects (révision)

Répondez selon l'exemple.

Exemple:

Vous entendez: 1. Qu'est-ce que vous voulez, la Peugeot ou
   la Renault?
Vous dites: Oh, ça m'est égal.

2. Changement de vitesse manuel ou automatique? Vous
   avez une préférence?
3. Est-ce que Robert a une préférence?

4. Qu'est-ce que je vous donne, Messieurs, un Nuits-Saint-
   Georges ou un chambertin?
5. Est-ce que ces dames ont une préférence?
6. Alors, les enfants, vous voulez jouer aux portraits ou aux
   cartes?
7. Ils préfèrent jouer aux portraits ou aux cartes?
8. Quand vous étiez en Bretagne, vous préfériez pêcher des
   crevettes ou des crabes?

. . . .

∩ 30.24 Activation: Dictée et compréhension

A. Ecoutez et écrivez. Vous entendrez le passage trois fois.

Qu'il est difficile de choisir, quand on aime tout!

Mireille: Lequel tu _____ ?

Marie-Laure: _____ !

Mireille: Bon; alors, je _____ chou à la crème.

Marie-Laure: Oh! C'était _____ que je _____ !

Mireille: Ben, il faudrait savoir! Ça _____ ou ça ne _____ ?

Marie-Laure: Ça ne _____ ! Je préfère le chou à la crème.

Mireille: Il fallait le dire, si ça _____ ! Moi, _____ . Alors je vais

   _____ l'éclair au chocolat.

B. Maintenant répondez aux questions suivantes.

1. Qu'est-ce que Marie-Laure doit choisir?

   _____

2. En fin de compte, qu'est-ce que Marie-Laure mange?

   _____

∩ 30.25 Activation orale: Formes du présent de l'indicatif (révision)

Vous êtes Robert. Vous allez à Provins. Vous suivez les instructions du garagiste. Vous les répétez et vous les vérifiez. Suivez l'exemple.

Exemple:

Le garagiste: 1. Vous êtes en bas du boulevard Raspail.

Vous: Bon! Je suis en bas du boulevard Raspail. . . .

2. Vous remontez le boulevard jusqu'à Denfert-Rochereau.
3. Vous voyez un lion sur la place.
4. Vous prenez l'avenue Général Leclerc.
5. Vous la suivez jusqu'à la Porte d'Orléans.
6. Vous ne pouvez pas vous tromper.

. . . .

30.26 Activation écrite: Formes du futur (révision)

Conversation téléphonique avec Mme Courtois

Madame Courtois parle tellement vite qu'elle est quelquefois difficile à comprendre. Essayez de reconstituer ce qu'elle a dit d'après le contexte. Remarquez qu'elle parle au futur.

1. Vous voulez aller en Bourgogne demain? C'est une excellente idée! Mais ne louez pas de voiture! Nous vous <u>prêterons</u> la nôtre! Vous n'<u>aurez</u> qu'à aller la prendre au garage quand vous _____ . Mais si, mais si! De toute façon, Jacques ne s'en _____ pas demain! Evidemment, vous _____ l'autoroute! Ce _____ plus cher, bien sûr, à cause des péages qu'il vous _____ payer. Mais vous _____ plus vite! Ce _____ plus rapide. Vous _____ plus de temps pour visiter les vignobles! Vous _____ foncer à 130 à l'heure presque tout le temps.

2. Pour prendre l'autoroute? C'est facile! Vous _____ le boulevard Raspail jusqu'au bout. Vous _____ un lion sur une place: c'est Denfert-Rochereau. Vous _____ à droite pour prendre l'avenue du Général Leclerc. Vous la _____ jusqu'à la Porte d'Orléans, et là, vous n' _____ qu'à suivre les panneaux A6.

3. A Beaune, allez visiter les Hospices; je suis sûre que ça vous _____ .

4. Mais si, mais si, prenez donc notre voiture. Ça nous _____ plaisir. Mais non, mais non, ça ne nous _____ pas du tout! Et je _____ bien contente d'avoir Jacques à la maison, pour une fois! Il _____ s'occuper un peu de cette pauvre Minouche qui s'ennuie toute seule à la maison! Vous nous _____ tout ça quand vous _____ .

. . . .

🎧 30.27 Observation: Temps composés et participes passés (révision)

participes passés en -é			*participes passés en -u*		
Robert s'est	**levé**	tôt.	Il a	**vu**	une Alpine.
Il a	**parlé**	au patron de l'hôtel.	Il a	**cru**	que c'était Mireille.
Il est	**allé**	au garage Shell.	Il n' a pas	**su**	que faire.
Il a	**loué**	une voiture.	Il a	**voulu**	sortir de l'autoroute.
Il a	**démarré**.		Il est	**descendu**	de voiture.
Il a	**remonté**	le boulevard.	Il a	**bu**	un verre de bourgogne.
Il est	**arrivé**	à Denfert.	Ça lui a	**plu**.	
Il a	**obliqué**	à droite.	Il a	**tenu**	à goûter tous les crus.
Il a	**attrapé**	l'autoroute.	Il a	**disparu**	dans les vignes.
Il s'est	**lancé**	à la poursuite d'une Alpine.	Il a	**connu**	quelques moments agréables.
Il a	**foncé**	sur l'autoroute.	Il s'est	**perdu**.	
Il n' a pas	**dépassé**	l'Alpine.	Il est	**revenu**	à Paris dans la nuit.
Il s'est	**arrêté**	à Beaune.	Il a	**rendu**	la voiture le lendemain.

Vous vous souvenez que les **temps composés** (comme le passé composé, le plus-que-parfait) sont composés d'un **auxiliaire** (*être* ou *avoir*) et du **participe passé** du verbe. L'utilisation d'un temps composé pose donc deux problèmes: le choix de l'auxiliaire *être* ou *avoir*, et la détermination de la forme du participe passé.

Il y a moyen de savoir quel auxiliaire il faut employer. Malheureusement, il n'y a pas moyen de déterminer quelle va être la forme du participe passé d'un verbe. Il faut l'observer et essayer de se souvenir. Observez donc les participes passés des verbes ci-dessus.

Il y a des verbes qui ont un participe passé en -é. Ce sont les plus nombreux: tous les verbes qui ont un infinitif en -er, le verbe *naître* (Robert est né aux Etats-Unis), et le verbe *être* (Il a été écœuré). Il y a des verbes qui ont un participe passé en -u. Ces verbes ont des infinitifs très différents: *voir, croire, descendre, plaire, tenir, disparaître, perdre*. . . .

. . . .

🎧 30.28 Activation: Compréhension auditive; identification des participes passés en *-u*

Vous allez entendre des phrases qui contiennent toutes des participes passés en *-u*. Essayez de déterminer de quel verbe il s'agit. Cochez la case appropriée.

Exemple:
Vous entendez: 1. Robert a vu une Alpine.
Vous cochez la case 1 sur la ligne de *voir*.

	1	2	3	4	5	6	7	8	9	10	11	12	13	14	15	16	17	18
voir	×																	
savoir																		
vouloir																		
croire																		
boire																		
descendre																		
rendre																		

	1	2	3	4	5	6	7	8	9	10	11	12	13	14	15	16	17	18
se perdre																		
tenir																		
revenir																		
connaître																		
disparaître																		
plaire																		

∩ 30.29 Activation orale: Temps composés; participes passés en -é et -u

Nous allons revoir le voyage de Robert en Bourgogne. D'abord, nous allons annoncer ce qui va se passer, puis nous vérifierons que c'est bien ce qui s'est passé.

Exemple:

Vous entendez: 1. Vous allez voir que Robert va aller au garage Shell!

Vous dites: Oui! Il est allé au garage Shell!

2. Vous allez voir qu'il va louer une voiture!
3. Il va attraper l'autoroute.
4. Maintenant vous allez voir qu'il va vouloir sortir de l'autoroute.
5. Il va voir une Alpine.
6. Il va croire que c'est Mireille.
7. Il ne va pas savoir que faire.
8. Il va se lancer à la poursuite de l'Alpine.
9. Il va s'arrêter à Beaune.
10. Il va descendre de voiture.
11. Il va boire un verre de bourgogne.
12. Ça va lui plaire!
13. Il va tenir à goûter tous les vins de Bourgogne.
14. Il va se perdre.
15. Il va revenir à Paris très tard.
16. Il va rendre la voiture le lendemain.

30.30 Activation écrite: Imparfait et passé composé (révision)

Complétez pour mettre les phrases suivantes au passé.

1. Robert descend de sa chambre. Il n'a pas l'air en forme!

   Quand Robert _____ de sa chambre, il n'_____ pas l'air en forme.

2. Il est fatigué parce qu'il a mal dormi.

   Il _____ fatigué parce qu'il _____ mal dormi.

3. Il demande au patron de l'hôtel où est Provins.

   Il _____ au patron où _____ Provins.

4. Il va au garage Shell et il loue une voiture.

   Il _____ au garage Shell et il _____ une voiture.

5. Il prend une 205 parce que c'est ce qu'il y a de moins cher.

   Il _____ une 205 parce que c' _____ ce qu'il y _____ de moins cher.

6. Il suit les indications des panneaux.

   Il _____ les indications des panneaux.

7. Il ne se trompe pas!

Il ne _____ .

8. Mais il se perd quand même!

Mais il _____ quand même!

9. Le même jour, Mireille va au garage pour emprunter la voiture de Tonton Guillaume.

Le même jour, Mireille _____ au garage de Tonton Guillaume.

10. A Fontainebleau, Robert veut sortir de l'autoroute.

A Fontainebleau, il _____ sortir de l'autoroute.

11. Alors, il sort de l'autoroute.

Alors, il _____ de l'autoroute.

12. Mais, juste au moment où il sort de l'autoroute, il voit une Alpine qui s'y engage.

Mais, juste au moment où il _____ de l'autoroute, il _____ une Alpine qui s'y

_____ .

13. Il se lance à sa poursuite.

Il _____ à sa poursuite.

14. A Beaune, l'Alpine s'arrête pour prendre de l'essence.

A Beaune, l'Alpine _____ pour prendre de l'essence.

15. La blonde qui est dedans descend de voiture. Ce n'est pas Mireille!

La blonde qui _____ dedans _____ de voiture. _____ pas Mireille!

. . . .

30.31 Activation écrite: Articles, prépositions (révision)

Relisez le texte de cette leçon et complétez les phrases suivantes.

1. Robert est descendu dans le hall de réception _____ Home Latin. Il a demandé _____ patron _____ hôtel où était Provins. Il a dit que c'était vers _____ est, ou, plus exactement vers _____ sud-est de Paris. Robert croyait que c'était _____ côté de Chartres, mais, en fait, c'est _____ autre côté de Paris.

2. Robert a loué une voiture _____ garage Shell, en bas _____ boulevard Raspail. Il a dit _____ garagiste qu'il venait _____ part du patron du Home Latin.

3. Quelques minutes plus tard, Robert était _____ volant d'une Peugeot 205. Il a suivi l'avenue _____ Général Leclerc jusqu' _____ Porte d'Orléans.

4. Mireille est allée prendre la voiture de Tonton Guillaume _____ garage.

5. Pendant ce temps-là. Robert arrivait _____ place Denfert-Rochereau.

6. Il a voulu sortir _____ autoroute à Fontainebleau.

7. Robert a foncé, le pied _____ plancher.

8. Il s'est arrêté pour prendre _____ essence.

30.32 Activation écrite: Vocabulaire, formes verbales, pronoms, adjectifs (révision)

Relisez le texte de la leçon 30 et essayez de reconstituer le texte suivant.

Journal de Robert—Excursion en Bourgogne

1. Hier, je _____ allé en Bourgogne. Je n'_____ pas très bien dormi la nuit d'avant, je ne sais pas pourquoi. J'ai pensé que ça me ferait du bien d'aller _____ promener à la campagne. J' _____ demandé au _____ de l'hôtel où je pourrais _____ une voiture. Il _____ a conseillé le garage d'un de ses amis, _____ bas du boulevard Raspail. Il m'a dit d' _____ aller de _____ part.

2. Le garagiste m' _____ proposé toutes sortes de voitures. Je _____ ai dit de _____ donner la _____ . Finalement j'ai _____ une Peugeot 205; il _____ que c'est ce qu'il y a _____ cher.

3. Il _____ l'air de penser que je ne _____ pas bien Paris, alors il m'a montré le chemin sur la carte. Ce n' _____ vraiment pas la peine, parce que c'est très facile. Il n'y a pas _____ se tromper. J'ai _____ le boulevard Raspail _____ la place Denfert-Rochereau. J'ai _____ droite et j'ai _____ l'avenue du Général Leclerc. Je l'ai _____ Porte d'Orléans, j' _____ pris le périphérique, et là, je n'ai _____ qu'à suivre les indications pour l' _____ A6. On ne peut pas _____ perdre: il y a des _____ partout.

4. Sur l'autoroute, je me suis amusé à suivre une voiture de sport, une Alpine, je crois. Elle _____ au moins du 140 _____ heure! J'ai _____ , le pied _____ pendant bien une heure. J' _____ réussi à _____ rattraper juste avant Beaune. Mais là, je _____ laissée filer pour aller explorer les _____ bourguignons, Aloxe-Corton, Nuits-Saint-Georges. . . .

. . . .

⌂ 30.33 Activation orale: Dialogue entre Robert et le garagiste

Vous allez entendre un dialogue entre Robert et un garagiste. Ecoutez bien. Vous allez apprendre les répliques de Robert.

Le garagiste: Je peux vous donner une Peugeot 205, si vous voulez.
Robert: **C'est ce que vous avez de moins cher?**

Le garagiste: Oui.
Robert: **Bon, alors, d'accord. C'est combien pour la journée?**
Le garagiste: 450F.
Robert: **D'accord, je la prends.**

Exercices-tests

30.34 Exercice-test: Prépositions

Complétez en utilisant *de* ou *à* selon le cas.

1. Vous n'avez pas quelque chose _____ plus petit, comme voiture?

2. Vous ne trouverez rien _____ plus confortable.

3. Chartres? C'est _____ l'ouest _____ Paris.

4. Quel bruit! Il n'y a pas moyen _____ travailler, ici!

5. Mireille a emprunté de l'argent _____ sa sœur.

6. Tu as prêté de l'argent _____ Mireille?

Vérifiez. Si vous avez fait des fautes, travaillez les sections 30.11 à 30.19 dans votre cahier d'exercices.

∩ 30.35 Exercice-test: Passés composés

Vous allez entendre des phrases au passé composé. Déterminez de quel verbe il s'agit, et cochez la case correspondante.

	1	2	3	4	5	6	7	8	9	10
vouloir										
savoir										
voir										
plaire										
venir										
boire										
croire										

Vérifiez. Si vous avez fait des fautes, travaillez les sections 30.27 à 30.30 dans votre cahier d'exercices.

. . . .

30.36 Exercice-test: Passés composés

Mettez les phrases suivantes au passé composé.

1. Robert veut louer une voiture.

   Robert _____ louer une voiture.

2. Il arrive au garage Shell.

   Il _____ au garage Shell.

3. Il parle au garagiste.

   Il _____ au garagiste.

4. Il tient à prendre la voiture la moins chère.

   Il _____ à prendre la voiture la moins

   chère.

5. Il démarre.

   Il _____ .

6. Il remonte le boulevard.

   Il _____ le boulevard.

7. Il ne voit pas les panneaux pour l'autoroute.

   Il _____ les panneaux pour

   l'autoroute.

8. Il s'arrête dans un café.

   Il _____ dans un café.

9. Il boit quelques verres de bourgogne.

   Il _____ quelques verres de

   bourgogne.

10. Après ça, il va se coucher.

    Après ça, il _____ se coucher.

Vérifiez. Si vous avez fait des fautes, travaillez les sections 30.27 à 30.30 dans votre cahier d'exercices.

Libération de l'expression

30.37 Mise en question

Relisez le texte de la leçon; lisez les questions de la mise en question qui suit la mise en œuvre dans votre livre de textes. Réfléchissez à ces questions et essayez d'y répondre.

30.38 Mots en liberté

Quand on conduit, qu'est-ce qu'on peut faire?

On peut prendre l'autoroute, faire demi-tour, faire du 140, dépasser une Alpine. . . .

Trouvez encore au moins cinq possibilités.

Qu'est-ce qu'on peut avoir?

On peut avoir mal à la tête, mal dormi, l'air en forme, quelque chose de moins cher, une grosse voiture, l'habitude de conduire vite, raison, un faible pour les voitures de sport, le cœur sur la main, un accent américain. . . .

Trouvez encore au moins six possibilités.

30.39 Mise en scène et réinvention de l'histoire

Imaginez un dialogue entre vous et Robert qui demande des indications pour aller à Provins. Vous pouvez imiter le dialogue entre Robert et le patron de l'hôtel, ou inventer des variantes.

Robert: Vous pouvez me dire où est Provins?
Vous: Eh bien, c'est (. . .).
Robert: C'est du côté de Chartres?
Vous: Ah, non, (. . .).
Robert: Ah, bon! Où est-ce que je pourrais louer une voiture?

Vous: Eh bien (. . .).
Robert: Pour sortir de Paris, je prends quelle direction?
Vous: Remontez le boulevard Raspail jusqu'à Denfert-Rochereau. Il y a des (. . .). Il n'y a pas moyen (. . .). Vous ne pouvez pas (. . .).
Robert: Très bien, merci.

30.40 Mise en scène et réinvention de l'histoire

1. X, vous êtes Robert, ou peut-être Mireille, ou peut-être vous-même. . . . Vous voulez louer une voiture. Y, vous êtes le garagiste.

2. X, vous êtes Mireille. Vous téléphonez à votre oncle Guillaume pour lui emprunter une voiture. Vous lui expliquez le but de votre voyage. Vous indiquez quand vous comptez partir et rentrer. Rappelez-vous que Tonton Guillaume a plusieurs voitures. Laquelle allez-vous prendre? (Laquelle est la plus rapide, neuve, confortable, décapotable, marche le

mieux, a une boîte de vitesses manuelle ou automatique, consomme le moins, a le plein d'essence, a de bons freins. . . ? Vous pouvez peut-être aussi considérer la couleur. . . .) Y, vous êtes Tonton Guillaume, serviable et généreux comme d'habitude, ou de mauvaise humeur, pas coopératif, méfiant, soupçonneux, qui pose tout un tas de questions indiscrètes.

3. Où Mireille est-elle allée, le lendemain du voyage à Chartres? Imaginez. Et Robert? Que lui est-il arrivé? Imaginez d'autres possibilités.

30.41 Mise en scène et réinvention de l'histoire

Imaginez un nouvel épisode de l'histoire. Mireille est chez elle, et le téléphone sonne. C'est l'homme en noir.

Mireille:

Allô! Allô! Qui est à l'appareil?

L'homme en noir:

C'est
| moi.
| lui.
| nous.
| l'autre.
| mon frère.
| Robert.
| l'Armée du Salut.
| M. Courtois.

Mireille:

Quoi?
Comment?
Je ne comprends pas. . . .
Ah, bon!

L'homme en noir:

Comment allez-vous?
Vous avez peur?
Il ne faut pas avoir peur.
Ne vous en faites pas, tout ira bien.
Ce n'est pas grave.
Ça ne fera pas un pli.

Mireille:

Qu'est-ce qu'il y a?
Qu'est-ce qui se passe?
Qu'est-ce que vous voulez?
De quoi s'agit-il, au juste?

L'homme en noir:
Ecoutez bien, Mademoiselle Mireille. Ne raccrochez pas.

Nous avons
| Minouche.
| votre petite sœur Marie-Laure.
| la voiture de votre papa.
| votre ami Robert.
| les bijoux de Tante Georgette.
| deux kilos d'héroïne.
| Fido.

Mireille:

Ce n'est pas possible!

L'homme en noir:

Si, c'est possible!

Il
Elle
Ils
est
sont
ici
| derrière
| dans
| à côté de
| chez
| à
| la tour de la cathédrale.
| le garage.
| moi.
| ma grand-mère.
| Provins.
| le coffre de la voiture.
| le bassin du château.

Mireille:

Qu'est-ce que vous voulez?

L'homme en noir:

Un carnet de tickets de métro.
1.500.000F.
Votre chien.
Vous tutoyer.
Votre adresse.
L'adresse | de votre boucher.
| du père de Robert.

Vous allez prendre
| le métro
| le TGV
| l'aéroglisseur
| un hélicoptère
pour
| Versailles.
| Genève.
| Douvres.
| Chartres.
| Provins.

Vous porterez
| un casque.
| votre jupe de Prisunic.
| l'uniforme de l'Armée du Salut.
| un foulard sur le visage.
| le bateau de Marie-Laure sous le bras.

Vous arriverez
| à minuit.
| à midi et demie.
| sans faire de bruit.
| sans parler à personne.

Si vous voulez revoir votre
| ami,
| chien,
| voiture,
| chatte,

faites ce que je vous dis. Et surtout, ne dites rien à personne. Mystère et boule de gomme!

Préparation à la lecture et à l'écriture

30.42 Entraînement à la lecture

Lisez le document 1 de la leçon 30 dans votre livre de textes. Supposez que vous voulez louer une voiture en France pour la journée.

1. Vous avez 55 ans. Vous avez eu votre permis de conduire à 22 ans. Vous avez votre passeport. Vous avez une carte Visa internationale. Vous avez 2.000F. Est-ce que vous pouvez louer une voiture chez Citer? Si non, pourquoi?

_____

2. Vous avez 20 ans. Vous avez eu votre permis de conduire à 18 ans. Vous avez votre passeport. Vous avez une carte American Express. Vous pouvez disposer de 5.000F. Est-ce que vous pouvez louer chez Citer? Si non, pourquoi?

_____

3. Maintenant, vous êtes vous-même. Vous voulez louer une voiture pendant une semaine pour faire Paris—Côte d'Azur et retour. Consultez les tarifs de Citer. D'abord, déterminez si vous pouvez louer une voiture ou non. Indiquez quelles conditions vous remplissez, ou ne remplissez pas.

_____

_____

Choisissez ensuite la voiture que vous voulez louer. Indiquez les raisons de votre choix.

_____

_____

Enfin, calculez combien cela va vous coûter, considérant que vous allez sans doute parcourir au total environ 2 500 km. Etablissez votre budget, sans oublier les assurances.

_____

_____

. . . .

30.43 Entraînement à la lecture

Lisez le document 2, et complétez ou répondez.

Comment s'appelle la petite fille? _____

Elle a rêvé, elle a fait un rêve. C'était un mauvais rêve, un _____ .

Pourquoi la petite fille aime-t-elle la Peugeot 205?

_____

_____

_____

. . . .

30.44 Lecture et interprétation

Lisez le document 3, et complétez ou répondez.

1. Pourquoi, d'après Roland Barthes, l'automobile ressemble-t-elle aux grandes cathédrales gothiques? Qui a conçu les cathédrales?

_____

Qui est-ce qui conçoit les automobiles? _____

2. Est-ce que les cathédrales ont été construites pour une personne particulière ou pour un peuple entier?

_____

Est-ce que les créateurs des automobiles conçoivent et construisent une automobile pour un client particulier?

_____

3. Les cathédrales et les automobiles ont un certain caractère _____ .

30.45 Entraînement à la lecture

Lisez le document 4, et complétez ou répondez.

1. Qu'est-ce que toutes ces phrases ont en commun?

_____

2. Quand il pleut beaucoup, on dit qu'il "tombe des _____ ."

3. Quand on boit, on dit quelquefois: "Je bois à ta santé! A la _____ !"

   M. Courtois a servi les apéritifs et, avant de boire, il a dit: "A _____ !" (Leçon 24, section 4)

. . . .

30.46 Entraînement à la lecture et expansion du vocabulaire

Lisez le document 5, "Apprentissage." Ensuite, lisez le texte suivant et complétez.

1. Quand on ne sait pas conduire, quand on n'a pas son permis de conduire, il faut prendre des _____ .

2. Quelqu'un qui enseigne dans une auto-école, qui donne des leçons de conduite, est un _____ .

3. Dans cette histoire, il y a deux personnages: le _____ d'auto-école, celui qui enseigne à conduire, et une élève, une dame qui apprend à _____ .

4. Est-ce que le moniteur a beaucoup d'expérience? Est-ce que ça fait longtemps qu'il donne des leçons de conduite?

_____

5. Moniteur d'auto-école, c'est une profession, un métier. Mais ce moniteur-là n'a pas beaucoup d'expérience; il n'y a pas longtemps qu'il fait ce _____ . En fait, il commence juste, il _____ . C'est la première fois qu'il donne une leçon de conduite.

6. La dame aussi débute; c'est la première fois qu'elle _____ une leçon. C'est une (heureuse?) coïncidence: ça _____ bien!

7. Quand on commence à faire un métier, quand on n'a pas l'habitude, c'est souvent difficile: c'est _____ .

8. Si vous freinez trop brusquement, vous allez heurter le _____ ; vous pouvez vous faire mal à la tête, parce que le pare-brise est _____ (il est en verre: le verre, c'est _____ !)

30.47 Entraînement à la lecture

Lisez le document 6, "L'accident assuré." Puis lisez le texte suivant et complétez.

1. Si vous achetez une <u>assurance</u> contre les accidents, vous êtes _____ .

2. Si vous conduisez à tombeau ouvert, à toute vitesse, sans faire attention, vous pouvez être <u>sûr</u> d'avoir un accident; c'est l'accident <u>assuré</u>: vous êtes _____ d'avoir un accident!

3. Si vous avez une assurance, l'inconvénient, c'est qu'il faut payer l'assurance régulièrement. Mais l'avantage, c'est que si vous avez un accident, l'assureur, la compagnie d'assurances, va vous _____ : elle va payer la réparation de votre voiture.

4. Si vous voulez avoir un accident, allez place de la République, parce qu'il y a beaucoup de circulation, et donc beaucoup d'accidents: la place de la République, c'est un bon _____ pour les accidents. Mais si vous cherchez un <u>endroit</u> calme pour lire tranquillement votre journal, alors, ce n'est pas un _____ coin. Il vaut mieux aller au jardin du Luxembourg. C'est <u>plus calme</u>; c'est <u>moins fatigant</u>: c'est plus _____ . (Voyez la section 4 du document.)

5. Je fonce sur la voiture de gauche . . . mais le conducteur donne un coup de volant à gauche; il m'<u>évite</u>: il se _____ . (Voyez la section 3.) Le conducteur a changé de direction: il a _____ .

6. Si vous foncez à toute vitesse, les yeux fermés, vous êtes sûr d'être <u>tué</u> dans un accident; vous allez tout droit à votre <u>tombe</u> au cimetière: vous roulez à _____ ouvert. (Voyez la section 4.)

7. Il lui a <u>donné des coups sur la tête</u>: il lui a _____ la figure.

   Attention! Tu vas tomber! Tu vas te casser la _____ !

8. Il y a eu un très grave accident; il y a eu un mort et trois <u>blessés</u>. Un des <u>blessés</u> est mort de ses _____ en arrivant à l'hôpital. (Voyez la section 6.)

9. Si on vous donne un grand coup sur l'œil, votre oeil devient <u>noir</u>. Vous avez l'œil "au beurre _____ ." Quand on écrit quelque chose, en général, on écrit en <u>noir</u> sur du papier _____ . C'est donc écrit noir _____ . Ce qui est écrit "noir sur blanc" est fixé, assuré, indiscutable.

. . . .

30.48 Entraînement à la lecture

Ecoutez la chanson "Frère Jacques" (audiocassette de la leçon 30), puis lisez les paroles (document 7 dans votre livre de textes). Lisez ensuite le texte suivant.

On appelle "frères" ou "sœurs" les membres d'une communauté religieuse catholique (un couvent ou un monastère, par exemple). Dans les communautés religieuses catholiques, on sonne les cloches pour annoncer les messes et les prières. On sonne les matines entre minuit et le lever du jour.

Leçon 31

Assimilation du texte

🎧 31.1 Mise en œuvre

Ecoutez le texte et la mise en œuvre dans l'enregistrement sonore. Répétez et répondez suivant les indications.

. . . .

🎧 31.2 Compréhension auditive

Phase 1: Regardez les images et répétez les énoncés que vous entendez.

Phase 2: Ecrivez la lettre de chaque énoncé sous l'image qui lui correspond le mieux.

1. ___

2. ___

3. ___

4. ___

5. ___

6. ___

7. ___

8. ___

⌒ 31.3 Compréhension auditive et production orale

Ecoutez les dialogues suivants. Après chaque dialogue, vous allez entendre une question. Répondez à la question.

1. Pourquoi la voiture refuse-t-elle de démarrer?
2. Pourquoi Mireille a-t-elle été obligée de brûler un feu rouge?

3. Pourquoi Mireille est-elle tombée en panne?
4. Pourquoi est-ce que ce n'est pas la peine que le cycliste change la roue?
5. Pourquoi Mireille veut-elle arriver chez elle avant la nuit?

. . . .

⌒ 31.4 Production orale

Ecoutez les dialogues suivants. Vous allez jouer le rôle du second personnage.

1. Mireille: Je crois qu'elle est morte: elle ne veut pas démarrer.
   Le garagiste: (. . .)
2. Le garagiste: Voilà! C'est arrangé! Ce n'était pas bien grave!
   Mireille: (. . .)

3. Le pompiste: Vous êtes en panne?
   Mireille: (. . .)
4. Le pompiste: Je vous fais le plein? Essence ou super?
   Mireille: (. . .)
5. Le cycliste: Je vais vous aider!
   Mireille: (. . .)

Préparation à la communication ▬▬▬▬▬▬

⌒ 31.5 Observation: Prononciation; voyelles initiales

Comparez la prononciation de la voyelle initiale dans les mots français suivants et dans les mots anglais correspondants.

| oncle | entre | instant | excusez-moi |
| attention | entreprise | invitation | exposition |

En anglais, il y a fermeture, constriction, tension des cordes vocales avant l'émission de la voyelle initiale. L'attaque est brusque. En français, l'attaque est plus progressive. Il n'y a pas d'explosion au début de la voyelle.

. . . .

⌒ 31.6 Activation orale: Prononciation; voyelles initiales

Répétez les expressions suivantes. Evitez toute tension excessive des cordes vocales **avant** la voyelle initiale.

Entre!	Attendez!	Au revoir!	Essaie!	Ouvrez le capot.
Encore!	Appuyez!	Aucun effet!	Aidez-moi!	Oubliez tout ça!
Enfin!	Avancez!	Au premier feu.	Evidemment!	
Envoyez-nous un dépanneur!	Arrangez-moi ça!	Ouvrez.	Essence ou super?	

. . . .

⌒ 31.7 Observation: Fermetures; *porte, portière, portail*

la **porte**	de la maison
la **portière**	de la voiture
le **portail**	du jardin
le **portail**	de la cathédrale

31.8 Activation écrite: Fermetures; *porte, portière, portail*

Complétez.

Mystère et boule de gomme (énigme policière)

1. Comment est-ce possible? Quelqu'un est entré dans la maison . . . et pourtant on n'a pas ouvert _____ .

2. Comment est-ce possible? Quelqu'un a pris le guide Michelin dans la voiture, et pourtant on n'a pas ouvert les

   _____ .

3. L'homme en noir est sorti par le _____ ouest de la cathédrale et pourtant personne ne l'a vu entrer.

   Mystère!

4. Robert a-t-il vu le beau Suédois et Mireille passer le _____ du petit jardin qui est derrière la

   cathédrale . . . et disparaître derrière l'abside? Mystère!

. . . .

🎧 31.9 Observation: Noms en *-age*

verbe (en **-er**)	nom (*masculin*)
dépanner	un dépann**age**
déraper	un dérap**age**
démarrer	un démarr**age**
freiner	un frein**age**
garer	un gar**age**
virer	un vir**age**

Quand un *dépanneur dépanne* une voiture avec son camion de *dépannage*, il fait un *dépannage*.

Quand on *dérape*, on fait un *dérapage*. Les *dérapages* sont dangereux. Quand il pleut, les routes sont dangereuses à cause du risque de *dérapage*, surtout dans les *virages*.

Quand on *vire* à droite, on prend un *virage* à droite.

Quand une voiture *démarre* très vite elle a des *démarrages* foudroyants. (En général, elle a aussi des reprises foudroyantes.)

Quand le système de *freinage* est bon, la voiture *freine* bien.

On peut *garer* sa voiture dans un *garage*.

. . . .

31.10 Activation écrite: Noms en *-age*

Complétez en choisissant le verbe ou le nom convenable dans la liste ci-dessus.

1. Attention! Ralentis! Il y a un _____ à

   droite.

2. La route est humide! Si tu ne ralentis pas, tu vas

   _____ .

3. Voilà un camion de dépannage. Il va pouvoir nous

   _____ .

4. On ne peut pas laisser la voiture dans la rue! Il va falloir

   la _____ au garage.

5. —Ça freine bien?

   —Oui, le _____ est excellent.

6. —Le démarrage est excellent aussi. Ça

   _____ au quart de tour.

⌒ 31.11 Observation: Questions d'argent; paiements

questions	réponses
Combien?	100F.
C'est combien?	C'est 100F.
	Ce sera 100F.
Ça fait combien?	Ça fait 100F.
	Ça fera 100F.
Combien est-ce que je vous dois?	Vous me devez 100F.
Je vous dois combien?	
Qu'est-ce que je vous dois?	100 francs! (Vous êtes sourd, ou quoi?)

paiements	
C'est à vous que je paie?	Vous payez à la caisse.
Je vous paie tout de suite?	Non, vous paierez plus tard.
	On paie à la sortie.
	On paie d'avance.
J'ai payé 100F.	J'ai payé ça très cher!
J'ai payé ça 100F.	Je n'ai rien payé!

· ·

⌒ 31.12 Activation orale: Questions d'argent; paiements

Répondez selon les exemples.

Exemples:
Vous entendez: 1. Ça faisait 100F. Je vous ai donné
    60F. . . .
Vous dites; Je vous dois 40F.

Vous entendez: 2. Ça faisait 100F. Je vous ai donné
    200F. . . .
Vous dites: Vous me devez 100F.

3. Ça faisait 200F. Je vous ai donné 150F. . . .
4. Ça faisait 20F. Je vous ai donné 15F. . . .
5. Ça faisait 1.000F. Vous nous avez donné 700F. . . .
6. Ça faisait 400F. Je vous ai donné un billet de 500F. . . .
7. Ça faisait 30F. Je vous ai donné 50F. . . .
8. Ça faisait 4F 50. Je vous ai donné une pièce de 5F. . . .

· ·

31.13 Activation écrite: Paiements

Complétez avec la forme convenable du verbe *payer*.

1. —Combien est-ce que je vous dois?

   —Je ne sais pas. Vous me _____

   plus tard.

2. Elle est bien, ta moto. Combien est-ce que tu as

   _____ ça?

3. Il ne faut jamais _____ d'avance.

4. —C'était cher?

   —Non! Je n'_____ rien _____ !

5. On _____ à la caisse.

6. Si tu ne paies pas aujourd'hui, tu _____

   plus tard!

∩ 31.14 Observation: Feux de circulation

Feu vert: Passez.
Feu orange: Attention!
Feu rouge: Ne passez pas!

Tournez à droite au troisième feu.
Le feu passe au vert: vous pouvez passer.
Il ne faut pas brûler les feux rouges.

. . . .

∩ 31.15 Activation: Discrimination auditive; feux de circulation

Vous allez entendre des énoncés. Déterminez dans quelle situation réelle on pourrait les entendre.
Indiquez votre choix en cochant la case appropriée.

Le feu était	1	2	3	4	5	6	7	8	9	10	11	12
vert												
orange												
rouge												

. . . .

∩ 31.16 Observation: Anatomie automobile; *arrière, avant, droite, gauche*

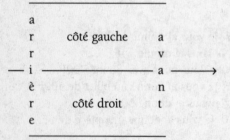

pas d'accord	accord
la roue avant la roue arrière	la roue droite la roue gauche
les roues avant les roues arrière	les roues droites les roues gauches

. . . .

∩ 31.17 Activation: Discrimination auditive; anatomie automobile; *arrière, avant, droite, gauche*

Vous voyez une voiture . . . enfin, un schéma de voiture. Vous allez entendre des énoncés. Pour chaque énoncé écrivez la lettre qui correspond à la partie de la voiture mentionnée.

Exemple:
Vous entendez: 1. Le phare avant gauche ne marche pas.
Vous écrivez: G.

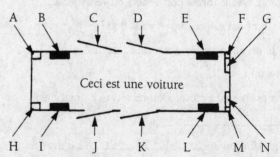

Ceci est une voiture

1 _G_   2 ___   3 ___   4 ___   5 ___   6 ___   7 ___   8 ___

31.18 Activation écrite: Anatomie automobile (récapitulation)

Complétez.

1. Avant de tourner, Mireille met son

   _____ .

2. Pour conduire la nuit, Mireille allume les

   _____ .

3. La voiture ne démarre pas parce que les

   _____ sont à plat.

4. S'il faut conduire sous la pluie, il vaut mieux que les

   _____ marchent.

5. Pour vérifier les niveaux, il faut ouvrir le

   _____ .

6. Le moteur s'est arrêté parce qu'il n'y avait plus

   d' _____ .

7. Quand on n'a plus d'essence, il faut faire le

   _____ .

8. Le super est plus cher que l' _____ .

9. Quand on arrive à un feu _____ , il est

   prudent de freiner.

10. Mireille a brûlé un feu rouge parce qu'elle n'avait pas de

    _____ .

11. Pour faire démarrer la voiture, il faut d'abord mettre le

    _____ .

. . . .

∩ 31.19 Observation: Temps composés et participes passés (révision)

participes passés en -i		*participes passés en* -is	
Il a mal **dormi.**		Il a **pris** l'autoroute.	
Il a **choisi**	la voiture la moins chère.	Il n'a pas **compris**	les explications du garagiste.
Il a **suivi**	l'avenue jusqu'à la Porte d'Orléans.	Elle a **entrepris**	de changer la roue.
Il est **sorti**	de l'autoroute.	La pluie l'a **surprise.**	
Il a **fini**	par se perdre.	Il s'est **mis**	à pleuvoir.
Il a **réussi**	à se perdre.	Elle avait **promis**	de rentrer avant la nuit.
Il a **failli**	se retrouver dans le fossé.	Il lui avait **permis**	de prendre une de ses voitures.

Nous avons vu dans la leçon 30 qu'il y avait des participes passés en -é et en -u. Il y a aussi des participes passés en -i et en -is.

. . . .

∩ 31.20 Activation orale et écrite: Temps composés et participes passés

Mettez au passé selon l'exemple.

Exemple:
Vous entendez: 1. Elle lui sourit.
Vous dites: Elle lui a souri.
Vous écrivez: souri

2. Il réussit toujours.

   Il a toujours _____ .

3. Nous rions beaucoup.

   Nous avons beaucoup _____ .

4. On sert le café.

   On a _____ le café.

5. Nous suivons un cours d'histoire.

   Nous avons _____ un cours d'histoire.

6. Il est _____ .

7. Je suis _____ .

8. J'ai _____ jusqu'à midi.

9. Qu'est-ce que tu as _____ ?

10. Il a toujours _____ par tout laisser

    tomber.

11. Vous avez _____ ?

∩ 31.21 Activation orale et écrite: Temps composés et participes passés

Mettez au passé selon l'exemple.

Exemple:
Vous entendez: 1. Qu'est-ce que vous entreprenez?
Vous dites: Qu'est-ce que vous avez entrepris?
Vous écrivez: entrepris

2. Il met au point un itinéraire gastronomique.

   Il a _____ au point un itinéraire

   gastronomique.

3. Elle lui permet de l'accompagner.

   Elle lui a _____ de l'accompagner.

4. Ils s'asseyent.

   Ils se sont _____ .

5. Je vous surprends?

   Je vous ai _____ ?

6. Elle a _____ le contact.

7. Elle a _____ la route.

8. Ça l'a _____ de tomber en panne.

9. Elle s'est _____ au bord de la route.

10. Le dépanneur a _____ de venir tout

    de suite.

. . . .

∩ 31.22 Observation: Temps composés et participes passés (révision)

participes passés en -**it**	*participes passés en* -**rt**
Il lui a **dit** d'ouvrir le capot.	Elle a **ouvert** le capot.
Elle a **conduit** penchée à la portière.	Il lui a **offert** une voiture.
Elle a **écrit** les indications.	Le moteur est **mort** après 200 km.
Elle a **fait** le plein.	Elle a **découvert** un garage.

Vous voyez qu'il y a aussi des participes passés en *-it* et *-rt*.

. . . .

∩ 31.23 Activation orale et écrite: Temps composés et participes passés

Mettez au passé selon l'exemple.

Exemple:
Vous entendez: 1. M. Courtois me reconduit.
Vous dites: M. Courtois m'a reconduit.
Vous écrivez: reconduit.

2. Le gigot a _____ longtemps.

3. Qu'est-ce que tu as _____ ?

4. Elle a _____ sous la pluie.

5. Elle a _____ un dérapage dans un

   virage.

6. Qu'est-ce que tu as _____ ?

7. Vous avez _____ à vos parents?

. . . .

∩ 31.24 Activation orale et écrite: Temps composés et participes passés

Mettez au passé selon l'exemple.

Exemple:
Vous entendez: 1. Ils lui offrent toujours une robe pour son
   anniversaire.
Vous dites: Ils lui ont offert une robe pour son anniversaire.
Vous écrivez: offert

2. Il ne lui a pas _____ de cadeau.

3. J'ai _____ la portière.

4. Il a _____ que le train était moins

   cher.

5. Il est _____ .

🎧 31.25 Observation: Accord des participes passés (révision)

accord
Elle   s'est   **mise**   à effeuiller des marguerites. La portière s'est   **ouverte**.

L'accord du participe passé est important du point de vue du son pour les participes en -s et en -t, puisque le -s et le -t se prononcent à la forme féminine.

. . . .

🎧 31.26 Activation orale: Accord des participes passés (révision)

Répondez selon l'exemple.

Exemple:

Vous entendez: 1. Tu as conduit
   l'Alpine?

Vous répondez: Oui, je l'ai conduite.

2. Tu as pris la voiture ce matin?
3. Tu as pris le train ce matin?
4. Vous avez ouvert le capot?
5. Vous avez ouvert la porte?
6. Vous avez ouvert la portière?

7. Tu as écrit la lettre pour ta mère?
8. Tu as fait la vaisselle?
9. Tu as mis la voiture au garage?
10. Tu as mis le contact?
11. Tu as déjà conduit l'Alpine?

. . . .

31.27 Activation écrite: Temps composés; accord des participes passés (révision)

Lisez le texte suivant. Essayez de deviner quels sont les mots qui manquent. Pour vous aider à trouver les verbes, relisez le texte de la leçon.

Extrait du journal de Mireille

1. Hier, je _____ à Provins. J'_____ avant-hier à Tonton Guillaume pour lui emprunter

une voiture. Il m'_____ de prendre celle que je voulais. Ça lui était égal. Il garderait l'autre pour lui.

Je me _____ vers 9 heures du matin et je me _____ comme une fleur au garage vers 10

heures et demie. Le garagiste m'_____ où était la voiture de Tonton Guillaume et il m'_____

les clés. J'_____ la portière de la voiture (c'était la bonne clé) et je _____ dans la

voiture. _____ le contact: aucun effet. La voiture _____ de démarrer. Le garagiste

_____ une voiture de location qui venait de rentrer. Celle-là _____ au quart de tour.

2. _____ partie. Au premier feu rouge, _____ appuyé sur le frein: aucun effet.

_____ le feu rouge et _____ comme une fleur! Heureusement que le frein à main

marchait: je me _____ dans un garage. Le garagiste _____ le capot. Il n'y avait plus

une goutte de fluide dans les freins. Il en _____ remis et je _____ .

3. A la Porte des Lilas, le moteur _____ . Il s'_____ arrêté! Heureusement, deux auto-stoppeurs

_____ jusqu'à une station-service. Je n'avais plus une goutte d'essence dans le réservoir.

J'_____ le plein et je _____ , sans les auto-stoppeurs parce qu'une

Mercédès suisse les _____ pris quelques minutes avant, pendant que je faisais le plein.

4. A quelques kilomètres de Provins, _____ dans un virage. Je me _____ à

changer la roue, mais la roue de secours était à plat. Heureusement, un cycliste _____ quelques minutes

après et il _____ pour aller chercher un dépanneur.

5. Je me _____ sur le bord de la route et j'ai _____ en effeuillant des marguerites. Le dépanneur _____ une demi-heure après. Il _____ la voiture jusqu'au garage, il _____ les deux pneus et je _____ .

6. Je n'avais pas fait cent mètres qu'il _____ à pleuvoir. J'ai _____ sous la pluie en me penchant à la portière parce que les essuie-glace ne marchaient pas. Je _____ trempée chez les Besson.

7. J'_____ les phares. Evidemment, ils ne marchaient pas! Alors _____ pour être sûre d'arriver avant la nuit.

8. A la Porte des Lilas, un cycliste _____ juste devant moi! _____ un coup de volant pour l'éviter, et _____ mon clignotant. Trop tard! _____ une autre voiture!

9. En arrivant à Paris, _____ au Home Latin. Mais Robert n'était pas là.

· ·

∩ 31.28 Activation orale: Hypothèses conditionnel présent (révision)

Ah, si seulement on avait le temps! Mais c'est toujours le temps qui manque!

Répondez selon l'exemple.

Exemple:
Vous entendez: 1. Je ne vais pas jusqu'en Bourgogne . . .
Vous ajoutez: . . . mais si j'avais le temps, j'irais jusqu'en Bourgogne.

2. Il ne va pas jusqu'en Bourgogne . . .
3. Tu ne vas pas jusqu'en Bourgogne . . .
4. Nous n'allons pas jusqu'en Bourgogne . . .
5. Vous n'allez pas jusqu'en Bourgogne . . .

6. Ils ne vont pas jusqu'en Bourgogne . . .
7. Je ne m'arrête pas à Fontainebleau . . .
8. Il ne s'arrête pas à Fontainebleau . . .
9. Nous ne nous arrêtons pas à Fontainebleau . . .
10. Elle ne reste pas chez les Besson . . .
11. Ils ne restent pas chez les Besson . . .
12. Je ne peux pas vous aider . . .
13. Il ne peut pas l'aider . . .
14. Nous ne pouvons pas vous aider . . .
15. Ils ne peuvent pas l'aider . . .

· ·

∩ 31.29 Activation orale: Hypothèses; conditionnel présent (révision)

Si seulement je pouvais, je le ferais avec plaisir!

Répondez selon l'exemple.

Exemple:
Vous entendez: 1. Je ne peux pas vous prêter cette voiture, elle n'est pas à moi.
Vous ajoutez: Mais si elle était à moi, je vous la prêterais.

2. Nous ne pouvons pas vous prêter cette voiture, elle n'est pas à nous.
3. Il ne peut pas me prêter cette voiture. Elle n'est pas à lui.
4. Je ne peux pas vous donner son adresse, je ne la connais pas.
5. Je ne peux pas vous donner son numéro de téléphone, je ne le connais pas.
6. Je ne peux pas vous le dire, je ne le sais pas.
7. Je ne peux pas vous reconduire, ma voiture ne marche pas.
8. Je ne peux pas vous reconduire, mes accus sont à plat.
9. Je ne peux pas vous reconduire, ma voiture est en panne.
10. Je ne peux pas vous reconduire, ma voiture est chez le garagiste.
11. Je ne peux pas vous reconduire parce que Mireille m'attend.
12. Ils ne peuvent pas aller à Chartres parce qu'ils n'ont pas de voiture.
13. Nous ne pouvons pas rester plus longtemps parce que nous n'avons pas d'argent.

14. Je ne peux pas aller en France cet été parce que je n'ai pas d'argent.
15. On ne peut pas changer à roue, on n'a pas de roue de secours!
16. Je ne peux pas m'arrêter, les freins ne marchent pas!
17. Je ne peux pas passer, le feu est rouge.
18. Il y a des accidents parce que les gens conduisent comme des fous.

. . . .

⋂ 31.30 Activation orale: Hypothèses; plus-que-parfait, conditionnel passé (révision)

Répondez selon l'exemple.

Exemple:

Vous entendez: 1. Je n'ai pas loué de voiture parce que je ne savais pas que le train serait bondé.
Vous dites: Si j'avais su, j'aurais loué une voiture.

2. Ils n'ont pas dîné ensemble parce que Mireille n'était pas libre.
3. Mireille a pris l'autobus parce qu'elle n'avait pas son Alpine.
4. Robert a fait demi-tour parce qu'il a vu une Alpine rouge.
5. Mireille n'a pas pris la 604 parce que les accus étaient à plat.
6. Elle n'a pas eu d'accident parce que le frein à main marchait.
7. Elle a accroché une autre voiture parce qu'elle a donné un coup de volant brusque.
8. Elle a donné un coup de volant parce qu'un cycliste a dérapé devant elle.
9. Elle n'a pas mis son clignotant parce qu'elle n'a pas eu le temps.

. . . .

⋂ 31.31 Activation orale: Dialogue entre le cycliste et Mireille

Vous allez entendre une conversation entre un cycliste et Mireille. Ecoutez bien. Vous allez apprendre les réponses de Mireille.

Le cycliste: Vous êtes en panne?
Mireille: **J'ai crevé.**
Le cycliste: Je vais vous aider. . . .
Mireille: **Ce n'est pas la peine . . . la roue de secours est à plat. . . .**
Le cycliste: Ne vous en faites pas, je vais vous envoyer un dépanneur.
Mireille: **Oh, c'est gentil, merci.**

Exercices-tests

31.32 Exercice-test: Vocabulaire automobile

Complétez.

1. Il fait presque nuit. Allume les _____ !

2. Arrête! Tu ne vois pas le _____ rouge?

3. On n'a presque plus d'essence. Il faut faire le

   _____ .

4. Je ne peux pas m'arrêter! Les _____ ne marchent

   plus!

5. Zut! Le _____ avant gauche est crevé. Il va falloir

   changer la _____ .

6. J'avais laissé un sac dans la voiture, et il a disparu. On

   avait dû oublier de fermer une _____ .

Vérifiez. Si vous avez fait plus d'une faute, travaillez les sections 31.7 à 31.10 et 31.14 à 31.18 dans votre cahier d'exercices.

31.33 Exercice-test: Participes passés

Mettez les phrases suivantes au passé composé. Faites les accords quand c'est nécessaire.

1. J'écris à ma mère.

   J'ai _____ à ma mère.

2. Elles sortent?

   Elles sont _____ ?

3. Tu lui permets de prendre l'Alpine?

   Tu lui as _____ de prendre l'Alpine?

4. Je prends l'Alpine.

   J'ai _____ l'Alpine.

5. La porte s'ouvre toute seule!

   La porte s'est _____ toute seule!

6. Vous comprenez?

   Vous avez _____ ?

7. Nous faisons de l'auto-stop.

   Nous avons _____ de l'auto-stop.

8. Elle meurt.

   Elle est _____ .

Vérifiez. Si vous avez fait des fautes, travaillez les sections 31.19 à 31.27 dans votre cahier d'exercices.

Libération de l'expression

31.34 Mise en question

Relisez le texte de la leçon; lisez les questions de la mise en question qui suit la mise en œuvre dans votre livre de textes. Réfléchissez à ces questions et essayez d'y répondre.

. . . .

31.35 Mots en liberté

Qu'est-ce que vous pouvez dire si vous voulez vendre votre voiture?

Vous pouvez dire qu'elle a une suspension hydraulique formidable, six vitesses synchronisées au plancher . . . ou sous le volant, des phares spéciaux anti-brouillard, des portières qui s'ouvrent et se ferment automatiquement, des pneus increvables, des essuie-glace à l'arrière et sur les phares, un coffre assez grand pour une vache; qu'elle est rose avec des fleurs bleues, qu'elle peut faire du 200 km à l'heure. . . .

Trouvez encore au moins six avantages. Vous pouvez exagérer un peu si vous voulez.

. . . .

31.36 Mise en scène et réinvention de l'histoire

Imaginez une conversation entre Mireille et le garagiste.

Le garagiste: Bonjour, Mademoiselle. Qu'est-ce qui se passe? Vous avez des problèmes?

Mireille: Oui. Ma voiture (. . .). Elle ne veut pas (. . .).

Le garagiste: Ce n'est rien! Les accus (. . .). Je vais (. . .).

Mireille: Les freins ne marchent pas! Je viens de brûler (. . .).

Le garagiste: Voyons! Ouvrez. . . . Ah, c'est bien ce que je pensais: vous n'avez plus (. . .). Je vais (. . .). Voilà! Essayez! Appuyez sur (. . .). Ça (. . .)?

Mireille: Oui, ça va. Combien (. . .).

Le garagiste: Oh, pour vous, Mademoiselle, ça (. . .). Je ne vais pas (. . .).

Mireille: Merci! Vous êtes bien aimable.

Le garagiste: Ce n'est rien. Au revoir! Bonne (. . .)!

31.37 Mise en scène et réinvention de l'histoire

1. X, vous êtes Robert. Y, vous êtes Mireille. Robert demande à Mireille ce qu'elle a fait la veille. Il pose des questions. Mireille raconte son voyage ou invente.

2. Mireille dit à Robert qu'elle a essayé de lui téléphoner la veille au soir, mais qu'il n'était pas dans sa chambre. Elle lui demande ce qu'il a fait. Robert raconte . . . peut-être avec quelques omissions ou adaptations de la vérité.

3. Robert et Mireille ont eu un accident. Où est-ce que ça s'est passé? (Autoroute, échangeur, petite route, Nationale, chemin, rue, place, porte de Paris, boulevard, avenue . . .) Où allaient-ils? Comment voyageaient-ils? (A pied, en auto-stop, à vélo, à moto, à cheval, en avion, train, métro, bus, car, bateau, aéroglisseur, tapis volant, ULM, deltaplane, parapente, hélicoptère, voiture, camionnette, poids lourd . . .)

Comment est-ce que ça s'est passé? (Feu rouge, freins, dépassement, vitesse, crevaison, virage, collision, pluie, brouillard, whisky à gogo, discussion animée . . .)

Dommages (éraflure, aile, portière, capot, phare . . .) Est-ce que c'était grave? (morts, blessés, gendarmerie, hôpital, pharmacie, dépanneur, hélicoptère . . .)

Est-ce qu'ils sont rentrés à Paris? Comment?

. . . .

31.38 Mise en scène et réinvention de l'histoire

Imaginez que Mireille, qui s'est arrêtée dans une station-service, repart avec les deux auto-stoppeurs qui l'ont poussée jusque là.

Ce sont
- des copains de la fac
- des garagistes belges
- des banquiers suisses
- des professeurs de grec
- l'homme en noir et son frère
- des cousins de Robert
- les propriétaires | de Prisunic / du vignoble de Chambertin
- le Suédois et un ami portugais

qui
- sont tombés en panne.
- ont perdu | leur voiture. / leurs bicyclettes. / tout leur argent. / leur chien.
- ont eu un accident.
- vont à Chartres à pied.

Ils décident d'aller tous les trois
- en Bretagne
- en Bourgogne
- à Paris
- à Lyon
- à Chartres
- à Bombay
- en Patagonie
- au café de Flore
- à New York
- à Dijon
- en Dordogne

pour

faire
- le point.
- des affaires.
- du ski.
- du canoë.
- de l'agriculture.

voir
- les grottes préhistoriques.
- un film japonais.
- la capitale gastronomique de la France.
- l'ancienne capitale des Gaules.
- les vitraux de la cathédrale.
- le Quartier Latin.
- les musées.

manger
- des truffes.
- des hamburgers.
- des œufs brouillés.
- des escargots.
- du foie gras.
- des huîtres.

goûter
- tous les grands crus.
- le Nuits-Saint-Georges.
- le chambertin.
- le chablis.
- le Chambolle-Musigny.

Ils n'ont pas fait 2 km qu'ils

tombent	dans un bassin. dans un fossé. dans la mer. en panne.
dérapent	dans un virage.
heurtent	une vache. un vingt-tonnes. une camionnette. un autocar. un train. un arbre. un banc public. une église.

Ils cherchent

la gare.
une station-service.
un hôtel (propre mais pas trop cher).
la gendarmerie.
un garage.
un hôpital.
un magasin de sports.
un Prisunic.
un bon restaurant.

| Le
La
Les | roue
capot
coffre
accus
volant | avant
arrière
de secours | droite
gauche
— | est
sont | crevé.
crevée.
en huit.
enfoncé.
à plat.
mort.
morts. |

Mireille et

le frère de l'homme en noir
le Suédois
le petit cousin de Robert
un des professeurs de grec
le garagiste
le directeur de l'hôpital
le propriétaire de l'hôtel
le pilote de l'hélicoptère
le chef de gare
un des banquiers suisses

Il n'y a plus

de freins.
de fluide.
d'essence.
de volant.
de pneus.
de moteur.
de voiture.

découvrent qu'ils s'aiment

un peu.
beaucoup.
passionnément.
à la folie.
pas du tout.

Et alors, ils (. . .).

Ils sont obligés

d'appeler	le père de Mireille. l'hélicoptère de la gendarmerie. un dépanneur.
de repartir à pied.	
de faire de l'auto-stop.	
de prendre le train.	
de louer	une voiture. des vélos.
d'acheter	des patins à roulettes. une autre voiture. une moto. deux vélomoteurs.

Préparation à la lecture et à l'écriture

31.39 Entraînement à la lecture et expansion du vocabulaire

Lisez le document 2, "Embouteillages et crottes de chien," et complétez le texte suivant.

Les enfants agacent Tante Georgette, ils lui tapent sur les <u>nerfs</u>: ils l'_____.

Les enfants font toujours du bruit; c'est agaçant: c'est _____ !

31.40 Lecture, interprétation, et expansion du vocabulaire

Lisez le document 3 de la leçon 31 dans votre livre de textes. Relisez le texte de la leçon, puis lisez ce qui suit et complétez.

1. Pour son voyage à Provins, Mireille n'a pas de <u>chance</u>: elle n'est pas _____ . On peut même dire qu'elle

   a beaucoup de _____ : elle est _____ .

2. Tout lui _____ : Des accus à plat, des freins qui ne marchent pas, un pneu qui crève, un accrochage

   avec une autre voiture . . . tout, quoi! Tous ces ennuis _____ à Mireille en une seule journée!

3. Mireille n'<u>arrive</u> pas _____ faire démarrer la voiture de Tonton Guillaume. Elle n' _____ pas

   _____ s'arrêter au feu rouge parce que les freins ne marchent pas. Plus tard, elle _____ allumer les

   phares. Elle n'arrive à rien et tout lui arrive!

. . . .

31.41 Entraînement à la lecture et expansion du vocabulaire

Lisez le document 4 et complétez ou répondez.

1. Un cerisier, c'est un arbre fruitier qui donne des cerises. Un prunier donne des _____ ; un poirier, des

   _____ ; un pommier, des _____ .

2. Est-ce que les cerises sont bonnes quand elles sont vertes ou quand elles sont rouges?

   _____

3. Qu'est-ce qu'on fait quand le feu est rouge?

   _____

   Et quand il est vert?

   _____ ; on continue son chemin.

. . . .

31.42 Entraînement à la lecture et expansion du vocabulaire

Lisez le document 5, "Le visage en feu," et complétez.

1. Quand deux ou plusieurs rues se rencontrent, ça fait un _____ .

2. Il y avait un agent au carrefour; il observait, il attendait: il faisait le _____ .

3. Les agents ont un petit <u>sifflet</u>; ils le portent à leur bouche pour <u>siffler</u>. Quand un agent veut arrêter une voiture, il

   _____ avec son sifflet.

4. Quand on n'est pas content, quand on ne se sent pas bien, quand on a peur, on devient _____ .

. . . .

31.43 Entraînement à la lecture et expansion du vocabulaire

Lisez le document 6, "Les gens sont très marqués par ce qu'ils font," et complétez.

1. Une main a cinq doigts ou, plus exactement, quatre doigts et un _____ .

2. On fait de l'auto-stop avec le _____ .

3. Il va bientôt arrêter de travailler; il va prendre sa retraite; il est tout près de la retraite: il est à _____

   de la retraite.

31.44 Entraînement à la lecture et expansion du vocabulaire

Lisez le document 7, "L'Horoscope," et complétez.

1. Ils se sont disputés, ils ne se parlent plus: ils sont _____ .

2. Je faisais très attention; je regardais à droite, à gauche: je _____ la route.

3. En voiture, les enfants ne peuvent pas être assis à l'avant: ils doivent être assis sur la _____ arrière de la voiture.

4. Je savais que ça allait arriver: c'était _____ .

5. Quelquefois, les agents sifflent pour arrêter une voiture, mais parfois ils font un _____ à l'automobiliste.

. . . .

31.45 Entraînement à la lecture et expansion du vocabulaire

Lisez le document 8, "Rengaine à pleurer," et complétez.

1. Tante Georgette répète toujours les mêmes choses: elle répète toujours les mêmes _____ .

2. Marie-Laure, arrête de chanter toujours la même chanson! Tu m'agaces avec cette _____ !

3. J'ai tout oublié: je n'ai rien _____ .

4. J'ai vu que je m'étais trompé, alors j'ai recommencé autrement: je me suis _____ .

5. Ils ont prouvé ma culpabilité; ils m'ont prouvé que j'avais tort: ils m'ont _____ .

6. Ils l'ont condamné à mort et ils l'ont _____ à un arbre.

. . . .

31.46 Lecture et interprétation

Regardez le document 1 dans votre livre de textes.

1. Observez le premier dessin. Ecrivez une légende: décrivez le dessin, dites ce qu'on voit, expliquez ce qui se passe . . .

_____

_____

2. Observez le dessin suivant. De quoi l'automobiliste va-t-il faire le plein? Qu'est-ce que le bonhomme de gauche vend? Et celui de droite?

_____

_____

3. Observez le dessin en haut à gauche, page 291, et écrivez une légende. Vous pouvez décrire le dessin, ou dire ce que le personnage pense ou dit.

_____

_____

4. Observez le dessin en haut à droite et écrivez une légende. Qu'est-ce que ce dessin suggère?

_____

_____

5. Observez le dessin en bas à gauche et écrivez une légende. Remarquez que dans les dessins de gauche et de droite il s'agit d'une 2 CV, une vieille voiture Citroën, petite, légère, bon marché.

_____

_____

6. Observez le dessin en bas au milieu et écrivez une légende. Quel genre de voiture est-ce que c'est? Qu'est-ce qui lui manque? Qu'est-ce qui marche? Quel temps fait-il?

_____

_____

7. Observez le dessin en bas à droite et écrivez une légende. Où est la voiture? Qu'est-ce qu'elle fait? Pourquoi? Est-ce que les freins sont bons?

_____

_____

Leçon 32

Assimilation du texte

🎧 32.1 Mise en œuvre

Ecoutez le texte et la mise en œuvre dans l'enregistrement sonore. Répétez et répondez suivant les indications.

. . . .

🎧 32.2 Compréhension auditive

Phase 1: Regardez les images et répétez les énoncés que vous entendez.

Phase 2: Ecrivez la lettre de chaque énoncé sous l'image qui lui correspond le mieux.

1. ___

2. ___

3. ___

4. ___

5. ___

6. ___

7. ___

8. ___

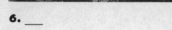

∩ 32.3 Production orale

Ecoutez les dialogues suivants. Vous allez jouer le rôle du second personnage.

1. Robert: La rue de Vaugirard, s'il vous plaît?
   Le passant: (. . .)
2. Robert: Oh, excusez-moi, j'ai dû me tromper. Je cherchais les Belleau.
   Colette: (. . .)

3. Marie-Laure: C'est l'Américain!
   Colette: (. . .)
4. Marie-Laure: Salut, cow-boy! Où est-ce que tu as laissé ton cheval?
   Robert: (. . .)
5. Robert: Je l'ai attaché dans le jardin, en bas.
   Marie-Laure: (. . .)

· ·

∩ 32.4 Compréhension auditive et production orale

Ecoutez les passages, et répondez aux questions.

1. A quel étage habite Georgette?
2. Et les Belleau, à quel étage habitent-ils?
3. Qui est Colette?
4. Qu'est-ce que Colette va faire?
5. Qu'est-ce que les Courtois ont fait?

6. Est-ce qu'il faut que Mireille présente Robert à ses parents? Pourquoi est-ce que ce n'est pas la peine?
7. Quand est-ce que Robert a rencontré le présentateur du bulletin météo?
8. D'où est-ce qu'on peut voir la Tour Eiffel?

Préparation à la communication ▬▬▬▬▬▬

∩ 32.5 Activation orale: Prononciation; /ɔ̃/, /ɑ̃/

Ecoutez et répétez en marquant bien la différence entre les voyelles nasales.

/ɔ̃/	/ɑ̃/	
on	en	Entrez donc!
ils sont	il sent	le Panthéon
pas ronds	parents	Allons dans la chambre.
disons	dix ans	
les balcons	les Balkans	
Maintenon (Mme de)	maintenant	
nous l'étudions	nous, les étudiants	
un savon (Palmolive)	un savant (Joliot-Curie)	
enfonce	enfance	
tu t'es trompé	tu es trempé	
ce sont des chats	ça sent le chat	
on voyait quelqu'un	envoyez quelqu'un	
elles sont sœurs	l'ascenseur	

∩ 32.6 Observation: Pour demander son chemin

pour demander	*pour répondre*
—Pardon, Madame, excusez-moi. . . .	
Le quai de Grenelle, s'il vous plaît?	—Tout droit!
La rue de Vaugirard, s'il vous plaît?	C'est la deuxième à droite.
Pour aller à Fontainebleau, s'il vous plaît?	Tournez à gauche au feu.
Je cherche la rue de Vaugirard. . . .	Suivez le boulevard jusqu'à la place.
Est-ce que vous pourriez m'indiquer la rue de Vaugirard?	C'est facile, vous n'avez qu'à prendre la première rue à gauche.
Es-ce que vous sauriez où est la rue de Vaugirard?	Je regrette . . . je ne connais pas, je ne suis pas d'ici.
C'est par ici?	C'est tout près. Vous y êtes presque.
C'est loin d'ici?	Oh, oui! Il faut prendre le métro.
C'est par là?	Non, c'est par là.
C'est dans quelle direction?	C'est dans cette direction générale.

∩ 32.7 Activation orale: Pour demander son chemin

Vous allez entendre une série de questions et de réponses. Ecoutez attentivement. Puis la question sera répétée, et vous donnerez la réponse.

Exemple:
Vous entendez:
1. —La rue de Vaugirard, s'il vous plaît?
   —C'est la deuxième à droite.
A vous! Vous entendez: La rue de Vaugirard, s'il vous plaît?
Vous dites: C'est la deuxième à droite.

2. Est-ce que vous pourriez m'indiquer la rue de Vaugirard?
3. C'est par ici?
4. C'est par là?
5. Le quai de Grenelle, s'il vous plaît?
6. C'est loin d'ici?

∩ 32.8 Observation: Habitats

type d'habitat	*situation*	*composition de l'appartement*
une petite maison de 2 étages un immeuble de 7 étages une tour de 58 étages	L'appartement est au rez-de-chaussée. au 1er étage. au 2ème étage. au 3ème étage. au 7ème étage, sous le toit. L'appartement donne sur la rue. sur la cour.	une entrée une grande salle de séjour un petit salon une salle à manger deux chambres à coucher une salle de bains des toilettes indépendantes une cuisine Total: sept pièces en comptant la cuisine et la salle de bains

Notez que l'entrée et les toilettes, ou cabinets, ou WC (qui sont généralement indépendants de la salle de bains) ne sont pas considérés comme des pièces. Souvent, la cuisine et la salle de bains ne sont pas comptées comme des pièces non plus.

∩ 32.9 Activation: Dictée

1. Les Belleau habitent dans un _____ de 7 _____ .

2. Au _____ il y a la loge de la concierge.

3. Les Belleau, eux, habitent au 4ème _____ .

4. Leur _____ est composé de plusieurs _____ : il y a une _____ , une

_____ un petit _____ , une _____ , et deux _____ .

5. Bien sûr, il y a aussi une _____ , des _____ indépendantes, et une

_____ .

. . . .

∩ 32.10 Observation: Entrangeté; *drôle de*

drôle   de
C'est un **drôle** **de** type.   C'est une **drôle** **de** fille.   Ce sont de **drôles de** gens. . . . Ils ne sont pas comme tout le monde.   Il y a de **drôles de** choses . . . des choses bizarres.

. . . .

∩ 32.11 Activation: Dictée

Ecoutez et complétez. Vous entendrez le texte trois fois.

Marie-Laure dessine

Mireille: Qu'est-ce que c'est?

Marie-Laure: C'est un lapin.

Mireille: C'est _____ !

Marie-Laure: _____ ,

mon lapin?

. . . .

∩ 32.12 Activation orale: Etrangeté; *drôle de*

Répondez selon l'exemple.

Exemple:
Vous entendez: 1. Tu as vu ce type?
Vous dites: Oui, c'est un drôle de type.

2. Tu as vu cette fille?
3. Tu as vu ces gens?
4. Tu as vu ce bonhomme?
5. Tu as vu cette salle de bain?
6. Tu as vu cette voiture?

⌂ 32.13 Observation: Contraires; *in-, im-, il-*

Observez.

Il n'est pas **capable** de parler correctement.	Il en est **incapable**.
Les **meubles** (les chaises, les tables) . . .	Les **immeubles** . . .
sont des biens **mobiliers**.	sont des biens **immobiliers**.
Ils sont **mobiles**.	Ils sont **immobiles**.
Ce n'est pas **logique**.	C'est tout à fait **illogique**.

. . . .

32.14 Activation écrite: Contraires; *in-, im-, il-*

Complétez selon l'exemple.

Exemple:
Tante Georgette n'est pas très <u>patiente</u>. Elle est souvent <u>impatiente</u>.

1. Il semble que l'oncle Guillaume ne travaille pas. Il ne fait pas partie de la population <u>active</u>. Il n'est pas <u>actif</u>. Il est

   _____ .

2. Je ne trouve pas ça moral. Je trouve ça _____ .

3. Marie-Laure n'est pas <u>prudente</u>. Elle est _____ .

4. Robert ne veut <u>dépendre</u> de personne. Il ne veut pas être <u>dépendant</u>. Il veut être _____ .

5. Ça ne devrait pas être <u>légal</u>! Ça devrait être _____ .

6. Marie-Laure, tu écris comme un chat! Regarde-moi ça! On ne peut pas lire! Ce n'est pas <u>lisible</u>! C'est

   _____ .

7. On ne peut pas dire ça. Ce n'est pas <u>correct</u>! C'est _____ .

8. On ne m'a jamais <u>comprise</u>! Je suis une _____ .

9. Je travaille et personne n'apprécie ce que je fais! Ce n'est pas <u>juste</u>. C'est _____ .

10. Tu travailles, mais ça ne suffit pas. Ce n'est pas <u>suffisant</u>. C'est _____ .

11. Rien de tout ça n'est <u>utile</u>! Tout ça est complètement _____ .

12. Mireille ne s'<u>attendait</u> pas à la question que Robert lui a posée. C'était une question plutôt _____ .

13. Vous ne <u>connaissez</u> pas Hemingway? Sans blague! Il est pourtant <u>connu</u>! Ce n'est pas un _____ .

14. Il n'est pas <u>possible</u> de comprendre ce que disent les manifestants. C'est _____ .

15. Ce qu'ils crient n'est pas <u>compréhensible</u>. C'est _____ !

. . . .

32.15 Activation écrite: Familles de mots; *im-, in-, -able*

Lisez, observez, et complétez.

1. Personne ne peut <u>prendre</u> la vue des Belleau. C'est une vue <u>imprenable</u>.

2. Il est peu <u>probable</u> qu'on construise un immeuble en face de chez eux. C'est même tout à fait _____ .

   (On ne peut pas construire dans le jardin du Luxembourg.)

3. La vue des Belleau est vraiment magnifique, exceptionnelle. Elle ne peut se <u>comparer</u> à rien d'autre. Elle est

   _____ .

4. Marie-Laure est très forte au jeu de dames. Personne ne peut la <u>battre</u>. Elle est _____ .

5. Tante Georgette ne peut pas <u>supporter</u> ses neveux et nièces. Elle les trouve _____ .

6. Quand elles étaient enfants, Mme Courtois et la mère de Robert étaient toujours ensemble. On ne pouvait pas les <u>séparer</u>. Elles étaient _____ .

7. Marie-Laure n'est pas <u>capable</u> de garder son sérieux. Elle en est _____ .

8. Fido a mangé tous les chocolats de Marie-Laure. Elle a pleuré toutes les larmes de son corps. Il n'y a pas moyen de la <u>consoler</u>. Elle est _____ .

9. Mais je ne peux pas le <u>croire</u>! Ce n'est pas <u>croyable</u>! C'est absolument _____ , une chose pareille!

10. Je ne peux pas <u>faire</u> un devoir de français, un problème de maths, et un devoir de physique dans la même soirée! Ce n'est pas humainement <u>faisable</u>. C'est _____ .

11. Alors, forcément, avec tout ce travail, je ne peux rien faire à fond! Je me dépêche, je fais des fautes! Je ne peux pas l'<u>éviter</u>. C'est _____ ! Je n'y peux rien!

. . . .

32.16 Activation écrite: Familles de mots; *-eur, -euse*

Lisez et complétez.

1. Si vous voulez <u>accélérer</u>, vous appuyez sur l'_____ .

2. Si vous <u>stoppez</u> les voitures, si vous faites de l'<u>auto-stop</u>, vous êtes un _____ (ou une _____).

3. Un garagiste qui <u>dépanne</u> les voitures est un _____ .

4. Une voiture, une camionnette qui sert à faire des <u>dépannages</u> est une _____ .

5. Quelqu'un qui <u>loue</u> des voitures est un _____ de voiture.

6. Si vous <u>achetez</u> une voiture, vous êtes l'_____ , et la personne qui vous <u>vend</u> la voiture est le _____ .

7. Si vous <u>empruntez</u> de l'argent, vous êtes l'_____ et la personne qui vous <u>prête</u> l'argent est le _____ .

8. Si vous sortez, ou si vous ne voulez pas <u>répondre</u> au téléphone, vous branchez votre _____ (si vous en avez <u>un</u>, évidemment!).

9. Si vous voulez <u>tondre</u> votre gazon qui est trop haut parce qu'il a beaucoup plu, vous prenez votre _____ (si vous en avez <u>une</u>).

10. Une femme en voyage est une _____ .

11. Une poule qui <u>pond</u> beaucoup d'œufs est une bonne _____ .

32.17 Activation écrite: Familles de mots; *-eur, -age*

Lisez et complétez.

1. Mireille est tombée en panne; heureusement, un cycliste est allé contacter une entreprise de dépannage. Celle-ci a envoyé un _____ qui est bientôt arrivé avec sa _____ et qui a _____ Mireille.

2. En hiver les démarrages sont quelquefois difficiles; quand il fait très froid, le _____ a du mal à faire _____ le moteur.

3. Le moteur a des ratés, il a un rythme irrégulier. Il faut régler l'allumage; il faut faire un _____ .

4. Les bougies allument le mélange d'air et d'essence dans les cylindres. Si les bougies sont sales, l' _____ se fait mal.

5. Si on n'a pas de changement de vitesses automatique, il faut d'abord débrayer, passer la vitesse, puis embrayer avec la pédale d' _____ .

. . . .

32.18 Activation écrite: Familles de mots; *-cteur, -ctrice*

Complétez.

1. Quelqu'un qui conduit des tracteurs est un conducteur de tracteurs.

2. Un industriel qui construit des avions est un _____ d'avions.

3. Un pays qui produit du latex est un pays _____ de latex.

4. Un sous-officier qui instruit les jeunes soldats qui viennent d'entrer dans l'armée est un _____ .

5. Une instructrice est une femme qui _____ des élèves.

6. Une région productrice de truffes est une région qui _____ des truffes.

7. Une conductrice d'autobus est une femme qui _____ des autobus.

. . . .

32.19 Activation écrite: Contraires; *dé-*

Lisez, observez, et complétez.

1. Robert est un garçon obéissant. Il obéit. Marie-Laure n'obéit pas toujours; il lui arrive de désobéir. Elle est quelquefois désobéissante.

2. Mme Belleau range la chambre de Marie-Laure. Marie-Laure arrive et elle _____ tout!

3. Mme Belleau est très organisée. Marie-Laure est un peu _____ .

4. Elle _____ ce que Mme Belleau vient de faire.

5. Mme Belleau met de l'ordre. Marie-Laure met du _____ partout.

6. Ce n'est pas encourageant. C'est même très _____ !

7. Mme Belleau ne trouve pas ça agréable. Elle trouve ça très _____ .

8. Le désordre de Marie-Laure ne lui plaît pas. Ça lui _____ .

9. Mme Courtois est toujours un peu tendue. M. Courtois, lui, est plutôt _____ .

10. Mireille est tombée en panne. Heureusement, un garagiste est venu la _____ .

🎧 32.20 Observation: Opérations sur les parties du corps (révision)

	objet indirect		article	partie du corps
Robert	s'	essuie	**les**	pieds.
Vous vous souvenez que:				
Il	s'	est brossé	**les**	dents.
Il	s'	est brossé	**les**	cheveux.
Il	s'	est coupé	**les**	ongles.
Il	s'	est lavé	**les**	mains.
Il	s'	est essuyé	**les**	mains.

. . . .

🎧 32.21 Activation orale: Opérations sur les parties du corps

Répondez selon l'exemple. (C'est Mme Belleau qui parle à
Marie-Laure; vous répondez comme si vous étiez Marie-Laure.)

Exemple:
Vous entendez: 1. Et tes pieds, tu les as lavés?
Vous dites: Oui! Je me suis lavé les pieds.

2. Et tes dents, tu les a brossées?
3. Et tes ongles, tu les as coupés?
4. Et tes mains, tu les as lavées?
5. Et tes mains, tu les as essuyées?
6. Et tes cheveux, tu les as brossés?

. . . .

🎧 32.22 Observation: Appui; *appuyer*

appuyer	
présent	*impératif*
J' **appuie**? Tu **appuies** trop fort! Il **appuie** trop fort! Elles n' **appuient** pas! Non, nous n' **appuyons** pas du tout!	Oui, vas-y, **appuie!** Glissez, n'**appuyez** pas!
imparfait	
Elles s'**appuyaient** sur la barre d'appui. Non, nous ne nous **appuyions** pas!	
futur	
Vous **appuierez** quand je vous le dirai.	
passé composé	
J'ai **appuyé,** mais il ne s'est rien passé!!	

32.23 Activation écrite: *Appuyer, essuyer, ennuyer*

Lisez, essayez de deviner les verbes qui manquent, et complétez avec la forme appropriée.

1. Quand il pleut, les essuie-glaces _____ la glace du pare-brise.

2. Mireille: Marie-Laure, tu m'ennuies!

   Mme Belleau: Marie-Laure, arrête d' _____ ta sœur!

   Marie-Laure: Mais je ne l' _____ pas! C'est elle qui m' _____ !

   Mme Belleau: Oh, taisez-vous! Vous m' _____ , toutes les deux!

3. Mme Belleau: Marie-Laure, tu t'es lavé les mains?

   Marie-Laure: Ouais!

   Mme Belleau: Eh bien, maintenant, _____ -les. Et viens à table!

4. La concierge: J'ai mis un écriteau qui dit, "Essuyez-vous les pieds!" C'est du français, non? C'est clair! Mais les gens ne

   s' _____ jamais les pieds! Il n'y en a pas un qui s' _____ les pieds!

5. Robert: L'ascenseur ne marche pas! Ça fait trois fois que j' _____ sur le bouton et rien ne se passe!

   La concierge: Sur quel bouton est-ce que vous _____ ? Il faut d'abord _____ sur le

   bouton qui dit "Fermeture de la porte." Les gens sont tous les mêmes, ils _____ comme des brutes

   sur le bouton de l'étage et ils disent que l'ascenseur ne marche pas! Il marche, mais la fermeture de la porte n'est pas

   automatique, c'est tout! Vous ne voudriez tout de même pas que l'ascenseur démarre avec la porte ouverte!

. . . .

🎧 32.24 Observation: Extinction; *éteindre, s'éteindre*

La lumière s'éteint.
Eteins la télé!

C'est le verbe *éteindre*.

éteindre	
présent	*passé composé*
j' éteins tu éteins elle éteint nous éteignons vous éteignez ils éteignent	elle a éteint

. . . .

🎧 32.25 Activation: Dictée; *éteindre, peindre*

Ecoutez et complétez.

1. Au moment où je suis entré dans le vestibule, la lumière _____ .

2. Je ne sais pas pourquoi, chaque fois que j'ouvre la porte, la lumière _____ !

3. Vous allez voir: je vais entrer, et dès que j'ouvrirai la porte, la lumière _____ ! C'est sûr!

4. Mireille: Marie-Laure, veux-tu _____ la télé s'il te plaît? Marie-Laure, tu m'entends? Je te dis

   d' _____ la télé. Mais enfin, Marie-Laure, _____ la télé tout de suite!

5. Marie-Laure: Si j' _____ la télé, qu'est-ce que tu me donnerais?

6. —Où sont les enfants? On ne les entend pas!

—Ils sont dans leur chambre, ils _____ , je crois.

7. —Marie-Laure, qu'est-ce que tu fais?

—Je _____ .

—Tu ne _____ pas sur les murs, j'espère!

—Mais non, c'est quand j'étais petite que je _____ sur les murs! Ça fait au moins un an que je

n' _____ sur les murs. Mais quand j'aurai ma maison à moi, alors, là, je _____ sur

tous les murs.

. . . .

🎧 32.26 Activation: Dictée

Ecoutez et écrivez. Vous entendrez le texte trois fois.

Marie-Laure a des insomnies

Mme Belleau: Marie-Laure, _____ ? Il _____ !

_____ !

Marie-Laure: _____ !

Mme Belleau: _____ ! Allez,

_____ !

. . . .

32.27 Activation écrite: Passé composé (révision)

Nous avons eu le bonheur de nous procurer une page d'auto-analyse (peut-être à moitié sérieuse) du journal de Robert. Nous avons enlevé de ce texte un grand nombre de passés composés. Rétablissez-les.

1. Vendredi: Je découvre que je suis un garçon obéissant. Ou plutôt, c'est hier que j' _____ ça.

Au bas de l'escalier, chez les Belleau, il y avait un petit écriteau qui disait: "Essuyez-vous les pieds." Bon, je me

_____ les pieds.

2. J'obéis comme ça à tous les écriteaux. Hier, encore, j'en vois un: "Sonnez et entrez." J' _____ et je

_____ . Dans la rue, un panneau disait: "Piétons, attendez." J' _____ . "Piétons,

passez"; je _____ .

3. Que voulez-vous? On naît avec un certain caractère. Moi, je _____ obéissant. Je suis comme ça depuis

ma naissance. J' _____ toujours _____ comme ça. J'obéis non seulement aux écriteaux, mais à ma conscience.

Chaque fois que ma conscience m'a dit: "Obéis," j' _____ .

4. Ma conscience m'a dit: "Tu travailles mal, mets-toi en congé." Je me _____ en congé. "Va en France." Je

_____ en France.

5. Sur le Boul' Mich', mon instinct m'a dit: "Suis les manifestants"; j' _____ les manifestants. "Entre avec

eux dans la cour de la Sorbonne"; je _____ . "Souris à cette jeune fille"; j' _____ .

"Adresse-lui la parole"; je lui _____ la parole. "Invite-la à la Closerie"; je l' _____

6. Et j'obéis à tout le monde de la même façon. Maman m'a dit: "Envoie-moi des cartes postales"; je lui

_____ des cartes postales. Mme Courtois m'a ordonné: "Asseyez-vous sur ce divan"; je me

_____ . M. Courtois m'a dit: "Servez-vous donc"; je me _____ . "Donnez-moi des

tuyaux"; je lui _____ des tuyaux.

7. Mais au fond, je ne suis pas seul à être obéissant. Mireille aussi est obéissante. Sa marraine lui a dit: "Sers donc le café"; et

elle _____ le café. "Ouvre donc la fenêtre"; et Mireille _____ la fenêtre.

8. Tout le monde est obéissant: Mme Courtois a dit: "Prenons le café au salon," et tout le monde _____ le

café au salon. La révolte est inutile.

. . . .

🎧 32.28 Observation: Deux aspects du passé; imparfait et passé composé

	passé composé	
1. Lundi matin, Robert	**s'est levé**	vers huit heures.
2. Il	**a pris**	son petit déjeuner à l'hôtel.
3. Il	**est sorti**	de l'hôtel.
4. Il	**s'est promené**	sur le boulevard Saint-Michel.
5. Il	**a vu**	des manifestants.

Tous ces verbes sont au passé composé.

passé composé	*imparfait*	
6. Il **a vu** les manifestants		
7.	quand il **se promenait**	sur le boulevard Saint-Michel.

Le verbe de la phrase 4 (*s'est promené*) est au **passé composé.** Le verbe de la phrase 7 (*se promenait*) est à l'**imparfait.** Pourtant, ces deux verbes représentent **le même événement,** et donc **le même moment** dans le temps. Mais ce même événement est considéré **de deux points de vue différents** dans 4 et 7. La distinction entre imparfait et passé composé est une question de point de vue, de **perspective.**

Dans les phrases 1–5, nous avons une succession d'événements. Robert s'est levé, il a pris son petit déjeuner, il est sorti, s'est promené, etc. Chaque événement est considéré comme un **point** dans le temps. L'extension temporelle ou la durée de l'événement n'est pas prise en considération. Dans la phrase 7, au contraire, nous considérons l'**extension temporelle,** la **durée** de l'événement. C'est pendant qu'il se promenait que Robert a vu les manifestants.

🎧 **32.29 Observation: Deux aspects du passé; imparfait et passé composé**

imparfait	passé composé
1. Nous **habitions** déjà dans cet appartement	
2.	quand Mireille **est née.**

Les deux actions 1 et 2 (*nous habitions, Mireille est née*) sont situées au même moment dans le passé; elles appartiennent au même "temps," mais l'une est exprimée par l'imparfait, l'autre par le passé composé. L'action 1 (*nous habitions*) décrit une situation qui existait à ce moment du passé. Elle suggère une

durée, une extension temporelle. L'action 2 (*Mireille est née*) indique un événement qui a eu lieu à l'intérieur de la durée suggérée par 1. L'action 2 n'est pas considérée dans sa durée. Elle est considérée comme un point situé à l'intérieur de la durée 1.

· ·

🎧 **32.30 Observation: Deux aspects du passé; essai de représentation graphique**

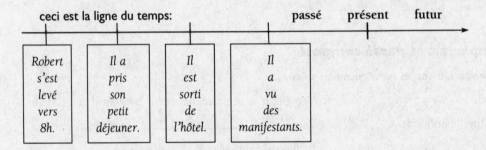

Ces verbes sont au **passé composé**: chaque événement est considéré comme un *point* sur la ligne du temps.

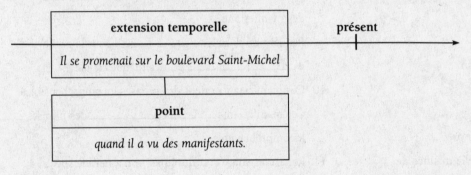

Comparez:

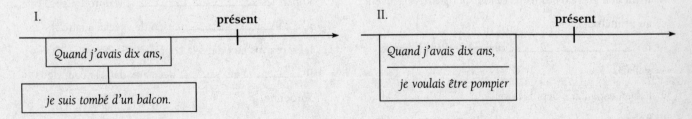

32.31 Activation écrite: Imparfait et passé composé

Mettez les verbes aux temps du passé qui conviennent.

1. Il apprend à lire tout seul, parce que personne ne s'occupe de lui.

   Il _____ à lire tout seul, parce que personne ne _____ de lui.

2. Il fait des maths parce qu'il veut être ingénieur.

   Il _____ des maths parce qu'il _____ être ingénieur.

3. Il n'aime pas le cours d'histoire européenne parce qu'il y a trop de dates.

   Il _____ le cours d'histoire européenne parce qu'il y _____ trop de dates.

4. Il choisit l'allemand parce qu'il sait assez bien le français.

   Il _____ l'allemand parce qu'il _____ assez bien le français.

5. Il décide de se mettre en congé parce qu'il veut se trouver.

   Il _____ de se mettre en congé parce qu'il _____ se trouver.

. . . .

32.32 Activation écrite: Imparfait et passé composé

Racontez la rencontre de Robert et Mireille. Utilisez les renseignements suivants.

1. Robert rencontre Mireille un lundi.

   Robert _____ Mireille un lundi.

2. Ils se rencontrent au Quartier Latin.

   Ils _____ au Quartier Latin.

3. C'est le matin.

   C' _____ le matin.

4. Il fait beau.

   Il _____ beau.

5. C'est une belle matinée de printemps.

   C' _____ une belle matinée de printemps.

6. Il y a une grève d'étudiants ce jour-là (ça arrive souvent au printemps).

   Il y _____ une grève d'étudiants ce jour-là.

7. Robert est à Paris depuis la veille.

   Robert _____ à Paris depuis la veille.

8. Vers 9h, il va se promener sur le boulevard Saint-Michel.

   Vers 9h, il _____ se promener sur le boulevard Saint-Michel.

9. Pendant qu'il se promène sur le boulevard, il aperçoit des manifestants.

   Pendant qu'il _____ sur le boulevard, il _____ des manifestants.

10. Ces manifestants crient des phrases incompréhensibles.

    Ces manifestants _____ des phrases incompréhensibles.

11. Robert les suit. (Pourquoi pas? Il n'a rien de spécial à faire.)

    Robert les _____ . (Pourquoi pas? Il n' _____ rien de spécial à faire.)

12. Il entre avec eux dans la cour de la Sorbonne.

    Il _____ avec eux dans la cour de la Sorbonne.

(A suivre. . . .)

32.33 Activation écrite: Imparfait et passé composé

Pour quelqu'un qui ne la connaît pas très bien, Tante Georgette peut paraître assez désagréable. On pourrait penser qu'elle a mauvais caractère, qu'elle manque de patience et de générosité. Mais il n'en est rien. Au fond, c'est la meilleure des femmes. Elle est un peu rouspéteuse, c'est vrai, mais tous les Français le sont. D'ailleurs, elle n'a pas toujours été comme ça. Dans sa jeunesse, c'était une jolie fille, pleine de joie de vivre, généreuse, même un peu naïve. Nous avons retrouvé son journal intime d'adolescente, et nous en publions ici des extraits.

Avec le document ci-dessous, que Georgette a écrit au présent, écrivez une lettre à un ami ou une amie pour lui expliquer le drame de Georgette. Utilisez tous les temps du passé nécessaires. Faites aussi les changements nécessaires dans les pronoms et les possessifs. (Ecrivez sur une feuille séparée.)

Exemple:

C'est une journée magnifique . . . je suis un groupe de manifestants . . .

C'était une journée magnifique . . . elle a suivi un groupe de manifestants . . .

Extrait du journal intime de Georgette Belleau
Dimanche 1er mai

C'est une journée magnifique. Il n'y a pas un seul nuage au ciel. Je me promène sur les Grands Boulevards. Il y a toutes sortes de manifestations que je regarde d'un œil amusé. Par curiosité, je suis un groupe qui manifeste contre une chose ou l'autre.

Leur cause ne m'intéresse pas beaucoup: je suis fort heureuse de ma condition. Tout ce que je demande à la vie, c'est un bon mari, une vie aisée, de beaux enfants. J'aime la vie et le monde, et je suis prête à aimer un homme, profondément et pour toujours. Je m'arrête au coin de la rue de Richelieu; et là, tout à coup, je rencontre celui qui, sûrement, va être l'homme de ma vie. Il vient du boulevard des Italiens. Il s'arrête près de moi. Il est grand, beau, brun. Il sent bon, un parfum viril, Barbouze de chez Fior, sûrement. Il est habillé avec distinction, tout en noir. C'est peut-être un jeune veuf. Il me sourit. Je lui souris à mon tour. Il m'adresse la parole. Il me dit d'abord quelques banalités sur le temps. Puis il me fait des compliments discrets sur mes cheveux. Il me dit que je suis belle, que je m'habille très bien, que la blouse que je porte me va à ravir. Je n'ose pas lui répondre que moi aussi je le trouve beau, et que je trouve qu'il s'habille avec distinction. Avec toutes sortes de précautions, il m'invite à prendre le thé dans une pâtisserie voisine. Ma maman m'a toujours défendu d'accepter une invitation d'un étranger; mais cette fois, j'accepte: dans mon cœur, il n'est déjà plus un étranger. Il me demande mon nom. Il me dit qu'il s'appelle Georges de Pignerol. Georges, Georgette: je trouve cela providentiel. Il me dit qu'il voyage beaucoup, qu'il a plusieurs résidences en France et à l'étranger. Il me pose beaucoup de questions sur ma famille. Je comprends à son regard qu'il m'aime. Je suis prête à passer ma vie avec lui.

Dimanche 8 mai

Je passe l'après-midi avec lui. Je suis prête à le suivre au bout du monde.

Mercredi 11 mai

Par hasard, Georges et moi rencontrons mes parents au Procope: Georges paraît contrarié. Le soir, ma mère me répète qu'il ne faut pas accepter une invitation d'un étranger. Mais je peux voir que ma mère trouve Georges charmant. Mon père me dit de me méfier de tous les hommes.

Vendredi 13 mai

Georges ne vient pas au rendez-vous.

Samedi 14 mai

Georges ne téléphone pas; et pourtant, il connaît mon numéro de téléphone.

Mardi 17 mai

(Article du *Petit Parisien* découpé par Georgette et collé dans son journal)

L'article dit que la police recherche un individu brun, qui porte souvent une chemise de soie noire et qui se fait appeler de différents noms aristocratiques: Georges de Pignerol, Bernard de Fontevrault, Hubert de la Santé, Marius des Baumettes, etc. . . . Elle veut l'interroger sur le sort de dix-huit jeunes femmes avec qui il a lié connaissance dans les six derniers mois et qui ont disparu. Il a été arrêté le vendredi 13 mai, mais il s'est échappé et on a perdu sa trace.

. . . .

🎧 32.34 Activation: Dictée; conditionnel passé

Ecoutez et complétez. Vous entendrez le texte trois fois.

Robert: J' _____ Mireille

_____ elle habite. Ça

_____ plus simple.

32.35 Activation écrite: Hypothèses dans le passé; conditionnel passé (révision)

Lisez et complétez.

1. Robert ne trouvait pas l'immeuble des Belleau. Il se disait que même si Mireille <u>avait voulu</u> lui faire une blague, elle ne lui

   _____ pas _____ un faux numéro!

2. Robert a fini par trouver l'immeuble, mais il ne savait pas à quel étage ils habitaient. Il n'y avait pas de liste des locataires,

   la concierge n'était pas là. . . . Il ne savait pas que faire. Si seulement il <u>avait pensé</u> à demander à Mireille à quel étage elle

   habitait, cela _____ plus simple!

3. Si la concierge avait été là, il _____ lui demander à quel étage les Belleau habitaient.

4. L'ascenseur ne marchait pas. Mais, même s'il _____ , Robert

   _____ monter à pied, parce que l'ascenseur ne paraissait pas très solide.

5. S'il n'y avait pas eu une petite carte de visite sur l'une des deux portes, sur le palier du quatrième, Robert se

   _____ sûrement _____ de porte!

6. En entrant chez les Belleau, on voyait 12 roses . . . mais si Mme Belleau n'avait pas eu l'habileté de poser le vase devant

   un miroir, on n' _____ que six roses.

7. Si Robert n'avait pas eu la discrétion de laisser son cheval attaché à la grille du Luxembourg, Mme Belleau

   _____ très ennuyée, parce qu'elle n'a pas l'habitude de recevoir des cow-boys avec leur chevaux.

8. En bas de l'escalier il y avait un écriteau qui disait: "Essuyez-vous les pieds." Si Robert n' _____ pas vu

   cet écriteau, il ne se _____ peut-être pas _____ les pieds.

9. Robert a reconnu le présentateur de la météo, à la télé, parce qu'il l'avait rencontré dans la rue, quelques minutes

   auparavant. S'il ne l' _____ pas rencontré, il ne l' _____ sûrement pas

   _____ .

10. Heureusement, d'ailleurs, qu'il l'avait rencontré, parce que s'il ne l' _____ pas _____ ,

    il n' _____ jamais _____ la rue de Vaugirard!

. . . .

∩ 32.36 Activation orale: Dialogue entre Robert et la concierge

Vous allez entendre un dialogue entre Robert et la concierge. Ecoutez attentivement. Vous allez apprendre les réponses de la concierge.

Robert: Belleau, s'il vous plaît?
La concierge: **Georgette Belleau? Au cinquième, au fond de la cour.**
Robert: Non, Monsieur et Madame Belleau. . . .
La concierge: **Ah, eux, ils habitent au quatrième droite.**

Robert: Il y a un ascenseur?
La concierge: **Non, prenez l'escalier, en face. L'ascenseur ne marche pas.**

32.37 Exercice-test: Habitats

Utilisez tous les mots de la liste suivante pour compléter les phrases ci-dessous.

une maison	au rez-de-chaussée	l'entrée	la chambre à coucher	la salle de bains
un immeuble	au quatrième étage	la salle de séjour	la cuisine	une pièce
un appartement	la cour	la salle à manger		

1. Les Belleau habitent _____ dans _____ de la rue de Vaugirard.

2. _____ il y a un vestibule, naturellement, avec la loge de la concierge. Pour
   arriver chez les Belleau, il faut monter _____ .

3. On entre d'abord dans _____ (c'est logique). A droite, il y a _____ , qui
   est _____ assez grande, avec des divans et des fauteuils confortables.

4. Les Belleau prennent le petit déjeuner à _____ , généralement, parce que c'est plus simple, mais ils
   dînent toujours à _____ .

5. Les Belleau ont modernisé _____ : ils ont fait installer une baignoire et une
   douche.

6. _____ de Marie-Laure donne sur _____ .

7. Les Belleau ont aussi _____ à la campagne, près de Dreux.

Vérifiez. Si vous avez fait des fautes, travaillez les sections 32.8 et 32.9 dans votre cahier d'exercices.

. . . .

32.38 Exercice-test: Imparfait et passé composé

Récrivez les phrases suivantes au passé.

1. Robert consulte son plan parce qu'il est un peu perdu.

   Robert _____ son plan parce qu'il
   _____ un peu perdu.

2. Il arrête un passant et il lui demande son chemin.

   Il _____ un passant et il lui
   _____ son chemin.

3. Il arrive devant un immeuble qui n'a pas de numéro.

   Il _____ devant un immeuble qui
   _____ de numéro.

4. Il entre dans le vestibule, et la lumière s'éteint!

   Il _____ dans le vestibule, et la lumière
   _____ .

5. Le vestibule est sombre et sent le pipi de chat.

   Le vestibule _____ sombre et
   _____ le pipi de chat.

Vérifiez. Si vous avez fait des fautes, travaillez les sections 32.27
à 32.32 dans votre cahier d'exercices.

Libération de l'expression

32.39 Mise en question

Relisez le texte de la leçon; lisez les questions de la mise en question qui suit la mise en œuvre dans votre livre de textes.
Réfléchissez à ces questions et essayez d'y répondre.

32.40 Mots en liberté

Qu'est-ce qui peut être en panne?

La télé, l'aéroglisseur, l'hélicoptère, le bateau de Marie-Laure. . . .

Trouvez encore six possibilités.

De quoi Robert pourrait-il se tromper quand il va chez Mireille?

Il pourrait se tromper de jour, de semaine, de nom, de ligne de métro, de station, d'escalier. . . .

Trouvez encore six possibilités.

32.41 Mise en scène et réinvention de l'histoire

Robert vient d'arriver chez les Belleau. M. Belleau l'invite à passer sur le balcon pour admirer la vue. Reconstituez un dialogue.

M. Belleau: Il fait bien chaud, ici. Allons (. . .).

Robert: Vous devez avoir une jolie vue!

M. Belleau: Oui, nous avons une vue (. . .). En face (. . .).

Robert: Et ça, à droite, qu'est-ce que c'est, cette tour?

M. Belleau: (. . .).

Robert: Elle a combien d'étages?

M. Belleau: (. . .). On la voit (. . .).

Robert: Et la Tour Eiffel (. . .)?

M. Belleau: (. . .).

32.42 Mise en scène et réinvention de l'histoire

Imaginez une conversation entre Robert et la concierge du 18, rue de Vaugirard. Vous pouvez utiliser les suggestions ci-dessous ou en inventer d'autres.

Robert:

Les Belleau, s'il vous plaît?

La concierge:

Ils habitent / Ils n'habitent pas
- ici.
- au 58ème étage.
- au 7ème étage sous le toit.
- au sous-sol à côté des toilettes.
- à Provins.
- en province.
- en face.
- à côté.

Robert:

Vous les connaissez?

La concierge:

Bien sûr! / Pas très bien.
- Mme Belleau est basque, comme moi.
- Il y a 20 ans que je les connais.
- M. Belleau est un ami d'enfance.
- J'ai fait mes études de gardiennage avec Mme Belleau.
- Ils ne parlent pas beaucoup.
- Ils ne sont pas très sociables.
- Ils ne me parlent jamais.
- Ils ne sont jamais là.

C'est / Ce sont
- des gens très simples.
- des gens très sympathiques.
- une famille très aristocratique.
- des locataires insupportables.

Ils sont / Ils ont
- très riches.
- une fortune énorme.
- très pauvres.

Elle
- est ministre de la Santé.
- travaille dans une entreprise de construction.
- est avocate.
- est concierge à la tour Montparnasse.
- est bonne dans une famille portugaise.
- est infirmière.
- est chirurgien.

Il est
- couturier.
- marchand de saucisse.
- maçon.
- garagiste.
- professeur d'art grec.
- gardien à l'Institut d'Art et d'Archéologie.

Leur appartement est / n'est pas
- magnifique.
- très moderne.
- vraiment minable.
- très propre.
- très luxueux.

Il y a / Il n'y a pas | de / trois / quatre / huit | cuisine(s). / salles de bains. / toilettes. / salon(s). / chambre(s). / salle(s) à manger.

Il y a des | tableaux | de Matisse / modernes / d'ancêtres / abstraits | partout.
miroirs / roses / fauteuils anciens / vases | chinois / japonais / cartes postales | dans / sur | l'entrée. / la cuisine. / le salon. / la salle de bains. / les murs. / la chambre. / les plafonds.

Ils ont | trois fils très gentils. / une fille insupportable. / dix-huit chats. / un chien méchant. / trois nièces qui vivent avec eux.

Il / Elle / Ils / Elles | fait / font | un bruit infernal / du patin à roulettes / de la bicyclette / de l'escalade / de la dentelle / du karaté | dans / sur | la cour. / l'escalier. / le toit. / le vestibule. / le balcon. / le salon.

Robert:

J'ai dû me tromper. Je cherchais les Belleau qui ont une fille qui s'appelle Mireille.

La concierge:

Oui, c'est bien eux! Cette Mireille,

c'est / elle est | une terroriste. / professeur de karaté à la Sorbonne. / marchande de tableaux. / artiste.

Elle | fait / fabrique / peint | des foulards. / des explosifs. / de l'héroïne. / de faux tableaux d'Hubert Robert. / des roses en tissu.

Elle | est / a | mariée à un champion cycliste suédois. / divorcé trois fois. / veuve. / remariée avec un Argentin.

Robert:

Est-ce que vous croyez qu'ils sont là?

La concierge:

Non, je ne crois pas.

Ils sont tous | sortis. / au cinéma. / allés faire un tour sur un bateau-mouche. / en Patagonie. / à la chasse, dans un de leurs châteaux. / allés dîner au restaurant.

Préparation à la lecture et à l'écriture

32.43 Entraînement à la lecture

Lisez le document 3 de la leçon 32 dans votre livre de textes, et complétez.

1. Quand vous jouez au tennis, votre partenaire vous envoie la balle et vous la lui <u>renvoyez</u> (. . . si vous pouvez). Les raquettes renvoient les balles, et les miroirs _____ les images. C'est le phénomène de réflexion: les surfaces réfléchissantes réfléchissent les rayons lumineux. (L'angle de réflexion est égal à l'angle d'incidence.)

2. Pour résoudre un problème, il faut _____ —comme Robert qui veut savoir où il en est (leçon 20, section 4). Il faut toujours _____ avant d'agir . . . et même avant de parler.

32.44 Entraînement à la lecture

Lisez le document 4. Relisez la section 8 de cette leçon, puis complétez les phrases suivantes.

1. Mireille dit qu'il ne faut pas prendre Hubert _____ parce qu'il joue, il s'amuse, il plaisante.

2. Vous plaisantez? Vous n'êtes pas _____ ?

3. Dans cette anecdote de Coluche, pourquoi est-ce que le psychiatre n'est pas un bon psychiatre?

   _____

. . . .

32.45 Entraînement à la lecture

Lisez le document 5, puis lisez les phrases suivantes et complétez-les.

1. Il y a des groupes de gens qui n'acceptent pas les personnes de l'extérieur, ces groupes sont des groupes très _____ . Certaines aristocraties constituent des milieux très _____ . Pour pouvoir entrer dans un milieu fermé, il faut avoir des _____ ; il faut connaître des gens qui font partie de ce milieu.

2. La Poste transporte et distribue le courrier (les lettres, les cartes postales, les paquets . . .). C'est le _____ qui distribue le courrier.

3. Les petits-fours et les petits-beurre sont de petits gâteaux, des biscuits.

4. La petite-fille de la cousine de ma grand-mère est une _____ éloignée. Mais ma tante est une _____ parente.

5. L'escalier s'arrêtait au plafond; il n'allait pas plus haut que le plafond; il ne _____ pas le plafond.

6. Le nombre 36 est "intensif," comme 100 ou 1 000: ça veut dire "beaucoup." Par exemple, si on reçoit un grand coup sur la tête, on dit: "J'ai vu trente-six chandelles!" Autre exemple:

   Marie-Laure: J'ai perdu mon livre de géographie!

   Mireille: Quel livre de géographie?

   Marie-Laure: Je n'en ai pas _____ !

   (Elle veut dire: "Je n'en ai qu' _____ !")

7. Quand on ne se sent pas bien, quand on est très fatigué, découragé, très déprimé, on dit "Je suis au _____ ème dessous!" (Mais quand on se sent mieux, on dit qu'on "reprend le dessus.")

32.46 Entraînement à la lecture

Etudiez le document 1 (le plan de l'appartement des Belleau) et répondez aux questions suivantes.

1. Combien de pièces y a-t-il dans cet appartement?

_____

2. Combien de chambres et combien de fenêtres?

_____

3. Combien de fenêtres sur la rue y a-t-il?

_____

4. Combien de fenêtres sur la cour?

_____

5. Que pensez-vous de la situation de la cuisine?

_____

. . . .

32.47 Lecture et interprétation

Lisez le document 2, et complétez ou répondez.

1. En quoi l'attitude des Français envers les meubles semble-t-elle correspondre à ce que disent M. Belleau et Mireille au

sujet des maisons dans les sections 3 et 4 de la leçon 32?

_____

_____

2. Dans une salle de séjour on peut s'asseoir, en général, dans un fauteuil, ou bien sur un divan, un sofa, un

_____ .

3. Autrefois, on se chauffait surtout en faisant du feu dans la _____ .

4. Deux personnes qui vivent ensemble (et leurs jeunes enfants) constituent un _____ .

5. Une maison ou un appartement où habite une famille constitue un _____ .

6. Autrefois, quand on se chauffait et qu'on faisait la cuisine sur un feu de bois dans la cheminée, le foyer, c'est-à-dire

l'endroit où on faisait le _____ , était considéré comme le centre de la maison, l'endroit autour duquel la famille se

réunissait.

7. Est-ce que la plupart des Français préfèrent les meubles traditionnels (de style "ancien" ou rustique) ou les meubles de

style moderne?

_____

8. Qu'est-ce qui est en progrès, le style "ancien" ou le style moderne? _____

9. Est-ce que les Français aiment les plantes d'intérieur? Justifiez votre réponse.

_____

10. Est-ce que les Français aiment les jardins? Justifiez votre réponse. _____

11. Les Français achètent beaucoup de fleurs. Qu'est-ce qu'ils en font? _____

_____

32.48 Pratique de l'écriture

Vous êtes Mireille. Robert doit venir dîner chez vous. Vous lui donnez toutes les instructions nécessaires. Rappelez-vous que Robert n'est pas très débrouillard . . . il se perd facilement. Alors, donnez-lui des instructions détaillées. Soyez précise. N'oubliez rien! (10 à 15 lignes devraient cependant suffire.)

_____

_____

_____

_____

_____

_____

_____

_____

_____

_____

_____

_____

_____

_____

Leçon **33**

Assimilation du texte

🎧 33.1 Mise en œuvre

Ecoutez le texte et la mise en œuvre dans l'enregistrement sonore. Répétez et répondez suivant les indications.

. . . .

🎧 33.2 Compréhension auditive

Phase 1: Regardez les images et répétez les énoncés que vous entendez.

Phase 2: Ecrivez la lettre de chaque énoncé que vous entendez sous l'image qui lui correspond le mieux.

1. ___

2. ___

3. ___

4. ___

5. ___

6. ___

7. ___

8. ___

⌒ 33.3 Production orale

Ecoutez les dialogues suivants. Vous allez jouer le rôle du second personnage.

1. Mme Belleau: Merci pour votre magnifique bouquet! Mais vraiment, vous n'auriez pas dû!
   Hubert: (. . .)
2. Robert: Si je comprends bien, Mademoiselle, vous habitez Provins?
   Colette: (. . .)

3. Robert: Ah, je comprends, oui. . . . La province, ça doit être un peu ennuyeux.
   Colette: (. . .)
4. Colette: Vous savez, entre Paris et la province, moi, je crois que je préfère la province. J'aime bien Provins.
   Hubert: (. . .)
5. Mme Belleau: Marie-Laure, tais-toi, s'il te plaît. Tiens-toi bien!
   Marie-Laure: (. . .)

. . . .

⌒ 33.4 Compréhension auditive et production orale

Ecoutez les passages et répondez aux questions.

1. De quoi Mme Belleau remercie-t-elle Hubert?
2. Est-ce que Colette habite un appartement dans un immeuble?
3. Combien de temps est-ce qu'il faut pour aller de Provins à Paris?

4. Qui est-ce qui s'occupe de l'entreprise de construction Pinot-Chambrun?
5. Que veulent les ouvriers, d'après Hubert?

Préparation à la communication ▬▬▬▬▬

⌒ 33.5 Activation orale: Prononciation; les voyelles nasales /ã/ et /ɛ̃/ (révision)

Dans les expressions suivantes, marquez une distinction nette entre les deux voyelles nasales (/ã/ et /ɛ̃/).

/ã/	/ɛ̃/
divan	divin
l'instant	l'instinct
ça s'étend	ça s'éteint
Boris Vian	Boris vient
antérieur	intérieur
décent	dessin
un bon vent	un bon vin
l'amant de Mme Belleau	la main de Mme Belleau
sans fenêtre	cinq fenêtres

. . . .

⌒ 33.6 Observation: Mauvaises manières

réactions aux mauvaises manières de Marie-Laure
Voyons, Marie-Laure!
Veux-tu être polie!
Qu'est-ce que c'est que ces manières?
Marie-Laure, tu es insupportable!
Tiens-toi bien, ou tu vas aller dans ta chambre.
Marie-Laure, tais-toi, s'il te plait! Et tiens-toi bien!

33.7 Activation écrite: *Ça marche ou pas?*

Essayez de comprendre de quoi il s'agit dans les phrases suivantes et complétez-les. Si vous hésitez, vous pouvez relire les sections des leçons indiquées entre parenthèses.

1. Alors, comment ça va, la construction? _____ marchent? (33–5)

2. Ça, c'est une voiture qui _____ ! 140 km à l'heure toute la journée sans chauffer! (29–3)

3. Robert est monté à pied, parce que l' _____ . (32–3)

4. Mireille a brûlé un feu rouge parce que ses _____ . (31–2)

5. Et elle a dû conduire en se penchant à la portière sous la pluie, parce que les _____ , non plus!

6. Les voitures _____ à l'essence.

7. Il y a des _____

   avec des cartes magnétiques, d'autres avec des pièces de monnaie, ou des jetons. (22–5)

8. Les _____ de Jean-Pierre ne _____ pas à tous les coups! (13–7)

9. Allons à Chartres à pied! J'aime beaucoup _____ ! (27–4)

10. Robert traverse Paris _____ . Il _____ vite. (23–8)

11. Comment? Vous voulez m'acheter ma voiture, que j'ai payée 95.000F, pour 6.000F? Ah, non! Je ne suis pas d'accord! Je
    ne _____ ! Allez voir au garage Shell!

. . . .

33.8 Activation écrite: Des fruits et des arbres (révision et extension)

Complétez.

1. Colette et ses parents récoltent des <u>pommes</u> parce qu'il y a des _____ au fond de leur jardin.

2. Ils récoltent aussi quelques très jolies <u>poires</u> parce qu'ils ont quelques _____ .

3. Ils ont aussi un _____ qui fait de belles <u>cerises</u> rouges.

4. Il y a aussi un <u>prunier</u>, mais ses _____ ne valent rien!

5. Mais s'ils veulent des <u>abricots</u>, ils les achètent au marché, parce qu'ils n'ont pas d' _____ dans leur
   jardin.

6. Mais ils ont des <u>fraisiers</u> qui font beaucoup de _____ .

7. Ils ont aussi des _____ qui font des <u>framboises</u>.

8. Et en Afrique du Nord, il y a des palmiers qui portent des <u>dattes</u>. Ce sont des palmiers _____ .

9. Les fraisiers et les framboisiers portent des fruits, mais ce ne sont pas des arbres. Les pommiers, les poiriers, les pruniers
   sont des arbres et ils portent des <u>fruits</u>; ce sont des arbres _____ .

🎧 33.9 Observation: Pronoms personnels indéfinis; *soi*

pronom défini
Derrière ses haies, ses murs,   Colette   se sent chez *elle*.
pronom indéfini
Derrière des haies, des murs,   *on*   se sent chez *soi*.

. . . .

33.10 Activation écrite: Pronoms personnels indéfinis, *soi;* pronoms objets indirects (révision)

Complétez.

1. Dans une maison entourée de haies et de murs, on se sent chez _____ .

2. Dans sa villa de Provins, Colette se sent chez _____ .

3. Quand il pleut, moi, je reste chez _____ .

4. Quand il pleut, il vaut mieux rester chez _____ .

5. Quand il fait trop mauvais, tout le monde reste chez _____ .

6. Les Belleau ont invité Robert à venir dîner chez _____ .

7. Autrefois, les gens sortaient le soir; maintenant, avec la télé, les gens restent chez _____ .

8. Robert a téléphoné chez les Courtois. Mme Courtois n'était pas chez _____ .

9. M. Courtois n'est jamais chez _____ . Il est toujours en voyage.

10. Nous sommes tous allés au cinéma, et après, chacun est rentré chez _____ .

11. J'aimerais bien avoir une petite maison à _____ .

12. En France, on aime bien avoir une maison à _____ .

13. Malheureusement, tout le monde ne peut pas avoir une maison à _____ .

14. —Moi, je dis qu'avant de penser aux autres, il faut d'abord penser à _____ .

   —Vous n'êtes qu'un sale égoïste!

. . . .

🎧 33.11 Observation: Manque de contrôle; *s'empêcher de*

pouvoir s'empêcher de *infinitif*
Robert   **ne peut pas s'empêcher d'** intervenir.
Marie-Laure **ne peut pas s'empêcher de** se gratter.

🎧 33.12 Activation orale: Manque de contrôle; *s'empêcher de*

Répondez selon les exemples.

Exemples:

Vous entendez: 1. Pourquoi tu te moques des gens comme ça?

Vous dites: Je ne peux pas m'en empêcher.

Vous entendez: 2. Tu n'aurais pas dû intervenir.

Vous dites: Je n'ai pas pu m'en empêcher.

3. Pourquoi il se gratte comme ça?
4. Pourquoi vous riez comme ça, vous deux?
5. Pourquoi Robert intervient-il?
6. Il n'aurait pas dû intervenir comme ça.
7. Marie-Laure n'aurait pas dû se moquer de Robert.
8. Robert et Hubert n'auraient pas dû se disputer comme ça.

. . . .

🎧 33.13 Activation: Dictée

Ecoutez et complétez. Vous entendrez le passage deux fois.

C'est plus fort que moi!

Mme Belleau: Arrête de _____ gratter!

Marie-Laure: Je ne _____ pas m' _____ !

. . . .

🎧 33.14 Observation: Protestation; *si on ne peut plus . . .*

Marie-Laure: Oh! Si on ne peut plus rire, maintenant!
Jean-Pierre: Si on ne peut plus draguer une fille en passant . . . où va-t-on?

. . . .

🎧 33.15 Activation orale: Protestation; *si on ne peut plus . . .*

Répondez selon l'exemple.

Exemple:

Vous entendez: 1. Marie-Laure, ne te moque pas des gens comme ça!

Vous dites: Si on ne peut plus se moquer des gens, maintenant!

2. Arrête de rouspéter! Ce n'est pas poli.
3. Arrête de faire des jeux de mots absurdes.
4. Arrête de blaguer!
5. Ne discute pas!
6. Oh, là, le resquilleur! Pas de resquille!

. . . .

🎧 33.16 Observation: Démentis; *pas plus . . . pour ça*

		négation	comparatif	pour ça
Ils n'avaient pas de salle de bains,	mais ils	n' étaient	pas plus malheureux	pour ça
Tonton Guillaume a deux voitures et de la fortune,	mais il	n' est	pas plus heureux	pour ça
Marie-Laure est souvent insupportable,	mais nous	ne l'aimons	pas moins	pour ça

🎧 33.17 Activation orale: Démentis; *pas plus . . . pour ça*

Répondez selon les exemples.

Exemples:

Vous entendez: 1. Tonton Guillaume a deux voitures pour lui tout seul.

Vous dites: Mais il n'est pas plus heureux pour ça.

Vous entendez: 2. Tante Georgette n'a qu'un vélo.

Vous dites: Mais elle n'est pas plus malheureuse pour ça.

3. Tonton Guillaume va au restaurant tous les jours.
4. Tante Georgette ne va jamais au restaurant.
5. Tonton Guillaume voyage partout dans le monde.
6. Tante Georgette reste chez elle.
7. Tonton Guillaume a un magnifique appartement.
8. Tante Georgette n'a qu'un petit appartement sous le toit.
9. Tonton Guillaume a beaucoup d'amis et de relations.
10. Tante Georgette n'a que Fido.
11. Les Belleau n'ont que des filles.
12. Mireille et Cécile n'ont pas de voiture.

. . . .

🎧 33.18 Activation: Dictée

Ecoutez et complétez. Vous entendrez le passage deux fois.

Marie-Laure: J'_____ bien être riche comme Tonton Guillaume!

Mme Belleau: Bof! Pourquoi ça? Il a _____ voitures, et nous, on n'en a qu'une, mais on n'_____!

Marie-Laure: Si!

. . . .

🎧 33.19 Observation: Désaccord; *pas si . . . que ça*

négation	si *adjectif*	que ça
Je n'en suis pas **si** sûr		**que ça**!
Je ne sais pas si vous seriez **si** heureux		**que ça**!

. . . .

🎧 33.20 Activation orale: Désaccord; *pas si . . . que ça*

Répondez selon les exemples.

Exemples:

Vous entendez: 1. Tu es content?

Vous dites: Ben non, je ne suis pas si content que ça.

Vous entendez: 2. Tante Georgette est rouspéteuse.

Vous dites: Bof, elle n'est pas si rouspéteuse que ça.

3. Robert est grand?
4. Il paraît que Marie-Laure est moqueuse!
5. Elle est insupportable, cette Marie-Laure!
6. Votre villa est loin?
7. Ça doit être ennuyeux, la campagne . . .
8. Il est infect, ce taudis!

. . . .

🎧 33.21 Observation: Remerciements (révision et expansion)

remerciements	réponses
Merci de votre magnifique bouquet!	Ne me remerciez pas!
Mais vraiment, vous n'auriez pas dû!	Je vous en prie!
C'est trop gentil!	Il n'y pas de quoi!
Je ne sais comment vous remercier!	C'est la moindre des choses!

🎧 33.22 Observation: Restriction, exclusivité; *il n'y en a que pour . . .*

On ne s'occupe que d'eux!
Il n'y en a que pour eux!

. . . .

🎧 33.23 Activation orale: Restriction, exclusivité; *il n'y en a que pour . . .*

Répondez selon l'exemple.

Exemple:
Vous entendez: 1. Il faut tout faire pour elle.
Vous dites: Il n'y en a que pour elle.

2. Il faut tout faire pour les jeunes.
3. Il faut tout faire pour les hommes.
4. Il faut toujours s'occuper d'eux.
5. Il faut toujours s'occuper des vieux.
6. Il faut toujours s'occuper de Fido.

. . . .

🎧 33.24 Observation: Le temps qui passe; *en une heure*

	en	*temps*	
Je suis à Paris	**en**	une heure.	
Je mets		une heure	(**pas plus**) pour venir à Paris.

. . . .

🎧 33.25 Activation orale: Le temps qui passe; *en* + indication de temps

Répondez selon l'exemple.

Exemple:
Vous entendez: 1. Il t'a fallu longtemps pour faire ça?
Vous dites: Non, j'ai fait ça en deux minutes.

2. Il lui a fallu longtemps pour faire ça?
3. Il vous a fallu longtemps pour faire ça?

4. Il vous a fallu longtemps pour finir?
5. Il t'a fallu longtemps pour venir?
6. Vous avez mis longtemps pour venir?
7. Vous avez mis longtemps pour trouver la maison?
8. Tu as mis longtemps pour lire ça?
9. Il lui a fallu longtemps pour écrire ça?
10. Il t'a fallu longtemps pour comprendre?

. . . .

🎧 33.26 Activation: Dictée

Ecoutez et complétez. Vous entendrez les passages deux fois.

A. M. Belleau: Fais voir! . . . Oh, c'est très bien. Tu _____ longtemps _____ faire ça?

   Marie-Laure: Oh, j'ai fait ça _____ cinq minutes!

B. Mireille: Alors, neuf fois _____ ?

   Marie-Laure: Neuf fois huit . . . _____ ?

   Mireille: Eh bien!

   Marie-Laure: Quoi, ce n'est pas ça?

   Mireille: Si, mais _____ !

   Marie-Laure: On _____ ! On _____ bœufs!

33.27 Activation écrite: *Faire en une heure, faire à plusieurs*

Lisez la section 5 du texte de la leçon 33 et essayez de compléter les phrases suivantes.

1. Mais, autrefois, tous ces gens-là habitaient _____ dans une seule pièce!

2. La voiture ne voulait pas démarrer. Il a fallu nous mettre _____ quatre pour la pousser.

3. Nous avons préparé le dîner _____ une heure. Mais nous _____

   quatre pour le préparer! Si j'avais dû le préparer tout seul, il m'aurait fallu tout l'après-midi!

. . . .

∩ 33.28 Observation: Nécessité; *il me faut* + nom

objet indirect	falloir	objet direct	
Il	leur	faut	tout le confort moderne.
Il	me	faut	le téléphone!
Il	vous	faudrait	une petite maison.

. . . .

∩ 33.29 Activation orale: Nécessité; *il me faut* + nom

Répondez selon l'exemple.

Exemple:
Vous entendez: 1. Tu veux deux chambres?
Vous dites: Oui, il me faut deux chambres.

 2. Vous voulez l'eau courante maintenant?
 3. Vous voulez le chauffage central maintenant?

4. Vous voulez l'électricité maintenant?
5. Vous voulez le téléphone maintenant?
6. Ils veulent un téléviseur?
7. Ils veulent deux salles de bains?
8. Comment? Ils veulent un ascenseur?
9. Comment? Ils veulent des domestiques?

. . . .

∩ 33.30 Activation: Dictée

Ecoutez et complétez. Vous entendrez le passage deux fois.

Mireille: Donne- _____ cette feuille là. Il _____ un crayon! Tu ne veux pas me chercher un crayon?

Marie-Laure: Qu'est-ce qu'il _____ encore?! _____ ?

⌢ 33.31 Observation: Ordres; impératifs irréguliers (*être, avoir, vouloir, savoir*)

	indicatif présent		impératif	
Tu n'	**es**	pas gentil!	**Sois**	gentil!
Vous n'	**êtes**	pas gentilles!	**Soyez**	gentilles!
Tu n'	**as**	pas de patience!	**Aie**	un peu de patience!
Vous n'	**avez**	pas de patience!	**Ayez**	un peu de patience!
Tu	**veux**	m'attendre?	**Veuille**	m'attendre.
Vous	**voulez**	bien attendre?	**Veuillez**	attendre.
Tu ne	**sais**	pas ça?	**Sache**	-le!
Vous ne	**savez**	pas ça?	**Sachez**	-le!

. . . .

⌢ 33.32 Activation orale: Impératifs irréguliers

Répondez selon l'exemple.

Exemple:

Vous entendez: 1. Tu n'as pas de patience!

Vous dites: Aie de la patience!

2. Vous n'avez pas de patience!
3. Vous n'êtes jamais à l'heure!
4. Vous ne savez pas ça!
5. Tu n'as pas de courage!
6. Tu n'es pas obéissant!

. . . .

33.33 Activation écrite: Hypothèses; le conditionnel (révision)

Complétez.

1. Mme Belleau: Votre bouquet est magnifique! Il nous a fait très plaisir! Mais, vraiment, vous n' _____ !

   Hubert: J' _____ vous envoyer des lys, mais je n'ai pas pu en trouver. On ne fait pas ce qu'on veut!

2. Hubert: Je ne voudrais pas vivre en province! Je ne supporte pas la province: je m'y ennuie trop. Je crois que si je

   _____ en province, je m' _____ à mourir! Pas vous?

   Colette: Mais non, pas du tout! J'aime bien la province. Je ne crois pas que j' _____ vivre à Paris.

   Hubert: Si je _____ vivre _____ province, je crois que _____ mieux vivre

   _____ Provence qu' _____ Provins!

3. Hubert: Si tous ces gens-là n' _____ pas tout le confort moderne, eh bien, ils se _____

   très bien sans baignoire et sans vide-ordures!

   Robert: Si vous _____ pas votre téléphone, votre téléviseur, votre ascenseur . . . je ne suis pas sûr que

   vous _____ très heureux! Je me demande ce que vous _____ !

   Hubert: Eh bien, j' _____ à l'hôtel.

⊙ 33.34 Observation: Le temps passé; imparfait et passé composé (révision et extension)

Premier type de phrase: **Passé composé + imparfait**

A

| Robert *est tombé* d'un balcon | | *passé* | *présent* |

B

| quand il *avait* dix ans. |

Les deux propositions A et B se réfèrent au même moment dans le passé. La proposition B (à l'**imparfait**) indique une condition, une situation qui existait à ce moment du passé (*Robert avait dix ans*). Elle suggère une durée, une extension temporelle. "L'action" d'avoir dix ans est considérée dans sa durée, dans son extension. La proposition A (au **passé composé**) indique un événement qui a eu lieu à l'intérieur de la durée suggérée par B. L'action A (*tomber d'un balcon*) n'est pas considérée dans sa durée; elle est considérée comme un point situé à l'intérieur de la durée B.

Exemples:

Quand Mireille *est née*, les Belleau *habitaient* déjà dans cet appartement.

Robert *a rencontré* Gilot-Pétré pendant qu'il *cherchait* la rue de Vaugirard.

Quand Robert *a sonné*, Mireille *était* en train de se changer.

Quand Hubert *a sonné*, Robert et Mireille *étaient* sur le balcon.

Deuxième type de phrase: **Imparfait + imparfait**

A

| Quand Robert *avait* dix ans, | | *passé* | *présent* |

B

| il *voulait* être pompier. |

Ici, les deux propositions A et B sont considérées dans leur **durée**. Les "actions" A et B sont présentées comme contemporaines, parallèles. Elles correspondent au même segment sur la ligne du temps. Les verbes A et B sont à l'**imparfait**.

Exemples:

Pendant que Robert *se promenait* sur le boulevard, Mireille *allait* à la Sorbonne.

Au moment où Robert *entrait* par la rue de la Sorbonne, Mireille *entrait* par la rue des Ecoles.

Pendant que Robert *montait* l'escalier, Mireille *était en train de* se changer.

Troisième type de phrase: **Passé composé + passé composé**

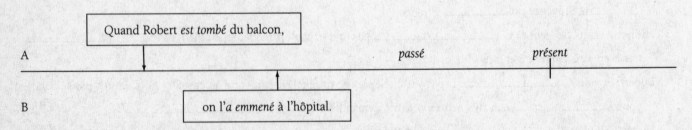

A

| Quand Robert *est tombé* du balcon, | | *passé* | *présent* |

B

| on l'*a emmené* à l'hôpital. |

Ici les deux actions A et B sont présentées comme des événements successifs, comme deux **points** sur la ligne du temps. On ne considère pas leur durée. Les deux verbes A et B sont au passé composé.

Exemples:

Quand Hubert *a sonné*, Marie-Laure *a reconnu* son coup de sonnette.

Quand Hubert *est arrivé*, Mme Belleau l'*a remercié* pour son bouquet.

Quand Hubert *est arrivé*, il *a embrassé* Mireille.

Quand Hubert *a commencé* à jouer à l'aristocrate réactionnaire, Robert *est intervenu*.

Quand Marie-Laure *s'est moquée* d'Hubert, Mme Belleau *est intervenue*.

∩ 33.35 Activation: Dictée

Ecoutez et complétez. Vous entendrez le texte deux fois.

Interview de Mme Veuve Jeulin

A. —Il y a longtemps que vous êtes à Paris.

—Ah, _____ 35 ans! Je _____ une vieille Parisienne, moi! 35 ans!

_____ Paris. Avant, _____ à Vincennes. . . .

B. Je _____ à 15 ans. _____ un mariage d'amour. _____ mon mari.

. . . .

33.36 Activation écrite: Le temps passé; imparfait et passé composé

Voici la suite de la fascinante rencontre de Mireille et de Robert. Complétez en utilisant l'imparfait ou le passé composé selon le cas.

1. Pendant qu'il entre par la rue de la Sorbonne, Mireille entre par la rue des Ecoles.

   Pendant qu'il _____ par la rue de la Sorbonne, Mireille _____ par la rue des Ecoles.

2. Elle s'arrête pour regarder un tableau d'affichage.

   Elle s' _____ pour regarder un tableau d'affichage.

3. Elle passe sous les arcades.

   Elle _____ sous les arcades.

4. Puis elle arrive dans la cour.

   Puis elle _____ dans la cour.

5. Robert se trouve déjà dans la cour.

   Robert _____ déjà dans la cour.

6. Il remarque Mireille.

   Il _____ Mireille.

7. Elle porte une jupe rouge.

   Elle _____ une jupe rouge.

8. Il s'approche d'elle.

   Il _____ d'elle.

9. Il lui sourit.

   Il lui _____ .

10. Elle lui rend son sourire.

    Elle lui _____ son sourire.

11. Il lui demande ce qui se passe.

    Il lui _____ ce qui _____ .

12. Elle répond qu'elle ne sait pas.

    Elle _____ qu'elle _____ .

13. Il lui demande si elle est étudiante. (Il faut bien dire quelque chose.)

    Il lui _____ si elle _____ étudiante. (Il _____ bien dire quelque chose.)

14. Elle dit que oui, qu'elle fait de l'histoire de l'art.

Elle _____ que oui, qu'elle _____ de l'histoire de l'art.

15. Il lui apprend qu'il vient des Etats-Unis.

Il lui _____ qu'il _____ des Etats-Unis.

16. Elle comprend qu'il est américain. (Elle a l'esprit rapide.)

Elle _____ qu'il _____ américain.

17. Elle remarque qu'il n'a pas d'accent. (Elle est très observatrice.)

Elle _____ qu'il _____ d'accent.

18. Elle lui demande s'il y a longtemps qu'il est à Paris. (Elle est curieuse.)

Elle lui _____ s'il y _____ longtemps qu'il _____ à Paris.

19. Il répond qu'il est là depuis la veille.

Il _____ qu'il _____ là depuis la veille.

20. Il ne connaît personne à Paris.

Il _____ personne à Paris.

21. Mais il a une lettre de recommandation pour une certaine Mme Courtois.

Mais il _____ une lettre de recommandation pour une certaine Mme Courtois.

22. Il compte aller la voir le lendemain.

Il _____ aller la voir le lendemain.

23. Mireille connaît cette Mme Courtois. (Quelle coïncidence!)

Mireille _____ cette Mme Courtois.

24. En fait, c'est sa marraine.

En fait, _____ sa marraine.

(A suivre. . . .)

. . . .

33.37 Activation écrite; Formes verbales, vocabulaire (récapitulation)

Nous avons retrouvé un fragment du journal intime de Robert. Malheureusement, Robert écrit très mal et beaucoup de mots sont illisibles. Essayez de deviner quels sont les mots qui manquent et complétez. (Relisez d'abord les textes des leçons 32 et 33. Ça vous aidera.)

Extrait du journal de Robert

1. Hier soir, donc, j' _____ invité à dîner chez les Belleau. J'ai _____ du _____ à trouver la maison;

mais j' _____ rencontré un monsieur très gentil qui _____ indiqué la rue de Vaugirard et je _____

arrivé comme une fleur, à l'heure, comme ça, sans me presser, comme Zorro. J'ai sonné et une charmante jeune fille

_____ la porte. D'abord, j'ai cru que je _____ de porte. Mais non,

j' _____ bien chez les Belleau. C' _____ une amie de Mireille. Elle

_____ Colette. Quand elle _____ vu, elle _____ tout de suite

compris qui j' _____ .

2. Je _____ entré. Les Belleau ont un appartement assez chouette. Le père Belleau me

_____ fait visiter, de la cuisine à la _____ de bains. La petite sœur, Marie-Laure,

_____ un peu agaçante, mais les parents Belleau _____ plutôt sympa.

3. Mireille et moi, nous _____ sur le balcon quand nous _____ un coup de sonnette

impérieux. Marie-Laure _____ tout de suite: Elle a dit: "Ça, c'est Hubert." Mireille m' _____

expliqué que c'était un ami d'enfance, qu'il _____ d'une famille très aristocratique, qu'il

_____ très amusant et qu'il ne _____ pas _____ prendre au sérieux. J'ai

_____ l'impression qu'elle essayait de s'excuser de _____ avoir invité. Elle a _____ l'air de

dire que c'étaient ses parents qui _____ invité.

4. Mme Belleau _____ ouvrir la porte et ce petit imbécile _____ . Tout de suite, il

_____ baisé la main de Mme Belleau. Elle _____ remercié pour son "magnifique bouquet." Je

suppose que c'est _____ qui _____ envoyé les six misérables petites roses que j'ai

_____ dans l'entrée. Peut-être que j' _____ envoyer des fleurs, moi aussi. . . .

5. Dès que cet imbécile _____ vu Mireille il l'a _____ . Mireille nous a _____ .

Nous nous _____ serré la main.

6. Heureusement, nous _____ à table tout de suite. Je me _____ trouvé entre Mme

Belleau et Colette et cet Hubert était _____ de Mireille.

7. On _____ servi du foie gras. Il _____ très bon. Mme Belleau a expliqué que

c' _____ la mère de Mme Courtois qui _____ elle-même.

8. Cet Hubert est insupportablement prétentieux. Il parle d'une façon terriblement affectée. Il ne peut pas dire "D'accord,"

mais "_____

_____ , cher Monsieur." Au lieu de dire "Est-ce que vous pouvez me passer le sel," il dit, "_____

_____ ."

9. Il _____ déclaré pompeusement qu'il n'y _____ de bons vins _____ en France!

_____ imbécile! Au lieu de _____ répondre, comme j' _____ pu le

faire, qu'il _____ avait d'excellents vins _____ Etats-Unis, au Chili, en Argentine, en

Italie, _____ Espagne, en Hongrie . . . , j' _____ préféré ne pas le prendre

_____ sérieux et faire un jeu de mots. Je _____ ai demandé, assez spirituellement, je

crois, s'il y avait de bons vins _____ de Provins. Il _____ répondu que, pour les

grands vins, il _____ aller jusqu'en Bourgogne. J' _____ profité pour

_____ montrer que je _____ très bien la Bourgogne et je _____ récité

tous les grands crus sur la route des vins, de Beaune jusqu'à Fixin, sans _____ oublier un seul. Je crois

que Colette a _____ impressionnée, et Mireille aussi.

10. Plus tard, il _____ critiqué _____ oncles parce qu'ils ne construisent _____ des HLM. Il a

déclaré qu'aujourd'hui, il n'y _____ avait _____ pour la classe ouvrière; que les ouvriers

_____ avoir tout le confort moderne, qu'il _____ fallait des lave-vaisselle, des

réfrigérateurs, des téléviseurs, mais qu'ils pouvaient très bien se _____ sans tout le confort moderne.

Alors, là, je n' _____ pas _____ d'intervenir. Je _____ ai dit que c'était

_____ qui le _____ , mais que, moi, je n'en _____ pas si sûr que ça!

Et que j'aimerais _____ voir, _____ , loger _____ dix dans un taudis infect sans

_____ bain quotidien ou _____ douche, sans _____ ascenseurs et

_____ domestiques; que je n' _____ pas sûr qu'il _____ si heureux

que ça.

11. A ce moment-là, Mme Belleau a demandé si nous _____ voir une exposition de manuscrits carolingiens

au Petit Palais. Ces Français disent n'importe quoi! Ils ne _____ rien _____ sérieux!

. . . .

🎧 33.38 Activation orale: Dialogue entre Robert et Colette

Vous allez entendre un dialogue entre Robert et Colette.
Ecoutez attentivement. Vous allez apprendre les réponses
de Colette.

Robert: Si je comprends bien, Mademoiselle, vous habitez
Provins?
Colette: **Oui, mais je viens souvent à Paris. Presque tous
les jours, en fait.**

Robert: Oui, je comprends . . . la province, ça doit être un
peu ennuyeux. . . .
Colette: **Oh, non! Pas du tout! Vous savez, entre Paris et
la province, moi je crois que je préfère la province.
J'aime bien Provins. . . .**

Exercices-tests

33.39 Exercice-test: Vocabulaire et expressions idiomatiques

Utilisez la liste suivante pour compléter les phrases ci-dessous. Faites les changements nécessaires.

s'empêcher de
si on ne peut plus
pas plus heureux pour ça
il n'y a pas de quoi
il n'y en a que pour
si heureux que ça

1. —Pouvez-vous me passer le sel, s'il vous plaît? . . . Merci.

—_____ .

2. Les ouvriers ont voulu tout le confort moderne. Ils l'ont eu, mais ils ne sont _____

_____ .

3. Les ouvriers ont l'air heureux, mais dans le fond, est-ce qu'ils sont _____ ?

4. Tout le monde s'occupe toujours de Marie-Laure. _____ Marie Laure.

5. Mireille ne peut pas _____ être jalouse de Marie-Laure!

Vérifiez. Si vous avez fait des fautes, travaillez les sections 33.11 à 33.23 dans votre cahier d'exercices.

33.40 Exercice-test: Impératifs irréguliers

Répondez selon l'exemple.

Exemple:
Vous voyez: Tu n'écoutes pas!
Vous écrivez: Ecoute!

1. Vous n'avez pas votre billet? _____ votre billet la prochaine fois!

2. Tu n'es pas à l'heure! _____ à l'heure la prochaine fois!

3. Vous voulez bien patienter un moment? _____ patienter cinq minutes.

4. Tu ne sais pas ta fable? _____ -la pour demain!

5. Vous n'êtes pas très gentil! _____ gentil!

Vérifiez. Si vous avez fait des fautes, travaillez les sections 33.31 et 33.32 dans votre cahier d'exercices.

· ·

33.41 Exercice-test: Imparfait et passé composé

Mettez les phrases suivantes au passé.

1. Hubert sonne pendant que Mireille et Robert sont sur le balcon.

   Hubert _____ pendant que Mireille et Robert _____ sur le balcon.

2. Pendant que Mireille et Robert sont sur le balcon, M. Belleau est en train de préparer les apéritifs.

   Pendant que Mireille et Robert _____ sur le balcon, M. Belleau _____ en train de

   préparer les apéritifs.

3. Quand Hubert sonne, Marie-Laure se précipite à la porte.

   Quand Hubert _____ , Marie-Laure _____ à la porte.

4. Quand Hubert arrive, Mme Belleau le remercie pour ses fleurs.

   Quand Hubert _____ , Mme Belleau _____ pour ses fleurs.

5. Quand Hubert vient dîner, il apporte toujours des roses.

   Quand Hubert _____ dîner, il _____ toujours des roses.

Vérifiez. Si vous avez fait des fautes, travaillez les sections 33.3 à 33.36 dans votre cahier d'exercices.

Libération de l'expression

33.42 Mise en question

Relisez le texte de la leçon; lisez les questions de la mise en question qui suit la mise en œuvre dans votre livre de textes. Réfléchissez à ces questions et essayez d'y répondre.

33.43 Mots en liberté

Si on achète une maison, qu'est-ce qu'on peut vouloir?

On peut vouloir des pommiers au fond du jardin, un balcon, des haies, le tout-à-l'égout, une vue imprenable, des divans profonds, des lavabos Second Empire. . . .

Trouvez encore dix possibilités.

. . . .

33.44 Mise en scène et réinvention de l'histoire

Jouez le rôle d'Hubert dans les situations suivantes.

Hubert arrive chez les Belleau.

Mme Belleau: Bonjour, Hubert! Quel plaisir de vous voir!

Hubert: (. . .).

Mme Belleau: Quel magnifique bouquet! Vous n'auriez pas dû!

Hubert: (. . .).

A table.

M. Belleau: Moi, je trouve qu'il n'y a de bons vins qu'en France. Qu'en pensez-vous, Hubert?

Hubert: (. . .).

Robert: Est-ce qu'il y a de bons vins du côté de Provins?

Hubert: (. . .).

Robert: Vous aimez Provins?

Hubert: (. . .).

Au sujet des affaires de la famille de Pinot-Chambrun.

Hubert: Ce sont mes oncles qui (. . .). Ils ne font rien (. . .). On fait des choses intéressantes, pourtant. Regardez (. . .). Mais eux, mes oncles (. . .). De nos jours, il n'y en a plus que pour (. . .). Les ouvriers veulent (. . .). Il leur faut (. . .). Il y a seulement 100 ans (. . .).

Robert répond à Hubert.

Robert: Ça, c'est vous qui (. . .). Moi, (. . .). J'aimerais vous voir (. . .). Sachez (. . .).

. . . .

33.45 Mise en scène et réinvention de l'histoire

Imaginez une conversation, pendant le dîner chez les Belleau, avec un invité qui n'est pas Hubert.

L'invité est | l'homme en noir.
le garagiste de la leçon 31.
le vigneron.
un général de l'Armée du Salut.
Frankenstein.
votre professeur de français.
Lénine.
un prêtre.

Robert:

Dites-moi, j'entends beaucoup parler de vins, depuis que je suis en France. Est-ce que le vin est si important que ça?

L'invité:

Le vin rouge, oui!

Mais voyons! | C'est | la plus haute expression de notre civilisation.
Oui! | | l'opium du peuple.
Ça dépend. | | une drogue, une horreur.
Bien sûr! | | un danger public.
Non. | | du soleil en bouteille.
Pas du tout! | | ma raison d'être.
| | l'instrument des oppresseurs du peuple.

Savoir apprécier les vins est | tout un art.
| une science.

Je suis en train de mettre au point une voiture qui marchera au bordeaux.

Robert:

Mais est-ce que tout le monde boit du vin en France? Vous-même, vous en buvez? Tous les jours?

L'invité:

Un repas sans vin, c'est une journée
   sans soleil.
Raisonnablement.
Du vin rouge seulement.

C'est mieux que | l'eau polluée.
   | le whisky.
   | l'essence.

Bien sûr! | Du blanc, de temps en temps.
Evidemment! | Ça me rend triste.
Absolument pas! | Je n'ai pas envie de mourir idiot.
Mais non! | Ça donne du courage.
Bien sûr que non! | C'est un poison.
Mais oui! | Je vends de l'essence; je bois du vin.
Oui, mais . . . | Avec le fromage, c'est indispensable.
   | Quand je dis la messe.
   | Je suis au régime.
   | L'alcool tue lentement (mais je ne
      suis pas pressé).
   | Je préfère le sang.

Robert:

Mais est-ce que vous buvez de l'eau?

L'invité:

   | L'eau est si souvent polluée!
   | Je ne bois que ça.
Oui, bien sûr! | L'eau, c'est pour les poissons!
Oui. . . . | Surtout de l'eau minérale.
Evidemment! | L'eau, c'est fait pour se laver.
Oui, mais . . . | C'est excellent pour la santé.
Non. | Il y a beaucoup d'eau dans le vin!
Non, mais . . . | Quelquefois.
Jamais. | Quand je ne trouve pas de sang frais.
Vous savez . . . | Quand elle est fraîche.
Toujours. | De l'eau distillée seulement.
   | C'est encore ce qu'il y a de mieux.
   | Avec le pastis.

Robert:

Quels vins préférez-vous?

L'invité:

Le champagne.
Les bordeaux.
Les bourgognes.
Les beaujolais.

   | italiens.
   | espagnols.
   | chiliens.
   | de la Loire.
   | d'Algérie.
   | portugais.
Les vins | grecs.
   | roumains.
   | de la mer Noire.
   | de messe.
   | rouges.
   | blancs.
   | rosés.

Robert:

Et qu'est-ce que vous faites pour vos vacances?

L'invité:

   | aux Bermudes.
   | en Provence.
   | au Sénégal.
   | au Québec.
   | aux Antilles.
   | en Bourgogne.
vais | en Transylvanie.
   | déguster quelques grands crus.
   | en Sibérie.
   | rouler sur les routes.
   | aux abattoirs de Chicago.
Je | chasser dans mes chasses.
   | visiter les taudis de la banlieue.

       | dans mon jardin.
travaille | dans mes vignes.
       | à la bibliothèque.
m'occupe de mes pommiers.

   | des romans policiers |
   | les poètes latins | au fond de mon jardin.
lis | Hemingway | au Luxembourg.
   | la Bible | sur mon balcon.
   | Marx |

Robert:

Où habitez-vous?

L'invité:

| J'ai | un grand
une grande
un petit
une petite | villa
appartement
maison
monument
château
palais
taudis
pièce
grotte
cage à lapin
chapelle | en
à
au
sur
sous
au-dessus
au milieu
à côté
au fond
dans
derrière | le
la
du
des
de la
une
— | province.
Touraine.
banlieue.
Provins.
Paris.
campagne.
Moscou.
mer Noire.
garage.
sous-sol.
toit.
caserne.
vignes.
fac.
jardin.
cour.
Kremlin.
HLM.
cathédrale. |

| Je me sens bien chez moi | sous
dans
derrière
au fond de
au milieu de | ma petite cour.
ma bibliothèque.
ma cuisine.
mon toit.
mon sous-sol.
mes grilles.
mes haies.
ma grotte.
ma cage à lapin.
mes vignes. |

Robert:

Et comment vont les affaires? Ça marche?

L'invité:

Ah, ne m'en parlez pas!

| Ce sont | mes étudiants
mes enfants
les capitalistes
les ouvriers
mes lieutenants
les militaires | qui s'en occupent maintenant. |

Ils	ne font rien	de fascinant. d'intéressant. d'intelligent.
	ne comprennent rien.	
	ne s'intéressent	plus à la littérature. qu'à l'argent.
	ne savent pas	travailler. ce qu'ils font.
	ne croient plus	à la Révolution. en Dieu. en rien.
	sont bêtes comme leurs pieds.	

Préparation à la lecture et à l'écriture

33.46 Entraînement à la lecture

Lisez le document 2 de la leçon 33 dans votre livre de textes, puis relisez la section 7 du texte de la leçon 32.

1. En quoi ce document confirme-t-il ce que dit Mireille?

2. Essayez de determiner pourquoi les gens bien logés mais mécontents (32%) sont mécontents.

33.47 Lecture et interprétation

Lisez les documents 2 et 3, et répondez aux questions suivantes.

1. Est-ce que les Français préfèrent acheter un logement ou en louer un? Est-ce que les Belleau représentent la tendance générale ou une exception?

_____

_____

_____

2. Qu'est-ce qu'un logement doit comporter pour avoir "tout le confort"?

_____

_____

_____

. . . .

33.48 Lecture et interprétation

Lisez les documents 3 et 4, et répondez aux questions suivantes.

1. Comparez le document 4 avec ce que dit Hubert dans son petit numéro réactionnaire (leçon 33, section 5). Comparez les conditions de vie aujourd'hui à celles qu'Hubert décrit.

_____

_____

_____

_____

_____

2. Qu'est-ce qui constitue le "confort," pour les Français d'aujourd'hui?

_____

_____

_____

. . . .

33.49 Lecture et interprétation

Lisez le document 5 et comparez-le avec ce que dit Hubert dans la section 5 de cette leçon.

Qu'est-ce que vous pouvez en conclure, en particulier sur le succès de l'entreprise de construction Pinot-Chambrun?

_____

_____

_____

_____

_____

33.50 Lecture et interprétation

A. Lisez le document 6 et la section 1 du document 7.

D'après ces statistiques, quelles sont les différences entre les conceptions du bonheur des femmes et des hommes? Qu'est-ce qui compte le plus, qu'est-ce qui est le plus important pour les unes et pour les autres?

_____

_____

_____

B. Lisez la section 2 du document 7.

Est-ce que les Français, dans l'ensemble, sont plus riches ou moins riches que les Irlandais ou les Espagnols? _____

Qu'est-ce que les Allemands disent d'un homme qui a tout ce qu'il peut désirer?

_____

33.51 Lecture et interprétation

Lisez le document 8, et relisez le petit discours d'Hubert dans la section 5 du texte de la leçon.

En quoi ces lycéens sont-ils d'accord avec Hubert? En quoi ne sont-ils pas d'accord avec lui?

_____

_____

_____

33.52 Lecture et interprétation

Lisez le document 9. Comparez ces diverses opinions.

1. Qui est-ce qui semble être d'accord avec Tante Georgette quand elle dit que l'argent ne fait pas le bonheur?

_____

_____

_____

2. Qui est-ce qui semble penser que le bonheur est plus imaginaire que réel, quelque chose d'élusif, quelque chose qu'on n'atteint jamais?

_____

_____

3. Qui semble avoir une conception surtout négative du bonheur?

_____

_____

4. Qui semble penser que le bonheur est quelque chose de relatif?

_____

_____

5. Qui semble penser que le bonheur n'est possible qu'à condition d'ignorer la réalité?

_____

_____

6. Qui est-ce qui est <u>pour</u> le bonheur? Qui est-ce qui pense que c'est quelque chose que l'on doit rechercher?

_____

_____

_____

_____

_____

. . . .

33.53 Pratique de l'écriture

Examinez les photos du document 1.

Où est-ce que vous préféreriez vivre? Pourquoi?

_____

_____

_____

Leçon 34

Assimilation du texte

🎧 34.1 Mise en œuvre

Ecoutez le texte et la mise en œuvre dans l'enregistrement sonore. Répétez et répondez suivant les indications.

· ·

🎧 34.2 Compréhension auditive

Phase 1: Regardez les images et répétez les énoncés que vous entendez.

Phase 2: Ecrivez la lettre de chaque énoncé sous l'image qui lui correspond le mieux.

1. ___

2. ___

3. ___

4. ___

5. ___

6. ___

7. ___

8. ___

∩ 34.3 Production orale

Ecoutez les dialogues suivants. Vous allez jouer le rôle du second personnage.

1. M. Belleau: Nous, nous ne louons pas. Nous sommes en co-propriété: même avec toutes les charges, c'est plus économique que de louer.
   Hubert: (. . .)
2. M. Belleau: Va chercher ton scrabble, je vais te montrer.
   Mme Belleau: (. . .)

3. Mme Belleau: Les gens de la ville achètent de vieilles maisons de paysans, ils les modernisent, et ils s'en servent comme résidences secondaires: ils y viennent le week-end.
   Robert: (. . .)
4. Marie-Laure: C'était une fausse bonne sœur: elle avait de la moustache!
   Mme Belleau: (. . .)

. . . .

∩ 34.4 Compréhension auditive et production orale

Ecoutez les dialogues suivants. Après chaque dialogue, vous entendrez une question. Répondez à la question.

1. Pourquoi les Belleau ne paient-ils pas de loyer?
2. Qu'est-ce qu'il suffisait de faire pour transformer une grange en garage?
3. Est-ce que Robert trouve bien que les gens de la ville achètent de vieilles maisons de paysans?

4. Qu'est-ce que Marie-Laure a répondu à la bonne sœur qui lui proposait des billets de loterie?
5. Pourquoi la bonne sœur n'était-elle pas une vraie bonne sœur, d'après Marie-Laure?

Préparation à la communication ▨▨▨▨▨▨▨▨▨▨▨▨

∩ 34.5 Activation orale: Prononciation; les voyelles /a/ et /ã/ (révision)

Répétez les expressions suivantes. Marquez une distinction très nette entre la voyelle nasalisée et la voyelle non-nasalisée. Rappelez-vous que dans la voyelle nasalisée il n'y a pas trace de la consonne /n/.

La chambre des parents.
La salle à manger.
Tous ces gens-là seront enchantés de faire votre connaissance.
En entrant dans l'appartement, ça sent le chat.
Ça s'étend.
Ça s'entend.

Cent sept ans.
Il y a seulement cent ans. . . .
Reprends du foie gras!
La propriété, ça a ses avantages. . . .
Ça nous a pris deux ans pour la rendre habitable.
On a transformé la grange en garage.

. . . .

∩ 34.6 Observation: Le temps qu'il faut

sujet	objet indirect	verbe		temps	pour	
Nous		avons	mis	deux ans	pour	la rendre habitable.
Il	nous	a	fallu	deux ans	pour	la rendre habitable.
Ça	nous	a	pris	deux ans	pour	la rendre habitable.

🎧 34.7 Activation orale: Le temps qu'il faut

Répondez selon l'exemple.

Exemple:

Vous entendez: 1. Ça leur a pris deux ans pour rendre leur maison habitable.

Vous dites: Il leur a fallu deux ans pour rendre leur maison habitable.

2. Ça lui a pris trois heures pour aller chez les Courtois à pied.
3. Ça leur a pris deux jours pour nettoyer tout l'appartement.
4. Ça te prend une heure pour aller à Chartres?
5. Ça nous a pris trois semaines pour repeindre la maison.
6. Ça vous a pris trois mois pour installer l'eau courante?

· ·

🎧 34.8 Activation orale: Le temps qu'il faut

Répondez selon l'exemple.

Exemple:

Vous entendez: 1. Il lui a fallu une heure pour aller à Chartres en train.

Vous dites: Ça lui a pris une heure pour aller à Chartres en train.

2. Il m'a fallu une heure pour réparer la porte.
3. Il nous a fallu deux mois pour réparer le toit.
4. Il leur a fallu cinq secondes pour finir le foie gras!
5. Il te faut toujours une heure pour comprendre.
6. Il vous a fallu trois mois pour moderniser la cuisine?

· ·

🎧 34.9 Activation orale: Le temps qu'il faut

Répondez selon l'exemple.

Exemple:

Vous entendez: 1. Ça leur a pris cinq secondes pour finir le foie gras.

Vous dites: Ils ont mis cinq secondes pour finir le foie gras.

2. Ça nous a pris un an pour trouver de bons domestiques.
3. Ça m'a pris six mois pour transformer la grange en garage.
4. Ça va lui prendre deux heures pour remplacer cette vitre.
5. Ça vous prend une journée pour remplacer quatre tuiles?
6. Ça leur a pris une semaine pour nettoyer la façade.

· ·

🎧 34.10 Observation: Comportements; *faire l'idiot, le maçon,* ou autre chose

	faire	article défini	nom
Les Belleau ne sont pas maçons, mais ils ont travaillé comme des maçons: Ils ont	fait	les	maçons.
Nous avons	fait	les	charpentiers.
Je	fais	le	chauffeur.
Ne	fais pas	l'	idiote!

∩ 34.11 Activation orale: Comportements

Répondez selon l'exemple.

Exemple:

Vous entendez: 1. Ils ne sont pas menuisiers, mais ils ont travaillé comme des menuisiers.

Vous dites: Ils ont fait les menuisiers.

2. Elle n'est pas idiote, mais elle parle comme une idiote.
3. Il n'est pas bête, mais il rit bêtement.
4. Elle n'est pas sourde, mais elle fait comme si elle n'entendait pas.
5. Je ne suis pas plombier, mais j'ai réparé les robinets.
6. Il n'est pas chauffeur professionnel, mais il conduit la voiture du patron.
7. Nous ne sommes pas gardiens, mais nous gardons leur maison.

. . . .

∩ 34.12 Activation: Dictée

Ecoutez et complétez. Vous entendrez le texte deux fois.

Marie-Laure: Vrrroum!

Mireille: Tais-toi _____ ! Il n'y a pas moyen de _____ ! Arrête

                 _____ imbécile!

Marie-Laure: Je ne _____ , je _____ ! Je _____

  navette spatiale.

. . . .

34.13 Activation écrite: Métiers et autres occupations (révision et extension)

Répondez ou complétez.

1. Vous louez un appartement. Vous trouvez que le loyer est trop cher. Avec qui allez-vous essayer de discuter?

  _____

2. Vous louez un appartement. Les trois derniers loyers ne vous ont pas été payés. A qui allez-vous téléphoner?

  _____

3. Le bouton qui commande l'ouverture automatique de la porte de votre immeuble ne marche pas. A qui allez-vous en parler?

  _____

4. L'escalier de votre immeuble est sale. Il n'a pas été nettoyé depuis trois jours. A qui allez-vous parler?

  _____

5. Vous voulez quelqu'un pour vous apporter le petit déjeuner au lit, pour s'occuper de votre maison, pour porter vos vestes, vos robes, ou vos pantalons au nettoyage, etc. Qu'est-ce qu'il vous faut?

  _____

6. La charpente de votre maison est en mauvais état. Qui allez-vous appeler?

  _____

7. Vous avez un tuyau crevé dans votre salle de bains. Qui faut-il faire venir?

  _____

8. Le plancher de votre chambre est en mauvais état. Qui faut-il faire venir?

  _____

9. Vous avez une vitre cassée dans votre salle à manger. Qui allez-vous appeler?

_____

10. Vous voulez tapisser les murs de votre chambre. Qui faites-vous venir?

_____

11. Vous avez acheté une grande ferme. Mais vous n'avez personne pour s'en occuper. Qui allez-vous chercher?

_____

12. Vous voulez repeindre votre maison. A qui allez-vous vous adresser?

_____

13. Il n'y a plus d'électricité dans votre salon. A qui téléphonez-vous?.

_____

14. Vous avez besoin d'un médicament. Chez qui allez-vous?

_____

15. Vous avez des problèmes mécaniques avec votre voiture. Vous l'amenez chez votre garagiste en espérant qu'il a un

bon . . .

_____

16. Votre voiture ne veut pas démarrer. Qui appelez-vous?

_____

. . . .

⌂ 34.14 Observation: Noms en -age (révision et extension)

			nom
Pour	**freiner,**	il faut un système de	**freinage.**
Si on	**dérape,**	on fait un	**dérapage.**
On peut	**garer**	sa voiture dans un	**garage.**
Pour	**chauffer,**	il faut un système de	**chauffage.**
Si on est	**gardien,**	on fait du	**gardiennage.**
Si on	**nettoie,**	on fait un	**nettoyage.**

. . . .

34.15 Activation écrite: Noms en -age

Complétez les phrases suivantes par les mots en -age qui conviennent.

1. Je ne nettoie jamais ma chambre. Je déteste le

_____ .

2. Je ne sais jamais où garer ma voiture. Je n'ai pas de

_____ .

3. Avis aux automobilistes! Attention à la pluie! Roulez lentement pour éviter les _____ .

4. On a toujours froid à la maison. Notre système de

_____ marche très mal.

5. Moi, je préférerais être gardien d'un château en Touraine que d'une tour dans le 15ème! Mais le

_____ n'est pas une profession qui me

tente vraiment.

⌒ 34.16 Observation: Location et propriété

	nom
Si on **loue** une maison ou un appartement,	on devient **locataire**.
Si on **achète** une maison,	on devient **propriétaire**.
Si on **achète** un appartement dans un immeuble,	on devient **co-propriétaire**.

location	propriété
Si on loue, si on est locataire, si on est en location, on paie un **loyer**.	Si on est propriétaire, on paie des **impôts**. Si on est co-propriétaire, si on est en co-propriété, on paie des **charges**. (On paie aussi des **impôts**!)

. . . .

34.17 Activation écrite: Location et propriété

Complétez le premier paragraphe par des termes qui se rapportent à la location, et le deuxième paragraphe par des termes qui se rapportent à la propriété.

1. Mme Dupin n'a pas acheté le cottage en Normandie où elle habite; elle le _____ . Elle est _____ depuis 4 ans. Elle paie un _____ très peu cher. Même si elle pouvait, elle ne voudrait pas l'acheter! Elle préfère rester _____ jusqu'à la fin de ses jours!

2. M. Lemercier, en revanche (ils sont divorcés et Mme Dupin a repris son nom de jeune fille), a acheté un chalet dans les Alpes; il est _____ . Avant, il avait acheté un bel appartement dans une tour près de l'hôtel Nikko, à Paris; il était donc _____ . Mais il ne s'entendait pas du tout avec les 1 589 autres _____ . Alors, il a choisi les Alpes pour être seul au milieu des neiges.

. . . .

34.18 Activation écrite: Questions de service (révision et expansion du vocabulaire)

Lisez les phrases suivantes et essayez de les compléter. Si vous hésitez, vous pouvez consulter les sections des textes des leçons indiquées entre parenthèses.

A.

1. En général, on _____ du vin rouge avec la viande et du vin blanc avec le poisson. (24–6)

2. Le garçon: Qu'est-ce que je vous _____ ? Un café, un apéritif? (14–8)

3. M. Courtois: Je crois que je vais vous _____ . Ce sera plus simple. (24–7)

4. Mme Courtois: Concepcion, vous pouvez _____ .

5. Mme Courtois a un petit boucher qui _____ très bien. (24–7)

6. Mme Courtois: Les restaurants universitaires ne _____ peut-être pas de la haute cuisine, mais ce sont des repas sains et équilibrés. (24–5)

7. M. Courtois _____ une larme de xérès _____ Mme Courtois.

8. Puis il _____ généreusement de Scotch.

 9. Mme Courtois: Tenez, Robert, _____ de haricots.

10. Mais vous _____ très mal _____ !

11. _____ mieux que ça!

12. Robert: Mais non, je vous assure, je _____ très bien _____ .

B.

13. La _____ sert une assiette de jambon à la table à côté. (22–8)

14. Hubert: Autrefois, on avait des domestiques; on était _____ . Mais aujourd'hui, il faut bien le dire, on

    _____ !

15. Robert: Le _____ est compris?

    Le garçon: Oui, Monsieur, 15%. (22–4)

16. M. Courtois: C'est un très bon restaurant. Je vous le recommande. La cuisine est excellente et le _____ est parfait.

C.

17. Monsieur Belleau a _____ un an dans l'armée.

18. Il a fait son _____ militaire à Tours.

19. Mireille: Si tu pouvais me prêter 500F jusqu'à la semaine prochaine, ça me rendrait bien _____ !

20. Tonton Guillaume: Mais bien sûr, ma petite Mireille! Si je peux t'aider . . . tu sais, je suis toujours à ton

    _____ .

D.

21. Un passant: Non, non, vous ne pouvez pas vous _____ de cette cabine. Elle n'est pas en _____ .

22. Mireille: J'ai voulu faire vérifier les niveaux et prendre de l'essence dans une _____ , mais

    elle était fermée, elle n'était pas _____ . (31–3)

23. Mireille: Il y a un _____ d'aéroglisseurs entre Boulogne et Douvres mais pas entre Paris et Chartres.

    (27–4)

24. Mme Belleau est chef de _____ au Ministère de la Santé. (5–5)

E.

25. Robert: Tout ça est inutile! Ça ne _____ rien! (21–1)

26. Robert: Toutes ces formules ne _____ rien! (22–2)

27. Montaigne: Ah, Madame, c'est un grand ornement que la science, un outil de merveilleux _____ .

F.

28. Mireille n'a pas de voiture. Elle se _____ de celle de son oncle.

29. Mireille: Tonton, tu _____ ta voiture aujourd'hui?

30. Tonton Guillaume: Non, ma petite Mireille, je ne _____ pas. Tu peux la prendre.

31. Vous pouvez me passer votre stylo, si vous ne _____ pas?

32. Nous n'avons pas vraiment de résidence secondaire, mais mes parents nous ont laissé une petite ferme. Nous y allons

    pour les week-ends. Nous _____ comme d'une résidence secondaire.

G.

33. Ce n'est pas vraiment une résidence secondaire, mais elle _____ de résidence secondaire.

34. Les Belleau ont une petite maison du côté de Dreux. Elle _____ résidence secondaire.

∩ 34.19 Observation: Transformation; *rendre* + adjectif

	rendre	*adjectif*
Quand ils l'ont achetée, la maison des Belleau n'était pas		habitable.
Ils ont beaucoup travaillé pour la	**rendre**	habitable.

. . . .

∩ 34.20 Activation orale: Transformation; *rendre* + adjectif

Répondez selon l'exemple.

Exemple:

Vous entendez: 1. Depuis qu'il est tombé sur la tête, il est un peu bizarre.

Vous dites: Ça l'a rendu un peu bizarre.

2. Ne mangez pas ça! Vous allez être malade!
3. Ils ont perdu leur chien. Depuis, ils sont très tristes.
4. Marie-Laure ne va plus à l'école depuis deux jours parce qu'elle a mal à la gorge. Depuis, elle est infernale.
5. Si vous continuez à écouter cette musique, vous allez devenir sourd!
6. Ils ont retapissé leur salle à manger. Elle est beaucoup plus agréable.
7. Ils ont mis le chauffage. Depuis, leur maison est presque habitable.
8. Depuis qu'il a rencontré cette fille, il est devenu idiot.

. . . .

∩ 34.21 Observation: Verbes à changement vocalique (révision et extension)

Vous vous rappelez qu'il y a un changement de voyelle dans le radical de certains verbes comme *acheter, se promener,* et *se lever. Enlever* appartient à la même catégorie.

infinitif	*présent*		*imparfait*		*participe passé*
acheter	nous	achetons	j'	achetais	acheté
mener	vous	menez	tu	menais	mené
amener	nous	amenons	il	amenait	amené
emmener	vous	emmenez	nous	emmenions	emmené
promener	nous	promenons	vous	promeniez	promené
lever	vous	levez	ils	levaient	levé
enlever	nous	enlevons	elles	enlevaient	enlevé

présent		*futur*		*conditionnel*	
j'	achète	j'	achèterai	j'	achèterais
tu	mènes	tu	mèneras	tu	mènerais
elle	amène	elle	amènera	elle	amènerait
il	emmène	il	emmènera	il	emmènerait
on	promène	on	promènera	on	promènerait
elles	lèvent	elles	lèveront	elles	lèveraient
ils	enlèvent	ils	enlèveront	ils	enlèveraient

⋒ 34.22 Activation orale: Verbes à changement vocalique

Répondez selon l'exemple.

Exemple:
Vous entendez: 1. Vous emmenez Minouche en voyage?
Vous dites: Oui, je l'emmène.

2. Vous vous promenez?
3. Vous enlevez les vieilles tuiles?
4. Vous achetez un appartement?
5. Vous emmenez Robert à Chartres?
6. Vous vous levez?

⋒ 34.23 Observation: Délégation; sens causatif du verbe *faire*

faire *infinitif*
Les Belleau n'ont pas amené l'eau eux-mêmes. Ils ont demandé à des ouvriers spécialisés de le faire: Ils ont **fait amener** l'eau.

Comparez.

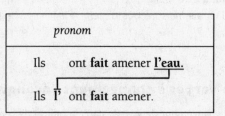

amener
Ils ont **amené** l'eau eux-mêmes.
faire amener
Ils ont **fait amener** l'eau **par les ouvriers**.

pronom
Ils ont **fait** amener **l'eau.**
Ils **l'** ont **fait** amener.

Remarquez qu'il n'y a pas d'accord du participe passé du verbe *faire* employé dans ce sens.

⋒ 34.24 Activation orale: Délégation; sens causatif du verbe *faire*

Répondez selon l'exemple.

Exemple:
Vous entendez: 1. Vous avez fait repeindre votre chambre?
Vous dites: Oui, nous l'avons fait repeindre.

2. Vous avez fait retapisser votre salle à manger?
3. Vous avez fait remplacer votre baignoire?
4. Vous faites amener l'eau courante?
5. Vous faites moderniser votre cuisine?
6. Vous avez fait transformer votre grange?
7. Vous ferez mettre l'électricité?
8. Vous avez fait réparer votre voiture?

⋒ 34.25 Activation orale: Délégation; sens causatif du verbe *faire*

Répondez selon l'exemple.

Exemple:
Vous entendez: 1. Il fallait amener l'eau?
Vous dites: Oui, on l'a fait amener.

2. Il fallait mettre l'électricité?
3. Il fallait remplacer la douche?
4. Il fallait installer le gaz?
5. Il fallait repeindre la façade?
6. Il fallait réparer le toit?
7. Il fallait tout refaire?

🎧 34.26 Activation orale: Délégation; sens causatif du verbe *faire*

Répondez selon l'exemple.

Choisissez le nom du métier approprié dans la liste suivante: un peintre; un maçon; le charpentier; un plombier; l'électricien; la bonne; le garagiste.

Exemple:
Vous entendez: 1. Les Belleau ont amené l'eau eux-mêmes?
Vous dites: Non, ils l'ont fait amener par des ouvriers.

2. Vous avez repeint votre chambre vous-même?
3. Vous réparez le mur de la grange vous-même?
4. Tu répares ta voiture toi-même?
5. Vous avez installé votre salle de bains vous-même?
6. Vous avez mis l'électricité vous-même?
7. Tu nettoies ta chambre toi-même?
8. Vous avez réparé le toit vous-même?

. . . .

34.27 Activation écrite: Articles, partitifs, et pronoms (révision)

Lisez, essayez de comprendre, et complétez.

A.

1. Tenez, Colette, reprenez un peu _____ foie gras. . . .

2. Mais vous n'avez plus _____ pain!

3. Non, merci, je ne mange pas _____ pain! Je fais un régime!

4. Et vous, Monsieur Taylor, vous avez _____ pain?

5. Vous _____ mangez? Vous n'êtes pas au régime?

6. Vous savez, nous, les Français, nous mangeons beaucoup _____ pain.

7. Nous mangeons _____ pain avec tout!

8. Vous _____ mangez avec les desserts, avec les gâteaux?

9. Ah, non! Nous ne mangeons pas _____ pain avec les gâteaux ou les glaces!

10. Qu'est-ce que vous pouvez manger, avec votre régime? Vous pouvez manger _____ fruits? _____ viande? _____ haricots? _____ pommes de terre? _____ beurre? _____ fromage? _____ crème fraîche? _____ chocolat? _____ foie gras?

B.

11. Nous n'avons pas _____ problèmes de domestiques, parce que nous n'avons pas _____ grands domaines.

12. Nous avons acheté une petite maison du côté de Dreux. Nous avons eu beaucoup _____ réparations à faire.

13. Il n'y avait plus _____ vitres aux fenêtres.

14. La plupart _____ tuiles, sur le toit, étaient cassées.

15. Nous avons fait beaucoup _____ réparations nous-mêmes.

16. Nous avons fait _____ peinture, _____ menuiserie. . . .

17. Mais nous avons aussi dû employer beaucoup _____ ouvriers.

18. Nous avons eu _____ charpentiers, _____ plombiers, _____ électriciens, et aussi _____ architecte.

34.28 Activation écrite: Le temps passé: imparfait et passé composé (révision)

Voici la suite (et fin!) de la rencontre fascinante de nos deux personnages principaux. Mettez-la au passé.

1. Robert invite Mireille à prendre quelque chose à la Closerie des Lilas.

   Robert _____ Mireille à prendre quelque chose à la Closerie des Lilas.

2. Elle accepte. (Elle le trouve plutôt sympathique.)

   Elle _____ . (Elle _____ plutôt sympathique.)

3. Ils y vont à pied. (Ce n'est pas loin.)

   Ils y _____ à pied. (Ce _____ loin.)

4. Ils traversent le Luxembourg. (C'est très agréable.)

   Ils _____ le Luxembourg. (_____ très agréable.)

5. Ils passent devant l'Institut d'Art et d'Archéologie.

   Ils _____ devant l'Institut d'Art et d'Archéologie.

6. Mireille le montre à Robert, parce qu'elle y suit un cours.

   Mireille _____ à Robert, parce qu'elle y _____ un cours.

7. Ils arrivent à la Closerie.

   Ils _____ à la Closerie.

8. Ils s'asseyent à la terrasse. (Il fait beau; c'est une belle matinée de printemps.)

   Ils _____ à la terrasse. (Il _____ beau; _____ une belle

   matinée de printemps.)

9. Ils commandent un kir.

   Ils _____ un kir.

10. Ils reprennent la conversation.

    Ils _____ la conversation.

11. Comme midi approche, Robert invite Mireille à déjeuner. (Il commence à avoir faim.)

    Comme midi _____ , Robert _____ Mireille à déjeuner. (Il _____ à

    avoir faim.)

12. Malheureusement, elle ne peut pas accepter parce que ses parents l'attendent.

    Malheureusement, elle _____ accepter parce que ses parents _____ .

13. Robert va téléphoner aux Courtois.

    Robert _____ téléphoner aux Courtois.

14. C'est Mme Courtois qui répond.

    C'est Mme Courtois qui _____ .

15. Il lui demande s'il peut aller les voir le lendemain.

    Il lui _____ s'il _____ aller les voir le lendemain.

16. Elle répond que ce n'est pas possible, parce que son chat est malade.

    Elle _____ que ce _____ possible, parce que son chat _____ malade.

17. Il faut l'emmener chez le vétérinaire.

Il _____ l'emmener chez le vétérinaire.

18. Robert ne comprend pas.

Robert _____ .

19. Mais il ne demande pas d'explications.

Mais il _____ d'explications.

20. Mme Courtois lui demande de venir le surlendemain.

Mme Courtois lui _____ de venir le surlendemain.

21. Robert demande à Mireille d'aller chez les Courtois le même jour.

Robert _____ à Mireille d'aller chez les Courtois le même jour.

22. Elle promet d'essayer.

Elle _____ d'essayer.

23. Ils se quittent.

Ils _____ .

. . . .

34.29 Activation écrite: Des problèmes de l'accession à la propriété (récapitulation)

Relisez soigneusement le texte de la leçon 34. Puis lisez le texte suivant et essayez de deviner quels sont les mots qui manquent.

1. M. Belleau: C'est tout de même embêtant de ne pas avoir _____ résidence secondaire. Nous n' _____ pas de

domaine _____ Vendée, pas le moindre petit _____ en Touraine, nous n'avons _____ pavillon de

chasse en Sologne, pas _____ mas en Provence, pas _____ dans les Alpes, pas _____ dans le

Périgord, pas _____ en Normandie! Nous _____ rien! On ne sait pas où <u>amener</u> les

enfants pour les week-ends ou les vacances. Tous nos amis _____ leurs enfants quelque part! Nous,

non!

Tante Georgette: Eh bien, <u>achète</u> la ferme du père Crochu, à côté _____ Dreux!

M. Belleau: Je l'_____ bien! Mais elle est trop chère!

Tante Georgette: Emprunte _____ argent _____ Guillaume!

M. Belleau: Je n'aime pas _____ l'argent!

Tante Georgette: Mais c'est _____ frère!

M. Belleau: C'est peut-être _____ frère, mais ça ne fait _____ !

2. Tante Georgette: Alors? Tu _____ <u>acheté</u> la ferme du père Crochu?

M. Belleau: Oui, ça y est, je _____ !

Tante Georgette: Alors, vous _____ contents!

M. Belleau: Non, nous _____ pas contents! Nous _____ la ferme; elle est bien _____ nous. Mais elle est

en très _____ état. D'abord, _____ porte d'entrée _____ toute cassée.

Tante Georgette: Eh bien, _____ venir le menuisier. Il _____ <u>réparera</u>.

M. Belleau: La charpente aussi est en très mauvais _____ .

Tante Georgette: Eh bien, fais _____ le _____ . Il _____ .

3. M. Belleau: Toutes les vitres sont _____ . Il faut toutes les <u>remplacer</u>.

Tante Georgette: Eh bien, ce n'est pas difficile, tu n' _____ à faire venir le _____ . Il les

_____ .

M. Belleau: Les murs _____ dans un état lamentable. Ils sont tout noirs, sales. . . . Rien que de les voir, ça me

_____ malade. Il faut tout <u>repeindre</u>!

Tante Georgette: Eh bien, tu n' _____ venir les _____ . Ils _____ .

M. Belleau: C'est trop cher!

Tante Georgette: Eh bien, alors, _____ vous-mêmes!

M. Belleau: Tu sais bien que je ne _____ pas la peinture. Je suis allergique! Rien que l'odeur, ça me

_____ ! Et puis, il y a beaucoup _____ tuiles _____ sont cassées. Il faut _____

<u>enlever</u>.

Tante Georgette: Eh bien, _____ -les!

M. Belleau: Oui, mais c'est lourd, les tuiles! Et j'_____ mal _____ dos!

Tante Georgette: Demande _____ Marie-Laure de _____ aider!

4. M. Belleau: Ah! Eh puis, je ne _____ ai pas dit: il faut <u>amener</u> l'eau.

Tante Georgette: Et bien, _____ -la!

M. Belleau: Avec mon dos? Tu n'y penses pas! Je ne _____ pas faire ça moi-même!

Tante Georgette: Eh bien, _____ .

M. Belleau: Il faut aussi <u>mettre</u> l'électricité.

Tante Georgette: Eh bien, _____ toi-même, puisque tu es ingénieur!

M. Belleau: Non, je ne peux pas _____ mettre _____ -même. C'est trop dangereux! Je _____ ingénieur,

mais je ne _____ pas électricien!

Tante Georgette: Eh bien, alors, _____ par un _____ .

M. Belleau: Ah, et puis, j'oubliais: il y a bien une grange, mais il n'y a pas de garage.

Tante Georgette: Eh bien, tu n' _____ garage!

M. Belleau: Ça ne va pas être facile! Marie-Laure a perdu son Scrabble!

. . . .

⋒ 34.30 Activation orale: Dialogue entre Mme Belleau et Marie-Laure

Vous allez entendre une conversation entre Mme Belleau et
Marie-Laure. Ecoutez bien. Vous allez apprendre les réponses
de Marie-Laure.

Mme Belleau: Tu aurais dû m'appeler, voyons! Cette pauvre
bonne sœur . . .
Marie-Laure: **Bah, ce n'était pas une vraie!**
Mme Belleau: Qu'est-ce que c'est que cette histoire?
Marie-Laure: **Ben, oui, c'était une fausse bonne sœur.**
Mme Belleau: Comment le sais-tu?
Marie-Laure: **Elle avait de la moustache.**

Exercices-tests

34.31 Exercice-test: Le temps qu'il faut

Complétez les phrases suivantes avec la forme convenable du verbe *falloir, mettre,* ou *prendre.*

1. On _____ cinq minutes pour aller de la rue de Vaugirard à la Sorbonne.

2. Il m'a _____ un moment pour comprendre.

3. Tu as _____ combien de temps pour retapisser la salle de bains?

4. Ça m'a _____ une demi-journée.

5. Il te _____ une heure pour venir de Provins?

6. Oui, ça _____ une heure s'il n'y a pas de circulation.

Vérifiez. Si vous avez fait des fautes, travaillez les sections 34.6 à 34.9 dans votre cahier d'exercices.

34.32 Exercice-test: Comportements et transformations

Complétez les phrases suivantes avec la forme convenable du verbe *faire* ou *rendre.*

1. Quand Hubert commence à parler des ouvriers, ça me _____ furieuse.

2. Marie-Laure, arrête de _____ l'idiote!

3. Marie-Laure, tu m'écoutes ou tu _____ la sourde?

4. Ne mange pas tous ces chocolats, ça va te _____ malade!

5. Il est tombé du quatrième étage et ça l'a _____ idiot.

Vérifiez. Si vous avez fait des fautes, travaillez les sections 34.10 à 34.12, 34.19, et 34.20 dans votre cahier d'exercices.

34.33 Exercice-test: Délégation; sens causatif du verbe *faire*

Complétez les réponses aux questions suivantes.

1. C'est vous qui avez remis les vitres aux fenêtres?

Non, nous les _____ _____ un vitrier.

2. Vous avez repeint tous les murs?

Non, nous les _____ _____ un peintre.

3. C'est toi qui as retapissé la salle à manger?

Non, je l' _____ _____ un tapissier.

4. Tu as construit ce mur?

Non, je l' _____ _____ un maçon.

Vérifiez. Si vous avez fait des fautes, travaillez les sections 34.23 à 34.26 dans votre cahier d'exercices.

Libération de l'expression

34.34 Mise en question

Relisez le texte de la leçon; lisez les questions de la mise en question qui suit la mise en œuvre dans votre livre de textes. Réfléchissez à ces questions et essayez d'y répondre.

34.35 Mots en liberté

Où peut-on habiter?

On peut habiter à l'hôtel, à la Cité Universitaire, dans un prieuré du XVIème siècle, dans une loge de concierge, dans une chaumière, dans un pavillon de chasse, à Provins, au Quartier Latin, au dernier étage de la tour Montparnasse. . . .

Trouvez au moins dix autres possibilités.

. . . .

34.36 Mise en scène et réinvention de l'histoire

1. *M. Belleau parle de l'appartement des Belleau à Paris et de leur résidence secondaire.*

Ici, nous ne louons pas. Nous sommes en (. . .). Chaque co-propriétaire (. . .). Mais nous avons aussi (. . .). Ça nous sert de (. . .). C'était une petite maison (. . .). Quand nous l'avons achetée, les portes (. . .). Il n'y avait plus (. . .). Nous avons fait (. . .). Il a fallu (. . .). On a fait les (. . .). On a fait amener (. . .).

2. *Hubert fait son numéro sur les propriétés de la famille Pinot-Chambrun.*

Ma famille possédait autrefois (. . .). Mais maintenant, c'est (. . .) avec (. . .) et surtout (. . .). On n'est plus (. . .)!

. . . .

34.37 Mise en scène et réinvention de l'histoire

Imaginez une nouvelle version de l'épisode de la bonne sœur. Vous pouvez utiliser les suggestions ci-dessous, mais, évidemment, vous pouvez aussi inventer autre chose.

On sonne. Marie-Laure va ouvrir.

La bonne sœur:

Bonsoir,	Mademoiselle.
Salut,	ma petite!
Mes hommages,	pas un mot!
Chut,	charmante enfant!
	ma petite demoiselle!

Marie-Laure:

Bonsoir,	ma sœur.	Qu'est-ce que c'est?
	Mademoiselle.	Qu'est-ce qui se passe?
	chère Madame.	Qui êtes-vous?
	Monsieur.	Je suis heureuse de vous voir.
		Je ne vous connais pas!
		Je ne vous reconnais pas.
		Vous êtes en retard.
		Ça va, depuis l'an dernier?

La bonne sœur:

	la sœur	de la gardienne.
		du propriétaire.
	la nouvelle	bonne.
		locataire.
		jeune fille au pair.
Je suis	la locataire de l'étage au-dessus.
Je me suis	le plombier.
	fille unique!
	l'infirmière.
	le pompier de service.
	pressée.
	changée.
	perdue dans le métro.

Marie-Laure:

| Qu'est-ce que vous voulez?
| Qu'est-ce qui se passe?
| De quoi s'agit-il?
| Il y a un problème?

La bonne sœur:

Excusez-moi,

j'ai perdu
- mon petit frère.
- mon permis de conduire.
- un petit pain au chocolat.
- mon carnet d'adresses.
- une pièce de 1F.
- mes boules de gomme.
- mon petit chat.
- le couteau du crime.

vu
- de la fumée.
- des flammes.
- un nuage de gasoil.

c'est pour
- le gaz.
- l'électricité.
- les impôts.

Vous n'avez rien
- entendu?
- vu?
- trouvé?

Je viens

réparer
- le robinet du lavabo.
- la télé.

chercher
- votre père.
- l'argent du loyer.

éteindre
- le feu.
- toutes les cigarettes.
- l'électricité.

Je peux entrer?

Marie-Laure:

Non!

Nous sommes
- co-propriétaires!
- protestants.
- juifs.
- en train de diner.
- musulmans.

Ils vont
- se douter de quelque chose.
- vous reconnaître.
- vous voir.
- tout comprendre.

Ce serait trop dangereux.
Restons sur le palier.

La bonne sœur:

- Vous n'avez pas 20 francs?
- Vous voulez des billets de loterie?
- J'ai un message pour vous.
- Je vous apporte quelque chose.
- Tu as tout préparé?
- Tu as le couteau?

Tu as / Vous avez prévenu
- la police?
- nos amis?
- l'hôpital?

J'ai de très beaux
- aspirateurs.
- réfrigérateurs.
- téléviseurs.

prieurés / chalets
- à louer.
- à vendre.
- à réparer.

Vous voulez voir?

Marie-Laure:

Oui, mais / Non;
- c'est pour acheter des boules de gomme.
- il ne coupe pas.
- ils sont à maman.
- où est mon argent?
- qui va le tuer?
- je n'ai pas l'habitude des crimes.
- j'en ai peur.
- je ne gagne jamais.
- je n'ai pas de chance.
- j'ai tout dépensé.
- je n'ai pas pu.
- ça ne nous intéresse pas.

nous avons déjà
- une résidence secondaire.
- un château dans le Périgord.
- quatre téléviseurs.
- deux réfrigérateurs.
- trois aspirateurs.

La bonne sœur:

Au revoir! / A plus tard! / A demain!   Et surtout pas un mot à votre mère!

Marie-Laure revient à table.

Mme Belleau:

Qu'est-ce que c'était?

Marie-Laure:

| Tante Georgette.
| La concierge.
| Un agent de police.
| Un représentant de commerce.
| Une vendeuse d'aspirateurs.
| Un masseur.
| Une fausse bonne sœur.
| Une bonne sœur.
| Une amie de l'école.
| Une veuve.
| Mon institutrice.

Mme Belleau:

Qu'est-ce qu' | il | voulait?
              | elle |

Marie-Laure:

| | | | de l'argent.
| | | emprunter | du sel.
| | | | notre aspirateur.
| | voulait | | un couteau qui coupe.
| | | me vendre | un train électrique.
| | | | un réfrigérateur.
| | | | un manoir en Vendée.
| Il | | oublié de me rendre un devoir.
| Elle | | | son chat.
| | avait | perdu | son mari.
| | | | la tête.
| | | | ses boules de gomme.
| | proposait des massages et un régime végétarien.
| | s'ennuyait.

Mme Belleau:

Qu'est-ce que tu as fait?

Marie-Laure:

J'ai refermé la porte.

| | | | je ne la croyais pas.
| | | | nous ne voulions rien.
| | | | nous n'avions plus de sel.
| | | | Colette avait passé le sel à Hubert.
| | | | nous n'avions rien vu.
| | | | notre aspirateur était en panne.
| | | | c'était trop dangereux.
| | | que | je préférais les bateaux à voile.
| Je lui ai dit | de | personne n'avait mal au dos.
| | | d' | nous ne mangions que des légumes.
| | | | tout mon argent était à la banque.
| | | | nous étions pauvres.
| | | revenir | demain.
| | | | l'année prochaine.
| | | nous écrire | à la fin de l'année.
| | | téléphoner |
| | | aller voir Tonton Guillaume.

Préparation à la lecture et à l'écriture

34.38 Entraînement à la lecture

Lisez le document 8 de la leçon 34 dans votre livre de textes, et complétez.

1. On dit que les absents ont toujours _____ , parce qu'ils ne sont pas là pour se défendre et prouver qu'ils ont

   _____ .

2. Les commerçants ne veulent pas contrarier leurs clients, ils veulent garder leurs clients, alors ils donnent toujours

   _____ aux clients, même si les clients ont _____ .

34.39 Entraînement à la lecture

Lisez le document 9 et complétez ce qui suit.

1. La personne qui parle, ici Raymond Devos, a toujours _____ . Mais Devos a quelquefois eu _____ de donner raison à des gens qui avaient tort. Il est évident que c'est un _____ de donner _____ à des gens qui ont tort.

2. Cependant, Devos dit qu'on a tort de <u>donner</u> raison a des gens qui <u>ont</u> raison . . . parce que ce n'est pas la peine, c'est inutile de leur <u>donner</u> raison puisqu'ils <u>ont</u> raison! . . . Il n'y a pas de _____ de leur <u>donner</u> raison puisqu'ils ont déjà raison . . .

. . . .

34.40 Entraînement à la lecture

Lisez le document 10, les notes suivantes, et complétez.

1. Cette petite scène se passe dans l'armée, entre un adjudant, c'est-à-dire un sous-officier, et une nouvelle recrue, c'est-à-dire un jeune soldat qui vient d'entrer dans l'armée, sans doute pour faire son service militaire.

2. Dans l'armée, en général, on n'a pas de baignoire; on ne peut donc pas <u>prendre</u> de bains. Mais il y a des douches, et on peut donc _____ des douches.

   Pour pouvoir prendre un bain, il faut avoir une _____ . Pour pouvoir prendre une douche, il faut avoir une _____ . Cette anecdote se moque de la stupidité de la jeune recrue qui ne comprend pas ce que _____ veut dire.

. . . .

34.41 Lecture et interprétation

Lisez les documents 1 et 2. Cherchez des exemples qui illustrent les deux affirmations suivantes.

1. Le pain est très important dans la conscience collective des Français.

   _____

   _____

   _____

   _____

2. Le pain joue encore un rôle important dans la vie matérielle des Français. (Voyez le document 1, et aussi les sections 2 et 8 de la leçon 25.)

   _____

   _____

   _____

   _____

   _____

34.42 Lecture et interprétation

Lisez le document 3.

En quoi confirme-t-il ce que dit Colette dans la section 4 de la leçon 33?

_____

_____

_____

. . . .

34.43 Lecture et interprétation

Lisez le document 4 et comparez avec la situation des Belleau (sections 3 et 5 de la leçon 34).

En quoi le cas des Belleau confirme-t-il ce document? A quelles catégories de propriétaires les Belleau appartiennent-ils?

_____

_____

_____

_____

_____

_____

. . . .

34.44 Lecture et interprétation

Lisez les documents 5 et 6.

En quoi confirment-ils ce que disent Mme Belleau et Mireille dans la section 5 de la leçon 34?

_____

_____

_____

. . . .

34.45 Pratique de l'écriture

Examinez le document 7 et répondez.

Si la famille de Pinot-Chambrun décidait de vendre un de ces domaines, lequel achèteriez-vous? Pourquoi?

_____

_____

_____

_____

Leçon **35**

Assimilation du texte

∩ 35.1 Mise en œuvre

Ecoutez le texte et la mise en œuvre dans l'enregistrement sonore. Répétez et répondez suivant les indications.

. . . .

∩ 35.2 Compréhension auditive

Phase 1: Regardez les images et répétez les énoncés que vous entendez.

1. __   2. __   3. __

4. __

5. __   6. __

Phase 2: Ecrivez la lettre de chaque énoncé sous l'image qui lui correspond le mieux.

⌒ 35.3 Production orale

Ecoutez les dialogues suivants. Vous allez jouer le rôle du second personnage.

1. Marie-Laure: Il m'a demandé si je n'avais pas une grande sœur qui avait l'air d'une actrice de cinéma.
   Mireille: (. . .)
2. Marie-Laure: Ben, cette question! Je lui ai dit que non, bien sûr!
   Mireille: (. . .)

3. Hubert: Oh, de la tuile? Vous ne préférez pas l'ardoise? Je trouve ça tellement plus distingué!
   M. Belleau: (. . .)
4. M. Belleau: Ah, l'ardoise, c'est très joli, mais c'est plus cher!
   Robert: (. . .)
5. Robert: J'ai lu dans *Le Monde* qu'il y avait plus de 300 000 étudiants à Paris. Où est-ce qu'ils habitent?
   Mme. Belleau: (. . .)

⌒ 35.4 Compréhension auditive et production orale

Ecoutez les passages suivants et répondez aux questions.

1. Comment Marie-Laure sait-elle que c'est le frère de la bonne sœur qui a sonné?
2. Quel est le rêve de beaucoup de Français?
3. En quoi est le toit de la maison des Belleau?
4. En quoi sont la plupart des maisons, en France?
5. Où habitent les étudiants qui ont leurs parents à Paris, en général?
6. Où les étudiants étrangers peuvent-ils habiter?

Préparation à la communication ▮▮▮▮▮▮▮▮

⌒ 35.5 Activation orale: Prononciation; la semi-voyelle /j/ (révision)

Ecoutez et répétez.

Elle devient vieille.
Elle vieillit.
Elle vieillit bien.
En vieillissant, elle devient très bien.
Elle n'est pas mariée.

Elle habite dans une vieille chaumière en pierre.
Je croyais que vous louiez deux pièces chez des particuliers.
Ah, là, là, ce qu'on y a travaillé!
Nous avions l'intention de prendre pension chez des Canadiens.
Vous avez pris l'Orient-Express?
Cette question!

⌒ 35.6 Observation: Répétition et rétrogression; *re-*

On a *sonné*, puis, on a sonné de nouveau. On a *resonné*. (répétition de l'action)

Marie-Laure *est allée* ouvrir, puis elle *est revenue*. (action en sens inverse)

re-			
répétition		*rétrogression*	
sonner →	**re**sonner →	aller → ←	**re**venir
lire →	**re**lire →	accompagner → ←	**ra**ccompagner
prendre →	**re**prendre →	décrocher → ←	**ra**ccrocher

35.7 Activation écrite: Répétition et rétrogression; *re-*

Lisez et complétez.

1. Robert <u>appelle</u> Mme Courtois au téléphone. Mais elle est sortie. Il va _____ un peu plus tard. (22–3)

2. Robert <u>avait téléphoné</u> vers midi. Il a _____ vers midi et demie. (23–2)

3. Le matin, au garage, la voiture <u>a démarré</u> au quart de tour. Mais à la Porte des Lilas elle a calé. Impossible de _____ . (31–3)

4. Le matin, Mireille <u>est partie</u> du garage. Puis elle est tombée en panne d'essence. Elle a fait le plein et elle _____ (31–4)

5. A la Closerie des Lilas, Robert <u>est descendu</u> au sous-sol pour téléphoner. Mais il n'avait pas de jeton. Il est allé en acheter un dans la salle, et puis il _____ au sous-sol. (22–3)

6. La mère de Robert <u>s'était mariée</u>, une première fois, avec le père de Robert. Puis elle a divorcé et elle _____ avec un Argentin. (5–6)

7. M. Courtois a pris du Scotch une première fois. Puis il en a _____ une deuxième fois. (24–5)

8. Robert <u>a pris</u> le métro à Saint-Michel. Il est sorti à la Défense. Ce n'était pas ça. Alors, il _____ le métro. (23–7)

9. L'Alpine est une voiture très rapide et nerveuse. Quand elle démarre, elle <u>prend</u> de la vitesse très rapidement. Après avoir ralenti, elle _____ de la vitesse très rapidement. Elle a des _____ foudroyantes. (29–3)

10. Je suis content de vous <u>avoir vu</u>. J'espère que nous allons nous _____ bientôt. Au _____ !

11. La jeune fille qui fait la queue au deuxième étage de la Sorbonne ne <u>connaît</u> pas Jean-Pierre. Elle ne peut donc pas le _____ ! (13–2)

12. Le téléphone sonne. Mireille <u>décroche</u>. C'est une dame qui s'est trompée de numéro. Mireille _____ . (27–2)

13. La côtelette que le garçon <u>a apportée</u> à Tante Georgette n'est pas cuite. Elle lui demande de la _____ à la cuisine. (25–6)

14. Robert et Mireille sont chez les Courtois. A la fin de la soirée, M. Courtois propose de les _____ chez eux. (24–9)

15. Robert vient d'écrire une carte postale à sa mère. Il la _____ avant de la mettre à la boîte. (15–1)

16. Robert est descendu au sous-sol pour téléphoner. Mais il lui faut un jeton. Il _____ dans la salle pour en acheter un. (22–3)

17. Dans la petite maison des Belleau, les <u>peintures</u> étaient en très mauvais état. Il a fallu tout _____ . (34–3)

18. Les <u>tapisseries</u> étaient aussi en mauvais état. Il a fallu tout _____ . (34–3)

19. Quand Robert est allé chez les Courtois, Madame Courtois n'a pas voulu qu'il parte avant le dîner. Elle l'a _____ à dîner. (24–2)

20. Quand Robert et Mireille étaient à Chartres, Mireille a laissé Robert devant la cathédrale pour aller au musée. Elle l'a _____ une heure après. (28–5)

21. Marie-Laure avait perdu son Astérix, mais elle _____ sous le divan. (Qui l'avait mis là? Mystère et boule de gomme!)

🎧 35.8 Observation: *Prendre des repas, prendre pension*

Vous vous souvenez qu'on peut

prendre un repas,
prendre le petit déjeuner,
prendre le thé.

On peut aussi **prendre** pension dans une famille.

Si on **prend** la pension complète,
    on **prend** tous les repas avec la famille.
Si on **prend** la demi-pension,
    on **prend** en général le petit déjeuner et un repas
        (le déjeuner ou le dîner).

· ·

🎧 35.9 Observation: Habitat

Possibilités d'habitats:

loyer ou impôts à payer (ordre de grandeur approximatif)	en ville (grande ville)	en banlieue (ou petite ville)	à la campagne
100	un palais		un palais
50	un hôtel particulier		un château
20			un manoir
			une gentilhommière
10	une maison	une villa	un prieuré
6		une maison	une maison
5	un appartement dans une tour	un pavillon	un mas
	un appartement dans un immeuble	un appartement	un cottage
	un appartement dans une maison		un chalet
1,5	un HLM	un HLM	une maison de paysan
1	un logement ouvrier	un logement ouvrier	
0,5	un taudis		une chaumière
0	sous les ponts		une grotte

· ·

🎧 35.10 Observation: Attachement

Robert	**a**	**attaché** son cheval à un arbre.
Mme Courtois	**est** très	**attachée** à Minouche.
Elle **s'y**	**est** beaucoup	**attachée** parce que c'est une chatte très **attachante.**
C'est un		**attachement** très compréhensible.

35.11 Activation écrite: Attachement

Lisez et complétez.

1. Mireille est très _____ à la maison de Dreux.

2. Elle _____ parce qu'elle y a beaucoup travaillé.

3. Il y a des logements qui sont commodes, mais auxquels on ne _____ pas.

4. Mireille est très _____ sa sœur. Marie-Laure est quelquefois insupportable, mais c'est une enfant extrêmement _____ .

5. Est-ce que vous pourriez _____ un enfant qui ne serait pas le vôtre?

6. En général, les gens _____ leurs animaux domestiques.

7. C'est très _____ , ces petites bêtes!

8. Oui, c'est vrai, ces petites bêtes sont très _____ !

9. Tante Georgette: Fido, sois sage! Reste ici! Si tu ne restes pas tranquille, je vais _____ à la table! Et c'est moi qui mangerai ta côtelette!

10. Concepcion: Ah! Madre de Dios! Ma crème renversée a _____ ! Le fond est tout brûlé. Qu'est-ce que Madame va dire!

· ·

🎧 35.12 Observation: Matières

	en *matière*
Les chalets sont faits	**en bois.**
On construit des maisons	**en brique.**
Le toit est	**en ardoise.**

En quoi?	**en** *matière*	**du** **de la** *matière* **des**
En quoi est-ce? C'est **en bois**;	c'est	**du bois.**
C'est **en quoi?** C'est **en brique**;	c'est	**de la brique.**

· ·

🎧 35.13 Activation orale: Matières

Répondez selon l'exemple.

Exemple:
Vous entendez: 1. C'est du bois, votre table, là?
Vous répondez: Oui, c'est une table en bois.

2. C'est de la tuile, votre toit, là?
3. C'est de la pierre, cette grange, là?
4. C'est de la brique, ce mur, là?
5. C'est de l'ardoise, ce toit, là?
6. C'est du chocolat, cet œuf?

35.14 Activation écrite: Matières

Observez la phrase 1 et complétez les phrases 2 à 6.

1. —C'est **de** l'ardoise? Ce sont **des** ardoises?

   —Oui, le toit est **en** ardoise.

2. —C'est _____ tuile? Ce sont _____ tuiles?

   —Oui, le toit est _____ tuile.

3. —C'est _____ brique? Ce sont _____ briques?

   —Non, non, c'est _____ pierre. Les murs sont _____ pierre.

4. Le bateau de Marie-Laure n'est pas _____ plastique; il est _____ bois. Les voiles sont _____ tissu.

5. La robe de Marie-Laure est _____ coton. C'est _____ coton.

6. A Pâques, Tante Georgette a donné à Marie-Laure un lapin _____ chocolat.

· ·

🎧 35.15 Observation: Salle à manger et salle de séjour; à, de

	nom + *de* + **nom**			nom	+ *à* + **infinitif**	
une	salle	*de*	**séjour**	une salle	*à*	**manger**
une	carte	*de*	**visite**	une carte	*à*	**jouer**

· ·

35.16 Activation écrite: Salle à manger et salle de séjour; à, de

Complétez avec la préposition *de* ou la préposition *à*.

1. une salle _____ bains

2. un cabinet _____ toilette

3. une carte _____ jouer

4. une salle _____ jeux

5. une salle _____ gymnastique

6. une chambre _____ coucher

7. une maison _____ repos

8. une salle _____ restaurant

9. une salle _____ café

10. une salle _____ manger

11. un cabinet _____ travail

12. une salle _____ cinéma

13. une machine _____ écrire

14. une machine _____ laver

· ·

🎧 35.17 Observation: Intensifs

	intensif	*adjectif*
C'est lourd?	Oui, c'est **joliment**	lourd!
	Oui, c'est **drôlement**	lourd!
	Oui, **drôlement!**	
	C'est fou ce que c'est	lourd!
Vous ne pouvez pas imaginer comme il est beau!		

verbe	*intensif*
On s'amuse	**drôlement.**
intensif	*verbe*
C'est fou ce qu'on s'amuse!	
Tu ne peux pas imaginer comme on s'amuse!	

🎧 35.18 Observation: Intensifs; *tellement*

	intensif	adjectif
L'ardoise est	**tellement** plus	distinguée! (. . . que je la préfère à la tuile.)
Il est	**tellement**	spirituel! (. . . que c'est un régal de l'écouter.)

. . . .

🎧 35.19 Activation orale: Intensifs

Répondez selon l'exemple.

Exemple:

Vous entendez: 1. Elle était en si mauvais état que ça, votre maison?

Vous dites: Oui, elle était drôlement en mauvais état!

2. Les murs sont si épais que ça?
3. C'est si lourd que ça, la tuile?
4. Elle est vieille, votre maison?
5. C'est si joli que ça, l'ardoise?
6. C'est long de retapisser une pièce?

. . . .

🎧 35.20 Observation: *Ce que c'est/qui c'est*

	choses	personnes
	Qu'est-ce que c'est?	**Qui est-ce?**
Je me demande	**ce que** c'est.	. . . **qui** c'est.
Je sais	**ce que** c'est.	. . . **qui** c'est.
Devine	**ce que** c'est.	. . . **qui** c'est.
Tu sais	**ce que** c'est?	. . . **qui** c'est?
Va voir	**ce que** c'est.	. . . **qui** c'est.

. . . .

35.21 Activation écrite: *Ce que c'est/qui c'est*

Complétez.

1. Tiens, quelqu'un a sonné. Je me demande _____ .

2. Un cadeau pour moi! Je me demande _____ .

3. Quelqu'un est à la porte. Va voir _____ .

4. Il est fameux, ce vin. Tu sais _____ ?

5. J'ai quelque chose pour toi. Devine _____ .

6. Quelqu'un te demande au téléphone. Devine _____ .

7. Ta marraine vient de laisser ça pour toi. Je ne sais pas _____ .

8. L'homme en noir . . . est-ce qu'on saura un jour _____ ?

⌂ 35.22 Activation: Dictée

Ecoutez et écrivez. Vous entendrez chaque passage trois fois.

1. _____

2. _____

3. _____

⌂ 35.23 Observation: Commencement; *commencer à*

	commencer	à *infinitif*
Je	**commence**	à comprendre.
Des voix	**commencent**	à protester.
Robert	**commençait**	à mourir de faim.

Notez que *commencer* peut être suivi de la préposition *à* et d'un **infinitif**.

⌂ 35.24 Activation orale: Commencement; *commencer à*

Répondez selon l'exemple.

Exemple:

Vous entendez: 1. Eh bien, on dirait qu'il pleut!

Vous dites: Oui, il commence à pleuvoir.

2. Tu as mal à la tête?
3. Dis donc, on dirait que tu grossis!
4. Je trouve qu'elle vieillit.
5. Les gens rouspètent?
6. Vous avez faim?
7. Mireille s'ennuyait?
8. Hubert agace Robert?

⌂ 35.25 Observation: Verbe, préposition, et infinitif; *commencer à, finir de*

	de		à
Ils ont fini	**de** réparer leur maison.	Mireille commence	**à** s'y attacher.
Ils essaient	**de** la rendre habitable.	Ils ont réussi	**à** la rendre habitable.

	pas de préposition
Ils veulent	la rendre habitable
Ils préfèrent	tout faire eux-mêmes

35.26 Activation écrite: Verbe, préposition, et infinitif

Complétez avec une préposition (*de* ou *à*) ou laissez un blanc, suivant le cas. Vous pouvez consulter le texte des leçons indiquées entre parenthèses si vous hésitez.

1. En vieillissant, je commence _____ comprendre.

2. Je rêvais _____ aller à Hollywood.

3. Mireille a réussi _____ connaître au moins une douzaine d'étudiants étrangers en un an de fac!

4. Transformer la grange en garage? Ce n'était pas difficile! Il suffisait _____ laisser tomber un *r* et _____ ajouter un *a*!
    (34–4)

5. Robert n'a pas pu s'empêcher _____ intervenir. (33–6)

6. Il a commencé _____ pleuvoir vers 1 h.

7. Il a fini _____ pleuvoir à 6 heures du soir.

8. Mireille se prépare _____ changer la roue. (31–4)

9. Un cycliste propose de l'aider _____ changer la roue.

10. Robert essaie _____ mettre une pièce dans la fente de l'appareil. (22–3)

11. Vous laissez tomber des papiers, le jeune homme vous aide _____ les ramasser (13–7)

12. Tu commences _____ m'agacer!

13. Robert rêvait _____ être pompier. (18–2)

14. Mireille voulait _____ être infirmière. (17–5)

15. De toute façon, Robert aurait préféré _____ monter à pied.

16. Il y a des parents qui veulent _____ donner des amis étrangers à leurs enfants.

17. Je compte _____ aller voir les Courtois demain. (15–6)

18. Tout le monde s'est arrêté _____ manger.

19. Tout le monde s'est mis _____ parler.

20. Il s'est mis _____ pleuvoir à 8h. (31–5)

21. Il s'est arrêté _____ pleuvoir à midi.

. . . .

🎧 35.27 Observation: Cause et occasion; *en* + participe présent

en	*participe*
	présent
En vieillissant, je commence à comprendre.	

Vieillissant est une forme du verbe *vieillir*. C'est un **participe**. Il y a deux participes:

un participe présent = *vieillissant*
un participe passé = *vieilli*

Les participes ne se conjuguent pas: il n'y a pas de terminaisons différentes correspondant aux différentes personnes. (L'indicatif, l'impératif, et le conditionnel sont des modes du verbe qui se conjuguent. L'infinitif et le participe sont des modes qui ne se conjuguent pas.) La terminaison du participe présent est *-ant*. Le radical du participe présent est en général le même que celui de la 1ère personne du pluriel de l'indicatif:

nous **vieilliss**ons   en **vieilliss**ant

Il y a évidemment quelques exceptions: *avoir, en ayant; être, en étant; savoir, en sachant.*

⌒ 35.28 Activation orale et écrite: Cause et occasion; *en* + participe présent

Répondez selon l'exemple.

Exemple:
Vous entendez: 1. Robert est allé à Provins et il s'est perdu.
Vous voyez: Il s'est perdu _____ à Provins.
Vous dites: Il s'est perdu en allant à Provins.
Vous écrivez: <u>en allant</u>

2. Elle a accroché une voiture _____ éviter un cycliste.

3. Robert a vu une Alpine _____ de l'autoroute.

4. Mireille a crevé _____ à Provins.

5. Elle est tombée en panne _____ de Paris.

6. Marie-Laure est tombée _____ attraper son bateau.

7. Robert est tombé du balcon _____ .

8. Il est tombé du balcon _____ au pompier.

⌒ 35.29 Observation: Evolution

adjectif féminin	verbe	
	présent	*infinitif*
elle devient vieille	elle vieillit	vieillir
elle devient grosse	elle grossit	grossir
elle devient maigre	elle maigrit	maigrir
elle devient épaisse	elle épaissit	épaissir
elle devient rouge	elle rougit	rougir
elle devient noire	elle noircit	noircir
elle devient dure	elle durcit	durcir

présent	*imparfait*	*participe présent*
elle vieillit	elle vieillissait	
je vieillis	je vieillissais	
tu vieillis	tu vieillissais	
nous vieillissons	nous vieillissions	en vieillissant
vous vieillissez	vous vieillissiez	
ils vieillissent	ils vieillissaient	

Notez les -ss- aux personnes du pluriel du présent de l'indicatif, à l'imparfait, et au participe présent, comme dans le verbe *finir*.

Notez que ces verbes qui indiquent une évolution ont un infinitif en -*ir*.

35.30 Activation écrite: Evolution

Complétez.

1. —Oh, que tu es <u>grande</u>, Marie-Laure!
   —Oui, elle _____ beaucoup, en ce moment.

2. —J'ai trouvé que les Courtois avaient l'air bien <u>vieux</u>.
   —Oui, ils _____ , comme nous tous!

3. —Ils ont beaucoup de cheveux <u>blancs</u>, tous les deux.
   —Eh, oui, ils _____ .

4. —Je l'ai trouvé bien <u>gros</u>, lui.
   —Oui, c'est vrai. Il _____ .

5. —Elle a la taille bien <u>épaisse</u>.
   —Oui, elle _____ .

6. —Par contre, j'ai trouvé Georgette bien <u>maigre</u>.
   —Ah, oui. Elle _____ .

35.31 Activation écrite: Restriction; *ne . . . que . . .* (révision)

Lisez et complétez en exprimant une restriction.

1. Mme Belleau trouve que leur appartement n'est pas très grand. Elle dit: "Oh, vous savez, nous _____ sept pièces!"

2. C'est déjà pas mal! En tout cas, c'est plus que Tante Georgette qui, elle, _____ deux pièces, sur la cour.

3. C'est mieux aussi que l'étudiante algérienne que Mireille connaît. Elle _____ une toute petite chambre, au sixième, sous le toit.

4. Elle n'a pas de salle de bains, elle _____ cabinet de toilette!

5. Le Suédois que connaît Mireille (c'est vrai, elle connaît un Suédois!) habite dans une pension, la pension des Marronniers, à côté du Luxembourg. Il a une chambre et il y mange. Mais il n'y prend pas tous ses repas. Il _____ le petit déjeuner et le dîner. A midi, il va au restau-U de Mabillon.

6. Les Belleau n'ont pas de grands domaines, comme les Pinot-Chambrun, ils _____ petite maison, du côté de Dreux.

. . . .

35.32 Observation: Négation; *ni . . . ni . . .*

	ne	verbe	ni	ni
Je	ne	suis	ni veuve	ni retraitée.
Robert	n'	a	ni frères	ni sœurs.

Ne . . . ni . . . ni . . . est une négation multiple. (On peut utiliser autant de *ni* qu'on veut: Mireille n'était *ni* au Flore, *ni* aux Deux Magots, *ni* au Drugstore, *ni* chez Lipp, *ni* chez Vagenende, *ni* au Tabou. . . .)

Notez que lorsque la négation porte sur des noms indéfinis (*un frère, une sœur, des frères, des sœurs*), il n'y a aucun article devant ces noms (*ni frères ni sœurs*). Mais il y a un article si les noms sont définis: Nous ne connaissons *ni* la mère *ni* le père de Robert.

. . . .

35.33 Activation orale: Négation; *ni . . . ni . . .*

Répondez selon les exemples.

Exemples:

Vous entendez: 1. Aimez-vous les pieds de porc et la tête de veau?

Vous dites: Non, je n'aime ni les pieds de porc ni la tête de veau.

Vous entendez: 2. Vous prenez du café ou du thé le matin?

Vous dites: Je ne prends ni café ni thé. (Je prends du chocolat.)

3. Est-ce que Robert a des frères et des sœurs?
4. Est-ce que Mme Belleau est veuve ou retraitée?
5. Vous connaissez le père et la mère de Mireille?
6. Mireille connaît la Bourgogne et la Provence. Et vous?
7. Mireille connaît la Bretagne et le Pays Basque. Et Robert?
8. Le toit de la maison des Belleau est en chaume ou en ardoise?

35.34 Activation écrite: Négation; *ni . . . ni . . .*

Une petite maison de campagne bien modeste

Lisez et complétez.

1. —Votre résidence secondaire est à la mer ou à la montagne?

   —Elle _____ mer _____ montagne. Elle est à la campagne.

2. —Elle est en Bretagne ou en Provence?

   —Elle _____ en Bretagne _____ Provence. Elle est à Dreux.

3. —Vous avez un petit château, un manoir, une gentilhommière, un chalet?

   —Non, _____.

   C'est une vieille ferme que nous avons retapée.

4. —Le toit est en chaume ou en ardoise?

   —Il _____.

   Il est _____.

5. —Les murs sont en bois ou en brique?

   —Ils _____.

   Ils sont _____.

6. —Qui avez-vous pour s'en occuper? Vous avez un gardien, un jardinier?

   —Non, nous _____.

   Nous nous en occupons nous-mêmes.

7. —Vous chassez? Vous avez des chevaux, des chiens?

   —Non, _____.

8. —Il y a une piscine, un court de tennis, au moins!

   —Eh bien, non, _____,

   mais il y a un barbecue au fond du jardin.

. . . .

35.35 Observation: Nécessité; *avoir besoin*

	avoir	besoin	*objet*
Ils	ont	besoin	d'argent.
Ils	ont	besoin	de gagner de l'argent.
Elle n'a	pas	besoin	qu'on lui trouve des amis.

	nom partitif	
Il leur faut	de l'	argent.
Ils ont besoin	d'	argent.

L'objet d'*avoir besoin* peut être un nom (*argent*) ou une proposition (*gagner de l'argent*). Quand l'objet est un nom ou une proposition infinitive (*gagner de l'argent*), le nom ou l'infinitif est introduit par la préposition *de*.

Notez que lorsque l'objet d'*avoir besoin* représente une notion partitive (*de l'argent*), le nom est introduit par la préposition *de* **sans** article partitif (*du, de la, des*).

🎧 35.36 Activation orale: Nécessité; *avoir besoin*

Répondez selon l'exemple.

Exemple:
Vous entendez: 1. Il te faut de l'argent?
Vous dites: Oui, j'ai besoin d'argent.

2. Il te faut un peu d'argent?
3. Il te faut 50F?
4. Il te faut un peu de temps?
5. Qu'est-ce qu'il te faut? Une heure?
6. Il te faut des vacances?
7. Qu'est-ce qu'il te faut? Un mois de vacances?
8. Il te faut un congé?
9. Qu'est-ce qu'il te faut? Un an de congé?

35.37 Activation écrite: Variations sur les temps (révision)

Lisez et complétez.

1. Robert se demande si les Belleau n' _____ pas, par hasard, l'intention de recevoir des étrangers.

2. Mais non, malheureusement, ils n' _____ pas l'intention de recevoir des étrangers.

3. C'est dommage, parce que s'ils _____ l'intention de recevoir des étrangers, ça aurait intéressé Robert.

4. Si, un jour, ils _____ , par hasard, l'intention de recevoir des étrangers, ça intéresserait Robert.

5. Quand leurs filles seront parties, ils _____ peut-être envie de recevoir des étrangers . . . mais ce sera trop tard pour Robert.

35.38 Activation écrite: Formes verbales (révision)

A. *Etre, sonner, s'arrêter, aller, demander, répondre, avoir;* imparfait et passé composé

Relisez d'abord la section 1 du texte de la leçon 35. Puis, complétez le texte suivant qui est **au passé.**

1. Le jeudi soir, tout le monde _____ encore à table, quand on _____ à la porte d'entrée. Tout le monde s' _____ de manger et Marie-Laure _____ ouvrir.

2. C' _____ le frère de la bonne sœur. Il _____ à Marie-Laure si elle n' _____ pas une grande sœur qui _____ d'une actrice de cinéma. Marie-Laure _____ que non, bien sûr!

B. *Avoir, habiter, prendre, être;* indicatif présent, imparfait, conditionnel présent

Relisez d'abord la section 5 du texte de la leçon 35. Puis, complétez les phrases suivantes.

1. Mireille _____ de la chance parce que ses parents _____ à Paris, alors, bien sûr, elle _____ avec eux et elle _____ presque tous ses repas avec eux.

2. Si ses parents n' _____ pas à Paris, elle _____ peut-être à la Cité Universitaire, ou bien elle _____ une chambre chez des particuliers, et elle _____ ses repas au restau-U.

3. Les Belleau ne _____ pas d'étudiants étrangers chez eux parce que leur appartement n' _____ pas trop grand pour eux. Il _____ relativement grand puisqu'il _____ sept pièces, mais ils _____ quatre dans la famille.

4. Ils _____ peut-être une étudiante étrangère si Mireille n' _____ plus avec eux.

C. *Prendre, être, avoir;* indicatif présent

Relisez la section 6 du texte de cette leçon et complétez les phrases suivantes.

1. Mme Belleau: Nous ne _____ pas d'étudiants étrangers parce que nous _____ quatre dans la famille et que

    nous n' _____ que trois chambres. Nous n' _____ pas vraiment besoin d'argent et je ne _____ ni veuve

    ni retraitée.

2. Et vous, combien _____ -vous dans votre famille? Combien _____ -vous de chambres dans votre

    appartement? Est-ce que vous _____ des étudiants étrangers chez vous?

· ·

⌒ 35.39 Activation orale: Dialogue entre Mme Belleau et Marie-Laure

Vous allez entendre un dialogue entre Mme Belleau et Marie-Laure. Ecoutez attentivement. Vous allez apprendre les réponses de Marie-Laure.

Mme Belleau: Alors, qu'est-ce que c'était?
Marie-Laure: **Le frère de la bonne sœur de tout à l'heure.**

Mme Belleau: Qu'est-ce que c'est que cette histoire?
Marie-Laure: **Ben, oui! Il avait la même moustache qu'elle.**

Exercices-tests

⌒ 35.40 Exercice-test: Habitat

Dans chacune des phrases que vous allez entendre, déterminez si l'habitation est en ville ou à la campagne. Cochez la case qui convient.

	1	2	3	4	5	6	7	8
en ville								
à la campagne								

Vérifiez. Si vous avez fait des fautes, travaillez la section 35.9 dans votre cahier d'exercices.

· ·

⌒ 35.41 Exercice-test: *Ce que c'est/qui c'est*

Dans chaque phrase que vous allez entendre, déterminez si on parle d'une personne ou d'une chose. Cochez la case appropriée.

	1	2	3	4	5	6	7	8	9	10
une personne										
une chose										

Vérifiez. Si vous avez fait des fautes, travaillez les sections 35.20 et 35.21 dans votre cahier d'exercices.

35.42 Exercice-test: Cause et occasion; *en* + participe présent

Complétez.

1. Je ne sais rien et je vais passer un examen.

   Je vais passer un examen en ne _____ rien.

2. Elle a mal à la gorge et elle va à l'école?

   Elle va à l'école en _____ mal à la gorge?

3. Il est en vacances et il vient au bureau.

   Il vient au bureau en _____ en vacances!

4. Nous allons chez le boucher et nous passons à la poste.

   Nous passons à la poste en _____ chez le boucher.

5. Elle finit ses devoirs et elle mange son goûter.

   Elle mange son goûter en _____ ses devoirs.

Vérifiez. Si vous avez fait des fautes, travaillez les sections 35.27 et 35.28 dans votre cahier d'exercices.

35.43 Exercice-test: Négation; *ni . . . ni . . .*

Répondez négativement aux questions suivantes.

1. Robert a des frères et des sœurs?

   Non, il _____ sœurs.

2. Vous prenez du lait et du sucre dans votre café?

   Non, je _____ sucre.

3. Vous aimez le thé et le café?

   Non, je _____ café.

4. Vous avez une cuisine et une salle de bains?

   Non, nous _____ salle de bains.

5. Vous connaissez le père et la mère de Robert?

   Non, je _____ de Robert.

Vérifiez. Si vous avez fait des fautes, travaillez les sections 35.32 à 35.34 dans votre cahier d'exercices.

Libération de l'expression

35.44 Mise en question

Relisez le texte de la leçon; lisez les questions de la mise en question qui suit la mise en œuvre dans votre livre de textes. Réfléchissez à ces questions et essayez d'y répondre.

35.45 Mots en liberté

Où peut-on habiter si on est étudiant à Paris?

On peut habiter à la Cité Universitaire, sous un pont, chez un plombier, en banlieue, boulevard Saint-Germain, Place de la Sorbonne, dans un grand appartement, au 44ème étage de la tour Montparnasse. . . .

Trouvez encore au moins six possibilités.

35.46 Mise en scène et réinvention de l'histoire

Reconstituez une conversation entre Mireille, Robert, et
Hubert au sujet de la résidence secondaire des Belleau.

Mireille: Nous avons une maison à la campagne, près de
Dreux.
Robert: Vous l'avez fait construire?
Mireille: Non, c'était (. . .).
Hubert: Vous savez, le rêve de Mireille, ça a toujours été une
chaumière et (. . .).

Mireille: Notre maison n'est pas une chaumière! Le toit
(. . .).
Hubert: De la tuile? Vous ne préférez pas (. . .).
Robert: L'ardoise, ça doit être (. . .).
Hubert: Evidemment, ce serait (. . .).
Robert: Vous n'avez pas de maisons en bois, en France?
Mireille: Non (. . .). Ici, on construit (. . .). On aime (. . .).

. . . .

35.47 Mise en scène et réinvention de l'histoire

Décrivez la maison que vous aimeriez habiter.

Ce serait
- une tour
- une petite maison
- une villa
- une chaumière abandonnée
- un château
- un pavillon de chasse
- un mas provençal

en / à / sur
- ville
- la campagne
- la mer
- une île
- montagne

dans / à / au / en / sur
- Paris
- Bretagne
- Portugal
- les Alpes
- Sologne
- la Côte d'Azur
- l'Himalaya

parce que j'aime / je n'aime pas
- les vues imprenables.
- les huîtres.
- pêcher des crevettes.
- le porto.
- la neige.
- faire du ski. / bateau.
- la pluie.
- le vent.
- la chasse.
- la solitude.
- l'altitude.
- les rues animées.

Je serais
- co-propriétaire
- propriétaire
- locataire
- domestique
- concierge

parce que j'aime / je n'aime pas / je veux / je ne veux pas
- avoir des domestiques.
- parler aux gens.
- lire le courrier des autres.
- savoir ce qui se passe.
- les responsabilités.
- payer un loyer.
- payer des impôts.
- payer des charges.
- dépenser mon argent.
- gagner de l'argent.
- travailler.

La maison serait
- ancienne mais en bon état
- ancienne et en mauvais état
- neuve mais en mauvais état
- neuve et en bon état
- à construire

parce que j'aime / je n'aime pas
- construire.
- le moderne.
- travailler avec mes mains.
- faire des changements.
- faire des réparations.

Elle aurait des
- portes
- murs
- fenêtres
- vitres
- tuiles
- ardoises

qu'il faudrait
- réparer.
- remplacer.
- refaire.
- peindre.
- retapisser.

Elle serait / ne serait pas construite en
- pierre
- briques
- bois
- blocs de ciment
- verre
- papier

parce que c'est
- ça dure.
- plus solide.
- plus joli.
- plus léger.
- facile à réparer.
- dangereux à cause du feu.

j'aime
- la lumière.
- le rose.

Le toit serait
- en chaume
- en tuiles
- en verre
- en terrasse
- en ardoise

parce que
- c'est plus joli.
- j'aime prendre des bains de soleil.
- j'aime le soleil.
- je veux profiter de la vue.

Il y aurait (un / une / sept / 19 / 23 / 154)
- lit dans la salle de séjour
- chambre
- chambres

parce que (j'aurais / je n'aurais pas / je veux avoir / je ne veux pas avoir) — (beaucoup de / beaucoup d' / six / 19 / 23 / 11)
- invités.
- amis.
- enfants.
- cousins.
- domestiques.
- chats.
- chiens.

Il (y aurait / n'y aurait pas)
- une cuisine immense
- de cuisine
- deux cuisines

j'aime
- préparer des plats compliqués.
- faire la cuisine.
- inviter beaucoup de gens à dîner.

parce que (j n'aime pas / je préfère) manger
- chez les autres.
- au restaurant.
- des crudités.
- des conserves.
- des cuisines différentes.

j'aurais
- un cuisinier japonais.
- une cuisinière portugaise.

Il (y aurait / n'y aurait pas) — (un grand / un petit / de) jardin

parce que (j'aime / je n'aime pas) — (avoir / m'occuper / couper / peindre / manger / réparer) — (des / de / du / le / les / mes)
- fleurs.
- grilles.
- gazon.
- pommiers.
- fruits.
- haies.
- murs.
- légumes frais.

Il (y aurait / n'y aurait pas) — (de / un / une / trois)
- garage
- garages
- grange
- granges

parce que (j'aurais / je n'aurais pas) — (une / deux / un / des / de)
- bicyclette.
- grosses voitures et un avion.
- hélicoptère.
- chevaux.

Mais, de toute façon, je n'irais que pour les week-ends
parce que j'habiterais chez ma maman.

Préparation à la lecture et à l'écriture

35.48 Entraînement à la lecture

Lisez le document 6 de la leçon 35 dans votre livre de textes. C'est un sonnet de du Bellay. Ensuite, lisez le texte suivant et répondez aux questions.

Du Bellay (1522–1560), un poète de la Renaissance, ami de Ronsard et auteur de la *Défense et Illustration de la langue française,* était secrétaire d'ambassade en Italie, à Rome. Comme Mireille Belleau, il était très attaché à sa petite maison dans la campagne française. La sienne était dans la campagne angevine, c'est-à-dire en Anjou, dans la région de la Loire.

1. La villa de Colette à Provins (voyez la leçon 33) est entourée d'un jardin <u>clos</u> de murs et de haies. Qu'est-ce qu'il y a autour de la maison de du Bellay? Comment appelle-t-il le terrain qui entoure sa maison? _____ .

2. Qu'est-ce qui est le plus important pour du Bellay, sa petite maison du village ou la possession de toute une province?
_____ .

3. Est-ce que sa maison a été bâtie récemment? Est-ce qu'elle est neuve? Qui est-ce qui l'a construite?
_____

4. Chez les Belleau, "le séjour" c'est la salle de séjour de leur appartement, où ils "séjournent" le plus souvent. Quand du Bellay parle du "séjour" qu'ont construit ses ancêtres, de quoi parle-t-il?
_____

5. Qu'est-ce que du Bellay préfère, les vastes palais romains en marbre, ou sa petite maison en pierre du pays?
_____

6. En quoi est le toit de sa maison?
_____

. . . .

35.49 Entraînement à la lecture

Lisez le document 7, "Dimanche à Orly." Répondez ou complétez.

1. D'après vous, qui est la personne qui dit "je" dans cette chanson, une vieille dame, un jeune homme? _____
_____

2. Où habitent cette personne et sa famille? Au centre de Paris, en banlieue, à la campagne?
_____

3. Est-ce qu'ils sont propriétaires ou locataires?
_____

4. Est-ce qu'ils habitent dans une vieille chaumière, une petite villa, un grand immeuble?
_____

5. Le dimanche, la mère fait le ménage. Elle aime l'ordre. Elle met de l'ordre, elle range, elle fait du _____

6. Qu'est-ce qui fait rêver cette jeune personne, les avions qui arrivent, qui atterrissent, ou ceux qui partent?
_____

35.50 Lecture et interprétation

Examinez le document 1, et répondez aux questions suivantes.

1. Lesquelles de ces maisons sont certainement en pierre?

   _____

2. Qu'est-ce qu'il y a devant la maison des Charentes?

   _____

3. Qu'est-ce qu'il y a devant le pavillon de banlieue?

   _____

4. Où y a-t-il une agence de la Banque Nationale de Paris?

   _____

5. Où pourriez-vous acheter des chaussures?

   _____

6. Combien d'étages a l'immeuble à appartements?

   _____

. . . .

35.51 Entraînement à la lecture

Etudiez le document 5 et complétez ou répondez.

1. Annonce 101:

   Combien y a-t-il de pièces? _____

   Où est-ce que vous allez mettre votre voiture? _____

   Qu'est-ce qu'on met généralement dans un cellier? (Essayez de deviner.) _____

2. Annonce 102:

   Est-ce que cette maison est neuve ou ancienne? _____

   Est-ce qu'elle est en bon ou en mauvais état? _____

3. Comparez les annonces 102 et 103. Quelles sont les différences entre ces deux maisons? Laquelle est la plus chère?

   Pourquoi?

   _____

   _____

   _____

4. Vous travaillez à Paris. Vous voulez rester le plus près possible du centre. Vous ne pouvez pas dépenser plus de

   1.000.000F. Qu'est-ce que vous allez considérer? Pourquoi?

   _____

   _____

   _____

5. Vous travaillez à Paris, mais vous ne voulez pas habiter dans Paris. Qu'est-ce que vous allez choisir? Pourquoi?

_____

_____

_____

6. Vous voulez une maison pour les vacances. Qu'est-ce qui vous tente? Pourquoi?

_____

_____

_____

. . . .

35.52 Lecture et interprétation

Lisez les documents 2 et 3, et comparez-les avec les sentiments exprimés par Colette dans la section 4 de la leçon 33.

_____

_____

_____

. . . .

35.53 Lecture et interprétation

Lisez le document 4, et comparez ces statistiques avec ce que dit Hubert dans la section 5 de la leçon 35.

_____

_____

Comment explique-t-on qu'il y avait autrefois plus de personnes par logement qu'aujourd'hui?

_____

_____

35.54 Pratique de l'écriture

Imaginez que Robert écrit une carte postale à sa mère dans laquelle il parle de la maison de campagne des Belleau. Il peut dire où elle est, en quoi elle est, comment ils l'ont eue, dans quel état elle était, ce qu'ils y ont fait, etc. Relisez d'abord les sections 3, 4, et 5 du texte de la leçon 34 et les sections 1, 3, et 4 de la leçon 35. Complétez le début de la carte postale, puis continuez vous-même.

Vendredi

Ma chère Maman,

Hier soir, j' _____ invité à diner chez les Belleau, les parents de cette jeune fille que j'ai _____ dans la cour de la

Sorbonne. (Elle _____ Mireille.) Pendant toute la soirée, on _____ parlé que de maisons, d'appartements, de loyers, de

réparations. C'_____ plutôt ennuyeux.

Apparemment, les Belleau _____ une petite maison de campagne pas très loin de Paris.

_____

_____

_____

_____

_____

_____

_____

Leçon **36**

Assimilation du texte

🎧 36.1 Mise en œuvre

Ecoutez le texte et la mise en œuvre dans l'enregistrement sonore. Répétez et répondez suivant les indications.

. . . .

🎧 36.2 Compréhension auditive

Phase 1: Regardez les images et répétez les énoncés que vous entendez.

1. ___

2. ___

3. ___

4. ___

5. ___

6. ___

7. ___

Phase 2: Ecrivez la lettre de chaque énoncé que vous allez entendre sous l'image qui lui correspond le mieux.

🎧 36.3 Production orale

Ecoutez les dialogues suivants. Vous allez jouer le rôle du second personnage.

1. Robert: Je suppose qu'il est trop tard pour aller au cinéma, maintenant. . . .
   Mireille: (. . .)
2. Robert: Oui, si tu veux. . . . Qu'est-ce qu'on va voir?
   Mireille: (. . .)
3. Robert: Qu'est-ce que c'est?
   Mireille: (. . .)
4. Robert: Qu'est-ce que tu vois d'intéressant?
   Mireille: (. . .)
5. Mireille: Tiens! Ils passent *L'Amour l'après-midi* au 14 Juillet-Parnasse.
   Robert: (. . .)
6. Mireille: Tu as deux minutes pour descendre.
   Robert: (. . .)

. . . .

🎧 36.4 Compréhension auditive et production orale

Ecoutez les dialogues suivants et répondez aux questions.

1. Pourquoi Colette a-t-elle peur de rater son train? Quelle heure est-il?
2. Comment sont classés les films, dans le *Pariscope?*
3. Comment est le japonais de Robert?
4. Pourquoi est-ce que *Trash,* ça ne va pas, d'après Mireille?
5. Qu'est-ce qui se passe quand on appuie sur le bouton de la minuterie?

Préparation à la communication ▰▰▰▰▰

🎧 36.5 Activation orale: Prononciation; la voyelle /y/ et la semi-voyelle /ɥ/ (révision)

Ecoutez et répétez.

une infusion
la musique
une habitude

la minuterie
C'est instructif.
C'est éducatif.
Tu vas être déçu.

On construit les murs en dur et les toits en tuiles pour que ça dure.
Il faut que tu puisses aller en Suisse pour passer ton permis de conduire.
Tu as passé la nuit dans la cuisine?
Appuie! Il faut appuyer sur le bouton.

. . . .

🎧 36.6 Observation: Lumière; *allumer, éteindre* (révision et extension)

On peut:
allumer
la **lumière,**
illuminer les monuments.

On peut allumer ou éteindre:

la lumière	une lampe
la minuterie	un feu
l'électricité	une cigarette
la télévision	

🎧 36.7 Observation: *Eteindre, peindre*

Comparez.

présent		présent		imparfait		imparfait	
j'	éteins	je	peins	j'	éteignais	je	peignais
tu	éteins	tu	peins	tu	éteignais	tu	peignais
il	éteint	il	peint	il	éteignait	il	peignait
nous	éteignons	nous	peignons	nous	éteignions	nous	peignions
vous	éteignez	vous	peignez	vous	éteigniez	vous	peigniez
ils	éteignent	ils	peignent	ils	éteignaient	ils	peignaient

futur		futur	
j'	éteindrai	je	peindrai
tu	éteindras	tu	peindras
il	éteindra	il	peindra
nous	éteindrons	nous	peindrons
vous	éteindrez	vous	peindrez
ils	éteindront	ils	peindront

passé composé			passé composé			participe présent	participe présent
j'	ai	éteint	j'	ai	peint	en **éteignant**	en **peignant**
tu	as	éteint	tu	as	peint		
il	a	éteint	il	a	peint		
nous	avons	éteint	nous	avons	peint		
vous	avez	éteint	vous	avez	peint		
ils	ont	éteint	ils	ont	peint		

. . . .

36.8 Activation orale et écrite: Lumière; *allumer, éteindre*

Dites les phrases suivantes en ajoutant (et en écrivant) les mots qui manquent.

1. S'il vous plaît! Vous pourriez _____ votre cigarette? La fumée me dérange. . . .

2. Hé, là! On n'y voit rien! C'est toi qui as _____ la lumière? _____ , s'il te plaît!

3. Marie-Laure, _____ la télévision et va faire tes devoirs!

4. Ça, tu vois, c'est la minuterie. Quand tu appuies sur le bouton, la lumière s' _____ . Elle reste

   _____ deux minutes, et puis elle s' _____ .

⋒ 36.9 Observation: Question d'habitude

	avoir prendre perdre	l'habitude	de	*infinitif*
Nous	avions	l'habitude	de	passer nos vacances aux Bermudes.
Nous	avons	l'habitude	de	nous coucher tôt.
Nous avons	pris	l'habitude	de	nous coucher tôt.
Nous avons	perdu	l'habitude	de	nous coucher tard.

	D'habitude,	nous nous couchons tôt.
	C'est une habitude.	
	C'est notre habitude.	

. . . .

⋒ 36.10 Activation orale: Question d'habitude; *avoir, prendre une habitude*

Répondez selon l'exemple.

Exemple:
Vous entendez: 1. Tu te couches tôt tous les soirs?
Vous dites: Oui, j'ai l'habitude de me coucher tôt.

2. Les Belleau passent le week-end à la campagne?
3. Mireille va au Luxembourg?
4. Colette vient souvent à Paris?
5. Tu vas au cinéma tous les samedis soirs?
6. Mireille fait du karaté le samedi matin?

. . . .

⋒ 36.11 Observation: *Il se fait tard; c'est l'heure d'aller au lit*

M. Belleau: Nous nous levons tôt, alors nous nous couchons tôt.
Mme Belleau:
  Marie-Laure, va te coucher!
         Va au lit!
         Va dormir!
  Bonne nuit, dors bien!
  Bonne nuit, dormez bien, les enfants!

Mme Belleau: Tu as sommeil!
Marie-Laure: Non, je n'ai pas sommeil!
Mme Belleau: Si, tu tombes de sommeil!
Tante Amélie: Il est temps d'aller prendre un peu de repos. Allons nous reposer.
Tonton Guillaume: Allez! Au pieu!

. . . .

⋒ 36.12 Activation: Dictée; *il se fait tard; c'est l'heure d'aller au lit*

Complétez.

1. Bien sûr que je me _____ tôt; c'est parce que j'ai l'habitude de me _____ tôt aussi!

2. Marie-Laure, tu tombes de _____ .
   Va te _____ !

3. Il est temps d'aller prendre un peu de repos. Nous allons nous _____ .

4. Allez les enfants, bonne nuit! _____ bien!

🎧 36.13 Activation: Dictée; le temps qui passe

Ecoutez et complétez.

1. Robert: Il _____ , je devrais _____ .

   Mme Courtois: Mais non, _____ , _____ pour dîner!

   Robert: Non, je _____ vous _____ . . . .

   Mme Courtois: Mais _____ , vous _____ !

2. Mme Belleau: Allez, _____ ,

   _____ !

   Marie-Laure: Oh . . .

   Mme Belleau: Pas _____ !

   Marie-Laure: _____ ,

   _____ .

. . . .

36.14 Activation écrite: Préposition à et article défini (révision)

Complétez.

1. Marie-Laure, tu as vu l'heure qu'il est?

   Allez, _____ lit, tout de suite!

2. Marie-Laure, tu es encore là? Tu vas être en retard!

   Allez, allez! _____ école, vite!

3. Marie-Laure, tu n'as pas encore fait ton travail!

   Allez, _____ travail, tout de suite!

4. Marie-Laure, tu n'as pas encore fait ta toilette?

   Allez, _____ douche! Vite!

5. Marie-Laure, tu n'as pas encore fait la vaisselle?

   Allez, _____ cuisine, tout de suite.

6. Chauffeur, _____ Ministère, s'il vous plaît.

7. Chauffeur, _____ Sorbonne, s'il vous plaît.

8. Chauffeur, _____ Institut.

9. Capitaine, _____ Etats-Unis, s'il vous plaît!

10. _____ cinéma des Feuillantines!

11. _____ Cité Universitaire!

12. _____ garage du boulevard Raspail.

13. _____ Tour Eiffel!

14. _____ mosquée!

15. _____ quai de Grenelle.

16. _____ musée du Louvre.

17. _____ place Saint-Michel.

18. _____ café de Flore.

19. _____ brasserie Lipp.

20. _____ Deux Magots.

🎧 36.15 Observation: *Se mettre en congé; prendre congé*

		notion de vacances	
M. Belleau ne va pas au bureau:	**Il est**		**en congé.**
	Il a cinq semaines		**de congé.**
Robert a décidé de partir en vacances:	**Il s'est mis**		**en congé.**
	Il a pris		**un congé.**
		notion d'adieu et de départ	
Hubert a dit au revoir et il est parti:	**Il a pris**		**congé.**

Notez la différence entre *prendre congé* (dire au revoir et partir) et *prendre un congé* (prendre des vacances).

. . . .

🎧 36.16 Observation: Détermination; indéfini + *de* + adjectif (révision)

expression indéfinie		**de**	adjectif
Ils ne font **rien**		**de**	bien fascinant.
Quoi		**d'**	autre?
Qu'est-ce que	tu vois	**d'**	intéressant?
Tu vois **quelque chose**		**d'**	intéressant?
C'est **ce que**	nous avons	**de**	moins cher.
Qui		**d'**	autre?
Qui est-ce que	tu vois	**d'**	intéressant?
C'est **quelqu'un**		**d'**	intéressant.
Je ne vois **personne**		**d'**	intéressant.

De + adjectif est utilisé pour préciser une expression indéfinie.

. . . .

🎧 36.17 Activation orale: Détermination; indéfini + *de* + adjectif

Répondez selon les exemples.

Exemples:
Vous entendez: 1. Tiens, c'est curieux. . . .
Vous dites: Voilà quelque chose de curieux. . . .

Vous entendez: 2. Il est sympathique?
Vous dites: Oui, c'est quelqu'un de sympathique. . . .

3. C'est intéressant.
4. Ça, c'est bizarre.
5. Ça, c'est extraordinaire.
6. Tu vas voir, c'est facile.
7. Elle est sympathique?
8. Il est gentil?
9. Elle est intelligente?

🎧 36.18 Activation orale: Détermination; indéfini + *de* + adjectif

Répondez selon les exemples.

Exemples:
Vous entendez: 1. Ils font des choses intéressantes?
Vous dites: Non, ils ne font rien d'intéressant.

Vous entendez: 2. Il y a des gens intéressants dans ton cours d'italien?
Vous dites: Non, il n'y a personne d'intéressant.

3. Tu fais des choses fascinantes?
4. Tu vois des choses intéressantes?
5. Robert fait des choses extraordinaires?
6. Robert et Mireille se disent des choses intelligentes?
7. Il y a des gens fascinants, ici?
8. Il y a des gens sympathiques, ici?
9. Tu as rencontré des gens intéressants?
10. Tu as rencontré des gens sympathiques?

∩ 36.19 Activation: Dictée; indéfini + *de* + adjectif

Ecoutez et complétez.

1. Mme Belleau: Qu'est-ce que c'est?

   Marie-Laure: Bof, _____ !

2. Marie-Laure: Et si on _____

   _____ , hein?

   Mireille: Non, je _____ le temps. Et de toute façon, ils ne _____ .

3. Le professeur: A Chartres, qu'est-ce qu'il _____ , d'après vous?

   Une jeune femme: Une cathédrale, non?

4. Robert: Vous _____ mieux?

5. Mireille: Je _____ de l'histoire de l'art, je _____ des cours d'italien, et je

   _____ même _____ karaté le samedi _____ . _____

   sensationnel, quoi!

. . . .

∩ 36.20 Observation: *Rien* (révision et extension)

		ne	*verbe*		*objet*
M. Belleau:	Vous		prenez		quelque chose?
	Moi, je	**ne**	prends		**rien**
Mireille:	Qu'est-ce que vous		faites?		
Robert:					**Rien!**
	(Je	**ne**	fais		**rien.**)
Hubert:	Mes oncles	**ne**	font		**rien** de bien fascinant!
Mireille:	Je	**n'**	ai		**rien** contre la voiture!
Mireille:	Ça	**ne**	fait		**rien!** C'est la même chose!
Robert:	Ça	**ne**	sert	à	**rien!**
Marie-Laure:	J'		ai travaillé	pour	**rien!** J'ai eu zéro!
Mireille:					**Rien** que ça? C'est tout?

36.21 Activation écrite: *Rien* (révision et extension)

Lisez les phrases suivantes. Essayez de deviner de quoi il s'agit et complétez-les en utilisant *rien*. Vous pouvez consulter les sections des textes des leçons indiquées entre parenthèses pour vous aider.

Tout un tas de petits riens

1. Mireille: Qu'est-ce que vous faites là?

   Robert: _____ . . . je regarde les gens qui passent.

   Mireille: Eh bien, si vous _____ , allons faire un tour au Luxembourg (15–4).

2. Mme Belleau: Marie-Laure, qu'est-ce que tu fais?

   Marie-Laure: Qui, moi? Mais je _____ !

3. "Ceux qui _____ ne se trompent jamais!" (Théodore de Banville, 23, document)

4. Cécile: C'est mortel, la mer, quand il pleut. Il _____ à faire (9–2).

5. Robert n'est pas pressé: il _____ . . . . Alors, il va se promener dans Paris. (25–2)

6. Le douanier: Vous _____ déclarer? (4–4)

7. Mireille: Ah, je vois! Vous ne voulez pas de l'argent de votre père, mais vous _____ contre l'argent de vos grands-parents! (15–6)

8. Mireille: Ah, mais moi, je _____ la voiture! Au contraire, j'aimerais bien avoir une petite voiture! (29–2)

9. Mireille: C'est une petite voiture très économique; elle _____ consomme presque _____ . (29–3)

10. Marie-Laure: Tiens, voilà ma sœur qui revient! Vous _____ lui dites _____ , hein! Mystère et boule de gomme! (16–2)

11. Mireille: Ma marraine est plutôt bavarde, oui. Mais quand son mari est là, elle _____ . (23–2)

12. Mireille: Ça n'a pas de sens! Ça _____ veut _____ dire! (17–2)

13. Mireille: Les deux mots ne s'écrivent pas de la même façon, mais ça _____ , c'est sûrement la même chose!

14. Mireille: On ne sait jamais ce qui va se passer. On _____ peut jamais être sûr de _____ ! Mais ça _____ ; dites-moi quand même ce que vous allez faire. (18–7)

15. Mireille: Il y a trop de choses à apprendre, alors on _____ sait jamais _____ à fond! (19–7) On _____ apprend _____ à fond. (19–8)

16. M. Belleau: Vous prenez quelque chose? Moi, je _____ !

17. La vieille dame: Merci, jeune homme, vous êtes bien aimable.

    Robert: Mais non, Madame, ne me remerciez pas! Ce _____ , Madame, je vous en prie! (12–1)

18. La vieille dame: Ah, vous êtes bien aimable, Mademoiselle. Je vous remercie, Mademoiselle.

    Mireille: _____ , il n'y a pas de quoi, je vous en prie! (27–1)

19. Mireille: Vous ne vous êtes pas fait mal?

    Le cycliste: Non, non, ce n'est pas grave! Ce _____ ! (20–1)

20. Mireille: Laissez, ça n'a pas d'importance. Ce n'est pas grave! _____ ! (20–1)

21. Mireille: _____ que ça? C'est tout? Vous n'avez pas d'autres critiques à faire? (20–5)

22. Robert: La mythologie? Bah! ce ne sont que des mensonges! _____ des choses qui n'existent pas! (21–5)

23. Mireille: Il y a tant de choses à étudier! Tenez, _____ en histoire, vous avez l'histoire ancienne, l'histoire du Moyen Age, l'époque moderne! On n'en finit pas! (19–6)

24. Hubert: On fait des choses très bien en matière d'architecture; mais mes oncles, eux, _____ font _____ bien fascinant! (33–5)

25. Annick: Tout ça n'est pas bien neuf! On connaît! Vous _____ mieux? (13–7)

26. Robert: Les tragédies classiques? Mais c'est artificiel! Il _____ y a _____ plus artificiel que les tragédies classiques! (21–5)

27. Robert: Tout ça, ça _____ sert _____ !

. . . .

🎧 36.22 Activation: Dictée; *ça ne fait rien*

Ecoutez et complétez.

Aucune importance!

1. Robert: Tu _____ l'heure qu'il _____ ? Il _____ pour aller au cinéma.

   Mireille: _____ ,

   on _____ .

2. Cécile: Un _____ Mireille, s'il _____ .

   Le serveur: Je _____ , Madame, il _____ .

   Cécile: _____ . Je _____ le magret de canard.

3. Mme Belleau: Tiens, _____ ton pull!

   Marie-Laure: Mais il _____ !

   Mme Belleau: _____ ; _____ quand même;

   on _____ jamais.

. . . .

🎧 36.23 Observation: Introduction au subjonctif

indicatif	**que**	subjonctif			indicatif	
Tu veux	**qu'** on y	**aille**	demain?	Bon, on	**ira**	demain.
J'ai peur	**que** tu	**sois**	déçu.	Tu	**seras**	déçu.
Il faut	**que** je	**puisse**	comprendre!	Je	**peux**	comprendre.
Il faut	**que** je	**descende**	en deux minutes?	Je	**descends**	en deux minutes?
Il faut	**que** tu	**comprennes**	ça!	Tu ne	**comprends**	rien!

Les verbes *aille, sois, puisse, descende,* et *comprennes* sont des formes des verbes *aller, être, pouvoir, descendre,* et *comprendre.* Ce sont des formes du **subjonctif** de ces verbes. Le subjonctif est un **mode**, comme l'indicatif, l'impératif, et le conditionnel.

Remarquez que les phrases de la première colonne ont toutes deux parties, deux propositions: une proposition principale (*tu veux, j'ai peur, il faut*), et une proposition subordonnée introduite par la conjonction *que*. Les verbes au subjonctif sont tous dans les **propositions subordonnées** introduites par *que*.

Remarquez que quand Mireille dit, "Il faut que tu comprennes," elle n'indique pas que Robert comprend, ou ne comprend pas, ou va comprendre; le verbe *comprendre* n'est pas à l'indicatif, il est au **subjonctif**. Mais Mireille indique la nécessité de comprendre (*il faut*); *il faut* est à l'**indicatif**.

🎧 36.24 Observation: Formation du subjonctif; formes régulières

Comparez:

présent de l'indicatif	Mes parents ne me **comprennent** pas.
présent du subjonctif	Il faut qu' ils **comprennent!** Il faut que tu **comprennes!** Il faut que je **comprenne!** Il faut qu'elle **comprenne!**

Du point de vue du son, la 3ème personne du pluriel et les trois personnes du singulier du subjonctif sont identiques à la 3ème personne du pluriel de l'indicatif. Cela est vrai pour la très grande majorité des verbes.

Comparez:

imparfait de l'indicatif	Nous **comprenions**.
présent du subjonctif	Il faut que nous **comprenions**.
imparfait de l'indicatif	Vous **compreniez**.
présent du subjonctif	Il faut que vous **compreniez!**

Les 1ère et 2ème personnes du pluriel du présent du subjonctif sont identiques aux 1ère et 2ème personnes de l'imparfait de l'indicatif. Cela est vrai pour la majorité des verbes.

. . . .

🎧 36.25 Activation orale: Formation du subjonctif; formes régulières

Répondez selon les exemples.

Exemples:

Vous entendez: 1. Pourquoi est-ce qu'ils ne disent rien?
Vous dites: Il faut qu'ils disent quelque chose!

Vous entendez: 2. Pourquoi est-ce qu'elles ne viennent pas?
Vous dites: Il faut qu'elles viennent!

3. Pourquoi est-ce qu'ils ne descendent pas?
4. Pourquoi est-ce qu'elles ne partent pas?
5. Pourquoi est-ce qu'ils ne comprennent pas?
6. Pourquoi est-ce qu'elles ne boivent rien?
7. Pourquoi est-ce qu'ils ne voient pas un docteur?
8. Pourquoi est-ce qu'elles n'attendent pas?
9. Pourquoi est-ce qu'ils ne suivent pas un cours de cinéma?
10. Pourquoi est-ce qu'elles ne finissent pas?

. . . .

🎧 36.26 Activation orale: Formation du subjonctif; formes régulières

Répondez selon les exemples.

Exemples:

Vous entendez: 1. Ils disent où ils vont.
Vous dites: Il faut que tu dises où tu vas, toi aussi.

Vous entendez: 2. Elles viennent.
Vous dites: Il faut que tu viennes, toi aussi.

3. Ils descendent au Home Latin.
4. Elles partent.
5. Ils me comprennent, eux!
6. Elles attendent.
7. Ils suivent des cours.

🎧 36.27 Activation orale: Formation du subjonctif; formes régulières

Répondez selon l'exemple.

Exemple:

Vous entendez: 1. Pourquoi n'écoutiez-vous pas?

Vous dites: Il faut que vous écoutiez!

2. Vous ne vous serviez jamais de votre voiture?
3. Vous ne veniez jamais à Paris?
4. Vous ne preniez jamais le métro?
5. Vous n'alliez jamais à la fac?
6. Vous ne travailliez pas?
7. Vous ne buviez pas d'eau?

. . . .

🎧 36.28 Activation orale: Formation du subjonctif; formes régulières

Répondez selon l'exemple.

Exemple:

Vous entendez: 1. Descends!

Vous dites: Il faut que tu descendes!

2. Pars, maintenant!
3. Prends un congé!
4. Dis au revoir!
5. Bois quelque chose!
6. Réponds!
7. Dis quelque chose!

8. Viens!
9. Apprends tes leçons!
10. Finis ton travail!
11. Conduis prudemment!
12. Rends-moi mon argent!

. . . .

🎧 36.29 Activation orale: Formation du subjonctif; formes régulières

Répondez selon l'exemple.

Exemple:

Vous entendez: 1. Descendez!

Vous dites: Il faut que vous descendiez!

2. Sortez!
3. Partez!
4. Prenez de l'essence!
5. Souvenez-vous!
6. Répondez-moi!
7. Dites quelque chose!

8. Buvez quelque chose!
9. Venez avec nous!
10. Apprenez vos leçons!
11. Suivez un cours de maths.
12. Finissez vos devoirs!

. . . .

36.30 Activation écrite: Verbes réfléchis (révision)

Relisez le texte de la leçon 36 et complétez les phrases suivantes.

1. Le dîner, chez les Belleau, _____ termine en général vers 8 heures et demie.

2. Mais jeudi soir il _____ plus tard parce qu'ils avaient des invités.

3. Il _____ tard! Il est déjà 11 heures et demie.

4. Allez, Marie-Laure, va _____ coucher!

5. Oui, oui, je vais _____ coucher!

6. Oh, là, là, je vais rater mon train! Il faut que je _____ sauve.

7. Colette _____ en va.

8. Elle dit: "Excusez-moi, je _____ vais."

9. Vers minuit moins le quart, les Belleau _____ excusent.

10. Ils vont _____ coucher.

11. Oui, il est bien tard, allons _____ !

12. D'habitude _____ couchons très tôt, mais hier, _____

plus tard que d'habitude.

13. Le matin, c'est Mme Belleau qui _____ réveille la première.

14. Hier, elle _____ à 6 heures du matin.

15. Et Mireille et M. Belleau _____ vers 6 heures et quart.

16. A 7 heures, Marie-Laure dormait encore. Mme Belleau est allée la réveiller: "Allons, Marie-Laure, _____ !
C'est l'heure!"

17. Tu prends le métro et tu descends à Vavin. Tu ne peux pas _____ tromper.

18. Tu _____ rappelleras! Tu descends à Vavin, pas à Montparnasse! Surtout, ne _____ pas!

19. Attention, la lumière va _____ éteindre.

20. Allez! _____ de descendre; tu n'as que deux minutes!

21. Mais Robert ne _____ et la lumière _____ quand il est arrivé au deuxième étage.

. . . .

36.31 Activation écrite: Imparfait, passé composé, plus-que-parfait, pronoms, vocabulaire

Nous avons retrouvé quelques pages du journal de Mireille, que nous reproduisons ici. Malheureusement, Mireille écrit aussi mal que Robert. Beaucoup de mots étaient illisibles, nous n'avons pas pu les reproduire. Essayez de deviner les mots qui manquent et complétez.

Vous pouvez relire les textes suivants: 27.7, 32.1, 32.3, 32.6, 33.4 à 6, et 36.2 à 6.

Extrait du journal de Mireille

Vendredi

1. Hier, _____ , Robert, le jeune Américain _____ rencontré dans la cour de la Sorbonne _____
dîner _____ maison. Je crois qu'il _____ eu _____ mal à trouver la maison. Comme il _____ un peu perdu
et cherchait la rue de Vaugirard, il _____ tombé sur Gilot-Pétré. Il ne _____ a pas reconnu, évidemment, parce
qu'il _____ connaissait pas! (Il ne _____ jamais vu.) Il _____ arrêté et _____ demandé son chemin.

2. Quand il _____ arrivé, c'est Colette _____ est _____ ouvrir, parce que _____ dans ma chambre; je
finissais de _____ habiller. Quand il _____ Colette, il a cru qu'il _____ porte. Je crois
que Colette _____ a beaucoup plu. Il _____ assis _____ côté _____ elle, à table, et il _____ parlé tout le temps. Mais
je crois qu'Hubert ne lui _____ ! Hubert a fait, comme d'habitude, son petit numéro d'aristocrate
réactionnaire et Robert n' _____ trouvé ça amusant du tout! Il _____ pris au sérieux tout ce qu'Hubert _____ !

3. Colette _____ à Provins; elle _____ vers 11 heures. Hubert
_____ vers 11 heures et demie et je _____ retrouvée seule avec Robert. (Marie-Laure
_____ se coucher vers 9 heures et demie, et Papa et Maman _____ excusés vers 10 heures.) Robert
n' _____ pas l'air content. Il a dit qu'il _____ sans doute _____ pour aller au cinéma. . . .
J'_____ complètement oublié que quand je _____ proposé de venir dîner à la maison, le jour où
nous _____ à Chartres, je _____ dit qu'on _____ peut-
être aller au cinéma après le dîner. Quand j' _____ dit ça, je ne _____ pas que Maman _____ aussi
inviter Colette et Hubert. Il avait l'air tellement _____ à l'idée qu'on ne _____ pas aller au cinéma
que je _____ ai proposé d' _____ aujourd'hui, en matinée. Je _____ donné rendez-vous _____ Rotonde. Je
_____ ai dit de _____ le métro et de _____ à Vavin. La sortie du métro est juste _____ côté _____ la Rotonde.
Il ne _____ pas _____ tromper! Je _____ demande s'il sera là. Avec _____ , on ne sait jamais!

🎧 36.32 Activation orale: Dialogue entre Mireille et Robert

Vous allez entendre un dialogue entre Mireille et Robert. Ecoutez attentivement. Vous allez apprendre les réponses de Robert.

Mireille: Tu as deux minutes pour descendre.
Robert: **Deux minutes? Il faut que je descende en deux minutes? Qu'est-ce que c'est que cette histoire?**

Mireille: Ben, oui! Quand on appuie sur le bouton, la lumière reste allumée deux minutes, et puis elle s'éteint. On a l'habitude de l'économie, en France. Il faut que tu comprennes ça!
Robert: **Ils sont fous, ces Français!**

Exercices-tests

36.33 Exercice-test: Détermination; indéfinis (*quelqu'un, quelque chose, rien, personne*) + adjectifs

Complétez les réponses aux questions suivantes.

1. Qu'est-ce que tu vois?

   Je vois _____ bizarre!

2. Qui est-ce que tu as rencontré?

   J'ai rencontré _____ très sympathique.

3. Qu'est-ce qu'ils font?

   Oh, ils ne font _____ intéressant. . . .

4. Qui est-ce que vous avez vu?

   Oh, nous n'avons vu _____ intéressant.

5. Qu'est-ce que tu manges?

   Je mange _____ exquis!

Vérifiez. Si vous avez fait des fautes, travaillez les sections 36.16 à 36.21 dans votre cahier d'exercices.

. . . .

🎧 36.34 Exercice-test: Formes régulières du subjonctif

Répondez selon l'exemple.

Exemple:
Vous entendez: Vous n'êtes pas encore partis?
Vous dites: Il faut que vous partiez.
Vous écrivez: partiez

1. Il faut que vous _____
2. Il faut que tu _____ .
3. Il faut que je _____ .
4. Il faut que nous _____ .

5. Il faut qu'elles _____ .
6. Il faut qu'on _____ .
7. Il faut que tu _____ .
8. Il faut qu'ils _____ .
9. Il faut qu'il _____ .
10. Il faut que je _____ .

Vérifiez. Si vous avez fait des fautes, travaillez les sections 36.23 à 36.29 dans votre cahier d'exercices.

Libération de l'expression

36.35 Mise en question

Relisez le texte de la leçon; lisez les questions de la mise en question qui suit la mise en œuvre dans votre livre de textes. Réfléchissez à ces questions et essayez d'y répondre.

36.36 Mots en liberté

Quand on est à Paris et qu'on a des loisirs, où est-ce qu'on peut aller?

On peut aller au concert, à l'Opéra, au ballet, voir une exposition de Matisse, de manuscrits carolingiens. . . .

Trouvez encore au moins six possibilités.

Qu'est-ce qu'on peut faire pour faire des économies?

On peut ne pas allumer le chauffage, installer un chauffage solaire, acheter une bicyclette, vendre sa Rolls-Royce, rester chez soi, manger des pommes de terre, habiter sous les ponts, donner congé aux domestiques. . . .

Trouvez encore au moins cinq possibilités.

36.37 Mise en scène et réinvention de l'histoire

A. Reconstituez un dialogue entre Mireille et Robert qui parlent d'aller au cinéma.

Mireille: Passe-moi le *Pariscope*.
Robert: Le *Pariscope?* Qu'est-ce que c'est?
Mireille: C'est un magazine qui (. . .). Les films sont classés (. . .).
Robert: Par genre? Qu'est-ce que ça veut dire?
Mireille: Ça veut dire qu'ils sont classés en (. . .).
Robert: Ah, bon. Qu'est-ce que tu vois d'intéressant?
Mireille: Il y a un film japonais en version (. . .).
Robert: Mon japonais est un peu (. . .). Quoi d'autre!
Mireille: *L'Amour l'après-midi.*
Robert: Oh, ça, c'est un beau (. . .). Allons voir ça. Ça (. . .).

B. Reconstituez un dialogue entre Mireille et Robert sur le palier. Robert va s'en aller.

Robert: Bonsoir.
Mireille: Au revoir. Le bouton (. . .).
Robert: Pourquoi deux minutes?
Mireille: Parce que (. . .).
Robert: (. . .)

36.38 Mise en scène et réinvention de l'histoire

Après le dîner, M. et Mme Belleau sont allés se coucher. Colette est partie. Il reste Hubert, Robert, et Mireille. Il se fait tard, et Hubert ne semble pas avoir l'intention de partir avant Robert. Imaginez une conversation entre les trois personnages.

Mireille:

Eh bien, Hubert, comment vont les affaires?

Hubert:

Ah! Ce sont mes oncles qui s'en occupent maintenant.
Sache que je vais bientôt être directeur général!
Je compte faire des choses intéressantes un de ces jours . . . mais dans le cinéma.
Je ne m'intéresse pas à la construction.

Je vais | devenir | Président de la République.
| | peintre.
| | paysan.
| prendre | deux ans de congé.
| | ma retraite.
| me débrouiller.

Robert:

Vraiment? | Comme c'est intéressant!
| Cette conversation est presque aussi intéressante qu'une exposition de manuscrits carolingiens.
| C'est aussi fascinant qu'un film de Godard.
| Comme c'est spirituel!

Mireille:

N'est-ce pas qu'il est spirituel!
Robert, voyons! Tais-toi!
C'est vrai, Hubert, tu nous ennuies!
Mais, Robert, c'est intéressant, ce que dit Hubert!
Vous êtes deux idiots.
Je m'amuse énormément!
C'est mortel, cette conversation.
Vous êtes ennuyeux comme la pluie.

Robert:

Parlons d'autre chose, si vous voulez bien.

Parlons	du / de la / des	cinéma.
		vins de Bourgogne.
		films japonais.
		vide-ordures.
		télévision française.

Hubert:

Vous vous moquez de nous, cher ami!
Vous n'avez rien de mieux à proposer?
Ce n'est pas très intéressant.
Ils sont fous, ces Américains!
Tout ça, ce n'est pas bien neuf!

Mireille:

Robert, tu n'es pas fatigué, avec le décalage horaire?
Mes parents ont bien fait d'aller se coucher.
Vous avez vu l'heure qu'il est?
Robert, tu n'as pas un rendez-vous à 8h du matin?
Hubert, je crois que tu as pris l'habitude de te coucher tôt?

Hubert / Robert:

Oui, mais tant pis.

Je voudrais vous parler de	mon / ma / mes	grands-parents.
		mère.
		voyage en Bourgogne.
		complexes.
		chasses.
		ancêtre, Gilles de Rais.
		cousine.
		sœur.
		idées sur les Suédois.

J'ai tout mon temps.
La conversation m'intéresse et je voudrais la continuer.
Je n'ai pas sommeil.
Il n'est pas tard.
Je commence à m'amuser.
Chez moi, aux Etats-Unis, il n'est que 6h du soir.
Je crois que je ne vais pas me coucher cette nuit.
Je ne suis pas pressé.

Hubert / Robert:

Vos / Votre	famille / problèmes / voyage / Suédois	ne nous	intéresse / intéressent	pas.

Moi, je	n'ai pas de temps à perdre.
	commence à m'ennuyer.
	prendrais bien un peu de Grand Marnier.

Eh bien,	allez-y!
	il fallait y rester!

Mireille:

Vous allez rater le dernier métro.

Hubert / Robert:

Oh, moi	je ne prends plus le métro!
	je ne prends jamais le métro.
	mon chauffeur m'attend en bas.
	j'ai mon Alpine.
	j'aime bien marcher la nuit!
	j'ai besoin de marcher.
	je préfère prendre un taxi.

Préparation à la lecture et à l'écriture

36.39 Entraînement à la lecture

Lisez les documents 1 et 2 de la leçon 36 dans votre livre de textes. Puis complétez ce qui suit.

1. Si on veut regarder une vidéocassette, il faut avoir un _____ .

2. Autrefois, on tapait à la machine. Aujourd'hui, on fait du traitement de texte avec un _____ .

3. Si on veut vérifier son compte en banque sans sortir de chez soi, on peut le faire avec le _____ .

4. Les Français utilisent moins le téléphone que les Américains, mais ils utilisent beaucoup le _____ .

5. Avec le Minitel, on peut consulter un très grand nombre de bases de _____ .

36.40 Entraînement à la lecture

Examinez le document 3 (c'est une publicité de la SNCF), et répondez ou complétez selon le cas.

1. Pourquoi ces gens sont-ils pressés?

_____

2. Pourquoi ne veulent-ils pas rater le train?

_____

3. Le programme Joker permet d'avoir des <u>réductions</u> sur le <u>prix</u> des billets dans certaines conditions. On peut voyager à _____ réduit.

36.41 Entraînement à la lecture

Lisez le document 4, puis lisez le texte suivant et complétez.

Les croisades sont des expéditions organisées par les Chrétiens d'Europe, en particulier les Anglais, les Français, et les Allemands pour essayer de défendre la Terre Sainte (la Palestine) et Jérusalem contre l'Islam. Il y a eu cinq croisades entre le XIème et le XIIIème siècle. Beaucoup de grands seigneurs et de chevaliers français sont partis à la croisade.

Dans cette anecdote de Coluche, la femme du chevalier qui revient des croisades pense qu'il est tout bronzé parce qu'il revient du Proche-Orient, une région où il fait toujours beau, où il y a beaucoup de _____ .

36.42 Entraînement à la lecture et expansion du vocabulaire

Lisez le document 5, puis lisez les notes suivantes et complétez ou répondez.

1. Aujourd'hui, il y a des systèmes automatiques pour contrôler la porte des immeubles. Il suffit d'appuyer sur des boutons pour composer un code, et la porte s'ouvre automatiquement. Autrefois, c'était la concierge qui contrôlait la porte d'entrée de l'immeuble. Quand on rentrait tard dans la nuit, il fallait crier son nom pour que la concierge vous laisse entrer. Tardieu a oublié ce qu'il fallait _____ pour que la concierge le laisse _____ .

2. Les harengs sont des poissons. Dans les restaurants, on sert des harengs de la Baltique. Si un client commande un hareng de la Baltique, le garçon crie à la cuisine: "_____ !"

3. Quand on joue à des jeux de hasard, comme la roulette, dans un casino, tous les joueurs parient sur un nombre. Quand tous les paris sont faits, le croupier dit: "Les jeux sont _____ ." Ça veut dire qu'on ne peut plus parier, et qu'il va lancer la roulette.

4. Quand Tardieu rentre tard, il crie et il réveille la concierge. La concierge a mis des papillotes, des bigoudis, dans ses cheveux pour les friser, pour faire des boucles.

5. Le seuil, c'est l'entrée d'une maison ou d'une pièce. Quand Colette a ouvert la porte de l'appartement des Belleau, elle a trouvé Robert sur le _____ .

6. Un éclair, c'est une décharge électrique dans un orage. On dit de quelqu'un qui va très vite: "Il est rapide comme l' _____ ."

7. Un escalier est formé d'une succession de marches. Quand on descend un escalier, il faut faire attention de ne pas rater la première _____ , sinon on se casse la figure.

8. Les arcs-boutants sont des constructions incurvées qui servent à soutenir les murs d'une cathédrale.

9. Quand on est au bord d'un abîme, d'un précipice, d'une gorge très profonde, ou en haut d'une montagne très haute, ou d'une falaise au bord de la mer, on a le vertige, on est étourdi, on a la tête qui tourne. Il y a des gens qui ont le _____ s'ils sont au sommet de la Tour Eiffel.

10. Le président américain John F. Kennedy a été tué par un assassin; il a été _____ .

11. Pourquoi est-ce que Tardieu ne voulait pas descendre l'escalier? _____

. . . .

36.43 Entraînement à la lecture

Lisez le document 7, puis complétez le texte suivant.

Dans ce texte, Raymond Devos se montre tendu, nerveux, inquiet . . . encore plus que Mme Courtois!

1. Que se passe-t-il dans les deux premiers paragraphes? Combien y a-t-il de boutons sur le palier du troisième? _____ . Il y a le bouton de la _____ et celui de la _____ du voisin. Sur quel bouton est-ce que Devos appuie? _____ . Devos s'est _____ de bouton! Pourquoi est-ce que le voisin n'ouvre pas la porte? _____ . (Le voisin, c'est la personne qui habite dans l'appartement qui est à _____ .)

2. Quand on ne voit pas, on essaie d'identifier les objets en les touchant avec les mains. On essaie de se diriger en touchant les murs avec les mains: on avance en _____ .

3. Si on n'entend pas bien la radio, il faut _____ le volume; il faut la mettre plus fort. Si elle est trop forte, il faut _____ le volume; il faut la mettre moins fort. Les bruits forts empêchent d'entendre les bruits qui sont moins forts; ils couvrent les bruits moins forts. Pourquoi est-ce que Devos n'entend plus les pas du voisin du dessus quand il met la radio? _____

4. Quand est-ce que la voisine du dessous entend marcher au-dessus?

_____

5. Devos n'aime pas la suspicion, il n'aime pas être suspect; il a peur que la voisine le _____ .

6. Pour se réveiller, le matin, on peut se servir d'un réveil, un appareil qui sonne à l'heure où on veut se réveiller. Les réveils d'autrefois étaient mécaniques; ils marchaient avec un ressort. Ils faisaient tic, tac, comme les horloges.

7. Les <u>ordures</u>, ce sont les choses qu'on jette, les choses qu'on ne veut pas garder. Dans les immeubles modernes, il y a des vide-ordures pour jeter les _____ . Quand il n'y a pas de vide-ordures dans l'immeuble, on jette les ordures dans une grande boîte en métal ou en plastique qu'on appelle une <u>poubelle</u>. Le soir, on met la _____ sur le trottoir, et le matin, de bonne heure, il y a un camion qui passe, qui vide les poubelles et qui emporte les ordures.

8. Les bruits très forts font mal aux oreilles; ils _____ les oreilles. Si vous frappez quelqu'un très fort sur la tête, vous allez lui <u>casser</u> la tête. Si deux personnes se <u>battent</u>, elles se _____ la figure.

9. Une <u>cloison</u>, c'est un mur entre deux pièces ou entre deux appartements. Les bruits très forts s'entendent à travers les _____ .

10. Un <u>tisonnier</u>, c'est un instrument, une barre de fer, qu'on utilisait autrefois quand on faisait du feu pour se chauffer ou pour faire la cuisine. Quand le feu commençait à s'éteindre, on l'activait, on le ranimait, en l'agitant avec le _____ . Quand le feu commençait à s'éteindre, on disait "il meurt . . . il va mourir." Le tisonnier servait à ranimer le feu, mais, puisque c'était une barre de fer, ça pouvait aussi servir à tuer quelqu'un.

11. Devos a regardé dans la rue; il a jeté un _____ dans la rue.

. . . .

36.44 Pratique de l'écriture

Lisez, complétez, et répondez.

Les Mystères du 18, rue de Vaugirard

Vous vous rappelez que quand Robert, qui était invité à dîner chez les Belleau, a enfin trouvé le 18, rue de Vaugirard (leçon 32), il a appuyé sur le bouton, la porte s'____ ouverte, et il ____ entré dans le vestibule. Mais, chose étrange, dès qu'il est _____ le vestibule, la lumière _____ !

Pourquoi?

Essayez de trouver une explication. Est-ce que c'est l'homme en noir, Hubert, une blague de Marie-Laure, une panne d'électricité, une souris qui faisait de la dentelle avec les fils électriques? Donnez votre explication.

_____

_____

_____

_____

Leçon 37

Assimilation du texte

🎧 37.1 Mise en œuvre

Ecoutez le texte et la mise en œuvre dans l'enregistrement sonore. Répétez et répondez suivant les indications.

. . . .

🎧 37.2 Compréhension auditive

Phase 1: Regardez les images et répétez les énoncés que vous entendez.

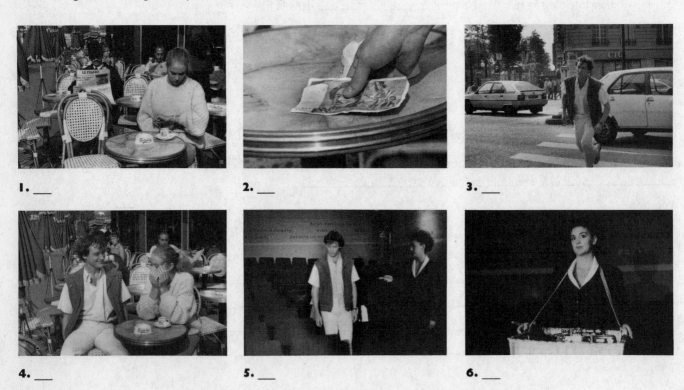

1. ___

2. ___

3. ___

4. ___

5. ___

6. ___

Phase 2: Ecrivez la lettre de chaque énoncé que vous allez entendre sous l'image qui lui correspond le mieux.

⌒ 37.3 Production orale

Ecoutez les dialogues suivants. Vous allez jouer le rôle du second personnage.

1. Mireille: Ça ne commence pas avant 2h. Tu veux qu'on y aille?
   Robert: (. . .)
2. L'ouvreuse: Ici, ça ira?
   Robert: (. . .)

3. Robert: Tout ça, c'est très bien, mais ce n'est pas pour ça que je suis venu, moi! Je suis venu pour voir *L'Amour l'après-midi!*
   Mireille: (. . .)
4. Robert: Ah, enfin! Je croyais que ça ne commencerait jamais! Dis, il faudra que tu m'expliques, si je ne comprends pas, hein! Promis?
   Mireille: (. . .)
5. Robert: Enfin, tout ça est très moral. . . .
   Mireille: (. . .)

. . . .

⌒ 37.4 Compréhension auditive et production orale

Ecoutez les dialogues suivants. Après chaque dialogue, vous allez entendre une question. Répondez à la question.

1. A quelle heure le film commence-t-il?
2. Pourquoi Mireille et Robert doivent-ils attendre un peu?
3. Pourquoi l'ouvreuse n'était-elle pas contente?
4. Qu'est-ce que Robert est venu voir?
5. Qui est le héros de ce film? Quel âge a-t-il?

Préparation à la communication

⌒ 37.5 Observation: Prononciation; l'enchaînement consonantique

Observez comment la phrase "C'est une habitude idiote" est divisée en syllabes.

C'es	t u	ne ha	bi	tu	de i	diote.
1	2	3	4	5	6	7

Cette phrase forme un groupe rythmique: une unité de sens. A l'intérieur de ce groupe rythmique tous les mots sont enchaînés. Au point de vue du son, le groupe rythmique est divisé en syllabes et non en mots. Une syllabe peut s'étendre sur deux mots; c'est le cas des syllabes 2, 3, et 6 dans le groupe ci-dessus. Quand une syllabe s'étend sur deux mots, ces deux mots sont enchaînés.

Vous vous souvenez qu'en français, la plupart des syllabes sont **ouvertes**, c'est à dire qu'elles se terminent par un son de voyelle et non par un son de consonne. A l'intérieur d'un groupe rythmique, si un mot qui se termine par un son de consonne est suivi par un mot qui commence par un son de voyelle, la consonne finale du premier mot est prononcée avec le mot suivant pour former une syllabe ouverte; les deux mots sont alors "enchaînés"; par exemple:

par exemple

. . . .

⌒ 37.6 Activation orale: Prononciation; l'enchaînement consonantique

Ecoutez et répétez.

par exemple
pour un mois
Cet idiot s'est perdu!
Il a du mal à suivre.
Il est stupide!
Elle est stupide!
Qu'il est mal élevé!

avec Hubert
avec elle
seul avec elle
cet après-midi
Quel idiot!
Il y va.
Elle y va.

🎧 37.7 Observation: Ages

article	nombre + -aine	
Un monsieur	d'une	**quarantaine** d'années.
Il doit avoir	une	**cinquantaine** d'années.
Il doit avoir	la	**cinquantaine**.
Il ne doit pas être loin	de la	**soixantaine**.
—Quel âge avez-vous?		
—Pas loin de	la	**cinquantaine**.

🎧 37.8 Activation orale: Ages

Répondez selon l'exemple.

Exemple:

Vous entendez: 1. Ce monsieur doit avoir près de cinquante ans.

Vous dites: Oui, il ne doit pas être loin de la cinquantaine.

2. L'ouvreuse doit avoir près de quarante ans.
3. Ce jeune cadre doit avoir près de trente ans.
4. M. Belleau doit avoir près de cinquante ans.
5. Tante Georgette doit avoir près de soixante ans.

. . . .

🎧 37.9 Observation: Répétitions et retours en arrière; *re-* (révision)

répétition	retour en arrière
Robert part (en avant). Il s'arrête. Puis il **re**part (en avant).	Il part (en avant). Il s'arrête. Puis il **re**vient (en arrière).
Il a vu Mireille le 29 mai. Il l'a **re**vue le lendemain.	—Apportez-moi une côtelette. —**Ra**pportez-la à la cuisine!
Il a téléphoné vers midi. Il a **re**téléphoné vers midi et demi.	Colette est arrivée vers 6 heures. Elle est **re**partie à 11 heures.

préfixe **re-** *devant consonne* **r-** *devant voyelle*
Dans la maison de campagne des Belleau, les peintures étaient en mauvais état. Il a fallu tout **re**peindre. Les tapisseries étaient en mauvais état. Il a fallu **re**tapisser.
Marie-Laure avait perdu son *Astérix*. Elle l'a **re**trouvé sous le divan.
Après le dîner, M. Courtois a **re**conduit Robert et Mireille.
Mme Courtois est sortie vers 11 heures. Elle est **re**ntrée vers midi.
Quand elle a entendu le coup de frein, Mireille a fermé les yeux. Quand elle les a **r**ouverts, Robert était à côté d'elle.

⌂ 37.10 Activation orale: Répétitions et retours en arrière: *re-*

Répondez selon l'exemple.

Exemple:

Vous entendez: 1. Tu veux que je fasse la vaisselle? Mais je l'ai déjà faite!

Vous dites: Eh bien, refais-la!

2. Tu veux que je mette cette robe? Mais je l'ai déjà mise hier!
3. Des légumes? Mais j'en ai déjà pris!
4. Que je téléphone à Tante Georgette? Mais je lui ai déjà téléphoné tout à l'heure!
5. Mon devoir de maths? Mais je l'ai déjà fait!
6. Mais je l'ai déjà lu, cet *Astérix!*

. . . .

⌂ 37.11 Observation: Coups

	coup	*déterminant*	
Mireille a donné	**un coup de**	**volant**	à droite pour éviter un cycliste.
L'automobiliste a donné	**un coup de**	**frein**	pour éviter Robert.
Hubert donne	**un coup de**	**sonnette**	pour annoncer son arrivée.
Robert donne	**un coup de**	**téléphone**	aux Courtois.
On peut aussi donner	**un coup de**	**pied,**	
	un coup de	**sabre,**	
	un coup de	**couteau.**	
On peut tirer	**un coup de**	**revolver,**	
	un coup de	**canon.**	

Un coup, c'est un mouvement rapide, soudain, quelquefois violent.

. . . .

37.12 Activation écrite: Coups

Complétez les phrases suivantes par le coup qui convient.

1. A la porte de l'appartement des Belleau, Robert a donné un coup de _____ . Colette lui a ouvert tout de suite.

2. M. Lemercier a fait sortir son chien à coups de _____

3. Robert a donné un coup de _____ à Mme Courtois pour lui demander à quelle heure il devait venir dîner.

4. Mireille a donné un coup de _____ à gauche pour éviter le cycliste.

5. Pour la fête du 14 juillet, on tire des coups de _____ .

. . . .

⌂ 37.13 Observation: Le temps qui passe; *en deux minutes, dans deux minutes*

	projection dans le futur = **dans**
La séance de cinéma commence à 2h. Il est 2 h moins 10.	Ça commence **dans** dix minutes.
	à l'intérieur d'une certaine durée = **en**
Quand on appuie sur le bouton de la minuterie, la lumière reste allumée deux minutes.	Il faut descendre **en** deux minutes.

∩ 37.14 Activation orale: Le temps qui passe; *dans deux minutes*

Répondez selon l'exemple.

Exemple:

Vous entendez: 1. Il est 10h moins 5, et le train part à 10h!

Vous dites: Vite! Il part dans cinq minutes!

2. La pièce de théâtre commence à 8h. Il est 8h moins 20.
3. Le concert commence à 7h. Il est 7 heures moins le quart.
4. L'exposition Renoir ouvre à midi. Il est midi moins 12.
5. Le concert commence à 6h. Il est 6 heures moins 8.
6. Le film commence à 9h 20. Il est 9h 10.
7. La séance commence à 9h. Il est 9 heures moins le quart.

. . . .

∩ 37.15 Activation orale: Le temps qui passe; *en deux minutes*

Répondez selon l'exemple.

Exemple:

Vous entendez: 1. Robert a seulement deux minutes pour descendre.

Vous dites: Il doit descendre en deux minutes?

2. Ils ont seulement un mois pour tout repeindre.
3. Colette a seulement dix minutes pour aller à la gare.
4. Marie-Laure a une heure pour faire tous ses devoirs.
5. Je n'ai qu'une demi-heure pour déjeuner.

. . . .

37.16 Activation écrite: Le temps qui passe; *en deux minutes, dans deux minutes*

Ajoutez *en* ou *dans* aux phrases suivantes.

1. Nous sommes allés à Chartres _____ une heure.
2. En train, on va de Paris à Orléans _____ une heure.
3. C'est un roman très court; je l'ai lu _____ une heure.
4. J'ai tout fini _____ une heure.
5. Dépêche-toi, on part _____ une heure.
6. Je retéléphonerai _____ une heure.
7. Nous avons fait six kilomètres à pied _____ une heure.

. . . .

∩ 37.17 Observation: Verbes à changement vocalique; *jeter, acheter* (révision)

Vous vous rappelez (voir leçons 16 et 26) que dans les verbes comme *acheter, se promener, se lever,* et *appeler,* la deuxième voyelle du radical change suivant la terminaison. Comparez la conjugaison de *jeter* avec celle d'*acheter.*

présent de l'indicatif			
j'achète	je jette	nous achetons	nous jetons
tu achètes	tu jettes	vous achetez	vous jetez
il achète	il jette		
ils achètent	ils jettent		

futur		*imparfait*	
j'achèterai	je jetterai	j'achetais	je jetais
tu achèteras	tu jetteras	tu achetais	tu jetais

conditionnel		*participe passé*	
j'achèterais	je jetterais	acheté	jeté
tu achèterais	tu jetterais		

subjonctif		participe présent	
que j'achète	que je jette	achetant	jetant
que tu achètes	que tu jettes		

Le changement de voyelle est le même pour *acheter* et *jeter*. La seule différence est celle de la représentation orthographique:

è dans le verbe *acheter: j'achète*

e + double consonne dans les verbes *appeler* (*j'appelle*) et *jeter* (*je jette*).

. . . .

🎧 37.18 Activation orale: Verbes à changement vocalique

Répondez selon l'exemple.

Exemple:

Vous entendez: 1. Qu'est-ce que vous faites? Vous vous promenez?

Vous dites: Oui, je me promène.

2. Pour les programmes des spectacles, qu'est-ce que vous achetez, *Pariscope?*
3. Qu'est-ce que vous faites de vos vieux *Pariscopes?* Vous les jetez?
4. Vous vous levez toujours à 7 heures.
5. Vous vous appelez vraiment Robert?

. . . .

37.19 Activation écrite: Verbes à changement vocalique

Complétez.

A. *Lever*

1. Robert a _____ les yeux et il s'est aperçu qu'il y avait un autre café en face.

2. Alors, il _____ comme un ressort et il a traversé le boulevard en courant.

3. A quelle heure vous _____ -vous, le matin?

4. Nous nous _____ vers six heures.

5. Pourquoi vous _____ -vous si tôt?

6. Oh, moi, je me _____ plus tard, si je pouvais.

7. Mais toute la famille _____ à 6 heures, et ils font tellement de bruit que je ne peux pas dormir.

8. Quand nous étions en vacances, l'été dernier, je ne _____ jamais avant 9 heures.

9. Et vous pouvez être sûr que quand je serai en vacances, l'été prochain, je ne _____ jamais

avant 9 heures non plus!

B. *Jeter*

10. Robert a _____ un billet sur la table parce qu'il était parti sans payer sa consommation.

11. Mireille: A la maison, nous ne _____ rien. Nous gardons tout.

12. Tante Georgette: Oh, moi, je ne _____ jamais rien. On ne sait jamais. Ça peut toujours servir.

13. Mireille: Mais quand je serai aussi riche que Guillaume, alors, là, je ferai peut-être comme lui; je

_____ tout!

14. Mme Belleau: Marie-Laure, _____ ça tout de suite! C'est sale! Tu ne sais pas qui l'a touché!

15. Mireille: Qu'est-ce que tu as fait des tickets? Tu les as _____ ?

Robert: Oui! Pourquoi? Il ne fallait pas _____ ?

C. Acheter

16. Robert: Si on _____ quelque chose?

17. Mireille: Qu'est-ce que tu veux _____ ?

18. Robert: Je ne sais pas. . . . Si l'ouvreuse venait par ici, je crois que j' _____ un esquimau.

19. Mireille: Quand j'allais au cinéma avec mes parents, nous _____ toujours des esquimaux.

20. (*Héroïque*) Mais maintenant, je n'en _____ plus: Cécile dit que ça fait grossir.

. . . .

⌾ 37.20 Observation: Place des pronoms personnels (révision et extension)

	pronoms	*verbe*		
L'ouvreuse a pris les tickets. Elle		**les** a pris.		
Elle	**t'**	a rendu	les tickets?	
Elle	**te**	**les** a rendus?		
Oui, elle	**me**	**les** a rendus.		

Vous vous rappelez que les pronoms personnels objets directs *le, la,* et *les* sont placés **devant** le verbe. Les pronoms personnels objets indirects *me, te, nous,* et *vous* sont aussi placés **devant** le verbe. Quand il y a à la fois un pronom objet direct et un pronom objet indirect, *me, te, nous,* ou *vous* est placé **devant** *le, la,* ou *les.*

. . . .

⌾ 37.21 Activation orale: Place des pronoms personnels

Répondez selon l'exemple.

Exemple:
Vous entendez: 1. L'ouvreuse a pris les tickets?
Vous dites: Oui, elle les a pris.

2. L'ouvreuse a rendu les tickets?
3. Tu as ton ticket?
4. Ils ont leurs tickets?
5. Mireille a trouvé son *Pariscope?*
6. Tu as vu le dernier film de Rohmer?

. . . .

⌾ 37.22 Activation orale: Place des pronoms personnels

Répondez selon l'exemple.

Exemple:
Vous entendez: 1. L'ouvreuse t'a rendu les tickets?
Vous dites: Oui, elle me les a rendus.

2. Pardon, Madame, vous m'avez rendu mon ticket?
3. La caissière t'a rendu la monnaie?
4. Pardon, Mademoiselle, vous m'avez rendu la monnaie?
5. L'ouvreuse m'a rendu mon ticket?
6. Est-ce que la caissière t'a donné les tickets?

. . . .

37.23 Activation écrite: Place des pronoms personnels

Complétez.

1. Robert t'a demandé ton numéro? Oui, il _____ a demandé.

2. Vous me recommandez le sorbet au cassis? Ah, oui! Je _____ recommande.

3. Tu m'as donné ton numéro de téléphone? Mais bien sûr, je _____ ai donné!

4. Ils t'ont payé ton voyage? Oui, ils _____ ont payé.

5. Tu me prêtes ta voiture? D'accord, je _____ prête. Mais fais attention, hein?

6. Tu me paies le ciné? D'accord, je _____ paie.

🎧 37.24 Observation: Subjonctifs irréguliers; *aller, pouvoir, savoir, avoir, être*

	subjonctif		infinitif
Tu veux qu' on y	**aille?**		**aller**
Il faut que je	**puisse**	comprendre.	**pouvoir**
Comment veux-tu que je le	**sache?**		**savoir**
Il faut que tu	**aies**	un peu de patience.	**avoir**
J'ai peur que tu	**sois**	déçu.	**être**

Il faut que . . .

aller	pouvoir	savoir	avoir	être
j' aille	je puisse	je sache	j' aie	je sois
tu ailles	tu puisses	tu saches	tu aies	tu sois
elle aille	elle puisse	elle sache	elle ait	elle soit
nous allions	nous puissions	nous sachions	nous ayons	nous soyons
vous alliez	vous puissiez	vous sachiez	vous ayez	vous soyez
ils aillent	ils puissent	ils sachent	ils aient	ils soient

. . . .

🎧 37.25 Activation orale: Subjonctifs irréguliers

Répondez selon l'exemple.

Exemple:
Vous entendez: 1. Il faut que j'aille à la bibliothèque.
Vous dites: Nous aussi, il faut que nous allions à la
   bibliothèque.

2. Il faut que j'aille acheter un *Pariscope*.
3. Il faut que je puisse comprendre!
4. Il faut que j'aie plus de patience.
5. Il faut que je sache à quelle station descendre.
6. Il faut absolument que je sois à l'heure.

. . . .

🎧 37.26 Activation orale: Subjonctifs irréguliers

Répondez selon l'exemple.

Exemple:
Vous entendez: 1. Nous ne savons pas où Mireille habite.
Vous dites: Il faudrait que nous sachions où elle habite!

2. Tu ne peux pas venir?
3. Il ne sait pas conduire?
4. Tu ne sais pas conduire?
5. Vous ne pouvez pas venir?
6. Ils ne peuvent pas venir?
7. Vous ne savez pas où ils sont?
8. Je ne peux pas dormir.
9. Tu ne vas pas voir *Trash?*
10. Vous n'allez pas à Chartres?
11. Il ne va pas à Chartres?

🎧 37.27 Activation orale: Subjonctifs irréguliers

Répondez selon l'exemple.

Exemple:
Vous entendez: 1. Tu crois qu'il va bien?
Vous dites: Non, j'ai peur qu'il n'aille pas bien.

2. Tu crois que c'est ouvert?
3. Tu crois que nous avons le temps d'y aller?
4. Tu crois que c'est cher?
5. Tu crois que ce sera en japonais?
6. Tu crois qu'il est libre ce soir?
7. Tu crois qu'elle sera là?
8. Tu crois que ça ira, ici?

37.28 Activation écrite: Formes du subjonctif

Relisez les textes des leçons 36 et 37 et essayez de trouver toutes les phrases qui ont un verbe au subjonctif présent. Ecrivez chacune de ces phrases, soulignez le verbe au subjonctif, et écrivez l'infinitif de ce verbe. Commençons par 36–3.

Exemple: Phrase   Infinitif

36-3   Tu veux qu'on y <u>aille</u> demain?   aller

36-4   _____   _____

36-5   _____   _____

36-5   _____   _____

36-6   _____   _____

36-6   _____   _____

37-3   _____   _____

37-4   _____   _____

37-5   _____   _____

37-5   _____   _____

37-6   _____   _____

37-7   Il faudra que tu m'<u>expliques</u>.   expliquer

. . . .

37.29 Activation écrite: Formes du subjonctif

A. Essayez de trouver les verbes qui manquent dans les petits dialogues suivants. Complétez-les avec la forme du subjonctif qui convient.

1. Marie-Laure: J'aimerais bien que mon père _____ acteur de cinéma, au lieu d'être ingénieur. . . . Comme ça, j'aurais beaucoup de billets gratuits pour aller au cinéma.

2. Mireille: Tu <u>sais</u> ce qu'on joue au ciné?

   Marie-Laure: Non! Comment veux-tu que je le _____ ?

3. Marie-Laure: Tu <u>peux</u> m'emmener au ciné cet après-midi?

   Mireille: Non, je ne crois pas que je _____ sortir aujourd'hui. J'ai trop de boulot!

4. Ça m'étonnerait que j' _____ le temps!

5. Marie-Laure: Il faudrait que tu _____ au ciné de temps en temps! Ça te relaxerait! Tu as l'air fatigué!

6. Mireille: C'est forcé que j' _____ l'air fatigué! Avec tout le travail que je fais!

B. Remarquez que tous les verbes au subjonctif que vous avez écrits sont dans des phrases qui ont deux propositions reliées par la conjonction *que*:

une proposition principale,
et une proposition subordonnée introduite par *que*

Faites une liste des expressions verbales qui introduisent les propositions subordonnées au subjonctif:

Exemples: 1. <u>J'aimerais bien que</u> . . . _____

2. <u>Comment veux-tu que</u> . . . _____

3. _____

4. _____

5. _____

6. _____

∩ 37.30 Activation: Dictée et entraînement à la lecture

A. Ecoutez et complétez.

1. Marie-Laure: J'aimerais bien _____ riches comme Tonton Guillaume.

2. Marie-Laure: Tu _____ où est mon *Astérix*?

   Mireille: Comment veux-tu _____ ?

3. —Si je _____ aller à Chartres, comment je _____ faire?

   —En voiture, en train, par l'autoroute, en stop. Je ne crois pas _____

   l'avion pour aller à Chartres.

   —Pourquoi?

   —Je _____ d'aéroport.

4. Mme Belleau: Oh, là, là, _____ huit heures! _____ j'y _____ . Je

   _____ en retard!

   Mireille: Au revoir, Maman. Bonne journée.

5. Mme Belleau: Regarde-moi. . . . Tu _____ l'air fatigué!

   Marie-Laure: Ben, forcément! Je _____ mes nuits à faire des devoirs! C'est forcé _____

   l'air fatigué!

B. Relisez les passages ci-dessus et répondez aux questions suivantes.

1. Qu'est-ce que Marie-Laure aimerait?

   Que les Belleau _____ Tonton Guillaume.

2. Pourquoi cette dame pense-t-elle qu'on ne peut pas aller à Chartres en avion?

   Elle _____

3. Pourquoi Mme Belleau est-elle pressée?

   _____

4. Pourquoi n'est-il pas étonnant que Marie-Laure ait l'air fatigué?

   _____

. . . .

37.31 Activation écrite: Formes du subjonctif

Complétez le dialogue suivant avec les formes du subjonctif qui
conviennent.

1. Robert: Si on <u>allait</u> au cinéma?

   Mireille: Tu veux qu'on _____ au cinéma? Tu veux que nous y _____ en matinée? Demain?

2. Robert: D'accord. Où est-ce que je te <u>retrouve</u>?

   Mireille: Le mieux c'est que nous nous _____ à la Rotonde, à une heure et demie.

3. Robert: Tu crois que je peux y aller à pied sans me <u>perdre</u>?

   Mireille: Hm! A pied . . . non, j'ai peur que tu te _____ . <u>Viens</u> en métro. . . . Oui, il vaut mieux que tu

   _____ en métro. Tu <u>as</u> déjà <u>pris</u> le métro? Je vais t'expliquer: Il faut que tu _____ le

   métro à Saint-Michel, et il faudra que tu _____ à Vavin. C'est simple!

4. Le lendemain: Mireille <u>attend</u> à la terrasse de la Rotonde. Il faut bien qu'elle _____ , parce que Robert

n'est pas encore là!

Enfin, il arrive.

5. Mireille: Ah, te voilà! Tu ne t'<u>es</u> pas <u>perdu</u>? J'avais peur que tu te _____ perdu! La salle n'est pas encore ouverte. Il

faut que nous _____ un peu.

6. Il faut d'abord que nous _____ les tickets. C'est bête que nous ne _____ pas venus

lundi. C'est moins cher le lundi. Pour le film, il va falloir que tu _____ un peu parce que d'abord il va

y avoir de la pub. Il faut que tu _____ un peu de patience!

7. Mireille: D'ailleurs, j'ai peur que tu _____ un peu déçu.

Robert: Pourquoi?

Mireille: Parce que c'est un vieux film de Rohmer; ça ne <u>plaît</u> pas à tout le monde. J'ai peur que ça ne te

_____ pas.

8. Robert: Dis, tu veux que nous _____ nous <u>promener</u> un peu, après le film?

Mireille: Oui, d'accord, je veux bien que nous nous _____ un peu. Mais il faut que je _____

rentrée avant 6 heures.

9. Bon! Maintenant, <u>tais-toi</u>!

Robert: Et pourquoi faut-il que je me _____ ?

Mireille: Parce que tu déranges les voisins.

· ·

∩ 37.32 Observation: Subjonctif passé

	auxiliaire au présent du subjonctif	participe passé	
Dommage que nous n'	**ayons**	pas **pu**	venir hier.
Dommage que vous ne	**soyez**	pas **venus**	hier.

Le passé du subjonctif est un temps composé. Il est formé de l'auxiliaire *avoir* ou *être* au présent du subjonctif et du participe passé du verbe. Le choix de l'auxiliaire et l'accord du participe se font comme pour tous les autres temps composés.

· ·

∩ 37.33 Activation orale: Subjonctif passé

Répondez selon l'exemple.

Exemple:

Vous entendez: 1. Vous avez raté votre train? Ah, c'est bête!

Vous ajoutez: C'est (vraiment) bête que vous ayez raté votre train.

2. Vous n'êtes pas venu hier? C'est dommage.
3. Vous avez perdu votre ticket? Ah, c'est bête.
4. Vous avez su venir tout seul? C'est formidable!
5. Vous avez osé prendre le métro tout seul? C'est extraordinaire!
6. Vous avez eu des difficultés à suivre le film? C'est tout à fait normal.
7. Vous êtes allé au cinéma avec Mireille? C'est bien.
8. Vous avez pu acheter *Pariscope*? C'est bien.

37.34 Activation écrite: Formes du verbe *aller* (révision)

Essayez de comprendre ces petits dialogues et complétez-les avec les formes du verbe *aller* qui conviennent.

Au téléphone.

1. Robert: Ce soir, je _____ dîner chez les Belleau. Après le dîner, Mireille et moi, nous _____ au cinéma.

Le soir, tard.

2. La mère de Robert: Alors, vous _____ au cinéma après le dîner chez les Belleau?

3. Robert: Eh, non! Nous n'y _____ . Nous devions y _____ . Et nous y _____ s'il n'y avait pas eu deux autres invités qui sont restés tard. C'est dommage que nous n'y _____ pas allés. Il faut absolument que nous y _____ demain! Sinon, je fais une dépression!

    (*Nostalgique*) Tu te rappelles, quand nous _____ au cinéma, quand j'étais petit? C'était bien!

Le lendemain après-midi.

4. Mireille: Alors, on y _____ ?

5. Robert: Oui, bien sûr, _____ -y!

6. Et ils y _____ .

Au cinéma.

7. L'ouvreuse: Ici, ça _____ ?

8. Robert: Ben, oui . . . ça _____ si ce n'était pas si loin de l'écran.

9. L'ouvreuse: Et ici . . . ça _____ , oui?

. . . .

37.35 Activation écrite: Vocabulaire, prépositions (récapitulation)

Des petits mots de rien du tout, mais qui comptent!

Relisez le texte de la leçon 37, sections 1 à 6. Puis, lisez les phrases suivantes et essayez de trouver les mots qui manquent. Complétez.

1. Mireille attend Robert.

2. Elle _____ attend _____ un quart d'heure.

3. Elle _____ donné rendez-vous à une heure _____ demie.

4. Il est deux heures _____ le quart et il n'est pas encore _____ .

5. Il est _____ retard!

6. Il _____ peut-être perdu.

7. Ou il _____ été écrasé _____ une voiture en sortant _____ son hôtel.

8. Ou bien il _____ trompé _____ jour.

9. Mireille est assise _____ terrasse _____ Rotonde.

10. Un monsieur _____ une quarantaine _____ années est _____ derrière _____ .

11. Il est tout habillé _____ noir.

12. Il a _____ ongles noirs.

13. Il porte _____ complet noir et _____ chaussures _____ .

14. Il _____ posé une paire _____ lunettes noires _____ côté _____ sa tasse _____ café.

15. Il a un tic _____ agace prodigieusement Mireille.

16. Elle va _____ lever pour partir quand elle aperçoit Robert _____ est tranquillement assis _____ terrasse _____ café d' _____ face.

17. Il regarde autour de _____ . Puis il regarde _____ montre.

18. Il se dit que Mireille est _____ !

19. Mais il _____ yeux et il _____ voit _____ face.

20. Il _____ comme un ressort.

21. Il fait quelques pas _____ avant. Puis il _____ arrête et il fait quelques pas _____ arrière pour aller _____ un billet sur la table.

22. Puis il s' _____ au milieu des voitures sans regarder _____ droite, _____ gauche.

23. Mireille ferme _____ yeux pour ne pas voir l'horrible accident.

24. Robert a bien _____ se faire écraser, mais il _____ chance.

25. Quand Mireille ouvre _____ yeux, il est assis _____ côté _____ .

26. Elle _____ demande s'il veut toujours aller _____ cinéma. Elle dit: "Tu veux qu'on _____ ?" Il dit: "Oui, d'accord, on _____ !" Elle dit: "Bon, eh bien, alors, _____ !" Et ils _____ .

27. Ils achètent deux billets. L'ouvreuse _____ prend. Puis elle _____ indique des places.

28. Mais ces places ne _____ pas à Robert parce qu'elles sont trop loin _____ écran.

29. Alors, l'ouvreuse _____ montre _____ places _____ sont _____ près.

30. L'ouvreuse attend que Robert _____ donne un pourboire.

31. Mais Robert ne _____ pas qu'en France, on _____ l'habitude _____ donner un pourboire _____ ouvreuses.

32. Alors il ne _____ donne _____ !

33. L'ouvreuse _____ encore un peu, et puis elle dit "Merci" et elle _____ .

34. Robert se demande pourquoi elle _____ a remercié, puisqu'il _____ donné.

35. Mireille lui explique pourquoi: "C'est justement parce que nous _____ qu'elle a dit 'Merci' d'un ton désagréable."

36. Robert reproche à Mireille de ne pas _____ avoir dit qu'il fallait donner un pourboire. Il dit que Mireille _____ dire, parce qu'il ne _____ savoir! Il n'était pas _____ courant.

. . . .

∩ 37.36 Activation orale: Dialogue entre Mireille et Robert

Ecoutez cette conversation entre Mireille et Robert. Vous allez apprendre les répliques de Robert.

Mireille: Tu sais, l'ouvreuse s'attendait à ce que nous lui donnions un pourboire!

Robert: **Ah, bon? Il faut donner un pourboire aux ouvreuses?**

Mireille: Ben, oui; c'est l'habitude.

Robert: **Tu aurais dû me le dire! Pourquoi ne me l'as-tu pas dit? Je ne suis pas au courant, moi!**

Exercices-tests

37.37 Exercice-test: Le temps qui passe; *dans une heure, en une heure*

Complétez les phrases suivantes.

1. La séance commence _____ cinq minutes.

2. S'il n'est pas là _____ deux minutes, je m'en vais!

3. En métro, on peut aller du Home Latin à Montparnasse _____ dix minutes.

4. Ce film a été tourné _____ quelques semaines.

5. Rohmer a fait deux films _____ un an.

Vérifiez. Si vous avez fait des fautes, travaillez les sections 37.14 à 37.16 dans votre cahier d'exercices.

37.38 Exercice-test: Place des pronoms personnels

Complétez les réponses aux questions suivantes.

1. Mireille vous a donné l'adresse de Robert?

   Oui, elle _____ a donnée.

2. Elle t'a donné l'adresse?

   Oui, elle _____ a donnée.

3. Vous m'avez montré vos cartes?

   Oui, nous _____ avons montrées.

4. Elle nous a rendu la monnaie?

   Oui, elle _____ a rendue.

5. Elle vous a rendu vos billets?

   Oui, elle _____ a rendus.

Vérifiez. Si vous avez fait des fautes, travaillez les sections 37.20 à 37.23 dans votre cahier d'exercices.

37.39 Exercice-test: Subjonctifs irréguliers

Complétez.

1. Je ne suis pas encore allé au cinéma. Il faut que j'y _____ un de ces jours.

2. Vous n'êtes pas encore allé au cinéma? Il faut absolument que vous y _____ !

3. Je peux te donner un peu de monnaie, mais je ne pense pas que je _____ te prêter 100F.

4. Je peux le faire, à moins que vous _____ le faire vous-même.

5. Robert sait que nous avons rendez-vous, mais je ne suis pas sûre qu'il _____ à quelle heure.

6. Vous savez beaucoup de choses, mais ça, ça m'étonnerait que vous le _____ !

7. Vous qui avez vu tellement de films, ça m'étonne que vous n' _____ pas vu *L'Amour l'après-midi.*

8. Tu as lu beaucoup de choses, mais ça me surprendrait beaucoup que tu _____ lu Lacan!

9. Vous n'êtes jamais à l'heure, mais cette fois-ci, il faut vraiment que vous _____ là à deux heures pile.

10. Il n'est pas chez lui; ça ne m'étonnerait pas qu'il _____ au cinéma.

Vérifiez. Si vous avez fait des fautes, travaillez les sections 37.24 à 37.32 dans votre cahier d'exercices.

Libération de l'expression

37.40 Mise en question

Relisez le texte de la leçon; lisez les questions de la mise en question qui suit la mise en œuvre dans votre livre de textes. Réfléchissez à ces questions et essayez d'y répondre.

37.41 Mots en liberté

Qu'est-ce qu'on peut faire pour être au courant?

On peut parler avec sa concierge, aller discuter avec des amis dans un café, écouter la radio. . . .

Trouvez encore au moins deux possibilités.

Qu'est-ce qu'on peut porter si on est un homme assis à la terrasse d'un café?

On peut porter des chaussures marron, des chaussettes vertes, des lunettes noires. . . .

Trouvez encore au moins six possibilités.

37.42 Mise en scène et réinvention de l'histoire

Reconstituez un dialogue entre Mireille et Robert au sujet du pourboire à l'ouvreuse.

Robert: Il faut donner un pourboire aux ouvreuses?
Mireille: (. . .)
Robert: Je (. . .). Tu aurais dû (. . .). Pourquoi est-ce que (. . .). Comment voulais-tu (. . .). Je ne sais pas (. . .).
Mireille: Ce n'est pas bien grave!

37.43 Mise en scène et réinvention de l'histoire

Robert et Mireille vont au cinéma. Imaginez une version différente de celle de l'histoire. Par exemple:

Robert

s'est trompé
- de jour.
- d'heure.
- de cinéma.
- de café.
- de ligne de métro.
- de direction.
- de station de métro.

a rencontré
- Colette.
- Mme Courtois.
- Mme Belleau.
- une vieille femme avec un sac de pommes de terre.
- une jeune femme de l'Armée du Salut.
- la bonne des Courtois.

Il

s'est retrouvé
- à la Sorbonne.
- à Saint-Germain-des-Prés.
- dans le train de Chartres.
- à Montmartre.

l'a accompagnée
- jusque chez elle.
- dans un salon de thé.
- dans les taudis de la banlieue.
- dans les magasins.
- jusqu'au Portugal.
- chez le vétérinaire.

attend Mireille
- dans la bibliothèque / cour de la Sorbonne.
- au café de Flore.
- à la gare Montparnasse.
- au Home Latin.

Il
- passe par hasard devant le café où Mireille l'attend.
- voit un programme des cinémas sur un tableau d'affichage. / dans le métro.
- vérifie l'adresse du cinéma dans un *Pariscope*.
- rencontre Marie-Laure qui lui dit que Mireille l'attend.

Il
- prend un kir. / le métro. / un taxi.
- se dépêche.
- court.

Il arrive
- en retard.
- en avance parce que . . .

. . .Mireille
- a oublié qu'ils devaient aller au cinéma.
- s'est trompée d'heure.
- est partie avec l'homme en noir.
- est passée chez Dior. / à Prisunic.
- a rencontré Hubert. / Tante Georgette. / Tonton Guillaume.

trois quarts d'heure de retard.

Mireille arrive avec Hubert.

Tante Georgette.

Fido.

très émue.

toute rouge.

comme une fleur.

Quand ils arrivent au cinéma, ils n'ont pas assez d'argent

Robert a tout dépensé.

oublié son argent dans sa chambre.

perdu son argent dans le métro.

Mireille a acheté deux robes.

parce que ce n'est pas lundi.

il n'y a pas de prix spéciaux pour étudiants.

la carte d'étudiant de Robert est américaine.

fausse.

trop vieille.

Quand ils entrent dans la salle, le film est commencé.

presque fini.

L'ouvreuse n'est pas contente

lui a donné un bouton.

un jeton.

un ticket de métro.

parce que Robert ne lui a rien donné.

L'ouvreuse dit "On pourrait faire mieux!"

"Merci!" d'un ton pas très aimable.

"Les toilettes sont de l'autre côté."

"Il n'y a pas de téléphone dans la salle."

"La station est au bout de la rue."

"Je suis très déçue!"

Robert ne comprend pas. Il demande: "Pourquoi est-ce qu'elle a dit ça?"

Mireille:

Elle s'attendait à ce que le film soit meilleur.

tu l'invites à dîner.

nous lui donnions un pourboire.

On ne voit rien et presque toutes les places sont prises.

Robert et Mireille doivent rester debout.

Mireille se trouve assise à côté d'un jeune Suédois.

L'ouvreuse vient s'asseoir entre Robert et Mireille.

Robert s'assied sur les genoux d'une dame qui proteste.

A la sortie, l'homme en noir vient parler à l'ouvreuse. Il lui demande: "Eh bien, qu'est-ce qu'ils ont fait?"

L'ouvreuse:

Ils ont vu un film chinois en V.O.

turc.

mangé des bonbons.

des esquimaux.

des escargots.

Ils se sont levés comme des ressorts dès que les lumières se sont allumées.

L'homme en noir:

Je voulais que tu les tues dans le noir.

Robert soit tenté.

les bonbons les tuent tout de suite.

Mireille tue Robert avant la fin du film.

la police arrive avant la fin du film.

Vous n'êtes pas obligés de vous arrêter là. . .

Préparation à la lecture et à l'écriture

37.44 Entraînement à la lecture

Lisez le document 3 de la leçon 37 dans votre livre de textes, puis complétez les phrases suivantes.

1. Le <u>cinoche</u>, c'est de l'argot pour le _____ .

2. Sur le chapeau de la dame il y avait des fleurs, des fruits, des légumes, des oiseaux, et tout un tas de choses, tout le

_____ .

37.45 Entraînement à la lecture

Lisez le document 1. C'est un texte de Jean-Luc Godard, un _____ français né à Paris en 1930. Il a été critique de cinéma avant de devenir réalisateur. Son premier long métrage, *A bout de souffle* (1959) a fait de lui un des chefs de file de la "nouvelle vague" qui a voulu réagir contre le cinéma traditionnel et introduire une plus grande liberté dans la façon de tourner un film. Dans ce petit texte, Godard donne trois définitions du cinéma. Identifiez-les.

1. _____
_____

2. _____
_____

3. _____
_____

· ·

37.46 Lecture et interprétation

Lisez le document 2, puis lisez ce qui suit et complétez ou répondez.

1. Eric Rohmer a été professeur d'allemand avant de devenir cinéaste. Quels films de lui connaissez-vous? (Voyez les leçons 10 et 36.)

_____
_____

2. Quels traits communs y a-t-il entre le philosophe Pascal et le narrateur de *Ma Nuit chez Maud?* (Pour Pascal, vous pouvez consulter le document 1B de la leçon 16.)

_____
_____

3. Où le narrateur a-t-il vu Françoise pour la première fois? Pourquoi était-il difficile de la rencontrer, de lui parler?

_____
_____

4. Le pari de Pascal. Pascal disait qu'on ne peut pas être sûr de l'existence de Dieu, mais qu'il faut <u>parier</u> que Dieu existe, parce que (1) si Dieu existe et qu'on vit une vie vertueuse de croyant, on gagne tout, on est sauvé, on va au Paradis: (2) si on vit comme si Dieu n'existait pas et qu'en effet il n'existe pas, on ne perd rien, mais on ne gagne pas grand-chose; (3) si on vit comme si Dieu existait, et qu'en fait il n'existe pas, on ne perd pas grand-chose. Mais si Dieu existe et qu'on vit comme s'il n'existait pas, on perd tout, on est damné, on va en Enfer. Par conséquent, il vaut mieux _____ que Dieu existe.

5. Est-ce que Vidal, qui est marxiste, se préoccupe de l'existence de Dieu? Pour lui, quelle est la question importante?

_____
_____
_____

6. En quoi sa démarche ressemble-t-elle à celle de Pascal?

_____
_____

7. L'appartement de Maud était meublé de façon simple, mais on voyait que Maud était aisée parce que l'appartement avait

   un air _____ .

8. Il y avait beaucoup de livres rangés sur des _____ qui montaient jusqu'au plafond.

9. Il y avait sur le divan une peau d'animal, une _____ blanche, peut-être une peau d'ours blanc.

10. Par terre il y avait un tapis, une _____ qui couvrait le plancher.

11. Les fauteuils étaient très confortables parce qu'ils n'étaient pas durs, ils étaient _____ .

12. Qu'est-ce qui montre que Vidal est très amoureux de Maud?

   _____

   _____

13. Est-ce que Maud est plutôt petite et forte, ou grande et mince? Comment est-elle? Elle est _____ .

14. Pourquoi le narrateur reste-t-il chez Maud?

   _____

   _____

15. Qu'est-ce que c'est qu'un solex?

   _____

   _____

16. Le narrateur a quitté son collègue si brusquement qu'il est resté stupéfait, sans pouvoir rien dire. Il est resté _____ .

17. C'était en hiver, à Clermont-Ferrand, dans les montagnes (le Massif Central), et il faisait froid. Le narrateur portait une

   veste chaude, doublée de peau de mouton, qu'on appelle une _____ .

18. Quand le narrateur essaie d'engager la conversation avec Françoise, elle le regarde sans rien dire, elle ne l'aide pas, elle ne

   lui rend pas les choses faciles, elle ne lui facilite pas la _____ .

19. Si on ne reste pas fidèle à ses principes, si on fait quelque chose qui est contraire à ses principes, on fait une

   _____ à ses principes. (Et si on tombe et que la chute cause une <u>torsion</u> du pied, on se fait une <u>entorse</u>

   au pied.)

20. Le narrateur est un peu gêné, embarrassé, il ne sait pas que dire, alors il parle du vélomoteur pour se donner une

   _____ .

21. Un vélomoteur, c'est une machine, un _____ .

22. Françoise a eu un petit rire nerveux, tendu, _____ .

23. Le narrateur a continué la conversation tout de suite, il a _____ .

Leçon **38**

Assimilation du texte

🎧 38.1 Mise en œuvre

Ecoutez le texte et la mise en œuvre dans l'enregistrement sonore. Répétez et répondez suivant les indications.

. . . .

🎧 38.2 Compréhension auditive

Phase 1: Regardez les images et répétez les énoncés que vous entendez.

Phase 2: Ecrivez la lettre de chaque énoncé que vous allez entendre sous l'image qui lui correspond le mieux.

1. ___

2. ___

3. ___

4. ___

5. ___

6. ___

7. ___

8. ___

🎧 38.3 Production orale

Ecoutez les dialogues suivants. Vous allez jouer le rôle du second personnage.

1. Robert: Et si on marchait un peu?
   Mireille: (. . .)
2. Robert: Mon passeport! Je croyais que je l'avais pris! Je ne l'ai pas.
   Mireille: (. . .)
3. Mireille: Alors, qu'est-ce que tu as pensé du film? Ça t'a plu?
   Robert: (. . .)

4. Mireille: La maison blanche, derrière les arbres, c'est l'ambassade américaine. C'est là qu'il faudra que tu ailles la prochaine fois que tu perdras ton passeport! . . . . Tu ne l'as pas encore perdu?
   Robert: (. . .)
5. Robert: Au milieu de la place, c'est l'Obélisque, j'imagine. Allons voir de plus près: j'aimerais bien essayer de déchiffrer quelques hiéroglyphes!
   Mireille: (. . .)
6. Mireille: J'ai un peu soif, tiens! Si on allait boire quelque chose?
   Robert: (. . .)

. . . .

🎧 38.4 Compréhension auditive et production orale

Vous allez entendre des fragments de dialogues suivis de questions. Répondez aux questions.

1. Que dit Tante Georgette?
2. Pourquoi Mireille n'aime-t-elle pas *Ma Nuit chez Maud*?
3. Qu'est-ce que le vrai cinéma, pour Mireille?
4. Quand est-ce que Robert a loué une voiture?
5. Est-ce que Robert a perdu son passeport?

Préparation à la communication

🎧 38.5 Observation: Prononciation; l'enchaînement consonantique (révision et extension)

Observez ce qui se passe quand on dit:

Robert et Mireille

Le *-t* à la fin de *Robert* ne se prononce pas. Mais le *r* se prononce. C'est le /r/ qui est enchaîné avec la voyelle du mot suivant, *et*.

. . . .

🎧 38.6 Activation orale: Prononciation; l'enchaînement consonantique

Ecoutez et répétez.

Robert et Mireille
Hubert et Mireille
C'est toujours intéressant.

Alors il m'a dit . . .
C'est de l'art abstrait.
L'institut d'Art et d'Archéologie
Ça a d'abord été Montmartre.

. . . .

🎧 38.7 Observation: Surprise (révision et extension)

expression de la surprise		
Ça alors!	Sans blague!	Comme c'est bizarre!
Vous m'étonnez!	Ce n'est pas vrai!	Quelle idée!
Pas possible!		

Notez que *Comme c'est bizarre!* et *Quelle idée!* indiquent un certain degré de désaccord.

🎧 38.8 Observation: Incitation au calme

incitation au calme		
Eh, là!	Tu y vas un peu fort!	Ne t'énerve pas!
Qu'est-ce qui te prend?	Du calme!	Pas de violence!
Ça ne va pas?		

. . . .

🎧 38.9 Activation: Compréhension auditive; surprise/incitation au calme

Vous allez entendre une série d'énoncés. Pour chaque énoncé, déterminez s'il s'agit d'une surprise ou d'une incitation au calme, en cochant la case appropriée.

	1	2	3	4	5	6	7	8	9	10	11	12
surprise												
incitation au calme												

. . . .

🎧 38.10 Activation: Dictée

Ecoutez et complétez. Vous entendrez chaque passage trois fois.

1. Colette: Qu'est-ce que _____ ? Lacan? _____ ! Et ça _____ ?

   Mireille: Bof!

2. Marie-Laure: Eh, rends-moi _____ !

   _____ !

   Mireille: Mais _____ !

   Qu'est-ce _____ ?

. . . .

🎧 38.11 Observation: Possibilité; *il y a moyen de*

impossibilité
Il n'y a pas **moyen de** traverser!   Il y a trop de circulation.

possibilité
Il y a   **moyen de** s'exprimer sans bande sonore.

⋒ 38.12 Activation: Dictée; moyens

Ecoutez et complétez. Vous entendrez le passage trois fois.

Mireille: Eh zut! . . . Je _____ ; _____ l'ouvrir.

Marie-Laure: Il doit bien _____ !

Mireille: Je te dis qu' _____ ! J' _____ !

. . . .

38.13 Activation écrite: Moyens

Essayez de compléter les phrases suivantes. (Vous pouvez consulter les sections des leçons indiquées entre parenthèses pour vous aider.)

1. Robert commence à s'ennuyer chez les Courtois. Il voudrait partir. Il cherche un _____ s'échapper au plus tôt. (24–9)

2. Le garagiste: Vous n'avez qu'à suivre les indications pour l'autoroute A6. Il y a des panneaux partout. Il _____ se tromper. (30–3)

3. Il y a toujours _____ se débrouiller.

4. Nous avons essayé de faire démarrer la voiture, mais les accus étaient à plat; il n' _____ la faire démarrer.

. . . .

⋒ 38.14 Observation: Indication de lieu; *c'est là que*

C'est là que		*verbe*	
C'est là que j'		ai loué	une voiture.
C'est là que nos députés		préparent	les projets de loi.
C'est là que maman		veut	que je me marie.
C'est là qu' il		faudra	que tu ailles.

	là que	*verbe*			*nom*	où	
C'est	là que j'	ai loué	une voiture.	C'est	le garage	où	j'ai loué une voiture.
C'est	là que maman	veut	que je me marie.	C'est	l'église	où	maman veut que je me marie.

. . . .

⋒ 38.15 Activation orale: Indication de lieu; *c'est là que, c'est . . . où*

Répondez selon l'exemple.

Exemple:
Vous entendez: 1. Ça, c'est l'Assemblée nationale. On y prépare les projets de loi.
Vous dites: C'est là qu'on prépare les projets de loi.

2. Ça, c'est le 14 Juillet-Parnasse. On y a vu *L'Amour l'après-midi.*
3. Ça, c'est l'Institut d'Art et d'Archéologie. J'y suis un cours d'art grec.
4. Voilà le Luxembourg. Marie-Laure va y jouer tous les jours.
5. Ça, c'est la Closerie des Lilas. Robert y a déjeuné l'autre jour.

∩ 38.16 Activation orale: Indication de lieu; *c'est là que, c'est . . . où*

Répondez selon l'exemple.

Exemple:
Vous entendez: 1. Tu vois cette maison? J'y suis né.
Vous dites: C'est la maison où je suis né.

2. Tu vois cette bibliothèque? Mireille y travaille tous les jours.
3. Tu vois ce cinéma? Nous y avons vu *L'Amour l'après-midi.*
4. Tu vois ce garage? Robert y a loué une voiture.
5. Tu vois ce restaurant? Robert et Mireille y sont allés ensemble.
6. Tu vois cette maison? Mireille y est née.

. . . .

∩ 38.17 Observation: Place de *jamais, toujours, souvent*

	verbe	adverbe	auxiliaire	adverbe	*participe* *passé*	
Je ne me	trompe	**jamais!**	Je n' ai	**jamais**	dit	ça!
Tu te	trompes	**souvent!**	J' ai	**souvent**	dit	ça!
Il se	trompe	**toujours!**	J' ai	**toujours**	dit	ça!

. . . .

∩ 38.18 Activation orale: Place de *jamais*

Répondez selon les exemples.

Exemples:
Vous entendez: 1. Tu vas au cinéma quelquefois?
Vous dites: Non, je ne vais jamais au cinéma.

Vous entendez: 2. Tu as entendu parler de *La Ruée vers l'or?*
Vous dites: Non, je n'ai jamais entendu parler de *La Ruée vers l'or.*

3. Tu fumes quelquefois?
4. Vous allez en ville quelquefois, vous deux?
5. Robert est déjà venu en France?
6. Tu es déjà allé à la Closerie des Lilas?
7. Le professeur se trompe quelquefois?

∩ 38.19 Activation orale: Place de *toujours*

Répondez selon les exemples.

Exemples:
Vous entendez: 1. Mireille déjeune avec ses parents?
Vous dites: Oui, elle déjeune toujours avec ses parents.

Vous entendez: 2. Mireille a voulu être actrice?
Vous dites: Oui, elle a toujours voulu être actrice.

3. Mireille travaille chez elle?
4. Robert a passé ses vacances en Amérique du Sud?
5. Robert a parlé français avec sa mère?
6. M. Belleau rentre à la maison à midi?
7. Tonton Guillaume fait des cadeaux à Marie-Laure?

. . . .

∩ 38.20 Activation orale: Place de *souvent*

Répondez selon les exemples.

Exemples:
Vous entendez: 1. Tu vas au cinéma quelquefois?
Vous dites: Oui, je vais souvent au cinéma.

Vous entendez: 2. Tu as entendu parler de *La Ruée vers l'or?*
Vous dites: Oui, j'ai souvent entendu parler de *La Ruée vers l'or.*

3. Vous allez à la bibliothèque quelquefois, vous deux?
4. Tu vas en ville quelquefois?
5. Les Belleau vont à la campagne quelquefois?
6. Mireille a téléphoné à Colette quelquefois?
7. Tonton Guillaume apporte des cadeaux à Marie-Laure?
8. Tu es allée à la Closerie des Lilas?

38.21 Activation écrite: *Jamais*

Essayez de deviner ce qui manque pour compléter les phrases suivantes, qui sont empruntées aux textes des leçons que vous avez déjà vues. (Les numéros des leçons et des sections sont indiqués entre parenthèses pour vous aider.)

1. Mireille: L'oncle Henri est un grand sportif! Il ne _____ un événement sportif . . . comme spectateur . . . à la télévision. . . . (9–5)

2. Jean-Pierre: Vous avez une très jolie jupe. Je vais vous dire d'où elle vient. Je ne _____ . . . . Ça, ça vient de chez Dior! (11–8)

3. Mireille: Je fais du karaté, ça peut toujours servir. . . . On ne _____ , comme dit ma Tante Georgette. (15–6)

4. Robert: Non, on _____ comment les choses vont tourner! (17–7)

5. Marie-Laure: Dans la vie, on _____ ce qu'on veut! (Tenez, mon papa voulait être masseur, et maintenant, qu'est-ce qu'il est? Ingénieur!) (18–4)

6. Robert: L'ennui, avec le cinéma, c'est que même avec du talent on _____ ! (18–6)

7. Robert: Vous _____ à la Closerie des Lilas?

   Mireille: Non, c'est la première fois. (19–2)

8. Mireille: Avec toutes ces matières au programme, on _____ rien à fond! (19–7)

9. Mireille: Oh! Laissez! Ce n'est pas grave! C'est une vieille jupe! Je _____ ! (20–1)

10. Mireille: Au lycée, on n'a pas une minute à soi, on _____ tranquille! On n'est pas libre. (20–2)

11. Mireille: Moi? Mais non, je ne me moque pas de vous! Je _____ de personne! (20–4)

12. Mireille: Mais non, je vous assure! Je ne me moque pas de vous! Pas du tout! _____ vie! (20–5)

13. Maintenant, Robert et Mireille ont un secret. Les Courtois ne _____ la rencontre de mercredi. (24–3)

14. Robert: Ah! Enfin! Voilà le film! Ça commence! Je croyais que ça _____ ! (37–7)

15. Robert: Qui est-ce qui _____ en vers, comme dans vos tragédies classiques? (21–5)

16. Robert: J'ai toujours réussi à tous mes examens. Je _____ aucun examen! (20–5)

17. Jean-Luc: Mais non, ce n'est pas la petite-fille de Greta Garbo! D'abord, Greta Garbo _____ d'enfants! (13–6)

. . . .

38.22 Activation écrite: *Toujours*

Complétez.

1. Mireille: Tonton Guillaume ne travaille pas. Il _____ en vacances. (8–8)

2. Mireille: Il s'occupe beaucoup des enfants. Il _____ du temps pour les enfants. (8–8)

3. Mireille: Tante Amélie est veuve. Elle _____ de son mari défunt. (8–3)

4. Mireille: Non, une pauvre petite étudiante comme moi ne s'habille pas chez Dior! Je _____ à Prisunic. (11–8)

5. Robert: Ma mère est française. Quand j'étais petit, je _____ français avec elle. (11–2)

6. Robert: Mes grands-parents _____ une centaine de dollars à Noël. (15–5)

7. Mireille: Quand j'étais petite, nous _____ à Belle-Ile-en-Mer pour les vacances d'été. (16–4)

8. Robert: Non, non! Mon père n'est pas mort. Il _____ . (14–4)

9. Il est 10 h 30 au jardin du Luxembourg. Sur un banc vert, Robert et Mireille _____ . (18–1)

10. Robert descend au sous-sol, suivi par l'homme en noir. Il sort de la cabine et remonte dans la salle, _____ par l'homme en noir. (22–3)

11. Mme Courtois: Alors, votre maman ne vous a pas accompagné? Elle _____ en Argentine? (22–7)

12. Jeudi. 9 heures du soir. On _____ à table chez les Belleau! (35–1)

. . . .

38.23 Activation écrite: *Toujours, jamais, souvent*

Complétez.

A.

1. Mireille: Moi, je n'étais pas très forte en chimie. _____ de très mauvaises notes en chimie! (21–2)

2. Mireille: _____ horreur de la chimie! (21–2)

3. Robert: Mais oui, j'étais bon élève! _____ un bon élève! Je suis ce qu'on appelle doué. (20–5)

4. Robert: _____ à tous mes examens. (20–5)

5. Robert: _____ un des meilleurs élèves de ma classe. (20–5)

6. Mireille: J'ai failli rater mon bac parce que _____ nulle en maths! (19–7)

B.

7. Annick: C'est un peu élémentaire! Ça ne doit pas _____ , ce truc! (13–6)

8. Mireille: Et vous _____ en France?

   Robert: Non, c'est la première fois. (14–4)

9. Robert: Le Pays Basque m'intéresse. Ma mère _____ quand j'étais enfant. (16–4)

10. Colette: J'habite à Provins mais _____ à Paris; presque tous les jours, en fait. (33–4)

C.

11. Mireille: Comment! Tu n' _____ entendu parler de Charlot, de *La Ruée vers l'or*, de *L'Emigrant*?

12. "Quand on tombe, on ne _____ bien!" (Alexandre Dumas fils, 24–document)

. . . .

⋒ 38.24 Observation: Place des pronoms *le, la, les, lui, leur*

	objet direct	objet indirect	verbe
Mireille montre à Robert les cafés littéraires.	Elle **les**	**lui**	montre.
Robert montre à Mireille le garage où. . . .	Il **le**	**lui**	montre.
Mireille montre à Robert la statue de Balzac.	Elle **la**	**lui**	montre.
L'ouvreuse rend leurs tickets à Robert et Mireille.	Elle **les**	**leur**	rend.

Quand il y a à la fois un pronom objet direct et un pronom objet indirect devant le verbe, les pronoms *le, la,* et *les* sont placés avant les pronoms *lui* et *leur*.

🎧 38.25 Activation orale: Place des pronoms *le, la, les, lui, leur*

Répondez selon l'exemple.

Exemple:

Vous entendez: 1. Robert a demandé son numéro de téléphone à Mireille?

Vous dites: Oui, il le lui a demandé.

2. Vous prêtez votre voiture à votre nièce?
3. Vous prêtez vos voitures à vos nièces?
4. Robert a montré à Mireille le garage où il a loué une voiture?
5. Vous recommandez ce garage à vos clients?
6. L'ouvreuse a rendu les billets à Robert et Mireille?
7. Mme Courtois a donné son adresse à Robert?

. . . .

🎧 38.26 Observation: Verbes en *-yer* (révision et extension)

s'ennuyer	essayer	envoyer
présent		
nous nous ennuyons vous vous ennuyez je m' ennuie tu t' ennuies elle s' ennuie ils s' ennuient	nous essayons vous essayez j' essaie tu essaies elle essaie ils essaient	nous envoyons vous envoyez j' envoie tu envoies elle envoie ils envoient
imparfait		
nous nous ennuyions vous vous ennuyiez je m' ennuyais tu t' ennuyais elle s' ennuyait ils s' ennuyaient	nous essayions vous essayiez j' essayais tu essayais elle essayait ils essayaient	nous envoyions vous envoyiez j' envoyais tu envoyais elle envoyait ils envoyaient
futur		
nous nous ennuierons vous vous ennuierez je m' ennuierai tu t' ennuieras elle s' ennuiera ils s' ennuieront	nous essaierons vous essaierez j' essaierai tu essaieras elle essaiera ils essaieront	nous enverrons vous enverrez j' enverrai tu enverras elle enverra ils enverront
subjonctif		
que nous nous ennuyions que vous vous ennuyiez que je m' ennuie que tu t' ennuies qu' elle s' ennuie qu' ils s' ennuient	que nous essayions que vous essayiez que j' essaie que tu essaies qu' elle essaie qu' ils essaient	que nous envoyions que vous envoyiez que j' envoie que tu envoies qu' elle envoie qu' ils envoient

(continued)

s'ennuyer	essayer	envoyer
participe passé		
ennuyé	essayé	envoyé
participe présent		
ennuyant	essayant	envoyant

. . . .

⌂ 38.27 Activation orale: Verbes en *-yer*

Répondez selon l'exemple.

Exemple:
Vous entendez: 1. Appuyez sur le bouton.
Vous dites: Appuie sur le bouton.

2. Essayez!
3. Payez!
4. Nettoyez tout!
5. Essuyez tout!
6. Tutoyez-le!
7. Nous n'employons jamais ces mots-là.
8. Nous nous ennuyons.

⌂ 38.28 Activation orale: Verbes en *-yer* (et *croire*)

Répondez selon l'exemple.

Exemple:
Vous entendez: 1. Vous ne nettoyez pas les vitres?
Vous dites: Pourquoi est-ce que je les nettoierais?

2. Vous n'essayez pas?
3. Vous ne payez pas le programme?
4. Vous ne vous ennuyez pas?
5. Vous ne me croyez pas?
6. Vous ne me tutoyez pas?

. . . .

⌂ 38.29 Activation: Dictée

Ecoutez et complétez. Vous entendrez chaque passage trois fois.

1. Mme Belleau: Marie-Laure, _____ . Allez, disparais!

   Marie-Laure: Oh, mais _____ ! . . . Oh! . . .

   M. Belleau: Marie-Laure _____ ?

   Mme Belleau: Je _____
   _____

2. Mme Belleau: Tu _____ Colette.

   Mireille: A _____ , je _____ .

   Mme Belleau: _____ quand même!

   Mireille: Ça _____ . Elle _____ .

3. Marie-Laure: Qu'est-ce que _____ chocolats?

   Mireille: Je _____ là.

   Marie-Laure: Ah, bon! Je _____
   _____ !

4. Marie-Laure: Quel âge _____ ?

Robert: Oh, _____ , _____ , _____ ,

Marie-Laure: _____ , _____ .

. . . .

Ω 38.30 Observation: Subjonctif irrégulier; *faire*

Il faut que   tu fasses connaissance avec le quartier des artistes.
Il fallait que je fasse   un peu d'exercice.

subjonctif de **faire**		
que je	**fasse**	que nous	**fassions**
que tu	**fasses**	que vous	**fassiez**
qu' elle	**fasse**	qu'ils	**fassent**

. . . .

Ω 38.31 Activation orale: Subjonctif irrégulier; *faire*

Répondez selon l'exemple.

Exemple:
Vous entendez: 1. Il ne fait pas attention!
Vous dites: Il faudrait qu'il fasse attention!

2. Elles ne font pas d'exercice.
3. Nous ne faisons pas d'exercice.
4. Eh, vous deux, vous ne faites pas votre travail?
5. Je ne fais pas d'exercice.

Ω 38.32 Activation orale: Subjonctifs irréguliers

Répondez selon l'exemple.

Exemple:
Vous entendez: 1. Tu n'as pas de patience!
Vous dites: Il faudrait que tu aies de la patience!

2. Robert ne va pas chez les Courtois.
3. Tu n'es pas à l'heure.
4. Vous n'allez pas à Chartres?
5. Tu ne fais pas la sieste?
6. Vous n'avez pas le temps?
7. Robert ne sait pas le japonais?
8. Robert et Mireille ne vont pas au cinéma ensemble?

. . . .

38.33 Activation écrite: Subjonctifs irréguliers

Cet exercice va vous donner une occasion de réinventer l'histoire pour la mettre davantage à votre goût. Voici ce que vous avez à faire.

L'histoire dit: 1. Robert est américain.
Vous écrivez: Je préférerais que Robert soit suédois (ou italien, ou irlandais . . .).

Laissez toute liberté à votre imagination.

2. Mireille est française.

C'est dommage qu'elle _____ .

3. Mireille a les cheveux blonds et les yeux bleus.

Il serait préférable qu'elle _____ .

4. Les parents de Robert sont divorcés.

C'est dommage qu'ils _____ .

5. Robert sait très bien le français.

   Il vaudrait mieux qu'il _____ .

6. Les parents de Mireille ne savent pas l'anglais.

   Il serait plus drôle qu'ils _____ .

7. Mireille et Robert font connaissance dans la cour de la Sorbonne.

   Il serait plus dramatique qu'ils _____ .

8. Ils vont se promener au Luxembourg.

   Il serait plus amusant qu'ils _____ .

9. Mireille ne peut pas déjeuner avec Robert.

   Je préférerais qu'elle _____ .

10. Mireille fait des études d'histoire de l'art.

    Il faudrait plutôt qu'elle _____ .

. . . .

38.34 Activation écrite: *Pouvoir, vouloir* (révision)

Complétez avec la forme convenable de *pouvoir* ou de *vouloir*.

1. Mireille: Ça, là-bas, c'est l'église de la Madeleine. C'est là que Maman _____ que je me marie . . . à

   cause de l'escalier. . . .

2. Robert (*poliment, à la buraliste*): Je _____ un timbre pour l'Argentine.

3. Tonton Guillaume (*toujours généreux, à Mireille*): Tu as besoin d'une voiture pour demain? Mais oui, bien sûr! Je ne

   sortirai pas demain. Prends celle que tu _____ .

4. Tu _____ aller la chercher au garage quand tu _____ .

5. Robert (*à Mireille, cérémonieusement*): Est-ce que vous _____ bien me permettre de vous accompagner?

6. Robert (*insolemment, à Hubert*): Est-ce que vous _____ me passer le sel, s'il vous plaît?

7. Robert: Marin! C'est ce que je _____ être quand j'étais petit!

8. Robert (*timidement, à Mireille*): Je _____ vous demander quand je _____ vous revoir.

9. Marie-Laure: Mon père, quand il était jeune, il _____ être masseur.

10. Robert (*très timidement, à Mireille*): J'aimerais bien vous revoir . . . enfin . . . si vous _____ . . .

11. Marie-Laure: Je suis tombée dans le bassin. J' _____ attraper mon bateau, je me suis penchée et j'ai

    glissé.

12. Mireille: J'ai longtemps _____ être actrice.

13. Mireille: Tous mes amis _____ faire du cinéma.

14. Hubert (*à Colette*): _____ avoir l'obligeance de me passer le sel.

15. Robert (*à Mireille, habilement*): Ce serait bien si je _____ visiter Versailles avec une spécialiste d'histoire

    de l'art . . . comme vous!

    Robert (*à Mireille*): Allons, sois sérieuse! Il faut que je _____ comprendre!

16. Tante Georgette: J'ai envie d'aller à Chartres cet après-midi. Vous ne _____ pas venir avec moi?

Le vieux professeur: Non, je regrette, mais cet après-midi je ne _____ pas; je dois rentrer pour travailler.

Mais nous _____ aller nous asseoir un instant au Luxembourg, si vous _____ .

Tante Georgette: Je _____ bien, si ça ne vous ennuie pas.

17. Marie-Laure: Quand j'étais petite, nous passions nos vacances en Bretagne. Mais maintenant mes sœurs ne

_____ plus y aller. Elles trouvent que ce n'est pas assez dans le vent! Elles préfèrent les discos de la

côte basque. . . .

18. Robert: Les Courtois ne _____ pas me voir aujourd'hui. Leur chat est malade.

19. Marie-Laure: Cécile et Jean Denis sont libres, eux. Ils ont un appartement à eux. Ils _____ faire ce qu'ils

_____ . Mais moi, j'habite chez mes parents; je ne _____ pas faire ce que je

_____ . Vous, vous avez de la chance, vous _____ faire ce que vous

_____ ; vous êtes libre et indépendant!

20. Mireille: Cet Américain dont je vous ai parlé s'est mis en congé pour un an. J'ai trouvé que c'était une excellente idée.

J' _____ , moi aussi, prendre un an de congé, mais je n' _____ . Mes parents

n' _____ .

. . . .

38.35 Activation écrite: Le temps passé; imparfait (révision)

Récrivez ce récit en mettant les verbes soulignés à l'imparfait.

Un Américain à Paris

Maintenant.

Mon père n'aime pas passer ses vacances aux Etats-Unis. Il préfère les passer en France. Nous avons donc l'habitude de passer chaque été quelques jours à Paris. Nous prenons l'avion. Nous descendons dans un petit hôtel du Quartier Latin. Tous les matins, nous faisons une promenade. Nous allons souvent au Luxembourg. Nous voyons beaucoup d'étudiants qui sont assis sur les bancs et discutent entre eux. Nous déjeunons dans un restaurant du Quartier. Puis, après le déjeuner, nous visitons généralement un musée, ou, si le temps est mauvais, nous entrons dans un cinéma et y passons tout l'après-midi. Nous restons souvent pour voir le même film une deuxième fois: c'est un bon moyen d'améliorer notre français. Après le dîner, mes parents vont parfois au théâtre. Moi, je reviens à l'hôtel, et je regarde la télévision s'il y a un bon programme. Sinon, je sors et me promène à l'aventure. J'observe les gens que j'aperçois dans la rue. Ils ne savent pas que je veux écrire plus tard des poèmes sur Paris la nuit.

Autrefois.

Quand j'étais jeune, _____

_____

_____

_____

_____

_____

_____

_____

_____

_____

_____

_____

_____

_____

_____

_____

_____

_____

_____

_____

_____

_____

_____

_____

_____

. . . .

38.36 Activation écrite: Formes verbales, pronoms, articles et partitifs, vocabulaire (récapitulation)

Voici un autre fragment du journal de Mireille. Il manque beaucoup de mots qui sont indéchiffrables parce que cette Minouche écrit comme un chat. Lisez soigneusement, essayez de deviner ce qui manque, et complétez.

1. Je _____ donc allée voir _L'Amour l'après-midi_ avec Robert. En sortant _____ cinéma, nous _____ nous promener un peu dans le quartier. Je _____ expliqué que Montparnasse _____ , au début du siècle, le quartier _____ artistes et _____ intellectuels.

2. Nous _____ tranquillement le long du boulevard Montparnasse quand il s' _____ , l'air très inquiet. Il _____ dans ses poches et il ne _____ pas son passeport. Il _____ qu'il _____ perdu. Je _____ dit qu'il _____ sûrement laissé dans sa chambre. Il _____ en courant à son hôtel pour vérifier. Evidemment, il _____ avec son passeport à la main! Il _____ laissé dans une veste en seersucker. Je _____ demande s'il est vraiment idiot ou s'il fait ça pour se _____ intéressant!

3. Nous _____ parlé _____ film. Je _____ demandé si ça _____ plu. Il a dit que, Rohmer pour Rohmer, il _____ _Ma Nuit chez Maud_. Ça _____ étonne qu'il _____ vu _Ma Nuit chez Maud!_ Ça _____ étonne encore plus que ça _____ plu! Il n'a pas l'air d'un intello et j' _____ l'impression qu'il n' _____ pas une très grande culture cinématographique. Je _____ parlé de Charlot, de Griffith, d'Eisenstein. . . Il n'a pas _____ l'air de _____ .

4. Nous _____ marché jusqu'à la Concorde. Là, il a _____ aller déchiffrer les

hiéroglyphes sur l'Obélisque! Ça _____ étonnerait beaucoup qu'il _____ déchiffrer des hiéroglyphes. Il a

encore dû faire ça pour _____ rendre intéressant. De toute façon j'ai dit qu'il y _____ trop _____ circulation sur la

place et que je n' _____ aucune intention de _____ faire écraser en traversant.

5. Nous _____ allés dans les allées des Champs-Elysées. Là, nous _____ rencontré deux militaires en permission.

Quand ils _____ Robert avec sa veste _____ seersucker, ils _____ moqués de lui. Je

dois dire que _____ veste est un peu ridicule. Mais _____ été obligée d'intervenir. Je _____

retournée et j' _____ un des soldats rouler dans la poussière. Les petits moineaux qui se

_____ dans la poussière _____ été très étonnés. Robert aussi. Il s' _____ senti un peu gêné et

il a _____ sa veste en seersucker. Je _____ ramassée, évidemment, et je l'_____ emmené boire quelque

chose au Fouquet's pour lui _____ oublier ses complexes.

. . . .

◊ 38.37 Activation: Dictée et compréhension

A. Ecoutez le passage suivant et complétez. Vous l'entendrez deux fois.

Vous savez il y a _____ , j' _____ un petit _____ de _____ . Je

n' _____ pas dedans, mais c'est _____ qui, au cours d'une manœuvre, a trouvé moyen de

_____ contre _____ . Mais je m'en _____ bien sortie.

B. Maintenant, écoutez le passage encore une fois et répondez aux questions.

1. Quand est-ce que l'accident est arrivé? _____

2. Quel genre d'accident est-ce que c'était? Un accident de moto? _____

3. Qui est-ce qui a causé l'accident? _____

4. Qu'est-ce qui est arrivé à la victime? _____

_____

5. Est-ce que la victime est restée gravement handicapée?

_____

. . . .

◊ 38.38 Activation orale: Dialogue entre Mireille et Robert

Vous allez entendre un dialogue entre Mireille et Robert. Ecoutez attentivement. Vous allez apprendre les réponses de Robert.

Mireille: Alors, qu'est-ce que tu as pensé du film? Ça t'a plu?
Robert: **Oui, bien sûr . . . mais à choisir, je crois que je préfère *Ma Nuit chez Maud.***
Mireille: Ah, oui? Quelle idée! Ça, alors! Pas moi! *Ma Nuit chez Maud,* c'est un peu trop chaste. Il ne se passe rien. Il n'y a pas d'action. C'est intéressant, remarque, mais ce n'est pas du cinéma!

Robert: **Pourquoi? Parce que pour toi, le cinéma, c'est la violence et l'érotisme?**
Mireille: Mais non, pas du tout! Je n'ai jamais dit ça! Mais je me demande si le vrai cinéma, ce n'était pas le muet. . . .
Robert: **Ah, bon! Alors, tu es contre le cinéma parlant! Et contre la couleur aussi, je suppose!**

Exercices-tests

38.39 Exercice-test: Indication de lieu

Complétez.

1. Voilà le banc _____ je m'asseois toujours.

2. C'est là _____ je suis mon cours d'art grec.

3. C'est ici _____ Robert a failli se faire écraser.

4. C'est le garage _____ Robert a loué une voiture.

Vérifiez. Si vous avez fait des fautes, travaillez les sections 38.14 à 38.16 dans votre cahier d'exercices.

. . . .

38.40 Exercice-test: Place des pronoms *le, la, les, lui, leur*

Récrivez les phrases suivantes en remplaçant les noms par des pronoms.

1. Tu rends sa voiture à Tonton Guillaume?

    Tu _____ rends?

2. Je donne mes chocolats à Marie-Laure.

    Je _____ donne.

3. Tu fais voir le *Pariscope* à Robert?

    Tu _____ fais voir?

4. C'est vous qui avez apporté ces roses aux Belleau?

    C'est vous qui _____ apportées?

Vérifiez. Si vous avez fait des fautes, travaillez les sections 38.24 et 38.25 dans votre cahier d'exercices.

. . . .

∩ 38.41 Exercice-test: Verbes en *-yer*

Ecoutez et complétez.

1. Est-ce qu'ils _____ , au moins?

2. J' _____ de venir.

3. Tu m' _____ des cartes postales?

4. Ça, c'est _____ !

5. Je ne veux pas que vous vous

    _____ . . . .

Vérifiez. Si vous avez fait des fautes, travaillez les sections 38.26 à 38.29 dans votre cahier d'exercices.

38.42 Exercice-test: Subjonctif du verbe *faire*

Complétez.

1. Fais attention! Il faut que tu _____ attention!

2. Faites attention! Il faut que vous _____ attention!

3. Ils ne font pas attention. Il faudrait qu'ils _____

    plus attention.

Vérifiez. Si vous avez fait des fautes, travaillez les sections 38.30 et 38.31 dans votre cahier d'exercices.

Libération de l'expression

38.43 Mise en question

Relisez le texte de la leçon; lisez les questions de la mise en question qui suit la mise en œuvre dans votre livre de textes. Réfléchissez à ces questions et essayez d'y répondre.

38.44 Mots en liberté

Qu'est-ce qu'on peut perdre?

On peut perdre 3.000F à la roulette, son temps, un pari, la tête, la guerre, un match de rugby. . . .

Trouvez encore trois possibilités.

Qu'est-ce qu'on peut préparer?

On peut préparer un examen, un coup d'état, une révolution, un spectacle. . . .

Trouvez encore deux possibilités.

Qu'est-ce qu'on peut ouvrir?

On peut ouvrir les oreilles, la fenêtre, un journal, une bouteille de muscadet, un magasin. . . .

Trouvez encore trois possibilités.

. . . .

38.45 Mise en scène et réinvention de l'histoire

Reconstituez un dialogue entre Robert et Mireille qui marchent dans Paris, de Montparnasse à la place de la Concorde.

Mireille: Tiens, allons du côté de Montparnasse. Il faut que tu fasses connaissance avec (. . .) le quartier des (. . .).

Robert: Tiens, tu vois, ce garage, c'est là que (. . .) quand je (. . .).

Mireille: Voilà l'Assemblée nationale. C'est là que (. . .). Ensuite ils les envoient (. . .). A droite, c'est le musée d'Orsay. Autrefois (. . .). Là-bas, en face, au fond de la rue Royale, c'est l'église de la Madeleine. C'est là que Maman veut (. . .) à cause de (. . .). Et ça, c'est l'ambassade américaine. C'est là que tu devras aller quand (. . .).

. . . .

38.46 Mise en scène et réinvention de l'histoire

Imaginez que les deux militaires en permission ne sont pas de vrais militaires en permission.

Ce sont des	agents secrets / intellectuels / artistes / prêtres / philosophes / metteurs en scène / architectes	suédois. / russes. / bulgares. / grecs. / australiens. / turcs.

Ce sont des disciples de	Lénine. / Jean-Paul Sartre. / Trotsky. / Picasso. / Pascal. / Charlot. / Eisenstein. / Lacan. / Bouddha.

Ils sont à Paris pour mettre au point

un projet de	modernisation de Notre-Dame. film. loi.	
	transformation	du système d'éducation. du Louvre. de l'économie.
une grève des	gardiens de musée. chemins de fer. ouvreuses. garçons de café. églises.	
Ils vont étudier	les hiéroglyphes égyptiens. la circulation de Paris. les effets du seersucker sur les militaires de l'armée de terre. les représentations de Balzac dans les arts plastiques.	

Ils sont contre

le cinéma	parlant.
	en couleur.
	bourgeois.
la violence au cinéma.	
les jeux de hasard.	
le pari de Pascal.	
la religion.	
le marxisme.	
Robert et Mireille.	
l'homme en noir.	

Malheureusement pour eux, ils ne connaissent pas

les découvertes de Wittgenstein.
le karaté.
le seersucker.
les talents de Mireille.
le français.

Ils vont

se faire écraser par	un camion de vingt tonnes.
	un motocycliste.
	la chute de l'Obélisque.
rentrer chez eux.	
changer d'opinion.	
envoyer Robert	rouler dans la poussière.
	à l'hôpital.
être amenés à l'hôpital en hélicoptère par la gendarmerie.	
prendre un an de vacances.	
découvrir le secret	de l'Univers.
	de l'homme en noir.
	de fabrication des boules de gomme.

Préparation à la lecture et à l'écriture

38.47 Entraînement à la lecture

Observez le document 1, et essayez de retrouver l'itinéraire de Mireille et de Robert. Rappelez-vous qu'ils sont sortis du cinéma qui se trouve à Montparnasse, dans le 14ème arrondissement, que Robert est allé à son hôtel chercher son passeport qu'il croyait avoir perdu, et qu'ils ont fini par s'asseoir à la terrasse du Fouquet's, sur les Champs-Elysées, dans le 8ème arrondissement.

. . . .

38.48 Entraînement à la lecture

Lisez le document 2, puis complétez ou répondez.

1. Comment appelle-t-on parfois le cinéma?

_____

2. Il y avait beaucoup de monde dans la salle, la salle était pleine, elle était _____ . (Comparez avec le document 3 de la leçon 33: un homme comblé, un homme qui a tout.)

3. Comparez l'expérience de l'auteur avec l'inquiétude qu'exprime Robert quand Mireille lui propose d'aller voir un film chinois ou japonais (leçon 36, section 4).

_____

_____

4. Comment les Parisiens appellent-ils souvent le boulevard Saint-Michel? _____

5. L'auteur préférait se promener sur le "Boul-Mich" plutôt que d'aller au cinéma. Elle préférait _____ sur le "Boul-Mich."

38.49 Entraînement à la lecture et expansion du vocabulaire

Lisez le document 3, puis complétez le texte suivant.

1. Le Châtelet, c'est sans doute le théâtre du Châtelet. Le musée Grévin montre des reconstitutions de scènes historiques avec des personnages (des mannequins de cire) grandeur nature, habillés en costumes d'époque.

2. Le grand-père de Sartre était directeur d'une école de langues; il était très autoritaire. Quand il était inquiet ou mécontent, ou quand il désapprouvait quelque chose, il _____ les sourcils.

3. Quand on ne sait pas, ou quand on accepte sans approuver, on lève les épaules, on _____ les épaules.

4. La mère de Sartre l'emmenait au cinéma le _____ après-midi, parce que, à cette époque, il n'y avait pas d'école le _____ . Aujourd'hui, c'est le _____ qu'il n'y a pas d'école. (Voyez Marie-Laure, leçon 15, section 7.)

5. Si le pied heurte un obstacle, on _____ .

6. Si on écrit une annonce sur un morceau de carton, on a fabriqué une _____ .

7. L'ouvreuse criait: "Bonbons anglais!" pour vendre ses bonbons; elle les vendait à _____ .

8. Quand on a sommeil ou quand on se réveille, ou quand on a mal aux yeux, ou qu'on ne voit pas très bien, on se _____ les yeux. (Voyez le document 4 de la leçon 25.)

9. On met des _____ en tissu, en dentelle, ou au crochet devant les fenêtres pour filtrer la lumière extérieure, et aussi pour empêcher les gens qui passent dans la rue de voir ce qui se passe à l'intérieur de la maison.

   Au théâtre, il y a un grand _____ (rouge foncé, en général) qui cache la scène. Quand le spectacle va commencer, on lève ou on ouvre le _____ .

10. Au théâtre, on annonce le commencement du spectacle en frappant trois _____ .

11. Aux débuts du cinéma, les projections avaient lieu dans des salles de théâtre. On conservait les "cérémonies" qui accompagnaient les représentations théâtrales: le lever du rideau, les trois coups. Sartre n'aimait pas ce cérémonial, ce rituel archaïque; ces _____ l'agaçaient. Quand quelqu'un est mort, une entreprise des pompes funèbres s'occupe de la cérémonie de l'enterrement.

12. Il y a, à Paris, deux sortes de salles de cinéma: les grandes salles, en général au centre de Paris, où on montre les films nouveaux en exclusivité, et les petites _____ de quartier.
   Dans une salle de théâtre, il y a plusieurs catégories de places à des prix différents suivant la visibilité et le confort des fauteuils. Dans les salles de cinéma, toutes les places sont en général au même prix. Quand Sartre était enfant, toutes les places étaient également inconfortables dans les petites salles de quartier.

13. Sartre est né en 1905; il avait donc sept ans en _____ . Le cinéma est né en 1895: La première représentation cinématographique publique des frères Lumière a eu lieu le 28 décembre 1895, dans le sous-sol du Grand Café, boulevard des Capucines, à Paris. En 1912, le cinéma avait donc _____ ans. Sartre compte peut-être à partir des films de Georges Méliès, qui sont les premiers films de fiction, alors que les premiers films des frères Lumière étaient plutôt des documentaires. Le premier grand film de fiction de Méliès, *Le Voyage dans la lune,* date de 1902; son premier long métrage, *L'Affaire Dreyfus,* de 1899. Evidemment, tous les films dont parle Sartre étaient muets, il n'y avait pas de bande sonore, on n'entendait pas ce que les personnages disaient, mais ce mutisme ne gênait pas Sartre, au contraire: il aimait leur _____ .

38.50 Entraînement à la lecture et expansion du vocabulaire

Lisez le petit poème de Prévert, "La Belle saison" (document 4). Relisez la section 5 du texte de la leçon 38. Puis lisez le texte suivant et complétez ou répondez selon le cas.

1. Si on n'a pas mangé pendant un certain temps, on est <u>à jeun</u>. Le matin, quand on se lève, par exemple, on est

   _____ . C'est pour ça qu'on <u>déjeune</u>; on prend le petit <u>déjeuner</u>.

2. Beaucoup de religions demandent qu'on <u>jeûne</u> à certains moments. Dans la religion juive, on _____ au

   moment du Kippour. Dans la religion musulmane, il faut _____ pendant le ramadan. Dans la religion

   catholique, il faut _____ pendant le carême.

3. Le quinze août, les catholiques célèbrent l'assomption de la Vierge. C'est une grande fête religieuse. On ne travaille pas ce

   jour-là. Il y a donc peu de monde en ville. En quelle saison est le 15 août? _____ . Est-ce qu'il fait chaud

   ou froid, en général? _____

4. Quand on est glacé, est-ce qu'on a très chaud ou très froid?

   _____

5. En général, est-ce qu'il fait plus chaud à midi ou à 7 heures du matin?

   _____

6. Est-ce que la fille a de l'argent? _____

. . . .

38.51 Entraînement à la lecture

Lisez le document 5 et répondez. (Au sujet de Pascal et de son pari, voyez le document 2 de la leçon 37.)

Est-ce que Prévert prend le pari de Pascal au sérieux? _____

Quel est le jeu de mots dans le titre de ce mini-poème?

_____

. . . .

38.52 Entraînement à la lecture

Lisez le document 6 et comparez-le avec ce que dit Mireille dans la section 4 de la leçon 38.

Que dit Mireille, que dit cette coupure de journal?

_____

_____

_____

_____

38.53 Lecture et interprétation

Lisez le document 7, réfléchissez et répondez.

Pouvez-vous suggérer un projet plus important?

_____

_____

· ·

38.54 Pratique de l'écriture

En sortant du cinéma: Journal de Robert

Ecrivez un fragment du journal de Robert racontant ce que Mireille et lui ont fait en sortant du cinéma (75 à 150 mots).

_____

_____

_____

_____

_____

_____

_____

_____

_____

_____

_____

_____

_____

_____

_____

_____

Leçon 39

Assimilation du texte

🎧 39.1 Mise en œuvre

Ecoutez le texte et la mise en œuvre dans l'enregistrement sonore. Répétez et répondez suivant les indications.

. . . .

🎧 39.2 Compréhension auditive

Phase 1: Regardez les images et répétez les énoncés que vous entendez.

1. ___

2. ___

3. ___

4. ___

5. ___

6. ___

Phase 2: Ecrivez la lettre de chaque énoncé que vous allez entendre sous l'image qui lui correspond le mieux.

🎧 39.3 Production orale

Ecoutez les dialogues suivants. Vous allez jouer le rôle du second personnage.

1. Robert: C'est fou le nombre de théâtres qu'il y a à Paris!
   Mireille: (. . .)
2. Robert: Alors, qu'est-ce que tu me conseilles?
   Mireille: (. . .)
3. Mireille: Qu'est-ce que tu fais là?
   Hubert: (. . .)

4. Jean-Pierre: Ces ouvreuses ne servent qu'à déranger les gens. Elles ont toujours le chic pour vous aveugler avec leur torche au moment le plus pathétique. . . .
   Robert: (. . .)
5. Mireille: Mais allons, Hubert! Toujours les grands mots! Tu exagères! Il y a d'excellentes publicités. D'ailleurs, personne ne s'en plaint que toi.
   Hubert: (. . .)

· ·

🎧 39.4 Compréhension auditive et production orale

Ecoutez les fragments de dialogues suivants et répondez aux questions.

1. Qu'est-ce que Robert attend de Mireille?
2. Combien y a-t-il de théâtres à Paris?
3. Pourquoi est-ce qu'il est difficile à Mireille de conseiller Robert?
4. Où le jeune homme avait-il rencontré Mireille?
5. Selon Hubert, qu'est-ce que la publicité?

Préparation à la communication ▆▆▆▆▆▆▆▆

🎧 39.5 Activation orale: Prononciation; liaison et enchaînement consonantique (récapitulation)

Ecoutez et répétez.

Un autre Gini!
Un inconnu.
Un illustre inconnu.
Un opéra.
J'en ai entendu parler!
Les Champs-Elysées.

Tu en as pour ton argent!
Des histoires!
C'est une honte!
Vos impressions?
Tout en noir.
Pas encore.

Un pourboire aux ouvreuses.
Ça doit ê tre intéressant.
C'est u ne histoire idiote!
La mise en scène.
Avec insistance.
Ça ne sert à rien!

· ·

🎧 39.6 Observation: Restriction; ne . . . que (révision)

	ne	verbe	que	
Je	ne	fais	que	de très légères réserves.
Il	n'	y a	qu'	une centaine de places.
On	ne	joue pas	que	des pièces classiques.
Personne	ne	s'en plaint	que	toi.
Il	n'	y a	que	dans la fiction que les énigmes se résolvent.
Elles	ne	servent	qu'	à déranger les gens.
Ça	ne	sert	qu'	à créer des besoins artificiels.

∩ 39.7 Activation orale: Restriction; *ne . . . que*

Répondez selon l'exemple.

Exemple:

Vous entendez: 1. Vous allez voir seulement des films français?

Vous dites: Mais non, je ne vais pas voir que des films français!

2. Vous aimez seulement le théâtre d'avant-garde?
3. Vous parlez seulement l'anglais?
4. Est-ce que les ouvreuses servent seulement à déranger?
5. Tu lis seulement des pièces classiques?
6. Tu connais seulement des Américains ici?
7. Vous allez voir seulement des films doublés?

. . . .

∩ 39.8 Activation orale: Restriction; *ne . . . que*

Répondez selon l'exemple.

Exemple:

Vous entendez: 1. Tu as vu beaucoup de pièces d'Arrabal?

Vous voyez: Non, une seule.

Vous dites: Non, je n'en ai vu qu'une.

2. Non, deux seulement.
3. Non, trois seulement.
4. Non, une seule.
5. Non, deux seulement.
6. Non, trois ou quatre seulement.

. . . .

∩ 39.9 Activation: Dictée; restriction, *ne . . . que*

Ecoutez et complétez.

1. Marie-Laure: Je m' _____ !

   Mireille: Eh bien, tu _____ ! Tiens, ça _____ .

2. Mireille (*à Marie-Laure qui compte ses économies*): Dis donc, _____ !

   Marie-Laure: Oh, _____ 420F. . . .

3. Mme Belleau: Tu _____ ?

   Marie-Laure: Les _____ ! Il _____ , quand même!

   Mme Belleau: A _____ , si!

4. Mireille: _____ un chocolat.

   Marie-Laure: Il _____ !

   Mireille: Je _____ !

   Marie-Laure: _____ ?

   Mireille: 50 centimes.

   Marie-Laure: Je _____ , _____ chocolat _____ .

39.10 Activation écrite: Formes du subjonctif (révision)

Mireille est allée rendre visite à sa tante Georgette. Elle rend compte de sa visite à ses parents. Georgette se répète un peu. Nous avons enlevé de son discours les formes des verbes au subjonctif. Rétablissez-les.

1. Tante Georgette était en grande forme critique, aujourd'hui. Un peu incohérente, mais vigoureuse. Je sonne. Sa radio marchait à plein volume. Je sonne trois fois, de toutes mes forces. La porte s'ouvre. "Il faudrait que tu _____ plus fort. Je n'entends plus rien. C'est triste qu'avec l'âge on n' _____ plus. J'avais l'oreille fine quand j'étais jeune fille. . . .

2. "Eh bien, on peut dire que tu ne viens pas souvent me voir! Ça me fait de la peine que tu ne _____ pas plus souvent. Et encore, toi, tu viens de temps en temps; mais tes parents, eux, je ne pense pas qu'ils _____ plus d'une fois par an. Pourtant, vous n'habitez pas loin! Ça ne m'avance pas beaucoup que vous _____ de l'autre côté de la cour! Vous ne vous rendez pas compte combien je suis seule. Il faudrait quand même que vous vous _____ compte de ma solitude.

3. "Oui, je sais, ta mère travaille. Mais, entre nous, je ne comprends pas qu'elle _____ . . . . Ton père gagne assez d'argent chez Renault. Oui, bien sûr, vous avez voulu acheter cette maison de campagne. J'ai toujours trouvé absurde que vous _____ ça!

4. "Et toi, quand est-ce que tu vas finir tes études? Il est tout de même temps que tu les _____ !

Tu ne songes pas à te marier? Là aussi, il est temps que tu te _____ . . . ."

5. Pour changer de conversation, je lui ai proposé de l'emmener faire un tour dans la voiture de Tonton Guillaume. "Jamais! Tu conduis trop vite! Je ne monterai pas en voiture avec toi avant que tu _____ d'une façon plus civilisée. D'ailleurs, vous ne marchez pas assez, dans la famille. Il faudrait que vous _____ davantage. Tu es toute pâle; tu ne prends pas soin de ta santé. Il faudrait que tu _____ mieux soin de toi, ma petite!

6. "Tiens, voilà Fido qui veut sortir! Non, il ne faut pas qu'il _____ , le petit chien-chien à sa mémère! Oui, il est beau, ce chien-chien! Oui, il est beau. . . . Qu'est-ce qu'il veut faire? Il a soif? Il veut aller à la cuisine boire son eau Perrier? Non, il ne faut pas qu'il _____ ! Il boit trop d'eau Perrier, ce n'est pas bon pour lui! Tu ne trouves pas, Mireille, qu'il est beau, mon Fido? C'est vrai que vous n'aimez pas les chiens, dans la famille. C'est scandaleux que vous n' _____ pas les chiens. Ils sont tellement plus fidèles que les hommes! Ce n'est pas étonnant que nous, qui connaissons les hommes, qui avons souffert, nous _____ mieux les chiens que les hommes. N'est-ce pas, Fido?"

· ·

⍥ 39.11 Observation: Nécessité, obligation

expression de nécessité			subjonctif	
Il	faut	que tu me le	dises.	
Il	faudra	que j'	aille	au théâtre.
Il	faudrait	que j'y	aille	un de ces jours.
Il	fallait	que Marie-Laure	aille	à son cours de danse.
Il a fallu		que je	parte	avant la fin.

Notez que toutes les expressions de nécessité ci-contre (*falloir* à différents temps) sont suivies du subjonctif.

⌂ 39.12 Activation orale: Nécessité, obligation

Répondez selon l'exemple.

Exemple:

Vous entendez: 1. Il faudra que vous fassiez les courses, ce soir.

Vous dites: Oui, il faudra que je les fasse.

2. Il faut que vous ameniez Minouche chez le véterinaire?
3. Il faudrait que vous voyiez la dernière pièce d'Anouilh!
4. Il faut que tu ailles à ton cours de karaté samedi?
5. Il faut que nous achetions les tickets à l'avance?
6. Il faut que j'aille chez Tante Georgette ce soir?

. . . .

⌂ 39.13 Observation: Subjonctifs irréguliers; *aller, falloir, valoir, vouloir* (révision et extension)

aller			valoir		
Ça m'étonnerait que j'	**aille**	voir ça.	Ça m'étonnerait que je	**vaille**	plus.
Ça m'étonnerait que tu	**ailles**	voir ça.	Ça m'étonnerait que tu	**vailles**	plus.
Ça m'étonnerait qu'il	**aille**	voir ça.	Ça m'étonnerait qu'il	**vaille**	plus.
Ça m'étonnerait que nous	**allions**	voir ça.	Ça m'étonnerait que nous	**valions**	plus.
Ça m'étonnerait que vous	**alliez**	voir ça.	Ça m'étonnerait que vous	**valiez**	plus.
Ça m'étonnerait qu'ils	**aillent**	voir ça.	Ça m'étonnerait qu'ils	**vaillent**	plus.
falloir			vouloir		
Ça m'étonnerait qu'il	**faille**	attendre.	Ça m'étonnerait que je	**veuille**	voir ça.
			Ça m'étonnerait que tu	**veuilles**	voir ça.
			Ça m'étonnerait qu'il	**veuille**	voir ça.
			Ça m'étonnerait que nous	**voulions**	voir ça.
			Ça m'étonnerait que vous	**vouliez**	voir ça.
			Ça m'étonnerait qu'ils	**veuillent**	voir ça.

. . . .

⌂ 39.14 Activation orale: Subjonctifs irréguliers; *aller, falloir, valoir, vouloir*

Répondez selon l'exemple.

Exemple:

Vous entendez: 1. Tante Georgette n'ira sûrement pas au cinéma.

Vous ajoutez: Ça m'étonnerait qu'elle aille au cinéma.

2. Il ne voudra sûrement pas voir ça.
3. Vous ne voudrez sûrement pas voir ça.

4. Ils ne voudront sûrement pas sortir.
5. Je ne voudrai sûrement pas y aller.
6. Ils n'iront sûrement pas aux Folies-Bergère.
7. Vous n'irez sûrement pas jusque là.
8. Tu n'iras sûrement pas mieux.
9. Je n'irai sûrement pas mieux.
10. Ça ne vaut sûrement pas très cher.

. . . .

⌂ 39.15 Observation: Réserve; *on ne peut pas dire que*

on ne peut pas dire que	*subjonctif*	
On ne peut pas dire que ce	**soit**	du théâtre d'avant-garde.

🎧 39.16 Activation orale: Réserve; *on ne peut pas dire que*

Répondez selon l'exemple.

Exemple:

Vous entendez: 1. C'est du théâtre d'avant-garde?
Vous dites: Non, on ne peut pas dire que ce soit (vraiment) du théâtre d'avant-garde.

2. Ça fait penser?
3. Ça vaut la peine?
4. Robert connaît bien Paris?
5. Elle est jolie, cette cravate?
6. Vous allez souvent au théâtre?

. . . .

🎧 39.17 Observation: Doute

expression de doute		subjonctif	
Je **doute**	**que** ça	**vaille**	la peine.
Je **ne pense pas**	**que** tu	**veuilles**	voir ça.
Je **ne crois pas**	**qu'** il y	**ait**	cent places.
Ça **m'étonnerait**	**que** ça te	**plaise**.	

Notez que toutes les expressions de doute ci-contre sont suivies par un subjonctif.

. . . .

🎧 39.18 Activation orale: Doute

Répondez selon l'exemple.

Exemple:

Vous entendez: 1. Vous pensez que ça vaut la peine?
Vous dites: Oh, non; je doute que ça vaille la peine.

2. Vous pensez que c'est du théâtre d'avant-garde?
3. Vous croyez que ça me plaira?
4. D'après vous, il y a plus de cent places dans ce théâtre?
5. C'est une salle subventionnée?
6. Vous pensez que la pièce sera un triomphe?
7. Ils ont beaucoup de monde, d'après vous?
8. Vous pensez que les Belleau iront voir ça?

. . . .

39.19 Activation écrite: Subjonctif

Essayez d'inventer une fin pour chacune des phrases suivantes.

1. Il faudrait que Robert . . . aille au théâtre, un de ces jours (écrive à son père, un de ces jours; revienne aux Etats-Unis, etc.).

2. Il va falloir que Robert . . .

_____

3. Il faut que Mireille lui . . .

_____

4. Je doute que le théâtre de boulevard . . .

_____

5. Au théâtre de la Huchette, je ne crois pas . . .

_____

6. On ne peut pas dire que la Comédie-Française . . .

_____

7. On ne peut pas dire que les Folies-Bergère . . .

_____

8. Il faut bien que les ouvreuses . . .

_____

9. Il faut bien que nous . . .

_____

10. On ne peut pas dire que vous . . .

_____

11. Il faut absolument que nous . . .

_____

. . . .

39.20 Activation écrite: Emploi du subjonctif; doute et obligation

Essayez de trouver un début pour chacune des phrases suivantes.

Exemple:
1. _Il faudrait_
   Il faut absolument
   Je doute   que j'aille au théâtre demain soir.
   Ça m'étonnerait
   etc.

2. _____ que tu me dises ce que je devrais voir.

3. _____ qu'il y ait cent places à la Huchette.

4. _____ que ça vaille la peine.

5. _____ que Robert veuille y aller.

6. _____ que ça fasse beaucoup penser.

7. _____ que tu ailles à la Comédie-Française au moins une fois.

8. _____ que Tante Georgette aille souvent aux Folies-Bergère.

. . . .

🎧 39.21 Observation: Effets; _ça fait_ + infinitif

	faire _infinitif_	
C'est profond!	Ça **fait**	**penser!**
	Ça **fait**	**réfléchir!**
	Ça **fait**	**dormir**. . . .
Ce n'est pas très profond.	Ça **fait**	**passer** le temps.
	Ça **fait**	**rire**. . . .

∩ 39.22 Activation orale: Effets; *ça fait* + infinitif

Choisissez, parmi les verbes suivants, celui qui convient et
complétez les phrases que vous entendez.

pleurer   digérer   réfléchir
rire   dormir

Exemple:
Vous entendez: 1. Les pièces de Molière, c'est drôle, mais
    c'est profond aussi. . . .
Vous ajoutez: Ça fait réfléchir!

2. Vous avez lu *Maria Chapdelaine?* C'est une histoire
    vachement triste.
3. Moi, j'aime bien les films de Louis de Funès. Ce n'est
    pas profond, mais c'est drôle.
4. Tous les soirs, quand on se couche, il faut lire quelques
    pages du dictionnaire. . . .
5. Après le dîner, nous prenons tous une infusion. . . .
6. Je suis en train de lire Sartre. C'est intéressant. Je dirais
    même que c'est profond.

. . . .

∩ 39.23 Activation: Dictée; *faire* + infinitif

Ecoutez et complétez.

Mireille (*qui vient de renverser son vernis à ongles sur ses papiers, à Marie-Laure qui trouve ça drôle*):

Ça _____ , hein! Eh bien, _____ , _____ !

Regarde!

. . . .

∩ 39.24 Observation: Place des pronoms personnels (récapitulation)

	objet direct	*objet indirect 3ème personne*	
Mireille a fait découvrir *L'Amour l'après-midi* à Robert.	Elle **le**	**lui**	a fait découvrir.
Mireille a fait découvrir *L'Amour l'après-midi* à ses parents.	Elle **le**	**leur**	a fait découvrir.

	objet indirect 1ère ou 2ème personne	*objet direct*	
Mireille **m'** a fait découvrir *L'Amour l'après-midi*.	Elle **me**	**l'**	a fait découvrir.
Mireille **t'** a fait découvrir *L'Amour l'après-midi*?	Elle **te**	**l'**	a fait découvrir?
Mireille **nous** a fait découvrir *L'Amour l'après-midi*.	Elle **nous**	**l'**	a fait découvrir.
Mireille **vous** a fait découvrir *L'Amour l'après-midi*?	Elle **vous**	**l'**	a fait découvrir?

39.25 Activation écrite: Place des pronoms personnels

Complétez.

1. Tu as fait découvrir *L'Amour l'après-midi* à Robert?

   Oui, je _____ ai fait découvrir.

2. Elle t'a fait découvrir *L'Amour l'après-midi?*

   Oui, elle _____ a fait découvrir.

3. Elle t'a montré les Champs-Elysées?

   Oui, elle _____ a montrés.

4. Tu as donné l'*Officiel des spectacles* à Robert?

   Oui, je _____ ai donné.

5. Mireille a présenté Robert à ses parents?

   Oui, elle _____ a présenté.

6. Mireille a présenté ses parents à Robert?

   Oui, elle _____ a présentés.

7. Elle t'a présenté ses parents?

   Oui, elle _____ a présentés.

8. Robert a raconté à Marie-Laure son voyage en Bourgogne?

   Oui, il _____ a raconté.

9. Elle vous a montré le Guignol du Luxembourg?

   Oui, elle _____ a montré.

10. L'ouvreuse vous a rendu les billets?

    Oui, elle _____ a rendus.

. . . .

39.26 Activation écrite: *Croire* (révision)

Complétez.

1. Mireille: Au théâtre de la Huchette, je _____ pas qu'il y ait plus de cent places.

2. Robert: Je _____ que je vais prendre une autre bière.

3. Robert: Seriez-vous contre l'esclavage? Je ne l' _____ !

4. Marie-Laure: Il n'y a plus de galettes bretonnes.

   Georges: Tu es sûre?

   Marie-Laure: Bien sûr! Puisque je te le dis, tu peux me _____ , non!

5. Hubert: Ayez la bonté de me _____ , chère Madame!

6. L'ami de Robert qui voulait se faire prêtre ne _____ plus en Dieu. C'est un problème!

7. Robert _____ voir Mireille qui sort du musée.

8. (Il _____ la voir qui sortait du musée, mais il s'est peut-être trompé.)

9. Robert: Enfin, voilà le film! Je _____ que ça ne commencerait jamais!

10. Mireille: Ton passeport? Tu as dû le laisser dans ta chambre!

    Robert: Tu _____ ? Je _____ que je l'avais pris.

11. Robert: Si vous _____ que l'histoire vous dit la vérité, vous vous trompez!

12. Tous les Français _____ descendre d'Astérix.

13. Mireille: Qu'est-ce que tu me racontes là! Je ne te _____ pas!

    Marie-Laure: Mais si, je t'assure! C'est vrai!

14. Mireille: Ça, je le _____ quand je le verrai!

15. Mireille: Ah! Vous voilà! Vous ne vous êtes pas perdu?

    Robert: Non! Pourquoi? Vous _____ que je m'étais perdu?

16. Mireille: Eh bien, oui! Je le _____ !

39.27 Activation écrite: *Vivre*

Lisez et essayez de trouver ce qui manque pour compléter ces phrases.

Il faut bien vivre!

1. Robert: Non, non, mon père n'est pas mort. Il _____ encore.

2. Il est encore en _____ .

3. Il est toujours _____ .

4. Mireille: L'histoire parle de gens réels, de gens qui _____ , de gens qui ont influencé les événements.

5. A votre avis, est-ce que la vie vaut la peine d'être _____ ?

6. D'après la Bible, Mathusalem _____ jusqu'à l'âge de 969 ans.

7. Mireille: M. Courtois est un bon _____ . Il aime bien manger et bien boire.

8. Robert ne _____ plus avec ses parents.

9. D'ailleurs ses parents ne _____ plus ensemble: ils sont divorcés.

10. Robert: Les ouvreuses ne sont peut-être pas indispensables, mais il faut bien que ces pauvres femmes _____ .

11. Mireille (*à Robert*): Vous voulez être indépendant? Mais alors, comment faites-vous? De quoi _____ ?

12. Robert ne travaille pas; il ne gagne _____ .

13. Il _____ de l'argent que ses grands-parents lui ont donné.

14. Le renard: Apprenez que tout flatteur _____ aux dépens de celui qui l'écoute.

15. Renan: L'homme ne _____ pas seulement de pain, mais il _____ aussi de pain.

16. Hubert: Mais, cher Monsieur, il y a seulement cent ans, ces gens-là _____ à dix dans une pièce sans eau ni électricité! Mais, autrefois, on n'avait pas d'ordinateurs, on n'avait pas d'avions supersoniques, on n'avait pas de télévision, et on _____ très bien.

. . . .

39.28 Activation écrite: Obligation et probabilité; *devoir* (révision)

Complétez les phrases suivantes avec la forme convenable du verbe *devoir*. Vous pouvez consulter les sections des textes indiquées entre parenthèses pour vous aider.

Le hasard et la nécessité

1. Robert: Je _____ absolument aller au théâtre un de ces jours! Il faut que tu me dises ce que je _____ aller voir.

2. Mireille: Il _____ y avoir au moins une quarantaine de théâtres à Paris. . . . Tu as le choix! Tu as le théâtre de boulevard, par exemple . . . mais ça ne _____ pas faire beaucoup penser. . . .

3. M. Courtois: Mais non, ça ne me dérange pas du tout de vous raccompagner. De toute façon, je _____ mettre la voiture au garage. (24–9)

4. Robert: Mme Courtois _____ amener sa chatte chez le vétérinaire. (23–2)

5. Mireille: Excusez-moi pour hier. . . . Je n'ai pas pu rester parce que je _____ amener ma petite sœur à son cours de danse. (15–4)

6. Mireille: Non, je ne peux pas vous voir aujourd'hui. Aujourd'hui, je _____ aller à Chartres. (27–2)

7. Robert: Je _____ dire que, dans l'ensemble, la France me plaît assez.

8. Mireille: J'ai crevé et comme la roue de secours était à plat, je n'ai pas pu changer de roue: J' _____ faire venir un dépanneur.

9. Il s'est mis à pleuvoir, et comme les essuie-glaces ne marchaient pas, Mireille _____ conduire sous la pluie en se penchant à la portière.

10. Hubert: Nous avions trois ou quatre châteaux, un domaine en Vendée, un chalet dans les Alpes, une villa sur la Côte, mais, que voulez-vous, avec les impôts et le manque de domestiques, nous _____ tout vendre! C'était devenu impossible!

11. Mme Courtois: Mon mari n'est pas raisonnable! Il se fatigue trop. Je lui répète tous les jours: Tu _____ faire attention! Tu vas faire un infarctus! Mais il ne m'écoute pas. (22–7)

12. Robert: Ah! Moi aussi, je _____ aller à Chartres! (27–3)

13. Robert se dit qu'il _____ demander à Mireille à quel étage elle habitait. Cela aurait été plus simple. (32–2)

14. Mireille: Nous ne _____ pas nous vouvoyer comme ça! (27–7)

15. Les Courtois ne _____ jamais découvrir la rencontre de mercredi. (24–3)

16. Robert et Mireille _____ garder le secret. (24–3)

17. Mireille (au garagiste): Je vous _____ combien? (31–2)

18. Le garagiste: Vous ne me _____ rien, Mademoiselle. Je ne vais pas vous faire payer pour ça, voyons!

19. Annick (à Jean-Pierre): Il ne _____ pas marcher souvent, votre truc! Il est minable! (13–6)

20. Mme Courtois: On sonne! Excusez-moi! Ça _____ être Mireille. (24–3)

21. Jean-Denis (au restaurant): Hmm! Le cassoulet toulousain. . . . Ça _____ être bon! (25–3)

22. Robert: Prenons l'autocar: ça ne _____ pas être très cher! (27–3)

23. Le garagiste: Vous êtes en panne? . . . . Vous n'avez plus d'essence! Ça _____ être pour ça! (31–3)

24. Robert (à Mme Belleau): Les loyers _____ être chers, dans ce quartier! (34–1)

. . . .

39.29 Activation écrite: Obligation et probabilité; *devoir*

Ecrivez six phrases avec le verbe *devoir:* deux phrases où il s'agit d'obligation physique ou morale, deux phrases où il s'agit de probabilité, et deux phrases où il s'agit d'argent. (Vous pouvez choisir parmi les phrases ci-dessus ou inventer de nouvelles phrases.)

obligation 1. _____

           2. _____

probabilité 3. _____

           4. _____

argent 5. _____

           6. _____

39.30 Activation écrite: Formes verbales et expansion du vocabulaire; *se plaindre, craindre*

Essayez de compléter les phrases suivantes.

A.

1. Mireille: Hubert, tu es comme ma Tante Georgette, tu te _____ toujours.

2–7. Hubert: Bien sûr, que je me _____ ! Est-ce que je n'ai pas raison de _____ ? Les

gens ne _____ pas! Ce sont tous des abrutis! Si les gens _____ , les choses iraient

mieux! Si les choses allaient mieux, je ne _____ pas ! Il faut bien que je _____ ,

moi! Parce que si je ne _____ pas, personne ne _____ !

B.

1. Le père Ubu a fait tout le chemin à pied par *crainte* de démolir sa monture: il a peur de fatiguer son cheval. Il

_____ de le fatiguer. (40–document)

2–4. Robert: Oh! Oh! Voilà M. de Pinot-Chambrun qui s'amène. . . . Je _____ qu'il ne s'invite à notre

table. . . . Voilà! Ça y est! Il s'assied! C'est bien ce que je _____ ! Mes _____

étaient justifiées!

5. Chimène: Le passé me tourmente et je _____ l'avenir. (23–document)

6. Mireille ne veut pas louer de voiture parce que, avec une voiture de location, elle _____ de tomber en

panne.

7. Robert hésite à aller voir du théâtre d'avant-garde, parce qu'il _____ de ne pas comprendre.

8. Un chauffeur de taxi: Montez! N'ayez pas peur! Je conduis très bien. Ne _____ rien!

9. Robert et Mireille: Mais nous n'avons pas peur! Nous ne _____ rien! Nous _____

seulement de ne pas avoir assez d'argent.

. . . .

39.31 Activation écrite: Expansion du vocabulaire

Relisez le texte de la leçon 39, puis essayez de trouver les mots qui manquent pour compléter les phrases suivantes.

1. A la Comédie-Française, on ne joue pas de pièces très modernes, mais les mises en scène sont très _____ .

2. Notre peintre travaille bien; il fait du travail _____ .

3. On joue *Dom Juan*. C'est une vieille pièce . . . c'est la pièce de Molière, mais c'est une nouvelle _____

en scène.

4. Le théâtre de Poche-Montparnasse est tout petit. Il n'y a pas plus d'une centaine de _____ .

5. On va à l'Opera demain; Tonton Guillaume nous a pris deux _____

6. Nous avions de très bonnes _____ ; juste devant la scène, au premier rang.

7. Les spectacles des Folies-Bergère et du théâtre de boulevard ne sont pas très cérébraux. Ils ne font pas beaucoup penser.

Ça ne fatigue pas les _____ .

8. Ce Jean-Pierre n'est pas très discret! Il est extrêmement _____ .

9. Un bonhomme tout en noir est arrivé et il nous a _____ .

10. Quel _____ ! Il y a des gens qui sont vraiment mal élevés.

11. Heureusement, en France, maintenant, dans presque tous les cafés et tous les restaurants, le service est compris dans l'addition. On n'a pas besoin de laisser un _____ .

12. Maintenant, on met de la publicité partout. C'est un scandale, une _____ !

13. On va au cinéma pour voir un film et on vous colle de la publicité! On _____ de la confiance du public!

14. La publicité, c'est le triomphe du _____ .

15. Robert prétend que l'histoire ne dit pas la vérité, que ce ne sont que des _____ .

16. Les gens ne se plaignent pas de la publicité parce qu'ils sont _____ !

. . . .

🎧 39.32 Activation orale: Dialogue entre Hubert et Robert

Vous allez entendre un dialogue entre Hubert et Robert. Ecoutez attentivement. Vous allez apprendre les réponses de Robert.

Hubert: Mais vous ne vous quittez plus, tous les deux! Avec un guide comme Mireille, vous allez bientôt connaître la France à fond, cher ami!

Robert: **Mais je l'espère bien!**

Hubert: Et quelles sont vos impressions?

Robert: **Excellentes, jusqu'à présent. . . . Mireille vient de me faire découvrir L'Amour l'après-midi.**

Hubert: Ah, bon?

Robert: **Vous connaissez? Vous aimez? Ce n'est pas mal. . . . Je dois dire que, dans l'ensemble, la France me plaît assez.**

Exercices-tests

39.33 Exercice-test: Subjonctifs irréguliers; *aller, falloir, valoir, vouloir*

Complétez les réponses aux questions suivantes.

1. Robert veut venir en Bourgogne avec nous?

   Non, ça m'étonnerait qu'il _____ venir!

2. Vous allez au cinéma, ce soir?

   Non, je ne pense pas que nous y _____ .

3. Tu vas à la bibliothèque?

   Oui, il faut que j'y _____ .

4. Ça vaut la peine?

   Non, j'ai peur que ça ne _____ pas la peine.

5. Vous voulez aller aux Folies-Bergère?

   Non, je ne crois pas que nous _____ voir ça.

6. Il faut faire la queue?

   Eh, oui; j'ai peur qu'il _____ attendre.

Vérifiez. Si vous avez fait des fautes, travaillez les sections 39.13 et 39.14 dans votre cahier d'exercices.

39.34 Exercice-test: Place des pronoms

Récrivez les phrases suivantes en remplaçant les noms par des pronoms.

1. Vous pouvez me passer le sel?

   Vous pouvez _____ passer?

2. Tu as passé le foie gras à Colette?

   Tu _____ as passé?

3. M. Belleau a proposé ses liqueurs aux jeunes gens.

   Il _____ a proposées.

4. Je te prépare ton infusion?

   Je _____ prépare?

5. Je vous ai fait goûter mon armagnac?

   Je _____ ai fait goûter?

6. Je vais vous faire goûter ma crème renversée.

   Je vais _____ faire goûter.

Vérifiez. Si vous avez fait des fautes, travaillez les sections 39.24 et 39.25 dans votre cahier d'exercices.

Libération de l'expression

39.35 Mise en question

Relisez le texte de la leçon; lisez les questions de la mise en question qui suit la mise en œuvre dans votre livre de textes. Réfléchissez à ces questions et essayez d'y répondre.

. . . .

39.36 Mots en liberté

De quoi peut-on se plaindre, quand on est de mauvaise humeur?

On peut se plaindre du gouvernement, de sa santé, des impôts, du prix des places de théâtre, du mauvais jeu des acteurs. . . .

Trouvez encore au moins quatre possibilités.

Qu'est-ce qu'on peut voir un soir à Paris?

On peut voir Notre-Dame illuminée, un vieux film de Godard, une pièce du répertoire classique. . . .

Trouvez encore trois possibilités.

Qu'est-ce qui peut être considéré comme un scandale?

Les ménages à trois, les spectacles de music-hall, les abus de confiance, le vol, le viol, la dégradation, les crimes, le sans-gêne des gens. . . .

Trouvez encore au moins cinq possibilités.

. . . .

39.37 Mise en scène et réinvention de l'histoire

Reconstituez un dialogue entre Mireille et Robert au sujet du théâtre.

Robert: Il faudrait que j'aille au théâtre; qu'est-ce que tu me conseilles?

Mireille: Eh bien, tu pourrais commencer (. . .).

Robert: Qu'est-ce que c'est que ça?

Mireille: (. . .)

Robert: La Comédie-Française, c'est bien? Ça vaut la peine d'y aller?

Mireille: Oh, oui! Evidemment, on ne peut pas dire (. . .). Mais la mise en scène (. . .). C'est de la bonne qualité. Tu en as (. . .).

39.38 Mise en scène et réinvention de l'histoire

Imaginez une discussion entre Hubert et l'homme en noir. Par exemple:

Ils parlent
de la	révolution.
du	capitalisme.
de l'	marxisme.
des	religion.
d'un	cinéma.
	pourboire.
	projet de loi.
	informatique.

Hubert:

C'est
la	seul	fin	de la	culture.
l'	seule	solution	de	littérature.
le	—	avenir	de l'	tous nos problèmes.
		rêve	des	guerres.
		salut		humanité.

une nouvelle forme
de	vie.
d'	art.
	intelligence.

L'homme en noir:

C'est
un	scandale.
une	honte.
le	drogue.
la	viol des consciences.
l'	dégradation de l'esprit humain.

Hubert:

Mais non, pas du tout. Il n'y a que ça
de	vrai.
d'	beau.
qui	utile.
	intelligent.
	marche.
	vaille la peine.
	m'intéresse.

L'homme en noir:

Ça ne sert qu'à
| ennuyer |
| abrutir |
| agacer |
| déranger |
| aveugler | les gens. |
| embêter |
| gêner |
| tromper |
| dégrader |

Hubert:

Ça
mène à	un	monde meilleur.
amènera	une	plus haut degré de civilisation.
	la	nouvelle culture.
	l'	victoire de l'intelligence.
	le	triomphe du goût.
		nouvelle morale.

fin
| de tous les problèmes. |
| des grèves. |

amélioration
| de la | race chevaline. |
| | qualité de la vie. |
| des rapports entre patrons et ouvriers. |

L'homme en noir:

Pas du tout!

mort de
| l'économie. |
| l'art. |
| la liberté. |
| la culture. |

Ça
mène à	un	horreurs.
amènera	une	catastrophe.
ne donnera que	l'	fin du monde.
	la	guerre.
	des	abrutissement général.

nouvelle forme d'
| esclavage. |
| oppression. |

ruine de l'économie.
stupidités.

Hubert:

L'important, c'est de gagner
la	guerre.
du	argent.
de l'	temps.
	sympathie du public.

L'homme en noir:

On
ne	peut pas réussir
n'	arrivera à rien
	peut rien faire
sans
acteurs connus.
argent.
sous-titres.
un peu d'héroïne.
violence.
une bonne	guerre.
	révolution.
canons.
ordinateurs.

Hubert:

Cher Monsieur,

| vous avez une mentalité | de d' | oppresseur du Moyen Age.
imbécile.
esclave.
réactionnaire.
capitaliste.
monstre préhistorique.
cuisinier.
anarchiste. |

L'homme en noir:

| Je doute que | vous connaissiez bien la question.
ça vaille la peine de discuter avec vous.
vous sachiez de quoi vous parlez. |
| Il est évident que | vous ne vous y connaissez pas du tout.
vous ne connaissez rien à la question.
ce n'est pas votre rayon.
vous dites n'importe quoi.
vous n'êtes pas du tout au courant. |

Préparation à la lecture et à l'écriture

39.39 Entraînement à la lecture

Lisez le document 4 de la leçon 39 dans votre livre de textes, et complétez les notes suivantes.

En argot, un homme, un jeune homme, c'est un type ou un _____ ; un ami, un copain, c'est un _____ ou, aussi, un poteau. (Coluche a lancé un slogan antiraciste qui a eu beaucoup de succès: "Touche pas à mon pote!")

· ·

39.40 Entraînement à la lecture

Lisez le document 5 et les notes suivantes, puis répondez aux questions.

Ionesco est né en Roumanie en 1912, d'un père roumain et d'une mère française. Il parle parfaitement français. Il est même membre de l'Académie française. (Il pourrait dire, comme Robert: "Je n'ai aucun mérite, ma mère est française.") D'ailleurs, il a passé la plus grande partie de sa vie en France.

Vers 1948–49, il a voulu apprendre l'anglais dans un manuel de conversation franco-anglaise. Les phrases tirées de ce manuel lui ont révélé des vérités surprenantes; par exemple, qu'il y a sept jours dans la semaine, et que le plancher est en bas et le plafond en haut.

Il s'est aperçu que les gens autour de lui parlaient comme son manuel de conversation franco-anglaise. Ils disaient des choses évidentes et inutiles. C'est ce qui lui a donné l'idée d'écrire *La Cantatrice chauve*. Dans cette pièce, les personnages disent n'importe quoi, et "ce n'importe quoi n'a pas de signification." Le titre n'a pas de signification non plus; dans la pièce, il n'y a pas de femme qui chante, il n'y a pas de chanteuse blonde, brune, ou chauve. La pièce s'est d'abord appelée *L'Heure anglaise;* elle aurait pu s'appeler *L'Institutrice blonde.* "Cette pièce voulait exprimer le sentiment d'étrangeté que j'ai devant le monde," dit Ionesco dans les *Entretiens,* publiés par C. Bonnefoy en 1966. "Le dialogue des Martin était tout simplement un jeu; je l'avais inventé avec ma femme un jour dans le métro. Nous étions séparés par la foule. Au bout de deux ou trois stations, les passagers commençant à descendre et le wagon à se vider, ma femme, qui a beaucoup d'humour, est venue vers moi et m'a dit: "Monsieur, il me semble que je vous ai rencontré quelque part!" J'ai accepté le jeu, et nous avons ainsi presque inventé la scène. Les gens, étonnés, nous examinaient tant que nous avons dû descendre du métro, en riant beaucoup. Maintenant, vouloir donner à tout cela un contenu psychologique et en faire le drame de la solitude à deux . . . cela me semble aller un peu loin" (Ionesco, cité par Simone Benmussa). Ionesco est mort à Paris en 1994.

1. Où Ionesco a-t-il trouvé le modèle des dialogues vides de signification de *La Cantatrice chauve?*

_____

2. Pourquoi la pièce s'appelle-t-elle *La Cantatrice chauve?*

_____

3. Qu'est-ce qui lui a donné l'idée d'un dialogue sur le thème d'une rencontre qui n'en est pas vraiment une?

_____

_____

39.41 Lecture et interprétation

Etudiez le document 1 et répondez aux questions suivantes.

1. Vous voulez aller voir *Le Médecin malgré lui* à la Comédie-Française en matinée. Quand pouvez-vous y aller?

_____

2. Choisissez une des dates possibles. Quand pouvez-vous prendre des places pour cette date? _____

3. Vous allez y aller en métro. A quelle station allez-vous descendre? _____

4. A quelle heure devez-vous arriver au théâtre? _____

5. A propos, qui a écrit *Le Médecin malgré lui*? _____

6. Vous voulez aller voir *La Cantatrice chauve*. Vous êtes libre le vendredi 27 décembre, le mardi 31 décembre, et le jeudi 9 janvier. Quelle date allez-vous choisir? Pourquoi?

_____

A quelle heure pouvez-vous louer des places? _____

Si vous prenez le métro pour aller au théâtre, à quelle station allez-vous descendre? _____

A quelle heure devez-vous arriver au théâtre? _____

7. Vous voulez aller au théâtre. Vous hésitez entre les trois pièces proposées dans ce document. Laquelle allez-vous choisir? Pourquoi?

_____

_____

· ·

39.42 Entraînement à la lecture

Lisez le document 3 et comparez-le avec l'expression qu'emploie Hubert dans la section 6 de la leçon 39.

Qu'est-ce que Tardieu ajoute pour renforcer encore l'expression?

_____

A votre avis, est-ce qu'Hubert est sérieux? Et Tardieu?

_____

· ·

39.43 Activation écrite: *Vivre*

Il faut bien vivre!

Il y a des gens qui vivent de l'argent qu'ils gagnent en travaillant (dans un bureau, dans un garage, dans un magasin; en vendant des journaux, des ordinateurs, des boules de gomme; en réparant les vélos ou les télés, etc.); il y en a qui vivent de l'argent que leur donnent leurs parents ou que leurs grands-parents leur ont laissé en mourant; il y en a qui vivent de l'argent qu'ils volent dans les banques; il y en a qui vivent de rien. Il y a des gens qui vivent de pain; il y en a qui vivent de fruits; d'autres de poisson; d'autres de légumes; d'autres de hamburgers et de frites; il y en d'autres qui vivent d'amour et d'eau fraîche. . . .

Et vous, de quoi vivez-vous? (Vous n'êtes pas forcés de dire la vérité. . . .)

_____

_____

_____

_____

. . . .

39.44 Pratique de l'écriture

Relisez les textes des leçons 38 et 39. Imaginez que vous êtes Mireille. Vous téléphonez à Colette pour lui raconter ce que vous avez fait quand vous êtes sortie du cinéma avec Robert. Ecrivez ce que vous allez dire à Colette. Vous pouvez aussi transcrire les réactions de Colette si vous voulez (de 100 à 150 mots).

_____

_____

_____

_____

_____

_____

_____

_____

_____

_____

_____

_____

_____

_____

_____

Leçon **40**

Assimilation du texte

🎧 40.1 Mise en œuvre

Ecoutez le texte et la mise en œuvre dans l'enregistrement sonore. Répétez et répondez suivant les indications.

. . . .

🎧 40.2 Compréhension auditive

Phase 1: Regardez les images et répétez les énoncés que vous entendez.

1. __ 2. __ 3. __ 4. __ 5. __ 6. __

Phase 2: Ecrivez la lettre de chaque énoncé que vous entendez sous l'image qui lui correspond le mieux.

🎧 40.3 Production orale

Ecoutez les dialogues suivants. Vous allez jouer le rôle du second personnage.

1. Jean-Pierre: Vous avez vu les yeux du type, à côté?
   Mireille: (. . .)
2. Mireille: Il a un œil qui dit zut à l'autre, comme mon oncle Victor?
   Jean-Pierre: (. . .)
3. Jean-Pierre: C'est un message!
   Hubert: (. . .)
4. Robert: Quel est l'avenir du théâtre?
   Jean-Pierre: (. . .)

5. Hubert: C'est faux! Rien ne pourra jamais remplacer la présence de l'acteur en chair et en os!
   Mireille: (. . .)
6. Jean-Pierre: Et puis, au cinéma, il y a la possibilité de doublage dans toutes les langues.
   Mireille: (. . .)
7. Mireille: Le type nous écoute toujours?
   Jean-Pierre: (. . .)
8. Mireille: Quoi, qu'est-ce qu'il y a?
   Jean-Pierre: (. . .)

🎧 40.4 Compréhension auditive et production orale

Ecoutez les fragments de dialogues suivants. Après chaque dialogue, vous entendrez une question. Répondez à la question.

1. Quel est l'avenir du théâtre, d'après Jean-Pierre?
2. Pourquoi est-ce que Mireille préfère le théâtre au cinéma?
3. D'après Jean-Pierre, quel est l'avantage particulier du cinéma?

4. Pourquoi est-ce que Mireille n'aime pas les films doublés?
5. Qu'est-ce qui intéresse Jean-Pierre?
6. Hubert, lui, n'aime pas le cirque. Qu'est-ce qu'il préfère?
7. Pourquoi est-ce que Jean-Pierre trouve que le music-hall est intéressant?

Préparation à la communication

🎧 40.5 Observation: Prononciation; caractéristique générale des consonnes françaises

Les consonnes françaises sont généralement plus courtes, plus rapides que les consonnes correspondantes anglaises. La différence de prononciation entre les consonnes françaises et anglaises est particulièrement claire dans les groupes de consonnes:

• En français, les deux consonnes se succèdent plus rapidement. Elles sont plus étroitement liées l'une à l'autre.

• En anglais, il y a souvent un "espace" entre les deux consonnes. Cet "espace" est même souvent représenté par un e dans l'orthographe.

Comparez, par exemple, la prononciation des mots français suivants avec celle des mots anglais correspondants:

théâtre   monstre   ministre   membre

🎧 40.6 Activation orale: Prononciation; caractéristique générale des consonnes françaises

Ecoutez et répétez.

novembre	il entre	table	oncle
décembre	au théâtre	cable	spectacle
sombre	un monstre	fable	obstacle
sobre	un spectre	admirable	exemple
sabre	un ministre	ensemble	temple
fibre	sinistre	double	peuple
tigre	tendre	terrible	couple

∩ 40.7 Observation: Coiffures

		coiffure
L'homme en noir	porte	**un chapeau.**
Les Basques	portent	**des bérets.**
Les Bretonnes	portent	**des coiffes.**
Les Martiniquaises	portent	**des foulards.**
Les bonnes sœurs	portent	**des cornettes.**
Les motocyclistes	portent	**des casques.**

. . . .

∩ 40.8 Activation: Discrimination auditive; coiffures

Essayez de deviner de qui il s'agit (probablement) dans chacune des phrases que vous allez entendre. Faites attention à la coiffure que porte chaque personne.

Ça devait être . . .	1	2	3	4	5	6
une bonne sœur						
un motocycliste						
une Bretonne						
une Martiniquaise						
un Basque						
l'homme en noir						

. . . .

∩ 40.9 Observation: Critiques

Ça, je m'en passerais!
Quelle horreur!
Je déteste ça!

C'est bien vulgaire!
Vous ne préférez pas. . . .

Il n'y a rien de plus | faux!
ennuyeux!
stupide!

. . . .

∩ 40.10 Observation: Affectation d'indifférence

Reprenons la conversation

. . . comme si de rien n'était.
. . . comme si nous ne l'avions pas vu.

. . . sans faire attention à lui.
. . . sans nous occuper de lui.

. . . .

∩ 40.11 Observation: Appréciation

C'est absolument génial!
C'est tellement mieux!

C'est tellement plus intéressant!
L'avenir est là!

L'avenir est à. . . .

⌒ 40.12 Activation: Compréhension auditive; critique, affectation d'indifférence, appréciation

Pour chaque énoncé que vous entendez, déterminez s'il s'agit d'une critique, d'une affectation d'indifférence, ou d'une appréciation. Cochez la case appropriée.

	1	2	3	4	5	6	7	8	9	10
critique										
affectation d'indifférence										
appréciation										

. . . .

⌒ 40.13 Observation: Renforcement de l'expression

	expression renforcée
C'est bien. C'est très bien.	C'est **très** bien! C'est **vraiment** très bien!
C'est mieux. C'est génial.	C'est **tellement** mieux! C'est **absolument** génial!
Je suis d'accord. Vous avez raison.	Je suis **on ne peut plus** d'accord! Vous avez **tout à fait** raison!

. . . .

⌒ 40.14 Activation: Dictée

Ecoutez et complétez.

1. Mireille (*à Marie-Laure*): Eh bien, tu _____ .

   C'est _____ !

2. Mme Belleau: Tu _____ ?

   Marie-Laure: Oh, _____ !

   Mme Belleau: On _____ !

3. Hubert: J'ai _____

   C'est _____ sympathique.

⌂ 40.15 Observation: Verbes + *à* + nom; pronoms objets directs et indirects (révision et extension)

	verbe	préposition	nom
1. L'homme en noir ne	**fait** pas de l'œil	à	Mireille.
2. Il ne	**parle** pas	aux	jeunes gens.

	pas de préposition	
3. Mais il	**écoute**	les jeunes gens.
4. Il	**regarde**	les jeunes gens.

pronom	*verbe*	

objet indirect		
5. Il ne	**lui**	fait pas de l'œil.
6. Il ne	**leur**	parle pas.

objet direct		
7. Mais il	**les**	écoute.
8. Il	**les**	regarde.

Vous remarquez que certains verbes, comme *écouter* (3), *regarder* (4), peuvent être suivis **directement** par un nom (sans préposition). Ce nom est un objet **direct.**

D'autres verbes, comme *faire de l'œil* (1), *parler* (2), peuvent être suivis par un nom précédé de *à* (1,2).

Quand un pronom personnel remplace un nom précédé de *à*, on utilise un pronom **objet indirect** (5,6).

On utilise un pronom **objet direct** (comme *le, la, l', les*) quand le pronom remplace un nom objet direct (c'est-à-dire un nom qui suit directement le verbe).

. . . .

⌂ 40.16 Observation: *Personne, rien;* sujets et objets directs (révision)

sujet	**ne**	*verbe*	*objet*
On	**ne**	voit	**personne.**
On	**ne**	voit	**rien.**

sujet	**ne**	*verbe*	
Personne	**ne**	pourra	plus jamais voir ça.
Rien	**ne**	pourra	jamais remplacer ça.

Notez que *rien* et *personne* peuvent être sujets ou objets du verbe. Dans les deux cas, ils sont utilisés avec *ne*.

. . . .

⌂ 40.17 Activation orale: *Personne, rien;* sujets et objets directs

Répondez négativement selon l'exemple.

Exemple:
Vous entendez: 1. Tu vois quelque chose?
Vous dites: Non, je ne vois rien.

2. Tu attends quelqu'un?
3. Robert fait quelque chose?
4. Qu'est-ce qu'elle dit?
5. Tu vois quelqu'un?
6. Qui est-ce que tu attends?
7. Qu'est-ce que tu fais?

🎧 40.18 Activation orale: *Personne, rien;* sujets et objets directs

Répondez négativement selon les exemples.

Exemples:

Vous entendez: 1. Quelqu'un fait de l'œil à Mireille?

Vous dites: Mais non, personne ne fait de l'œil à Mireille!

Vous entendez: 2. Quelque chose est cassé?

Vous dites: Non, rien n'est cassé.

3. Quelqu'un téléphone à Mireille?
4. Quelque chose te fait peur?
5. Qui est-ce qui te parle?
6. Qu'est-ce qui te plaît?
7. Qu'est-ce qui marche?
8. Qui est-ce qui t'attend?

. . . .

🎧 40.19 Activation orale: Futur et pronoms personnels (révision)

L'année prochaine, vous vous mettrez en congé pour un an, et vous irez en France. Les choses se passeront à peu près comme elles se sont passées pour Robert. Racontez ce qui se passera.

Vous pouvez apporter toutes les variantes que vous voulez, à condition de rester dans les limites de ce que vous pouvez dire sans faire de fautes. Par exemple, vous pouvez imaginer que vous rencontrerez dans la cour de la Sorbonne un jeune homme au lieu d'une jeune fille. Vous pouvez imaginer que ce jeune homme portera un short bleu et un pull blanc, qu'il sera professeur de karaté, etc., selon ce que vous préférez.

Exemple:

Vous entendez: Robert s'est mis en congé pour un an.

Vous dites: Je me mettrai en congé pour un an.

Robert est arrivé à Paris un dimanche.
Il est descendu dans un hôtel du Quartier Latin.
C'était un petit hôtel pas cher, mais propre.
Le lendemain, il s'est levé vers huit heures.
Il a pris son petit déjeuner dans un café.
Puis, il est allé se promener sur le Boul'Mich.
Il faisait très beau.
Il n'y avait pas un nuage.
Mais il y avait une grève d'étudiants, évidemment.
Il a vu des manifestants.
Il n'a pas compris ce qu'ils disaient.
Il les a suivis.
Il est entré avec eux dans la cour de la Sorbonne.
Il a vu une jeune fille.
Elle portait une jupe rouge et un pull blanc.
Elle avait les yeux bleus.
Elle lui a plu tout de suite.
Il ne lui a pas déplu.
Il s'est approché d'elle.
Il lui a souri.

Elle lui a rendu son sourire.
Il lui a parlé.
Elle s'appelait Mireille.
Elle était étudiante.
Elle faisait de l'histoire de l'art.
Elle suivait des cours à l'Institut d'Art et d'Archéologie.
Elle lui a dit qu'il n'avait pas d'accent du tout.
Elle ne pouvait pas croire qu'il était américain.
Elle était très impressionnée.
Ils sont allés s'asseoir au Luxembourg.
Puis, ils sont allés à la Closerie.
Ils ont bu un kir.
Robert a invité Mireille à déjeuner.
Mais elle n'a pas voulu.
Elle a dit non.
Robert a déjeuné seul.
Au dessert, il a pris un sorbet fraise.
Le lendemain, ils sont allés à Chartres.
Puis, Robert est allé chez les Belleau.
Ils l'ont retenu à dîner.

. . . .

🎧 40.20 Activation orale: Conditionnel (révision)

Si vous vous mettiez en congé pour un an, l'année prochaine, vous iriez en France. Tout se passerait à peu près comme pour Robert. Imaginez ce qui se passerait.

Pour une liste des faits, reportez-vous à l'exercice précédent.

Exemple:

Vous entendez: Robert s'est mis en congé pour un an.

Vous dites: Je me mettrais en congé pour un an.

40.21 Activation orale et écrite: Pronoms, *y,* et *en*

Répondez aux questions suivantes par une phrase complète. Utilisez des pronoms, *y,* et *en* chaque fois que possible. Utilisez les indications fournies par les passages cités en italiques.

Exemple:

Vous voyez: 1. *Robert et Mireille sont à la terrasse du Fouquet's.*

Vous voyez la question: Est-ce qu'ils vont au Fouquet's?

Vous dites et vous écrivez: <u>Non, ils y sont.</u>

2. Robert: *Il va falloir que j'aille au théâtre un de ces jours.*
   Est-ce que Robert est déjà allé au théâtre, à Paris?

   _____

3. Robert: *J'ai acheté un Pariscope, ce matin.*
   Robert n'avait pas de *Pariscope* hier soir. Comment se fait-il qu'il en ait un maintenant?

   _____

4. Robert: *C'est fou ce qu'il y a de théâtres à Paris!*
   Est-ce qu'il y a beaucoup de théâtres à Paris?

   _____

5. Mireille: *Une quarantaine, je pense.*
   Combien y a-t-il de théâtres à Paris, d'après Mireille?

   _____

6. Mireille: *Je ne pense pas que ça vaille la peine d'aller au Folies-Bergère.*
   Est-ce que Mireille conseille les Folies-Bergère à Robert?

   _____

7. Robert: *Qui est-ce qui t'a dit que j'allais au théâtre pour penser?*
   Est-ce que Robert a dit à Mireille qu'il allait au théâtre pour penser?

   _____

8. Robert: *Je crois que je vais prendre une autre bière.*
   Est-ce que Robert a déjà bu une bière?

   _____

9. Le jeune homme: *Mais nous nous connaissons, Mademoiselle!*
   Est-ce que Mireille connaît le jeune homme? Est-ce que le jeune homme connaît Mireille?

   _____

10. Robert: *La France me plaît assez, dans l'ensemble.*
    Quelle est l'opinion de Robert sur la France?

    _____

11. Robert: *Je trouve scandaleux que les ouvreuses vous vendent le programme, au théâtre.*
    Est-ce que les ouvreuses vous donnent le programme, au théâtre?

    _____

12. Mireille: *Mais voyons, Hubert! Personne ne se plaint de la publicité! Il n'y a que toi!*
    Est-ce qu'Hubert se plaint de la publicité ou est-ce qu'il l'approuve?

    _____

. . . .

40.22 Activation écrite: Négations, *y, en* (révision)

Complétez les phrases suivantes en vous inspirant de ce que vous avez observé dans les textes des leçons.

Exemple:

1. —Vous êtes déjà allé à la Comédie-Française?
   —Non, je n'y suis *jamais* allé.

2. —Vous avez déjà vu des pièces de Claudel?

   —Non, je _____ .

3. —La grande supériorité du théâtre sur le cinéma, c'est la présence de l'acteur vivant devant le public.

   —Vous avez raison. _____ remplacer la présence de l'acteur vivant, en chair et en os.

4. —*Le Misanthrope,* mis en scène et joué par Molière lui-même, c'était sûrement génial, mais _____
   _____ le voir.

5. —Attention, le type nous regarde. Reprenons la conversation comme si _____ .

6. —Tes parents vont souvent à l'Opéra?
   —Non, ils _____ deux ou trois fois par an.

7. —Tu as vu beaucoup de pièces de Françoise Dorin?
   —Non, je _____ une.

8. —Vous vous intéressez au théâtre et à la danse?
   —Non, il _____ le cinéma et la télévision qui m'intéressent.

9. —Est-ce que les ouvreuses servent à quelque chose?
   —Non, elles _____ déranger les gens avec leurs lampes de poche. (39–7)

10. —Et la publicité, est-ce que c'est utile?
    —Non, la publicité _____ créer des besoins artificiels. (39–7)

11. —Est-ce que les gens se plaignent de la publicité?
    —Non, personne _____ . (39–7)

12. —Tes parents et toi, vous regardez la télé?
    —Non, _____ Marie-Laure qui la regarde.

. . . .

40.23 Activation écrite: *Passer;* passé composé, auxiliaires *être* et *avoir* (révision)

Complétez.

Passages

A.

1. Robert et Mireille _____ devant la statue de Balzac.

2. Ils y _____ passés en sortant du cinéma.

3. Marie-Laure aussi y _____ , avec sa mère, un jour, quand elle était petite.

4. Robert entre dans le jardin du Luxembourg. Il passe _____ le Sénat.

5. Robert est assis à la terrasse d'un café. Mireille passe _____ la rue.

6. Mireille entre dans la Sorbonne. Elle passe _____ les arcades.

7. Robert était assis à la terrasse de l'Escholier. Il regardait les gens qui _____ .

8. Le *Pariscope* donne tous les films qui _____ Paris.

9. Le dernier film de Godard _____ à Paris en ce moment. Il _____ probablement à New-York dans un mois ou deux.

B.

10. Robert est arrivé à Roissy. D'abord, il _____ la police.

11. Robert et deux autres jeunes gens _____ la douane ensemble.

12. Mireille _____ le baccalauréat l'année dernière.

C.

13. Il était 20h 30 quand on _____ à table. Robert mourait de faim.

14. Si nous _____ à côté pour prendre le café?

15. Le grand-père de Robert, qui était juge, a d'abord été nommé à la Rochelle. Ensuite il _____ au tribunal de Bayonne.

D.

16. Est-ce que vous voudriez bien avoir l'obligeance de _____ le sel, s'il vous plaît? (34–2)

17. Allô! Oui, Madame est là; attendez, je vous _____ .

18. Et Concepcion _____ Mme Courtois à Robert.

19. Quand Mireille et Robert sont allés au cinéma, le film n'a pas commencé tout de suite; d'abord on _____ de la publicité.

E.

20. Moi? A Saint-Tropez? L'été dernier? Impossible! Je _____ tous mes étés en Patagonie.

21. Quand elle était jeune, la mère de Robert _____ plusieurs années au Pays Basque.

22. Mireille _____ trois étés en Angleterre.

23. Et si on jouait aux portraits pour _____ le temps?

24. Il pleuvait; ils ne pouvaient rien faire; alors ils _____ le temps en jouant aux portraits.

25. "_____ les jours et _____ les semaines

Ni temps passé

Ni les amours reviennent . . ." (Apollinaire, 23–document)

F.

26. Qu'est-ce qu'il y a? De quoi s'agit-il? Qu'est-ce qui _____ ?

27. Mais tu es toute trempée! Tu es tombée dans le bassin? Qu'est-ce qui _____ ?

28. Trois heures plus tard, Robert est complètement perdu à 300 km de Paris. Voilà ce qui _____ .

29. On ne sait jamais ce qui va _____ .

30. Mme Courtois est allée voir ce qui _____ à la cuisine.

· ·

40.24 Activation écrite: *Faire* (révision)

Essayez de compléter les phrases suivantes en utilisant les formes du verbe *faire* qui conviennent.

Il y a à faire!

1. Jean-Pierre: Vous avez vu le type, à côté? Je croyais qu'il _____ œil à Mireille! Mais non! C'est du morse!

2. Jean-Pierre: Ça, alors! Il y a une bonne sœur, à côté, qui _____ morse avec sa cornette!

3. Mireille: Le type d'à côté nous écoute. Reprenons notre conversation. _____ comme si nous ne l'avions pas vu.

4. Robert: Vous _____ danse?

5. Mireille: Non. Ma petite sœur _____ .

6. Mireille: Moi, j' _____ quand j'étais petite, mais maintenant, je _____ karaté!

7. Robert: La France me plaît assez, dans l'ensemble; je _____ que de légères réserves.

8. Mireille: Moi, je ne regarde plus la télé; ça _____ aux yeux.

9. Hubert: Tiens! Vous êtes là? Qu'est-ce que _____ là?

10. Hubert: Il y a longtemps que vous êtes là?

    Mireille: Non, _____ dix minutes, peut-être.

11. Hubert: Nous sommes allés voir le dernier film d'Annaud, hier; il y avait un monde fou! Nous _____ la queue une heure avant de pouvoir entrer.

12. Hubert: Ça _____ beaucoup, d'aller souper après le théâtre!

13. Vous trouvez qu'Hubert a fait preuve de beaucoup de sans-gêne en s'asseyant à la table de Mireille et Robert? Qu'est-ce que vous _____ à sa place?

14. Hubert: Si vous voulez aller voir la pièce de Feydeau, vous _____ bien de réserver des places.

15. Robert: Du théâtre d'avant-garde? Mais je n'y comprendrai rien!

    Mireille: Mais si! Il faudra que tu _____ attention! C'est tout!

16. Mireille: Et si tu ne comprends pas, je _____ un petit dessin.

. . . .

40.25 Activation écrite: *Faire* + infinitif (révision)

Complétez avec les formes du verbe *faire* et les infinitifs qui conviennent.

1. Jean-Pierre: Au cinéma, avec les trucages, on peut tout faire. On peut incendier la tour Montparnasse ou _____ la Tour Eiffel!

2. Robert: Mireille vient de _____ *L'Amour l'après-midi.* J'ai beaucoup aimé! (39–6)

3. Mireille: Je ne crois pas que les pièces de boulevard _____ beaucoup _____ .

4. Jean-Pierre: Moi, j'aime les films sentimentaux, les films tristes qui me _____ .

    Mireille: Vous pleurez au cinéma?

    Jean-Pierre: Oui; pas vous?

5. Hubert: Ah, vous me _____ avec votre conservatoire de la culture contemporaine! C'est grotesque, cher ami!

6. Hubert: Pourquoi riez-vous?

    Jean-Pierre: C'est vous qui _____ ! Vous êtes ridicule!

7. Robert: Je suis très naïf; je crois tout ce qu'on me dit. Mais ça, non! Vous ne me le _____ !

40.26 Activation écrite: Formes et emplois du verbe *pouvoir* (révision)

Complétez.

1. Jean-Pierre: Grâce aux cinémathèques et aux vidéocassettes, vous _____ voir presque tous les bons films qui ont été tournés depuis que le cinéma existe.

2. Jean-Pierre: Mais personne ne _____ plus jamais revoir *Le Misanthrope* joué par Molière!

3. Hubert: Rien ne _____ jamais remplacer la présence de l'acteur en chair et en os.

4. Mme Belleau: Quand j'étais étudiante, je _____ voir trois films par jour, sans problème!

5. Mme Belleau: Maintenant, même si j'avais le temps, je ne _____ plus!

6. Robert: Il faut absolument que j'aille au théâtre, un de ces jours. Ce serait bien si je _____ y aller avec toi.

7. Robert: Nous _____ peut-être aller voir *La Cantatrice chauve*, si tu voulais . . . et si ça passe encore.

8. Mireille: Ça m'étonnerait que nous _____ avoir des places; la salle est minuscule, tu sais.

9. Mireille: De toute façon, ce soir, il faudra que je m'occupe de ma petite sœur. Je ne _____ pas sortir.

10. Robert: Mais je ne _____ tout de même pas y aller tout seul!

. . . .

⌂ 40.27 Activation orale: Dialogue entre Mireille et Hubert

Vous allez entendre un dialogue entre Mireille et Hubert. Ecoutez attentivement. Vous allez apprendre les réponses d'Hubert.

Mireille: Qu'est-ce qu'il y a?
Hubert: **Tu as vu les yeux du type, à côté?**
Mireille: Et bien quoi? Qu'est-ce qu'ils ont, ses yeux? Il a un œil qui dit zut à l'autre, comme mon oncle Victor?
Hubert: **Non, non, ce sont les deux! Ce sont ses deux yeux qui disent zut . . . à je ne sais pas qui. . . .**

Mireille: Comment ça?
Hubert: **En morse!**
Mireille: Qu'est-ce que c'est que cette histoire?
Hubert: **Si, si, regarde! Il cligne d'un œil, c'est un point. Il cligne des deux yeux, c'est un trait.**

Exercices-tests

40.28 Exercice-test: *Personne, rien;* sujets et objets directs

Répondez négativement aux questions suivantes.

1. Vous voyez quelque chose?

   Non, je _____ .

2. Quelqu'un pleure?

   Non, _____ .

3. Quelque chose est tombé?

   Non, _____ .

4. Tu connais quelqu'un?

   Non, je _____ .

Vérifiez. Si vous avez fait des fautes, travaillez les sections 40.16 à 40.18 dans votre cahier d'exercices.

40.29 Exercice-test: Formes du futur

Mettez les phrases suivantes au futur.

1. Tu viens?

   Tu _____ ?

2. On va au cinéma.

   On _____ au cinéma.

3. J'ai pas mal d'argent.

   J' _____ pas mal d'argent.

4. Nous pouvons prendre un verre.

   Nous _____ prendre un verre.

5. Tu veux te promener?

   Tu _____ te promener?

6. Nous ne sommes pas pressés.

   Nous ne _____ pas pressés.

Vérifiez. Si vous avez fait des fautes, travaillez la section 40.19 dans votre cahier d'exercices.

40.30 Exercice-test: Pronoms, y, et en

Récrivez les phrases suivantes en remplaçant les noms par des pronoms, y, ou en.

1. Tu as téléphoné aux Courtois?

   Tu _____ as téléphoné?

2. Tu veux de la mousse au chocolat?

   Tu _____ veux?

3. Tu viens de la bibli?

   Tu _____ viens?

4. Robert a acheté un *Pariscope?*

   Il _____ a acheté _____ ?

5. On va au Fouquet's?

   On _____ va?

Vérifiez. Si vous avez fait des fautes, travaillez la section 40.21 dans votre cahier d'exercices.

Libération de l'expression

40.31 Mise en question

Relisez le texte de la leçon; lisez les questions de la mise en question qui suit la mise en œuvre dans votre livre de textes. Réfléchissez à ces questions et essayez d'y répondre.

. . . .

40.32 Mots en liberté

Qu'est-ce qu'on peut faire sauter?

   On peut faire sauter un gouvernement, une charge d'explosifs, une ambassade, un lapin coupé en morceaux dans l'huile très chaude, un bébé sur ses genoux. . . .

Trouvez encore au moins trois possibilités.

Qu'est-ce qu'on peut mettre dans un film?

   On peut mettre toutes sortes de trucages, beaucoup de gros plans, 357 espions, un ballet, des acteurs inconnus, deux ou trois crimes. . . .

Trouvez encore au moins quatre ou cinq possibilités.

. . . .

40.33 Mise en scène et réinvention de l'histoire

Reconstituez une conversation entre Mireille, Robert, Hubert, et Jean-Pierre.

Robert: Quel est l'avenir du théâtre?
Jean-Pierre: Nul! L'avenir (. . .).
Hubert: C'est faux! Rien ne pourra jamais remplacer (. . .).
Mireille: Hubert a raison. Le cinéma (. . .) tandis qu'au théâtre (. . .).

40.34 Mise en scène et réinvention de l'histoire

Imaginez quelques nouvelles hypothèses sur l'homme en noir. Par exemple:

C'est | un | espion | suisse.
| le | metteur en scène | russe.
| — | Jean-Luc Godard | canadien.
| | monstre | péruvien.
| | prince charmant | sud-africain.
| | Yves Montand | hawaïen.
| | père de Robert | —.

Il fait de l'œil
- à Mireille.
- à Robert.
- au public.
- à votre professeur de français.
- à Hubert.
- à un autre espion dans un café en face.

Après, "Zut," il dit, en morse:

"On va | faire sauter | *Hamlet*, de Shakespeare."
| incendier | la Tour Eiffel."
| tourner en vidéo | Beaubourg."
| tuer | le Home Latin."
| | le Ministère de la Santé."
| | sa mère."

"Je suis | votre | concierge."
| un | psychiatre."
| | père."
| | prince charmant."
| | voyeur."
| | meilleur ami."
| | avenir."
| | destin."
| | serviteur."

Un peu plus tard, il quitte le restaurant avec | Hubert
| Mireille
| Robert

qui est son | client.
| agent secret.
| gardien de nuit.
| fils.
| chauffeur.

Ils vont directement | à | les plaines de Russie.
| dans | Beaubourg.
| en | la Tour Eiffel.
| aux | Ukraine.
| | Folies-Bergère.
| | Versailles.
| | Argentine.
| | Normandie.
| | Alsace.

Là, ils | dirigent l'armée | russe.
| | française.
| | polonaise.
| | autrichienne.
| font | une | cidre.
| | du | choucroute garnie.
| | l' | dessins animés pour la télévision.
| | des | amour l'après-midi.
| disparaissent.
| organisent | des manifestations contre le roi Ubu.
| | des ballets.
| | une nouvelle religion.
| sauvent la mère de Robert.

40.35 Mise en scène et réinvention de l'histoire

Imaginez une visite de l'homme en noir chez le psychiatre.

L'homme en noir:

Bonjour, Docteur. Je m'appelle
| Charles de Gaulle.
| Napoléon Bonaparte.
| Victor Hugo.
| Vercingétorix.

J'ai
| 2 038
| 42
| 21
| 53
| 32
ans, et je suis
| divorcé.
| célibataire.
| veuf.
| mort.

Je suis sûr
J'ai l'impression
Je trouve
que je suis
| absolument fou.
| le véritable roi Ubu.
| dangereux.
| un espion sans le savoir.
| un monstre.
| une bonne sœur.

Le psychiatre:

Pourquoi?

L'homme en noir:

Parce que
| je ne porte que du noir.
| j'ai des hallucinations.
| je cligne d'un œil tout le temps.
| la poursuite de Robert et Mireille est ma seule occupation.
| parfois je porte un costume de bonne sœur.

Le psychiatre:

Quand vous étiez petit, vous aviez le même problème?

L'homme en noir:

je ne portais que
| du blanc.
| du rose.
| des minijupes de Prisunic.
je clignais de l'autre œil, ce n'est pas le même problème.
je n'avais pas d'hallucinations, je voyais de vrais monstres.

Oui,
Non,
j'avais d'autres tics:
| du pied.
| de la main gauche.
| du nez.
| de l'oreille droite.
je ne connaissais pas
| Robert et Mireille.
| le morse.
je n'étais pas
| fou.
| religieux.
| dangereux.

Le psychiatre:

Monsieur,
| l'avenir est aux fous.
| votre œil va continuer à dire zut à l'autre.
vous êtes
| réellement dangereux.
| absolument fou.
| tout à fait normal.
| un pauvre débile.
| je peux vous sauver, pour 10.000F.

Ça fera 500F pour aujourd'hui. Au revoir.

Préparation à la lecture et à l'écriture

40.36 Entraînement à la lecture

Lisez le document 1 de la leçon 40 dans votre livre de textes et répondez aux questions suivantes.

1. Quelles sortes d'émissions de télévision les Français préfèrent-ils?

_____

2. Comparez les goûts des Français avec les vôtres, ou ceux de vos compatriotes. Est-ce qu'ils sont identiques? Sinon, en quoi diffèrent-ils?

_____

_____

3. Où est le musée d'Orsay? Quel genre de musée est-ce que c'est? (Voyez le texte de la leçon 38.)

_____

_____

40.37 Entraînement à la lecture

Lisez le document 2 et répondez.

1. Quels genres de jeux ont remplacé les jeux du cirque que les Romains affectionnaient?

_____

2. En quoi consistaient les jeux du cirque des Romains? En quoi consistent les jeux télévisés? Est-ce que ces derniers sont d'un niveau culturel plus élevé? Pourquoi?

_____

_____

_____

40.38 Entraînement à la lecture

Lisez le document 11, puis lisez le texte suivant et complétez-le.

1. Le Père Ubu est gros, bête, et méchant. Officier dans l'armée du roi de Pologne, il tue celui-ci pour devenir roi lui-même. Mais Ubu est un très mauvais roi. Il ne pense qu'à s'enrichir. Il est obsédé par la "finance." Il a toute une collection d'instruments qu'il utilise pour extraire la "phynance" de ses sujets: le croc à phynance, le bâton à phynance, etc. Le Czar l'attaque. Ubu est obligé de partir en guerre contre les Russes.

   La façon de parler d'Ubu est aussi caricaturale que sa personne. Elle est souvent emphatique, archaïque, prétentieuse. Il parle à la première personne du pluriel: en parlant de lui-même, il ne dit pas "je," mais il dit "_____." Au lieu de dire "nous allons mourir," il dit "nous allons _____." Il appelle un _____ "Sire," comme si c'était un roi. Au lieu de dire "mon cheval," il dit "ma _____." Au lieu de dire "nous serons exposés aux coups des Russes," il dit "nous serons _____ aux coups des Russes." (Remarquez qu'il fait là un jeu de mots, parce qu'il est sur une <u>butte</u>, c'est-à-dire une hauteur, une colline, une petite montagne, comme la <u>butte</u> Montmartre.)

2. Sa façon de parler est aussi très souvent naïve, familière, et très vulgaire. Il a tout un répertoire de jurons bien à lui: "Merdre" (attention, très vulgaire, à ne pas imiter . . .), "de par ma chandelle verte! Jarnicotonbleu! Tête de vache!" Il a un répertoire de tortures tout aussi pittoresques: décollation, torsion des jambes, extraction de la cervelle par les talons, éclatement de la vessie natatoire, torsion du nez et des dents, extraction de la langue, et enfoncement du petit bout de bois dans les oneilles (les oreilles en jargon ubuesque).

3. Pour ceux que ça intéresse: La <u>décollation</u> consiste à couper le cou (le col). Plusieurs martyrs chrétiens (Saint-Jean-Baptiste par exemple) ont subi la _____ , c'est-à-dire qu'on leur a coupé la tête.

   Une <u>chandelle</u>, c'est une bougie: un cylindre de cire avec une mèche au milieu qui servait autrefois à s'éclairer (avant l'électricité). On met la _____ dans un <u>chandelier</u>. La <u>cervelle</u>, c'est le cerveau. En général, on dit "cervelle" quand on parle de celle des animaux, surtout quand on la mange (en beignet, au beurre noir).

   Le <u>talon</u>, c'est la partie arrière du pied. Celui d'Achille est particulièrement connu. (C'était son point faible.)

   La <u>vessie natatoire</u>, c'est une poche gonflée d'air, dans le ventre des poissons, qui leur permet de flotter dans l'eau.

4. Ubu emploie des redondances ridicules, comme "descendre en _____ " (on ne peut pas descendre en haut), et "les fantassins à _____ " (tous les fantassins sont à <u>pied</u>, sinon ce seraient des cavaliers!); des expressions familières et puériles: "Ah! que je t'attrape!"; "Monsieur," en parlant à un officier, "que veux-tu que j'y fasse!"; "c'est bien fait" pour "il l'a bien mérité"; "taper dessus" pour "frapper"; et "se tirer des _____ " au lieu de "fuir" ou "s'en aller." (En argot, on dit encore aujourd'hui "se tirer" pour "s'en aller": "Je me tire, je file!")

· ·

40.39 Entraînement à la lecture

Lisez le document 10, puis complétez le texte suivant.

1. Je bois beaucoup de whisky, je bois autant de whisky que je veux, je bois du whisky _____ . (*Whisky à gogo* est la traduction française du titre d'une comédie anglaise qui a eu beaucoup de succès, *A Tight Little Island*.)

2. Les trombones sont des instruments de musique qui peuvent devenir très longs parce qu'il y a deux parties qui coulissent. Des noms comme des _____ , ce sont des noms très longs, en plusieurs parties comme Hubert Eudes de Pinot-Chambrun de Bettelheim d'Arbois. . . .

3. Le diamant, c'est du carbone, comme le charbon . . . mais le diamant est une pierre précieuse; c'est sans doute, même, ce qu'il y a de plus cher comme pierre précieuse.

4. C'est très bien, c'est super, c'est formidable, c'est épatant, c'est _____ !

5. C'est extrêmement intéressant, c'est _____ .

6. Mireille n'a pas beaucoup de vêtements, elle n'a qu'une jupe rouge, une paire de jeans, deux ou trois robes . . . c'est tout; elle n'a pas une _____ foudroyante; sa _____ est assez limitée.

   Au contraire, la <u>garde-robe</u> de Boris Vian, d'après lui, est très impressionnante: elle est _____ (comme les reprises de l'Alpine dans la leçon 29, section 3)!

7. Quand Boris Vian a écrit cette petite chanson, c'est-à-dire juste après la deuxième guerre mondiale, pendant l'époque dite "existentialiste" à Saint-Germain-des-Prés, les Jaguar étaient très dans le vent; elles étaient extrêmement chères et très rares, on en fabriquait très peu.

8. Quand une personne meurt, on enveloppe le corps dans une sorte de drap, un morceau de tissu, pour l'enterrer; c'est un
_____ .

. . . .

40.40 Entraînement à la lecture

Lisez le document 7. Complétez et répondez.

1. Les coulisses, ce sont les parties de la scène, à droite et à gauche, que les spectateurs ne voient pas.

2. Allez _____ ! C'est ce qu'on dit à un chien qui vous embête. Si on le dit à une personne, c'est très insultant.

3. Il y a huit jours ça a été la même chose, ça a été la même histoire, ça a été le même _____ .

4. Qu'est-ce qui montre que le spectacle de Guy Bedos, à la télé, n'amuse pas beaucoup le mari de la spectatrice?
_____

5. Les pieds-noirs, ce sont des Français nés en Afrique du Nord (Tunisie, Algérie, Maroc). Quand l'Algérie est devenue un pays indépendant, la plupart des _____ ont émigré en France, ou ailleurs. Guy Bedos est pied-noir. Il fait de l'humour en disant qu'il y a des _____ qui sont des gens très bien.

6. Ces deux personnes voulaient venir voir mon spectacle. Ils me demandaient de les inviter depuis des mois. Ils m'ennuyaient, ils m'embêtaient, ils me _____ depuis des mois!

7. Le soir où ils étaient dans la salle, j'ai fait beaucoup d'efforts (je voulais que ça leur plaise), je me suis donné au maximum, je me suis _____ pendant toute la soirée.

8. Quand il y a des gens qu'on connaît dans la salle, on s'inquiète, on se fait de la bile, on se fait du _____ .

9. Il y a des gens qui ne remarquent que les détails physiques, ils ne font attention qu'à ces détails, ils _____ sur ces détails.

10. Toute la soirée j'ai été dérangé, perturbé, démoralisé par un type qui répétait "les boots"! Ça m'a _____ pendant toute la soirée.

11. Pendant le spectacle je change de voix, d'accent . . . mais je garde toujours les mêmes chaussures, je ne change pas de _____ .

. . . .

40.41 Entraînement à la lecture

Lisez le document 9. Complétez et répondez.

1. Le papa de Catherine a connu Mme Dismaïlova autrefois, dans le _____ .

2. Quel est le métier du papa de Catherine, maintenant?
_____

3. Quand il était jeune, il était assez beau garçon, il était assez bien _____ .

4. Si on est extrêmement fatigué, ou si on a trop bu ou si on ne voit pas où on va, on marche de façon hésitante, on

_____ . Le père de Catherine _____ parce que, pour paraître sur scène, il n'avait pas mis ses

lunettes.

5. Je suis tombé, je me suis _____ .

6. Ta maman ne pouvait pas s'arrêter de rire, elle avait une crise de _____ .

7. Saint-Mandé est dans la banlieue de Paris. Nous allions quelquefois à Saint-Mandé les jours où il n'y avait pas de

spectacle, les jours où le Casino de Paris était fermé, quand on faisait _____ .

8. Ecrivez en bon français "Fondou," "Tendou," "Attitoude." _____

. . . .

40.42 Entraînement à la lecture

Lisez le document 6 et répondez aux questions.

1. Pour qui est l'autographe que le spectateur (ou la spectatrice) demande?

_____

2. Pourquoi le texte, le contenu, de l'autographe n'a-t-il pas d'importance?

_____

3. Pourquoi cet autographe ne sera-t-il plus un autographe quand son destinataire le recevra?

_____

. . . .

40.43 Entraînement à la lecture

Lisez le document 5 et répondez.

Quand on aime vraiment une personne, on est prêt à mourir pour elle . . . du moins on le dit. Devos le dit; mais il prend une petite précaution. . . . A quelle condition mourra-t-il pour son public? Qu'est-ce qu'il espère?

_____

_____

. . . .

40.44 Entraînement à la lecture

Lisez le document 3 et la note suivante, puis répondez.

François Truffaut (1932–1984) a été un des pionniers de la "nouvelle vague." Il a réalisé plus d'une vingtaine de films; parmi les plus connus: *Les Quatre cents coups* (1959), *Tirez sur le pianiste* (1960), *Jules et Jim* (1962), *Baisers volés* (1968), *L'Enfant sauvage* (1969), *L'Argent de poche* (1976).
En quoi la télévision est-elle supérieure au cinéma?

_____

_____

40.45 Lecture et interprétation

Lisez le document 4 et répondez.

D'après cette publicité des deux chaînes publiques françaises, France 2 et France 3, quels sont les avantages de la télévision en ce qui concerne l'opéra?

_____

_____

Que pensez-vous de la question de "l'émotion partagée"? Est-ce que ça joue en faveur de la télévision ou de la présence des spectateurs dans une salle de théâtre?

_____

_____

_____

. . . .

40.46 Pratique de l'écriture

Qu'est-ce que vous préférez,
    écouter la radio (quel genre d'émission)?
    écouter des disques, de la musique (quel genre)?
    regarder la télé (quel genre d'émission)?
    regarder un match à la télé (quel genre de match)?
    voir un film (quel genre de film)?
    voir une pièce de théâtre (quel genre de pièce)?
    voir un spectacle de danse (quel genre de danse)?
    assister à un match au stade (quel genre de match)?
    lire un bon livre (quel genre de livre)?
Qu'est-ce que vous faites le plus souvent, pour vous distraire? Qu'est-ce que vous avez fait, vu, lu, écouté récemment?

_____

_____

_____

_____

. . . .

40.47 Pratique de l'écriture

Vous êtes Mireille. C'est le mois de décembre. Robert n'est toujours pas allé au théâtre! Il veut absolument y aller. Il vous demande de le conseiller. Consultez l'*Officiel des spectacles* pour voir ce qu'on joue en ce moment. Considérez ce que vous savez de ses goûts et expliquez-lui les possibilités.

_____

_____

_____

_____

_____

_____

COMEDIE FRANÇAISE, place du Th.-Français, M° Palais Royal. Loc. : 11h à 18h (du 15ᵉ au 6ᵉ j. avant la date) 40 15 00 15. Rens. : 40 15 00 15, 24h sur 24. (H).

Mer. 25 déc., ven. 3 janv., dim. 5, ven. 10, lun. 13, mer. 15, sam. 18, dim. 19 et mer. 22 janv. à 20h30 ; ven. 27 déc. et mar. 31 déc., mer. 1ᵉʳ janv. et dim. 26 janv. (dernière) à 14h :

*De Molière, mise en scène de Dario Fo avec C. HIEGEL, G. GIROUDON, M. BOZONNET, L. BRABANT, C. BLANC, I. GARDIEN, P. TORRETON, I. TYCZKA, C. SAMIE, D. ROZAN :

**LE MEDECIN MALGRE LUI-
LE MEDECIN VOLANT**

HUCHETTE, 23, rue de la Huchette (place Saint-Michel), 43 26 38 99 (H), M° Saint-Michel. Pl. : 100 F. Etud. : 70 F (sauf sam.). Tarif dégressif pour plusieurs spectacles. Loc. 17h à 21h30 sf dim. Le 31 déc. : 120 F. RELACHE du 5 au 12 janv. :

Soir 19h30 (sauf dim.), relâche les 24 et 25 déc. Exceptionnellement, dim. 29 déc. à 19h30 :

*Une pièce de Eugène Ionesco, mise en scène de N. Bataille, avec LES COMEDIENS DU TH. DE LA HUCHETTE :

LA CANTATRICE CHAUVE

Une autopsie de la société contemporaine par le truchement de propos ridicules par leur banalité que tiennent deux couples au coin du feu.

Soir 20h30 (sauf dim.). Relâche les 24 et 25 déc. ; exceptionnellement dim. 29 à 20h30 :

*Une pièce de Eugène Ionesco, mise en scène de M. Cuvelier, par LES COMEDIENS DU TH. DE LA HUCHETTE :

MICHEL, 38, rue des Mathurins, 42 65 35 02, M° Havre-Caumartin. Pl. de 60 à 220 F. Loc. de 11h à 20h. Le 31 déc. : pl. de 80 à 300 F.

Du mar. au ven. à 21h15, sam. à 17h30 et 21h15, mat. dim. à 15h30. Attention : mar. 24 déc. à 21h15 ; mer. 25 déc. à 15h30 et 21h15, dim. 29 déc. à 15h30 et 21h15 ; lun. 30 : relâche ; mar. 31 déc. à 21h15, mer. 1ᵉʳ janv. à 15h30 :

*De Marc Camoletti, mise en scène de l'auteur avec H. GUYBET, F. LAPERSONNE, J. DEGENNE, M. PHILIPPOT, C. REVERHO, P. GUILLEMIN, B. ROY, F. CAPILLERY, N. VASSEL, M. BALADI :

DARLING CHERIE

Etre aimée de plusieurs hommes à la fois et vouloir rendre chacun aussi heureux que si il était seul. Drôle de journée !

Leçon 41

Assimilation du texte

🎧 41.1 Mise en œuvre

Ecoutez le texte et la mise en œuvre dans l'enregistrement sonore. Répétez et répondez suivant les indications.

. . . .

🎧 41.2 Compréhension auditive

Phase 1: Regardez les images et répétez les énoncés que vous entendez.

Phase 2: Ecrivez la lettre de chaque énoncé que vous entendez sous l'image qui lui correspond le mieux.

1. ___

2. ___

3. ___

4. ___

5. ___

6. ___

7. ___

8. ___

∩ 41.3 Production orale

Ecoutez les dialogues suivants. Vous allez jouer le rôle du second personnage.

1. Mireille: Vous nous apportez l'addition, s'il vous plaît?
   Le garçon: (. . .)
2. Robert: Est-ce que nous pourrions avoir l'addition, s'il vous plaît?
   Le garçon: (. . .)

3. Robert: Dis-moi, est-ce qu'on gagne quelquefois à cette loterie?
   Mireille: (. . .)
4. Robert: Tiens, garde-le!
   Mireille: (. . .)
5. Mireille: Et il ne faudra pas oublier d'acheter le journal, lundi matin, pour voir la liste des gagnants!
   Robert: (. . .)

. . . .

∩ 41.4 Compréhension auditive et production orale

Ecoutez les dialogues suivants. Après chaque dialogue, vous entendrez une question. Répondez à la question.

1. Pourquoi est-ce que c'est très bien de casser du verre blanc, d'après Mireille?
2. Pourquoi Mireille n'a-t-elle jamais gagné à la loterie?
3. Pourquoi Robert propose-t-il de prendre un billet bien que ce ne soit pas dans ses principes?
4. Pourquoi Robert dit-il que Mireille doit avoir beaucoup de chance en ce moment?
5. Mireille peut-elle prendre n'importe quel numéro?
6. Pourquoi faudra-t-il que Robert achète le journal, jeudi matin?

Préparation à la communication ▰▰▰▰▰▰▰▰▰▰▰▰

∩ 41.5 Observation: Prononciation; caractéristiques générales des consonnes françaises

Comparez la prononciation du /f/ dans le mot français *café* et dans le mot anglais correspondant. C'est une consonne; vous savez que toute consonne est produite par une interruption (totale ou partielle) du passage de l'air. Ici, l'interruption (partielle) est produite par la pression de la lèvre inférieure contre les dents supérieures. Cela est vrai, également, pour le /f/ du mot anglais *café*, mais dans le mot français, le pression est plus énergique, surtout plus précise (plus localisée), et plus rapide.

. . . .

∩ 41.6 Activation orale: Prononciation; caractéristiques générales des consonnes françaises

Ecoutez et répétez les mots suivants.

café	minute	pathétique	addition	mentalité
artificiel	note	conversation	initiale	mécanique
cinéma	kiosque	organisation	loterie	remarque

🎧 41.7 Observation: Condescendance

Oui. . . .
Si ça t'amuse! Si ça te fait plaisir! Si tu veux! Si tu y tiens!
Comme tu veux! Comme tu voudras!

· ·

🎧 41.8 Activation orale: Condescendance

Ecoutez les dialogues et répétez les réponses (condescendantes) de Mireille.

· ·

🎧 41.9 Observation: Indifférence; *n'importe*

Où?	Quand?	Comment?
—Mets ça ailleurs! —Ici ou là? —N'importe où!	N'importe quand!	N'importe comment!
Qui?	Quoi?	Lequel?
N'importe qui!	N'importe quoi!	N'importe quel billet! N'importe lequel!
	Peu importe! Ça n'a pas d'importance!	Ça m'est égal! Ça ne fait rien!

· ·

🎧 41.10 Activation orale: Indifférence; *n'importe*

Répondez selon les exemples.

Exemples:

Vous entendez: 1. Qu'est-ce qu'on va faire?
Vous dites: Faisons n'importe quoi, ça m'est égal!

Vous entendez: 2. Quel numéro est-ce qu'on va prendre?
Vous dites: Prenons n'importe lequel! Ça m'est égal!

3. Quel journal est-ce qu'on va acheter?
4. Qu'est-ce qu'on va dire?
5. Où est-ce qu'on va aller?
6. Quand est-ce qu'on va partir?
7. Qui est-ce qu'on va inviter?

∩ 41.11 Activation: Dictée; indifférence

Ecoutez et complétez. Vous entendrez les passages trois fois.

1. Marie-Laure (*magicienne*): _____ une carte, _____ .

2. Marie-Laure (*généreuse*): _____ bonbon?

   Mireille: Oh, oui!

   Marie-Laure: _____ ?

   Mireille: Ça _____ .

   Marie-Laure: Alors, _____ .

. . . .

∩ 41.12 Observation: *Tenter, tendre*

Comparez.

tenter		tendre	
Robert **tente**	sa chance.	Robert **tend**	un billet au garçon.
Il **a tenté**	sa chance.	Il **a tendu**	un billet au garçon.
Il **tentera**	sa chance.	Il **tendra**	un billet au garçon.

. . . .

∩ 41.13 Observation: *Gagner sa vie, gagner à la loterie*

	gagner	de l'argent sa vie		gagner	à la loterie à un jeu
Il faut que les ouvreuses	gagnent	leur vie.	Mireille ne	gagne jamais	à la loterie.
Elles	gagnent	peu.	Marie-Laure	gagne toujours	à la belote.
Mais les psychanalystes	gagnent	beaucoup d'argent.			
("Ils	font	leur beurre!")			
Le mari de Cécile	gagne	10.000F par mois.			

∩ 41.14 Observation: Chance et malchance

Tante Amélie:

Quelle chance!
Ça, c'est de la chance!
Vous avez de la chance!
Vous avez beaucoup de chance!
Vous avez bien de la chance!

Quelle malchance!

Ça, c'est pas de chance!
Vous n'avez pas de chance!

Marie-Laure:

Quelle veine!
Ça, c'est de la veine!
Vous avez de la veine!
Tu as beaucoup de veine!
Tu as bien de la veine!

Quelle déveine! Quelle
  poisse!
Ça, c'est pas de veine!
Tu n'as pas de veine!

	verbe	objet
Je vais essayer; je vais	**tenter**	**ma chance.**
Quand on	**a**	**de la chance,**
il faut	**en profiter.**	
Il faut	**profiter**	**de la chance.**
Robert	**a**	**de la chance.**

	sujet	verbe
La chance	**sourit**	**à Robert.**

Tante Amélie dit que . . .
  casser du verre blanc, ça porte bonheur, ça porte chance;
  casser du verre de couleur, ça porte malheur.[1]

· ·

∩ 41.15 Activation: Compréhension auditive; chance et malchance

Mireille emprunte la voiture de Tonton Guillaume pour aller faire un tour du côté de Provins. Déterminez si, dans les aventures qui lui arrivent, elle a de la chance ou de la malchance. Cochez la case appropriée.

	1	2	3	4	5	6	7	8	9	10
chance										
malchance										

· ·

∩ 41.16 Observation: Place de *rien* et de *personne* aux temps composés

auxiliaire	rien	participe passé	personne
Je n'ai jamais	**rien**	gagné.	
Je n'ai	**rien**	gagné.	
Je n'ai	**rien**	vu.	
Je n'ai		vu	**personne.**

Dans les phrases ci-dessus, *rien* et *personne* sont les objets directs d'un verbe à un temps composé. Remarquez que *rien* est placé avant le participe passé, mais que *personne* est placé après le participe passé.

---

1. Mais Tante Amélie dit n'importe quoi! Il ne faut pas faire attention à ce que dit Tante Amélie!

⌒ 41.17 Activation orale: Place de *rien* et de *personne* aux temps composés

Répondez négativement selon l'exemple.

Exemple:
Vous entendez: 1. Vous avez vu quelqu'un?
Vous répondez: Non, je n'ai vu personne.

2. Vous avez entendu quelqu'un?
3. Vous avez dragué quelqu'un?
4. Vous avez tué quelqu'un?
5. Vous avez fait quelque chose?

6. Vous avez mangé quelque chose?
7. Vous avez bu quelque chose?
8. Vous avez suivi quelqu'un dans la rue?
9. Vous avez remarqué quelqu'un?
10. Vous avez remarqué quelque chose?
11. Vous avez entendu quelque chose?
12. Vous avez vu quelque chose?
13. Vous avez vu quelqu'un?
14. Vous avez tout compris?

· ·

⌒ 41.18 Observation: Préférence et subjonctif

préférence	*subjonctif*
Je **préfère**	**que** ce **soit** toi qui gardes le billet.
Il **vaut mieux**	**que** ce **soit** toi qui gardes le billet.
Il **vaudrait mieux**	**que** ce **soit** toi qui gardes le billet.
J' **aime mieux**	**que** ce **soit** toi qui gardes le billet.
Je **tiens à ce**	**que** ce **soit** toi qui gardes le billet.

· ·

⌒ 41.19 Activation orale et écrite: Préférence et subjonctif

Répondez selon l'exemple.

Exemple:
Vous entendez: 1. Garde le billet.
Vous voyez: J'aime mieux que tu _____ le billet.
Vous dites et vous écrivez: J'aime mieux que tu <u>gardes</u> le billet.

2. Je tiens à ce que nous _____ notre chance.

3. J'aime mieux que tu _____ avec moi.

4. Je préférerais que tu _____ attention où tu mets les pieds!

5. J'aimerais mieux que tu ne te _____ pas dans la foule.

6. Il vaudrait mieux que nous nous _____ par la main.

7. Je ne veux pas qu'on _____ un taxi.

8. Je tiens à ce que nous y _____ à pied.

· ·

⌒ 41.20 Observation: Condition et subjonctif

	condition		*subjonctif*
Prends n'importe quel numéro	**pourvu**	**que**	le total **fasse** 9.
Prends n'importe quoi	**à condition**	**que**	le total **fasse** 9.

☊ 41.21 Activation orale: Condition et subjonctif

Répondez selon l'exemple.

Exemple:

Vous entendez: 1. J'irai si vous venez.

Vous dites: J'irai pourvu que vous veniez.

2. J'irai si Robert vient.
3. J'irai s'il fait beau.
4. J'irai si ça vaut la peine.
5. J'irai si je ne suis pas trop fatiguée.
6. J'irai si j'ai le temps.

☊ 41.22 Activation orale: Condition et subjonctif

Répondez selon l'exemple.

Exemple:

Vous entendez: 1. Je le ferai si vous m'aidez.

Vous dites: Je le ferai à condition que vous m'aidiez.

2. Je le ferai si elle veut m'aider.
3. J'accepterai si c'est bien payé.
4. Je viendrai si tu peux venir avec moi.
5. Je t'accompagnerai si tu me tiens par la main.
6. J'achèterai un billet si tu le choisis.

. . . .

41.23 Activation écrite: Subjonctif (révision)

Complétez.

1. On ne peut pas dire que le garçon _____ très pressé de donner l'addition aux quatre jeunes gens.

2. Il a fallu qu'ils lui _____ signe et qu'ils la réclament trois ou quatre fois avant qu'il ne se décide à la leur donner.

3. Les consommations faisaient 135F. Robert a tendu au garçon un billet de 200F. Il a donc fallu que le garçon _____ la monnaie à Robert.

4. Le plateau est tombé par terre. Il n'est pas étonnant que les verres se _____ cassés en mille morceaux.

5. D'après Mireille, casser du verre porte bonheur . . . pourvu que ce _____ du verre blanc.

6. En voyant plusieurs couples qui se tiennent par la main, sur les Champs-Elysées, Robert se dit: "Il faudrait peut-être que je _____ la main de Mireille." Mais il ne le fait pas.

7. Il suggère d'acheter un billet de loterie, mais Mireille dit: "Ça m'étonnerait que nous _____ quelque chose, parce que moi, je n'ai jamais rien gagné."

8. "Ça ne fait rien," dit Robert. "Il faut que nous _____ un billet, parce que j'ai besoin d'argent. Allez, vas-y, choisis un billet!"

9. "Il faut que je _____ un billet?" dit Mireille.

10. "Je préférerais que ce _____ toi. Moi, je n'ai pas de chance."

11. "Mais si, mais si, choisis n'importe quel numéro à condition que les deux derniers chiffres _____ 9."

12. "Bon, si tu y tiens! Mais je doute que nous _____ beaucoup de chance!"

41.24 Activation écrite: Temps du passé (révision)

Le subjonctif, c'est bien joli, mais il n'y a pas que ça dans la vie! Il y a aussi le passé composé ou l'imparfait, qu'il ne faut pas oublier! Racontons donc ce qui s'est passé à la terrasse du Fouquet's, au passé.

1. Les quatre jeunes gens _____ assis à la terrasse du Fouquet's depuis une heure.

2. Jean-Pierre _____ l'addition au garçon.

3. Mais le garçon, au lieu de la lui apporter, _____ ailleurs!

4. Cinq minutes après, Hubert _____ signe au garçon.

5. Au bout de dix minutes, Mireille _____ le garçon.

6. Mais le garçon _____ vers une autre table.

7. Dix minutes après, Robert _____ sa chance.

8. Il _____ très poliment au garçon s'il _____ leur apporter l'addition.

9. Et le garçon l' _____ tout de suite.

10. Il _____ l'addition à Robert.

11. Robert _____ l'addition.

12. Ça _____ 135F.

13. Robert _____ un billet de 200F au garçon.

14. Le garçon _____ le billet.

15. Hubert, Jean-Pierre, et Mireille se _____ pudiquement.

16. Le garçon _____ son plateau sur la table pour rendre la monnaie à Robert.

17. Pendant que le garçon _____ la monnaie, une pièce _____ par terre.

18. Tout le monde _____ pour la ramasser.

19. Le plateau _____ par terre.

20. Et tous les verres _____ en mille morceaux.

21. Après le départ d'Hubert et de Jean-Pierre, Mireille et Robert se _____ et ils _____ partis.

22. Pendant qu'ils _____ les Champs-Elysées, Robert _____ que plusieurs couples _____ par la main.

23. Mais il _____ la main de Mireille.

24. Il _____ pensé qu'il _____ mieux ne pas essayer. Dans le doute, il vaut toujours mieux s'abstenir, n'est-ce pas?

· ·

41.25 Activation écrite: Considérations hypothétiques; conditionnel (révision)

Il n'y a pas que le passé! Il y a aussi le conditionnel. Les choses auraient pu se passer autrement!

Supposons!

1. Le garçon a apporté l'addition à Robert et c'est lui qui a payé. A votre avis, qu'est-ce qui se serait passé si le garçon avait apporté l'addition quand Jean-Pierre l'a demandée?

_____

_____

2. Et quand Hubert l'a demandée?

_____

_____

3. Et quand Mireille l'a demandée?

_____

_____

4. Qu'est-ce qui se serait passé si Robert n'avait eu qu'un billet de 50F?

_____

_____

5. Et s'il avait eu 135F juste: un billet de 100F, trois pièces de 10F, et une pièce de 5F?

_____

_____

6. A votre avis, qu'est-ce qui se serait passé si Robert avait osé prendre la main de Mireille?

_____

_____

7. Mireille n'a jamais acheté de billet de loterie. Que croyez-vous qui se serait passé si elle en avait acheté?

_____

_____

. . . .

41.26 Activation écrite: Formes verbales (révision)

Complétez les passages suivants en utilisant la forme du verbe qui convient. Utilisez le même verbe dans chacun des passages. Lisez attentivement les passages; c'est le contexte qui vous donnera la forme du verbe qui convient.

1. Robert: Mais qu'est-ce qu'il fait, ce garçon! Ça fait trois fois que je lui <u>demande</u> l'addition.

   Hubert: Ah! Eh bien moi, hier, au Flore, j'ai compté. . . . J' _____ l'addition sept fois avant qu'il me l'apporte!

   Robert: A partir de maintenant, je _____ toujours l'addition en commandant.

2. Robert: J'<u>ai</u> drôlement besoin d'argent! En fait, j' _____ toujours _____ besoin d'argent. L'an dernier, quand j'étais à l'université, j' _____ toujours besoin d'argent. Et l'année prochaine, j' _____ certainement encore plus besoin d'argent si l'inflation continue!

3. Mireille: Dans la vie, il faut <u>tenter</u> sa chance. Il faudra bien qu'un jour tu _____ ta chance. Si tu ne _____ pas ta chance, tu ne gagneras jamais rien. Si j'étais toi, je _____ ma chance tout de suite. Allez, vas-y, achète un billet. Pense à tout ce verre blanc cassé!

4. Robert: Moi, je n'<u>ai</u> jamais rien <u>gagné</u> à la loterie. Et je crois que je ne _____ jamais rien. Même si j'achetais dix billets, je suis sûr que je ne _____ rien. Et pourtant, il faudrait bien que nous _____ à la loterie si nous voulons partir en voyage, parce qu'il ne reste pas grand-chose sur mon compte en banque.

5. Robert: Avec tout l'argent qu'on a, on pourra <u>descendre</u> dans des palaces!

   Mireille: Dans notre famille, quand nous voyageons, nous _____ toujours dans l'hôtel le moins cher. En

   fait, je ne _____ jamais dans des palaces, ça fait trop nouveau riche. . . .

6. Robert: Avec tout l'argent qu'on a, on peut se permettre de <u>prendre</u> un taxi.

   Mireille: Non, on ne _____ pas de taxi.

   Robert: Pourquoi est-ce que tu ne veux pas qu'on _____ un taxi?

   Mireille: Parce qu'il y a le métro, tiens! On _____ un taxi quand il y aura une grève de métro!

   Robert: Bon, eh bien, si tu y tiens, allons-y! _____ le métro!

7. Robert: Tu as remarqué le nombre de couples qui <u>se tiennent</u> par la main? C'est l'habitude en France, de

   _____ par la main quand on se promène? Tu veux que nous _____ par la main?

   Mireille: Pourquoi? Tu as peur de te perdre si je ne _____ pas par la main?

   Robert: Oui, justement. Il faut que tu _____ par la main, sinon je vais sûrement me perdre dans cette

   foule.

· ·

41.27 Activation écrite: Formes et emplois de *tendre, entendre, attendre, vendre, rendre, pendre, suspendre*

Complétez.

A.

1. Avant le dîner chez les Courtois, Robert était nerveux, _____ , inquiet, parce qu'il se demandait si Mireille y serait.
   (23–5)

2. Le garçon donne l'addition à Robert. Robert lui _____ un billet de 200F.

3. Je ne sais pas si vous vous rappelez, mais quand Robert a acheté un croque-monsieur, pour payer il

   _____ un billet de 500F au marchand. (25–4)

4. Robert a l'habitude de _____ de gros billets!

5. S'il achetait une religieuse ou un éclair dans une pâtisserie, il _____ sûrement un billet de 500F _____ la

   vendeuse!

B.

6. On _____ un coup de sonnette. Marie-Laure va voir ce que c'est. (34–6)

7. Marie-Laure est allée voir parce qu'elle _____ un coup de sonnette.

8. Parlez plus fort, s'il vous plaît! Je suis un peu sourd. Je n'_____ plus très bien.

9. Tu _____ ce bruit? Qu'est-ce que ça peut bien être?

10. Astérix: Quel bruit! On ne _____ plus! (14–document)

11. Mireille: Parlez moins fort, j'ai peur que le type nous _____ .

12. Robert: Je ne crois pas qu'il nous écoute, et même s'il nous écoutait, avec tout ce bruit, il n' _____ pas

    ce que nous disons.

13. Et même s'il _____ ce que nous disons . . . ça ne l'intéresserait sûrement pas!

14. Robert: Tu _____ comme l'ouvreuse a dit "merci"? (37–5)

15. Mireille: Tu n' _____ jamais _____ parler de *La Ruée vers l'or?* (38–3)

16. Robert: La Comédie-Française? Ah, oui, je connais; j' _____ beaucoup _____ parler. (39–2)

17. Le garçon: Hemingway? Non, je ne l'ai pas connu, mais _____ de lui. (20–3)

18. Robert: Bon, _____ , demain, à la Rotonde, à 13h 30. (36–6)

C.

19. Mireille _____ Robert à la Rotonde depuis un quart d'heure. (37–1)

20. Robert (*ironisant*): Comment, ton chauffeur ne _____ avec l'Alpine? (29–4)

21. Mireille a crevé en allant à Provins. Elle n'a pas pu changer la roue parce que la roue de secours était à plat. Alors, elle _____ un dépanneur en effeuillant des marguerites. (31–5)

22. M. Courtois: Je pense que nous allons bientôt passer à table, mais, en _____ , vous prendrez bien quelque chose. (24–4)

23. Au deuxième étage de la Sorbonne, des étudiants _____ devant un bureau. (13–2)

24. Robert (*toujours galant*): _____ , Madame, je vais vous aider. (12–1)

25. Mireille: Dépêche-toi! Je _____ ici. (38–1)

26. Mireille: Marie-Laure, tu te dépêches? Moi, je ne _____ pas! Je m'en vais!

27. Marie-Laure: _____ ! Tu ne peux pas _____ , non? J'arrive tout de suite.

28. La caissière: Il faut que vous _____ un peu. Ce n'est pas ouvert. (37–4)

29. Mireille: Nous irons à la séance de 2h. Je _____ devant le cinéma à 2 heures moins le quart.

D.

30. Hubert: Tiens, Mireille! Qu'est-ce que tu fais là? Je ne _____ te voir au Fouquet's. (39–4)

31. Mireille: L'ouvreuse _____ ce que nous lui donnions un pourboire. (37–5)

E.

32. Marie-Laure: C'était une bonne sœur qui voulait _____ des billets de loterie pour gagner un prieuré du XVIème. (34–6)

33. Autour de la cathédrale de Chartres, il y a des magasins qui _____ des cartes postales, des souvenirs. (28–5)

34. La buraliste _____ des timbres _____ Robert.

35. Après la publicité, les lumières se rallument et les ouvreuses deviennent _____ . (37–6)

36. "Ils m' _____ attendu . . . , ils _____ entendu . . . , puis ils _____ pendu. . . ." (Tardieu, 31–document)

F.

37. "O Temps! _____ ton vol." (Lamartine, 14–document)

38. Robert sourit à Mireille. Mireille _____ son sourire. (12–7)

39. Marie-Laure: Tu m'as pris mes boules de gomme! _____ -les-moi tout de suite!

40. Si tu ne _____ pas, je le dis à Maman!

41. Mireille: Tu as les tickets? L'ouvreuse _____ ? (37–5)

41.28 Activation écrite: *Avoir besoin, en,* pronoms accentués (révision)

Relisez d'abord la section 4 du texte de la leçon 41, puis essayez de compléter les phrases suivantes.

On a toujours besoin de quelqu'un ou de quelque chose

1. Robert: J'aurais bien _____ d'un peu d'argent frais. . . . La vie est chère!

2. Mme Belleau: Il y a des gens qui prennent des étrangers chez eux parce qu'ils _____ argent.

3. Mireille: Dans un bon film, il n'y a pas _____ bande sonore. Voyez les premiers films de Charlot!

4. Mireille: Papa, tu _____ la voiture, ce soir?

   M. Belleau: Non, pourquoi? Tu _____ ?

5. Les auteurs: Non, malgré son imprudence, Robert ne s'est pas fait écraser, parce que nous _____ encore

   _____ .

6. Marie-Laure ne s'est pas encore noyée dans le bassin du Luxembourg parce que nous _____ encore

   _____ .

7. Tante Georgette et Tonton Guillaume ne sont pas encore partis à Katmandou parce que nous avons encore

   _____ .

8. Mme Belleau: Mireille n'a _____ lui trouve des amis étrangers; elle les collectionne!

9. Mireille: Eh bien, si tu ne veux pas penser, va donc au Lido! Là tu n' _____ pas _____ beaucoup penser!

10. Marie-Laure: J'ai _____ argent.

11. J'ai _____ beaucoup d'argent.

12. Et j' _____ besoin tout de suite!

13. —Et vous? _____ quoi avez-vous _____ ?

    —Eh bien, moi, _____ .

. . . .

41.29 Activation écrite: *Profiter de, en*

Relisez la section 4 du texte de la leçon 41, puis essayez de compléter les phrases suivantes.

Il faut profiter de tout—Il n'y a pas de petits profits, comme disait ma grand-mère

1. Robert: Achetons un billet de loterie! Il faut profiter _____ la chance.

2. Nous avons de la chance; profitons- _____ !

3. Ce Robert a bien raison! Si vous avez de la chance, il faut _____ .

4. Mireille a choisi un billet vendu au _____ une organisation qui s'occupe de bébés abandonnés.

5. Hubert: Toute cette publicité, c'est un scandale! On _____ passivité du public!

6. Marie-Laure: Bon, eh bien, moi, je m'en vais. Je vais _____ vent pour jouer avec mon bateau.

7. Marie-Laure a dit à Mireille que Mme Belleau la cherchait. Mireille est allée voir. Et Marie-Laure _____

   pour venir s'asseoir sur le banc à côté de Robert.

8. Mireille: Quand son mari est là, Mme Courtois ne dit rien, mais quand il n'est pas là, elle _____ .

9. Elle _____ pour parler.

41.30 Activation écrite: *S'occuper de, en,* pronoms accentués (révision)

Relisez la section 6 du texte de la leçon 41 et essayez de compléter les phrases suivantes.

Il faut bien s'occuper!

1. Mireille a choisi un billet vendu au profit d'une organisation qui _____ bébés abandonnés.

2. Hubert: Mon père ne _____ de l'entreprise de construction.

3. Ce sont mes oncles qui _____ .

4. Le berger ne _____ chèvres. . . .

5. C'est le chevrier qui _____ .

6. Hubert: Il n'y en a que pour la classe ouvrière! On ne s' _____ que des ouvriers.

7. On ne s'occupe que d' _____ .

8. Mireille _____ beaucoup _____ Marie-Laure.

9. C'est vrai, Marie-Laure, que Mireille _____ beaucoup _____ ?

10. Marie-Laure: Mireille? Non, alors! Elle ne s'occupe de _____ que pour m'embêter!

11. Marie-Laure: Attends! Je ne peux pas venir! Tu vois bien que je suis _____ !

12. Marie-Laure: Tu as des petits amis anglais, à la fac?

    Mireille: Mais _____ tes affaires!

13. Moi, je n'embête personne. Je _____ affaires!

14. Nous nous débrouillerons très bien tout seuls; ne vous _____ !

15. Mireille: Il faudrait peut-être _____ addition!

16. Hubert: Ne t'inquiète pas; je _____ !

17. Ne vous _____ rien; je _____ tout!

. . . .

41.31 Activation écrite: Prépositions, *à, de, vers, par, pour, en*

Relisez le texte de la leçon 41 et essayez de trouver les mots qui manquent pour compléter les phrases suivantes.

1. Les quatre jeunes gens sont _____ terrasse _____ Fouquet's.

2. Ils veulent partir. Alors, Hubert fait signe _____ garçon.

3. Dix minutes plus tard, c'est Mireille qui appelle _____ garçon.

4. Elle _____ demande _____ apporter l'addition.

5. Mais le garçon se dirige _____ une autre table.

6. Enfin, le garçon vient _____ eux.

7. Il donne l'addition _____ Robert.

8. Robert tend un billet _____ garçon.

9. Le garçon cherche _____ pièces dans sa poche pour rendre la monnaie _____ Robert.

10. Une pièce tombe _____ terre.

11. Tout le monde se précipite _____ la ramasser.

12. Le plateau tombe et les verres se cassent _____ mille morceaux.

13. "Pas de veine!" dit quelqu'un. "Mais non," dit Mireille, "_____ contraire, ça porte bonheur!"

14. Robert remarque que plusieurs couples se tiennent _____ la main.

15. Il se demande si on gagne _____ loterie quelquefois.

16. Mireille n'a jamais gagné _____ loterie.

17. Une partie de l'argent va _____ une bonne œuvre.

18. Par exemple, les maisons de retraite _____ personnes âgées.

19. Mireille achète un billet qui est vendu _____ profit d'une organisation qui s'occupe des bébés abandonnés.

. . . .

⌂ 41.32 Activation: Dictée et compréhension

A. Vous allez entendre ce dialogue trois fois. Complétez.

Cette gamine est insupportable!

Marie-Laure: _____ !

Mireille: Pouah! _____ ! Mais _____ !

Marie-Laure: Bisque, bisque, rage! _____ !

  Ça _____ boules de gomme!

Mireille: _____ !

B. Répondez.

1. A votre avis, à quoi Mireille s'attendait-elle, au début de la petite scène ci-dessus?

_____

2. A votre avis, qu'est-ce que Marie-Laure a fait?

_____

3. A votre avis, c'est une simple blague ou une vengeance? De quoi Marie-Laure veut-elle se venger? Qu'est-ce que Mireille a fait? De quoi Marie-Laure l'accuse-t-elle?

_____

4. Est-ce que Mireille accepte l'accusation? De quoi accuse-t-elle Marie-Laure?

_____

. . . .

⌂ 41.33 Activation orale: Dialogue entre Robert et Mireille

Vous allez entendre un dialogue entre Robert et Mireille. Ecoutez attentivement. Vous allez apprendre les réponses de Mireille.

Robert: Allez, achetons un billet! D'accord?
Mireille: **Si ça t'amuse. . . .**
Robert: Allez, vas-y, choisis!
Mireille: **Non, choisis, toi!**
Robert: Non, toi!

Mireille: **Non, non, pas moi. Je n'ai pas de chance du tout!**
Robert: Ah, mais si, mais si! Tu dois avoir beaucoup de chance, en ce moment: tu viens de casser au moins douze verres blancs!
Mireille: **Ce n'est pas moi qui les ai cassés, c'est toi!**

Exercices-tests

41.34 Exercice-test: Indifférence

Complétez les réponses aux questions suivantes.

1. Où est-ce que tu aimerais aller?

   Ça m'est égal. N'importe _____ .

2. Quand est-ce que tu veux déjeuner?

   N'importe _____ .

3. Qu'est-ce que tu veux faire?

   Bof . . . n'importe _____ .

4. Quel gâteau est-ce que tu veux?

   Oh, n'importe _____ . Ça n'a pas d'importance.

Vérifiez. Si vous avez fait des fautes, travaillez les sections 41.9 à 41.11 dans votre cahier d'exercices.

41.35 Exercice-test: *Personne, rien, et temps composés*

Complétez les réponses aux questions suivantes.

1. Tu as compris quelque chose?

   Non, je _____ .

2. Est-ce que quelqu'un a compris ce que je viens de dire?

   Non, _____ ce que tu

   viens de dire!

3. Quelque chose s'est cassé?

   Non, _____ .

4. Tu as rencontré quelqu'un?

   Non, je _____ .

Vérifiez. Si vous avez fait des fautes, travaillez les sections 41.16 et 41.17 dans votre cahier d'exercices.

41.36 Exercice-test: Préférence, condition

Complétez les réponses aux questions suivantes.

1. Tu prends les billets?

   Non, j'aimerais mieux que tu les _____ , toi.

2. On va au Luxembourg?

   Non, je préfère que nous _____ à Montparnasse.

3. Tu sors?

   Oui, à condition que tu _____ aussi.

4. Robert va aller à l'exposition de manuscrits carolingiens?

   Oui, pourvu que Mireille y _____ aussi.

5. Je fais la vaisselle?

   Oui, il vaut mieux que tu la _____ , si ça ne

   t'ennuie pas.

Vérifiez. Si vous avez fait des fautes, travaillez les sections 41.18 à 41.22 dans votre cahier d'exercices.

Libération de l'expression

41.37 Mise en question

Relisez le texte de la leçon; lisez les questions de la mise en question qui suit la mise en œuvre dans votre livre de textes. Réfléchissez à ces questions et essayez d'y répondre.

41.38 Mots en liberté

De quoi peut-on profiter?

   On peut profiter du vent (pour aller faire de la voile), de la bêtise des gens, des vacances (pour aller en Grèce), du beau temps (pour . . .). . . .

Trouvez encore au moins quatre possibilités.

Quelles sont les bonnes actions qu'on peut faire?

   On peut donner de l'argent à une bonne œuvre, téléphoner à sa mère, apporter des fleurs à l'hôpital, adopter un orphelin. . . .

Essayez de trouver au moins trois autres possibilités.

41.39 Mise en scène et réinvention de l'histoire

Reconstituez une conversation entre Mireille et Robert devant un kiosque de la Loterie nationale.

Robert: Dis-moi, est-ce qu'on gagne quelquefois à cette loterie?

Mireille: J'imagine que oui, mais moi (. . .). Il faut dire que (. . .).

Robert: Ce n'est pas particulièrement (. . .) mais j'aurais bien besoin (. . .). La vie a l'air (. . .). Allez, achetons (. . .).

Mireille: Si (. . .). De toute façon, une partie de l'argent (. . .).

41.40 Mise en scène et réinvention de l'histoire

A. Imaginez que Mireille n'a que 17 ans, et qu'elle habite au numéro 17. Qu'est-ce que Robert dirait?

Robert: Prends n'importe quel numéro, pourvu que les deux derniers chiffres fassent 8, par exemple (. . .).

B. Débat entre Mireille et Hubert sur la Loterie nationale. Hubert est plutôt contre.

Mireille:
Je n'aime pas beaucoup la loterie.

Hubert:

Moi non plus! C'est
| immoral.
| une horreur.
| une abomination.
| vulgaire.
| une tromperie.
| la dégradation de l'esprit humain!

C'est contraire | aux principes | de la religion.
| | du marxisme.
| à la dignité humaine.

La loterie, c'est | un vol!
| un viol!
| un abus de confiance!

Mireille:
Tu exagères, Hubert! C'est contre tes principes
parce que tu | es riche.
| n'as jamais besoin d'argent.

De toute façon, l'argent va à une bonne œuvre:

c'est pour | les orphelins.
| les tuberculeux.
| les espions.
| les | descendants | des oppresseurs du
| | victimes | Moyen Age.
| les agents de police.

Hubert:
Mais est-ce qu'on gagne quelquefois?

Mireille:
| Oui, bien sûr, on gagne tout le temps.
| Oui, absolument; moi, j'ai gagné plusieurs fois.
| J'imagine que oui, mais moi, je n'ai jamais gagné.
| Je doute fort qu'on gagne.
| Jamais. Le gouvernement ramasse l'argent et c'est tout.

Hubert:

Dans ce cas, | je suis tenté d'acheter | un billet.
| | une centaine de billets.
| je vais tenter ma chance.
| si on y réfléchit, cette loterie est un scandale.
| je préfère | garder mon argent.
| | me passer d'argent.
| | aller jouer aux courses.

Préparation à la lecture et à l'écriture

41.41 Entraînement à la lecture

Lisez le document 2 de la leçon 41 dans votre livre de textes. Ensuite, complétez et répondez.

1. (Section 1) Quelle est la fameuse phrase de Descartes à laquelle "Je joue donc je suis" fait allusion? (Voyez le document 1 de la leçon 16.)

   _____

2. Descartes prouvait son existence par la pensée. Des millions de Français prouvent la leur par le _____ .

3. (Sections 2 et 3) Les jeux d'argent sont-ils officiellement permis en France? Pourquoi existent-ils?

   _____

   _____

4. Les _____ sont les agents de l'Etat qui perçoivent les impôts.

5. Comparez l'attitude de Mireille (et celle de Robert) dans la section 4 de la leçon 41 avec ce qui est dit dans ce texte. Où Mireille se situe-t-elle?

   _____

   _____

. . . .

41.42 Entraînement à la lecture

Lisez le document 3, et répondez aux questions suivantes.

1. De quand date l'origine de la Loterie nationale?

   _____

2. Qu'est-ce qui s'est passé en 1836?

   _____

3. Qu'est-ce qui se passait au début des années trente?

   _____

4. Pourquoi l'Etat a-t-il créé la Loterie nationale en 1933?

   _____

5. Qui vendait les billets de loterie?

   _____

6. Qu'est-ce qui a concurrencé la loterie à partir de 1962?

   _____

7. Qu'est-ce qui a concurrencé la loterie à partir de 1976?

   _____

41.43 Entraînement à la lecture

Lisez le document 4 et répondez.

1. Est-ce qu'il y a plus de gens qui jouent au Loto ou aux courses de chevaux?

_____

2. Quelle est la mise moyenne au Loto et combien peut-on gagner?

_____

. . . .

41.44 Entraînement à la lecture

Lisez le document 5, puis lisez le texte suivant et complétez-le.

1. (Section 1) Un chômeur, c'est quelqu'un qui n'a pas de travail. En période de récession économique, le nombre des _____ augmente. Un érémiste, c'est quelqu'un qui touche le RMI (Revenu Minimum d'Insertion), une aide financière donnée par l'Etat aux personnes sans ressources pour leur permettre de se réintégrer dans la société active.

2. Quand Georges a gagné au Loto, sa nouvelle fortune l'a intoxiqué, il a un peu perdu la tête, il a été _____ par l'argent.

3. Il a offert beaucoup de cadeaux et de plaisirs à sa famille, il a _____ sa famille et ses amis.

4. (Section 2) D'abord, la fortune lui a souri, tout allait bien; puis les choses ont changé, les choses ont commencé à aller mal, il a eu un _____ de fortune.

5. Son compte en banque diminue, il _____ comme la _____ au soleil.

6. Il avait acheté des choses, maintenant il fallait payer les _____ .

7. (Section 3) Il n'avait pas fini de payer sa voiture: un huissier, un représentant de la loi, l'a reprise.

8. Le propriétaire de la maison qu'il louait a dit qu'il allait les chasser, les _____ .

9. Il continue a jouer au Loto avec obstination, il s' _____ à jouer.

10. (Section 4) On appelle Toulouse la "ville rose" parce que presque toutes les maisons anciennes et les monuments sont construits en briques roses.

11. Quand Georges a gagné pour la deuxième fois, il n'avait plus d'argent du tout, il n'avait même pas deux cents francs pour célébrer, pour faire _____ .

12. Les gens du Loto étaient très impressionnés, stupéfaits, leur visage exprimait la consternation, ils étaient _____ ; ils avaient une expression étrange, ils avaient le regard fixe comme la Méduse de la mythologie grecque dont le regard tuait.

41.45 Lecture et interprétation

Lisez le document 6, puis répondez ou complétez.

1. (Sections 1 à 5) Qu'est-ce qui donne une impression de vide dans ce texte? Dans quelle ville sont le narrateur et son amie? Quel temps fait-il? Que peuvent-ils faire? Qu'est-ce qu'ils pourraient attendre? Dans quelle sorte d'établissement sont-ils? Café? Restaurant? Y a-t-il beaucoup d'activité? C'est l'heure de l'apéritif? Ou du dîner? Est-ce que les garçons sont très occupés? Que fait le pianiste?

_____

_____

_____

_____

_____

_____

_____

_____

2. (Section 2) Comment Neal a-t-il engagé la conversation?

_____

3. (Section 3) Est-ce que le garçon s'est précipité vers leur table? Non, il y est allé _____ .

4. (Section 4) Il y a eu un commencement, une _____ de conversation.

5. (Sections 1 à 5) En fin de compte, qu'est-ce qui se passe dans cette scène? Est-ce que vous pensez que cette scène va faire avancer l'action du roman? Est-ce que la rencontre de Neal et de sa femme va avoir des conséquences importantes?

_____

_____

_____

41.46 Pratique de l'écriture

Pourquoi Robert a-t-il payé toutes les consommations? Pensez-vous qu'il s'attendait à ce que ce soit lui qui les paie? Vous paraît-il normal que ce soit lui qui les ait payées? Supposez que vous ayez été à la place de Robert, à quoi vous seriez-vous attendu(e)?

_____

_____

_____

_____

_____

_____

_____

_____

_____

Leçon 42

Assimilation du texte

🎧 42.1 Mise en œuvre

Ecoutez le texte et la mise en œuvre dans l'enregistrement sonore. Répétez et répondez suivant les indications.

. . . .

🎧 42.2 Compréhension auditive

Phase 1: Regardez les images, et répétez les passages qui leur correspondent.

1. ___

2. ___

3. ___

4. ___

5. ___

Phase 2: Ecrivez la lettre qui identifie chaque passage que vous entendez sous l'image qui lui correspond le mieux.

. . . .

🎧 42.3 Compréhension auditive et production orale

Ecoutez les dialogues suivants. Après chaque dialogue vous allez entendre une question. Répondez à la question.

1. Pourquoi Robert n'a-t-il gagné que 40.000F?
2. Comment Robert pourrait-il dépenser son argent?
3. Qu'est-ce qui attirerait davantage Mireille?
4. Quelles solutions Robert propose-t-il pour coucher en voyage?
5. Pourquoi Mireille ne peut-elle pas partir en voyage avant quinze jours?

⌒ 42.4 Production orale

Ecoutez les dialogues suivants. Vous allez jouer le rôle du second personnage.

1. Mireille: Ce que nous avons acheté, l'autre jour, ce n'est pas un billet entier, ce n'est qu'un dizième. Ça ne fait que 40.000F.
   Robert: (. . .)
2. Mireille: Tu vois, ce qui m'attirerait, ce serait plutôt la nature sauvage, la grande nature américaine.
   Robert: (. . .)
3. Marie-Laure: J'arrive! Je ne trouve pas mon livre de français!
   Mireille: (. . .)

4. Robert: Voilà ce que je te propose: avec nos 40.000F, on loue une voiture et on part sur les routes!
   Mireille: (. . .)
5. Robert: On pourra descendre dans les palaces, rien que pour voir la tête des clients quand ils nous verront arriver avec nos sacs à dos et nos sacs de couchage, et nos barbes de trois semaines!
   Mireille: (. . .)

Préparation à la communication

⌒ 42.5 Activation orale: Prononciation; timbre des voyelles /e/, /ɛ/, et /i/ (révision)

Dites les mots suivants, en faisant très attention de les prononcer avec un accent français. Faites une distinction très nette entre les trois sons /e/, /ɛ/, et /i/.

à moitié	Amérique
gagné	entier

Marquez bien la différence entre *entier* (/e/) et *entière* (/ɛ/).

entier	entière
premier	première
dernier	dernière

Dans les mots suivants, marquez bien la différence entre /e/ et /ɛ/.

désert	ça m'intéresse
je préfère	dépêche-toi

⌒ 42.6 Activation orale: Prononciation; timbre des voyelles /e/, /ɛ/, et /i/ (révision)

Dans les mots suivants, prononcez un /i/ français, c'est-à-dire un /i/ très nettement distinct de /e/, /ɛ/, ou /ə/.

loterie	taxi
cavalerie	bizarre
musique	horrible
classique	chic
Pacifique	type

Pour bien prononcer le /i/ dans *film,* évitez d'anticiper le /l/:

fi-lm

Pour les mots suivants, marquez une distinction très nette entre /e/, /ɛ/, et /i/. Pour cela, respectez la syllabation pour éviter d'anticiper la consonne de la syllabe suivante.

mé-ca-nique	men-ta-li-té
co-mé-die	i-nep-tie
té-lé-vi-sion	ci-né-ma
é-lec-trique	pu-bli-ci-té
pa-thé-tique	po-ssi-bi-li-té
di-gni-té	

⌂ 42.7 Observation: Appréciations

degrés	
	40.000F . . .
1	ce n'est pas si mal que ça!
	ce n'est pas si mal!
2	c'est déjà pas mal!
3	c'est déjà assez bien!
4	c'est même très bien!

⌂ 42.8 Activation: Compréhension auditive; appréciations

sommes gagnées	1	2	3	4
4.000.000F				
400.000F				
4.000F				
400F				

Ecoutez les commentaires suivants sur les différentes sommes gagnées au Loto. Pour chaque commentaire que vous entendez, essayez de deviner à quelle somme il correspond.

⌂ 42.9 Observation: Degrés

degrés		
Mireille arrive . . .	**un peu**	endormie.
	à moitié	endormie.
	complètement	endormie.

⌂ 42.10 Activation orale: Degrés

Répondez selon l'exemple. Vous choisissez parmi les adjectifs suivants: *sourd; endormi; mort; idiot.*

Exemple:

Vous entendez: 1. Tu crois qu'elle nous entend? Qu'est-ce qu'elle a? Elle n'entend pas?

Vous dites: Non, elle est à moitié sourde.

2. Il ne comprend jamais rien! Mais qu'est-ce qu'il a?
3. Tu dors debout? Tu es mal réveillée ou quoi?
4. Mais qu'est-ce que tu as? Ça ne va pas? Tu travailles trop! Tu es fatigué, hein?

⌂ 42.11 Observation: Fractions

1				un		billet entier
1/2	la moitié	d'un		un		demi-billet
						billet
1/4	le quart	d'un		un	quart de	billet
						billet
3/4	les trois quarts	d'un		trois	quarts de	billet
						billet
1/10	le dixième	d'un		un	dixième de	billet
						billet

42.12 Activation: Compréhension auditive; fractions

Choisissez le meilleure réponse à chacune des questions que vous allez entendre, et cochez la case appropriée.

	1	2	3	4	5	6
une demi-heure						
une demi-bouteille						
la moitié de la bouteille						
trois quarts d'heure						
la moitié d'un canard rôti						
un dixième						

42.13 Observation: Le temps qui passe

Robert: Elle n'est **pas encore** là!
Robert était arrivé **dès** 10h moins 10.

10h 05 à la fontaine Médicis	10h 10 à la fontaine Médicis
Robert: Elle n'est **pas encore** là! Mireille **n**'est arrivée **qu'à** 10h 10.	Mireille: Tu es **déjà** là! Robert était arrivé **dès** 10h moins 10.
(Elle est en retard.)	*(Il était en avance.)*

42.14 Activation: Compréhension auditive; le temps qui passe

Lisez d'abord les phrases qui se trouvent dans la grille ci-dessous.

	1	2	3	4	5
Non, il n'est que 8h.					
Oui, il était arrivé dès 8h.					
Oui, il est déjà 8h.					
Oui, il n'était pas encore arrivé à 8h.					
Non, il est parti dès 8h.					

Maintenant, écoutez les énoncés suivants et, pour chaque énoncé, choisissez la réplique qui lui correspond le mieux.

⌂ 42.15 Activation orale: Le temps qui passe; *qu'à 10h*

Répondez selon l'exemple.

Exemple:

Vous entendez: 1. Ils n'ont pas encore fini?

Vous dites: Non, ils ne finiront qu'à midi.

2. Hubert n'est pas encore arrivé?
3. Mireille n'est pas encore rentrée?
4. Le plombier n'est pas encore venu?
5. Les ouvriers ne sont pas encore passés?

⌂ 42.16 Observation: Le temps qui passe; place de *déjà* et *encore*

	verbe auxiliaire		
Tu n'es pas parti?	Tu	es	**encore** là?
Mireille est en retard.	Elle n'est pas	**encore** là.	
	Elle n'est pas	**encore** arrivée.	
Robert est en avance.	Il	est	**déjà** là.
	Il	est	**déjà** arrivé.

Notez que, dans les phrases ci-contre, *encore* et *déjà* sont placés après le verbe aux temps simples, et après l'auxiliaire aux temps composés. Vous vous rappelez (voir leçon 38) que cela est vrai, aussi, d'autres adverbes de temps comme *jamais*, *toujours*, et *souvent*.

⌂ 42.17 Activation orale: Le temps qui passe; place de *déjà* et *encore*

Répondez selon l'exemple.

Exemple:

Vous entendez: 1. Alors, ce billet, tu l'as acheté?

Vous dites: Non, je ne l'ai pas encore acheté.

2. Tu as payé l'addition?
3. Tu es prête?
4. Vous avez déjeuné?
5. Tu es habillé?
6. Tu as lu le journal?

⌂ 42.18 Observation: Négation; *plus rien*

	verbe			
Elle est au régime!	Elle ne mange	**plus**!		
	Elle ne mange	**rien**!		
	Elle ne mange	**plus rien**!		

	auxiliaire			
Elle s'est arrêtée de manger.	Elle n'	a	**plus**	mangé.
	Elle n'	a	**rien**	mangé.
	Elle n'	a	**plus rien**	mangé.

🎧 42.19 Activation orale: Négation; *plus rien*

Répondez selon l'exemple. Choisissez le verbe de votre réponse dans la liste suivante: *comprendre; faire; acheter; savoir; dire.*

Exemple:
Vous entendez: 1. Elle est au régime.
Vous dites: Elle ne mange plus rien.

2. Elle fait des économies.
3. Je me tais.
4. Elle a absolument tout oublié.
5. Il est devenu stupide, le pauvre.
6. Elle est retraitée.

- -

🎧 42.20 Observation: Négation; *jamais rien*

	verbe auxiliaire		
Je n'	ai	**jamais**	gagné.
Je n'	ai	**rien**	gagné.
Je n'	ai	**jamais rien**	gagné.

🎧 42.21 Activation orale: Négation; *jamais rien*

Répondez selon l'exemple.

Exemple:
Vous entendez: 1. Est-ce que vous avez déjà pris quelque chose chez Angélina?
Vous dites: Non, je n'y ai jamais rien pris.

2. Vous avez déjà acheté quelque chose à Prisunic?
3. Tu as déjà trouvé quelque chose dans la rue?
4. Vous avez déjà gagné quelque chose?

- -

42.22 Activation écrite: Formes du subjonctif

Relisez le texte de la leçon 42 et complétez les phrases suivantes en employant le verbe qui convient. Remarquez que tous les verbes qui manquent devraient être au subjonctif.

1. Mireille: Qu'est-ce que tu racontes? On a gagné 400.000F! . . . Oh, oh, oh. . . . Ça m'étonnerait que nous _____ 400.000F!

2. Eh bien, si c'est vrai, tu pourrais acheter une île déserte dans le Pacifique . . . bien qu'il n'y en _____ plus beaucoup à vendre! Ou bien tu pourrais remonter l'Amazone.

3. Robert: Oui, bien sûr, on pourrait remonter l'Amazone . . . mais avec 400.000F, ça m'étonnerait que nous _____ aller bien loin! C'est cher, l'Amazone, de nos jours!

4. Et puis, il ne faudrait pas se faire manger par les piranhas! J'aurais peur que nous nous _____ manger par ces petites bêtes!

5. Moi, je préférerais aller explorer la France . . . pourvu que tu _____ avec moi, bien sûr!

6. Ecoute, je ne pourrais pas te voir? On ne peut pas en parler au téléphone. Il faut qu'on se _____ .

7. Nous n'avons aucun matériel de camping; il faudrait que nous en _____ .

8. Mireille: Au fond, moi, je voudrais bien aller faire un petit voyage, mais j'ai peur que mes parents ne _____ pas me laisser partir.

9. De toute façon, je ne pourrai pas partir tout de suite. Je ne pense pas que je _____ partir avant quinze jours.

10. Il faut que je _____ au revoir à mes enfants.

11. Et puis je n'ai pas fini de passer tous mes examens; il faut que je _____ de les passer.

🎧 42.23 Observation: Conditions positive et négative; à *moins que, pourvu que*

condition négative
L'Amérique du Sud? Non, ça ne m'intéresse pas . . . **à moins que tu viennes!**
condition positive
Oui, ça   m'intéresse   . . . **pourvu que tu viennes!**

🎧 42.24 Activation: Dictée

Ecoutez et écrivez. Vous entendrez le passage trois fois.

Marie-Laure: Dis, Maman, _____ ce soir, à la télé?

Mme Belleau: Oui, _____ tes devoirs.

🎧 42.25 Observation: Subjonctif après *pourvu que* et à *moins que*

	indicatif
1. Prenons ce billet parce que les deux derniers chiffres	font 9.
	subjonctif
2. Prenons n'importe lequel **pourvu que** les deux derniers chiffres	**fassent** 9.
	indicatif
3. L'Amérique du Sud? Ça ne m'intéresse pas; je	connais!
	subjonctif
4. Ça ne m'intéresse pas, **à moins que** tu	**viennes!**

La phrase 1 établit que les deux derniers chiffres font 9. (La conjonction *parce que* indique un fait établi.) Le verbe *font* est à l'indicatif. Par contre, la phrase 2 n'établit pas que tel et tel chiffre fassent 9. (La conjonction *pourvu que* évoque une condition, une possibilité non vérifiée.) Le verbe *fassent* est au subjonctif.

De même, la phrase 3 établit que Robert connaît bien l'Amérique du Sud. Le verbe *connais* est à l'indicatif. Par contre, la phrase 4 n'établit pas que Mireille viendra ou ne viendra pas. (La conjonction *à moins que* introduit une possibilité, une condition non vérifiée.) Le verbe *viennes* est au subjonctif.

🎧 42.26 Activation orale: Condition positive; *pourvu que*

Répondez selon l'exemple.

Exemple:
Vous entendez: 1. J'irai explorer l'Amazone si tu viens.
Vous dites: J'irai, pourvu que tu viennes.

2. J'irai si vous venez.
3. Il ira si elle y va aussi.
4. J'irai si vous m'accompagnez.
5. Elle ira si ça vaut la peine.
6. Je viendrai s'il fait beau.

🎧 42.27 Activation orale: Condition négative; à *moins que*

Répondez selon l'exemple.

Exemple:
Vous entendez: 1. Ça ne m'intéresse pas si tu ne viens pas.
Vous dites: Ça ne m'intéresse pas, à moins que tu viennes.

2. Ça ne m'intéresse pas s'il ne vient pas.
3. Ça ne m'intéresse pas si vous ne venez pas.
4. Ça ne m'intéresse pas si on ne peut pas se baigner.
5. Ça ne m'intéresse pas si on ne fait pas de camping.

⋒ 42.28 Observation: Restriction; *bien que*

	restriction
Tu pourrais entretenir une danseuse . . .	**bien que** ça ne se **fasse** plus beaucoup.

Notez que *bien que* est suivi du subjonctif.

. . . .

⋒ 42.29 Activation orale: Restriction; *bien que*

Répondez selon l'exemple.

Exemple:

Vous entendez: 1. Tu pourrais entretenir une danseuse . . . mais ça ne se fait plus beaucoup.

Vous dites: Tu pourrais entretenir une danseuse, bien que ça ne se fasse plus beaucoup.

2. On pourrait aller explorer l'Amazone, mais on ne peut pas s'y baigner.
3. On pourrait remonter l'Amazone, mais c'est un peu dangereux.
4. On pourrait faire un voyage en France. Mais je connais déjà un peu!
5. On pourrait faire du camping, mais je n'ai pas de tente.

. . . .

42.30 Activation écrite: Emploi du subjonctif

Etudiez soigneusement les phrases suivantes et complétez-les. Essayez de déterminer si les verbes qui manquent doivent être au subjonctif ou à une autre forme.

Il faut interdire les loteries

1. Mireille: C'est moi qui ai dû <u>choisir</u> le billet. Robert préférait que je le _____ moi-même.

2. Alors je l' _____ . C'est moi qui l' _____ .

3. Il tenait à ce que ce _____ moi qui le choisisse.

4. Il a voulu que ce _____ moi.

5. Il a insisté pour que ce _____ moi.

6. Il a dit qu'on n'achèterait pas de billet à moins que ce _____ moi qui le _____ .

7. Tout le monde sait que je n' _____ pas de chance du tout!

8. Eh bien, bien que je n' _____ pas de chance, nous avons gagné à la loterie!

9. Mireille: Si on <u>allait</u> en Amérique du Sud?

   Robert: L'Amérique du Sud, ça ne m'intéresse pas parce que j'y _____ plusieurs fois

   quand j'étais petit, avec mes parents.

10. Robert: Ça ne m'intéresse pas, à moins que nous y _____ ensemble, évidemment.

11. Mireille: Les chutes du Zambèze ou les chutes du Niagara, tu crois que ça <u>vaut</u> la peine? Les chutes du Niagara, je suis

    sûre que ça _____ la peine.

12. Robert: Pas moi; je doute que ça _____ la peine; ça doit être plein de touristes.

13. Mireille m'a dit, "Alors faisons la descente du Zambèze en kayak!" Moi, j'ai dit, "Non, pas question!

　　Moi, je ne _____ pas la descente du Zambèze, surtout pas en kayak!"

14. Elle m'a dit: "Si, si, moi je veux que nous la _____ en kayak."

15. "Je tiens à ce que nous la _____ ."

16. "Je veux bien partir en voyage avec toi cet été, pourvu que nous _____ la descente du Zambèze."

17. "Je partirai à condition que nous _____ la descente du Zambèze."

18. Alors j'ai dit "D'accord" et nous _____ la descente du Zambèze (après les chutes . . .), mais ça a été dur.

· ·

42.31 Activation écrite: Négation; emploi de *aucun* (révision)

Révisez la leçon 16 et essayez de deviner ce qui manque pour compléter les échanges suivants en employant *aucun* ou *aucune*.

1. Robert: Je m'appelle Robert Taylor. _____ rapport avec l'acteur!

2. Mireille: Et moi, Mireille Belleau . . . _____ avec le poète.

3. Mireille appuie sur le frein; _____ effet . . . et elle brûle le feu rouge!

4. Mireille: Mais vous parlez très bien français . . . pour un Américain!

　　Robert (*modeste*): Oh, vous savez, je _____ mérite; ma mère est française.

5. Robert (*moins modeste*): J'ai toujours été reçu à tous mes examens! C'est vrai!

　　Je _____ examen!

6. "Le bon historien _____ temps ni d'_____ pays. Quoiqu'il aime sa patrie,

　　il ne la flatte jamais." (Fénelon)

7. En 1989, 25% des Français déclaraient _____ livre.

8. Robert frappe à la porte de la concierge: _____ effet.

9. Mireille: Mais je _____ intention de me laisser pousser la barbe!

10. Mme Courtois: Le basque ne ressemble à rien! Le basque _____

　　langue connue.

11. "A cause des malins qui font semblant, ceux qui ont vraiment des problèmes de vue _____ chance

　　d'avoir des lunettes. Ils risquent de devenir aveugles pour de bon!" (Azouz Begag, 22–document)

12. ". . . effacer un à un tous les barreaux en ayant soin de _____ toucher _____ plume de l'oiseau." (Prévert, 26–

　　document)

13. Quand le téléphone a sonné, Mireille se trouvait tout près par hasard. Elle _____ raison

　　spéciale de se trouver près du téléphone.

14. Robert: Allez, vas-y, choisis un billet!

　　Mireille: Oh, non, pas moi; je _____ chance!

15. Mireille: Tu as des projets pour cet été?

　　Robert: Non, à vrai dire, je _____ .

16. Mireille: Qu'est-ce que tu vas faire?

　　Robert: Je ne sais pas. Je _____ idée!

17. Robert (*qui a renversé son kir*): Oh, excusez-moi, je suis désolé! Il y en a sur votre jupe!

Mireille: Oh, ça ne fait rien! _____ importance. C'est une vieille jupe! Je ne la mets presque jamais!

18. Mireille: Vous voulez aller remonter l'Amazone?

Robert: Non, pas vraiment . . . je _____ envie d'aller me faire manger par les piranhas.

19. Mireille: Vous retournez aux Etats-Unis?

Robert: Non, je _____ raison de retourner aux Etats-Unis; je me trouve très bien ici. . . .

20. Elle, ou lui: Dites, vous ne voulez pas me faire mon devoir de français?

Vous: Certainement pas! Je _____ de faire votre devoir de français!

. . . .

42.32 Activation écrite: Restriction; *ne . . . que* (révision)

Lisez les fragments de conversation suivants et essayez de trouver ce qui manque pour les compléter.

Encore des restrictions!

1. Mireille: Le billet a gagné 400.000F! Mais . . . tu _____ un dixième!

2. Ça _____ 40.000F!

3. Mireille: Cet argent, tu l'as?

Robert: Non, je _____ demain. Je ne peux pas le toucher aujourd'hui.

4. Robert: On peut se voir? Tu es libre maintenant?

Mireille: Non, je _____ vers dix heures.

5. Mireille: Aller faire du camping, c'est bien joli! Mais je n'ai rien comme matériel de camping, moi!

Robert: Ce n'est pas un problème. Il _____ acheter!

6. Mireille: Oui, mais moi, je ne pars pas à pied, hein! Et on n'a pas de voiture. . . .

Robert: C'est simple, il _____ louer une!

7. Robert: Bon, alors, c'est d'accord, on se voit à dix heures. Mais, comment je fais, moi, pour venir?

Mireille: Ce n'est pas difficile; tu _____ prendre le métro!

8. Marie-Laure: Alors, c'est vendredi que vous partez?

Mireille: Non, nous _____ de vendredi en huit.

. . . .

42.33 Activation écrite: Formes du futur (révision)

Complétez ce dialogue avec le futur des verbes soulignés.

Mais oui, tout ce que tu voudras!

1. Mireille: Tu vois, ce qui me plairait assez, ce serait d'<u>aller</u> en Afrique.

Robert: D'accord, on _____ en Afrique.

2. Mireille: On pourrait <u>prendre</u> l'avion jusqu'à Nairobi. . . .

Robert: Oui, bien sûr, nous _____ l'avion.

3. Mireille: Et puis après, on pourrait <u>louer</u> une voiture. . . .

Robert: Evidemment, on _____ une voiture!

4. Mireille: Ce que j'aimerais, ce serait avoir une décapotable.

   Robert: Eh bien, tu _____ une décapotable. Il y a sûrement des 4×4 décapotables.

5. Mireille: Oui, mais alors, il faudrait qu'il fasse beau!

   Robert: Mais bien sûr qu'il _____ beau!

6. Mireille: Ce serait bien si on pouvait monter au Kilimandjaro.

   Robert: Je ne sais pas si on _____ arriver en haut! Ça fait plus de 5 000 mètres!

7. Mireille: On pourrait toujours essayer. . . .

   Robert: D'accord, on _____ .

8. Mireille: J'ai quand même peur que ce soit un peu fatigant.

   Robert: Ça, c'est sûr, ce _____ fatigant!

9. Mireille: Il ne faudrait pas qu'on se perde non plus!

   Robert: Oh, ça, non, on ne se _____ pas! Il n'y a qu'à monter tout droit. Et il y a sûrement des panneaux partout!

10. Mireille: On pourrait faire du camping.

    Robert: Très bien! Nous _____ du camping.

11. Mireille: Il faudrait acheter une tente!

    Robert: Pas de problème; nous _____ une tente.

12. Mireille: Est-ce que tu vas seulement savoir la monter?

    Robert: Cette question! Bien sûr que je _____ la monter. J'ai été boy-scout, deux ans.

13. Mireille: J'aimerais bien voir des éléphants!

    Robert: Tu en _____ , c'est promis.

14. Mireille: Mais dans ces régions, il faut sans doute faire attention aux moustiques!

    Robert: Oui, il _____ faire attention de ne pas se faire piquer.

15. Mireille: Oui, mais j'ai peur que mes parents ne veuillent pas me laisser partir. . . .

    Robert: Mais si, ils _____ .

16. Mireille: Et si Hubert venait avec nous, ce serait bien!

    Robert: Ah ça, non, il ne _____ pas. Pas question!

. . . .

42.34 Activation écrite: Apparences et similarités; *comme, faire comme si, faire semblant de, avoir l'air de* (récapitulation)

Complétez.

A.

1. Mireille: Il y avait un drôle de type dans le taxi. Il a fait _____ voulait m'attraper le bras.

2. Catherine: Papa a ralenti le pas, _____ il avait peur que quelqu'un nous suive. (40–document)

3. Mireille: Attention, le type nous écoute. Reprenons la conversation _____ de rien n'était. (40–1)

4. Ubu appelle un soldat "sire," _____ c'était un roi. (40–document)

5. Robert se lève _____ un ressort. (37–2)

6. Robert: Ecoute, arrête! Ça suffit _____ ça. (36–4)

7. Mme Belleau: Les étudiants qui ont leurs parents à Paris, _____ Mireille, habitent chez eux. (35–5)

8. Mireille: Juste _____ j'arrivais Porte des Lilas, un cycliste a dérapé devant moi.

9. Cécile: Voyons, qu'est-ce qu'ils ont _____ plat du jour? (26–3)

10. Le garçon: Et _____ cuisson, pour la grillade? (26–6)

B.

11. Mireille: L'autre jour, au Fouquet's, il y avait un drôle de type qui _____ lire un magazine, mais qui nous écoutait avec beaucoup d'attention. (39–7)

12. Mireille: Chez les Courtois, quand Marraine nous a présentés, nous _____ ne pas nous connaître . . .

13. . . . nous avons _____ nous ne nous connaissions pas.

14. Mireille: Quand Jean-Pierre s'est approché de moi, au Luxembourg, j'ai _____ ne pas le voir . . .

15. . . . j'ai _____ je ne le voyais pas.

16. Jean-Pierre: Si vous voulez engager la conversation avec une jeune fille, vous pouvez _____ tomber devant elle dans un escalier. (13–7)

C.

17. Mireille: Vous trouvez que _____ fragile? Ce n'est qu'une apparence! Vous voulez que nous fassions un peu de karaté? Vous allez voir! (6–2)

18. Mireille: La semaine dernière, j'étais dans la cour de la Sorbonne, j'ai remarqué un jeune homme qui souriait _____ imbécile. (13–6)

19. Mireille: L'autre jour on a sonné à la maison; Marie-Laure est allée ouvrir; c'était un monsieur qui lui a demandé si elle n'avait pas une grande sœur qui _____ une actrice de cinéma. Et cette petite bécasse a répondu que non! C'est sûrement moi qu'il cherchait! (Ça ne pouvait pas être Cécile!)

20. Mireille: Tu n' _____ en forme aujourd'hui!

21. Tu n' _____ être bien en forme!

22. Robert essaie de téléphoner dans une cabine publique. Il n' _____ comprendre comment ça marche. (22–5)

23. Robert: La vie _____ chère en France! (41–4)

24. Est-ce que le type qui était dans le taxi a vraiment voulu y faire monter Mireille? Nous ne le savons pas vraiment, mais il _____ il voulait l'y faire monter. Mireille a eu l'impression qu'il voulait la faire monter. Mais elle s'est peut-être trompée.

25. Quand Mireille était au Luxembourg, elle a très bien vu que Jean-Pierre s'approchait d'elle, mais elle a délibérément _____ ne pas le voir. Elle a voulu donner l'impression qu'elle ne le voyait pas.

42.35 Activation écrite: *Etre, valoir, prendre la peine de, à peine* (révision et extension du vocabulaire)

Essayez de trouver les mots et expressions qui manquent pour compléter les phrases suivantes.

Ah, que mon cœur a de peine!

1. Robert: Maintenant, avec les calculettes électroniques, ce n'est même plus _____ apprendre à compter! (21–1)

2. M. Courtois: Je vais vous reconduire.

   Mireille: Mais non, Parrain, ce _____! Ne te dérange pas! (24–9)

3. Le cycliste: Je vais vous aider à changer la roue.

   Mireille: Non, _____! Le roue de secours est à plat! (31–4)

4. Marie-Laure: Oh, ça va! Ce _____ crier! Je ne suis pas sourde!

5. Robert: La Comédie-Française, c'est bien? Ça _____ y aller? (39–2)

6. Mireille: Tu as aussi le théâtre de boulevard . . . mais je doute que ça _____. (39–3)

7. Mireille: J'accepte de prendre un billet de loterie pour la première fois de ma vie, je _____ choisir un billet gagnant, et toi, tu n'achètes qu'un dixième! C'est malin!

8. Ne vous dérangez pas! Ne prenez pas _____ venir! Téléphonez-moi!

9. C'est gentil d'avoir _____ venir; mais il ne fallait pas vous déranger!

10. "La joie venait toujours après _____." (Apollinaire, 23–document)

11. Tante Georgette: J'ai appris la mort de votre grand-mère; ça m'a fait beaucoup de _____.

12. Elle a eu beaucoup _____ à la mort de sa grand-mère.

13. Mireille: Mon cousin Georges est très gentil, mais il a eu beaucoup de _____ à passer son bac. Il n'est pas très doué.

14. Le japonais de Robert est un peu rouillé. Il comprend le japonais difficilement. Il le comprend à _____.

15. Les auteurs: L'étude du subjonctif vient _____ de commencer. (37–2)

16. Mireille (*à Marie-Laure*): Tu sais _____ compter! Tu es nulle!

17. "Demain, je reprendrai le livre _____ ouvert." (Sully Prudhomme, 23–document)

. . . .

42.36 Activation écrite: Pronoms accentués (révision)

Complétez et répondez.

1. Le professeur: Pour apprendre le français, nous allons inventer une histoire.

   Un étudiant: Oui, mais qui va inventer cette histoire? _____ ou _____ ?

   Le professeur: Eh bien, _____ , _____ , et _____ , ensemble. (3–4)

2. Mireille: Nous avons gagné? Qui est-ce qui a gagné?

   Robert: _____ ! _____ et _____ !

3. Mireille: Nous avons gagné 40.000F!

   Marie-Laure: Qui est-ce qui a gagné ces 40.000F? Toi ou Robert?

   Mireille: Eh bien, _____ ! _____ et _____ .

4. Marie-Laure: Mais, enfin, à qui est cet argent?

   Robert: Il _____ !

   Mireille: Il _____ !

   Marie-Laure: Eh ben, je suppose qu'il est _____ ! J'ai peur qu'il ne soit pas _____ , malheureusement!

5. D'après vous, à qui cet argent appartient-il? Donnez vos raisons.

   _____

   _____

   _____

   _____

. . . .

42.37 Activation écrite: Impératif et pronoms (révision)

Révisez les sections 12.15 et 18.21 dans votre cahier d'exercices. Puis, complétez ce dialogue où il y a beaucoup d'impératifs. Notez que les mots soulignés suggèrent des verbes à employer.

Les départs sont toujours difficiles

1. Mireille: Marie-Laure, tu n'es pas encore <u>levée</u>? Allons! _____ !

2. Tu n'es pas encore <u>habillée</u>! Allons, vite! _____ !

3. Marie-Laure: Je ne peux pas m'habiller, je <u>n'ai pas fait</u> ma toilette!

   Mireille: Eh bien, _____ ! Et vite!

4. Mireille: Tu <u>as bu</u> ton chocolat?

   Marie-Laure: Pas encore!

   Mireille: Eh bien, _____ tout de suite!

5. Marie-Laure: Oh, eh! Ça va! Il n'y a pas le feu! Je <u>me dépêche</u> tant que je peux!

   Mireille: Non, tu <u>ne te dépêches pas</u>! Alors, _____ maintenant!

6. Marie-Laure: Je ne trouve pas mon livre de français!

   Mireille: Eh bien, _____ ! Alors, ça y est? Tu l'as trouvé? Tu arrives? Si tu n'arrives pas tout de suite, <u>je m'en vais</u>.

7. Marie-Laure: Eh bien, _____ ! Je m'en fiche; je me <u>débrouillerai</u> toute seule!

8. Mireille: C'est ça, _____ toute seule! Je ne <u>t'attends</u> pas!

9. Marie-Laure: Bon, bon, bon, ne _____ pas!

10. Mireille: D'accord, alors, au revoir, je m'en vais. . . .

    Marie-Laure: Ah! Ce que tu peux être embêtante! Tu ne peux pas <u>m'attendre</u>, non? _____ , j'arrive tout de suite!

42.38 Activation écrite: Comment aller d'un endroit à l'autre (révision)

Commencez par relire la leçon 27, où il est question de beaucoup de moyens de transport, puis répondez aux questions suivantes.

A pied, à cheval, et en voiture

1. Vous voulez trouver une île du Pacifique à acheter. Comment allez-vous y aller?

   _____

2. Vous allez explorer les sources de l'Amazone avec Robert. Comment allez-vous remonter l'Amazone?

   _____

3. Mireille voudrait aller en Suède. Comment pensez-vous qu'elle va y aller?

   _____

4. Si vous vouliez aller voir les chutes du Zambèze, en Afrique, avec Mireille, comment feriez-vous?

   _____

5. Comment Mireille va-t-elle aller chez Angélina, rue de Rivoli?

   _____

6. Si vous vouliez aller explorer la France, comment feriez-vous? Comment voyageriez-vous?

   _____

7. La dernière fois que vous êtes allé(e) en voyage, où êtes-vous allé(e)? Comment y êtes-vous allé(e)?

   _____

8. Comment allez-vous à votre travail, à l'école, à la fac, au magasin?

   _____

   _____

· ·

⋂ 42.39 Activation orale: Dialogue entre Robert et Mireille

Ecoutez attentivement ce dialogue entre Robert et Mireille. Vous allez apprendre les répliques de Mireille.

Robert: Nous avons gagné!
Mireille: **Nous avons gagné? Qui est-ce qui a gagné?**
Robert: Nous! Toi et moi!
Mireille: **Nous avons gagné quelque chose? Qu'est-ce que nous avons gagné?**

Robert: 400.000 francs! Oui, c'est dans le journal! Tous les billets qui se terminent par 8127 gagnent 400.000F!
Mireille: **400.000 balles? Ce billet de loterie gagne 400.000 francs?**

Exercices-tests

42.40 Exercice-test: Le temps qui passe; *déjà, encore*

Complétez les réponses aux questions suivantes en utilisant *déjà* ou *encore* selon le cas.

1. Il sont là?   Oui, ils _____ .

2. Vous avez fini?   Non, nous _____ .

3. Il est arrivé?   Oui, il _____ .

4. Vous y êtes?   Non, nous _____ .

Vérifiez. Si vous avez fait des fautes, travaillez les sections 42.16 et 42.17 dans votre cahier d'exercices.

42.41 Exercice-test: Place de *plus, jamais,* et *rien*

Complétez les réponses aux questions suivantes.

1. Vous avez gagné quelque chose?

   Non, je _____ .

2. Vous gagnez, quelquefois?

   Non, je _____ .

3. Vous avez encore gagné quelque chose après ça?

   Non, nous _____ .

4. Vous gagnez quelque chose, quelquefois?

   Non, je _____ .

Vérifiez. Si vous avez fait des fautes, travaillez les sections 42.18 à 42.21 dans votre cahier d'exercices.

42.42 Exercice-test: Subjonctif après *bien que, à moins que,* et *pourvu que*

Complétez.

1. Robert n'ira pas explorer l'Amazone, à moins que

   Mireille y _____ avec lui.

2. Ils ont de grands projets, bien qu'ils

   n' _____ gagné que 40.000F!

3. Robert viendra, pourvu que Mireille

   _____ aussi.

4. Vous pouvez le faire quand vous voulez, pourvu que

   vous le _____ .

Vérifiez. Si vous avez fait des fautes, travaillez les sections 42.23 à 42.29 dans votre cahier d'exercices.

Libération de l'expression

42.43 Mise en question

Relisez le texte de la leçon; lisez les questions de la mise en question qui suit la mise en œuvre dans votre livre de textes. Réfléchissez à ces questions et essayez d'y répondre.

. . . .

42.44 Mots en liberté

Qu'est-ce qu'on peut prendre la peine de faire?

On peut prendre la peine de prévenir si on va être en retard; d'écrire à ses parents de temps en temps; d'envoyer des fleurs si on est invité chez quelqu'un; d'envoyer une carte, ou de téléphoner, pour remercier si on a été invité chez quelqu'un; d'envoyer une carte à Mireille ou à Tante Georgette pour leur anniversaire; de s'essuyer les pieds avant d'entrer; de mettre son clignotant si on va tourner. . . .

Essayez de trouver encore trois possibilités.

Qu'est-ce qu'on peut explorer?

On peut explorer la Patagonie, les forêts d'Afrique, l'espace, les égouts de Paris. . . .

Trouvez encore trois possibilités.

Qu'est-ce qu'on peut emporter si on va faire une grande randonnée?

On peut emporter des chaussures montantes, un imperméable ou un ciré, de l'huile solaire, un grand chapeau, un couteau (qui coupe, de l'armée suisse), des conserves, une carte, un sac de couchage. . . .

Essayez de trouver encore cinq possibilités.

42.45 Mise en scène et réinvention de l'histoire

Reconstituez un dialogue entre Robert et Mireille qui viennent de gagner au Loto ou à quelque loterie. Robert propose un voyage. Mireille montre quelque hésitation et présente quelques objections.

Robert: Ecoute, on va louer une voiture et on va partir sur les routes!

Mireille: Eh là, oh! Doucement! Je (. . .).

Robert: Tu ne vas pas me laisser partir tout seul! Tu verras, ce sera très bien; on fera du camping, et puis de temps en temps on descendra dans des palaces, rien que pour voir la tête des clients quand ils nous verront arriver avec nos sacs à dos et nos barbes de trois semaines.

Mireille: Mais je (. . .). Et puis (. . .). En fait, tu sais (. . .).

Robert: Pas de problème! On va en acheter. Allons dans un grand magasin.

Mireille: Si tu veux, mais (. . .). De toute façon (. . .). Et puis, il faut que je (. . .).

Robert: Quels enfants?

Mireille: (. . .).

42.46 Mise en scène et réinvention de l'histoire

Dites ce que vous feriez si vous aviez gagné à la loterie.

Si j'avais gagné | 100 / 10.000 / 50.000 / 100.000 / 47,50 | francs,

je trouverais ça | fantastique. / intéressant. / décourageant. / scandaleux. / honteux.

Je / J' | roulerais sur l'or. / serais aussi riche que la grand-mère d'Hubert. / serais furieux. / irais me plaindre. / rapporterais l'argent / écrirais une lettre | d'insultes / de remerciements | au directeur de la loterie.

J'irais faire un tour dans | les / mon | bistros. / égouts. / jardins du Luxembourg. / jardin. / quartier. / magasins. / agences de voyage.

J'achèterais | 144 / 2 000 | bouteilles de | bordeaux. / bourgogne. / champagne. / muscadet.

une carte routière.
un guide des bons restaurants.
du matériel de camping.

Puis je partirais | pour / sur | l' / la / le / les / — | Afrique / Japon / Patagonie / Amazonie / Tombouctou / lune / routes / Russie / Samarkande | à / en / par l' | voiture. / train / de luxe. / bicyclette. / moto. / Orient-Express. / hélicoptère. / Concorde. / cheval.

Je / J' | descendrais / rencontrerais / entretiendrais / explorerais / attraperais / remonterais

l'Amazone.
des bêtes sauvages.
l'espace.
la Suisse.
une île déserte.
les chutes du Zambèze.

une danseuse / un danseur | des ballets | russes. / de Bali. / roumains. / argentins. / luxembourgeois. / de l'Opéra.

une Amazone.
la malaria.
la dyspepsie.
la dysenterie.
un rhume.
un coup de soleil.
des papillons.

42.47 Mise en scène et réinvention de l'histoire

Quand Marie-Laure dit: "La confiture, c'est comme la culture; moins on en a, plus on l'étale," elle cite une maxime. (En fait, elle déforme une maxime qui est: "La culture, c'est comme la confiture; moins on en a, plus on l'étale.") Composez des maximes sur ce modèle.

Le La Les Un Une	santé, chance, travail, culture, vie, intelligence, camping, nature, confiture, français, principes, barbe,	c'est comme	le la les un une des	sport; chocolat; culture; danseuse de l'Opéra; route; mathématiques; argent; papillon; boules de gomme; loterie; vodka; rhume;

réussit.
en veut.
en a.
l'aime.
se fatigue.
gagne.
dépense.
comprend.
l'étale.
se débrouille.
avance.

plus moins mieux	ça on	la l' les en s'en le —	marche, va, passe, boit, fait, mange, sert, a d'argent, de chance, attend, regarde, étudie, entretient, cherche, essaie, vieillit, connaît,

moins plus mieux	on ça	

trouve ça
   facile.
   fascinant.
   intéressant.
   ennuyeux.
   bête.
   agréable.
   difficile.
   dangereux.

apprécie
   la SNCF.
   son lit.
   la famille.
   le travail.
   les palaces.
   les vacances.

va.
marche.
s'en passe.

Préparation à la lecture et à l'écriture

42.48 Entraînement à la lecture

Regardez le document 1 de la leçon 42 dans votre livre de textes, et cherchez une réponse aux questions suivantes.

1. Si vous faites une randonnée sur le GR 460, où pouvez-vous coucher?

_____

2. Qu'est-ce que c'est que les Relais du Silence?

_____

. . . .

42.49 Entraînement à la lecture

Lisez le document 2 et complétez.

1. Il a trop bu, il est soûl, il est ivre, il est complètement _____ . (C'est de l'argot, ce n'est pas très élégant! A éviter!)

2. Il n'est pas content, il est déçu, il est écœuré, il est _____ .

3. Quand le "mec" de l'histoire dit au chef de station "Taisez-vous!" il ne lui demande pas vraiment de se taire. Ce "_____ - _____ !" veut dire quelque chose comme "Mais non, ce n'est pas ça! (Je ne fais pas le commerce des sandwichs.) C'est beaucoup plus étonnant! . . . (Je gagne!)"

4. Essayez de terminer logiquement la phrase: "Pour une fois que je gagne, je veux en _____ ."

. . . .

42.50 Entraînement à la lecture

Lisez le document 3 et répondez aux questions suivantes. (Vous vous souvenez de Jacques Prévert? Sinon, vous pouvez voir le document 3 de la leçon 5, et aussi les documents 1, leçon 8; 2, leçon 10; 5, leçon 11; 3, leçon 25; 4, leçon 26; 4 et 5, leçon 38.)

1. Quel contraste y a-t-il entre les deux personnalités de Molyneux?

_____

_____

2. Quels sont les deux motifs qui ont amené l'évêque de Bedford à Londres?

_____

_____

3. Pourquoi Mme Molyneux n'assiste-t-elle pas au dîner? Où est-elle? Pourquoi?

_____

_____

4. Qu'est-ce que l'évêque trouve bizarre?

_____

_____

42.51 Lecture et interprétation

Lisez le document 4. Répondez ou complétez.

1. Pourquoi l'auteur a-t-il peu de souvenirs de sa ville natale?

   _____

2. Pourquoi Clova était-il un bon endroit, un lieu privilégié pour un jeune garçon?

   _____

3. Comment allait-on à Clova? Pourquoi?

   _____

   _____

4. Qu'est-ce qui indique, dans ce texte, que Clova était un tout petit village?

   _____

   _____

   _____

5. Est-ce que les parents de l'auteur et les autres habitants de Clova étaient propriétaires de leurs maisons ou locataires?

   _____

6. Les enfants avaient une grande liberté: ils _____ une grande liberté. (De même, on pourrait dire: Tonton

   Guillaume _____ une grande fortune. Les Belleau _____ d'une très belle vue sur le Luxembourg.)

7. Quelle était la seule restriction à la liberté dont jouissaient les enfants?

   _____

8. L'auteur a eu une enfance très libre, très peu _____ . Dans l'armée, les officiers et les sous-officiers

   _____ les soldats. Dans une entreprise, les <u>cadres</u> _____ les employés et les ouvriers: ce sont les

   _____ qui organisent, qui décident ce qu'il faut faire.

9. Un bûcheron, c'est quelqu'un qui coupe des _____ . (Voyez le document 6 de la leçon 29.)

10. Essayez de deviner ce que c'est qu'une <u>mouche</u>: c'est un insecte, plutôt noir, avec deux ailes transparentes, de gros yeux.

    Les <u>mouches</u> les plus communes sont petites: à peu près un demi-centimètre de long. Il y a beaucoup de _____

    en été. Le sucre, le fromage, la viande les attirent. Il y a des <u>mouches</u> qui piquent, et il y en a qui sont dangereuses,

    comme la <u>mouche</u> tsé-tsé, par exemple.

11. Et maintenant, essayez d'imaginer ce que c'est qu'une beigne ou un beignet (on dit "beigne" au Canada, "beignet" en

    France). C'est quelque chose qui se mange. On les fait avec de la pâte qu'on fait frire dans de l'huile bouillante; ils

    gonflent en cuisant, ils deviennent ronds. Les beignes ou beignets sont sucrés: il y a des beignets aux pommes. Mais on

    fait aussi des beignets salés: des _____ de crevettes, des beignets de cervelle, etc.

12. Les Indiens chassaient; ils s' _____ la chasse. (Ils passaient une grande partie de leur temps à chasser.)

13. Ils faisaient le commerce des peaux d'animaux: ils _____ faisaient la _____ . (Nous avons vu une

    fourrure blanche sur le divan de Maud dans le document 2 de la leçon 37.)

14. L'été, les Indiens ramassaient, cueillaient des framboises: ils s' _____ la _____ des

    framboises et des bleuets. (En France, on les appelle des myrtilles. Ce sont de tout petits fruits ronds et bleu foncé. On en

    fait de la confiture.)

15. Comment l'auteur a-t-il appris l'anglais?

16. Pourquoi apprenez-vous le français, par nécessité ou par intérêt culturel?

_____

17. Pourquoi l'auteur n'a-t-il pas fait beaucoup de sports?

_____

18. Que pense-t-il de la télévision et de la lecture?

_____

_____

19. Et vous, qu'en pensez-vous?

_____

_____

_____

· ·

∩ 42.52 Entraînement à la lecture

Lisez les paroles de la chanson du document 5 dans votre livre de textes, et écoutez la petite fille qui la chante sur l'audiocassette correspondante.

· ·

42.53 Pratique de l'écriture

Vous êtes Mireille. Ecrivez une demi-page dans votre journal pour raconter comment Robert vous a réveillée à sept heures du matin, ce dont vous avez parlé et ce que vous avez fait pendant cette matinée. Vous pourriez commencer ainsi:

"Quelle merveilleuse surprise! Le téléphone sonne ce matin. Et qu'est-ce que c'était? C'était cet adorable petit Robert qui . . ."
ou bien alors:

"Cet imbécile de Robert a eu le culot de me réveiller à sept heures du matin. Ce garçon est vraiment sans-gêne! Et tout ça pour me dire . . ."

_____

_____

_____

_____

_____

_____

_____

_____

_____

_____

_____

Leçon **43**

Assimilation du texte

🎧 43.1 Mise en œuvre

Ecoutez le texte et la mise en œuvre dans l'enregistrement sonore. Répétez et répondez suivant les indications.

. . . .

🎧 43.2 Compréhension auditive

Phase 1: Regardez les images et répétez les énoncés que vous entendez.

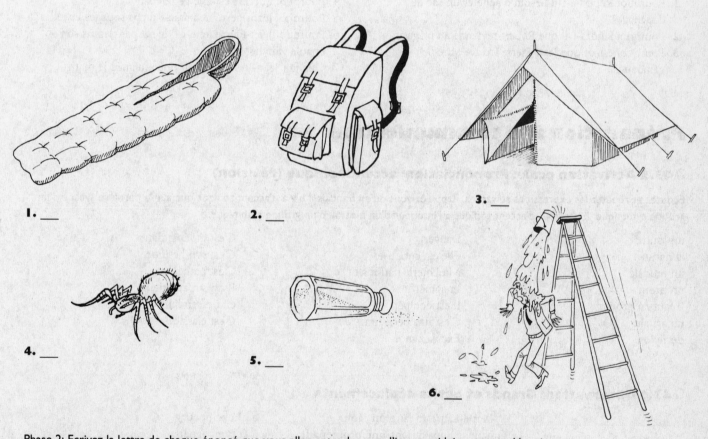

1. __

2. __

3. __

4. __

5. __

6. __

Phase 2: Ecrivez la lettre de chaque énoncé que vous allez entendre sous l'image qui lui correspond le mieux.

∩ 43.3 Production orale

Ecoutez les dialogues suivants. Vous allez jouer le rôle du second personnage.

1. Robert: Pardon, Monsieur, nous avons l'intention de faire une grande randonnée. Nous voudrions voir ce que vous avez comme matériel de camping. Est-ce que vous pourriez nous conseiller?
   Le vendeur: (. . .)

2. Le vendeur: C'est une petite tente très pratique. Vous avez un double toit, un tapis de sol indépendant, une porte avec fermeture à glissière.
   Robert: (. . .)

3. Mireille: Tu dois avoir besoin d'un sac de couchage, non?
   Robert: (. . .)

4. Le vendeur: Dans le haut de gamme, vous avez ça: c'est du duvet. C'est très chaud, très léger. C'est ce qu'on fait de mieux.
   Mireille: (. . .)

5. Jean-Pierre: Mais dites-moi, vous êtes bien généreuse, là!
   Mireille: (. . .)

6. Mireille: Vous écrasez les araignées?
   Jean-Pierre: (. . .)

∩ 43.4 Compréhension auditive et production orale

Ecoutez les dialogues suivants. Après chaque dialogue vous allez entendre une question. Répondez à la question.

1. Pourquoi Robert a-t-il besoin d'acheter un sac de couchage?
2. Pourquoi faudra-t-il que Robert revienne au magasin?
3. Pourquoi est-ce que Jean-Pierre trouve Mireille généreuse?
4. Pourquoi Mireille est-elle généreuse?
5. Pourquoi Jean-Pierre ne passe-t-il pas sous les échelles?
6. Pourquoi Jean-Pierre jette-t-il le sel par-dessus son épaule gauche?
7. Que fait Jean-Pierre s'il voit une araignée le matin?

Préparation à la communication

∩ 43.5 Activation orale: Prononciation; accent tonique (révision)

Ecoutez et répétez les expressions suivantes. Rappelez-vous qu'en français il n'y a d'accent tonique que sur la dernière syllabe d'un groupe rythmique. Il n'y a pas d'accent tonique à l'intérieur d'un mot ou d'un groupe rythmique.

un journal	Danger!	C'est indépendant.
la nature	Elle est curieuse.	C'est synthétique.
un modèle	à la Loterie nationale	C'est pathétique.
un profit	Imagine!	Il est superstitieux.
Il faut en profiter.	Il est équipé.	en descendant
un article	C'est une occasion.	C'est classique.
du nylon	Excusez-moi.	

∩ 43.6 Observation: Grands et petits déplacements

Marie-Laure va faire **un   tour**   au Luxembourg.
Le dimanche nous faisons **une promenade**   à la campagne.
Robert et Mireille sont allés faire **une excursion**   à Chartres.
Robert et Mireille vont faire **une grande randonnée** en France.
Les Belleau ont fait **un   voyage**   en Europe Centrale.

déplacement	moyen de locomotion	durée
un tour	à pied, à vélo, en voiture	une demi-heure ou une heure
une promenade	à pied, à vélo, en voiture, à cheval	une heure ou deux
une excursion	à pied, en voiture, en autocar, en train	un jour ou deux
une randonnée	à pied, à vélo, à ski, à cheval	d'un jour à une ou deux semaines
un voyage	en train, en avion, en bateau, en voiture	de quelques jours à quelques semaines

. . . .

43.7 Activation écrite: Grands et petits déplacements

Complétez.

1. Si j'avais le temps (et l'argent!), je ferais un long

_____ en Amérique du Sud pour

explorer les sources de l'Amazone.

2. J'irais en Patagonie, et je ferais des _____

de plusieurs jours à ski puisque, là-bas, l'été c'est l'hiver.

3. Tiens, j'ai une demi-heure avant mon cours d'italien.

Si on allait faire un _____ au

Luxembourg?

4. —Qu'est-ce qu'il y a comme _____

au départ de Paris?

—Eh bien, vous pouvez aller à Chartres, à

Fontainebleau, à Chantilly, à Versailles. . . .

5. Justement, dans la forêt de Fontainebleau, on peut faire

des _____ sensationnelles

et de l'alpinisme, aussi!

6. Prenons un bateau-mouche ce soir. . . . J'adore les

_____ en bateau!

. . . .

∩ 43.8 Observation: Divisions

		divisions
La France	est divisée	en **régions** et en **départements**.
Paris	est divisé	en **arrondissements**.
Un immeuble	est divisé	en **appartements**.
Un appartement	est divisé	en **pièces**.
Un grand magasin	est divisé	en **rayons**.

Dans un grand magasin on trouve beaucoup d'articles divers. On trouve des parfums au rayon de parfumerie, des pantalons au rayon des vêtements pour hommes, des robes au rayon des vêtements pour dames, des tentes au rayon des articles de sport, etc. Chaque rayon est spécialisé dans une sorte d'article.

43.9 Activation écrite: Divisions

Complétez.

1. La rue de Vaugirard, c'est dans quel _____ ?

2. Quel grand appartement! Combien de _____ avez-vous?

3. Non, vous ne trouverez pas de caleçons ici, c'est le _____ des vêtements pour dames!

4. Nous sommes en co-propriété. Il y a six _____ dans notre immeuble; chaque propriétaire paie sa part pour les services et l'entretien.

5. L'Arc de Triomphe? C'est dans le 8ème _____ , je crois.

6. On a divisé la France en _____ après la Révolution.

. . . .

43.10 Observation: Compétence et incompétence

compétence	incompétence
Ça, c'est mon rayon.	Ce n'est pas mon rayon.
Je m'y connais.	Je ne m'y connais pas.
Je m'y connais très bien.	Je n'y connais rien.

. . . .

43.11 Activation orale: Compétence et incompétence

Répondez selon l'exemple.

Exemple:
Vous entendez: 1. Vous pourriez m'aider à programmer cette saloperie d'ordinateur qui ne veut pas marcher?
Vous répondez: Moi, vous savez, les ordinateurs . . . ce n'est pas mon rayon.

2. Ma voiture refuse de démarrer. Vous pourriez m'aider?
3. Avec un rôti de porc, qu'est-ce que je devrais servir comme vin, un bourgogne ou un bordeaux?

4. Je voudrais acheter du matériel de camping. Vous pourriez me conseiller?
5. Qu'est-ce que c'est, cette nouvelle cuisine dont on parle partout? Vous pouvez me dire?
6. Je voudrais choisir des chaussures pour faire une randonnée. Vous pourriez m'aider?
7. Nous cherchons une station de ski sympathique mais pas trop chère. Vous pourriez nous renseigner?

. . . .

43.12 Activation orale: Compétence et incompétence

Répondez selon l'exemple.

Exemple:
Vous entendez: 1. Vous voulez acheter un poisson rouge pour votre fille? Demandez à Jean-Luc. . . .
Vous dites: Il s'y connaît!

2. Votre voiture ne veut pas démarrer? Demandez à Ousmane!
3. Vous cherchez un livre d'art pour l'anniversaire de votre cousine? Vous n'avez qu'à demander à Mireille.
4. Vous voulez refaire le toit de votre maison? Il faut demander aux Belleau. . . .
5. Vous voulez choisir un bon bordeaux? Il faut me demander, à moi!

⌂ 43.13 Observation: Rapports qualité-prix

prix exceptionnel, momentanément baissé		

Cet article	est **en solde**.	
Cet article	est **soldé**.	
	C'est **une bonne occasion**.	
	C'est **une excellente occasion** à ce prix-là!	
	C'est **une affaire**!	
	C'est **une bonne affaire**!	
	C'est **une excellente affaire**!	

prix normal, maintenu		

L'article est:	cher	et de mauvaise	qualité.	Le rapport qualité-prix est:	très mauvais.
	bon marché	mais de mauvaise	qualité.		pas très bon.
	cher	mais de bonne	qualité.		moyen.
	bon marché	et de bonne	qualité.		excellent.

⌂ 43.14 Activation: Dictée; rapport qualité-prix

Ecoutez et complétez.

1. La _____ en _____ ne _____ pas la tante de Mireille.

2. Pourtant, c'est une excellente _____ à ce _____ -là.

3. C'est un article de très _____ et très _____ .

4. Si elle achetait un article plus _____ , et de moins _____ ,

   elle ferait une _____ .

⌂ 43.15 Observation: Comparaisons; comparatifs et superlatifs

	Le sac en duvet est	cher.
comparatif	Il est	**plus cher que** celui en fibre synthétique.
superlatif	C'est	**le plus cher des** deux.
	Le sac en fibre synthétique est	cher.
comparatif	Mais il est	**moins cher que** celui en duvet.
superlatif	C'est	**le moins cher des** deux.

Observez la construction du comparatif:

plus (supériorité) moins (infériorité) aussi (égalité)	*adjectif* **que**	*référence*
Il est **plus**	cher **que**	l'autre.
Il est **moins**	cher **que**	l'autre.
Il est **aussi**	cher **que**	l'autre.

Observez la construction du superlatif:

article défini	**plus, moins**	*adjectif*	**de**	*référence*
C'est	**le**	**plus**	cher	**de**	tous.
C'est	**le**	**moins**	cher	**de**	tous.

Notez la différence entre comparatif et superlatif; elle est marquée par la présence de l'article défini (*le, la, les*) dans le superlatif. Dans le comparatif, le terme de référence est introduit par *que*. Dans le superlatif, il est introduit par *de*.

· ·

43.16 Activation écrite: Comparaison; comparatifs et superlatifs

Complétez.

1. Cécile est jeune.

   Mireille est _____ jeune _____ Cécile.

   Marie-Laure est _____ jeune _____ trois.

2. Le Château-Margaux 1982 est cher.

   Le vin rouge en carafe est _____ cher que le Château-Margaux.

   Mais l'Orangina est le _____ cher _____ trois.

3. Marie-Laure est obéissante.

   Mireille est _____ obéissante _____ Marie-Laure.

   Robert est _____ obéissant _____ tous.

· ·

∩ 43.17 Activation: Dictée; comparatifs, superlatifs

Ecoutez et écrivez.

1. —Vous _____ sœurs?

   —J' _____ , oui.

   —Et _____ ?

   —Elle _____ ,

   puisqu' _____ .

2. —Votre _____ , il _____ , _____ ?

   —Eh bien, _____ .

   Il _____ ,

   mais _____ bientôt me rattraper.

3. Marie-Laure: Je _____ bronzée _____ !

4. M. Belleau: _____

   _____ .

43.18 Activation écrite: Comparaisons; comparatifs, superlatifs

Essayez de déchiffrer les phrases suivantes et complétez-les.

1. Marie-Laure est _____ jeune _____ Mireille. C'est _____ jeune _____ trois sœurs Belleau.

2. Un article "haut de gamme" est _____ cher _____ un article "bas de gamme."

3. Un article qui est en solde est _____ cher _____ un article qui n'est pas soldé.

4. Mireille (à Jean-Pierre): Vous êtes une des personnes _____ superstitieuses _____ je connaisse!

5. C'est une des scènes _____ connues _____ cinéma français.

6. Air France est _____ grand réseau aérien _____ monde.

7. Le réseau français des chemins de fer est _____ dense _____ le réseau américain.

8. Mireille: J'étais fatiguée; je me suis levée _____ tard _____ d'habitude.

9. Tout le monde sait que la Tour Eiffel est la construction _____ haute _____ Paris.

10. Et que Paris est _____ grande ville _____ France.

11. Le cinéma, avec les trucages, par exemple, dispose de moyens beaucoup _____ considérables _____ le théâtre.

12. "Mon projet _____ important, c'est de continuer à vivre." (Coluche)

13. Au cinéma: "Je vous en prie, Madame, gardez votre chapeau; il est beaucoup _____ drôle _____ le film!" (Coluche)

14. L'annuaire électronique du téléphone français (sur Minitel) est la base de données _____ consultée _____ monde.

15. L'île de la Cité est la partie _____ ancienne _____ Paris.

16. Les pyramides d'Egypte sont beaucoup _____ anciennes _____ Notre-Dame de Paris.

17. La Samaritaine est un des _____ grands magasins _____ Paris.

18. Le duvet est _____ chaud et _____ léger _____ la fibre synthétique.

19. A taille et qualité égales, une tente à double toit est forcément _____ chère _____ tente sans double toit.

20. Celle-ci est la _____ chère _____ toutes les tentes à double toit que nous ayons en ce moment.

. . . .

43.19 Observation: Superlatifs

C'est ce qu'il y a **de plus cher**.
C'est ce qu'il y a **de moins cher**.
C'est ce qu'il y a **de mieux**.

C'est ce qu'il y a **de pire**.
C'est ce qu'on fait **de mieux**.
C'est ce qu'on fait **de pire**.

C'est le plus beau **que nous ayons**.
C'est le dernier **que nous ayons**.

. . . .

43.20 Activation orale: Superlatifs

Répondez selon l'exemple.

Exemple:
Vous entendez: 1. On ne fait pas pire!
Vous dites: C'est ce qu'on fait de pire!

2. On ne fait pas mieux!
3. Il n'y a pas mieux!
4. Il n'y a pas pire!

5. Il n'y a pas plus beau!
6. Il n'y a pas plus cher!
7. Il n'y a pas moins cher!

🎧 43.21 Activation: Dictée

Ecoutez et écrivez. C'est le vendeur qui parle.

1. _____
   _____ .

2. _____

3. _____
   _____ .

4. _____
   _____ .

5. _____
   _____ .

🎧 43.22 Observation: Superlatif et subjonctif

	superlatif		*subjonctif*
C'est	le plus beau	que nous	**ayons.**
Ce sont	les derniers	que nous	**ayons.**
C'est	la moins chère	que vous	**puissiez** trouver.

Notez l'emploi du subjonctif pour préciser, modifier une notion superlative: *C'est le plus beau* exprime une notion superlative. Dans *C'est le plus beau que nous ayons*, cette notion superlative est précisée, modifiée par l'addition de *que nous ayons*.

🎧 43.23 Activation orale: Superlatif et subjonctif

Répondez selon l'exemple.

Exemple:
Vous entendez: 1. Je ne connais pas de meilleur hôtel.
Vous dites: C'est le meilleur que je connaisse.

2. Il ne connaît pas d'hôtel plus luxueux.
3. Nous ne connaissons pas de meilleur restaurant.
4. Vous ne pouvez pas trouver de chambre moins chère.
5. Nous n'avons pas de plus belle chambre.

43.24 Activation écrite: Formes et emplois du subjonctif (révision)

Complétez.

1. Le vendeur: Je regrette, mais le camping, je n'y connais rien! Il faut que vous vous _____ à mon

   collègue, là-bas.

2. Le vendeur: Non, nous n'avons rien de moins cher. . . . C'est le moins cher que nous _____ .

3. Robert: Ah . . . c'est le moins cher que vous _____ ? Dommage! C'est plus que ce que je voulais y mettre.

4. Le vendeur: Vous ne trouverez pas moins cher. D'ailleurs, c'est le seul que nous _____ à ce prix-là.

5. Mireille: Va acheter tes caleçons tout seul! Tu ne te perdras pas! Il n'y a pas de danger que tu te _____ .

6. Robert: Bon! Partons, si tu veux, mais il faudra que je _____ demain pour acheter des vêtements.

7. Mireille: Oh, là! J'ai rendez-vous avec Hubert! Il faut que j'y _____ !

8. Mireille: Il faut que je lui _____ que nous avons gagné à la loterie.

9. Jean-Pierre: Avec tout ce verre blanc cassé, ça ne m'étonne pas que vous _____ à la loterie!

10. Robert: Si je vois une araignée, qu'est-ce qu'il faut que je _____ ?

11. Mireille: Superstitieux comme vous l'êtes, ça m'étonnerait que vous _____ sous les échelles!

12. Robert: Je ne te laisserais jamais te baigner dans l'Amazone! J'aurais trop peur que tu te _____ manger

    par les piranhas!

. . . .

∩ 43.25 Observation: Insuffisance

	tout ce que		verbe	
	Tout ce que	j'	**ai,**	c'est un maillot de bain.
C'est	**tout ce que**	vous	**avez**	comme fromages?
C'est	**tout ce que**	tu	**as fait**	depuis hier?

. . . .

∩ 43.26 Activation orale: Insuffisance

Répondez selon l'exemple.

Exemple:

Vous entendez:

1. —Qu'est ce que vous avez comme vin?
   —Du beaujolais.

Vous dites: (Comment?) C'est tout ce que vous avez (comme
vin)?

2. —Qu'est-ce que vous avez comme viande?
   —Du rôti de porc.

3. —Qu'est-ce que vous avez comme légumes?
   —Des haricots verts.

4. —Il vous reste du fromage?
   —Un peu de camembert.

5. —Qu'est-ce que tu connais comme jeu de cartes?
   —Euh . . . la belote.

6. —Tu as de l'argent?
   —10F.

🎧 43.27 Observation: Suppositions et conditions; indicatif et conditionnel (révision et extension)

Observez les deux dialogues suivants.

1. Mireille: On va faire du camping?
   Robert: Oui!
   Mireille: Si on <u>fait</u> du camping en montagne, il nous <u>faudra</u> des duvets très chauds!

2. Mireille: On ne va pas faire de camping en montagne?
   Robert: Non!
   Mireille: Bon . . . parce que si on <u>faisait</u> du camping en montagne, il nous <u>faudrait</u> des duvets plus chauds que ça!

Phrases hypothétiques
hypothèse considérée comme réalisable: **indicatif**

Présent indicatif	Indicatif (futur ou présent)
1. Si on **fait** du camping en montagne,	il nous **faudra** des duvets très chauds.

hypothèse considérée comme contraire à la réalité (ou très peu probable): **conditionnel**	
Imparfait	Conditionnel présent
2. Si on **faisait** du camping en montagne,	il nous **faudrait** des duvets plus chauds!

Remarquez que dans la situation du premier dialogue, il est établi que Robert et Mireille vont faire du camping. Il est possible qu'ils fassent du camping en montagne; c'est une hypothèse qui est considérée comme *réalisable*: notez que dans ce cas les deux verbes de la phrase hypothétique (phrase 1) sont à l'*indicatif*. (Indicatif présent: *on fait* et indicatif futur: *il faudra*—ou indicatif présent et indicatif présent.)

Dans la situation du deuxième dialogue, il est établi que Robert et Mireille ne vont pas faire de camping en montagne. L'hypothèse du camping en montagne est donc considérée comme *contraire à la réalité*. Un des verbes de la phrase est alors au **conditionnel** (*il faudrait*) et l'autre à l'**imparfait** (*faisait*).

· ·

43.28 Activation écrite: Souhaits, politesse, et suppositions; formes et emplois du conditionnel, phrases hypothétiques au conditionnel et à l'indicatif (révision et extension)

Complétez.

1. Robert: Bonjour, Monsieur. Nous _____ voir ce que vous avez comme matériel de camping.

2. Robert: Est-ce qu'on _____ s'arrêter au rayon d'habillement?

3. Jean-Pierre: Pardon, Mademoiselle, vous _____ du feu?

4. Mireille: Et vous _____ d'être treize à table?

5. Mireille: S'il y a une échelle sur votre chemin, est-ce que vous _____ dessous?

6. Mireille: S'il y avait une échelle sur votre chemin, est-ce que vous _____ dessous?

7. Mireille: Si vous renversez une salière, qu'est-ce que vous _____ ?

8. Mireille: Si vous renversiez une salière, qu'est-ce que vous _____ ?

9. Jean-Pierre: Eh bien, si je renversais une salière, je _____ un peu de sel et je le _____ par-dessus mon épaule gauche.

10. Mireille: Et si vous voyez une araignée, le matin, est-ce que vous l' _____ ?

11. Mireille: Si vous _____ une araignée, le matin, qu'est-ce que vous feriez?

12. Tante Georgette: Si vous cassez du verre blanc, vous _____ de la chance.

13. Tante Georgette: Si vous _____ treize à table, ça vous porterait malheur.

14. Si vous acceptez d'être treize à table, ça vous _____ malheur.

15. Robert: Si on _____ explorer la France, ce _____ moins dangereux que d'aller remonter l'Amazone.

16. Mireille: Moi, si j' _____ le choix, ce qui m' _____ le plus, ce _____ la grande nature américaine.

17. Mireille: Je n'ai pas de tente, tu sais! Si on veut faire du camping, il _____ en acheter une.

18. Mireille: Si on voulait faire du camping, il _____ acheter une tente.

19. Robert: Si tu me laisses partir seul, je me _____ !

20. Robert: Si tu me _____ partir seul, je me perdrais!

. . . .

43.29 Activation écrite: Formes et emploi du conditionnel (révision et extension)

Répondez aux questions, complétez, ou inventez une fin, selon le cas.

1. Si vous voyiez une araignée, le matin, qu'est-ce que vous feriez?

   Je _____

2. Si vous renversiez la salière sur la table, qu'est-ce que vous feriez?

   Je _____

3. Si vous voyez une échelle sur votre chemin, qu'est-ce que vous faites?

   Je _____

4. Si vous vous trouviez à table avec douze autres personnes, qu'est-ce que vous feriez?

   Je _____

5. Si vous cassiez les six verres en cristal (blanc) de votre grand-mère, qu'est-ce que vous feriez?

   Je _____

6. Si vous vouliez acheter une tente, qu'est-ce que vous feriez?

   Je _____

7. Si Mireille vous proposait d'aller remonter l'Amazone, qu'est-ce que vous feriez?

   Je _____

8. Si Mireille voulait se baigner dans une rivière pleine de piranhas, qu'est-ce que vous feriez?

   Je _____

9. Et si c'était Hubert?

   Je _____

10. Si vous tombiez dans une rivière pleine de piranhas, qu'est-ce que vous feriez?

    Je _____

11. Si Jean-Pierre vous demandait du feu, qu'est-ce que vous feriez?

Je _____

12. Si Mireille vous téléphone, demain matin, et vous demande d'aller déjeuner avec elle chez Angélina, qu'est-ce que vous

ferez?

Je _____

13. Mireille: Allô! Hubert? Qu'est-ce que tu fais à midi? Si tu étais libre, on _____ aller déjeuner chez

Angélina. . . .

14. Mireille: Allô! Hubert? Si tu _____ libre à midi, je t'invite à déjeuner chez Angélina!

15. Si Robert et Mireille vont aux chutes du Niagara,

_____ .

16. S'ils remontaient l'Amazone,

_____

_____

. . . .

43.30 Activation écrite: Précisions; prépositions *de, à*

Relisez les sections 1 à 6 du texte de la leçon 43, puis complétez les phrases suivantes.

1. Pour aller faire leur randonnée, Robert et Mireille ont besoin de matériel _____ camping.

2. Il leur faut des sacs _____ couchage, des maillots _____ bain.

3. Un pot _____ peinture? Non!

4. Mais des boîtes _____ allumettes, oui!

5. Des sacs _____ dos.

6. . . . des sacs _____ bretelles réglables, de préférence!

7. Une tente _____ double toit . . .

8. . . . avec une fermeture _____ glissière . . .

9. . . . et un tapis _____ sol.

. . . .

43.31 Activation écrite: Prépositions *à, de, avec, chez, dans, pour, sur, sous, dessus, par-dessus*

Relisez le texte de la leçon 43 et la section 8 du texte de la leçon 32, puis complétez les phrases suivantes.

1. Robert et Mireille sont allés _____ grands magasins de la Samaritaine.

2. Ils ont pris l'escalier roulant et ils sont arrivés _____ quatrième étage.

3. Ils se sont adressés _____ premier vendeur qu'ils ont vu.

4. Ils ont dit _____ vendeur qu'ils avaient besoin _____ matériel de camping.

5. Le vendeur les a envoyés _____ son collègue.

6. Ils ont expliqué _____ ce deuxième vendeur qu'ils avaient l'intention _____ faire une randonnée et qu'ils

avaient besoin _____ une tente.

7. Ils lui ont demandé aussi ce qu'il avait comme sacs à dos. Il a répondu que ça dépendait _____ prix qu'ils voulaient y mettre. Parce qu'il en avait _____ tous les prix.

8. Puis ils sont descendus _____ rayon d'habillement.

9. Mireille s'est souvenue qu'elle avait rendez-vous _____ Hubert.

10. En effet elle avait téléphoné _____ Hubert le matin pour lui demander s'ils pouvaient déjeuner ensemble _____ Angélina.

11. Elle a rencontré Jean-Pierre _____ la rue.

12. Il n'a pas été étonné quand elle lui a dit qu'elle avait gagné _____ la loterie (à cause de tous ces verres cassés au Fouquet's . . .).

13. Elle a alors demandé _____ Jean-Pierre s'il croyait _____ verre blanc cassé.

14. Il lui a dit que non, mais que c'était un truc qui marchait _____ tous les coups.

15. Jean-Pierre n'est pas superstitieux _____ deux sous. Mais il ne passe pas _____ les échelles, parce qu'un jour, il y en a une qui lui est tombée _____ .

16. Quand il renverse la salière _____ la table, il jette un peu de sel _____ son épaule gauche.

17. Il accepterait très bien d'être treize _____ table.

18. (Le nombre treize a toujours porté bonheur _____ Jean-Pierre!)

19. En marchant, il aperçoit un numéro 13 _____ une porte.

20. Pendant qu'il le regarde, il heurte une borne et il se fait mal _____ la jambe.

21. Mireille ne le prend pas _____ sérieux.

22. Elle lui dit que ce truc ne marche pas _____ elle.

. . . .

43.32 Activation écrite: *Espérer, espoir, espérance;* changement vocalique, extension du vocabulaire

Lisez, essayez de deviner de quoi il s'agit, essayez de trouver les mots qui manquent et complétez.

Il ne faut pas trop espérer!

1. Le professeur: Nous allons inventer une histoire. Ça va être un jeu . . .

   Un étudiant: _____ que ça va être amusant! (3–8)

2. Il faut toujours _____ !

3. Mireille: Les murs de notre maison ont au moins deux ou trois cents ans et j' _____ bien qu'ils seront encore debout pour mes arrière-petits-enfants. (35–4)

4. Hubert: Vous allez bientôt connaître la France à fond, cher ami!

   Robert: Mais je _____ bien, cher Monsieur!

5. Hubert: Bonsoir, Madame. . . . J' _____ que nous ne vous avons pas trop fatigués. (36–2)

6. Quand Mireille et Robert ont acheté ce billet de loterie, vous croyez qu'ils _____ vraiment gagner?

7. Mireille: Bien sûr que non! Nous n' _____ pas du tout gagner . . . malgré tout le verre blanc cassé.

8. Robert: Moi, si, j' _____ bien gagner!

9. Robert: Cette tente a l'air très bien, mais nous _____ trouver quelque chose de moins cher.

10. Jean-Pierre: Araignée du matin, chagrin; araignée du soir, _____ .

11. Robert était très impatient d'aller chez les Courtois; il _____ que Mireille y serait.

12. Son _____ n'a pas été déçu: Mireille y était.

13. Tante Georgette: L' _____ fait *vivre!*

14. Tant qu'il y a de la _____ , il y a de _____ .

15. Tout est fini! Il n'y a plus aucun _____ .

16. Le cap de Bonne _____ est à la pointe de l'Afrique. (3–8)

17. "L'amour s'en va comme cette eau courante

        L'amour s'en va

    Comme la vie est lente

  Et comme l' _____ est violente" (Apollinaire, 23–document)

18. "Ma plus douce espérance est de perdre l' _____ ." (L'Infante, *Le Cid*)

. . . .

⌂ 43.33 Activation: Dialogue entre Mireille et Jean-Pierre

Vous allez entendre un dialogue entre Mireille et Jean-Pierre. Ecoutez attentivement. Vous allez apprendre les réponses de Jean-Pierre.

Mireille: Vous n'allez pas me croire, mais je viens de gagner à la Loterie nationale.

Jean-Pierre: **Non! Sans blague! Vous avez gagné à la Loterie nationale?**

Mireille: Oui!

Jean-Pierre: **Ah, mais ça ne m'étonne pas! Avec tout ce verre blanc cassé . . .**

Mireille: Ah, vous aussi, vous croyez au verre blanc cassé?

Jean-Pierre: **Ah, moi, je ne suis pas superstitieux, mais le verre blanc cassé, ça marche à tous les coups!**

Exercices-tests

43.34 Exercice-test: Vocabulaire

Utilisez des mots de la liste suivante pour compléter les phrases ci-dessous: *tour; excursion; voyage; rayon; département; arrondissement; appartement; pièce.*

1. Les Courtois habitent un _____ moderne dans une des tours du quai de Grenelle, dans le 15e

    _____ . Ils ont cinq _____ , sans compter la cuisine et la salle de bains.

2. Les ordinateurs, je n'y connais rien. Ce n'est pas mon _____ .

3. Où est Chartres? Chartres est dans quel _____ ?

4. Il ne pleut plus. Tu veux venir faire un _____ au Luxembourg?

5. Marie-Laure a fait une _____ avec sa classe; elle est allée à Versailles.

Vérifiez. Si vous avez fait des fautes, travaillez les sections 43.6 à 43.12 dans votre cahier d'exercices.

43.35 Exercice-test: Comparatifs et superlatifs

Complétez.

1. Marie-Laure est plus jeune _____ moi.

2. C'est la plus jeune _____ nous trois.

3. Est-ce que cette tente est aussi grande _____ celle-là?

4. C'est la moins chère _____ toutes, mais elle est aussi moins solide _____ les autres.

5. C'est ce qu'on fait _____ mieux.

Vérifiez. Si vous avez fait des fautes, travaillez les sections 43.15 à 43.20 dans votre cahier d'exercices.

. . . .

43.36 Exercice-test: Superlatifs et subjonctif

Complétez les réponses aux questions suivantes.

1. Vous avez d'autres sacs de couchage?

   Non, c'est le seul que nous _____ .

2. Tu es allé dans d'autres musées?

   Non, c'est le seul où je _____ allé.

3. Je peux faire autre chose?

   Non, c'est la dernière chose que tu _____ faire.

4. Mireille connaît d'autres Américains, à part Robert?

   Non, c'est le seul qu'elle _____ .

5. Elle a une jupe rouge plus jolie que celle-là?

   Non, c'est la plus jolie qu'elle _____ .

Vérifiez. Si vous avez fait des fautes, travaillez les sections 43.22 et 43.23 dans votre cahier d'exercices.

Libération de l'expression

43.37 Mise en question

Relisez le texte de la leçon; lisez les questions de la mise en question qui suit la mise en œuvre dans votre livre de textes. Réfléchissez à ces questions et essayez d'y répondre.

. . . .

43.38 Mots en liberté

Qu'est-ce qu'on peut prendre quand on part en vacances?

On peut prendre un taxi pour aller à la gare; on peut prendre l'avion; on peut prendre un carnet de chèques, une carte de crédit, deux valises, ses skis si c'est l'hiver, ou si on va en Patagonie; on peut prendre son pied. . . .

Essayez de trouver au moins cinq autres possibilités.

Qu'est-ce qu'on peut acheter dans un grand magasin?

On peut acheter un poisson rouge, une tente, une bicyclette, des assiettes. . . .

Trouvez encore au moins six possibilités.

Qu'est-ce qu'on peut essayer de faire pour éviter d'avoir des malheurs?

On peut casser deux douzaines de verres blancs; enlever les échelles de son chemin; rester au lit. . . .

Essayez de trouver encore au moins deux possibilités.

43.39 Mise en scène et réinvention de l'histoire

Reconstituez un dialogue entre Robert et un vendeur au rayon des articles de sport d'un grand magasin.

Robert: Ça vaut combien, une tente comme celle-là?

Le vendeur: Ce modèle (. . .). C'est une (. . .). C'est de la (. . .). Vous avez (. . .).

Robert: Et comme sacs à dos, qu'est-ce que vous me conseillez?

Le vendeur: Ça dépend (. . .). Nous en avons (. . .).

Robert: Et comme sacs de couchage?

Le vendeur: Là aussi, ça dépend (. . .). Ce modèle-ci (. . .). C'est du (. . .). Dans le haut de gamme (. . .). C'est le plus beau que (. . .).

43.40 Mise en scène et réinvention de l'histoire

Reconstituez un dialogue entre Jean-Pierre Bourdon et Mireille. Mireille vient de gagner à la loterie. Jean-Pierre la rencontre par hasard dans la rue, et essaie de la draguer.

Jean-Pierre: Pardon, Mademoiselle, vous auriez du feu?
Mireille: Ecoutez, voilà (. . .).
Jean-Pierre: Eh bien! Vous êtes bien généreuse!
Mireille: Je n'aime pas (. . .).
Jean-Pierre: Oh, ce n'est pas gentil de me dire ça!
Mireille: Et puis (. . .). Je viens de (. . .).

Jean-Pierre: Sans blague! En fait, ça ne m'étonne pas, avec tout ce verre blanc que vous avez cassé!
Mireille: Ah? Vous croyez (. . .).
Jean-Pierre: Oh, moi, je ne suis pas (. . .). mais le verre (. . .), ça (. . .).

. . . .

43.41 Réinvention de l'histoire

Imaginez comment Mireille et Robert ont été amenés à acheter un billet de Loto ou de loterie.

Comment ont-ils choisi le billet? A cause de quelque superstition? Laquelle?

Ou bien, l'ont-ils trouvé dans la rue, dans un taxi, ailleurs?

Ou bien, est-ce que quelqu'un le leur a donné? Qui? Tonton Guillaume, l'homme en noir? Ou bien, c'est Hubert qui l'a donné à Robert pour payer sa part de l'addition au Fouquet's?

Combien ont-ils gagné? Comment envisagent-ils de dépenser cet argent? Que vont-ils acheter? Où vont-ils aller? Que vont-ils faire?

Est-ce que Robert a perdu le billet avant d'avoir pu toucher l'argent? Où bien quelqu'un va-t-il le leur voler? Qui? Vont-ils pouvoir le retrouver? Où? Comment?

. . . .

43.42 Mise en scène et réinvention de l'histoire

Imaginez un dialogue entre Mireille et sa mère. Mireille annonce à sa mère qu'elle a l'intention de partir avec Robert. Réactions de Mme Belleau.

Mireille:

Maman, nous avons gagné	400.000
	80.000	francs à la loterie!
	2.000

Mme Belleau:

	immoral!
	fantastique!
C'est	formidable!
	bien peu!
	ridicule!

	au	l'	MLF?
	dans	la	banque?
	à	une	Suisse?
	en	—	vieille chaussette?
			caisse d'épargne?
			Armée du Salut?
			Tante Georgette?
			SPA?

Mireille:

Non, Maman. Robert et moi avons l'intention

	partir en voyage.
de	nous marier.
d'	faire du camping ensemble.
	vivre ensemble sous une tente.
	acheter un prieuré du XVIème siècle.

		quelque chose	chez Dior.
			à Prisunic.
	des	livres d'art.
		actions à la Bourse.
Je suppose que tu vas acheter		poupée
	un	cravate		pour	ta sœur.
	une	ticket de métro			ton père.
		Alpine			ta mère.

	mettre
Ou bien est-ce que tu vas	cacher	cet argent
	donner

		l'Amazone.
		l'Asie Centrale.
		l'Australie.
		la Terre Adélie.
	explorer	Cuba.
Nous allons	visiter	Israël.
	élever	le Japon.
		dix-sept enfants.
		des poulets.
		des lapins.
		des canards.

	acheté
Nous avons déjà	emprunté

une tente avec un double toit.
un grand sac de couchage.
un grand lit.
deux sacs de couchage.
des cages à lapins.
la voiture de Tonton Guillaume.

Mme Belleau:

	parfait.
	une excellente idée!
C'est	impossible!
	scandaleux!
	une honte!
	une blague!

	espère que tu n'es pas sérieuse.
	suis absolument contre cette idée.
Je	trouve ça absolument charmant.
J'	

		dragueur puant.
n'accepterai jamais		petit dégénéré.
que tu partes avec ce		fils de banquier.
		sauvage américain.

Mireille:

Mais, Maman,

	vivre avec ton temps.
	protester.
tu devrais	y réfléchir jusqu'à demain.
	abandonner tes idées du siècle dernier.
	être un peu moins vieux jeu.

	partir avec ou sans ta permission.
	nous adresser à Papa.
	nous débrouiller sans toi.
nous pouvons	faire ce que nous voulons.
	être très heureux ensemble.
	gagner beaucoup d'argent.

Préparation à la lecture et à l'écriture

43.43 Entraînement à la lecture

Lisez les documents 2. Répondez ou complétez.

A.

1. Quel était le métier de la personne qui a gagné le premier gros lot à la Loterie nationale?

_____

2. Qu'est-ce que c'est qu'un "figaro"? _____ Vous connaissez Beaumarchais (1732–1799)? Il a

écrit *Le Barbier de Séville* (dont Rossini a fait un opéra-bouffe) et *Le Mariage de Figaro* (d'après lequel Mozart a fait *Les*

Noces de Figaro).

3. Paul Bonhoure était le patron et Albin Bin était son _____.

4. Paul Bonhoure a fait refaire son salon de coiffure entièrement, de bas en haut, de fond en _____.

(Voyez comble, document 2, leçon 38, et comblé, document 7, leçon 33.)

B.

1. Quand un endroit est désert, quand il n'y a personne (ou très peu de monde), on dit "Il n'y a pas un
   _____ ."

2. Donald Corinaldi achèterait des actions de SICAV (Société d'Investissement à Capital Variable). Il achèterait aussi un bel
   appartement, confortable, chic, cossu, un appartement "bien," un appartement très comme _____ .
   (Hubert est un jeune homme de bonne famille, bien élevé, poli, c'est un jeune homme _____ .)

3. Comparez les goûts de Chantal Mairand et ceux de Donald Corinaldi. En quoi différent-ils?
   _____
   _____

4. Qu'est-ce que les personnes interviewées semblent considérer comme les meilleurs investissements?
   _____

5. Quels sont les plaisirs préférés d'Antonio Guerreiro?
   _____

C.

1. Les caissiers et les caissières mettent l'argent qu'ils reçoivent dans la caisse, ils l' _____
2. Si une personne perd son travail, elle reçoit, en général, une indemnité de _____ .

. . . .

43.44 Entraînement à la lecture et expansion du vocabulaire

Lisez le document 3. Complétez et répondez.

1. Les charcutiers font des pâtés avec de la viande de porc, de lapin, etc. Sur la plage, les petits enfants s'amusent à faire des
   _____ de sable. Quand ils sont un peu plus grands, ils font des châteaux de sable.

2. C'est une plage privée, réservée à Geoffroy, il est interdit d'y aller, c'est défendu, on n'a pas le _____ d'y aller. Vous
   ne pouvez pas faire ça! Vous n'avez pas _____ ! Il y a des gens qui s'imaginent qu'ils ___ tous les _____ !

3. C'est Agnan que la maîtresse préfère. Agnan est le _____ de la maîtresse.

4. Beaucoup d'enfants vont passer les vacances chez leurs grands-parents: chez leur pépé et leur _____ .

5. Papa n'a plus ri, il s'est arrêté de rire, il a _____ de _____ .

6. C'est un guignol: personne ne le prend au sérieux.

   Je vais avoir l'air bête, je vais avoir l'air d'un _____ !

   Quel _____! Il est toujours en train de faire l'idiot!

7. Qu'est-ce que le père et la mère du petit Nicolas n'ont pas le courage de lui dire?
   _____

8. Où le petit Nicolas va-t-il passer ses vacances?
   _____

9. Qu'est-ce que ses parents vont faire pendant les vacances?
   _____

10. Je me demande si c'est vraiment une bonne idée, je me demande si c'est une si bonne idée _____ .

   Je n'aime pas beaucoup ça, ça ne me plaît pas tant _____ .

   Ce n'était pourtant pas très difficile! Ce n'était pas si difficile _____ !

11. D'après le folklore, les loups vivent dans les <u>bois</u>. C'est pour ça qu'on chante: "Promenons-nous dans les _____

   Tant que le loup n'y est pas . . ."

   Dans les _____ , on peut se cacher derrière les arbres. Pour jouer à _____ , les bois, c'est super,

   c'est extra, c'est vachement bien, c'est drôlement chouette, c'est formidable, c'est _____ .

12. Pour persuader le petit Nicolas d'aller en colonie de vacances, son père lui a parlé de la mer et de la plage; il lui a fait le

   _____ de la mer et de la plage. C'était un truc pour le convaincre.

13. Quand j'ai su que j'allais coucher sous la tente; alors là, j'ai été vachement content, j'ai été content

   _____ .

   Marie-Laure? Elle est adorable! Elle est gentille _____ !

14. Quand on pleure, on s'essuie les yeux avec un _____ .

   Quand on a un rhume on a le nez bouché, on se <u>mouche</u> avec un _____ .

15. Marie-Laure, tiens-toi bien, s'il te plaît! Si tu ne te _____ pas mieux que ça, tu vas aller dans ta chambre.

   Si tu ne te _____ pas bien à l'école, tu vas avoir un zéro de conduite!

16. Quand on est enrhumé, quand on les bronches prises, on _____ . Le papa de Nicolas n'était pas enrhumé, mais il a

   _____ pour s'éclaircir la gorge, parce qu'il avait de la difficulté à parler.

17. Pourquoi est-ce que les parents de Nicolas n'ont pas mangé de tarte?

   _____

18. Pourquoi est-ce qu'ils étaient un peu fâchés?

   _____

· ·

43.45 Lecture et interprétation

Observez le document 1 et répondez aux questions suivantes.

1. Quelles sont les différentes sortes de camping représentées? Qui les pratique? Qu'est-ce que ces différents campeurs

   recherchent?

   _____

   _____

   _____

   _____

   _____

2. Est-ce que vous faites du camping? Quel genre de camping faites-vous ou, si vous n'en faites pas, lequel préféreriez-vous?

   Pourquoi?

   _____

   _____

   _____

43.46 Pratique de l'écriture

Choisissez un des deux sujets suivants:

1. Ecrivez une demi-page du journal de Mireille. Elle raconte ce qu'elle a fait le jeudi matin (par exemple, où elle est allée, pourquoi, avec qui, ce qu'ils ont vu, acheté; pourquoi elle voulait déjeuner avec Hubert; qui elle a rencontré, ce qu'elle pense de cette rencontre (est-elle fortuite?); ce dont ils ont parlé; ce qu'elle pense de Jean-Pierre).

2. Ecrivez une demi-page du journal de Jean-Pierre dans laquelle il raconte sa rencontre de jeudi avec Mireille. Il rappelle leurs rencontres précédentes. Il peut parler des circonstances dans lesquelles ces rencontres ont eu lieu, de l'attitude de Mireille, de son attitude à lui, de ce que portait Mireille, de ce qu'elle a dit, de ce qu'il a dit, de ce qu'il pense de Mireille, de ce que Mireille doit penser de lui.

Journal de _____

Jeudi.

_____

_____

_____

_____

_____

_____

_____

_____

_____

_____

_____

_____

_____

_____

_____

Leçon **44**

Assimilation du texte

🎧 44.1 Mise en œuvre

Ecoutez le texte et la mise en œuvre dans l'enregistrement sonore. Répétez et répondez suivant les indications.

. . . .

🎧 44.2 Compréhension auditive

Phase 1: Regardez les images et répétez les énoncés que vous entendez.

Phase 2: Ecrivez la lettre de chaque énoncé sous l'image qui lui correspond le mieux.

1. ___

2. ___

3. ___

5. ___

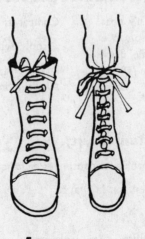

4. ___

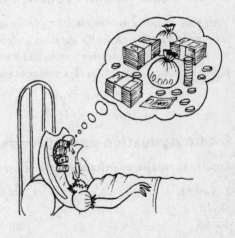

6. ___

🎧 44.3 Compréhension auditive et production orale

Ecoutez les dialogues suivants. Après chaque dialogue, vous allez entendre une question. Répondez à la question.

1. Pourquoi est-ce qu'Hubert est contre la Loterie nationale?
2. Qu'est-ce qu'Hubert fait quand il joue aux courses à Longchamp?
3. Quelle sorte de chaussures est-ce que Robert cherche?
4. D'après le vendeur, du combien Robert chausse-t-il?

5. D'après Cécile, qu'est-ce que Mireille devrait faire de son argent?
6. Qu'est-ce que Tante Georgette conseille à Mireille de faire de son argent?
7. Qu'est-ce que c'est que la SPA?

. . . .

🎧 44.4 Production orale

Ecoutez les dialogues suivants. Vous allez jouer le rôle du second personnage.

1. Mireille: Hubert, tu ne devineras jamais! Je te le donne en mille!
   Hubert: (. . .)
2. Georgette: Qu'est-ce que tu vas faire de tout cet argent?
   Mireille: (. . .)
3. Robert: Mais je vous assure! La dernière fois que j'ai acheté des chaussures (c'était à Boston, cet hiver), c'était du 11 et demi!
   Le vendeur: (. . .)

4. Le vendeur: Vous voulez des chaussures de montagne?
   Robert: (. . .)
5. Robert: Celle de droite est vraiment très bien, mais celle de gauche me serre un peu.
   Le vendeur: (. . .)
6. Robert: Et si je ne prenais que la droite, ce serait combien?
   Le vendeur: (. . .)

Préparation à la communication ▓▓▓▓▓▓▓▓▓▓▓▓

🎧 44.5 Observation: Prononciation; n'explosez pas vos consonnes!

Vous vous rappelez (voir leçon 26) qu'en français, il n'y a pas d'émission d'air, pas de souffle après les consonnes /p/, /t/ et /k/. En anglais, ces consonnes sont suivies d'un souffle, d'une légère explosion, sauf lorsqu'elles sont précédées de /s/.

Comparez:

cool school   take stake   pike spike

En français, la voyelle suit immédiatement les consonnes /p/, /t/, /k/ (comme en anglais dans *school*, *stake*, et *spike*).

. . . .

🎧 44.6 Activation orale: Prononciation; /p/, /t/, /k/

Ecoutez et répétez en **évitant** de faire suivre d'un souffle les consonnes en italique.

aux *c*ourses
*P*ardi!
*T*enez!
les *c*apitalistes
la *p*aire
Tout ce*t* argent.

Ils *c*omptent sur la chance.
C'est *p*ire.
un *t*errain
Pour *c*onduire, il faut un *p*ermis.
C'est de la *p*aresse.
des *t*ableaux

Quelle *p*ointure?
*C*ertainement!
Le *c*ompas dans l'œil
des *p*antoufles
Ache*t*ez *t*out!
Qu'est-ce *qu*e tu me *c*onseilles?

⌒ 44.7 Activation: Dictée et compréhension

A. Ecoutez et écrivez. Vous entendrez le texte deux fois.

Interview de Madame Veuve Jeulin

—_____?

—Oh, _____ !

B. Répondez.

Est-ce que Madame Jeulin joue aux courses?

_____

. . . .

⌒ 44.8 Observation: Annonce d'une nouvelle

annonce	réponse
Vous savez?	Quoi?
Vous ne savez pas?	Non!
Tu sais la nouvelle?	Quelle nouvelle?
Tu sais ce qui m'arrive?	Comment veux-tu que je le sache?
Devine!	Je ne sais pas, moi!
Devine ce qui m'arrive!	Aucune idée.
Tu ne devineras jamais!	Alors, dis-le moi tout de suite!
Je te le donne en mille!	Qu'est-ce qui se passe?
Vous n'allez pas me croire!	Qu'est-ce que c'est?

. . . .

⌒ 44.9 Activation: Compréhension auditive; annonce d'une nouvelle

Pour chaque énoncé que vous allez entendre, déterminez s'il s'agit de l'annonce d'une nouvelle ou d'une réponse. Cochez la case appropriée.

	1	2	3	4	5	6	7	8	9	10
annonce										
réponse										

🎧 44.10 Observation: Avis divers; *suggérer, proposer, conseiller, recommander*

Robert: Mireille:	Qu'est-ce que tu me suggères? Tu pourrais remonter l'Amazone, ou entretenir une danseuse.	(*Ce n'est qu'une suggestion, pas très sérieuse.*)
Robert:	Voilà ce que je propose: on va aller faire une randonnée en France.	(*C'est une proposition sérieuse.*)
Cécile:	Je te conseille de placer l'argent. Tu devrais acheter un terrain.	(*C'est un bon conseil.*)
Le garçon:	Je vous recommande le pied de porc. Il est vraiment très bon.	(*Le garçon veut qu'on suive sa recommandation.*)

force	*verbe*		*verbe*		*nom*
1	Je vous **suggère**	de faire ça.	Je vous fais	une simple	**suggestion.**
2	Je vous **propose**	de faire ça.	Je vous fais	cette	**proposition.**
3	Je vous **conseille**	de faire ça.	Je vous donne	ce	**conseil.**
4	Je vous **recommande**	de faire ça.	Je vous fais	cette	**recommandation.**

suggestion	Et si on allait au théâtre. . . .
proposition	Tu veux qu'on aille au cinéma ce soir?
conseil	Tu devrais aller à la Comédie-Française demain.
recommandation	Moi, si j'étais toi, j'irais à la Comédie-Française.

. . . .

🎧 44.11 Activation: Compréhension auditive; avis divers

Pour chaque énoncé que vous allez entendre, indiquez s'il s'agit plutôt d'une suggestion, d'une proposition, d'un conseil, ou d'une recommandation.

	1	2	3	4	5	6
suggestion						
proposition						
conseil						
recommandation						

44.12 Activation écrite: Avis divers; *suggérer, proposer, conseiller, recommander*

Complétez avec la forme convenable du verbe.

1. Mireille fait une suggestion à Robert: elle lui _____ d'aller à la Comédie-Française.

2. Robert fait une proposition à Mireille: il lui _____ d'acheter un billet de loterie.

3. Le père de Mireille lui donne un conseil: il lui _____ d'acheter des tableaux qui vaudront des millions

   dans dix ans.

4. Mireille fait une recommandation à Robert: elle lui _____ de déjeuner à la Closerie des Lilas.

· ·

∩ 44.13 Observation: Discrimination

différence	*pas de différence*
Ce n'est pas la même chose.	C'est la même chose.
Ce n'est pas pareil.	C'est pareil.
C'est tout à fait différent.	Il n'y a pas de différence.
Il n'y a aucun rapport.	Il n'y a aucune différence.
Ça n'a rien à voir.	Je ne vois pas de différence.
C'est une autre histoire.	C'est la même histoire.

· ·

∩ 44.14 Activation: Compréhension auditive; discrimination

Vous allez entendre une série d'énoncés. Pour chaque énoncé, déterminez s'il s'agit d'une différence ou d'une ressemblance (pas de différence).

	1	2	3	4	5	6	7	8	9	10	11	12
différence												
pas de différence												

· ·

∩ 44.15 Activation: Dictée

Ecoutez et complétez.

A.

Au lit!

1. Mme Belleau: Marie-Laure, tu _____ l'heure qu'il est? Il _____ passées.

   _____ , ma puce.

2. Marie-Laure: Oh, Maman, j' _____ à mon devoir de français!

3. Mme Belleau: C'est très bien, mais je _____ !

   Il _____ .

B.

Table de multiplication

1. Mireille: Alors _____ fois _____ ?

2. Marie-Laure: _____ .

3. Mireille: _____ ?

4. Marie-Laure: _____ .

5. Mireille: _____ ?

6. Marie-Laure: _____ . Ça va tout seul!

7. Mireille: Et _____ ?

8. Marie-Laure: Ah, ça _____ , _____ !

_____ . . . _____ ?

. . . .

🎧 44.16 Observation: Subjonctif indiquant le but

proposition principale	proposition subordonnée avec subjonctif	
Asseyez-vous là,	**que je prenne**	vos mesures.
Asseyez-vous,	**pour que je puisse**	prendre vos mesures.

Quand le vendeur dit à Robert: "Asseyez-vous, que je prenne vos mesures," le message principal est: "Asseyez-vous." *Asseyez-vous* est la proposition principale de la phrase.

Quand le vendeur ajoute: "que je prenne vos mesures," il indique son but. Il explique pourquoi Robert doit s'asseoir;

c'est une explication secondaire, subordonnée au message principal. Cette proposition subordonnée (*que je prenne vos mesures*) présente l'action de *prendre des mesures* comme une **intention,** un **but,** sans considérer sa réalisation. Notez que le verbe (*prenne*) est au subjonctif.

. . . .

🎧 44.17 Activation orale: Subjonctif indiquant le but

Répondez selon l'exemple.

Exemple:
Vous entendez: 1. Venez! Je veux vous dire quelque chose.
Vous dites: Venez, que je vous dise quelque chose.

2. Téléphonez-moi! Je veux savoir ce qui se passe.
3. Approche-toi! Je veux te dire un secret.
4. Venez! Je veux pouvoir vous parler.
5. Asseyez-vous! Je veux prendre vos mesures.
6. Prévenez-moi! Je veux partir en même temps que vous.

∩ 44.18 Activation: Dictée

Au magasin

C'est le vendeur qui parle. Complétez.

1. _____ ?

2. _____ ?

3. _____ ?

4. _____ ?

5. _____ .

6. _____ , des Pataugas.

7. _____ .

8. _____

9. _____ ?

· ·

∩ 44.19 Observation: Subjonctif et négation implicite

	subjonctif	
Il **n'y a que** le Loto et le tiercé qui		**soient** pires.
C'est le **dernier**	que nous	**ayons.**
C'est le **plus beau**	que nous	**ayons.**

Remarquez que les phrases ci-contre contiennent toutes une négation implicite. Quand Hubert dit qu'il n'y a que le Loto et le tiercé qui soient pires que la loterie, il indique que **rien n'est** pire (et donc que la loterie est vraiment quelque chose de très immoral). Quand le vendeur dit que c'est le dernier sac de couchage qu'ils aient dans le magasin, il indique qu'ils **n'en ont pas** d'autres. Quand il dit que ce sac est le plus beau qu'ils aient, il insiste sur le fait qu'ils **n'en ont pas** de plus beau.

· ·

∩ 44.20 Activation orale: Subjonctif et négation implicite

Répondez selon l'exemple.

Exemple:
Vous entendez: 1. Vous avez d'autres bottes?
Vous dites: Non, ce sont les seules bottes que nous ayons.

2. Tu as d'autres chaussures?
3. Vous avez d'autres lunettes?
4. Mireille connaît d'autres Américains?
5. Robert sait d'autres langues étrangères que le français?
6. Ils font d'autres modèles?

· ·

∩ 44.21 Activation orale: Subjonctif et négation implicite

Répondez selon l'exemple.

Exemple:
Vous entendez: 1. A part les films muets, qu'est-ce qui est intéressant?
Vous dites: Il n'y a que les films muets qui soient intéressants.

2. A part les Pataugas, qu'est-ce qui plaît à Robert?
3. A part les touristes, qui est-ce qui prend les bateaux-mouches?

4. A part Hubert, qui est-ce qui est contre la Loterie nationale?
5. A part Mireille, qui est-ce qui fait du karaté dans la famille?
6. A part Robert, qui est-ce qui sait l'anglais dans le groupe?
7. A part Mireille, qui est-ce qui connaît le musée de Chartres?

44.22 Activation écrite: Pronoms démonstratifs (révision)

Complétez.

1. Après avoir gagné à la Loterie nationale, Robert essaie timidement de faire des achats dans un grand magasin. Il cherche des chaussures. _____ que le vendeur lui propose sont des chaussures montantes. Robert les essaie: "La chaussure de droite est très bien, mais _____ de gauche me serre un peu. . . . Et si je ne prenais que _____ de droite, ce serait combien?"

2. Tante Georgette trie des petits pois: " _____ -ci n'est pas bon, il faut l'enlever. _____ -là aussi est mauvais. Ah, là, là, les petits pois ne sont plus ce qu'ils étaient. . . . _____ -là ne sont pas très jolis, mais ça ira quand même. Tiens! _____ -ci n'est pas mal, ça m'étonne."

. . . .

∩ 44.23 Observation: *Ce qui, ce que*

Comparez.

	antécédent	pronom relatif	
1. Avec 200.000F, vous pouvez acheter	**la voiture**	**que**	vous voulez
2. Avec 200.000F, vous pouvez acheter	**la voiture**	**qui**	vous plaît.
3. Avec 200.000F, vous pouvez acheter	**ce**	**que**	vous voulez
4. Avec 200.000F, vous pouvez acheter	**ce**	**qui**	vous plaît.

Dans les phrases 1 et 2, il est question d'acheter quelque chose de précis, identifié, nommé: une voiture. Les pronoms relatifs *qui* et *que* ont pour antécédent le nom *voiture*.

Dans les phrases 3 et 4, il est question d'acheter quelque chose, mais on ne sait pas quoi; il ne s'agit pas de quelque chose de précis, d'identifié, de nommé. Les pronoms relatifs *qui* et *que* n'ont pas de nom comme antécédent. L'antécédent des pronoms relatifs est alors *ce*. *Ce* est un pronom qui a un sens vague, général; il ne représente pas une chose précise, nommée.

. . . .

∩ 44.24 Activation orale: Pronoms relatifs *qui, que (qu')*

Répondez selon les exemples.

Exemples:
Vous entendez: 1. Mireille a rencontré un jeune homme. Il s'appelle Robert.
Vous voyez: Mireille a rencontré un jeune homme . . .
Vous dites: Mireille a rencontré un jeune homme qui s'appelle Robert.

Vous entendez: 2. Robert a vu des manifestants au Quartier Latin. Il les a suivis.
Vous voyez: Robert a suivi les manifestants . . .
Vous dites: Robert a suivi les manifestants qu'il a vus au Quartier Latin.

3. Robert a écrit une lettre . . .
4. Les Belleau ont une maison de campagne . . .
5. Mme Belleau a bien reçu les roses . . .
6. Robert et Mireille ont acheté un billet de loterie . . .
7. Robert a trouvé des chaussures . . .
8. Mireille a beaucoup d'amis étrangers . . .
9. La mère de Robert a une amie à Paris . . .
10. Robert et Mireille ont vu un film de Rohmer . . .

44.25 Activation écrite: Identifications, informations complémentaires; pronoms relatifs *qui, que*

Lisez et complétez les phrases suivantes. Notez que les pronoms qui manquent représentent les mots soulignés.

1. Nicolas: Le papa d'Alceste a <u>un ami</u> _____ a une charcuterie.

2. Nicolas: <u>Geoffroy</u>, _____ a un papa très riche, va passer ses vacances au bord de la mer.

3. Nicolas: <u>Agnan</u>, _____ est le premier de la classe, va passer ses vacances en Angleterre pour apprendre l'anglais.
   (43–document)

4. <u>Les gens</u> _____ n'ont pas beaucoup d'argent peuvent placer leurs économies à la Caisse d'Epargne.

5. Mireille: Papa veut que j'achète <u>des tableaux</u> _____ vaudront des millions dans dix ans.

6. Jean-Pierre: Il y a <u>une échelle</u> _____ m'est tombée dessus.

7. Nicolas: On veut toujours me faire faire <u>des choses</u> _____ ne me plaisent pas!

8. Robert: J'ai acheté <u>les chaussures</u> _____ j'ai aux pieds l'année dernière, à Boston.

9. Robert: Je voudrais <u>des chaussures</u> _____ je puisse mettre pour marcher et pour conduire.

10. Robert: Je voudrais <u>quelque chose</u> _____ soit solide.

11. Moi, le football, je n'aime pas ça. Mais il y a <u>des gens</u> _____ aiment ça.

12. Ça ne m'intéresse pas. Mais il y a <u>des gens</u> _____ ça intéresse.

13. Moi, les courses de chevaux, ça ne m'intéresse pas. Mais il y a <u>des gens</u> à _____ ça plaît.

14. Tante Georgette avait rencontré <u>un très bel homme</u>, très distingué, _____ s'appelait Georges de Pignerol.

15. <u>Le bel homme si distingué</u> _____ Tante Georgette a rencontré a disparu. Elle ne l'a jamais revu.

16. Mireille quitte Robert pour aller retrouver <u>Hubert</u> _____ l'attend pour déjeuner chez Angélina.

. . . .

44.26 Activation écrite: Identifications, informations complémentaires; *celui/celle/ceux/celles qui/que*

1. Robert: La dernière fois que j'ai acheté des chaussures, c'était du onze et demi. Tenez, ce sont _____
   j'ai aux pieds.

2. Mireille: Ne prenez pas le métro qui va à la porte de Clignancourt! Prenez _____ en vient. (27–5)

3. Mireille: Le berger, c'est _____ s'occupe des moutons.

4. Tonton Guillaume: Tu veux une voiture? Bien sûr, prends _____ tu voudras! (30–4)

5. Jean-Luc: Quelle jeune fille? La blonde?
   Jean-Pierre: Mais non, pas _____ sourit d'un air imbécile; l'autre, à côté. (13–6)

6. "_____ veut être heureux . . . change peu de place . . ." (Fontenelle, 33–document)

7. "Que _____ est sans péché jette la première pierre." (Jésus-Christ)

8. "Arithmétique! Algèbre! Géométrie! . . . _____ ne vous a pas connues est un insensé!" (Lautréamont, 21–document)

9. "Apprenez que tout flatteur vit aux dépens de _____ l'écoute." (Le Renard, 19–document)

10. "Nous arrivons vers vous de l'autre Notre-Dame, de _____ s'élève au cœur de la cité." (Péguy, 28–document)

11. "Je ne crois pas aux rencontres fortuites (je ne parle évidemment que de _____ comptent)." (Nathalie Sarraute)

12. Robert: Mais où tous ces étudiants habitent-ils?

    Mme Belleau: Ça dépend. _____ ont leurs parents à Paris habitent chez eux. (35–5)

13. Mireille: Les théâtres nationaux, ce sont _____ reçoivent des subventions de l'Etat. (39–2)

14. "On invite au café non seulement ses voisins . . . mais tous _____ l'on veut honorer et particulièrement _____ à _____ l'on doit quelque chose. Et plus particulièrement _____ vous ont offert le café." (Hélias, 9–document)

15. Mais la vie sépare

    _____ s'aiment

    Tout doucement . . . (Prévert, 11–document)

16. Les métiers qui attirent le plus les 8–14 ans sont _____ permettent de voyager. (18–document)

17. Les jeunes aiment la lecture . . . On constate que _____ disposent du maximum d'équipements culturels (télévision, magnétoscope, micro-ordinateur . . .) sont aussi _____ lisent le plus. (20–document)

18. "A cause des malins qui font semblant, _____ ont vraiment des problèmes de vue n'ont aucune chance d'avoir des lunettes." (Azouz Bégag, 22–document)

19. "Et _____ ne font rien ne se trompent jamais." (Théodore de Banville, 23–document)

20. "Les chanceux sont _____ arrivent à tout; les malchanceux, _____ à _____ tout arrive." (Labiche, 31–document)

. . . .

🎧 44.27 Activation orale: Pronoms relatifs; *ce qui*

Répondez selon l'exemple.

Exemple:
Vous entendez: 1. Si quelque chose tente Robert, il l'achète.
Vous dites: Il achète ce qui le tente.

2. Si quelque chose ne plaît pas à Robert, il le jette.
3. Si quelque chose plaît à Robert, il le fait.
4. Si quelque chose plaît à Robert et Mireille, ils le font.
5. Si quelque chose amuse Mireille, elle l'achète.
6. Si quelque chose plaît à Mireille, Robert l'achète.

. . . .

🎧 44.28 Activation orale: Pronoms relatifs; *ce que (ce qu')*

Répondez selon l'exemple.

Exemple:
Vous entendez: 1. Si Mireille dit quelque chose, Robert le croit.
Vous dites: Il croit tout ce qu'elle dit.

2. Si Robert voit quelque chose, il l'achète.
3. Si Marie-Laure entend quelque chose, elle le répète.
4. Si on donne quelque chose à Robert, il le perd.
5. Si on dit quelque chose à Robert, il l'oublie.

44.29 Activation écrite: Pronoms relatifs; *ce qui, ce que* (*ce qu'*)

Complétez.

1. Prends _____ te tente!

2. Faites _____ vous voulez.

3. Je ne fais que _____ m'intéresse.

4. Je n'aime que _____ est un peu difficile.

5. Il fait tout _____ elle veut!

6. Il fait tout _____ lui plaît!

7. Commandez _____ vous aimez.

. . . .

44.30 Activation écrite: Désignations, définitions; *ce qui, ce que* (*ce qu'*)

1. Robert: Ecoute, voilà _____ je te propose.

2. Le vendeur: Voilà _____ il vous faut.

3. Le vendeur: C'est exactement _____ il vous faut!

4. Marie-Laure: Moi, _____ je préfère, c'est les chocolats!

5. Mireille: _____ nous avons acheté, ce n'est pas un billet entier; ce n'est qu'un dixième!

6. _____ est Robert _____ a payé les consommations au Fouquet's.

7. Hubert: _____ sont mes oncles _____ s'occupent de l'entreprise de construction.

8. Tante Georgette: Ah, _____ Georges _____ les aimait, les lentilles!

9. Robert: Vous voyez, _____ m'ennuie, c'est que la chaussure de droite me serre un peu!

10. Mireille: Comment sais-tu que j'ai gagné à la loterie?

    Tante Georgette: _____ ton père _____ me l'a dit!

11. Robert: Je ne sais pas _____ je vais faire.

12. Mireille: On ne sait jamais _____ va se passer.

13. Nicolas: _____ est drôle, c'est que Papa et Maman avaient l'air un peu fâché.

14. Nicolas: _____ m'étonne, moi, c'est qu'à la maison on n'a pas encore parlé de vacances.

15. _____ est décidé est décidé!

16. Le vendeur: Oui, vous faites du 44. _____ bien _____ je pensais.

17. Le garagiste: _____ bien _____ je pensais, vous n'avez plus une goutte de fluide.

18. Il y a des gens qui achètent tout _____ ils voient!

19. Robert: Nous voudrions voir _____ vous avez comme matériel de camping.

20. Le vendeur: Ça dépend de _____ vous voulez y mettre.

21. Marie-Laure: Moi, _____ j'aime, c'est ne rien faire! Ou alors, juste _____ me plaît!

44.31 Activation écrite: Négations; *jamais, rien, personne* (révision)

Complétez selon l'exemple.

Exemple:

—Vos parents voient beaucoup d'amis?

—Non, ils <u>ne voient jamais personne</u>! Ils n'ont pas le temps!

1. —Votre oncle Guillaume vous invite souvent chez lui?

   —Non, il _____ chez lui. C'est trop de travail! Il préfère

   inviter au restaurant.

2. —Qu'est-ce qu'il fait ces jours-ci?

   —Lui? Il _____ !

3. —Mais enfin, il a bien dû faire quelque chose, à un moment ou à un autre, pour être aussi riche!

   —Non, il _____ de sa vie!

4. —Qu'est-ce qu'il lit?

   —Il _____ .

5. —Vous avez rencontré des gens intéressants à votre cours d'italien?

   —Non, je _____

   d'intéressant au cours d'italien.

6. —Vous avez vu quelque chose d'intéressant au magasin?

   —Non, _____ .

7. —Robert a acheté quelque chose?

   —Lui? Non! Il _____ . D'abord il _____ argent, et puis

   il _____ sait _____ se décider.

8. —Il y avait du monde au rayon des poissons rouges?

   —Non, _____ .

9. Mireille: Tu gagnes souvent aux courses?

   Hubert: Moi? Non, je _____ .

10. Mireille: Hubert, je te le donne en mille! Tu _____ !

. . . .

44.32 Activation écrite: Négations, restrictions; *ne . . . que, . . . plus, . . . rien, . . . jamais, tout ce que;* subjonctif (récapitulation)

Lisez, essayez de comprendre de quoi il s'agit, et reconstituez les phrases suivantes.

1. Hubert: La loterie, c'est une honte. Il _____ Loto _____ pire!

2. Hubert: C'est simple, les gens ____ travaillent _____ ! Ils ____ comptent _____ leur chance!

3. Tante Georgette: Aujourd'hui, on fait tout pour les jeunes! On _____ pour les vieux.

4. Tante Georgette: Il _____ pour les jeunes.

5. Tante Georgette: Les vieux _____ crever dans leur coin!

6. Tante Georgette: Georges est parti; je _____ revu.

7. Robert: Je _____ équipé du tout!

8. Robert: Je _____ pour aller me promener dans la nature.

9. Robert: Je _____ un maillot de bain.

10. Robert: C'est vrai! C'est tout _____ pour aller me promener dans la nature!

11. Mireille: Moi non plus, je _____ grand-chose pour aller faire du camping! Je _____ sac de couchage. C'est tout!

12. Robert: Ce sac est très bien, mais il est trop cher. Vous _____ moins cher?

13. Le vendeur: Non, je regrette, c'est le moins cher _____ .

14. Le vendeur: Nous _____ articles haut de gamme.

15. Robert: Les chaussures sont très bien, mais j'ai peur qu'elles _____ un peu trop petites. Vous n'auriez pas la pointure au-dessus?

16. Le vendeur: Non, je regrette; dans ce modèle, il _____ reste _____ cette pointure.

17. Le vendeur: J'ai tout vendu: il _____ reste _____ !

18. Robert: C'est très ennuyeux, parce que la chaussure de gauche me serre un peu. Et si je _____ celle de droite?

19. Le vendeur: Ne prenez pas d'espadrilles si vous voulez marcher en montagne! Prenez des chaussures montantes. Pour la montagne, il _____ les chaussures montantes qui _____ bien!

20. Le vendeur: Il _____ les chaussures montantes qui vous _____ bien la cheville.

21. Nicolas: Tous mes copains savent où ils vont aller pour les vacances. Il _____ moi qui _____ encore où je vais aller. (43–document)

. . . .

44.33 Activation écrite: Habitudes; expansion du vocabulaire; *avoir / prendre / perdre l'habitude de, s'habituer à, un habitué*

Etudiez soigneusement les phrases suivantes. Comparez-les entre elles et essayez de déterminer quels sont les mots qui manquent pour les compléter.

1. Robert: C'est la première fois que je viens en France. Quand j'étais petit, nous _____ passer nos vacances aux Bermudes. (14–4)

2. Mireille: Eh bien, moi, je prendrai un petit pastis . . . bien tassé, comme _____ ! (24–4)

3. Mme Belleau: Marie-Laure, tiens-toi bien! Tu vas perdre _____ de mettre les coudes sur la table!

4. Mireille: Ce matin, je me suis levée plus tard que _____ .

5. Robert: Moi aussi, je me suis levé tard. Depuis que je suis en vacances, j'ai _____ de me lever tôt!

6. M. Belleau: Je bois toujours une infusion avant de me coucher. C'est _____ !

7. Hubert: Vous vous levez tous les jours à 6 heures du matin? Ce n'est pas trop dur?

   Mme Belleau: Oh, vous savez, c'est une question _____ !

8. Mme Belleau: Quand on a pris _____ , ce n'est plus très difficile.

9. Hubert: Peut-être, mais c'est une _____ que j'aurais du mal à _____ .

10. Marie-Laure: Tu as bien fait de laisser ton cheval en bas, parce que nous _____

_____ recevoir des cow-boys avec des chevaux. (32–4)

11. Mireille: En France, on ne jette rien. On a toujours tout économisé. On _____

économie!

12. Robert: Il faut donner un pourboire aux ouvreuses? (36–6)

Mireille: Ben, oui, _____ . (37–5)

13. Robert: La chaussure de gauche me serre. Elle me fait vraiment mal!

Le vendeur: Ce n'est rien! Vous _____ !

14. Tante Georgette: Mais oui! On _____ tout!

15. M. Courtois voyage beaucoup. Il a _____ voyager.

16. Depuis le temps qu'il voyage, il s' _____ voyager. Il trouve ça normal, tout à fait

naturel.

17. Tante Georgette: _____ est une seconde nature!

18. Mme Courtois a pris _____ de rester seule avec Minouche. Autrefois, elle n'aimait

pas beaucoup ça, mais elle s' _____ .

19. M. Courtois passe beaucoup de temps en avion. Il s' _____ .

20. M. Courtois est un _____ de l'avion.

21. Henri de Régnier allait très souvent aux petites réunions littéraires que Stéphane Mallarmé organisait le mardi. C'était un

_____ des mardis de Mallarmé. (15–document)

22. Un bistro a ses _____ . (22–document)

23. Hubert va souvent au Fouquet's. C'est _____ Fouquet's.

24. Mireille n'y va jamais. Ce n'est pas _____ cafés!

. . . .

44.34 Activation écrite: Chaussures

Relisez le texte de la leçon 44. Revoyez la vidéo, en particulier la deuxième partie, et étudiez aussi les illustrations dans votre livre de textes. Puis lisez attentivement les phrases suivantes, essayez de comprendre de quoi il s'agit, et devinez quels sont les mots qui manquent.

Il n'est pas toujours facile de trouver chaussure à son pied

1. Robert veut acheter des chaussures. Il va donc au _____ des chaussures d'un grand magasin.

2. Ce ne sont pas des _____ qu'il veut, parce que ce n'est pas pour aller à la chasse, à la pêche, ou pour faire du

cheval.

3. Pour faire de la marche, le vendeur lui conseille des chaussures _____ , parce que ça

_____ bien la _____ .

4. Le vendeur lui montre des chaussures de montagne. Robert a peur qu'elles _____ trop lourdes.

5. Le vendeur: Non, non! Au contraire, elles _____ très _____ ! Mais elles sont très solides.

6. Robert: Elles m'ont l'air un peu rigides, un peu dures . . .

Le vendeur: Non, pas du tout, au contraire, elles sont très _____ .

7. Le vendeur: Elles sont très bien. Regardez, elles ont des _____ antidérapantes.

8. Le vendeur demande à Robert quelle est sa _____ . Mais Robert ne sait pas du combien il _____ . Le vendeur prend ses _____ . Il _____ du 44. (C'est beaucoup!)

9. Et pourtant elles sont un peu trop petites. Elles le _____ un peu.

10. Le vendeur: Vous ne voulez pas d' _____ ? Pour l'été, c'est très bien: c'est léger, souple, avec des _____ de corde et un dessus en toile.

11. Le vendeur: Ou alors, si vous préférez, il y a aussi les _____ . C'est léger, très aéré, semelle et dessus en cuir.

12. Le vendeur: Et pour rester à la maison, nous avons de très belles _____ , très confortables, en tissu de laine. Très souples et très chaudes.

13. Mais Robert ne se laisse pas tenter. Il n'est pas un retraité qui aime rester à la maison au coin de feu. Il n'est pas un vieux pantouflard mais un jeune homme aventureux qui veut partir faire une grande _____ , et, si possible, avec Mireille.

. . . .

44.35 Activation écrite: Le temps qui passe; passé composé et imparfait (révision)

Mireille raconte à Robert l'histoire de Tante Georgette. Vous trouverez un résumé des faits dans la colonne de gauche. Ecrivez dans la colonne de droite, au passé évidemment, le récit de Mireille.

Histoire de Tante Georgette

1. Un soir, Tante Georgette se promène sur le boulevard des Italiens.
2. Il fait beau.
3. C'est une belle soirée de printemps.
4. En passant devant le numéro 13, elle remarque un homme qui la regarde.
5. Elle s'arrête.
6. Il lui sourit.
7. Il est grand, brun, distingué.
8. Elle lui rend son sourire.
9. Il l'invite à prendre un café.
10. Ils s'assoient à la terrasse d'un café.
11. Il s'appelle Georges.
12. Il appelle le garçon.
13. Il commande deux cafés.
14. Ils parlent.
15. Il parle si bien, il est si séduisant, qu'ils boivent trois cafés (chacun).
16. Ils se revoient le lendemain.
17. Le jour d'après, qui est un jeudi, ils déjeunent ensemble.

18. C'est comme ça qu'elle découvre qu'il adore les lentilles.   _____

19. Ils décident de monter un salon de coiffure (pour chiens).   _____
_____

20. M. Belleau fait la connaissance de Georges.   _____

21. Il ne lui plaît pas du tout.   _____

22. Il trouve qu'il n'a pas l'air honnête.   _____

23. Ils ont une discussion sur le financement du magasin de coiffure.   _____
_____

24. M. Belleau dit à Georges ce qu'il pense de lui.   _____

25. Georges part en emportant l'argent que Tante Georgette lui a donné pour acheter le salon de coiffure.   _____
_____

. . . .

🎧 44.36 Activation orale: Dialogue entre Mireille et Hubert

Vous allez entendre un dialogue entre Mireille et Hubert. Ecoutez attentivement. Vous allez apprendre les réponses d'Hubert.

Mireille: Hubert! Tu ne devineras jamais! Je te le donne en mille!

Hubert: **Puisque je ne devinerai jamais, dis-le moi tout de suite!**

Mireille: Nous avons gagné à la loterie!

Hubert: **Qui ça, "nous"?**

Mireille: Eh bien, Robert et moi, pardi!

Hubert: **C'est une honte! La loterie est une des institutions les plus immorales de notre triste époque! Il n'y a que le Loto et le tiercé qui soient pires!**

Exercices-tests

44.37 Exercice-test: Subjonctif indiquant le but

Complétez.

1. On ne peut rien entendre, avec tout ce bruit! Taisez-vous, qu'on _____ entendre quelque chose!

2. On ne sait pas à quelle heure commence le film? Eh bien, regarde sur le Minitel, qu'on le _____ !

3. Robert vient dîner ce soir. Je vais téléphoner à Mireille pour qu'elle _____ aussi.

4. Vous partez? Attendez-moi un instant, que je _____ avec vous.

5. Tu vas à Chartres? Préviens Robert pour qu'il y _____ avec toi, ça l'intéressera.

Vérifiez. Si vous avez fait des fautes, travaillez les sections 44.16 et 44.17 dans votre cahier d'exercices.

44.38 Exercice-test: Subjonctif et négation implicite

Complétez.

1. Je ne connais pas de gamine plus insupportable que toi!

   Tu es la gamine la plus insupportable que je

   _____ !

2. Nous n'avons pas d'autre couleur. C'est la seule que

   nous _____ .

3. Tout le monde est parti. Il n'y a que Robert qui

   _____ resté.

4. Tout le monde prend des liqueurs? Il n'y a que moi qui

   _____ une infusion?

Vérifiez. Si vous avez fait des fautes, travaillez les sections 44.19 à 44.21 dans votre cahier d'exercices.

44.39 Exercice-test: Pronoms relatifs

Complétez.

1. Goûtez; c'est un foie gras _____ la maman de

   Mme Courtois fait elle-même.

2. J'en ai donné un à Georgette _____ l'a trouvé

   délicieux.

3. Robert a acheté des chaussures _____ ne lui vont

   pas.

4. Il achète tout _____ il voit!

5. 400.000F, c'est _____ on aurait gagné si on avait

   acheté un billet entier!

Vérifiez. Si vous avez fait des fautes, travaillez les sections 44.23 à 44.30 dans votre cahier d'exercices.

Libération de l'expression

44.40 Mise en question

Relisez le texte de la leçon; lisez les questions de la mise en question qui suit la mise en œuvre dans votre livre de textes. Réfléchissez à ces questions et essayez d'y répondre.

. . . .

44.41 Mots en liberté

Dans quoi peut-on se sentir bien?

   On peut se sentir bien dans un fauteuil, une robe, un costume, sa maison. . . .

Trouvez encore au moins cinq possibilités.

Qu'est-ce qu'on peut porter aux pieds?

   On peut porter des chaussettes rouges, des pantoufles. . . .

Trouvez encore au moins cinq possibilités.

Qu'est-ce qui peut vous serrer?

   Un chapeau trop petit, une robe. . . .

Trouvez encore au moins trois ou quatre possibilités.

44.42 Mise en scène et réinvention de l'histoire

A. Reconstituez un dialogue entre Robert et le vendeur au rayon des chaussures.

Le vendeur: Vous cherchez des bottes?

Robert: Non, je voudrais (. . .). Quelque chose qui soit (. . .) mais pas trop (. . .).

Le vendeur: Quelle est votre (. . .)?

Robert: Comment?

Le vendeur: Du combien (. . .)?

Robert: Ah! Je chausse du (. . .).

Le vendeur: Vous plaisantez! Vous faites au moins (. . .).

Robert: Mais je vous assure! Le dernière fois (. . .).

B. Reconstituez un dialogue entre Mireille et Tante Georgette.

Tante Georgette: Ah, c'est Georges qui les aimait, les lentilles!

Mireille: Georges?

Tante Georgette: Non, pas ton cousin. Georges de Pignerol. Tu ne l'as pas connu. Tes parents (. . .). Ils ne voulaient pas (. . .). Ah, quel (. . .)! Grand (. . .). Je l'avais rencontré (. . .). On avait pris (. . .). On avait réuni nos économies pour (. . .). Mais ton père (. . .). Mais dis-moi, c'est combien que tu as gagné? 40.000F? Qu'est-ce que tu vas faire de tout cet argent?

Mireille: Ben (. . .). Cécile me conseille de (. . .). Papa dit que je devrais (. . .).

- -

44.43 Mise en scène et réinvention de l'histoire

Imaginez une nouvelle version de l'histoire de Tante Georgette. Par exemple:

Ah, Georges! Quel

| artiste |
| bel homme |
| idiot |
| aristocrate { puant / dégénéré } |
| sale capitaliste |
| chameau |
| commerçant |
| homme d'affaires |

c'était!

Il { était / n'était pas }

| plutôt |
| très |
| assez |
| — |
| trop |
| du tout |

| grand, |
| petit, |
| gros, |
| musclé, |
| mince, |
| squelettique, |
| costaud, |
| robuste, |

mais c'est fou ce qu'il était

| bête |
| beau |
| élégant |
| intelligent |
| vulgaire |
| distingué |
| gentil |
| dragueur |
| bien élevé |

et

| ennuyeux. |
| généreux. |
| égoïste. |
| poli. |
| gracieux. |
| stupide. |
| spirituel. |

Il { était / n'était pas }

| toujours |
| souvent |
| assez |

| triste. |
| désagréable. |
| malade. |
| de { bonne / mauvaise } humeur. |
| { bien / mal } habillé. |

De son métier, il était

| vendeur dans un grand magasin. |
| médecin. |
| espion. |
| professeur de { piano. / français. / danse. } |
| prêtre. |
| gardien de nuit. |
| pasteur. |
| rabbin. |
| marchand de chaussures. |

Il travaillait dans les services

| administratifs |
| sociaux |
| techniques |

| du |
| de la |
| de l' |

| éducation nationale. |
| SNCF. |
| armée { russe. / du Salut. / polonaise. / belge. / chinoise. } |
| synagogue. |
| institut musulman. |
| église { catholique. / réformée. } |

Il portait des
- pantoufles
- pataugas
- souliers bas
- chaussures
- sandales
- espadrilles
- bottes en cuir

- blancs,
- rouges,
- blanches,
- jaunes,
- noirs,
- noires,
- à semelles antidérapantes,

avec une veste
| à deux |
| à trois |
| à six |
| sans |
boutons
- grise,
- noire,
- marron,
- rose,

et un pantalon
- très serré à la taille.
- collant.
- trop long.
- trop court.
- blanc.
- noir.
- gris.
- bleu.
- rose.

Il possédait
- des châteaux en Espagne.
- des vignobles dans le Bordelais.
- des chevaux à Longchamp.
- la moitié de Paris.
- des terrains
  - en Australie.
  - en province.
  - en Provence.
  - à Provins.
- des vaches en Normandie.

Nous nous étions rencontrés

- un beau matin de printemps
- une nuit d'hiver
- un bel après-midi d'été
- un soir d'automne
- à midi
- à minuit

- sur les quais de la Seine.
- place Pigalle.
- à Tombouctou.
- au musée du Louvre.
- au cours de / d'
  - danse.
  - anatomie.
  - dessin.
  - informatique.

Nous devions monter ensemble

un / une
- association pour la
  - défense
  - protection
  - libération
  des
  - hommes.
  - femmes.
  - enfants.
- pension
- restaurant
- salon de coiffure pour les
- cinéma
- cimetière
  - poissons rouges.
  - insectes.
  - prêtres.
  - bonnes sœurs.
  - artistes.
  - chiens.

Malheureusement, ça n'a pas pu marcher, parce que

Georges
- a voulu emprunter deux millions à mon frère Guillaume.
- m'a quittée pour
  - la caissière des Folies-Bergère.
  - une ouvreuse de la Comédie-Française.
  - se faire prêtre.
  - entrer à l'Armée du Salut.
- ne pouvait pas supporter
  - Fido.
  - mon frère Guillaume.
  - ma concierge.
- est mort d'une indigestion de lentilles.

mon frère François
- ne pouvait pas supporter Georges.
- l'a découragé.
- a été très désagréable avec lui.

le chien de Georges
- ne supportait pas
  - Guillaume.
  - Fido.
  - les lentilles.
  - la SPA.
- a été désagréable avec
  - Fido.
  - la concierge.

Ah, ne me parlez pas des
- marchands de chaussures!
- concierges!
- hommes!
- frères!
- chiens!
- vendeurs de grands magasins!
- espions!

Il n'y a que
| le |
| la |
| les |
- chiens
- hommes
- chevaux
- femmes
- tiercé
- loterie
| qui | soit / soient | — plus |
- pire.
- égoïstes.
- bêtes.
- désagréables.
- embêtants.
- méchants.
- difficiles à garder.

Préparation à la lecture et à l'écriture

44.44 Entraînement à la lecture

Lisez le document 2 de la leçon 44 dans votre livre de textes, et répondez ou complétez.

A.

1. Le PMU, c'est le Pari Mutuel Urbain. Essayez de deviner sur quoi on parie quand on participe au PMU.

_____

2. Au tiercé, on parie sur trois chevaux. Sur quoi parie-t-on au quarté? Et au quinté?

_____

3. Essayez de deviner quelle différence il peut y avoir entre Hubert et les ouvriers qui parient grâce au PMU. (Voyez la section 1 du texte de la leçon 44.)

_____

_____

B.

1. Beaucoup de joueurs jouent parce que la possibilité de gagner de l'argent les attire (voyez Robert, leçon 41, section 4!). C'est le gain qui les attire. C'est l'appât du _____ qui les attire: pour eux, l' _____ du gain est plus important que le plaisir de jouer.

   Quand on va à la pêche, on appâte les poissons: on les attire avec un _____ .

2. Quand on joue à un jeu de hasard comme le loto, on parie sur une _____ de chiffres, par exemple les chiffres de sa date de naissance.

C.

1. Sur la question du jeu, où se situe Mireille par rapport à l'ensemble des Français? (Voyez la section 4 de la leçon 41.)

_____

_____

. . . .

44.45 Entraînement à la lecture

Lisez le document 3, puis répondez ou complétez.

1. Pourquoi Devos a-t-il les larmes au yeux?

_____

2. Pourquoi est-il ému? (Pourquoi Robert a-t-il été ému, à Chartres? Voyez la section 5 de la leçon 28.)

_____

3. Il n'ose pas accepter sa chance. Il se sent coupable, il a un sentiment de culpabilité. Pourquoi a-t-il ce sentiment de culpabilité?

_____

4. Il considère que le fait d'avoir gagné est une punition. Dieu le punit parce qu'il a péché, il a fait une faute. Il mérite cette punition. Qu'est-ce qu'il a fait pour la mériter?

_____

_____

5. Il a joué, mais il a joué sans mauvaise intention, il ne pensait pas à mal, il l'a fait sans _____ .

6. Cette chance que Dieu lui a envoyée, c'est peut-être un test, une épreuve; Dieu a voulu le tester, l'_____ .

7. Dieu a peut-être voulu voir s'il avait la force et le courage de renoncer à la fortune, de refuser les

_____ .

8. Il est prêt à déchirer ce ticket gagnant, il va le faire d'un instant à l'autre, il est sur le _____ de le faire . . . mais il ne le déchire pas! Qu'est-ce qui l'empêche de le déchirer? C'est Dieu qui _____ sa main?

9. Combien de pièces y a-t-il dans son appartement? _____

10. Est-ce que Devos a choisi sa femme lui-même? Qui est-ce qui l'a choisie pour lui? Et est-ce que c'était pour le récompenser de ses vertus ou pour le punir de ses fautes?

_____

11. Pourquoi n'a-t-il plus la force de déchirer ce ticket?

_____

12. Jusqu'à présent, Dieu l'avait empêché de devenir riche; Dieu l'avait laissé dans la pauvreté, il l'avait gardé dans la pauvreté, il l'avait _____ dans la pauvreté. Dieu n'avait pas permis qu'il tombe dans l'opulence, il l'avait empêché de s'enfoncer dans les richesses, il l'avait empêché de _____ dans l'opulence.

13. Qu'est-ce qu'il demande à Dieu de faire?

_____

14. Pourquoi décide-t-il d'aller toucher l'argent qu'il a gagné?

_____

· ·

44.46 Entraînement à la lecture

Lisez le document 4 et essayez de répondre aux questions suivantes.

1. Est-ce que le nombre de personnes qui vivent seules augmente ou diminue?

_____

2. Pourquoi y a-t-il plus de femmes qui vivent seules que d'hommes?

_____

_____

3. Pourquoi beaucoup de célibataires supportent-ils mal la solitude?

_____

_____

44.47 Entraînement à la lecture

Lisez le document 5 et complétez ou répondez.

1. Que disent les inscriptions que l'on peut lire sur les tombes du cimetière des chiens—quel discours tiennent-elles?

   _____

   _____

2. La maîtresse du chien qui s'appelait Polonius ne s'est pas consolée de la mort de son ami. Elle est restée inconsolable

   . . . comme le chef (cuisinier) de la leçon 26 (section 5). Son chien est mort, mais elle vit encore: elle _____

   à son chien. Mais si c'était elle qui était morte la première, son chien ne lui aurait pas _____ .

3. Que pensez-vous de l'opinion de Sartre?

   _____

   _____

. . . .

44.48 Lecture et interprétation

Lisez le document 6, relisez le document 4, et répondez.

De quoi Brel a-t-il peur?

_____

_____

. . . .

44.49 Entraînement à la lecture et expansion du vocabulaire

Lisez le document 8, puis complétez les phrases suivantes ou répondez aux questions.

1. Le meilleur moyen de _____ , c'est de mettre un pied devant l'autre et de recommencer.

   Mireille: Si tu mets un pied devant l'autre et si tu recommences, qu'est-ce que tu fais?

   Marie-Laure: Eh bien, je _____ , tiens!

   Mireille: Bon! Maintenant, je vais te faire une proposition: Je te donne un billet de 200F et tu me donnes trois billets

   de 100F. D'accord?

   Marie-Laure: Ah, ben, non! Je ne _____ pas! Tu me prends pour une imbécile?

2. Ces chaussures sont jolies, elles ont l'air élégantes, elles sont très chic, elles _____ bien!

3. Si vous voulez que l'intérieur de la chaussure soit à l'extérieur, il faut la _____ .

   Si on veut montrer qu'on n'a rien dans les poches, on peut les _____ (faire passer l'intérieur à

   l'extérieur).

   Si ce que vous avez acheté ne vous plaît pas, vous pouvez le rapporter au magasin, vous pouvez le

   _____ . (Vous rendez la marchandise et on vous rend votre argent.)

4. Mireille a l'air d'être en bonne santé, elle a _____ . Mais Tante Georgette a l'air d'être malade, elle a mauvaise

   _____ .

   Mireille (à Marie-Laure): Eh bien, tu as bonne _____ ! Tu es toute barbouillée! Tu as la figure pleine de confiture!

   Ah, j'avais _____ ! J'avais l'air d'un guignol! Tout le monde se moquait de moi!

5. Traditionnellement, les Bretons portent des chapeaux ronds; la coiffure traditionnelle des Basques, c'est le _____ .

6. En général, un pantalon a trois poches: deux sur les côtés (une à droite, l'autre à gauche), et une derrière; la poche de

   derrière, c'est la poche _____ .

7. Le pot de fleurs est tombé sur la tête du monsieur; le monsieur l'a reçu sur la tête, il l' _____ sur la tête.

8. Si un piéton traverse la rue quand un automobiliste arrive, il se fait écraser. Alors, comment Devos fait-il pour traverser

   sans se faire écraser?

   _____

   _____

. . . .

44.50 Lecture et interprétation

Lisez le document 1 et répondez.

D'après ce texte, pourquoi serait-il heureux que le monde change? Qu'est-ce qui ne va pas, maintenant?

_____

_____

Leçon**45**

Assimilation du texte

🎧 45.1 Mise en œuvre

Ecoutez le texte et la mise en œuvre dans l'enregistrement sonore. Répétez et répondez suivant les indications.

. . . .

🎧 45.2 Compréhension auditive

Phase 1: Regardez les images et répétez les énoncés que vous entendez.

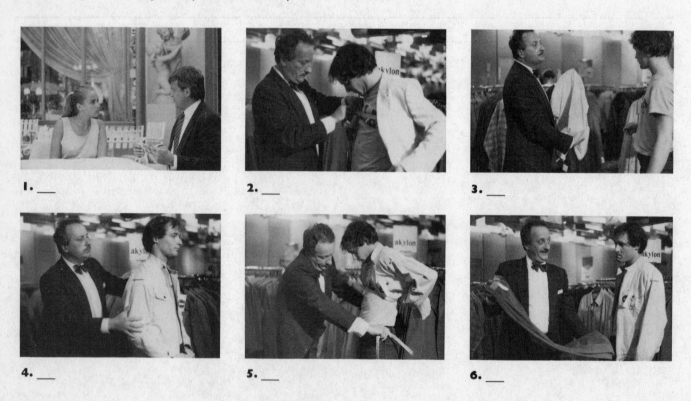

1. ___   2. ___   3. ___

4. ___   5. ___   6. ___

Phase 2: Ecrivez la lettre de chaque énoncé que vous entendez sous l'image qui lui correspond le mieux.

🎧 45.3 Production orale

Ecoutez les dialogues suivants. Vous allez jouer le rôle du second personnage.

1. Guillaume: Alors, comme ça, tu as gagné 40.000F? Qu'est-ce que tu vas en faire?
   Mireille: (. . .)
2. Mireille: Tante Georgette voudrait que je lui donne de l'argent pour son cimetière de chiens.
   Guillaume: (. . .)
3. Guillaume: Tu pourrais essayer tous les restaurants à trois étoiles de Paris. Tu garderais les menus, ça te ferait des souvenirs pour tes vieux jours! . . . Ben oui, les bons souvenirs, c'est encore la valeur la plus sûre!
   Mireille: (. . .)
4. Le vendeur: Vous tenez à une couleur particulière?
   Robert: (. . .)
5. Le vendeur: Vous faites quelle taille?
   Robert: (. . .)

. . . .

🎧 45.4 Compréhension auditive et production orale

Ecoutez les passages et répondez aux questions suivantes.

1. Qu'est-ce que Tonton Guillaume propose à Mireille, pour fêter l'événement?
2. Pourquoi Mireille n'a-t-elle pas besoin d'acheter une voiture, d'après Tonton Guillaume?
3. Pourquoi est-ce que ce n'est pas prudent d'acheter des actions à la Bourse?
4. Et Tonton Guillaume, qu'est-ce qu'il conseille à Mireille?
5. Pourquoi Mireille considère-t-elle que l'argent est un peu à Robert?
6. Quelle couleur Robert voudrait-il pour un blouson?
7. Pourquoi le vendeur lui propose-t-il un blouson jaune et blanc?
8. Quel est l'avantage des couleurs jaune et blanc, d'après Robert?
9. Pourquoi cette chemise est-elle très bien pour le voyage?

Préparation à la communication

🎧 45.5 Observation: Prononciation; la consonne /r/ (révision)

Vous vous rappelez que, pour prononcer un /r/ français, il faut appuyer le bout de la langue contre les dents inférieures. Cela est particulièrement important après une consonne, surtout après un /t/; il faut éviter de retirer le bout de la langue en arrière.

Pour prononcer un /t/, le bout de la langue est appuyé contre la base des dents supérieures. Si le /t/ est suivi d'un /r/, il ne faut pas retirer le bout de la langue en arrière, mais le faire glisser des dents supérieures, où il est pour le /t/, vers les dents inférieures, où il doit être pour le /r/.

. . . .

🎧 45.6 Activation orale: Prononciation; la consonne /r/

Ecoutez et répétez.

Quel travail!
Quelle triste époque!
Je trouve ça triste!
les autres
à travers Paris
l'extrémité
une très belle voiture
les restaurants à trois étoiles
peut-être
C'est trop salissant.
Robert est très intrigué.
le rétroviseur

Ecoutez et répétez les trois paires suivantes en marquant bien la différence entre les deux mots.

doit	droit
toit	trois
taise	treize

∩ 45.7 Observation: Ignorance

ignorance	
Je ne sais pas!	Je n'ai aucune idée!
C'est ce que je ne sais pas!	Je n'en ai aucune idée!
Je ne sais pas du tout!	Je n'ai pas la moindre idée!
Je n'en sais rien!	Je n'en ai pas la moindre idée!
Je n'en sais absolument rien!	
Je me le demande.	Je ne saurais vous le dire.
Je me le demande bien.	
C'est ce que je me demande.	Je l'ignore.
	C'est ce que j'ignore.

∩ 45.8 Activation: Dictée; ignorance

Ecoutez et écrivez.

1. —Est-ce qu'il _____ un fleuve _____ passe à Chartres?

—_____ .

2. —Quel _____ ?

—_____ .

3. Marie-Laure: Dis, _____ *Astérix?*

Mme Belleau: _____ !

∩ 45.9 Observation: Questions d'argent

Mireille ne travaille pas;

	alors elle ne gagne	pas d'argent.
	Elle ne gagne	pas sa vie.
	Mais elle vient de gagner	40.000F à la loterie.

Que faire de cet argent?

	Elle peut le dépenser.	
	Elle peut le donner	à une institution charitable;
	ou le garder	pour plus tard;
	l' économiser,	
	épargner,	
	le mettre	à la caisse d'épargne ou dans un compte en banque.
	Elle peut le placer,	
	l' investir	
	acheter	des actions à la Bourse, des valeurs sûres.

verbe			*nom*	
gagner	de l'argent	réaliser	un	**gain**
donner		faire	une	**donation**
dépenser		faire	des	**dépenses**
économiser		faire	des	**économies**
épargner		mettre à la		**caisse d'épargne**
placer		faire	un	**placement**
investir		faire	un	**investissement**

45.10 Activation écrite: Questions d'argent

Complétez. Quand on vient de gagner une grosse somme d'argent, on trouve toujours quelqu'un qui sait comment il faut la dépenser. . . . Voici quelques conseils désintéressés.

1. Tante Georgette voudrait que Mireille lui donne l'argent pour son cimetière de chiens, mais Tonton Guillaume, lui, est contre une telle _____ .

2. Il lui conseille plutôt de dépenser l'argent au restaurant et de faire quelques bons gueuletons avec des copains. Mireille, scandalisée, trouve qu'une telle _____ serait immorale, avec tous les gosses qui meurent de faim dans le monde.

3. Philippe, plus téméraire que les autres, a une idée audacieuse: il lui conseille d'investir l'argent et d'acheter des actions à la Bourse. Tonton Guillaume, qui espérait peut-être être invité au restaurant, dit que ce n'est pas un bon _____ , car la Bourse est en train de baisser.

4. Cécile, prudente, pas téméraire, a un conseil plus sage. Il faut que Mireille place cet argent. Et le _____ le plus sûr, c'est évidemment d'acheter un terrain. Acheter des tableaux, c'est plus original, mais moins sûr comme valeur, car on ne sait jamais qui sera célèbre dans dix ans.

5. Avec tous ces conseils, Mireille ne sait toujours pas que faire de cet argent. Evidemment, elle peut toujours l'économiser, mais l'ennui, c'est qu'elle n'aime pas faire des _____ . Elle ne tient pas du tout à épargner, malgré les conseils d'Hubert, qui répète sans cesse que l' _____ est une des vertus capitales de notre société capitaliste.

6. Finalement, Mireille décide de _____ l'argent pour faire un voyage avec son copain américain, Robert. Après tout, l'argent est un peu à lui, aussi.

. . . .

45.11 Observation: Comportement typique; ressemblance

comportement typique
Elle dit toujours ça! Ça, c'est typique! Il n'y a qu'elle pour faire des choses pareilles. <div align="right">**Ça, c'est bien elle.** **C'est elle tout craché!**</div>

ressemblance
C'est fou ce qu'elle ressemble à sa sœur. <div align="right">**C'est tout à fait elle!** **C'est elle tout craché!**</div>

∩ 45.12 Activation orale: Comportement typique; ressemblance

Répondez selon les exemples.

Exemples:

Vous entendez: 1. Elle a dit ça? Ça ne m'étonne pas.
Vous dites: C'est elle tout craché.

Vous entendez: 2. C'est fou ce qu'elle ressemble à son père.
Vous dites: C'est lui tout craché.

3. C'est extraordinaire comme Marie-Laure ressemble à Tante Georgette.
4. C'est fou ce qu'elle te ressemble.
5. Elle ressemble beaucoup à son père.
6. Ma fille me ressemble trop.
7. Il n'y a que toi pour dire des choses pareilles.
8. Ah, ça, c'est bien lui.
9. Il n'y a que ton père pour faire des choses comme ça.

∩ 45.13 Observation: Satisfaction

satisfaction
—Je peux vous apporter quelque chose?   —Non, merci, **je n'ai besoin de rien.**   **J'ai tout ce qu'il me faut.**

∩ 45.14 Activation orale: Satisfaction

Répondez selon l'exemple.

Exemple:

Vous entendez: 1. Tu as besoin de quelque chose?
Vous dites: Non, j'ai tout ce qu'il me faut.

2. Tu veux autre chose?
3. Mesdames, est-ce que je peux vous proposer un dessert. . . . Non? Un café peut-être?
4. Vos parents ont-ils besoin de quelque chose?
5. Messieurs-dames, vous n'avez besoin de rien?
6. Robert a besoin d'autre chose?

∩ 45.15 Observation: Vêtements; tailles

Observez.

Table de comparaison des tailles

Femmes: Robes, tailleurs, pulls

France	36	38	40	42	44	46	48
U.S.A.	8	10	12	14	16	18	20
Japon	7	9	9	11	13	15	—

Femmes: Collants, Bas

France	0	1	2	3	4	5
U.S.A.	8	8½	9	9½	10	10½
Japon	21	22	23	24	25	26

Femmes: Chaussures

France	36	37	38	39	40	41
U.S.A.	5	6	7	8	9	10
Japon	22	23	24	25	25½	26

Hommes: Chemises

France	37–38	39–40	41–42	43
U.S.A.	14½–15	15½–16	16½	17
Japon	S	M	L	XL

Hommes: Pulls

	Homme =2	Demi Pat =3	Patron =4	Grand Pat =5
France				
U.S.A.	S	M	L	XL
Japon	S	M	L	XL

Hommes: Chaussures

France	39	40	41	42	43	44
U.S.A.	6½	7	7½	8	9	10
Japon	25	25½	26	26½	27	28

Hommes: Costumes

France	42	44	46	48	50	52	54
U.S.A.	32	34	36	38	40	42	44
Japon	S	M	L	XL	—	—	—

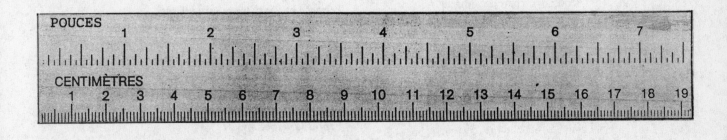

. . . .

45.16 Activation écrite: Vêtements, tailles

Imaginez que vous êtes en France. Quelle taille allez-vous demander si vous voulez acheter les vêtements suivants?

un pull _____   un tailleur _____   un costume _____

une jupe _____   des chaussures _____   une chemise _____

des collants _____

. . . .

🎧 45.17 Observation: Convenance

	pronom objet indirect	
—Ça vous va?		
—Oui, c'est ce qu'il	**me**	faut.
C'est exactement ce qu'il	**me**	faut.
C'est tout à fait ce qu'il	**me**	faut.

🎧 45.18 Activation orale: Convenance

Répondez selon les exemples.

Exemples:
Vous entendez: 1. Ça vous plaît?
Vous dites: Oui, c'est exactement ce qu'il me faut.

Vous entendez: 2. Ça vous va comme un gant!
Vous dites: Oui, c'est exactement ce qu'il me faut.

3. Ça te plaît?
4. Tu crois que je devrais le prendre?
5. Ça te va comme un gant!
6. Ça me va comme un gant!
7. Ça lui va bien!
8. Vous croyez qu'ils en seront contents?
9. Qu'est-ce qu'on fait? On le prend?

⌒ 45.19 Observation: *Personne* et *rien* aux temps simples (révision et extension)

	sujet	ne	verbe
1.	Mireille		lui plaît?
2. Non,	**personne**	**ne**	lui plaît.
3.	Le blouson		lui plaît?
4. Non,	**rien**	**ne**	lui plaît.

		ne	verbe	préposition	objet
5.	Vous		avez	besoin	de	moi?
6. Non, je		**n'**	ai	besoin	de	**personne**.
7.	Vous		avez	besoin	de	quelque chose?
8. Non, je		**n'**	ai	besoin	de	**rien**.

		ne	verbe	objet direct
9.	Vous		cherchez	Mireille?
10. Non, je		**ne**	cherche	**personne**.
11.	Vous		cherchez	quelque chose?
12. Non, je		**ne**	cherche	**rien**.

Notez que dans toutes ces phrases la négation est marquée par *ne*, et *personne* ou *rien*. Dans ces phrases il n'y a pas de *pas*; *personne* et *rien* sont des mots négatifs qui remplacent *pas*.

Personne et *rien* peuvent être utilisés:

• comme sujets d'un verbe (phrases 2 et 4). Dans ce cas *personne* et *rien* occupent la place normale du sujet.

• avec une préposition (phrases 6 et 8). Ils sont alors placés après la préposition.

• comme objets directs du verbe (phrases 10 et 12). Ils sont alors placés à la place normale de l'objet direct, c'est-a-dire après le verbe.

. . . .

⌒ 45.20 Activation orale: *Personne* et *rien* aux temps simples

Répondez selon l'exemple.

Exemple:

Vous entendez: 1. Il ne connaît pas les Pinot-Chambrun?

Vous dites: Non, il ne connaît personne.

2. Vous n'avez pas d'immeubles, de terrains, d'actions?

3. Ils n'ont pas de sac à dos, de sac de couchage, de tente?

4. Robert n'aime pas les pieds de porc, les tripes, la tête de veau?

5. Il ne s'intéresse pas à la cuisine française?

6. Mireille ne lui plaît pas?

7. Son hôtel ne lui plaît pas?

8. Les amis de Mireille ne lui plaisent pas?

9. Tu as besoin d'argent?

10. Tu n'as pas besoin de moi?

. . . .

⌒ 45.21 Activation orale: *Personne* et *rien* aux temps simples

Répondez selon les exemples.

Exemples:

Vous entendez: 1. Tu connais des gens?

Vous dites: Non, je ne connais personne.

Vous entendez: 2. Qu'est-ce qui t'intéresse?

Vous dites: Rien ne m'intéresse.

3. Vous connaissez beaucoup de gens?

4. Qui est-ce que vous connaissez à Paris?

5. Qu'est-ce que tu veux?

6. Qu'est-ce que tu fais?

7. A quoi penses-tu?

8. A qui penses-tu?

9. De quoi as-tu envie?

10. Chez qui habites-tu?

11. Avec qui sors-tu?

12. Qui est-ce qui te plaît?

13. Qu'est-ce qui te plaît?

14. A quoi est-ce que ça engage?

15. Qu'est-ce que tu faisais?

45.22 Activation écrite: *Qui, que, ce qui, ce que, rien, personne*

Complétez avec *rien, personne,* ou le pronom relatif qui convient.

1. Robert est allé faire des achats. Mais il n'a _____ acheté, parce qu'il n'a pas trouvé _____ il cherchait. Il n'a _____ vu _____ lui plaise. En sortant du magasin, il a aperçu un taxi _____ stationnait devant la porte. Il n'y avait _____ dedans, _____ a étonné Robert.

2. Il a attendu un peu, puis il est entré dans un café _____ était de l'autre côté de la rue pour téléphoner à Mireille _____ lui avait dit qu'elle serait chez elle tout l'après-midi. Comme il n'avait _____ à faire, il pensait aller la voir. Mais chez les Belleau, _____ n'a répondu, _____ Robert a trouvé singulier.

3. Il a alors appelé les Courtois. Là encore, _____ n'a répondu. Robert a pensé: "C'est sans doute à cause du chat _____ doit encore avoir la migraine et _____ Mme Courtois a encore dû emmener chez le vétérinaire."

4. Dégoûté, Robert est allé à pied chez les Belleau; mais la concierge, _____ l'a vu entrer, lui a dit: "Pas la peine de monter; il n'y a _____ chez les Belleau. Mademoiselle Mireille vient de sortir avec un beau grand blond _____ vient souvent ici, _____ je ne connais pas mais _____ a l'air suédois." _____ la concierge a dit n'a pas plu à Robert, _____ est parti furieux.

. . . .

45.23 Observation: Spécification; emploi du subjonctif dans la proposition relative

Rappelez-vous ce que disait Robert quand il cherchait un blouson et des chaussures.

proposition principale	proposition subordonnée
Je voudrais quelque chose **qui** ne **soit** pas salissant.	
Je voudrais des chaussures **que** je **puisse** mettre pour conduire.	
Je voudrais quelque chose **que** je **puisse** porter en ville.	

Notez que, dans ces trois phrases, il y a des propositions subordonnées introduites par des pronoms relatifs (*qui, que*). Ces propositions subordonnées relatives décrivent ce que Robert cherche, ce qu'il voudrait trouver. Robert ne décrit pas quelque chose qui existe nécessairement, qu'il a déjà identifié. Il décrit ce qu'il aimerait trouver; quelque chose qui existe dans son esprit, mais peut-être pas dans la réalité. Les verbes de ces propositions subordonnées sont au subjonctif.

. . . .

45.24 Activation orale: Spécification; emploi du subjonctif dans les propositions relatives

Répondez selon l'exemple.

Exemple:
Vous entendez: 1. Non, cet endroit ne me plaît pas.
Vous dites: Je voudrais trouver un endroit qui me plaise.

2. Non, cet hôtel n'est pas au bord de la mer.
3. Non, cet hôtel n'a pas de vue.
4. Non, cet hôtel n'a pas de restaurant.
5. Non, cette table est trop près des toilettes.
6. Non, ce menu ne me plaît pas.

45.25 Activation écrite: Spécification; emploi du subjonctif dans la proposition relative

Une machine ingénieuse vous permet de lire les pensées véritables de Robert et de Mireille l'un sur l'autre. Complétez, et continuez librement cette lecture.

Exemple:

Mireille: Robert est bien gentil, mais je trouve qu'il *est* trop timide. Je préférerais un garçon qui <u>soit un peu moins timide</u>. Par exemple, il ne me *tient* jamais par la main quand nous nous promenons ensemble. Moi, j'aimerais mieux quelqu'un qui <u>me tienne par la main</u> en descendant les Champs-Elysées.

Mireille:

1. Il faut dire qu'il n'a pas beaucoup le sens de l'humour. Je préférerais quelqu'un qui _____ _____ .

2. Il est loin d'être bête, mais il est très naïf; il <u>croit</u> tout ce qu'on lui dit, et il <u>dit</u> tout ce qui lui passe par la tête. Je préférerais un garçon qui _____ _____ _____ .

3. Il <u>prend</u> tout au sérieux. Ce serait tout de même plus agréable d'avoir quelqu'un qui _____ _____ .

4. Il n'y a pas à dire, il est très intelligent, mais il ne <u>comprend</u> pas à demi-mot. Ce serait moins fatigant d'avoir un partenaire qui _____ _____ .

5. Il faut avouer qu'il est très bien élevé, mais il ne <u>connaît</u> pas toujours les usages français. Ce serait quelquefois moins embarrassant d'avoir un compagnon qui _____ _____ .

6. Et puis, il est trop docile; il <u>fait</u> toujours tout ce que je veux. C'est très bien, mais ce serait moins monotone d'avoir un ami qui _____ _____ .

7. Et enfin, surtout, il est trop curieux: il <u>veut</u> toujours savoir tout ce que je fais. Moi, j'aimerais trouver un copain qui _____ _____ .

Robert:

8. Mireille est bien gentille, mais elle <u>est</u> trop moqueuse. Je préférerais une fille qui _____ _____ .

9. C'est un petit ange, mais il faut reconnaître qu'elle n'<u>a</u> pas beaucoup de charité. Je souhaiterais quelqu'un qui _____ _____ .

10. Elle n'est pas vraiment bavarde, mais elle ne <u>sait</u> pas toujours quand il faut se taire. Je préférerais une fille qui _____ _____ .

11. Elle est aussi un peu agaçante parce qu'elle <u>croit</u> toujours tout savoir. Ce serait agréable de temps en temps de pouvoir discuter avec quelqu'un qui _____ _____ .

12. Le plus irritant, c'est qu'elle <u>veut</u> toujours en faire à sa tête. J'aimerais mieux quelqu'un qui _____ _____ .

13. Je suis persuadé qu'elle ne <u>dit</u> pas toujours tout ce qu'elle pense. Ce serait plus facile d'avoir à faire à quelqu'un qui _____ _____ .

14. Elle est bien élevée, mais elle ne <u>se tient</u> pas toujours à sa place. J'aurais préféré rencontrer une fille qui _____ _____ .

15. Le pire, c'est qu'elle <u>met</u> du mystère dans tout ce qu'elle fait. J'aimerais mieux une fille qui _____ _____ .

45.26 Activation écrite: Place des pronoms, *y, en* (révision)

Complétez.

1. Tonton Guillaume: 40.000F! Qu'est-ce que tu vas faire de cet argent?

   Mireille: Eh bien, justement, je _____ demande.

2. Mireille: Je ne sais pas ce _____ faire! Tante Georgette suggère que je _____ donne

   pour son cimetière de chiens. . . . Tante Paulette me dit qu'elle ne se sert plus de sa voiture et elle suggère que je

   _____ achète.

3. Tonton Guillaume: Non! Ne _____ achète pas! Ce serait idiot! Moi, qui ai deux voitures, je pourrai

   toujours _____ prêter une! Je ne me sers presque jamais de la 605. Je pourrai toujours _____ prêter quand

   tu voudras!

4. Tonton Guillaume: Je ne te conseille pas les actions en Bourse.

   Mireille: Pourquoi est-ce que tu ne _____ conseilles pas?

   Tonton Guillaume: La Bourse est en baisse, ce n'est pas bon signe.

5. Tonton Guillaume: Tu as parlé à tes parents de tes projets de voyage?

   Mireille: Non, je ne _____ pas encore parlé.

6. Le vendeur: Je viens de recevoir de très belles chemises. Je voudrais _____ montrer.

   Robert: Non, merci, ne _____ pas. Ce n'est pas la peine.

7. Robert: J'aurais voulu un blouson bleu foncé.

   Le vendeur: Ah! Bleu. . . . Vous tenez au bleu?

   Robert: Non, je _____ tiens pas absolument.

   Le vendeur: Parce que celui-ci est jaune. . . .

8. Robert ne voulait pas ce blouson jaune mais le vendeur a réussi à _____ vendre.

. . . .

45.27 Activation écrite: *Avoir besoin de, avoir envie de, de, du, de l', des, en,* etc. (révision et extension)

Lisez, essayez de comprendre, et complétez (même si vous n'en avez pas envie!).

1. Robert: Qui t'a dit que j' _____ envie _____ penser au théâtre?

2. Robert: Je n'ai aucune _____ aller me faire manger par les piranhas.

3. Robert: J'ai soif; j'aurais bien _____ un Gini!

4. Marie-Laure: Moi, vous savez _____ quoi j'ai _____ ?

5. J' _____ chocolats!

6. Mme Belleau: Tu n'auras pas _____ chocolats. Tu n'as pas besoin _____ chocolats!

7. Marie-Laure: Mais, maman, j' _____ envie!

   Mme Belleau: Ce n'est pas une raison!

8. Mireille: J'ai _____ un coup de fil à Hubert, pour voir ce qu'il va dire!

9. Comme tout le monde, Robert a besoin _____ argent.

10. Robert a _____ chaussures de ville (celles qu'il a aux pieds).

11. Mais il n'a pas _____ chaussures de montagne.

12. Il n'a pas vraiment envie _____ chaussures de montagne.

13. Mais il a besoin _____ chaussures de montagne si Mireille veut qu'ils montent au Kilimandjaro (le pic Uhuru, en Tanzanie, 5 895 m.).

14. Avec les chaussures de montagne, il faut _____ chaussettes de laine.

15. Il n'a pas _____ chaussettes de laine.

16. Il a donc _____ chaussettes de laine.

17. Des chemises? Non, il n'a pas _____ chemises; il en a plusieurs.

18. Des caleçons? Non, il n'a pas _____ caleçons parce qu'il ne porte pas _____ caleçons. (Il porte _____ slips.)

19. Des pantoufles? Non, on n'a pas _____ pantoufles pour monter au sommet du Kilimandjaro.

20. Mireille: Tu dois avoir besoin _____ sac de couchage, non?

21. Il a une veste, mais il n'a pas _____ blouson.

22. Donc, il n'a pas besoin _____ veste mais il a besoin _____ blouson (peut-être même de deux!).

23. Mireille: Oh, mais je n'ai pas _____ passeport!

24. Robert: Mais tu n'as pas _____ passeport si nous restons en France.

25. Mireille: Oui, mais si nous allons en Tanzanie, j'_____ passeport!

26. Mireille: Vous avez besoin _____ la voiture ce soir?

    Mme Belleau: Non, nous n'_____ avons pas besoin. Tu peux la prendre.

    Mireille: Je pensais aller en Tanzanie, avec Robert. . . .

27. Mireille: Tante Paulette dit que je devrais lui acheter sa voiture.

    Tonton Guillaume: Mais tu n'as pas _____ voiture!

28. Mireille: Si, j'ai _____ voiture!

29. Tonton Guillaume: D'accord, tu as peut-être _____ voiture, de temps en temps, mais tu n'as pas besoin _____ voiture de Paulette, puisque je peux t'en prêter une!

30. Mireille (*à 100 km du Kilimandjaro*): Oh, oh, le moteur a des ratés . . . il n'y a plus d'essence . . . Je crois que nous allons avoir _____ essence. . . .

. . . .

45.28 Activation écrite: Pratique du vocabulaire

Relisez le texte de la leçon 45 et complétez les phrases suivantes.

A.

1. Mireille _____ gagné _____ la loterie.

2. Elle _____ téléphoné _____ son oncle _____ annoncer la _____ .

3. Tonton Guillaume _____ invité Mireille _____ prendre le thé à la Grande Cascade pour _____ ça!

4. Mireille _____ demande _____ elle va faire de l'argent _____ elle a gagné.

5. Puisque Tonton Guillaume a beaucoup _____ argent, bien qu'il ne _____ rien, Mireille pense qu'il _____ s'y _____ en matière de finances.

6. Elle veut _____ demander _____ elle devrait faire.

7. Elle voudrait qu'il la _____ .

8. Elle pourrait acheter des _____ à la Bourse. Mais Tonton Guillaume lui dit de se _____ , parce que la Bourse _____ en ce moment.

9. Elle pourrait aussi _____ une donation à la SPA ou au _____ de chiens dont Tante Georgette s' _____ . Mais ce ne sont pas des _____ qui rapportent, sur le plan financier.

10. Tonton Guillaume _____ conseille _____ faire de bons repas dans les restaurants _____ trois étoiles.

11. Mais elle a peur pour son _____ .

12. Tonton Guillaume dit que ce n'est pas un problème: elle pourra toujours faire une _____ d'eau de Vichy.

B.

13. Pendant ce temps-là, Robert essaie _____ faire des _____ .

14. Il n'a rien à se mettre pour aller faire du camping: il n'a qu'un _____ de bain. Il lui faut donc acheter des _____ .

15. Il a une très belle veste en seersucker, mais pour aller faire une grande randonnée, ce n'est pas très _____ .

16. Il a besoin _____ un _____ . Pour faire _____ marche et _____ camping, ce sera _____ une veste en seersucker.

17. Il veut une couleur qui ne _____ pas trop _____ , parce qu'en faisant du camping on se _____ facilement.

18. Il pense qu'il faut éviter les couleurs claires; une couleur _____ serait _____ .

19. Robert ne connaît pas sa _____ , alors le vendeur prend son tour de _____ .

20. Le vendeur _____ propose un blouson jaune.

21. Robert l' _____ ; il _____ va assez bien.

22. Le vendeur dit même qu'il _____ comme un _____ .

23. Robert a aussi besoin d'un _____ , parce qu'il n'a qu'un blue-jean.

24. Comme Robert ne sait pas sa taille, le vendeur prend son _____ .

25. Le vendeur propose un article en tergal. Il dit que c'est très bien parce que c'est un tissu qui _____ très bien le pli.

26. Il propose aussi des chemises qui se lavent facilement et qui _____ très vite.

27. Il propose aussi des caleçons, mais Robert n'en veut pas, parce qu'il porte des _____ .

28. De toute façon, il a tout _____ il _____ faut.

. . . .

45.29 Activation écrite: Récapitulation

Lisez ce dialogue et essayez de deviner quels sont les mots qui manquent. Complétez.

Mireille fait du shopping

1. La vendeuse: On s' _____ vous, Mademoiselle?

2. Mireille: Non. . . . Qu'est-ce que vous avez _____ chemisiers dans _____ taille? Je voudrais quelque _____ qui _____ facile _____ laver. C'est pour voyager. . . .

3. La vendeuse: Tenez, là, j'ai _____ chose _____ très bien.

4. Mireille: Ça _____ combien?

   La vendeuse: 250F.

5. Mireille: Je ne pensais pas _____ mettre autant. Vous n'avez rien _____ moins _____?

   La vendeuse: J'ai ceci, 175F. C'est très joli. . . .

6. Mireille: Oui, mais _____ n'est pas tout à fait _____ je cherchais.

7. La vendeuse: Je regrette, je n'ai _____ autre dans ces prix-là. Vous n'avez pas _____ autre chose? Collants, slips, combinaisons, pulls. . . .

8. Mireille: Non, _____ , j'ai tout _____ me faut.

9. La vendeuse: Nous avons là un très joli ensemble _____ solde. Ça _____ être votre _____ . Vous ne voulez pas _____ essayer?

10. Mireille: Non, _____ , pas aujourd'hui.

. . . .

∩ 45.30 Activation orale: Shopping

Imaginez que vous êtes à la place de Mireille. C'est vous qui faites du shopping. Ecoutez bien ce que la vendeuse va dire et répondez-lui.

1. La vendeuse: On s'occupe de vous, Mademoiselle? . . .

. . . .

45.31 Activation écrite: Shopping et comparaisons; comparatifs, superlatifs, relatifs, subjonctifs, tailles et mesures (récapitulation)

Essayez de reconstituer le dialogue entre Mireille et la vendeuse.

Encore du shopping!

1. Mireille: Je voudrais un blouson, quelque chose que je _____ mettre pour faire du camping . . . si vous voyez _____ je veux dire.

2. La vendeuse: Quelle couleur?

   Mireille: Oh! Je ne _____ pas _____ une couleur particulière. . . . Ça m'est un peu égal, pourvu que ce ne _____ pas trop salissant. J'aime bien le blanc . . . mais je ne veux pas de blanc; c'est _____ salissant.

3. La vendeuse: Oui, c'est certainement _____ il y a _____ salissant! Du rouge, peut-être? Ça _____ plairait?

4. Mireille: Oui, le rouge _____ , mais est-ce que ce n'est pas encore _____ salissant?

5. La vendeuse: Peut-être, mais c'est quand même _____ salissant _____ le blanc.

6. Mireille: C'est sans doute le gris qui est _____ salissant.

7. La vendeuse: Voilà un très joli modèle en gris clair.

   Mireille: Oui, il est _____ joli, mais le gris clair est _____ salissant _____ le gris _____ . Vous n'auriez pas _____ foncé?

8. La vendeuse: Si, voilà; ça doit être _____ taille. Voulez-vous l' _____ ? Vous avez un miroir ici.

9. Mireille: Pas mal! Mais je crois qu'il est un peu _____ petit pour moi; si je _____ ferme, il me _____ à la taille.

    Vous n'auriez pas la _____ au dessus?

10. La vendeuse: Si, voilà! _____ celui-ci. Comment _____ -il?

11. Mireille: Celui-ci est _____ grand! C'est dommage!

12. Je vais _____ . Je _____ . Merci! Au revoir!

. . . .

🎧 45.32 Activation: Dictée

Ecoutez et écrivez.

Au magasin

C'est le vendeur qui parle.

1. _____?

2. _____?

3. _____?

4. _____
   _____.

5. _____
   _____.

6. _____.

7. _____.

8. _____!

9. _____!

10. _____?

11. _____?

. . . .

45.33 Activation écrite: Valeurs; comparatifs, superlatifs, subjonctifs, etc. (récapitulation)

Essayez de reconstituer le dialogue suivant.

Investissements et gastronomie

Mireille:

1. Tonton, à ton avis, quel est _____ meilleur investissement que je _____ faire?

2. Il vaut _____ que j' _____ dans l'immobilier ou que j'achète des actions en bourse?

Tonton Guillaume:

3. Il est certain que l'immobilier est _____ sûr _____ la Bourse.

4. Mais, à mon avis, _____ valeur _____ sûre, ce sont encore les bons souvenirs.

5. Rien ne _____ un bon repas dans un trois étoiles!

Mireille: Et mon foie!

Tonton Guillaume:

6. Tu me _____ rire avec ton foie! Tu n'as pas le foie _____ malade _____ les cinquante-cinq millions

d'autres Français!

7. Crois-moi, un bon gueuleton, il n'y a _____ mieux!

8. Mais attention! Méfie-_____ ! Il faut savoir choisir _____ meilleurs restaurants.

9. Il y a toutes sortes de restaurants. Il y en a _____ très bons et d'autres _____ sont franchement mauvais.

10. Ça va du _____ au pire.

11. Dans le guide Michelin, les restaurants à une étoile sont de _____ bons restaurants.

12. Les restaurants à deux étoiles sont _____ que les restaurants à une étoile.

13. Et les restaurants à trois étoiles sont _____ de tous.

14. Evidemment, en général, les restaurants à une étoile sont _____ chers que les restaurants qui n'ont pas _____ étoile.

15. Mais les restaurants à une étoile sont _____ chers que _____ à deux étoiles.

16. (Bien que ce ne _____ pas toujours vrai! Il y a des restaurants à deux étoiles _____ ne sont pas _____ chers

_____ certains restaurants à une étoile.)

17. De toute façon, les restaurants à trois étoiles sont _____ chers _____ tous. Mais ça _____ la peine!

. . . .

🎧 45.34 Activation orale: Dialogue entre Robert et le vendeur

Vous allez entendre un dialogue entre Robert et le vendeur. Ecoutez attentivement. Vous allez apprendre les réponses de Robert.

Le vendeur: On s'occupe de vous?
Robert: **Non. Je voudrais un blouson. . . .**
Le vendeur: Vous tenez à une couleur particulière?
Robert: **Non, pas vraiment. Ça m'est égal. . . . Quelque chose qui ne soit pas trop salissant.**
Le vendeur: Vous faites quelle taille?
Robert: **Ma foi, je n'en sais rien.**

Exercices-tests

45.35 Exercice-test: Vocabulaire; ignorance, questions d'argent, comportement typique, satisfaction

Complétez.

1. —Tu sais où est mon *Astérix?*

   —Non, je n'en sais _____ .

2. Je me _____ où il peut être.

3. Tu n'en as pas la _____ idée?

4. J'ai _____ 40.000F à la Loterie nationale.

   Je vais les _____ pour plus tard. Je vais les

   _____ dans un compte en banque.

5. Marie-Laure a encore mangé toute la mousse au

   chocolat! Ah, ça c'est _____ elle! C'est elle tout

   _____ ! Elle est vraiment insupportable!

6. —Vous avez tout ce qu'il _____ faut?

   —Oui, merci. Je n'ai plus besoin _____ rien.

Vérifiez. Si vous avez fait des fautes, travaillez les sections 45.7 à 45.14 dans votre cahier d'exercices.

45.36 Exercice-test: *Personne* et *rien* aux temps simples

Complétez les réponses aux questions suivantes.

1. Tu as envie de quelque chose?

   Non, _____ .

2. Quelque chose te fait envie?

   Non, _____ .

3. Tu as parlé à quelqu'un?

   Non, _____ .

4. Quelqu'un a téléphoné?

   Non, _____ .

Vérifiez. Si vous avez fait des fautes, travaillez les sections 45.19 à 45.21 dans votre cahier d'exercices.

. . . .

45.37 Exercice-test: Propositions relatives au subjonctif

Complétez.

1. Ça a l'air d'être cher. Je cherche quelque chose qui ne _____ pas trop cher.

2. Cette robe ne fait pas très habillé. J'aimerais une robe qui _____ plus habillé.

3. Ce slip a trop de dentelle. Je voudrais un slip qui en _____ un peu moins.

4. Ce pull ne me plaît pas beaucoup. Je vais en chercher un qui me _____ davantage.

Vérifiez. Si vous avez fait des fautes, travaillez les sections 45.23 à 45.25 dans votre cahier d'exercices.

Libération de l'expression

45.38 Mise en question

Relisez le texte de la leçon; lisez les questions de la mise en question qui suit la mise en œuvre dans votre livre de textes. Réfléchissez à ces questions et essayez d'y répondre.

. . . .

45.39 Mots en liberté

Comment est-ce qu'on peut dépenser beaucoup d'argent?

On peut essayer tous les restaurants à trois étoiles de Paris, on peut aller à Biarritz, à Cannes, à Monaco, on peut acheter des actions à la Bourse (quand elles baissent), une ou deux Rolls-Royce, des slips de chez Dior. . . .

Trouvez encore au moins quatre possibilités.

Qu'est-ce qu'on peut acheter au rayon d'habillement pour hommes d'un grand magasin?

On peut acheter une veste de sport, des gants, un caleçon long en laine, un chapeau. . . .

Trouvez encore au moins cinq possibilités.

45.40 Mise en scène et réinvention de l'histoire

A. Reconstituez une conversation entre Mireille et Tonton Guillaume.

Guillaume: Alors, comme ça, tu as gagné (. . .)? Qu'est-ce que tu vas (. . .)?

Mireille: Je me le (. . .). Tante Georgette voudrait (. . .).

Guillaume: Ah, ça, c'est (. . .). C'est Georgette (. . .). Quel vieux (. . .)!

Mireille: Oh, Tonton (. . .). Tante Paulette (. . .). Elle dit que (. . .).

Guillaume: Oh, là, là! Méfie-toi! C'est une (. . .), mais (. . .). Et puis, une voiture, je peux (. . .).

B. Reconstituez une conversation entre Robert et le vendeur.

Le vendeur: On s'occupe (. . .)?

Robert: Non. Je voudrais (. . .). Quelque chose que (. . .).

Le vendeur: Vous tenez (. . .)?

Robert: Non (. . .). Ça m'est (. . .). Bleu (. . .). En tout cas (. . .).

Le vendeur: Vous faites quelle (. . .)?

Robert: Ma foi, je (. . .).

Le vendeur: Voyons, permettez, je vais prendre votre (. . .).

· ·

45.41 Mise en scène et réinvention de l'histoire

Supposez que Tonton Guillaume a mauvais caractère, et imaginez une nouvelle version de la scène où Mireille annonce qu'elle a gagné 40.000F à la loterie.

Mireille:

Tonton Guillaume, devine ce qui m'arrive!

Guillaume:

Tu te maries? | Moi, je n'ai jamais eu cette chance!
| C'est pas de veine!
| Moi, on m'a toujours refusé!
| Ça m'étonnerait, tu | n'es pas assez jolie!
| | es trop désagréable!
Tu vas faire une cure à Vichy? Je t'accompagne.
Tu as une crise de foie? Moi aussi.
Tu as raté ton examen? Ça ne m'étonne pas.

Mireille:

Non, non, Tonton. | Tu plaisantes toujours!
| Quel vieux chameau tu es!
| Ce n'est pas si grave que ça!

J'ai gagné à la loterie!

Guillaume:

Ouais, tu dis ça, mais tu as dû voler l'argent à ta mère!

Tu as gagné à la loterie? Sans blague! | Ça ne m'étonne pas, il n'y a que les jeunes qui gagnent.
| Il n'y en a que pour les jeunes, aujourd'hui!
| C'est toujours pareil, il n'y a que les jeunes qui aient de la chance.
| Nous, les vieux, on peut crever, les jeunes gagnent des millions!
| Moi, je me ruine en billets de loterie, et je n'ai jamais rien gagné!

Alors, qu'est-ce que tu vas faire de tout cet argent mal gagné?

Mireille:

Je ne sais pas. Qu'est-ce que tu crois que je devrais faire?

Guillaume:

Eh bien, c'est évident!

Il faut me le donner.

Tu me le donnes,
et je t'achète

une petite voiture (comme ça tu ne
m'emprunteras plus la mienne).
des actions à la Bourse (justement
elles baissent).

Tu dois le donner à

l'armée
polonaise.
belge.
du Salut.

la Fondation
Pétain.
Karl Marx.

l'association pour l'amélioration
de la race chevaline.

Mireille:

Je crois que je vais plutôt

faire
une donation

à une œuvre pour les
aveugles.
bébés
abandonnés.
sourds-muets.
tuberculeux.
orphelins.

au musée du Louvre.
aux Petites Sœurs des Pauvres.

un voyage en Amazonie.

donner l'argent à ma sœur pour ses boules de gomme.

acheter
400 billets entiers
400 dixièmes
de la Loterie nationale.

des meubles pour la maison de Dreux.

Préparation à la lecture et à l'écriture

45.42 Entraînement à la lecture

Lisez le document 1 de la leçon 45 dans votre livre de textes. Répondez et complétez.

1. (Section 1) De quelle guerre mondiale s'agit-il? En quelle année a-t-elle commencé?

_____

2. Septembre 1939: <u>invasion</u> de la Pologne. L'armée allemande _____ la Pologne.

Mai 1940: invasion des Pays-Bas, de la Belgique, de la France par l'armée allemande. Les alliés (Angleterre, Pays-Bas,

Belgique, France) essaient de résister à l'invasion, mais leurs troupes sont bousculées par l'armée allemande; leur

résistance échoue, elle s' _____ .

3. (Section 2) En juin 1940, le gouvernement Pétain signe un armistice qui met fin aux <u>combats</u>: il abandonne le

_____ .

4. Quand on est triste, on a le cœur _____ .

5. (Section 3) Le gouvernement Pétain a admis la défaite. Qu'est-ce que le général de Gaulle a fait, lui?

_____

6. (Section 4) Je sais ce que je dis, je sais de quoi je parle, je connais les faits, je parle

en _____ .

7. La France peut s'unir à la Grande-Bretagne, elle peut _____ avec la Grande-Bretagne.

8. (Section 5) Le général de Gaulle a demandé aux Français qui se trouvaient en Angleterre, ou qui pourraient y aller, de se

_____ avec _____ .

9. (Section 6) Pourquoi M. Belleau ne voulait-il pas entendre parler du gouvernement de Vichy?

_____

_____

_____

10. Est-ce qu'il vaut mieux tourner le dos aux difficultés ou leur _____ , à votre avis?

_____

11. (Section 7) Pour lutter contre l'occupant allemand qui exploitait les ressources économiques de la France, la Résistance a fait du sabotage, elle a _____ , en particulier, les _____ de communication (les chemins de fer, les ponts, etc.).

12. Le général de Gaulle a organisé un gouvernement provisoire qui était prêt à prendre le pouvoir, à prendre la France _____ , dès que son territoire serait libéré.

13. (Section 8) Pour aider à chasser les troupes allemandes, la Résistance a donné le signal d'une insurrection contre l'occupant et le gouvernement de Vichy: elle a _____ une insurrection nationale.

14. Le général de Gaulle a placé la France dans le camp des alliés; il l'a _____ dans le camp des alliés.

(Mme Belleau: Marie-Laure, qu'est-ce que ton bateau fait dans la cuisine? Va le _____ dans ta chambre!)

15. Le général de Gaulle a exigé que la France ait sa place à côté de l'Angleterre, des Etats-Unis et de l'URSS. Il a exigé qu'elle _____ parmi les alliés victorieux.

. . . .

45.43 Entraînement à la lecture et expansion du vocabulaire

Lisez le document 8, puis complétez ce qui suit.

1. Un brouillard très dense est un brouillard _____ ; on peut dire qu'une nuit très noire, dans laquelle on ne voit absolument rien, est une nuit _____ ; et un silence dans lequel on n'entend absolument rien est un silence _____ .

2. "Qui vous dit que je fus?" Fus est le passé simple (ou passé défini) du verbe _____ .

"Je parle," c'est un indicatif présent. "J'ai parlé" est un _____ passé. L'infinitif, l'indicatif, le subjonctif, l'impératif sont des _____ . Le présent, le passé, le futur sont des _____ .

3. Le passé de l'indicatif n'est pas suffisant; je me rends compte, j'ai l'impression, j'ai le sentiment, je _____ qu'il faudrait autre chose.

. . . .

45.44 Entraînement à la lecture et expansion du vocabulaire

Lisez le document 2. Complétez et répondez.

1. (Section 1) Qui est René Clément? Et Brigitte Fossey?

_____

_____

2. Où et quand se passe cette séquence, cette scène du film?

_____

3. Les gens s'en vont, ils se sauvent, ils _____ devant l'invasion allemande.

Dans Ubu Roi (voyez le document 11 de la leçon 40, scène IV), Ubu et ses soldats se sauvent, ils _____ devant l'armée russe, ils sont en _____ , ils ont pris la _____ .

4. (Section 2) Au moment de la deuxième guerre mondiale, le réseau routier français était formé de grandes routes, les routes nationales (voyez votre cahier d'exercices, 18.49): de _____ d'importance moyenne, les routes départementales; et de toutes petites routes, les chemins communaux. Aujourd'hui, il y a, en plus, des autoroutes (voyez la leçon 30), qui n'existaient pas encore à cette époque.

5. Les réfugiés avançaient sur la route les uns derrière les autres, en <u>file</u>: ils _____ .

6. Ils avançaient le plus vite possible, mais ils ne pouvaient pas aller très vite, ils avançaient avec difficulté, lentement: ils se _____ . (Les escargots, les tortues _____ .)

7. Les bœufs ou les chevaux tirent des _____ .

8. Si on veut qu'un cheval puisse tirer une voiture, une charrette, il faut l'attacher à la voiture: il faute l' _____ .

9. Quand un automobiliste veut signaler sa présence, ou quand il veut faire avancer une autre voiture qui l'empêche de passer, il fait du bruit avec son klaxon, il "corne," il donne un coup d' _____ .

10. (Section 4) L'avion descend très vite, presque verticalement: il _____ .

11. Un bruit très fort fait mal aux oreilles et il rend <u>sourd</u>: il est _____ .

12. On peut se coucher sur le dos ou à plat _____ (. . . on peut aussi se coucher sur le côté).

13. Le bruit des moteurs d'avions est terrible, il fait peur, il est _____ .

14. Quand on a très peur, on ne sait plus ce qu'on fait, on devient comme <u>fou</u>, on est _____ .

15. (Section 5) Les avions laissent tomber des bombes: ils _____ leurs bombes. Les bombes explosent, elles _____ .

16. (Section 6) Si la caméra est placée plus haut que ce qu'elle filme, elle filme en <u>plongée</u>. Au contraire, si elle est placée plus <u>bas</u> que ce qu'elle filme, elle filme en _____ .

17. C'est une vieille voiture, une vieille bagnole, un vieux tacot, une vieille _____ .

18. On cultive les céréales, les pommes de terre, etc., dans les champs. On élève les vaches, les bœufs, les moutons dans des _____ .

Dans une plaine, les champs et les prairies sont plats, horizontaux. Dans les montagnes, les prairies et les champs sont en _____ .

Il est facile de marcher à plat, mais il est plus dur, plus difficile de monter une _____ .

19. Les gens avaient abandonné leurs affaires sur la route. Quand les avions sont partis, ils reviennent sur la route et ils reprennent leurs affaires: il les _____ .

20. La mère prend la petite dans ses bras pour la porter. Elle la _____ .

Dans *Le Corbeau et le renard* (voyez le document 7 de la leçon 19), le renard _____ le fromage que le corbeau a laissé tomber.

21. (Section 7) Des avions qui volent ensemble, en groupe, forment une _____ .

22. (Section 8) Les mitrailleuses ne tirent pas de façon continue. Elles tirent de façon intermittente, c'est un tir _____ .

23. Les canons anciens tiraient des <u>boulets</u>, les canons modernes tirent des obus. Les fusils, les révolvers, les mitrailleuses tirent des _____ .

24. L'impact des balles sur la route fait voler la poussière de la route. Cette poussière forme une bande, une _____ .

25. Les balles de mitrailleuses ont touché la mère; elle est tuée; son corps fait un mouvement brusque, il a un _____ .

26. La petite fille prend la main de sa mère et elle la lève un peu: elle la _____ .

27. (Section 9) Les pattes du petit chien tremblent: elles sont agitées, _____ de tremblements.

28. Les parents restent immobiles; ils ne _____ pas.

· ·

45.45 Lecture et interprétation

Etudiez le document 3, puis répondez aux questions suivantes.

1. Si vous restez presque tout le temps chez vous, qu'est-ce que vous allez acheter?

_____

2. Si vous êtes nerveux, inquiets, tendus, déprimés, qu'est-ce que vous allez acheter?

_____

3. Si vous avez besoin d'une voiture mais si les voitures neuves sont trop chères, qu'est-ce que vous allez acheter?

_____

· ·

45.46 Lecture et interprétation

Lisez le document 4 et répondez.

1. Est-ce que les Français boivent plus de vin ou d'eau minérale? _____

2. Qui est-ce qui boit le plus de vin, les hommes ou les femmes?

_____

3. Est-ce que la majorité des Français qui ne boivent pas de vin n'en boivent pas parce qu'ils pensent que c'est mauvais pour la santé, parce qu'ils préfèrent d'autres boissons, ou parce que le vin est trop cher?

_____

4. Qu'est-ce qui est de meilleure qualité et plus cher, les "vins de table" ou les "vins fins"?

_____

· ·

45.47 Lecture et interprétation

Etudiez le document 5 et montrez, au moyen d'un exemple, qu'il y a des modes même dans les sous-vêtements masculins. (Vous pouvez relire le document 3 de la leçon 18 qui vous donnera du vocabulaire sur l'évolution des modes.)

_____

_____

_____

_____

45.48 Lecture et interprétation

Etudiez le document 6 et répondez.

Si vous deviez acheter quelque chose pour vous-même ou pour un membre de votre famille, ou un ami, qu'est-ce que vous choisiriez? Pourquoi?

_____

_____

_____

. . . .

45.49 Pratique de l'écriture

A. Vous voulez aller faire du camping, mais, comme Robert, vous êtes très mal équipé(e); vous n'avez aucun matériel. Vous allez dans un grand magasin pour en acheter. Ecrivez un dialogue entre vous et le vendeur ou la vendeuse. Vous pourriez commencer ainsi (complétez, puis continuez):

Bonjour, je _____ voir _____ vous avez _____ matériel de camping. Je voudrais un sac _____

couchage qui _____ léger . . .

_____

_____

_____

_____

_____

_____

_____

_____

B. Vous montrez ce que vous avez acheté à Hubert qui est, lui, formidablement bien équipé. Il compare son matériel au vôtre. Ecrivez le monologue d'Hubert. (Complétez, puis continuez.)

Hubert: Voyons, montrez- _____ ce _____ vous _____ acheté! Peuh! Mais _____ sac de couchage est

minable! Il pèse une tonne et il n'est même pas _____ ! Regardez le _____ ! Ça, c' _____ sac de couchage!

C'est _____ duvet! C'est extra-léger! Il n'y _____ léger! C'est _____ léger _____ l'air! Quand je

suis dedans, je m'envole! _____

_____

_____

_____

_____

_____

_____

45.50 Pratique de l'écriture

Votre grand-oncle (Guillaume?) vient de mourir et vous a laissé en héritage une toute petite partie de son immense fortune, entre 300.000 et 350.000F. Ecrivez entre 300 et 350 mots pour expliquer ce que vous comptez faire de cet argent et pourquoi.

_____

_____

_____

_____

_____

_____

_____

_____

_____

_____

_____

_____

_____

_____

_____

_____

_____

_____

_____

Leçon**46**

Assimilation du texte

🎧 46.1 Mise en œuvre

Ecoutez le texte et la mise en œuvre dans l'enregistrement sonore. Répétez et répondez suivant les indications.

. . . .

🎧 46.2 Compréhension auditive

Phase 1: Regardez les images et répétez les énoncés que vous entendez.

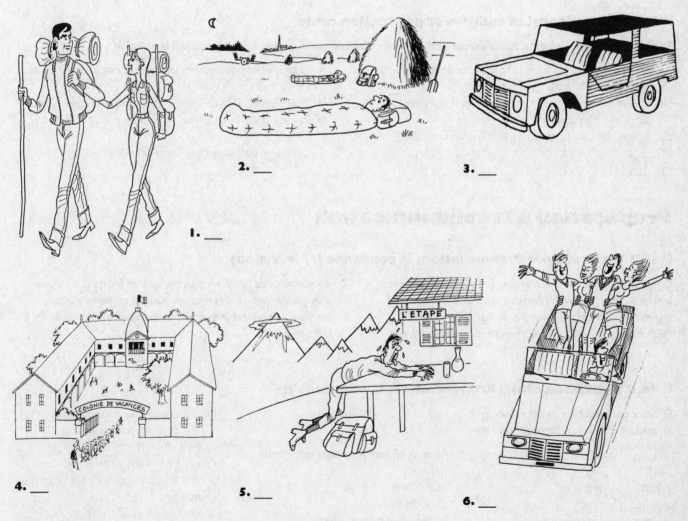

1. __ 2. __ 3. __

4. __ 5. __ 6. __

Phase 2: Ecrivez la lettre de chaque énoncé sous l'image qui lui correspond le mieux.

⋒ **46.3 Production orale**

Ecoutez les dialogues suivants. Vous allez jouer le rôle du second personnage.

1. Hubert: Et comment comptez-vous parcourir l'Hexagone?
   Mireille: (. . .)
2. Hubert: C'est une petite voiture formidable, tu verras. Ça passe partout. On s'amusera comme des fous.
   Mireille: (. . .)
3. Mireille: Si tu pouvais venir avec nous, ça arrangerait tout, et on pourrait vraiment s'amuser.
   Colette: (. . .)
4. Colette: Ça pourrait être amusant. . . . De toute façon, je n'ai aucune envie de rester à Provins entre Papa et Maman. Ecoute . . . oui, en principe, j'accepte.
   Mireille: (. . .)
5. Jean-Michel: Je suis vraiment crevé. Il faut que je prenne de vraies vacances, tu vois, que je change un petit peu d'horizon.
   Mireille: (. . .)
6. Mireille: J'ai un tas de bonnes nouvelles. D'abord, Hubert nous prête sa Méhari.
   Robert: (. . .)
7. Mireille: Alors, j'ai parlé à Robert; c'est entendu, il accepte. Mais nous avons pensé que ça ne marcherait peut-être pas très bien à trois, si bien que j'ai demandé à Colette de nous accompagner.
   Hubert: (. . .)
8. Hubert: Mais où veux-tu mettre tout ce monde-là? La Méhari n'a pas d'impériale, je te signale!
   Mireille: (. . .)

. . . .

⋒ **46.4 Compréhension auditive et production orale**

Ecoutez les dialogues suivants. Après chaque dialogue, vous allez entendre une question. Répondez à la question.

1. Pourquoi, d'après Hubert, Mireille ne devrait-elle pas s'en aller toute seule avec Robert?
2. Comment est-ce que Mireille et Robert comptent parcourir l'Hexagone?
3. Est-ce que Colette a des projets fermes pour l'été?
4. Quand est-ce que les jeunes gens vont partir? Et quand est-ce qu'ils vont revenir?
5. Pourquoi est-ce que l'idée d'un voyage intéresse Colette?
6. Pourquoi est-ce que Jean-Michel ne peut pas aller à la "colo"?
7. Qu'est-ce qu'Hubert pense de Jean-Michel?

Préparation à la communication ▬▬▬▬▬

⋒ **46.5 Observation: Prononciation; la consonne /r/ (révision)**

Comme vous avez pu le remarquer (en particulier dans les leçons 5, 19, et 45), le /r/ français est très différent du /r/ anglais. Prononcez, par exemple, le mot *bar* en anglais. Maintenant comparez avec la prononciation française: *bar*.

Vous notez que le /r/ est plus marqué en français. Il y a une plus grande tension des muscles. Quand on parle français, il est particulièrement important de marquer nettement le /r/ à la fin d'un mot.

. . . .

⋒ **46.6 Activation orale: Prononciation; la consonne /r/**

Ecoutez et répétez les paires suivantes en marquant bien la différence entre les deux mots.

bas	bar
pointu	pointure
tout	tour
les gars	les gares
il l'a su	il l'assure
coup	court

vois-tu	voiture
soit	soir

Répétez en marquant bien le /r/ final.

Encore!
Mais alors!
C'est du velours!
La voiture démarre; elle va nous conduire à la gare Saint-Lazare.

Je vous assure que cette chaussure me serre; ce n'est pas ma pointure.
Araignée du soir, espoir.
Les souvenirs sont des valeurs sûres.
Au bout de deux jours tu vas t'ennuyer à mourir.
Au contraire, c'est du verre.
Je meurs d'envie de partir.
D'ailleurs, le moniteur veut changer d'air.

∩ 46.7 Observation: Fatigue

degrés	
1	Je suis fatigué.
2	Je suis crevé.
3	Je n'en peux plus.
2	J'en ai assez.

∩ 46.8 Activation: Dictée; fatigue

Ecoutez et complétez.

1. Jean-Michel: Je ne crois pas que je puisse aller à la colo cet été. _____ . Je suis vraiment crevé.

2. Mireille: C'est vrai, tu as l'air _____ . Tu prends des vitamines?

3. Marie-Laure: Ouf! _____ ! _____ !

4. Mme Belleau: Marie-Laure, _____ ?

   Marie-Laure: _____ .

∩ 46.9 Observation: Dénégation; n'avoir rien de

n'avoir rien de		nom
Robert n'a	rien d'un	sauvage.

∩ 46.10 Activation orale: Dénégation; n'avoir rien de

Répondez selon l'exemple.

Exemple:
Vous entendez: 1. Robert n'est pas un sauvage!
Vous dites: Non, Robert n'a rien d'un sauvage!

2. Jean-Michel n'est pas un anarchiste!
3. Hubert n'est pas un dégénéré!
4. Jean-Michel n'est pas un aristocrate!
5. Hubert n'est pas un chameau!
6. Robert n'est pas un idiot!
7. La Méhari n'est pas un autobus!

∩ 46.11 Observation: *Quelque chose à* ou *rien à* + infinitif

	à	*infinitif*
J'ai quelque chose	à	te proposer.
J'ai quelque chose	à	te dire.
J'ai quelque chose	à	faire.
Je n'ai rien	à	faire.
J'ai du travail	à	faire.

∩ 46.12 Activation orale: *Quelque chose à* + infinitif

Répondez selon l'exemple.

Exemple:
Vous entendez: 1. Il faut que je te dise quelque chose.
Vous dites: J'ai quelque chose à te dire.

2. Il faut que je fasse quelque chose.
3. Il faut que j'achète quelque chose.
4. Il faut que je lise quelque chose.
5. Il faut que je te raconte quelque chose.
6. Il faut que je vous fasse voir quelque chose.
7. Il faut que je vous demande quelque chose.

🎧 46.13 Activation orale: *Rien à* + infinitif

Répondez selon l'exemple.

Exemple:
Vous entendez: 1. Tu ne bois pas?
Vous dites: Ben, non; je n'ai rien à boire.

2. Vous ne mangez pas?
3. Tu ne fais rien?
4. Robert et Mireille ne disent rien?
5. Mireille ne propose rien?
6. Tu n'ajoutes rien?

. . . .

🎧 46.14 Activation: Dictée; *quelque chose/rien à* + infinitif

Ecoutez et complétez.

1. Mireille: Qu'est-ce _____ , Marie-Laure?

   Marie-Laure: _____ .

   Mireille: _____ ?

   Mais _____ . _____ , moi . . .

   _____ ! Allez!

2. Marie-Laure: Dis!

   Mireille: _____ ? _____ , encore?

   Marie-Laure: _____ ?

   Mireille: Oh, _____ marre! "Mireille, _____ ! Mireille,

   _____ ! Mireille, _____ ."

   _____ ! J' _____

   _____ , moi!

. . . .

🎧 46.15 Observation: *En plein*

	en plein	*nom*
On va vivre	**en plein**	air.
Nous dormirons	**en plein**	champ.
Le Home Latin est	**en plein**	Quartier Latin.
Je suis tombée en panne	**en plein**	embouteillage.
On a construit une tour	**en plein**	Paris.
Nous habitons	**en pleine**	campagne.
Nous étions perdus	**en pleine**	mer.
Nous avons passé la nuit	**en pleine**	montagne.
Il s'est mis à crier	**en pleine**	rue.
J'ai reçu le ballon	**en pleine**	figure.

🎧 46.16 Activation orale: *En plein*

Répondez selon l'exemple.

Exemple:
Vous entendez: 1. Les grands-parents de Mireille habitent à la campagne?
Vous dites: Oui, ils habitent en pleine campagne.

2. Vous avez dormi dans les champs?
3. Le Home Latin se trouve au Quartier Latin?
4. Les manifestants ont fait un feu dans la rue?
5. Vous étiez perdus dans la montagne?
6. Mireille a rencontré Robert pendant la manifestation?

⌂ 46.17 Observation: Exagération; *mourir de*

Mireille: Je ne **meurs** pas **d'envie** de me trouver seule entre Hubert et Robert.

On peut mourir d'un cancer, d'un arrêt du cœur, d'une indigestion de crevettes (c'est plus rare). Mais, si on a un peu le sens de l'exagération, on peut aussi:

mourir de	*nom*
mourir d'	envie de . . .
mourir d'	impatience
mourir de	peur
mourir de	honte
mourir d'	ennui
mourir de	faim
mourir de	soif
mourir de	froid
mourir de	chaud
mourir de	fatigue

. . . .

⌂ 46.18 Activation orale: Exagération; *mourir de*

Répondez selon l'exemple.

Exemple:
Vous entendez: 1. Ce que j'ai chaud!
Vous dites: Je meurs de chaud!

2. Il a très faim.
3. Nous sommes terriblement fatigués.
4. On a très peur.
5. Nous nous ennuyons.
6. Ce que j'ai soif!
7. Nous sommes impatients de vous voir.
8. Il avait honte.
9. J'ai tellement froid que je claque des dents!
10. Ce que j'ai envie de partir en vacances!

. . . .

⌂ 46.19 Observation: De droite et de gauche

Hubert est plutôt **de droite**, **à droite**,	il a des idées politiques conservatrices.
Jean-Michel est plutôt de **gauche**, **à gauche**;	il a des idées politiques libérales.
Jean-Pierre est **droitier**;	il écrit de la main droite.
Cécile est **gauchère**;	elle écrit de la main gauche.

46.20 Activation écrite: De droite et de gauche

Complétez.

1. M. Belleau est droitier? Oui, il écrit de la main _____ .

2. La sœur de Mireille, elle, est gauchère. Elle écrit de la main _____ . Cependant, ses opinions politiques sont assez conservatrices. Elle est donc plutôt de _____ .

3. Jean-Michel, avec ses idées politiques libérales, est plutôt de _____ . Ça ne l'empêche pas d'être droitier; il écrit de la main _____ .

. . . .

⌒ 46.21 Observation: Changements

changer	**de**	*nom*
J'ai besoin de **changer**	**d'**	air.
Il faut que je **change**	**d'**	horizon.
Viens avec nous! Ça te **changera**		les idées!

. . . .

⌒ 46.22 Activation orale: Changements; *changer de*

Répondez selon les exemples.

Exemples:
Vous entendez: 1. Elle n'est plus à la même adresse?
Vous dites: Non, elle a changé d'adresse.

Vous entendez: 2. Tonton Guillaume a une nouvelle voiture?
Vous dites: Oui, il a changé de voiture.

3. Les Courtois n'ont plus le même numéro de téléphone?
4. Marie-Laure ne porte plus la même robe que tout à l'heure?
5. Tu n'es plus d'accord, maintenant? Tu as une autre idée?
6. Mme Courtois ne va plus chez le même boucher?
7. Robert n'est plus au même hôtel?
8. Robert et Mireille ne sont plus assis à la même place?

. . . .

⌒ 46.23 Activation: Dictée; *changer de*

Ecoutez et complétez.

1. Mme Belleau (*à Marie-Laure*): _____ ?

_____ !

_____ T-shirt!

2. Marie-Laure: Ouf! On étouffe, ici!

_____ . . . .

Ah, _____ !

3. Mireille: Eh, _____ ?

Marie-Laure: _____ ?

∩ 46.24 Observation: Décision arrêtée et simple intention; futur et conditionnel (révision et extension)

décision arrêtée	futur
Nous avons décidé de partir lundi prochain.	Nous **partirons** lundi prochain.
simple intention	conditionnel
Nous pensons partir lundi prochain.	Nous **partirions** lundi prochain.

∩ 46.25 Activation orale: Décision arrêtée et simple intention; futur et conditionnel

Répondez selon les exemples.

Exemples:
Vous entendez: 1. Nous avons décidé de partir demain matin.
Vous dites: Nous partirons demain matin.

Vous entendez: 2. Nous pensons prendre le train de nuit.
Vous dites: Nous prendrions le train de nuit.

3. Nous avons décidé de revenir demain soir.
4. Nous pensons aller dans le Midi.
5. Nous avons décidé d'aller à Paris.
6. Nous pensons faire le tour de France.
7. Nous avons décidé de louer une voiture.

∩ 46.26 Observation: Mise en question; conditionnel (révision et extension)

conditionnel
—Tu vas t'ennuyer!
—Je ne vois pas pourquoi je m'**ennuierais**!

∩ 46.27 Activation orale: Mise en question; conditionnel

Répondez selon les exemples.

Exemples:
Vous entendez: 1. Vous allez vous perdre!
Vous dites: Je ne vois pas pourquoi nous nous perdrions!

Vous entendez: 2. Viens avec nous!
Vous dites: Je ne vois pas pourquoi je viendrais avec vous!

3. Tu vas être crevé!
4. Ça ira mieux demain.
5. Fais-moi plaisir.
6. Tu vas mourir d'ennui.
7. Prête-moi ta voiture.
8. Arrête de faire ça.
9. Vous allez vous ennuyer.
10. Mireille ne sera pas d'accord.

🎧 46.28 Observation: Nécessité; *avoir besoin de* + infinitif, *il faut* + subjonctif (révision)

avoir besoin de	*infinitif*
J' ai besoin de	te voir.
J' ai besoin de	**prendre** des vacances.

falloir que	*subjonctif*
Il faut que je	te voie.
Il faut que je	**prenne** des vacances.

🎧 46.29 Activation orale: Nécessité; *avoir besoin de* + infinitif, *il faut* + subjonctif

Répondez selon l'exemple.

Exemple:
Vous entendez: 1. J'ai besoin de partir tout de suite.
Vous dites: Il faut que je parte tout de suite.

2. J'ai besoin de te voir.
3. Tu as besoin de prendre des vacances.
4. J'ai besoin d'aller en ville.
5. Nous avons besoin de changer d'air.
6. J'ai besoin d'essayer autre chose.

🎧 46.30 Observation: Nécessité; *avoir besoin de* + nom; *il vous faut* + nom

avoir besoin de	*nom*	*pronom* objet indirect	**falloir**	*nom*
Vous avez besoin de	vacances.	Il **vous**	faut	des vacances.
J' ai besoin de	vacances.	Il **me**	faut	des vacances.

🎧 46.31 Activation orale: Nécessité; *avoir besoin de* + nom; *il vous faut* + nom

Répondez selon l'exemple.

Exemple:
Vous entendez: 1. Robert a besoin d'un sac à dos.
Vous dites: Il lui faut un sac à dos.

2. J'ai besoin d'une voiture.
3. Robert a besoin d'argent.
4. Mireille a besoin d'un sac à dos.
5. Robert et Mireille ont besoin d'une tente.
6. Nous avons besoin d'une grande maison.
7. Tu as besoin de patience.
8. J'ai besoin de repos.

46.32 Activation écrite: *Se méfier de, confiance, s'agir de, être content de, se passer de, être fâché de, disposer de*

Complétez.

1. Robert: Ah! Je me disais bien que je devais me _____ ce chameau-là!

2. Tonton Guillaume: Oh, là, _____ ! C'est une très belle voiture mais elle n'a pas roulé depuis 1940! (45–2)

3. Tonton Guillaume: _____ actions en Bourse: ce ne sont pas des valeurs sûres! On ne sait

    jamais si elles vont monter ou descendre.

4. Taisez-vous! _____ ! Des oreilles ennemies vous écoutent!

5. Quand Tante Georgette a rencontré Georges, elle l'a trouvé tellement charmant qu'elle ne _____ pas _____ lui. Mais il l'a quittée en emportant ses économies. On ne _____ jamais assez!

6. C'est un abus de _____ . (39–6)

7. On ne peut avoir _____ en personne!

8. Il faut _____ tout le monde!

9. Je _____ du fait que l'Histoire systématise, qu'elle est une interprétation personnelle qui ne s'avoue pas telle. . . ." (Marguerite Yourcenar, 19–document)

10. Robert: Qu'est-ce qui se passe? Qu'est-ce que ces gens crient? _____ ! (14–1)

    Mireille: Je ne sais pas exactement _____ quoi _____ , mais je suis sûre qu'ils ont raison.

11. Hubert: Mais, cette pratique du pourboire, c'est une chose grave, Monsieur! Il _____ la dignité humaine!

12. "Je n'ai jamais compris _____ dans ce film." (Myriam Warner-Vieyra, 38–document)

13. Maintenant, il _____ expliquer à Robert qu'ils vont partir à cinq.

14. Hubert devrait être très content _____ pouvoir discuter avec Jean-Michel!

15. Mireille est très contente _____ la façon dont ses projets prennent forme.

16. Mais Robert n'a pas été très content _____ apprendre qu'ils allaient être cinq.

17. Il se serait bien passé _____ la présence des trois autres!

18. Mireille: Le doublage . . . ça, je _____ ! J'ai horreur _____ films doublés! (40–5)

19. Marie-Laure: Moi, les chocolats, j'adore ça; je ne peux pas _____ !

20. Marie-Laure: Je n'ai plus de boules de gomme.

    Mireille: Eh bien, tu _____ !

21. On peut très bien _____ boules de gomme.

22. Regarde-moi, je _____ très bien!

23. Mireille: Ça m'étonnerait que tu sois fâché _____ être serré contre Colette!

24. Jean-Michel: Je suis crevé! Je ne serais pas fâché _____ prendre quelques jours de vacances.

25. Robert a été plutôt fâché _____ apprendre qu'il ne serait pas seul avec Mireille.

26. Robert: Je ne serais pas _____ faire ce voyage seul avec Mireille.

27. Robert: La cinéma dispose _____ moyens considérables. (40–4)

28. Robert ne dispose pas _____ une voiture.

29. Mais Mireille peut _____ une des voitures de son oncle.

30. Les Belleau _____ une petite maison de campagne du côté de Dreux.

31. Marie-Laure est riche! Elle _____ une centaine de francs.

32. Il semble que Tonton Guillaume _____ une assez grande fortune.

46.33 Activation écrite: Emploi des prépositions

Complétez avec la préposition nécessaire . . . si une préposition est nécessaire. (Il y a des cas où il ne faut aucune préposition.)

 1. Mireille: Moi, j'ai envie _____ passer les nuits en plein champ. J'aimerais bien _____ dormir dehors.

 2. Mais je veux pouvoir descendre _____ un bon hôtel quand j'aurai envie _____ prendre une douche.

 3. Hubert: Vous allez avoir besoin _____ une voiture.

 4. Il va vous falloir _____ une voiture.

 5. Mireille: Je n'ai pas de voiture à moi mais, en fait, je peux disposer _____ une des voitures de mon oncle.

 6. Il a deux voitures et il ne se sert jamais que _____ une voiture à la fois. . . .

 7. Hubert est très content _____ sa petite Méhari.

 8. Il la propose _____ Mireille.

 9. Mireille attend _____ Colette à la Passion du Fruit.

10. Mireille: Qu'est-ce que tu as l'intention _____ faire cet été?

11. Mireille a quelque chose à proposer _____ Colette.

12. Si Colette accepte, elle rendra un grand service _____ Mireille.

13. Hubert a peur que Mireille meure _____ ennui seule avec Robert.

14. Mireille dit qu'elle ne meurt pas _____ envie de se trouver seule entre Hubert et Robert.

15. Et Colette n'a aucune envie _____ rester à Provins.

16. Mireille a demandé _____ Colette _____ les accompagner.

17. Maintenant, Mireille doit expliquer _____ Robert qu'ils vont être cinq.

18. Robert savait bien qu'il fallait se méfier _____ ce chameau d'Hubert.

19. Mireille: J'ai invité Colette _____ venir avec nous.

20. Robert a été désagréablement surpris _____ apprendre que Colette allait les accompagner.

21. Mireille a fait la connaissance _____ Jean-Michel à la colonie de vacances.

22. Quand elle a parlé _____ Jean-Michel _____ Hubert, celui-ci a protesté que c'était un dangereux anarchiste.

23. Hubert a horreur _____ anarchistes.

∩ 46.34 Observation: Pronoms relatifs *qui, que, dont* (révision et extension)

proposition principale	pronom relatif	proposition subordonnée
1. Hubert? C'est le copain	qui	a une Méhari.
2. Jean-Michel? C'est le copain	que	j'ai invité.
3. Colette? C'est la copine	à qui	j'ai proposé de venir.
4. Robert? C'est le copain	sur qui	on peut compter (pour se perdre!).
5. Ousmane? C'est le copain	avec qui	je suis un cours d'histoire ancienne.
6. Julien? C'est un des gosses	de qui	je m'occupe.
7. Julien? C'est un des gosses	dont	je m'occupe.

Remarquez que:

• Toutes les phrases ci-dessus ont deux propositions—une proposition principale et une proposition subordonnée.

• Entre les deux propositions, il y a un *pronom* (*qui, que, dont*) qui les réunit. C'est un pronom **relatif** (il établit une relation entre les deux propositions).

• D'un côté, ce pronom (*qui, que, dont*) représente un nom de la proposition principale: *le copain, la copine, un des gosses,* qui sont les **antécédents** du pronom

• De l'autre côté, ce pronom joue un rôle dans la proposition subordonnée:

—dans la phrase 1, le pronom *qui* est le sujet du verbe *a*

—dans la phrase 2, le pronom *que* est l'objet direct du verbe *j'ai invité*

—dans la phrase 3, le pronom *qui* est l'objet indirect du verbe *j'ai proposé.*

—dans la phrase 4, le pronom *qui* est l'objet de la préposition *sur*

—dans la phrase 5, le pronom *qui* est l'objet de la préposition *avec*

—dans la phrase 6, le pronom *qui* est l'objet de la préposition *de*

• Dans la phrase 7, le pronom *dont* est la combinaison de la préposition *de* et du pronom relatif *qui. Dont* est, ici, l'équivalent de *de qui. Dont* remplace *de qui.* Les phrases 6 et 7 ont exactement le même sens.

· ·

∩ 46.35 Activation orale: Le pronom relatif *dont*

Répondez selon l'exemple.

Exemple:

Vous entendez: 1. Hubert a acheté une Méhari. Il avait très envie de cette voiture.

Vous dites: C'est une voiture dont il avait très envie.

2. Mireille s'est acheté une jupe. Elle en avait envie.
3. Elle est allée chercher un livre à la bibliothèque. Elle en avait besoin.
4. Ils ont acheté un vieux château. Personne ne s'en occupait.

∩ 46.36 Activation orale: Le pronom relatif *dont*

Répondez selon l'exemple.

Exemple:

Vous entendez: 1. Hubert s'est acheté une petite voiture. Il en avait envie depuis longtemps.

Vous voyez: C'est une petite voiture . . .

Vous dites: C'est une petite voiture dont il avait envie depuis longtemps.

2. C'est une histoire . . .
3. C'est une histoire . . .
4. C'est une maladie . . .
5. Ce sont des maladies . . .
6. Ce sont des considérations . . .
7. Ce sont des enfants . . .

46.37 Activation écrite: Pronoms relatifs *qui, que, dont*

Examinez soigneusement les phrases suivantes et essayez de déterminer quel est le pronom relatif qui convient pour compléter chacune d'elles. Pour cela, essayez de déterminer quel est le rôle que joue ce pronom dans la proposition subordonnée: est-ce que c'est le sujet, le complément d'objet direct, ou l'objet de la préposition *de* ou d'une autre préposition?

Mireille:

1. Formidable! C'est exactement la voiture _____ il nous faut!

2. Oui, c'est la voiture _____ nous avons besoin!

Tonton Guillaume:

3. Tiens, voilà 3.000F, va t'acheter le matériel _____ tu as besoin!

4. Prends ces 3.000F et achète tout le matériel _____ il te faut!

Mireille:

5. Robert . . . Mais si, tu sais . . . C'est cet Américain _____ j'ai fait la connaissance il y a une quinzaine de jours!

6. . . . Ce garçon _____ j'ai rencontré à la Sorbonne!

7. Celui avec _____ je suis allée à Chartres!

8. Celui _____ la mère est en Argentine.

9. Celui _____ je t'ai parlé plusieurs fois!

Hubert:

10. Mais si . . . Robert . . . Vous savez bien! C'est cet Américain _____ Mireille ne peut plus se passer!

11. C'est cet Américain _____ est toujours avec Mireille.

12. C'est cet Américain _____ Mireille ne quitte plus!

13. C'est cet Américain avec _____ on voit Mireille partout!

Robert:

14. J'ai toujours pensé que cet Hubert était un garçon _____ il fallait se méfier.

15. C'est un genre de type _____ je ne supporte pas.

16. C'est le genre de type _____ j'ai horreur. Il a des airs d'enfant de chœur _____ je me méfie. Il a des airs d'enfant de chœur _____ m'agacent prodigieusement.

Mireille:

17. Mon oncle a une 605 _____ il ne se sert presque jamais.

18. Il a aussi une CX _____ il n'utilise pas souvent non plus.

19. Avec tout l'argent _____ il a, mon oncle peut se permettre de ne pas travailler.

20. Avec les moyens _____ il dispose, il peut faire ce qu'il veut.

21. Je n'aime pas conduire une voiture _____ je ne connais pas.

22. Je n'aime pas conduire une voiture _____ je n'ai pas l'habitude.

23. Ah, ce voyage à Provins! Quelle histoire! C'est un voyage _____ je ne suis pas près d'oublier.

24. C'est un voyage _____ je me souviendrai longtemps!

Hubert:

25. Je viens d'acheter une petite voiture _____ je trouve très pratique.

26. Je viens d'acheter une Méhari _____ je suis très content.

27. C'est une petite voiture _____ me plaît beaucoup.

Mireille:

28. Voici le projet _____ je voulais te parler. Voici le projet _____ il s'agit. Voici le projet _____ nous

voudrions discuter.

Hubert:

29. Jean-Michel est un jeune homme avec _____ on ne peut pas discuter.

30. C'est un jeune homme _____ je ne partage pas du tout les opinions.

Mireille:

31. Mon cher Hubert, tu montres là une étroitesse d'esprit _____ je suis surprise. Je croyais que tu avais l'esprit plus

large.

. . . .

46.38 Activation écrite: Relatifs et accord des participes (révision)

Reconstituez le poème de Prévert, "Le Message" (leçon 46, document 5), dont quelques mots ou lettres ont disparu.

Le Message

La porte que quelqu'un a ouver_____   La chaise _____ quelqu'un a renvers_____

La porte _____ quelqu'un a referm_____   La porte _____ _____ a ouvert_____

La chaise où quelqu'un s'est assi_____   La route _____ quelqu'un court encore

Le chat _____ quelqu'un a caress_____   Le bois _____ quelqu'un traverse

Le fruit _____ quelqu'un a mord_____   La rivière _____ quelqu'un se jette

La lettre _____ quelqu'un a lu_____   L'hôpital _____ quelqu'un est mort.

. . . .

46.39 Activation écrite: Vocabulaire

Lisez attentivement les phrases suivantes. Essayez de comprendre de quoi il s'agit et complétez.

A.

1. Robert et Mireille ne vont pas coucher dans les auberges de jeunesse. Chaque fois qu'ils le pourront, ils passeront la nuit

_____ .

2. Mais quand ils _____ le besoin de prendre une douche, ils s'arrêteront dans un hôtel.

3. D'après Hubert, louer une voiture, ça revient très cher; ça _____ tête.

4. Il vient d'acheter une Méhari. C'est une petite voiture très pratique parce qu'elle _____ partout.

5. Ça s'appelle une Méhari parce que c'est une voiture qui a plusieurs caractéristiques du _____ . Comme lui,

elle peut aller très loin sans s'arrêter; elle est increvable: elle est très _____ .

6. On dit que le chameau est _____ parce qu'il ne boit pas beaucoup. La Méhari aussi; elle ne consomme pas

beaucoup d' _____ . Et elle n'a pas besoin _____ eau, non plus, parce qu'elle a un refroidissement à air.

7. Elle est très bien pour voyager quand il fait chaud: elle est très aérée; c'est une voiture _____ . (29–2)

8. Au point de vue du confort, c'est moins bien qu'une CX; il n'y a pas de _____ hydraulique. (30–2)

9. Il n'y a pas non plus de boîte de vitesses automatique: le _____ est manuel. (30–2)

10. Elle est moins _____ que l'Alpine qui, elle, peut _____ 140 à l'heure sans difficulté. (29–3)

11. Elle ne peut pas monter à 100 à l'heure en quelques secondes, comme l'Alpine; elle n'a pas de _____ aussi foudroyantes. (29–3)

12. Mais il n'y a pas de problème pour s'arrêter: elle a de très bons _____ . (29–3)

13. Il y a tout ce qu'il faut: des _____ en cas de pluie et une _____

en cas de crevaison. (31–4 et 5)

B.

14. Mireille et Colette se _____ à la Passion du Fruit.

15. Quand ils sont allés au cinéma, Robert et Mireille _____ à la Rotonde.

16. Quand ils sont allés à Chartres, Robert _____ Mireille à la gare Montparnasse.

17. Colette ne sait pas ce qu'elle va faire cet été; elle n'a pas de _____ .

18. Si elle accepte de partir avec Mireille, elle _____ un grand service.

19. Mireille est très contente que Colette accepte; elle dit, "Ah, c'est _____ , c'est formidable!"

20. Elle pense que partir seule avec Robert et Hubert poserait des problèmes, mais que si Colette vient avec eux, ça

_____ tout.

21. Ils ont l'intention de revenir fin août. Mais ils reviendront plus tôt s'ils _____ avant.

22. Colette n'est pas absolument sûre de pouvoir partir avec eux (on ne sait jamais ce qui peut arriver), mais elle accepte en

_____ .

C.

23. Mireille a fait la connaissance de Jean-Michel l'été dernier à la _____

où elle était _____ et lui _____ .

24. Jean-Michel et Mireille sont restés en contact avec les gosses de la colo et ils les _____ tous les

dimanches matin.

25. Jean-Michel est très fatigué; il est _____ ; il n' _____ plus.

26. Il est sur le point de faire une dépression; il est très _____ .

27. Il _____ d'être à Paris et de travailler.

28. Il a _____ horizon.

29. L'air de Paris ne lui réussit pas. Il _____ le besoin de _____ .

30. Si Jean-Michel partait avec les autres, ça _____ idées!

31. Au début, il n'avait aucune envie de partir avec eux; mais à la fin, Mireille _____ convaincu. Elle a _____ par

le convaincre.

D.

32. Mireille annonce triomphalement _____ Robert que leurs projets (. . . ses projets) _____ .

33. Elle _____ annonce qu'ils vont pouvoir disposer de la voiture d'Hubert. Elle présente ça comme une bonne _____ .

34. Robert, lui, n'est pas si sûr. . . . Il se _____ Hubert.

35. Comme Hubert et Jean-Michel ont des idées politiques assez opposées, Mireille pense qu'ils vont avoir des discussions

très animées; elle pense que ça va faire des _____ .

36. Robert est sûr que ce sera très intéressant; il n'en _____ pas, mais il aurait préféré être seul avec Mireille.

46.40 Activation écrite: Indignation, étonnement, décision; futur, subjonctif, conditionnel (récapitulation)

Relisez les sections 1 et 6 du texte de la leçon 46 et complétez le dialogue suivant.

Et pourquoi pas?

1. Hubert: Mais enfin, ma petite Mireille, tu ne vas tout de même pas _____ seule avec ce jeune Américain!

2. Mireille: Mais si! Pourquoi ne veux-tu pas que je _____ avec lui? Je ne vois pas pourquoi je ne _____ pas avec lui! De toute façon, c'est décidé, je _____ avec lui!

3. Hubert: Mais, au bout de deux jours, tu vas _____ à mourir!

4. Mireille: Mais non, je ne _____ pas du tout! Pourquoi veux-tu que je _____ ? Je ne vois pas pourquoi je _____ ! Nous _____ les nuits en plein champ. . . .

5. Hubert: Mais enfin, tu ne vas tout de même pas _____ la nuit dans les champs!

6. Mireille: Mais si, nous _____ les nuits à la belle étoile! Pourquoi ne veux-tu pas que nous _____ les nuits dehors? Je ne vois vraiment pas pourquoi nous ne _____ pas les nuits dehors si nous en avons envie!

7. Mireille: Nous _____ une voiture.

8. Hubert: Vous n'allez pas _____ une voiture!

9. Mireille: Mais si! Pourquoi ne veux-tu pas que nous _____ une voiture? Je ne vois pas pourquoi nous ne _____ pas une voiture!

10. Hubert: Mais parce que vous prendrez la mienne!

    Mireille: Mais enfin, Hubert, nous n'allons pas _____ ta voiture!

11. Hubert: Mais si, je ne vois pas pourquoi vous ne la _____ pas! Je tiens à ce que vous la _____ . . . parce que je tiens absolument à venir avec vous. Ce sera tellement amusant!

12. Mireille: Jean-Michel, viens avec nous!

    Jean-Michel: Ah, non, alors! Je n'ai aucune envie de _____ avec vous!

13. Mireille: Pourquoi est-ce que tu ne _____ pas? Il faut absolument que tu _____ !

14. Jean-Michel: Je _____ si nous partons seuls, toi et moi!

15. Mireille: Nous serons cinq.

    Hubert: Mais on ne peut pas _____ cinq dans la Méhari!

16. Comment veux-tu que nous _____ cinq dans une petite Méhari!

17. Mireille: Je ne vois pas pourquoi on ne _____ pas cinq!

18. Hubert: On n' _____ jamais _____ cinq dans une Méhari.

19. Mireille: Ça m'étonnerait qu'on n' _____ jamais _____ cinq dans une Méhari!

🎧 46.41 Activation orale: Dialogue entre Mireille et Colette

Vous allez entendre un dialogue entre Mireille et Colette. Ecoutez attentivement. Vous allez apprendre les réponses de Colette.

Mireille: Si tu pouvais venir avec nous, ça arrangerait tout, et on pourrait vraiment s'amuser!

Colette: **Quand partiriez-vous? Et ce serait pour combien de temps?**

Mireille: On partirait dans une quinzaine de jours. Et on reviendrait, disons, fin août . . . à moins qu'on en ait assez avant.

Colette: **Ça pourrait être amusant. . . . Ecoute . . . oui, en principe, j'accepte.**

Exercices-tests

46.42 Exercice-test: Vocabulaire

Complétez.

1. Je suis crevé. Je n'en peux _____ . Je suis _____ de fatigue.

2. La Méhari n'est pas très rapide! Elle n'a _____ d'une voiture de sport!

3. Ecoute, j'ai quelque chose _____ te proposer.

4. Justement, je n'ai rien _____ faire, cet été.

5. Tu as la lumière allumée en _____ jour? Mais éteins, voyons!

Vérifiez. Si vous avez fait des fautes, travaillez les sections 46.7 à 46.18 dans votre cahier d'exercices.

46.43 Exercice-test: Pronoms relatifs

Complétez.

1. C'est une voiture _____ je viens de m'acheter.

2. C'est une voiture _____ sera parfaite pour l'été!

3. C'est une voiture _____ je voulais depuis longtemps.

4. C'est une voiture _____ il n'avait pas vraiment besoin, lui _____ a déjà une Mercédès et une Alpine.

5. Mais c'est une voiture _____ il avait envie.

Vérifiez. Si vous avez fait des fautes, travaillez les sections 46.34 à 46.37 dans votre cahier d'exercices.

Libération de l'expression

46.44 Mise en question

Relisez le texte de la leçon; lisez les questions de la mise en question qui suit la mise en œuvre dans votre livre de textes. Réfléchissez à ces questions et essayez d'y répondre.

. . . .

46.45 Mots en liberté

Pourquoi peut-on vouloir aller dans une colonie de vacances?

On peut vouloir aller dans une colonie de vacances pour ne pas rester tout l'été entre Papa et Maman, pour jouer au ballon, s'amuser comme des fous, rencontrer des moniteurs sympathiques, rencontrer des jeunes, faire des randonnées. . . .

Essayez de trouver encore quatre ou cinq raisons.

Qu'est-ce qu'on peut être en politique?

On peut être républicain, royaliste, bonapartiste, fasciste, communiste, guévariste, léniniste, maoïste, de droite. . . .

Essayez de trouver encore trois ou quatre possibilités.

46.46 Mise en scène et réinvention de l'histoire

Reconstituez une conversation entre Mireille et Colette, dans laquelle Mireille propose à Colette de partir pour l'été.

Colette: Alors, qu'est-ce qui se passe?

Mireille: Eh bien, voilà; (. . .). Est-ce que tu (. . .)?

Colette: Ben, non, (. . .).

Mireille: Non? Ça, c'est (. . .). Ecoute, voilà, j'ai quelque chose à (. . .). Si tu peux accepter, ça me rendra (. . .). Robert et moi, nous avons (. . .). Nous avons décidé de (. . .). Hubert nous prête (. . .). Et il vient (. . .). Alors, tu imagines que je ne meurs pas (. . .). Si tu pouvais venir (. . .).

Colette: Quand (. . .)? Et ce serait (. . .)?

Mireille: On partirait (. . .). Et on reviendrait (. . .).

Colette: Ça pourrait être (. . .). Ecoute, oui (. . .).

. . . .

46.47 Mise en scène et réinvention de l'histoire

1. Personnages: Mireille et Hubert

   Mireille expose à Hubert ses projets de voyage. Hubert offre sa Méhari et sa compagnie.

2. Personnages: Mireille et Colette

   Mireille raconte à Colette le verre blanc cassé, la loterie, le projet de voyage, et l'intrusion d'Hubert. Elle demande à Colette de les accompagner. Celle-ci demande quelques précisions et accepte.

3. Personnages: Mireille et Jean-Michel

   Jean-Michel se plaint d'être fatigué, d'avoir besoin d'un changement d'air. Mireille raconte ses projets de voyage avec Colette, Robert, et Hubert, et propose à Jean-Michel de se joindre à eux. Il fait quelques objections, puis accepte.

4. Personnages: Mireille et Robert

   Mireille annonce à Robert qu'ils vont partir avec la Méhari, Hubert, Colette, et Jean-Michel. Robert fait des objections. Mireille y répond.

5. Personnages: Mireille et Hubert

   Mireille annonce à Hubert que Colette et Jean-Michel seront du voyage. Hubert fait des objections. Mireille y répond.

. . . .

46.48 Mise en scène et réinvention de l'histoire

Imaginez que Mireille, suivant les préceptes de Tante Georgette qui dit que "plus on est de fous, plus on rit," est prise par la folie des invitations, et invite tout le monde (enfin, presque tout le monde) à partir en voyage pour l'été. Par exemple:

Elle rencontre

un vieux professeur.
l'homme en noir.
Ousmane.
son amie Véronique.
sa cousine Sophie.
son cousin Georges.
Napoléon.
la Vénus de Milo.
trois copains de la fac.

Et elle | lui / leur | dit: "J'ai quelque chose à | te / vous | proposer."

X:

De quoi s'agit-il?

Je me méfie de tes idées.

Je | suis / ne suis pas | sûr / sûre | que j'accepterai.

Ah, oui? | Qu'est-ce que | tu / vous | me / nous | proposes? / proposez?

Ça m'étonnerait que | j'accepte. / nous acceptions.

ça | m' / nous | intéresse.

Mireille:

Eh bien, voilà. On va

traverser	le	Canada	en	planche à voile.
remonter	l'	Australie	à la	voile.
	la	France	à	pied.
	les	Russie		cheval.
		Afrique		vélo.
		Japon		ski.
		Himalaya		dos de chameau.
		Atlantique		canoë.
		Oural		kayak.
		Europe Centrale		ballon.
		Andes		hélicoptère.
		Indes		moto.
		Mongolie Inférieure		voiture.
		Danube		deltaplane.
		Volga		camping-car.
		Amazone		taxi.
		Mississippi		
		Gange		
		Zambèze		
		Nil		
		Loire		

X:

Qui, "on"?

Mireille:

Moi,

- Papa et Maman, ma petite sœur, et Robert.
- ma petite sœur et deux de ses copines.
- Tante Georgette et une de ses amies.
- Tonton Guillaume et sa nouvelle amie italienne.
- Jean-Michel, Colette, ses quatre frères, et Hubert.
- Fido et deux de ses copains.
- Marraine, Minouche, et Tonton Jacques.
- la mère de Robert et son mari argentin.

et une douzaine	d'	espions russes.
et une demi-douzaine	de	anarchistes.
et deux ou trois	—	capitalistes américains.
		aristocrates roumains.
		trotskistes.
		industriels japonais.
		bergers turcs.
		bonnes sœurs irlandaises.

X:

Mais alors, combien est-ce que vous allez être?

Mireille:

On sera	5 4 3 8 13 7	plus	vous toi	si	vous venez, tu viens,	ce qui fera	6. 5. 4. 9. 14. 8. 4 ou 5.

X:

Dans ce cas-là, vous n'allez pas pouvoir faire ça en 2CV!

Mireille:

Non; on va prendre

- la Méhari d'Hubert.
- une douzaine de chameaux.
- quatre Méharis.
- trois hélicoptères.
- l'Orient-Express.
- un autocar.
- une planche à voile extensible.
- des chevaux (de race améliorée).

X:

Je ne suis pas sûr que

- ça me tente beaucoup.
- je meure d'envie de venir.
- ce soit une très bonne idée.
- ça marche très bien à 7 (13 . . .).
- j'aie envie de passer l'été avec tout ce monde.

Mais il faut dire que . . .

. . . j'ai besoin de	changer	d'horizon.
		d'air.
	quitter un peu	Paris.
		ma famille.
		les copains de la fac.
		cette vie de fou.
		mon travail.

Mireille:

Si	tu viens, vous venez,	ça	m'arrangera.
			me sauve la vie!
			me rendra un sacré service.
		te	changera les idées.
		vous	fera beaucoup de bien.

D'ailleurs, | tu / vous | as / avez / t'ennuierais / vous ennuieriez | l'air vachement / à trier | crevé. / déprimé. / des lentilles toute la journée. / de vieux papiers au Ministère.

X:

Tu as / Vous avez | raison. / tort. | C'est | entendu, / impossible, | je | viens. / reste chez moi.

Préparation à la lecture et à l'écriture

46.49 Entraînement à la lecture

Lisez l'anecdote du document 3 de la leçon 46 dans votre livre de textes, et complétez.

1. Les galères ne marchaient pas à la voile. Elles marchaient à la <u>rame</u>. Il y avait des galériens, en général des prisonniers ou

   des esclaves, qui étaient obligés de _____ pour faire avancer la galère.

2. On va vous donner deux fois plus de rhum que d'habitude. On va doubler la quantité. On va doubler votre

   _____ .

. . . .

46.50 Entraînement à la lecture

Lisez le document 4. Complétez et répondez.

1. Vous vous rappelez ce que dit Tante Georgette (et beaucoup d'autres): Plus on est de fous, plus on _____ .

   En Chine on mange beaucoup de _____ . Le _____ est à la base de l'alimentation chinoise.

   D'après Tante Georgette, plus on est nombreux, mieux c'est. Mais en Chine, plus on est nombreux, moins il y a de

   _____ (pour chacun).

   Coluche fait un jeu de mots. Il joue sur les mots _____ et _____ , qui se prononcent de la même façon, bien

   qu'ils s'écrivent de façon différente.

2. Quand Coluche dit "c'est gai!" est-ce qu'il trouve vraiment que c'est amusant ou est-ce que c'est du sarcasme, est-ce qu'il

   veut dire le contraire?

   _____

. . . .

46.51 Entraînement à la lecture

Lisez les paroles de la chanson du document 2. Complétez les notes suivantes et répondez à la question.

1. Un âne, un mulet, un chameau peuvent porter des charges plus lourdes que ce qu'une personne peut porter sur son dos.

   Les animaux peuvent porter des _____ très lourds.

2. Les Bédouins du désert utilisent des chameaux pour transporter les marchandises. Le chameau aide les Bédouins en

   portant des _____ . Il _____ le fardeau des Bédouins (. . . le fardeau du Bédouin est

   plus <u>léger</u>, puisque c'est le chameau qui le porte!).

3. Les chevaux—et les chameaux—peuvent aller au pas, au trot, ou au galop. Les chevaux de course galopent; les chameaux

   _____ , le plus souvent, quand ils ne marchent pas au pas.

4. Les dames d'autrefois saluaient en faisant une _____ . Pour faire une _____

on met un pied en arrière, on plie un genou et on baisse la tête.

5. Une très grosse pierre, c'est un roc ou un rocher. Une petite pierre, c'est un _____ .

Autrefois, on faisait les routes avec des _____ .

Dans le désert, il y a du sable et aussi des _____ .

6. Les _____ qu'on chassait autrefois dans les forêts d'Europe ont la réputation d'être très rapides (comme les gazelles,

les antilopes). On dit souvent qu'un animal est léger parce qu'il court vite.

On appelle Achille, le héros grec de la guerre de Troie, "Achille au pied léger" parce qu'il courait très vite.

7. Les bateaux <u>flottent</u> et naviguent sur les _____ . On a souvent comparé le désert avec ses dunes aux

_____ de la mer.

8. Les chats, les chiens, les oiseaux ont des doigts avec des ongles, des griffes. Les chevaux, les bœufs, les moutons, les

chèvres ont des _____ .

En ville on porte des chaussures, des souliers. Autrefois, à la campagne, en particulier en Hollande, on portait souvent des

_____ en bois.

9. A votre avis, est-ce que c'est une chanson qui se prend au sérieux? Qu'est-ce qui semble avoir surtout guidé le choix des

mots (par exemple, *fardeau* et *cadeau*, *cadeau précieux* et *bonté des cieux*, *daim* et *soudain*, *rubis* et *habits*, *de cacao* et *de*

l'indigo)?

_____

_____

· ·

46.52 Entraînement à la lecture et expansion du vocabulaire

Lisez le document 6. Complétez et répondez.

1. (Section 1) Une chemise a des manches longues; une chemisette, c'est une chemise à _____ .

2. Il y a des hommes (et quelquefois des femmes) qui jouent à la pétanque avec de grosses boules en métal. Les enfants

jouent aux _____ , avec des _____ qui sont de petites boules, généralement en verre, de toutes les couleurs.

3. On pêche les crevettes avec un _____ à crevettes. (Vous pouvez voir un filet à crevettes dans l'illustration de la leçon

16. Il y a aussi un filet à crevettes dans la maison de Bretagne, entre la fenêtre et la cheminée—voyez la vidéo des leçons 9

et 10.)

4. Si on met quelque chose dans un papier avec une ficelle autour, ça fait un _____ .

5. (Section 2) Pourquoi la maman de Nicolas est-elle allée dans la cuisine?

_____

_____

_____

6. Le petit Nicolas est triste de penser qu'il ne va pas voir ses parents pendant un mois . . . il a le cœur serré, ça

lui fait _____ .

7. Si le petit Nicolas n'est pas sage, s'il fait une bêtise; s'il ne se tient pas bien, ses parents le _____ .

8. (Section 3) Le petit Nicolas était impatient, nerveux, agité; il ne tenait _____ .

9. (Section 4) Le monsieur en uniforme était drôle parce que sa casquette était mal mise, elle n'était pas droite sur sa tête, elle penchait d'un côté, elle était de _____ .

10. (Section 5) Dans la plupart des gares, où est le quai n° 11?

_____

11. (Section 6) Quand on veut sauter d'un avion, il ne faut pas oublier de prendre son parachute, pour ralentir la chute. Quand il y a beaucoup de soleil, on peut se protéger du soleil avec un parasol. Quand on pense qu'il va pleuvoir, il vaut mieux prendre son _____ .

12. Nous avons eu un petit problème, mais ça s'est _____ .

. . . .

46.53 Lecture et interprétation

Lisez les citations du document 1, puis lisez les notes suivantes et répondez.

Charles Baudelaire (1821–1867), auteur des *Fleurs du mal* et des *Petits poèmes en prose,* est souvent considéré comme un des plus grands poètes français. Il a surtout vécu à Paris mais, dans sa jeunesse, il a fait un petit voyage touristique dans les Pyrénées et ses parents l'ont envoyé faire un très grand voyage jusqu'à l'île Maurice, dans l'océan Indien, espérant que ça le "formerait."

Claude Lévi-Strauss (1908–) est un anthropologue qui a fait beaucoup de voyages en Amérique du Sud pour étudier les structures sociales et les mythes des Indiens du Brésil.

François Mauriac (1885–1970) est surtout connu pour ses romans qui décrivent la vie de la bourgeoisie provinciale (*Génitrix, Thérèse Desqueyroux, Le Nœud de vipères*).

André Suarès (1868–1948) est un écrivain, né à Marseille, dont l'œuvre (*Voyage du condottiere*) est constituée par une suite de méditations.

Sur **Guillaume Apollinaire,** voyez le document 4 de la leçon 10.

Edmond Haraucourt est un poète peu connu de la fin du XIXème siècle (1857–1941).

Arthur Rimbaud (1854–1891) est une sorte de génie qui a écrit son poème le plus fameux, *Le Bateau ivre,* à l'âge de dix-sept ans et dont la carrière poétique est terminée à vingt. Après avoir abandonné la littérature, il a beaucoup vagabondé, de Londres à Java, de Suède au Danemark, et de Chypre en Ethiopie.

1. Parmi ces auteurs, lesquels sont pour et lesquels sont contre le voyage?

_____

_____

2. Avec lesquels êtes-vous d'accord? Pourquoi?

_____

_____

. . . .

46.54 Pratique de l'écriture

Vous venez de passer brillamment votre baccalauréat. Votre oncle Guillaume, toujours généreux, vous offre un voyage en France. Comment allez-vous voyager? Avec un Eurailpass? En voiture, à bicyclette? A pied? Où allez-vous coucher? Qu'est-ce que vous allez emporter comme bagages? Qu'est-ce qu'il faut que vous achetiez? Ecrivez de 350 à 400 mots.

_____

_____

_____

_____

_____

_____

_____

_____

_____

_____

_____

_____

. . . .

46.55 Pratique de l'écriture

Lisez le document 5, "Le Message" de Prévert.
Imaginez que vous êtes la personne qui est rentrée chez elle, et racontez le drame de votre point de vue.

_____

_____

_____

_____

_____

_____

_____

_____

_____

_____

_____

_____

_____

_____

_____

_____

_____

_____

_____
_____
_____
_____

. . . .

46.56 Pratique de l'écriture

Imaginez que vous êtes Mireille. Vous écrivez une demi-page dans votre journal pour raconter comment vos projets pour l'été prennent forme. Vous pouvez dire à qui vous avez parlé, ce que vous leur avez dit, quelles ont été leurs réactions, et ce que vous en pensez vous-même.

Mardi

_____
_____
_____
_____
_____
_____
_____
_____
_____
_____
_____
_____
_____
_____
_____
_____
_____
_____
_____
_____

Leçon 47

Assimilation du texte

🎧 47.1 Mise en œuvre

Ecoutez le texte et la mise en œuvre dans l'enregistrement sonore. Répétez et répondez suivant les indications.

. . . .

🎧 47.2 Compréhension auditive

Phase 1: Regardez les images et répétez les énoncés que vous entendez.

1. __

2. __

3. __

4. __

5. __

6. __

Phase 2: Ecrivez la lettre de chaque énoncé que vous allez entendre sous l'image qui lui correspond le mieux.

⋒ 47.3 Production orale

Ecoutez les dialogues suivants. Vous allez jouer le rôle du second personnage.

1. Mireille: Il faut surtout qu'il voie nos cathédrales.
   Robert: (. . .)
2. Robert: Mais j'ai déjà vu Notre-Dame!
   Mireille: (. . .)
3. Robert: On a aussi vu Chartres. . . .
   Mireille: (. . .)

4. Robert: Tout ça m'a l'air fort intéressant, passionnant, admirable, mais il me semble que ça fait beaucoup! On ne va pas pouvoir aller partout!
   Mireille: (. . .)
5. Robert: Je me demande si ce ne serait pas mieux de faire ça à vélo, histoire de faire un peu d'exercice!
   Mireille: (. . .)
6. Jean-Michel: Moi aussi, j'en ai marre de la plaine. J'en ai ras le bol. Je veux aller faire de la montagne.
   Hubert: (. . .)

. . . .

⋒ 47.4 Compréhension auditive et production orale

Ecoutez les dialogues suivants. Après chaque dialogue, vous allez entendre une question. Répondez à la question.

1. Est-ce que Robert a vu toutes les cathédrales de France?
2. Qu'est-ce qu'il y a de spécial au Mont-Saint-Michel?
3. Pourquoi Robert préférerait-il faire la France à vélo?

4. Pourquoi Jean-Michel veut-il faire de la montagne?
5. Pourquoi est-ce que Colette ne veut pas commencer par le Nord?

Préparation à la communication ▓▓▓▓▓▓▓▓▓▓

⋒ 47.5 Activation orale: Prononciation; le son /y/ (révision)

Ecoutez et répétez. Faites particulièrement attention aux sons /y/ qui se trouvent habilement répartis entre ces énoncés.

l'aventure	Quelle stupidité!	Saumur	C'est urgent.	Tu as dû étudier ça.
en voiture	l'altitude du Jura	la solitude	C'est super-sympa.	Il a les articulations
C'est sûr!	Ce sont des durs.	Ils sont réunis.	Il est très cultivé.	rouillées.
les murailles	des purs	au-dessus de la mer	C'est entendu.	Quand on en a vu une,
la nature	Je t'assure.	justement	la sueur du peuple	on les a toutes vues.

. . . .

⋒ 47.6 Observation: Apparence; *avoir l'air, paraître, sembler*

avoir l'air	paraître	sembler
Ça **a** **l'air** intéressant.	Ça **paraît** intéressant.	Ça **semble** intéressant.
Ça **a** l'air d'être intéressant.	Ça **paraît** être intéressant.	Ça **semble** être intéressant.
Ça m'**a** **l'air** intéressant.	Ça me **paraît** intéressant.	Ça me **semble** intéressant.
Ça m'**a** **l'air** d'être intéressant.	Ça me **paraît** être intéressant.	Ça me **semble** être intéressant.

	objet indirect	
Qu'est-ce que tu en as pensé? Ça	**m'**	a paru intéressant.
Qu'est-ce qu'ils en ont pensé? Ça	**leur**	a paru intéressant.
Qu'est-ce qu'elle en a pensé? Ça	**lui**	a paru intéressant.

⋒ 47.7 Activation orale: Apparence; *avoir l'air, paraître, sembler*

Répondez selon les exemples.

Exemples:

Vous entendez: 1. Qu'est-ce que tu penses de mon idée?
Vous dites: Elle me paraît intéressante.

Vous entendez: 2. Qu'est-ce que vous en avez pensé?
Vous dites: Ça nous a paru intéressant.

3. Qu'en pensez-vous, vous deux?
4. Qu'est-ce qu'ils en ont pensé?
5. Comment trouvez-vous mon idée?
6. Comment avez-vous trouvé ça?
7. Qu'est-ce que tu penses de cette idée?
8. Comment Robert trouve-t-il l'idée de faire le tour de la France?

- -

⋒ 47.8 Observation: Satiété (révision et extension)

		objet	
J'en ai assez	de la	plaine!	
J'en ai marre	de	toi!	
J'en ai ras le bol	de ces	histoires!	
Ça va comme ça!			
Ça suffit!			

⋒ 47.9 Activation orale: Satiété

Répondez selon l'exemple.

Exemple:

Vous entendez: 1. Hubert commence à m'agacer!
Vous dites: J'en ai marre de lui!

2. Marie-Laure commence à m'agacer.
3. Vous commencez à m'agacer, vous, là!
4. Toi, tu commences à m'agacer.

- -

⋒ 47.10 Observation: Totalité; *tout, toute, tous, toutes*

	tout *pronom*	
	Tout va bien.	
Je fais	**tout.**	
Je m'occupe de	**tout.**	
Il y a de	**tout,** en France . . . des églises, du vin, de la montagne à vaches. . . .	

	tout *adjectif*	*nom*
	Tout	le monde sait ça!
Il pleut	**tout**	le temps.
Nous allons voir	**toute**	la France,
	tous	les châteaux,
	toutes	les églises.

temps simple		
Elle	connaît	**toutes** les églises de France.
Elle les	connaît	**toutes.**
temps composé		
Elle	a	vu **toutes** les églises de France.
Elle les	a **toutes**	vues.

Notez que *tout* modifiant un pronom est généralement placé après le verbe (après l'auxiliaire aux temps composés).

∩ 47.11 Activation orale: *Tout, toute, tous, toutes*

Répondez selon les exemples.

Exemples:

Vous entendez: 1. Qu'est-ce qu'il y a? Il y a quelque chose qui ne va pas?

Vous dites: Non, (non,) tout va bien.

Vous entendez: 2. De quoi as-tu besoin?

Vous dites: (Mais) j'ai besoin de tout!

3. Qu'est-ce que tu fais, toi, dans la maison?
4. De quoi tu t'occupes?
5. De quoi as-tu envie?
6. Qu'est-ce que tu veux?
7. Qu'est-ce qui vous intéresse?
8. Qu'est-ce qui te plaît?
9. Qu'est-ce qui lui a plu?
10. Qu'est-ce que vous avez vu?

∩ 47.12 Activation orale: *Tout, toute, tous, toutes*

Répondez selon l'exemple.

Exemple:

Vous entendez: 1. Quels crus est-ce que Robert a goûtés?

Vous dites: Il les a tous goûtés.

2. Quels châteaux avez-vous vus?
3. Quels fromages avez-vous essayés?
4. Quels vins avez-vous goûtés?
5. Quels vins aimez-vous?
6. Quelles cathédrales connaissez-vous?
7. Quelles cathédrales avez-vous visitées?

. . . .

∩ 47.13 Activation: Dictée; *tout, toute, tous, toutes*

Ecoutez et complétez. Vous entendrez chaque passage trois fois.

1. Marie-Laure: Aide-moi!

   Mireille: _____ !

2. Marie-Laure: Ouf! J'ai tout fini.

   Mme Belleau: _____ ?

   Marie-Laure: _____ .

   Mme Belleau: _____ ? Eh bien,

   _____ !

3. Mireille: Maman! Marie-Laure _____

   _____ !

4. Mireille: _____ ?

   Marie-Laure: _____ !

   Mireille: _____ !

5. Mme Courtois: Ah, _____ !

6. M. Belleau: Ah, _____ ! _____ ! _____ !

7. Annick: Ah, _____

   _____ ! _____ !

8. Marie-Laure: _____ boules de gomme.

_____ !

Mireille: Tiens, _____ !

Marie-Laure: _____ ,

_____ !

. . . .

∩ 47.14 Observation: *Tout* ou *rien, personne* ou *tout le monde* (révision et extension)

	objet		objet
Nous avons **tout** vu. Nous n' avons **rien** vu.		Nous avons vu **tout le monde.** Nous n' avons vu **personne.**	
	sujet		sujet
Tout lui plaît. **Rien ne** lui plaît.		**Tout le monde** lui plaît. **Personne** ne lui plaît.	

. . . .

∩ 47.15 Activation orale: *Tout* ou *rien, personne* ou *tout le monde*

Répondez selon les exemples.

Exemples:
Vous entendez: 1. Rien ne marche!
Vous dites: Mais si, tout marche!

Vous entendez: 2. Personne ne le sait.
Vous dites: Mais si, (voyons,) tout le monde le sait!

3. Tu ne fais rien?
4. Tu ne sais rien?
5. Tu ne comprends rien!
6. Personne ne le sait!
7. Personne ne fait ça!
8. Tu n'as vu personne?
9. Tu n'as rien vu?
10. Tu n'as rien compris!

. . . .

∩ 47.16 Activation orale: *Tout* ou *rien, personne* ou *tout le monde*

Répondez selon les exemples.

Exemples:
Vous entendez: 1. Qu'est-ce que tu fais?
Vous dites: Je ne fais rien.

Vous entendez: 2. Qui était là?
Vous dites: Personne n'était là.

3. Qu'est-ce qui te plaît?
4. Qu'est-ce qui lui a plu?
5. Qu'est-ce que vous avez vu?
6. Qui est-ce que vous avez vu?
7. Qui le savait?
8. Qui est-ce que tu as invité?
9. Qu'est-ce que tu as perdu?

🎧 47.17 Observation: Restriction; négation restrictive *ne . . . que* (révision et extension)

négation	Dans le Nord, il **n'**y a **rien** à voir.
négation restrictive	Il **n'**y a **que** des mines.

La première phrase contient une négation: *il n'y a rien à voir*. La deuxième phrase contient aussi une négation. Elle veut dire: Il n'y a pas de jolis paysages, il n'y a pas de villes intéressantes . . . il y a seulement des mines. *Des mines* est exclu de la négation.

Maintenant comparez les trois phrases suivantes.

Les oncles d'Hubert n'ont pas construit		de	HLM		dans la région parisienne.
Les oncles d'Hubert n'ont	construit	**que**	des	HLM	dans la région parisienne.
Les oncles d'Hubert n'ont	construit		de	HLM **que**	dans la région parisienne.

La première phrase contient une négation pure et simple. La négation est générale. Il n'y a pas de restriction. Rien n'est exclu de la négation. La deuxième phrase veut dire que les oncles d'Hubert n'ont pas construit de villas ou de palaces dans la région parisienne, mais qu'ils ont construit des HLM. La négation est restrictive. Le terme *des* HLM est exclu de la négation. La troisième phrase veut dire qu'ils n'ont pas construit de HLM à

Chartres, en Bretagne, en Provence, ou ailleurs, mais qu'ils en ont construit dans la région parisienne. La négation est restrictive. Cette fois, c'est le terme *dans la région parisienne* qui est exclu de la négation.

Notez que *que* se place devant le terme qui est exclu de la négation. Exemple:

			terme exclu
Le Mont Blanc	n'	a **que**	**4 807 mètres**.
En France, il	n'y	a **que**	**le Mont Blanc** qui fasse 4 807 mètres.

La première phrase veut dire que le Mont Blanc ne fait pas 5 000 mètres ou 6 000 mètres ou 7 000 mètres ou plus, mais qu'il fait, seulement, 4 807 mètres.

La deuxième phrase veut dire que les montagnes de France ne font pas 4 800 mètres, à l'exception du Mont Blanc.

. . . .

🎧 47.18 Activation orale: Restriction; négation restrictive *ne . . . que*

Répondez selon l'exemple.

Exemple:
Vous entendez: 1. Vous avez vu tout le monde?
Vous voyez: Robert
Vous dites: Non, nous n'avons vu que Robert.

2. à Robert
3. au Printemps
4. au sixième
5. au rayon du camping
6. les tentes
7. 10.000 francs
8. en France
9. un mois

10. ce qu'ils ont gagné à la loterie
11. des filles
12. des sœurs
13. un chat
14. trois pièces
15. ma chance

🎧 47.19 Activation orale: Restriction; négation restrictive *ne . . . que*

Répondez selon l'exemple.

Exemple:
Vous entendez: 1. Tu as plusieurs frères?
Vous voyez: Non, un seul.
Vous dites: Non, je n'en ai qu'un.

2. Non, une seule.
3. Non, une seule.
4. Non, deux seulement.
5. Non, un seul.
6. Non, trois seulement.
7. Non, une seule.
8. Non, trois ou quatre seulement.
9. Non, trois ou quatre seulement.

🎧 47.20 Activation orale: *Ne . . . que* + relative au subjonctif

Répondez selon l'exemple.

Exemple:
Vous entendez: 1. Rien n'est pire . . . sauf le tiercé.
Vous dites: Il n'y a que le tiercé qui soit pire.

2. Personne ne peut vous aider . . . sauf lui.
3. Personne ne sait où il est . . . sauf Mireille.
4. Personne ne lui plaît . . . sauf Mireille.
5. Rien ne lui plaît . . . sauf la montagne.

6. Personne ne réussit . . . sauf lui.
7. Personne n'est content . . . sauf lui.
8. Personne ne veut y aller . . . sauf lui.
9. Personne n'a envie d'y aller . . . sauf vous.
10. Personne n'a envie d'y aller . . . sauf Colette.
11. Personne n'a de voiture . . . sauf Hubert.
12. Personne ne me comprend . . . sauf toi.
13. Personne ne se plaint de la publicité . . . sauf Hubert.

47.21 Activation écrite: *Ne . . . que*

Complainte de Tante Georgette: Tante Georgette avait confié la lamentation suivante à son journal intime. Par la suite, elle a barré toutes les expressions restrictives. Rétablissez le texte primitif.

Exemple:
Vous lisez: 1. Guillaume _____ a eu _____ de la chance. Moi, je _____ des malheurs.
Vous rétablissez le texte primitif: Guillaume n'a eu que de la chance. Moi, je n'ai eu que des malheurs.

2. Cette petite Mireille, qui _____ a _____ vingt ans, et qui _____ a jamais acheté _____ un billet de loterie de sa vie, elle vient de gagner les gros lot, du premier coup! Moi qui depuis vingt ans achète un billet toutes les semaines, je _____ gagné _____ une fois, et ce _____ était _____ 50 francs. Il _____ y en a _____ pour les jeunes!

3. Non, j'ai tort; Guillaume, qui _____ a _____ trois ans de moins que moi, _____ a eu _____ de la chance dans sa vie, tandis que moi, _____ de la malchance.

4. Cet animal (non, Fido, c'est de ce chameau de Guillaume que je parle) a au moins 20.000 francs à dépenser par mois; moi, je _____ 8.000 francs. Il a un appartement superbe avenue Foch, avec deux ascenseurs qui marchent, et une vue imprenable sur le bois de Boulogne, alors que moi _____ petit appartement de trois pièces sous les toits. Il peut se payer le restaurant tous les jours; moi, je _____ peux y aller _____ une fois par mois. Il m'invite parfois, mais ce _____ est _____ pour m'humilier.

5. Il a deux voitures pour lui tout seul, alors que moi _____ mes vieilles jambes. Il prend deux mois de vacances par an, mais moi, _____ huit jours. Il a voyagé dans toute la France et à l'étranger, moi, _____ suis allée _____ à Chartres.

6. C'est comme la famille de François; ils vont à la mer tous les étés. Moi, je _____ peux me promener _____ sur les bords de la Seine. Quand ils sont partis, je leur écris quatre pages chaque semaine; eux _____ écrivent _____ une petite carte. Et ses filles, elles _____ viennent me voir _____ quand elles ont besoin de quelque chose, alors que moi, je vais dîner chez eux tous les vendredis sans faute.

7. Les gens _____ songent _____ à eux-mêmes! Moi, au contraire, _____ pense _____ aux autres. Ah, si je pouvais retrouver Georges![1] Je _____ ai jamais aimé _____ lui. . . . Sans lui, la vie ne vaut pas la peine d'être vécue. Il _____ me reste _____ à mourir. Heureusement qu'avec mon cœur fragile, je _____ ai plus _____ quelques années à vivre.

· ·

⌒ 47.22 Observation: Mise en doute; subjonctif (révision)

proposition principale		proposition subordonnée	
expression de doute		subjonctif	
Ça m'étonnerait	que tu	**sois**	fâché d'être serré contre Colette.
Je doute	qu' on	**puisse**	aller partout.
Je ne pense pas	qu' Ousmane	**veuille**	nous accompagner.
Je ne suis pas sûre	que Colette	**soit**	d'accord.
Je ne crois pas	que je	**puisse**	aller à la colo cet été.

· ·

⌒ 47.23 Activation orale: Mise en doute

Répondez selon l'exemple.

Exemple:

Vous entendez: 1. Il y a des centaines d'églises à voir en France.

Vous dites: Ça m'étonnerait qu'il y en ait des centaines.

2. On va aller partout.
3. Il y a de tout en France.
4. On peut faire la France à cheval.
5. Le Mont Blanc fait 4 810 m.
6. Il n'y a plus de Pyrénées.
7. Les coureurs du Tour de France font trois cols dans la même étape.

⌒ 47.24 Activation orale: Mise en doute, subjonctif, *tout, tous, toute, toutes*

Répondez selon l'exemple.

Exemple:

Vous entendez: 1. J'ai fait toutes les aiguilles de Chamonix.

Vous dites: Je doute que tu les aies toutes faites!

2. Il connaît tous les vins de France.
3. J'ai fait toutes les aiguilles de Chamonix.
4. Nous avons vu tous les châteaux de la Loire.
5. Robert a goûté tous les vins de Bourgogne.
6. Marie-Laure a mangé toutes les boules de gomme.

1. Georges de Pignerol, voir leçon 44.

∩ 47.25 Observation: Nécessité; *il faut* + subjonctif (révision)

proposition principale		proposition subordonnée	
expression de nécessité		subjonctif	
Il faut	qu' il	**voie**	nos cathédrales.
Il faut	que vous	**voyiez**	nos châteaux.

· ·

∩ 47.26 Activation orale: Nécessité; *il faut* + subjonctif (révision)

Répondez selon l'exemple.

Exemple:

Vous entendez: 1. Vous n'êtes jamais monté au Mont Blanc?

Vous dites: Il faut absolument que vous montiez au Mont Blanc!

2. Vous n'avez jamais fait les châteaux de la Loire?
3. Vous n'êtes jamais allé dans les Alpes?
4. Vous n'avez jamais goûté le vin de Saumur?
5. Vous n'avez jamais vu le cirque de Gavarnie?
6. Tu n'es jamais allé à Reims?
7. Tu n'as jamais vu le Mont-St-Michel?
8. Tu n'as jamais descendu les gorges du Verdon?
9. Tu n'as jamais fait le col du Tourmalet à vélo?

· ·

47.27 Activation écrite: *Vouloir, pouvoir;* indicatif présent

A. Lisez les phrases suivantes et complétez-les.

1. Marie-Laure: On ne _____ jamais faire ce qu'on _____ .

2. Mireille: Si tu _____ accepter, tu me rends un sacré service.

3. Mireille: A la fac, on travaille beaucoup si on _____ , mais on n'est pas forcé.

4. Mireille: On fait ce qu'on _____ .

5. Mireille: La voiture ne _____ pas démarrer!

6. Mireille: Papa ne _____ plus entendre parler de Vichy!

7. Mireille: Je _____ bien vous permettre de m'accompagner.

8. Robert: Je ne _____ pas vous ennuyer. . . .

9. Marie-Laure: Ce n'est pas ce que je _____ dire.

10. Mireille: Ça ne _____ rien dire!

11. Mireille: Je vous trouve sympa . . . je _____ dire sympathique.

12. Mireille: Je ne _____ pas m'en aller avant 15 jours.

13. Tante Georgette: Je ne _____ pas de pied de porc, je _____ de la tête de veau!

14. M. Courtois: Les grottes préhistoriques . . . oui . . . c'est intéressant, si tu _____ , mais les truffes, le foie gras . . . c'est encore plus intéressant!

15. Hubert: Mais enfin, ma petite Mireille, où _____ -tu mettre tout ce monde?

16. Mme Courtois: Mireille, tu _____ te servir de haricots?

17. Mireille: C'est simple. Tu ne _____ pas te tromper.

18. Tonton Guillaume: Je _____ toujours te prêter une voiture.

19. Mireille: Je _____ vous montrer des photos, si vous _____ .

20. Robert: Ah, il faut un jeton? Est-ce que je _____ en avoir un?

21. M. Courtois: Qu'est-ce que je _____ vous offrir?

22. Robert: Dans ce cas, je _____ aller chez les Courtois un autre jour!

23. Mireille: Nous _____ aller nous asseoir au Luxembourg.

24. L'ouvreuse: Vous _____ entrer, maintenant.

25. Mireille: Oui, vous _____ m'accompagner, si vous _____ .

26. Robert: Est-ce que je _____ vous inviter à déjeuner?

27. Marie-Laure: Ton album? Tu ne _____ pas aller le chercher toi-même?

28. Marie-Laure: Si je te le dis, tu _____ me croire, non!

29. Robert: Au cinéma, on _____ faire sauter la Tour Eiffel.

30. Robert: Je ne comprends pas comment tu _____ préférer le train à la voiture!

31. Robert: Tu ne _____ pas me laisser partir seul!

32. Mireille: Ce que tu _____ être bête!

33. Marie-Laure: Ce que tu _____ être embêtante!

34. Hubert: Aujourd'hui, les ouvriers _____ avoir tout le confort moderne!

35. Robert: Les Courtois ne _____ pas me voir avant après-demain.

36. Marie-Laure: Dites, vous ne _____ pas m'aider pour mon devoir d'anglais?

37. Robert: Vous ne _____ pas vous faire inviter à dîner?

38. Jean-Michel: Je suis fatigué! Je n'en _____ plus!

B. Vous remarquerez que les verbes *vouloir* et *pouvoir* n'ont pas toujours exactement le même sens dans tous ces exemples. Ils ont des connotations différentes suivant le contexte:

Pouvoir peut suggérer
   1. une possibilité (ou impossibilité) physique ou matérielle, par exemple:
Le vendeur: Avec ces semelles antidérapantes, vous ne pouvez pas glisser.

Cherchez d'autres exemples de cet emploi:

_____

_____

   2. une impossibilité (ou possibilité) morale, par exemple:
   —Tu ne peux pas faire ça! Ce ne serait pas gentil!

Autres exemples:

_____

_____

3. une permission ou une autorisation, par exemple:

Le douanier: Vous _____ passer!

Cherchez d'autres exemples:

_____

_____

4. une requête ou une suggestion ou une invitation, par exemple:

Mireille: Nous pouvons aller nous asseoir au Luxembourg, si vous voulez.

Autres exemples:

_____

_____

C. Dans les phrases que vous avez complétées, le verbe *vouloir*, lui aussi, a des sens un peu différents suivant qu'il est utilisé dans un contexte qui exprime un désir, une exigence, une envie, une intention, un but, une concession, une suggestion, une invitation, une offre. Pouvez-vous trouver des exemples?

—désir, exigence, envie: _____

_____

—intention, but: _____

_____

—concession: _____

_____

—suggestion, invitation, offre: _____

_____

_____

. . . .

47.28 Activation écrite: *Vouloir, pouvoir* (récapitulation)

Complétez avec les formes de *vouloir* et de *pouvoir* qui vous paraissent les plus appropriées.

1. Mireille: J'ai longtemps _____ être actrice.

2. A Fontainebleau, Robert _____ sortir de l'autoroute pour remonter vers Provins.

3. Robert: L'autre jour, _____ prendre le métro . . . et je me suis perdu.

4. Mireille: Pourquoi est-ce que vous _____ venir ici?

5. Marie-Laure: J' _____ attraper mon bateau, j'ai glissé et je suis tombée dans l'eau!

6. Mireille: Non, jeudi, je n' _____ aller à Chartres.

7. Robert: Cette Madame Courtois est plutôt bavarde! Je n' _____ placer un mot!

8. Jean-Michel: J'ai eu beaucoup de travail! Je n' _____ prendre de vacances de toute l'année!

9. Robert: Ce sera très bien. On ira où on _____ , on _____ faire du camping. . . .

10. Mireille: On se téléphone?

    Robert: Quand?

    Mireille: Quand tu _____ .

11. Tonton Guillaume: Tu veux la voiture? Oui, bien sûr! Prends-la quand tu _____ .

12. Ces jeunes gens sont libres! Quand ils auront une voiture, ils _____ aller où ils _____ !

13. Mireille: Oui, mais moi, je ne _____ partir que quand j'aurai fini de passer tous mes examens.

14. Robert: Avec tout l'argent qu'on a, on _____ descendre dans des palaces.

15. Mireille: Ah, je voulais te dire, je ne _____ plus venir après dimanche prochain.

16. Mireille: Tu verras, ce sera très intéressant; tu _____ discuter politique avec Jean-Michel.

17. Jean-Pierre: Personne ne _____ plus jamais revoir *Le Misanthrope* mis en scène et joué par Molière!

18. Mme Courtois: Concepcion! Quand vous _____ .

19. Robert: Nous _____ voir ce que vous avez comme matériel de camping.

20. Est-ce que vous _____ nous conseiller?

21. Robert: Est-ce que nous _____ avoir l'addition, s'il vous plaît?

22. Robert: Est-ce que vous _____ bien me passer le sel, s'il vous plaît?

23. Est-ce que je _____ avoir le sel, s'il vous plaît?

24. Robert: Est-ce que vous _____ bien me permettre de vous accompagner?

25. Robert: Allô, est-ce que je _____ parler à Mlle Belleau, s'il vous plaît?

26. Robert: Quand est-ce que je _____ vous revoir?

27. Robert: Ah! Si je _____ visiter Versailles avec une spécialiste d'histoire de l'art . . . ce serait bien!

28. Mireille: Si tu _____ venir, tu me rendrais un grand service.

29. Mireille: Si on partait à cinq, on _____ vraiment s'amuser.

30. Robert: Je _____ un timbre, s'il vous plaît.

31. Est-ce que je _____ avoir un timbre?

32. Robert: Je _____ des chaussures.

33. Est-ce que je _____ voir ce que vous avez comme chaussures?

34. Mireille: Papa _____ que j'achète des tableaux.

35. Mireille: Tante Georgette _____ que je lui donne de l'argent pour son cimetière de chiens.

36. Tante Georgette: Tu _____ m'aider pour mon cimetière de chiens.

37. Robert: Je n'ai pas de voiture, mais je _____ en louer une, si vous vouliez.

38. Robert: Je _____ visiter la cathédrale pendant que vous iriez au musée.

39. Mireille: Après le dîner on _____ aller au ciné.

40. Mireille: Tu _____ commencer par la Comédie-Française.

41. Colette: Ça _____ être amusant. . . .

42. Mireille: Ça m'étonnerait que tu _____ voir ça!

43. Robert: Ecoute, il faut que je _____ comprendre!

44. Jean-Michel: Je ne crois pas que je _____ aller à la colo, cet été.

45. Robert: Je _____ des chaussures que je _____ mettre pour faire de la marche.

46. Mireille: Ça m'étonnerait que les autres _____ aller au Zambèze. Hubert et Colette sont un peu pantouflards.

47. Hubert: _____ avoir l'obligeance de me passer le sel.

48. Colette: Si vous _____ bien vous asseoir, je vais prévenir Mme Belleau.

49. _____ vous asseoir un instant, je vais prévenir Mme Belleau.

50. Le domestique des Pinot-Chambrun: Donnez-vous la peine d'entrer! _____ vous donner la peine d'entrer!

51. Fin de lettre: _____ accepter, Monsieur le Directeur, l'assurance de mes sentiments les meilleurs.

. . . .

47.29 Activation écrite: *Vouloir* et *pouvoir*

Relisez attentivement les phrases de l'exercice précédent. Vous remarquerez que dans ces contextes différents les verbes *vouloir* et *pouvoir* expriment des nuances un peu différentes.
Cherchez une phrase qui exprime chaque nuance.

1. une intention: _____

_____

2. une possibilité: _____

_____

3. une suggestion: _____

_____

4. une requête, une demande polie: _____

_____

. . . .

47.30 Activation écrite: *Connaître* et *savoir;* formes et emplois (récapitulation)

Complétez.

1. Mireille: Allons, Hubert! Tout le monde _____ que le Mont Blanc ne fait que 4 807 mètres!

2. Hubert: Je _____ que de mauvais Français ont essayé de le rabaisser à 4 807 mètres!

3. Mme Courtois ne peut pas _____ si Robert est charmant; elle ne l'a jamais vu.

4. Quand Robert est allé dîner chez les Courtois vendredi, il se demandait si Mireille y serait; il ne _____ pas que Mireille avait téléphoné le jeudi matin.

5. Robert: Une fois qu'on _____ faire une addition . . . c'est tout ce qu'il faut!

6. Hubert: Mais vous allez bientôt _____ la France à fond, cher ami!

7. Mme Belleau: En un an de fac, Mireille a réussi à _____ plus d'une douzaine d'étudiants étrangers.

8. M. Belleau: Monsieur Taylor, très heureux de vous _____ .

9. Il faut _____ que Robert est tombé d'un balcon quand il avait dix ans.

10. Robert: A quoi ça vous sert de _____ la loi de la chute des corps quand vous tombez d'un balcon?

11. Mireille: On apprend le latin pour mieux _____ le français.

12. Mme Courtois: Viens donc demain, nous aurons un jeune Américain qui vient d'arriver. Il ne _____ personne à Paris. Il sera ravi de faire ta _____ .

13. Quand Mme Courtois a présenté Robert à Mireille, Mireille et Robert se _____ déjà; mais ils ont fait semblant de ne pas _____ .

14. Marie-Laure: Vous êtes Américain? Mais alors vous devez _____ l'anglais?

15. Mireille: Dites-moi ce que vous allez faire.

    Robert: Vous voulez vraiment le _____ ?

16. Robert: Je veux voir où j'en suis. Je veux découvrir ce que je veux vraiment faire, _____ si je veux continuer ou faire

    autre chose.

17. Marie-Laure: Dis-moi qui c'est! Je veux _____ qui c'est!

18. Mireille: Je ne _____ pas! Ce n'est personne.

    Yvonne: Ça y est! Je _____ ! Il est grand. . . .

19. Jean-Pierre: Je ne _____ pas encore ce que je veux faire.

20. Jean-Luc: Quel âge as-tu?

    Jean-Pierre: 29 ans. Pourquoi?

    Jean-Luc: Rien; comme ça . . . pour _____ .

21. Mireille: Qu'est-ce que c'est que ça? Tu ne _____ pas lire?

22. Mireille: Marie-Laure, tu _____ tes leçons pour demain?

23. Robert: J'ai fait deux ans d'allemand, mais je ne _____ pas demander à quelle heure le train arrive.

24. Robert: Vous ne pouvez pas aller dîner chez les Courtois?

    Mireille: Je ne _____ pas si je serai libre.

25. Jean-Luc: Mais je la _____ , la rousse! Elle fait du russe aux Langues-O.

26. Mireille: Mme Courtois? Bien sûr que je la _____ ; c'est ma marraine!

27. Robert: Vous _____ le Pays Basque?

28. Mireille: La cathédrale de Chartres, je la _____ ; je l'ai visitée au moins cinq fois!

29. Robert: Vous _____ , je ne _____ pas beaucoup de cafés à Paris. Je vous ai amenée ici parce que je

    _____ celui-ci à cause d'Hemingway.

30. Mireille: Vous avez _____ Hemingway?

31. Tante Georgette: Ah, Georges. . . . Tu ne l'as pas _____ . Tes parents ne l'aimaient pas . . .

32. Qui est ce mystérieux personnage? Le _____ -nous jamais? Peut-être pas.

33. Robert: Ah, si j' _____ qu'il y aurait autant de monde dans ce train, je serais resté chez moi!

34. Mireille: Ecoute, tu n'as pas besoin de moi pour acheter tes caleçons! Tu _____ bien te débrouiller sans moi.

35. Marie-Laure: Danton? Qui est-ce?

    Jean-Michel: Comment! Tu ne _____ pas Danton?

    Marie-Laure: Ben, non!

36. Jean-Michel: Tu ne _____ pas qui c'est?

37. Marie-Laure: Ben, non, je ne _____ pas qui est Danton. Je ne _____ pas ce monsieur-là.

38. Colette: Reims? Non, je ne _____ pas Reims, je n'ai jamais eu l'occasion d'y aller. Mais je _____

    que c'est là qu'on sacrait les rois de France.

39. Hubert: Tu _____ le Mont-Saint-Michel?

40. Marie-Laure: Non, mais je _____ qu'il y a des marées qui avancent à la vitesse d'un cheval au galop!

41. Jean-Michel: Tu _____ Yvetot?

Mireille: Non, je ne _____ pas; nous allons souvent en Bretagne mais presque jamais en Normandie . . .

mais je _____ qu'il y avait un roi que se levait tard et se couchait tôt . . . je _____ aussi qu'il y a une église moderne, cylindrique, avec des vitraux.

42. Marie-Laure _____ assez bien la Bretagne, puisqu'elle y va tous les étés, mais elle ne

_____ qu'on l'appelle l'Armorique.

43. Mireille: Il y a des gens qui s'appellent Boucher. Mais personne ne s'appelle Pharmacien, que je _____ !

44. Mireille: Mme Courtois n'a pas l'accent portugais, que je _____ .

45. Robert: Tu aurais dû me dire qu'il fallait donner un pourboire! Comment voulais-tu que je le _____ ?

46. Hubert: Cher Monsieur, _____ qu'il n'y a de bons vins qu'en France!

. . . .

47.31 Activation écrite: Formes et emplois du subjonctif; *voir, aller, faire, pouvoir, vouloir, avoir, plaire, choisir* (révision)

Cherchez le verbe et la forme qui conviennent le mieux dans chacun de ces contextes.

1. Hubert: Mon cher Robert, il faut absolument que vous _____ tous nos magnifiques châteaux.

2. Mireille: Il faut surtout qu'il _____ nos cathédrales.

3. Colette: Moi, je voudrais que nous _____ en montagne.

4. Hubert: D'accord, à condition qu'on ne _____ pas d'ascensions périlleuses!

5. Mireille: On pourrait aller faire une randonnée pédestre dans les Pyrénées: traverser les Pyrénées du Pays Basque au Roussillon.

   Colette: Oui, ça pourrait être bien . . . à condition qu'il _____ beau!

6. Robert: Ça m'étonnerait qu'on _____ faire ça en un mois!

7. Je ne pense pas que nous _____ le temps!

8. Mireille: Oh, si! Pourquoi pas? . . . A moins que Colette ne _____ s'arrêter dans chaque petit village où on fait du fromage.

9. Colette: L'ennui, c'est que Mireille _____ certainement visiter chaque petite église romane qu'on trouvera, et j'ai peur que ça ne _____ pas beaucoup à Robert.

10. Robert: Châteaux, églises, montagne . . . je répète qu'on ne pourra jamais tout faire; il faut que vous

    _____ . Moi, je suis prêt à faire ce que vous aurez choisi.

47.32 Activation écrite: Relatifs *qui, que,* et *dont* (révision)

Voici quelques compléments biographiques sur un de nos personnages. Nous avons retiré de ce texte, par pur malice, tous les *qui, que,* et *dont,* sans autre raison valable que de vous laisser le plaisir de les rétablir.

1. Il y a dans la vie de Mireille, _____ est un de nos personnages principaux, _____ nous croyons bien connaître, et _____ nous connaissons un peu les parents, beaucoup d'événements _____ nous sont inconnus.

2. C'est ainsi qu'à l'âge de six ans, elle a eu une maladie _____ l'a obligée à passer six mois à l'hôpital, et _____ nous ne savons que peu de chose, parce que les médecins _____ la soignaient n'y ont jamais rien compris.

3. Il y avait une infirmière _____ venait la voir chaque matin, et _____ elle aimait beaucoup. C'est ce _____ lui a donné le désir d'être infirmière quand elle serait grande.

4. Cette infirmière, _____ était très distraite, oubliait souvent dans la chambre de Mireille du mercurochrome _____ Mireille versait avec délices sur ses doigts, et _____ elle barbouillait d'admirables fresques sur les murs blancs. C'est ce _____ lui a donné le goût de la peinture.

5. Elle avait neuf ans quand ses parents, _____ avaient la passion du théâtre, l'ont emmenée voir une pièce, _____ les Courtois avaient déjà vue, et _____ ils avaient parlé.

6. Dans cette pièce, il y avait une actrice _____ était couverte de bijoux, et _____ a beaucoup impressionné Mireille. C'est ce _____ a donné à Mireille le désir d'être actrice.

7. A dix ans, elle est tombée amoureuse d'un petit garçon _____ habitait au-dessus des Belleau, _____ Cécile, la sœur de Mireille, trouvait idiot, mais _____ l'air timide paraissait irrésistible à Mireille. Elle l'attendait dans l'escalier pour lui donner des marrons glacés _____ elle n'aimait pas, mais _____ l'oncle Guillaume apportait une énorme boîte chaque fois qu'il venait.

8. Elle a sûrement eu d'autres amours, _____ l'histoire ne parle pas, ce _____ est dommage.

. . . .

47.33 Activation écrite: Pronoms, *y, en* (révision)

Essayez de trouver les mots qui conviennent le mieux pour compléter les phrases suivantes.

1. Colette: Moi, j'ai envie d'aller en montagne.

   Jean-Michel: Moi aussi, j' _____ ai très envie.

2. Je tiens absolument à faire de la montagne.

   Hubert: Moi, je n' _____ tiens pas tellement!

3. Est-ce que je vous ai déjà parlé de la propriété que nous avons dans le Cantal?

   Mireille: Oui, oui, tu _____ déjà parlé, plusieurs fois!

4. Hubert: Nous pourrions _____ aller, si vous vouliez.

5. Mireille: Il faut que tu voies toutes nos cathédrales!

   Robert: Mais j' _____ deux: Chartres et Notre-Dame de Paris!

6. Mireille: Les châteaux de la Loire, c'est très bien. Ma sœur _____ a faits à vélo avec son mari.

7. Jean-Michel: Ce ne sont pas les montagnes _____ manquent! Nous _____ avons, des montagnes!

8. Mireille: Ce ne sont pas les églises romanes _____ manquent. Il y _____ a des centaines.

9. Colette: Oui, mais ce ne sont pas les églises romanes _____ je veux voir, moi!

10. Jean-Michel: Il n'y a plus de Pyrénées?

Hubert: Non! Vous ne _____ saviez pas? Vous n'étiez pas au courant?

11. C'est Louis XIV _____ a supprimées (en 1659).

12. Je pensais que vous le saviez. On ne _____ avait jamais dit?

13. Marie-Laure: C'est où, l'Ile-de-France?

Mireille: Ici! Nous _____ sommes!

. . . .

47.34 Activation écrite: Relations spatiales, déplacements; *voyage, randonnée, tour, promenade, excursion, ascension* (révision et extension)

Essayez de trouver le mot qui convient le mieux dans les phrases suivantes.

A.

1. Les cinq amis se sont réunis pour parler de leur _____ .

2. Robert: Nous avons l'intention de faire une grande _____ . (43–1)

3. Hubert: Voilà la Méhari . . . le chameau des grandes _____ d'été. (46–8)

4. En France, il y a beaucoup d'endroits, en particulier dans les montagnes, où on peut faire de grandes _____ à pied, ou à cheval.

5. Il y a des cartes qui indiquent les GR, les chemins de grande _____ .

6. Mme Courtois: Mon mari _____ beaucoup pour ses affaires. (42–7)

7. Il est toujours _____ . (22–7)

8. Du Bellay: Heureux qui, comme Ulysse, a fait un beau _____ . (35–document)

9. Mireille: Moi, je _____ en seconde. (27–6)

10. Robert a pas mal _____ ; il est _____ en France, aux Bermudes, en Amérique du Sud.

11. Mireille: Je vais faire un _____ en France avec mon copain américain. (45–3)

12. Le vendeur: Ces chemises sont très pratiques pour le _____ ; elles se lavent très facilement. (45–6)

13. "Le _____ est encore ce qui importe le plus dans un voyage." (André Suarès, 46–document)

14. "Le chameau _____ sans boire.

Et moi je bois sans _____ ." (Apollinaire, 46–document)

B.

15. Robert va se _____ pour passer le temps. (23–6)

16. Il continue sa _____ . (25–4)

17. Robert et Mireille reprennent leur _____ dans Montparnasse. (38–2)

18. A la claire fontaine,

M'en allant _____ ,

J'ai trouvé l'eau si claire

Que je m'y suis baigné. (42–document)

C.

19. Mireille: Puisque vous ne faites rien, allons _____ au Luxembourg; je ne suis pas pressée. (15–4)

20. Avant d'aller retrouver Hubert chez Angélina, Mireille va _____ place Vendôme. (44–1)

21. Mireille: On peut toujours aller _____ dans un magasin, si ça t'amuse. Ça n'engage à rien. (42–7)

D.

22. Mireille: Le diplomate et la jeune fille vont faire une _____ ensemble dans la montagne. (10–document)

23. Le vendeur: Si vous voulez faire des _____ en montagne, il vous faut des chaussures solides, qui tiennent bien le pied.

24. Le guide Balmat et le Dr Paccard ont _____ la première ascension du Mont Blanc en 1786.

25. Herzog et Lachenal ont fait la première _____ d'un pic de plus de 8 000 mètres (l'Anapurna, dans l'Himalaya) en 1950.

26. Les frères Montgolfier ont effectué la première _____ en ballon aérostatique en 1783.

E.

27. Mireille: Moi, je veux bien aller me _____ dans la campagne ou faire une grande _____ dans le Massif Central ou les Vosges, mais les _____ dans les Alpes avec des cordes et des pitons . . . minute! C'est trop dangereux!

28. Mireille: Ma sœur et son mari ont _____ les châteaux de la Loire _____ vélo.

29. Aller d'Orléans à Angers à vélo, c'est facile parce que ça _____. Mais si on fait ça en _____ inverse, c'est une autre histoire, parce que ça _____ !

30. _____ au col du Tourmalet à vélo, ce n'est pas facile non plus!

· ·

47.35 Activation écrite: Pronoms démonstratifs et relatifs; *celui, celle, ceux, celles, qui, que, dont, où* (révision)

Complétez.

1. Il faut que tu voies toutes nos cathédrales! _____ Strasbourg, _____ a la plus haute flèche;

2. _____ Reims, _____ on sacrait les rois de France;

3. _____ Bourges, _____ les vitraux sont renommés.

4. Il faut que tu voies les églises modernes! _____ Le Corbusier, à Ronchamp et _____ plateau d'Assy, dans les Alpes.

5. Il faut que tu voies tous les châteaux _____ la Loire (Chambord, Chenonceaux, Azay-le-Rideau . . .) et _____ Chantilly.

6. Il faut que tu voies nos forêts, _____ l'Ile-de-France (_____ Compiègne, et _____ de Saint-Germain, de Rambouillet, de Chantilly).

7. Marie-Laure est très forte en géographie. Elle connaît l'altitude du Mont Blanc et _____ de la Meije (3 983 mètres).

8. Elle connaît tous les cols des Alpes et des Pyrénées, le col de l'Iseran et _____ Tourmalet.

9. Et Colette connaît tous les fromages de France: _____ de Normandie (le camembert, le pont-l'évêque et le livarot), _____ Saint-Nectaire et _____ l'on fait à Roquefort.

10. Elle connaît toutes les spécialités de France, _____ Normandie et d'ailleurs.

11. Hubert: On pourrait aller dans la propriété de ma famille.

    Mireille: Laquelle?

    Hubert: _____ nous avons dans le Cantal.

12. Jean-Michel: Faisons le tour de la France.

    Mireille: Dans quel sens?

    Hubert: Dans _____ aiguilles d'une montre, ouest, nord, est, sud . . .

13. Mireille: Nous allons louer une voiture.

    Tonton Guillaume: Ce n'est pas la peine! Tu peux toujours te servir de _____ de ton vieux Tonton!

    Mireille: Je ne sais pas . . . nous allons peut-être prendre _____ d'Hubert.

14. "(Il y a . . .) _____ passent leurs vacances dans les usines, _____ ne savent pas ce qu'il

    faut dire . . . _____ ont quatre mille huit cent dix mètres de Mont Blanc, trois cents de Tour Eiffel,

    vingt-cinq centimètres de tour de poitrine et _____ en sont fiers." (Prévert)

15. Le vendeur: Je regrette, mais je n'ai plus de blouson bleu; _____ est jaune et blanc. (45–5)

16. Robert: Je vous assure, les dernières chaussures que j'ai achetées, c'était du onze et demi. Tenez, ce sont justement

    _____ j'ai aux pieds. (44–3)

. . . .

47.36 Activation écrite: Vocabulaire

Lisez et déterminez quels sont les mots qui conviennent le mieux pour compléter ces textes.

A.

1. D'après Jean-Michel, les grands hommes de la Révolution française sont des héros. D'après Hubert, ce sont des

   _____ assoiffés de _____ .

2. Pour Racine, il n'est pas nécessaire qu'il y ait _____ et des morts dans une tragédie. La tragédie est dans

   les sentiments. (15–document)

3. D'après Roland Barthes, les degrés de cuisson du bifteck sont exprimés en images de _____ ; le bifteck est

   _____ ou bleu (ou alors à point . . . c'est-à-dire trop cuit!). (26–document)

4. Le _____ est composé essentiellement de globules _____ et de globules blancs.

B.

5. En général, les campagnes françaises sont très _____ .

6. A la Comédie-Française, la mise en scène est toujours très _____ .

7. D'après Prévert, pour faire le portrait d'un oiseau, il faut d'abord peindre une cage et un arbre pour attirer l'oiseau. Puis,

   quand l'oiseau est dans la cage, il faut effacer les barreaux en ayant _____ de ne toucher aucune des plumes de

   l'oiseau. (26–document)

8. Marie-Laure est une enfant soigneuse; elle prend grand _____ de ses affaires.

9. Quand Robert est tombé d'un balcon, il a passé huit jours à _____ , où il a été très bien _____ .

10. Quand elle était petite, Mireille voulait être infirmière, pour _____ les malades.

C.

11. Depuis qu'il y a des moteurs à explosion, on ne fait plus la guerre à cheval. Il y a toujours, dans les armées, une

infanterie, une artillerie, mais il n'y a plus de _____ .

12. Hubert veut visiter la France entière; il veut aller _____ .

13. La Méhari est une voiture qui passe _____ .

14. Il y a des gens qui meurent de faim _____ le monde.

15. C'est _____ pareil!

16. Robert n'a pas acheté un billet _____ . Il n'a acheté qu'un dixième.

17. "Trois allumettes une à une allumées dans la nuit

La première pour voir ton visage tout _____ . . .

. . . Et l'obscurité _____ pour me rappeler tout cela." (Jacques Prévert, 10–document)

18. Soyez sûr que je partage _____ votre opinion, cher Monsieur!

D.

19. Si on reste toute la journée serrés dans cette minuscule voiture, on va avoir les _____ rouillées!

20. Tante Amélie a des rhumatismes. Toutes ses _____ lui font mal.

21. Il faut être costaud pour pouvoir _____ le col du Tourmalet à vélo, comme le font les coureurs du Tour

de France.

22. Marie-Laure a _____ sur une chaise pour attraper un pot de confiture, mais la chaise, qu'elle avait mise

sur la table, a glissé.

E.

23. Il y a des montagnes qui forment des chaînes (les Alpes, les Pyrénées, l'Himalaya) et d'autres des _____ , comme les

Vosges et le Hoggar en Algérie.

24. Pour traverser une chaîne de montagnes il faut trouver un _____ , comme celui de l'Iseran dans les Alpes.

25. Jean-Michel en a assez de la plaine, il trouve que c'est monotone et qu'il y a passé trop de temps; il en a _____ .

26. La chaîne des Pyrénées _____ la France de l'Espagne.

27. Les coureurs du Tour de France font le tour de la France en une vingtaine d' _____ .

F.

28. Qu'est-ce que c'est que cette histoire? Qu'est-ce que tu racontes? Où es-tu _____ ça?

Mais c'est insensé!

29. Jean-Michel propose de faire le tour de la France dans le _____ des aiguilles d'une montre.

30. Quand Robert et Mireille se promènent dans les allées des Champs-Elysées, ils voient deux militaires qui arrivent

_____ .

31. Les aiguilles d'une montre tournent toujours dans le même _____ .

32. Mais il y a des choses qui n'ont pas _____ .

33. Ce que vous dites là ne veut rien dire! Ça n'a pas _____ !

34. Je doute que l'Histoire ait _____ . (37–document)

35. En France, on a _____ de l'économie.

G.

36. Il y a des _____ dans les Alpes: ce sont des pics très pointus.

37. Il y a aussi des _____ sur une montre ou une pendule.

38. La petite _____ indique les heures et la _____ aiguille indique les minutes. Il y a quelquefois une troisième _____ pour les secondes.

39. Les montres et les pendules digitales n'ont pas _____ .

40. M. Belleau est ingénieur; il travaille dans un _____ .

41. Les ouvriers construisent les automobiles dans une _____ .

42. Colette veut aller en Normandie parce qu'on y _____ .

43. Pour bien _____ il n'est pas nécessaire d'aller dans un restaurant à trois étoiles.

44. M. Courtois est un gastronome; il aime _____ .

45. D'après Mireille, on _____ très _____ chez les Courtois. (23–3)

46. Colette est comme M. Courtois: elle aime _____ , elle aussi.

. . . .

47.37 Activation écrite: Géographie

Voyons si vous êtes aussi fort(e) en géographie que Marie-Laure. Répondez aux questions suivantes.

1. Qu'est-ce qu'il y a dans les Alpes, dans la région de Chamonix en particulier?

_____

2. Qu'est-ce qu'il y a au Mont-Saint-Michel?

_____

3. Et à Saint-Nectaire?

_____

4. Et à Azay-le-Rideau?

_____

5. Quelle est la superficie de la France?

_____

6. Qu'est-ce que c'est que le Tourmalet?

_____

7. Qu'est-ce que c'est que les Vosges?

_____

8. Qu'est-ce que c'est que l'Ile-de-France?

_____

9. Où est le Mont Blanc?

_____

10. Où sont Lille, Roubaix, et Tourcoing?

_____

11. Où sont Rouen, Caen, Isigny, et Camembert?

_____

. . . .

⋒ 47.38 Activation orale: Dialogue entre Hubert et Colette

Vous allez entendre un dialogue entre Hubert et Colette. Ecoutez attentivement. Vous allez imiter Colette.

Hubert: Et puis, il faut que vous voyiez nos châteaux: Champ, Chambord, Chaumont, Chantilly. . . .
Colette: **Chantilly, hmm . . . la crème chantilly.** . . .
Hubert: Châteaudun, Chenonceaux, Chinon, Valençay. . . .
Colette: **Là où on fait le fromage de chèvre.** . . .

Hubert: Anet, Amboise, Angers, Azay-le-Rideau, Blois, Fontainebleau. . . .
Colette: **Ah, Fontainebleau . . . le fromage à la crème.** . . .
Hubert: Loches, Langeais, Pierrefonds, Saumur. . . .
Colette: **Saumur, là où il y a le vin.** . . .

Exercices-tests

47.39 Exercice-test: *Tout*

Récrivez les phrases suivantes en introduisant la forme convenable de *tout*.

1. Ça ne m'intéresse pas.

_____ .

2. Tu as vu ces vaches?

_____ ?

3. Vous visitez les châteaux de la Loire?

_____ ?

4. Oui, je les ai visités.

_____ .

Vérifiez. Si vous avez fait des fautes, travaillez les sections 47.10 à 47.16 dans votre cahier d'exercices.

. . . .

47.40 Exercice-test: La négation restrictive *ne . . . que*

Complétez les réponses aux questions suivantes.

1. Il y a longtemps que les Belleau vont à Saint-Jean-de-Luz?

Non, il _____ deux ans qu'ils y vont.

2. Mireille a visité tous les châteaux de la Loire?

Non, elle _____ Chambord, Amboise, et Chenonceaux.

3. Mireille a beaucoup de copains américains?

Non, elle _____ trois ou quatre.

4. Tu as acheté beaucoup de chemises?

Non, je _____ deux.

Vérifiez. Si vous avez fait des fautes, travaillez les sections 47.17 à 47.21 dans votre cahier d'exercices.

47.41 Exercice-test: Mise en doute, nécessité

Complétez.

1. Robert est allé aux Folies-Bergère, mais ça m'étonnerait qu'Hubert y _____ allé avec lui!

2. Colette voudrait nous accompagner, mais je ne suis pas sûre que ses parents _____ qu'elle vienne avec nous.

3. Tu n'as pas encore fait tes devoirs? Il faut que tu les _____ tout de suite.

4. Elle est peut-être imbattable en géographie, mais je ne crois pas qu'elle _____ très forte en histoire de France.

Vérifiez. Si vous avez fait des fautes, travaillez les sections 47.22 à 47.26 dans votre cahier d'exercices.

Libération de l'expression

47.42 Mise en question

Relisez le texte de la leçon; lisez les questions de la mise en question qui suit la mise en œuvre dans votre livre de textes. Réfléchissez à ces questions et essayez d'y répondre.

. . . .

47.43 Mots en liberté

Qu'est-ce qu'on peut voir en France si on s'intéresse à la nature?

On peut voir des campagnes (soignées comme des jardins), des plaines, les aiguilles de Chamonix, des cols (le Tourmalet, dans les Pyrénées, l'Iseran dans les Alpes). . . .

Trouvez encore au moins cinq possibilités.

Qu'est-ce qu'on peut voir en France si on s'intéresse à la civilisation?

On peut voir deux mille ans d'histoire, des dessins préhistoriques, des cathédrales gothiques, des musées (le Louvre, Orsay). . . .

Trouvez encore au moins cinq possibilités.

Qu'est-ce qu'on peut goûter en France si on s'intéresse à la gastronomie?

On peut goûter tous les grands vins de Bordeaux, de Bourgogne, les tripes (à la mode de Caen ou lyonnaises), trois cent fromages: le cantal, le camembert . . . , les escargots de Bourgogne. . . .

Trouvez encore au moins cinq possibilités.

Qu'est-ce qu'on peut faire en France si on s'intéresse au sport?

On peut faire de la planche à voile, du deltaplane, regarder les matches de football à la télévision, "se taper" trois ou quatre cols à vélo dans la journée, descendre les gorges du Tarn en kayak, monter à la Meije (avec un guide!). . . .

Trouvez encore au moins cinq possibilités.

. . . .

47.44 Mise en scène et réinvention de l'histoire

Reconstituez une conversation entre Jean-Michel, Hubert, Marie-Laure, Mireille, et Robert qui parlent de leurs projets de voyage.

Jean-Michel: Alors, où on va?
Hubert: Où (. . .)? Mais (. . .)! On va voir (. . .) telle que (. . .), deux mille ans (. . .), et nos quarante (. . .).
Jean-Michel: Vos quarante (. . .) et la sueur (. . .) et les géants de (. . .)!
Marie-Laure: Les géants (. . .)?
Jean-Michel: Les grands hommes (. . .). Tu sais (. . .).

Hubert: Des (. . .)!
Mireille: Il faut surtout que Robert voie nos cathédrales.
Robert: Mais (. . .).
Mireille: Tu crois que (. . .)?
Robert: On a aussi (. . .).
Mireille: Pfeuh! Deux cathédrales, mais (. . .)! Il y a des (. . .)!

47.45 Mise en scène et réinvention de l'histoire

Imaginez une discussion entre Hubert et Jean-Michel. Vous pouvez, par exemple, choisir des répliques parmi les suivantes.

Hubert:

Il faut faire connaître à Robert | l'histoire de France.
les rois qui ont fait la France.
le peuple de France.
les travailleurs.
les grandes réalisations françaises.
Jeanne d'Arc.
Napoléon.

Jean-Michel:

C'est ridicule!
Ça n'a aucun intérêt!

Ce n'est pas | ça / eux / lui | qui | fait / font / a fait / ont fait | la grandeur de la France!

Hubert:

Mais si! Pensez! | Deux mille ans d'histoire!
Le travail de quarante rois!

Jean-Michel:

L'histoire de France commence à la Révolution.
Vos rois | n'ont jamais travaillé.
n'ont fait qu'opprimer le peuple.
n'étaient que des imbéciles.
Trop de rois! Trop de guerres!

Hubert:

Ah, Louis XIV!
Voilà quelqu'un qui | avait le sens de la grandeur!
a compris l'intérêt de la France!
a fait la France!

Jean-Michel:

Louis XIV! | Encore un oppresseur du peuple!
Ce n'est pas lui qui a fait le Mont Blanc (4 807 m).
Il a supprimé les Pyrénées; c'est malin!
Il n'a fait que des guerres!
Il n'a rien fait d'utile.

Hubert:

Mais, cher Monsieur, il a fait Versailles!

Jean-Michel:

Ah, elle est bien bonne, celle-là!
C'est la meilleure de l'année!
Où est-ce que vous êtes allé chercher ça!
Vous êtes tombé sur la tête!

Ce n'est pas lui qui a construit Versailles.

Hubert:

Non, bien sûr, c'est un de mes ancêtres, Adhémar Gonzague de Pinot-Chambrun, qui avait une petite entreprise de construction à l'époque.

Jean-Michel:

Sans blague!
Je ne l'aurais pas cru! | Votre famille était déjà dans la construction?
Pas possible!
Ce n'est pas très aristocratique!
Vous ne trouvez pas ça un peu vulgaire?

Vos ancêtres | étaient de vulgaires marchands | de pierre? / d'ardoise? / de brique?
ont aussi construit | les Pyramides? / la Bastille?

J'aurais cru que vos ancêtres | ne faisaient rien.
ne savaient que tuer.
étaient tous militaires.

Hubert:

Sachez, cher Monsieur, que mes ancêtres ont

construit | 37 cathédrales.
324 églises romanes.
73 églises fortifiées.
1 337 châteaux.
fait | 53 guerres.
huit coups d'état.
dirigé 329 charges de cavalerie
mis | quatre armées perdues / 5 000 canons | dans | la neige. / les plaines / les déserts | de Russie. / d'Italie. / d'Arabie.

Jean-Michel:

Les miens | ont / sont | été | paysans / ouvriers / les charpentiers / les maçons | pendant vingt siècles.

fait | quatre révolutions.

sauter | des ambassades. / des gouvernements. / des tonnes de pommes de terre.

travaillé / morts | pour faire vivre les vôtres.

Jean-Michel:

Vous avez toujours été / Vous n'êtes qu' / Vous serez toujours | un fils à papa.

Moi, je suis fier d'être fils | d'un / de / du | mon père. / travailleur. / peuple. / paysan. / agriculteur. / gardien de nuit. / marchand de chaussures.

Hubert:

Cher Monsieur, moi, je suis fier d'être

fils | de / d' / — / d'un | diplomate. / ambassadeur. / militaire. / architecte. / président d'entreprise. / banquier. / unique. / gardien de nuit au Ministère des Loisirs.

Préparation à la lecture et à l'écriture

47.46 Entraînement à la lecture

Lisez le document 4 de la leçon 47 dans votre livre de textes. Puis lisez les notes suivantes et complétez-les.

1. Prévert commence son poème par une longue énumération de toutes sortes de gens qui se précipitent au Palais de l'Elysée pour assister à un grand dîner chez le Président de la République.

2. Dans la bonne bourgeoisie française, on considère qu'il ne faut pas <u>couper</u> un poulet en morceaux n'importe comment; il faut savoir le _____ avec art, selon les règles.

3. Les oiseaux ont le corps couvert de plumes, la plupart des mammifères ont des poils et les poissons ont des <u>écailles</u>.

   Quand on achète un poisson, on demande en général au poissonnier de le vider et de l' _____ .

4. Si on ne veut pas que ses cheveux partent dans tous les sens, on peut les faire tenir en place avec des _____ à cheveux, généralement en métal, quelquefois en écaille de tortue.

5. Si on court vite et longtemps, on s'essouffle, on perd <u>le souffle</u>, on a du mal à respirer.

   Si on veut gonfler un ballon, on <u>souffle</u> de l'air dans le ballon.

   Quand il y a du vent, on dit que le vent _____ .

   Autrefois, pour faire les bouteilles, on prenait du verre fondu, de la pâte de verre très chaude, au bout d'un tuyau, et on _____ dedans pour lui donner la forme de la bouteille. Il fallait _____ très fort. C'était un travail très dur. Il fallait avoir beaucoup de _____ .

6. Dans la bonne bourgeoisie française, on considère qu'il ne faut pas _____ son pain, à table, avec un couteau. Il faut le <u>rompre</u> avec ses mains. (Autrefois, les paysans et les ouvriers qui s'arrêtaient dans leur travail pour manger tiraient un couteau de leur poche et _____ des bouchées de pain avec leur couteau pour les manger une à une.)

7. Les vaches produisent du lait, mais si on veut du lait, il faut le tirer de la vache: il faut le <u>traire</u>. Aujourd'hui, il y a des machines pour _____ les vaches; mais il y a aussi des paysans qui _____ les vaches à la main.

8. Le cœur fait circuler le sang; on digère avec l'estomac; on respire avec les _____ . La tuberculose est une maladie qui affecte les _____ .

9. Autrefois, avant les automobiles, on utilisait beaucoup les chevaux pour les transports. Les gens qui les utilisaient les faisaient souvent travailler très dur sans trop se préoccuper de leurs besoins. On voyait souvent des chevaux fatigués, qui avaient soif, et il y avait des gens charitables qui leur donnaient _____ .

10. En 1516, la Confédération Helvétique a signé un traité avec la France dans lequel la Suisse s'engageait à ne pas intervenir dans les affaires européennes. Les militaires suisses se trouvaient disponibles et la France a souvent loué les services de soldats suisses. Il y a donc eu une tradition de soldats suisses qui servaient en France entre le XVIème et le XVIIIème siècle. Au XIXème siècle et au début du XXème, il n'y avait plus de mercenaires suisses en France, mais il y avait, dans les églises catholiques, une sorte de concierge, habillé dans un bel uniforme militaire du XVIIIème siècle, armé d'une hallebarde, qui gardait l'entrée de l'église et assurait l'ordre pendant les cérémonies. On l'appelait le _____ .

11. Les gens qui veulent voyager clandestinement se mettent quelquefois sous une voiture (de train, par exemple) entre les roues. C'est évidemment très inconfortable et terriblement dangereux.

· ·

47.47 Entraînement à la lecture

Lisez le document 5, puis complétez et répondez.

1. En hiver, les voitures ne peuvent pas passer le col; elles ne peuvent pas le _____ .

2. Pourquoi les voitures ne peuvent-elles pas franchir le col en hiver?

_____

3. Avant la construction de la route, on ne pouvait franchir le col qu'à pied, ou alors en _____ , c'est-à-dire une chaise accrochée à deux barreaux, deux bâtons portés par deux hommes.

4. Le gave de Pau est une rivière, un torrent. Quand il a beaucoup plu, ou quand beaucoup de neige a fondu dans les montagnes, il y a trop d'eau dans les rivières, l'eau déborde, les rivières sont en crue. Les _____ des rivières causent des inondations.

· ·

47.48 Entraînement à la lecture et expansion du vocabulaire

Lisez le document 6 et complétez les phrases suivantes.

1. (Section 1) La paix des Pyrénées ne dit pas que Louis XIV va épouser Marie-Thérèse tout de suite, au moment de la signature, mais elle _____ qu'il l'épousera plus tard. C'est une <u>prévision</u>. Le mariage est décidé pour l'avenir, il est _____ .

2. (Section 2) Le roi est très amoureux de Marie Mancini; il _____ pour elle une grande passion.

3. (Section 3) Les Suisses (voyez les notes du document 4 ci-dessus) forment une double file sur le passage du cortège: ils font la _____ . Les haies autour de la villa de Colette (leçon 33, section 4) sont constituées par un rang, une rangée, d'arbustes. La haie qui rend les honneurs sur le passage du cortège est formée par un rang de soldats.

4. Le cortège se met en marche: il s' _____ .

5. Anne d'Autriche était la mère de Louis XIV.

6. (Section 4) Une calèche est une _____ tirée par des chevaux.

7. Quand on parle de la couleur d'un cheval, on dit la _____ .

. . . .

47.49 Entraînement à la lecture

Lisez le document 3, lisez les notes qui suivent, complétez et répondez aux questions.

1. Pourquoi Marie-Laure ne connaît-elle pas tous les rois de France?

_____

2. Qui vivait en France au premier siècle avant Jésus-Christ? (Voyez le document 4 de la leçon 7.)

_____

3. D'après la tradition, et Marie-Laure, comment Clovis est-il devenu roi?

_____

Clovis était un Franc. Les Francs, un de ces peuples barbares germains qui attaquaient l'empire romain depuis le troisième siècle, s'étaient installés dans le nord de la Gaule au cinquième siècle. Clovis et ses descendants ont conquis la presque totalité de la Gaule. Les Alamans étaient un autre de ces peuples barbares (c'est-à-dire qui n'appartenaient pas au monde gréco-romain).

4. Dagobert était un roi des Francs du septième siècle. Il s'est efforcé de maintenir l'ordre dans le royaume franc. A cette époque, les hommes ne portaient pas de pantalons mais plutôt des _____ .

5. Les rois fainéants, à la fin du septième siècle et au début du huitième siècle, avaient perdu le contrôle du royaume et laissaient gouverner les maires du palais, si bien que l'un d'eux, Pépin le Bref, a pu faire enfermer le roi dans un monastère et devenir roi lui-même, en 751.

6. Charlemagne (747–814) était le fils de Pépin le Bref. Il a renforcé l'unité du royaume franc et l'a étendu vers le nord et vers l'est jusqu'à la Bavière. En 800, le jour de Noël, le pape l'a couronné empereur d'Occident. Malgré tous ses succès, il n'a pas réussi à chasser les Arabes d'Espagne. Son expédition espagnole a échoué. Il a dû battre en retraite, et c'est en repassant les Pyrénées pour revenir en France que l'arrière-garde de son armée a été attaquée et son neveu Roland tué, épisode qui a inspiré la *Chanson de Roland*.

7. La *Chanson de Roland* est la première grande œuvre de la littérature française. C'est un poème épique qui exalte l'héroïsme de Roland et de ses compagnons, en 4 000 vers. Elle a été écrite au XIIème siècle.

8. Guillaume le Conquérant, duc de Normandie, a conquis l'Angleterre en 1066 et est devenu roi d'Angleterre.

9. Il reste encore, à Paris, quelques morceaux de murs de l'enceinte de Philippe Auguste.

Philippe Auguste (1165–1223) a participé à la troisième croisade avec Richard Cœur de Lion (sur les croisades, voyez le document 4 de la leçon 36). Il s'est battu contre les rois d'Angleterre du moment.

10. Louis le Hutin aimait se battre, il aimait la bataille, les combats, la lutte, la _____ , comme dit Marie-Laure.

11. Louis XVI aimait bien faire de petits travaux manuels: il aimait bien _____ .

12. Quels traits Clovis, Dagobert, Charlemagne, et Henri IV ont-ils en commun?

_____

13. Quels traits communs y a-t-il entre Clovis et Henri IV?

_____

14. Qu'est-ce que Charlemagne, Charles Martel, Philippe Auguste, et Saint-Louis ont en commun?

_____

15. Qu'est-ce que Philippe Auguste, Charles V, Charles VII, Jeanne d'Arc, et Louis XIV ont en commun?

_____

. . . .

47.50 Lecture et interprétation

Etudiez le document 1, lisez le texte suivant et répondez.

Philippe Soupault a été un des membres du mouvement dada passé au surréalisme.
André Breton (1896–1966) a été le chef du mouvement surréaliste dont il a rédigé les *Manifestes* (1924–1930). Il a voulu faire de la poésie à partir de l'écriture automatique, de "l'automatisme psychique pur"; il s'est donc intéressé au rêve et à la psychanalyse. Parmi ses œuvres: *Nadja* (1928), *Le Revolver à cheveux blancs* (1932), *Les Vases communicants* (1932), *L'Amour fou* (1937) et, en collaboration avec Philippe Soupault, *Les Champs magnétiques* (1920).

1. D'après Breton et Soupault, quelle est l'altitude du Mont-Blanc? Avec qui sont-ils d'accord, Mireille ou Hubert?

_____

_____

2. Parmi les différents sites illustrés, lequel préféreriez-vous voir? Pourquoi?

_____

_____

. . . .

47.51 Lecture et interprétation

Lisez le document 2 et répondez.

Pourquoi Sartre, enfant, avait-il l'impression d'être au paradis? Pourquoi était-il si satisfait?

_____

_____

Leçon **48**

Assimilation du texte

🎧 48.1 Mise en œuvre

Ecoutez le texte et la mise en œuvre dans l'enregistrement sonore. Répétez et répondez suivant les indications.

. . . .

🎧 48.2 Compréhension auditive

Phase 1: Regardez les images et répétez les énoncés que vous entendez.

1. ___

2. ___

3. ___

4. ___

5. ___

6. ___

Phase 2: Ecrivez la lettre de chaque énoncé sous l'image qui lui correspond le mieux.

∩ 48.3 Production orale

Ecoutez les dialogues suivants. Vous allez jouer le rôle du second personnage.

1. Hubert: Ça va, depuis hier? . . . Les autres ne sont pas là?
   Mireille: (. . .)
2. Mireille: Allons, Marie-Laure, tu sais très bien qu'on ne peut pas t'emmener! Tu iras à Saint-Jean-de-Luz avec Papa et Maman.
   Marie-Laure: (. . .)
3. Robert: La France en bateau? C'est moi que vous voulez mener en bateau!
   Hubert: (. . .)
4. Hubert: On peut très bien faire la France en bateau. Pensez! 5 000 kilomètres de côtes!
   Mireille: (. . .)
5. Hubert: Mais j'y pense! Ma famille a un petit voilier à Villequier. On pourrait peut-être l'emprunter!
   Mireille: (. . .)
6. Mireille: Je n'ai pas envie d'aller me noyer à la fleur de l'âge.
   Marie-Laure: (. . .)
7. Colette: Il est 5h. Il faut que je parte.
   Hubert: (. . .)

. . . .

∩ 48.4 Compréhension auditive et production orale

Ecoutez les dialogues suivants. Après chaque dialogue, vous allez entendre une question. Répondez à la question.

1. Pourquoi, d'après Mireille, est-ce que ce serait intéressant de faire la France en bateau?
2. Pourquoi est-ce que Jean-Michel ne veut pas se baigner dans la mer du Nord ou dans la Manche?
3. D'après Hubert, qui est-ce qui fabrique les voitures Renault?
4. Pourquoi, d'après Marie-Laure, est-ce que Mireille ne risque pas de se noyer?
5. A quelle heure est-ce que Marie-Laure doit rentrer à la maison?
6. Qu'est-ce que Mireille va faire si Marie-Laure est sage?

Préparation à la communication

∩ 48.5 Activation orale: Prononciation; la semi-voyelle /j/ (révision)

Ecoutez et répétez. Faites attention de passer directement de la semi-voyelle à la voyelle suivante.

Il n'y a qu'un yacht au milieu de la rivière.
Ils ont un voilier à Villequier.
Il n'est pas question que vous alliez vous noyer à Villequier.
Ni en janvier ni en juillet.
Le monde entier nous a copiés.
C'est sérieux et mystérieux.
C'est une question de coïncidence.
Mireille aime la bouillabaisse et faire la sieste au soleil de Marseille.

∩ 48.6 Observation: Sérieux et plaisanterie

sérieux	plaisanterie
C'est tout à fait sérieux.	Mais non. . . .
Ce n'est pas de la blague.	Je ne suis pas sérieux.
Ce n'est pas une blague.	
C'est vrai!	Je dis ça pour rire.
Ce n'est pas une plaisanterie.	Je plaisante.
Je suis tout à fait sérieux.	
Je ne plaisante pas.	Je m'amuse.
Je ne me moque pas de vous.	
Je ne dis pas ça pour rire.	Je disais ça pour rire.
Je ne dis pas ça pour plaisanter.	Je disais ça pour plaisanter.

⌒ 48.7 Activation: Compréhension auditive; sérieux et plaisanterie

Dans chaque énoncé que vous allez entendre, déterminez s'il s'agit de quelque chose de sérieux ou d'une plaisanterie. Cochez la case appropriée.

	1	2	3	4	5	6	7	8	9	10
sérieux										
plaisanterie										

. . . .

⌒ 48.8 Observation: Côtes et fleuves

	sur	**à**
—Ouessant,	c'est **sur** la côte?	—Non, c'est **à** vingt kilomètres de la côte. C'est en mer.
—Rouen,	c'est **sur** la côte?	—Non, c'est **à** l'intérieur des terres.
	mais c'est **sur** un fleuve,	
	c'est **sur** la Seine.	
Marseille	est **sur** la côte.	
	C'est **sur** la Méditerranée.	
	C'est **sur** la côte de la Méditerranée.	

Carte de France

⌒ 48.9 Activation orale: Côtes et fleuves

Regardez la liste de dix villes ci-dessous, et cherchez chaque localité sur la carte. Puis répondez aux questions selon les exemples.

Exemples:

Vous voyez: 1. Marseille
Vous trouvez Marseille dans le sud de la France, sur la Méditerranée.
Vous entendez: Marseille, c'est sur la mer du Nord?
Vous dites: Non, c'est sur la Méditerranée.

Vous voyez: 2. Paris
Vous trouvez Paris à l'intérieur de la France.
Vous entendez: Paris, c'est sur la côte?
Vous dites: Non, c'est à l'intérieur des terres.

3. La Rochelle
4. Saint-Tropez
5. Lyon
6. Montélimar
7. Bordeaux
8. Toulouse
9. Saumur
10. Villequier

⌒ 48.10 Observation: Confirmation; *c'est bien*

proposition principale	proposition relative
C'est bien le guide vert	que je devais apporter?
Oui, **c'est bien** le guide vert.	
Oui, **c'est bien** le guide vert	que tu devais apporter.

⌒ 48.11 Activation: Dictée; confirmation

Ecoutez et complétez.

1. Robert: Ah, _____, j'_____,

   je _____ Belleau.

   Colette: _____,

   _____

2. Mireille: Allô, oui? . . . Oui, _____ M. Belleau.

   _____ .

   _____ ?

   M. Charpentier? _____ ,

   Papa! _____ .

   M. Charpentier _____ .

⌒ 48.12 Activation orale: Confirmation; *c'est bien*

Répondez selon l'exemple.

Exemple:

Vous entendez: 1. Ouessant, ce n'est pas en Bretagne?
Vous dites: Si, si, c'est bien en Bretagne.

2. Ce n'est pas des berlingots que tu voulais?
3. Ce n'est pas ça?
4. Ce n'est pas à Montélimar qu'on fait du nougat?
5. Ce n'est pas à Marseille qu'on fait la bouillabaisse?
6. Ce n'est pas à Saint-Jean-de-Luz que vous allez pour les vacances?
7. Ce n'est pas Louis XIV qui a fait faire le canal du Midi?

🎧 48.13 Observation: *Ce qui, ce que, ce dont* (révision et extension)

	sujet
C'est ça qui t'intéresse?	Oui, c'est **ce qui** m'intéresse.
	objet direct
C'est ça que tu veux?	Oui, c'est **ce que** je veux.
	objet de **de**
C'est de ça que tu as besoin?	Oui, c'est **ce dont** j'ai besoin.

🎧 48.14 Activation orale: *Ce qui, ce que, ce dont*

Répondez selon les exemples.

Exemples:
Vous entendez: 1. Ça t'intéresse, ça?
Vous dites: Oui, c'est exactement ce qui m'intéresse.

Vous entendez: 2. C'est ça que vous voulez?
Vous dites: Oui, c'est exactement ce que nous voulons.

Vous entendez: 3. C'est de ça qu'il a besoin?
Vous dites: Oui, c'est exactement ce dont il a besoin.

4. Ça te plaît, ça?
5. Tu as envie de ça?
6. Ça vous ennuie, ça?
7. C'est de ça que tu as peur?
8. Il croit ça?
9. Tu as compris ça, toi?
10. C'est ça que tu cherches?
11. Ils ont peur de ça?

🎧 48.15 Activation orale: *Ce qui, ce que, ce dont*

Répondez selon l'exemple.

Exemple:
Vous entendez: 1. Il y a des berlingots. Tu en veux?
Vous dites: Oui, c'est exactement ce que je veux.

2. Il y a des nougats. Tu en as envie?
3. J'ai apporté le guide de la Bretagne. Ça t'intéresse?
4. Robert a acheté des chaussures de marche. Il en avait besoin?
5. Robert et Mireille ont gagné 40.000F à la loterie. Ils avaient besoin d'argent?

🎧 48.16 Observation: *Penser à, penser de;* choses et personnes

personne	*chose*
Robert pense à sa mère. Il pense **à elle.**	Robert pense **aux** vacances. Il y pense.
Que penses-tu d'Hubert? Que penses-tu **de lui**?	Que penses-tu **de** cette idée? Qu'**en** penses-tu?

48.17 Activation écrite: Prépositions et pronoms, choses et personnes; *s'intéresser à, faire attention à, se souvenir de, penser à, penser de*

Lisez et complétez.

A.

1. Jean-Michel s'intéresse _____ la sidérurgie solaire.

2. Colette ne s' _____ pas.

3. Mireille ne s'intéresse pas _____ aciéries.

4. Il n'y a que Jean-Michel qui _____ .

B.

5. Personne n'a fait attention _____ l'homme en noir.

6. Il n'y a que Marie-Laure qui _____ .

7. Mireille: Tu te souviens _____ Victor Hugo?

   Marie-Laure: Euh! . . . Non, pas vraiment. . . .

8–9. Mireille: Comment! Tu ne te souviens pas de _____ ? Et tu te souviens _____ berlingots _____ on

   achetait à Belle-Ile?

10. Marie-Laure: Ça oui, je _____ !

11. Mireille: Et tu te souviens _____ M. Boucher?

12. Marie-Laure: Non, je ne me souviens pas _____ .

   Mireille: Mais si, voyons, c'était le pharmacien, à Belle-Ile!

13. "L'argent ne se souvient _____ rien." (Marcel Aymé, 15–document)

14. Jean-Pierre: Ah, mais je _____ vous! C'est vous qui portiez cette ravissante jupe rouge, un

   matin, au Luxembourg!

C.

15. Hubert: Mais j' _____ pense!

16. Hubert pense _____ petit voilier que sa famille a à Villequier.

17. Aucassin pense _____ Nicolette, sa douce amie! (10–document)

18. Il pense _____ jour et nuit.

19. Robert: Ma chère maman, je n'écris pas souvent, mais je pense _____ tous les jours. . . .

20. Personne ne pense plus _____ l'homme en noir. Il n'y a que Marie-Laure qui pense encore _____ .

21. Mireille: _____ qui penses-tu?

22. Robert: Mais je pensais _____ , bien sûr!

23. Mireille: Pourquoi est-ce que je n'ai pas pensé _____ ça! J'aurais dû _____ penser!

24. Marie-Laure: Merci pour tous ces bonbons! C'est gentil d'avoir _____ ! J'adore les bonbons!

25. Mireille: Mais, j' _____ ! Pourquoi ne viendrais-tu pas avec nous? C'est ça qui te changerait les idées!

26. Mireille: Pour cet été, j'avais pensé _____ la Suède.

27. Hubert: Tiens! Moi aussi, justement, j' _____ !

28. Robert: _____ quoi penses-tu?

29. Mireille: Je _____ mes examens!

30. Robert: Il ne faut pas _____ ! Il faut penser _____ autre chose!

D.

31. Mireille: Qu'est-ce que tu as _____ film? Ça t'a plu?

32. Robert: Tu veux savoir ce que j' _____ pense? Eh bien, je n' _____ pense rien! Je n'y ai rien compris!

33. Hubert: On pourrait faire la France en bateau! Qu'est-ce que vous _____ cette idée? Qu'est-ce que vous _____ pensez?

34. Hubert: Que pensez-vous _____ restaurant de la Mère Michel à Caen?

35. Colette: Je n' _____ rien, parce que je ne _____ connais pas. Mais je peux vous dire ce _____ pensent Gault et Millau.

36. Mireille: Tu connais Georges? Qu'est-ce que tu penses _____ ?

37. Tu connais Sophie? Qu'est-ce que tu _____ ?

38. Tu connais Marc et Catherine? Qu'est-ce que tu _____ ?

39. Tu connais la Normandie? Qu'est-ce que tu _____ ?

40. Tu as vu la Méhari d'Hubert? Qu'est-ce que tu _____ ?

_____

. . . .

🎧 48.18 Observation: *Laisser*

	laisser	objet direct	
Laissez, laissez;			ça n'a pas d'importance.
	Laissez	ça;	ne vous inquiétez pas!
Ça ne **laisse** pas		beaucoup de temps	pour l'histoire de l'art.

	laisser	objet direct	adjectif
	Laisse	ce banc	tranquille!
	Laisse-	moi	tranquille! Ne m'embête pas!
Jean-Pierre **a laissé**		la table	libre.

	objet direct	laisser	infinitif
Vous		**laissez**	tomber des papiers devant elle.
Elle	nous	**laissera**	goûter les berlingots?
Tu ne peux pas	me	**laisser**	partir tout seul!

🎧 48.19 Activation orale: *Laisser*

Répondez selon l'exemple.

Exemple:
Vous entendez: 1. Je veux venir avec vous!
Vous dites: Laissez-moi venir avec vous!

2. Marie-Laure veut aller au cinéma.
3. Il veut partir.
4. Nous voulons écouter la radio.
5. Robert et Mireille veulent aller au théâtre.
6. Je veux dire quelque chose.

· ·

🎧 48.20 Activation: Dictée; *laisser*

Ecoutez et complétez.

1. A la Closerie des Lilas, Mireille _____ Robert
_____ à la terrasse; elle doit rentrer déjeuner à la
maison.

2. Au Fouquet's, le garçon _____ une
pièce de monnaie.

3. Les jeunes gens _____ un petit
pourboire sur la table.

Puis ils sont partis. Ils _____ la table
_____ .

· ·

🎧 48.21 Activation: Dictée; *laisser*

Ecoutez et complétez.

1. Marie-Laure: Ouh!

Mireille: _____ !

Marie-Laure: _____ , hein?

Mireille: Mais _____ ?

2. Marie-Laure: Allô? Mireille? Ah, _____ .

_____ ?

· ·

🎧 48.22 Activation orale: Revanche; formes du futur (révision)

Répondez selon l'exemple.

Exemple:
Vous entendez: 1. Tu voudrais bien que je ne vienne pas
avec vous, hein?
Vous dites (*en imitant Marie-Laure*): Eh bien, je viendrai!
(Na!)

2. Tu voudrais bien que je te dise où je vais, hein?
3. Tu voudrais bien partir sans moi!
4. Tu voudrais bien faire ce petit voyage sans moi!
5. Tu voudrais bien que j'aille à Saint-Jean-de-Luz avec
Papa et Maman.
6. Tu voudrais bien que je ne vienne pas avec vous!
7. Tu voudrais bien avoir un berlingot!
8. Tu voudrais bien savoir ce que je vais faire.
9. Tu voudrais bien pouvoir faire ça.

🎧 48.23 Observation: Futur (révision et extension)

quand	futur	
On ira dans un hôtel **quand**	on **sentira**	le besoin de prendre une douche.

si	présent	
On ira à l'hôtel	**si** on **sent**	le besoin de prendre une douche.

Notez que la conjonction *quand* peut être suivie du futur. La conjonction *si*, cependant, n'est jamais suivie du futur.

. . . .

🎧 48.24 Activation orale: Futur

Répondez selon l'exemple.

Exemple:
Vous entendez: 1. Nous avons décidé de partir dans huit jours.
Vous dites: Nous partirons dans huit jours.

2. Nous avons décidé de faire du camping.
3. Robert a décidé de louer une voiture.
4. Hubert a décidé de venir avec nous.
5. Robert et Mireille ont décidé d'emporter des sacs de couchage.
6. Nous avons décidé d'aller en France cet été.
7. Colette a décidé d'accompagner Mireille et ses amis.
8. Mireille a décidé d'être actrice et infirmière.

🎧 48.25 Activation orale: Futur

Répondez selon l'exemple.

Exemple:
Vous entendez: 1. On s'arrêtera dans un hôtel si on a envie de prendre une douche.
Vous dites: On s'arrêtera dans un hôtel quand on aura envie de prendre une douche.

2. On reviendra si on en a assez.
3. On s'arrêtera si on est fatigué.
4. On mangera si on a faim.
5. On restera à l'hôtel s'il pleut.
6. On prendra les vélos s'il fait beau.

. . . .

🎧 48.26 Activation: Dictée; futur après *quand*

Ecoutez et complétez.

1. Marie-Laure: Je _____ la télé?

   Mme Belleau: _____ fini tes devoirs. _____ !

2. Marie-Laure: Moi, _____ , je _____

   Présidente de la République.

3. Mireille: _____ ?

   Robert: _____ ?

   Mireille: _____ !

⌒ 48.27 Observation: Demandes; subjonctif (révision)

proposition principale		proposition subordonnée
demande		subjonctif
Je veux	que tu	**sois** là à 6 heures.
Je tiens	à ce que vous	**veniez.**
Ils insistent	pour que nous y	**allons.**

Notez que, dans ces phrases, *être là, venir,* et *aller* ne sont pas présentés comme des réalités. Quand Mireille dit à Marie-Laure: "Je veux que tu sois là à 6 heures," elle n'indique pas que Marie-Laure sera (ou ne sera pas) là à 6 heures. Mireille indique sa demande, son exigence: "Je veux." Elle n'indique pas que cette demande sera ou ne sera pas réalisée.

· ·

⌒ 48.28 Activation orale: Demandes; subjonctif

Répondez selon l'exemple.

Exemple:
Vous entendez: 1. Viens avec nous. Je le veux.
Vous dites: Je veux que tu viennes avec nous.

2. Arrange-toi pour être à l'heure. J'y tiens.
3. Prenez des billets de première classe. J'aimerais mieux.
4. Allons-y demain. Ils insistent.
5. Partez à 6h. Ce serait mieux.
6. Venez déjeuner à la maison. J'y tiens.

· ·

48.29 Activation écrite: Insistance; formes de *voir* (révision)

Lisez et complétez le dialogue téléphonique suivant.

On ne se voit plus!

1. Robert: Allô, Mireille? Je voudrais _____ voir.

   Mireille: Oh, écoute, je n'ai pas que ça à faire!

2. Robert: J'ai besoin _____ !

3. Mireille: Mais enfin, on se _____ tous les jours!

4. Robert: Non, on ne s' _____ hier!

5. Mireille: Eh bien, on se _____ demain ou après-demain.

6. Robert: Il faut absolument que nous nous _____ !

7. Mireille: Mais non! Si on se _____ tous les jours, ça deviendrait monotone.

8. Robert: Ecoute, il faut absolument que je te _____ aujourd'hui, je ne sais plus _____ j'ai fait de

   l'argent de la loterie; je crois que je _____ perdu!

⌂ 48.30 Observation: Possession; pronoms possessifs

Il me rapportait mais ce n'étaient pas	des boules de gomme, **les miennes.**
Marie-Laure n'a pas pris parce que ce n'étaient pas	les boules de gomme, **les siennes.**
Oui, d'accord, les Russes ont mais ils l'ont copiée sur	une marémotrice, **la nôtre.**

Les miennes, les siennes, et *la nôtre* remplacent *les boules de gomme* et *la marémotrice;* ce sont des pronoms. Ces pronoms indiquent les possesseurs des boules de gomme ou de la marémotrice; ce sont des pronoms possessifs.

possesseur		objet possédé			
		nom masculin singulier	*nom féminin singulier*	*nom masculin pluriel*	*nom féminin pluriel*
personnes du singulier	*première personne*	mon nougat **le mien**	ma madeleine **la mienne**	mes bonbons **les miens**	mes boules de gomme **les miennes**
	deuxième personne	ton nougat **le tien**	ta madeleine **la tienne**	tes bonbons **les tiens**	tes boules de gomme **les tiennes**
	troisième personne	son nougat **le sien**	sa madeleine **la sienne**	ses bonbons **les siens**	ses boules de gomme **les siennes**
personnes du pluriel	*première personne*	notre bateau **le nôtre**	notre voiture **la nôtre**	nos vélos **les nôtres**	nos bicyclettes **les nôtres**
	deuxième personne	votre bateau **le vôtre**	votre voiture **la vôtre**	vos vélos **les vôtres**	vos bicyclettes **les vôtres**
	troisième personne	leur bateau **le leur**	leur voiture **la leur**	leurs vélos **les leurs**	leurs bicyclettes **les leurs**

Notez la présence de l'accent circonflexe sur les pronoms possessifs *le/la nôtre, les nôtres, le/la vôtre,* et *les vôtres,* et l'absence d'accent circonflexe sur les adjectifs correspondants (*notre bateau, votre voiture*).

· ·

⌂ 48.31 Activation orale: Possession; pronoms possessifs

Répondez selon l'exemple.

Exemple:
Vous entendez: 1. C'est bien le vélo de Robert?
Vous dites: Oui, c'est le sien.

2. C'est bien ma madeleine?
3. C'est votre voiture, là-bas?
4. C'est l'appartement des Belleau?
5. Ce sont les boules de gomme de Marie-Laure?
6. C'est le bateau des parents d'Hubert?

7. C'est ta bicyclette?
8. Ce sont les bonbons de Marie-Laure?
9. Ce sont les chaussures de Robert?
10. Ce sont bien mes livres?
11. C'est bien la maison des Courtois?
12. Ce sont bien mes lunettes?
13. Ce sont nos boules de gomme?
14. C'est le chien de Tante Georgette?

🎧 48.32 Activation: Dictée; pronoms possessifs

Ecoutez et complétez.

1. M. Belleau: _____ !

   _____ ,

   _____ .

   Marie-Laure: _____

   Tonton Guillaume _____ !

2. M. Belleau: _____ ?

   Marie-Laure: _____ , _____ .

. . . .

48.33 Activation écrite: Place des pronoms (révision)

Complétez.

1–3. Marie-Laure: Il m'a dit qu'il me rapportait mes boules de gomme. Mais ce n'étaient pas les miennes. Alors

je _____ rendues. Il m'a demandé: "Mais, pourquoi est-ce que tu _____ rends?"

Et je lui ai dit: "Je _____ rends parce que ce ne sont pas les miennes! C'est simple, non?"

4. Mireille: Mais qu'est-ce que c'était, ces boules de gommes? D'où venaient-elles?"

Marie-Laure: Je ne sais pas, moi! Je _____ pas demandé, alors il ne _____ pas dit.

5. Mireille: Je ne t'avais jamais raconté l'histoire de la fille de Victor Hugo?

Marie-Laure: Ben non, tu _____ racontée!

6–7. Hubert: Mes parents ont un petit voilier à Villequier. Ils _____ prêteront certainement si nous

le voulons. Voulez-vous que je _____ demande?

8. Marie-Laure: Ces bonbons sont à moi! Colette _____ donnés!

9. Colette: C'est vrai que je _____ donnés! Mais enfin, Marie-Laure, tu peux quand même en donner

quelques-uns aux autres!

10–11. Marie-Laure: Je _____ donnerai s'ils m'emmènent avec eux. Sinon, je

_____ pas!

. . . .

48.34 Activation écrite: Fins et commencements; *commencer à, commencer par, finir de, finir par*

Complétez.

Commençons par le commencement

A.

1. Jean-Michel: Il y en a qui commencent _____ m'embêter!

2. Robert s'installe à la terrasse d'un café et il commence _____ écrire une carte postale à sa mère. (14–8)

3. Mme Courtois: Le berger s'est approché _____ moi et il a commencé _____ me parler. (16–document)

4. Mireille: En vieillissant, je commence _____ comprendre. (35–2)

5. Colette: Je commence _____ en avoir assez de la plaine. (47–6)

B.

6. Mireille: Tu pourrais commencer _____ les salles subventionnées. (39–2)

7. Colette: J'ai deux nouvelles à vous annoncer, une bonne et une mauvaise.

   Mireille: Commence _____ la bonne. (46–document)

8. Le professeur: Faisons le portrait des jeunes gens. Commençons _____ celui du jeune homme. (4–3)

9. Mireille: Je vais vous présenter ma famille. Voyons, commençons _____ mes parents. (8–6)

10. Georges: Bon, allons-y! Faisons des portraits. On commence _____ les gens de la famille.

C.

11. Robert commande son petit déjeuner, puis il finit _____ s'habiller. (25–1)

12. Mme Belleau: Tu regarderas la télé quand tu auras fini _____ travailler.

13. Robert: On y va?

    Mireille: Oui, mais attends que j'aie fini _____ boire mon kir, quand même!

14. Mireille: Je ne peux pas partir avant d'avoir fini _____ passer tous mes examens.

D.

15. Mireille finit _____ convaincre Jean-Michel. (46–6)

16. "Quand on garde l'argent dans ses poches, il finit toujours _____ sentir mauvais." (Marcel Aymé, 15–document)

17. Il n'est pas vrai que les énigmes finissent toujours _____ être résolues.

18. Mme Courtois: Tu travailles trop! Tu vas finir _____ faire un infarctus!

19. Marie-Antoinette et Louis XVI ont fini _____ être guillotinés tous les deux. (47–document)

. . . .

48.35 Activation écrite: Relations spatiales; *côte, à côté, du côté, de côté*

Etudiez les phrases suivantes et complétez.

A.

1. Hubert: Il y a cinq mille kilomètres de _____ en France.

2. Mireille: Ouessant est _____ vingt kilomètres _____ de Bretagne.

3. Saint-Jean-de-Luz est sur _____ côte basque.

4. Saint-Tropez est _____ d'Azur.

5. _____ de Bretagne sont rocheuses et découpées.

6. En _____ d'Ivoire, on parle français.

7. On peut aller de Belgique au Pays Basque en longeant _____ .

B.

8. Les jeunes gens sont à la terrasse du Fouquet's. A la table _____ , un homme les regarde avec attention. (40–1)

9. Les jeunes gens sont à la terrasse du Fouquet's. Une table est libre à _____ . (39–5)

10. Mireille: Ce n'est pas loin. C'est juste _____ . Tu n'auras qu'à prendre le métro. (36–5)

C.

11. Mireille: _____ côté, c'est l'enfer, et _____ autre côté, c'est le paradis.

12. Robert: Provins, c'est _____ Chartres?

    Le patron de l'hôtel: Ah non, c'est à l'opposé. (30–1)

13. Mireille: Rendez-vous à la gare Montparnasse, _____ banlieue. (27–5)

14. Ce n'est pas facile d'organiser des programmes d'enseignement: _____ , il faut transmettre la "culture";

    _____ autre côté, il faut préparer les jeunes à la vie. (21–document)

15. Mireille habite juste en face, _____ la rue. (18–1)

16. Mme Courtois: Au Pays Basque, il y a plus d'indépendantistes _____ espagnol que

    _____ français. (16–document)

17. Le garçon de café: Vous avez un bureau de poste, là-bas, _____ pont. (14–9)

18. Robert: La rue de Vaugirard, c'est par ici? C'est par là? C'est _____ ? (32–1)

19. Mireille: Non! On ne va pas traverser la place de la Concorde! Allons plutôt _____ Champs-Elysées.

    (38–5)

    Tiens! Allons _____ Montparnasse. (38–1)

20. Robert: Est-ce qu'il y a de bons vins _____ Provins? (33–3)

D.

21. Mireille: On n'a pas assez de place pour étaler la carte; mettons la table _____ et on mettra la carte par terre.

22. Au Fouquet's, l'homme en noir a bousculé les deux amoureux, il les a poussés _____ pour prendre leur table.

23. Marie-Laure a le sens de l'économie. Elle met de l'argent _____ pour quand elle sera mariée!

. . . .

48.36 Activation écrite: Relations spatiales; *chez, à, à la maison* (révision et extension)

Complétez.

1. Marie-Laure: Où est-ce que vous allez aller pour discuter du voyage, _____ Hubert?

   Mireille: Non, à _____ , chez nous.

2. Mireille: N'oublie pas que jeudi soir tu dînes _____ ! (29–4)

3. Mme Courtois: Mon mari n'est jamais _____ . Toujours en voyage! . . . Moi, je reste

   _____ ! Avec Minouche, je ne peux pas voyager. (22–7)

4. Mireille: Je rentre tous les jours déjeuner _____ . (21–8)

5. Mireille: Le pire, c'est le travail _____ . (19–8)

6. Mireille: Maman n'est pas _____ bureau?

7. Marie-Laure: Ben, non; elle était _____ et elle te cherchait. (15–7)

8. Le plombier: J'ai essayé de téléphoner aux Belleau, mais ils n'étaient pas _____ .

9. Mireille: Mes parents ne sont _____ qu'à partir de 7 heures du soir, pas avant.

10. Colette: Je peux passer _____ , demain? Tu y seras?

11. M. Belleau travaille _____ Renault, Mme Belleau _____ Ministère de la Santé.

12. Où est-ce que vous préféreriez travailler? Chez Peugeot ou à la FNAC? _____ Citroën ou _____ Aciéries

d'Ugine? _____ Dior ou _____ CNRS (le Centre National de la Recherche Scientifique)?

_____ Fauchon ou _____ la Samaritaine? _____ Michelin ou _____ Aérospatiale? _____

SNCF ou _____ Pierre Cardin? _____ Dupont ou _____ EDF (Electricité de France)? _____

Drugstore ou _____ Monoprix de la rue de Rennes?

13. Vous préféreriez être chauffeur _____ les Pinot-Chambrun ou _____ la RATP (Régie Autonome des Transports

Parisiens)?

14. Quand Robert cherchait Mireille à Saint-Germain-des-Prés, il ne l'a trouvée ni _____ Flore, ni _____

Vagenende, ni _____ Deux Magots, ni _____ Lipp.

15. Robert et Mireille ont bu des kirs _____ Closerie des Lilas et Mireille a déjeuné avec Hubert _____ Angélina.

16. Quand Robert est tombé du balcon, on l'a amené _____ hôpital. S'il ne se sent pas bien, il ira _____ docteur.

17. Mme Courtois doit amener Minouche _____ vétérinaire. Mme Belleau doit aller _____ dentiste.

18. Mme Courtois: Ce que j'aime _____ Basques, c'est leur sérieux. (16–document)

19. Mireille est passée devant _____ Van Cleef & Arpels mais elle n'a rien acheté.

20. Mme Belleau: J'ai rendez-vous _____ coiffeur. En revenant, je passerai _____ boulangerie et

_____ le boucher.

· ·

48.37 Activation écrite: Vocabulaire; *gâter, goûter, goût, garder, gardien, mener en bateau, plage, ours, frileux, réussir*

Lisez et complétez.

A.

1. Colette a apporté tout un tas de bonbons à Marie-Laure. Mireille trouve qu'elle _____ un peu trop.

2. Tonton Guillaume aussi _____ Marie-Laure, il lui fait des cadeaux magnifiques.

3. Marie-Laure est une enfant _____ !

4. Tante Georgette: Si Guillaume n'était pas si riche, il _____ moins Marie-Laure. Et ça ne serait pas plus

mal pour elle!

B.

5. Colette: J'espère que Marie-Laure nous laissera un peu _____ toutes ces gâteries!

6. M. Courtois: Tenez, Robert, _____ cet armagnac. Je crois qu'il vous plaira. (24–8)

7. M. Courtois sert un bordeaux rouge que tout le monde _____ dans un silence religieux. (24–7)

8. Cécile: Allons, les enfants, il est plus de quatre heures, c'est l'heure du _____ . (9–6)

9. La plupart des enfants de 8 à 14 ans mangent au _____ des biscuits sucrés, du chocolat en tablettes ou des barres au

chocolat ou aux céréales. (9–document)

10. "Même les cafés-crème

N'ont plus le _____ que tu aimes." (Guy Béart, 29–document)

11. Une sauce donne du _____ à un plat.

12. "L'Histoire a _____ de carton." (Norge, 19–document)

13. Hubert: Vous avez des _____ bien vulgaires! (40–6)

14. Tante Georgette: Chacun ses _____ !

C.

15. Marie-Laure: Je vous donnerai des bonbons si vous m'emmenez. Sinon je _____ tout!

16. Mireille: Pour les barbouillages, c'était moi la championne de la classe. Et j'_____ le titre jusqu'à la fin de la maternelle. (19–4)

17. Robert voudrait que ce soit Mireille qui _____ le billet de loterie. (41–6)

18. "Si on _____ l'argent dans ses poches, il finit toujours _____ sentir mauvais." (Marcel Aymé)

19. Les Courtois ne devront jamais découvrir que Mireille et Robert s'étaient rencontrés le mercredi avant. Maintenant, Robert et Mireille devront _____ le secret. (24–3)

20. Mireille: Cécile me conseille de _____ cet argent pour quand je _____ mariée. (44–5)

21. Tonton Guillaume: Tu devrais aller faire de bons repas avec tes copains. Tu _____ les menus; ça te ferait des souvenirs pour tes vieux jours.

22. Mireille: Qu'est-ce qu'il fait, votre père, dans cette banque, il est caissier, _____ de nuit? (14–5)

23. Mme Belleau: Chaque co-propriétaire doit payer sa part du traitement des _____ de l'immeuble. (34–1)

D.

24. Robert: Faire la France en bateau? C'est moi _____ vous voulez _____ !

25. Vous vous rappelez, l'autre jour, au Luxembourg, quand Marie-Laure a raconté à Mireille que leur mère la cherchait, et que ce n'était pas vrai! Elle l'a bien _____ bateau!

26. Marie-Laure, elle, ne se laisse pas facilement _____ . On ne lui fait pas croire n'importe quoi!

E.

27. Mireille: Cinq mille kilomètres de côtes! Ça en fait, des _____ .

28. La côte est très belle, mais on ne peut pas se baigner; il n'y a pas de _____ .

29. Mireille: A Saint-Jean-de-Luz, je passe toute la journée sur _____ à prendre le soleil.

30. A marée basse, _____ est immense.

F.

31. Jean-Michel ne veut pas se baigner dans la mer du Nord parce que l'eau est trop froide. Hubert se moque de lui: "Monsieur est _____ !"

32. Les _____ blancs, eux, ne sont pas _____ ; ils n'ont pas peur du froid.

33. Il reste encore quelques _____ (bruns) dans les Pyrénées, mais ils sont en voie de disparition.

34. Les _____ ont la réputation d'être des animaux qui aiment le miel, ne sont pas très aimables, et pêchent les saumons d'un coup de patte. Ils ont aussi une peau qui peut valoir très cher.

35. La Fontaine dit qu'il ne faut pas vendre la peau de l'_____ avant de l'avoir tué.

G.

36. Hubert: La pointe Bic est une magnifique _____ technique et commerciale, d'accord.

37. Les élèves qui travaillent sont souvent absents, et ces absences compromettent la _____ au bac. (29–document)

38. Marie-Laure: On ne peut pas _____ comme masseur si on a les mains froides! (18–4)

39. Mireille: On n'est jamais sûr de _____ . (18–6)

40. Robert: J'ai toujours _____ à tous mes examens. (20–5)

41. Il y a des gens qui _____ mieux que d'autres.

. . . .

48.38 Activation écrite: *Plaire* (récapitulation)

Complétez avec la forme convenable de *plaire*.

On ne peut pas plaire à tout le monde

1. Mireille: J'ai invité un copain à venir avec nous. Un type formidable. Je suis sûre qu'il te _____ .

2. Robert: Moi, ça m'étonnerait qu'il me _____ !

3. Mireille: Et pourquoi est-ce qu'il ne _____ pas?

4. Robert: Parce que tes copains ne me _____ pas!

5. Mireille: Eh bien, moi, il _____ beaucoup, na!

6. Robert: Peut-être qu'il me _____ davantage s'il te _____ moins!

7. Mireille: Remarque qu'au début il ne me _____ pas tellement. La première fois que je l'ai vu, il ne

    m' _____ du tout! Mais après, il m' _____ de plus en plus!

8. Robert: Eh bien, moi, il _____ de moins en moins!

. . . .

🎧 48.39 Activation orale: Dialogue entre Mireille et Marie-Laure

Vous allez entendre un dialogue entre Mireille et Marie-Laure. Ecoutez bien. Vous allez apprendre les répliques de Mireille.

Marie-Laure: Il me rapportait mes boules de gomme.
Mireille: **Tu les avais perdues?**
Marie-Laure: Non.

Mireille: **Ben, qu'est-ce que c'était, ces boules de gomme qu'il te rapportait?**
Marie-Laure: Ce n'étaient pas les miennes. C'étaient d'autres boules de gomme.
Mireille: **Je n'y comprends rien.**

Exercices-tests

48.40 Exercice-test: Vocabulaire

Complétez.

1. Je plaisante! Je disais ça _____ rire!

2. Il y a quelques siècles, la ville d'Aigues-Mortes se

    trouvait _____ la Méditerranée, mais maintenant,

    elle est _____ l'intérieur des terres. C'est très

    curieux, comme phénomène.

3. _____ -moi tranquille! Tu m'embêtes, à la fin!

4. Qu'est-ce que c'est que ce bruit? . . . Oh, là, là, c'est

    Marie-Laure qui a _____ tomber le plateau du

    goûter!

Vérifiez. Si vous avez fait des fautes, travaillez les sections 48.6 à 48.9 et 48.18 à 48.21 dans votre cahier d'exercices.

48.41 Exercice-test: *Ce qui, ce que, ce dont*

Complétez.

1. Voilà exactement _____ j'ai besoin.

2. Tiens! C'est juste _____ il me faut!

3. Prends _____ te plaît.

4. Prends _____ tu veux.

5. Prends _____ tu as envie.

Vérifiez. Si vous avez fait des fautes, travaillez les sections 48.13 à 48.15 dans votre cahier d'exercices.

. . . .

48.42 Exercice-test: Futur

Complétez.

1. Je ne sais rien encore, mais je te téléphonerai quand je _____ quelque chose.

2. Je n'ai pas vu Robert. Si tu le _____ , dis-lui que tout est arrangé.

3. Viens avec nous! Si tu _____ , ce sera plus amusant!

4. Comme tu veux! On partira quand tu _____ !

Vérifiez. Si vous avez fait des fautes, travaillez les sections 48.22 à 48.26 dans votre cahier d'exercices.

48.43 Exercice-test: Pronoms possessifs

Complétez les réponses aux questions suivantes.

1. Ce sont vos vélos?

   Non, ce ne sont pas _____ .

2. Tiens, voilà tes boules de gomme.

   Mais non, ce ne sont pas _____ .

3. C'est la voiture d'Hubert?

   Oui, c'est _____ .

4. C'est mon verre, ça, tu crois?

   Oui, c'est _____ .

5. C'est le voilier des Pinot-Chambrun, ça?

   Non; _____ est là-bas.

6. Ce sont les vignobles des Pinot-Chambrun?

   Non, _____ sont en Bourgogne.

Vérifiez. Si vous avez fait des fautes, travaillez les sections 48.30 à 48.32 dans votre cahier d'exercices.

Libération de l'expression

48.44 Mise en question

Relisez le texte de la leçon; lisez les questions de la mise en question qui suit la mise en œuvre dans votre livre de textes. Réfléchissez à ces questions et essayez d'y répondre.

48.45 Mots en liberté

Qu'est-ce qu'on peut perdre?

On peut perdre un billet de 100F, son permis de conduire, un pari, la tête. . . .

Trouvez encore au moins cinq possibilités.

De quoi est-ce que les Français un peu chauvins aiment parler?

Ils aiment parler de leurs deux mille ans d'histoire, de leurs sites incomparables, des robots qui fabriquent les voitures Renault, Citroën, Peugeot, du Minitel, de la fusée Ariane, des pneus Michelin, de l'invention de la boîte de conserve, du stéthoscope. . . .

Trouvez encore au moins cinq exemples.

Qu'est-ce qui peut être impressionnant?

Les Alpes, les restaurants à trois étoiles, deux mille ans d'histoire, un trucage qui ferait sauter la Tour Eiffel. . . .

Esayez de trouver encore trois possibilités.

Qu'est-ce qui peut donner mauvaise conscience?

Acheter une deuxième Rolls-Royce quand il y a des gens qui meurent de faim, rire devant une tragédie, ne pas être gentil avec sa grand-mère, dire des bêtises au professeur. . . .

Essayez de trouver encore trois possibilités.

. . . .

48.46 Mise en scène et réinvention de l'histoire

Reconstituez une conversation entre Jean-Michel et Hubert sur ce qu'il faut connaître de la France.

Jean-Michel: La vraie France, ce sont les ouvriers de chez Renault (. . .).
Hubert: Les ouvriers? Ce ne sont pas eux qui (. . .).
Jean Michel: Ah non? Et qui (. . .)?
Hubert: Les (. . .). Et puis, il n'y a pas que (. . .). Tenez, prenez l'usine (. . .). Ce n'est pas partout qu'on fabrique (. . .).

Jean-Michel: Vous me faites rigoler (. . .). La marémotrice (. . .) oui, mais les Russes (. . .).
Hubert: Oui, ils ont une marémotrice, parce qu'ils (. . .).
Jean-Michel: Ça, c'est (. . .).
Hubert: C'est tout (. . .)!

. . . .

48.47 Mise en scène et réinvention de l'histoire

Reconstituez l'histoire de la fille de Victor Hugo. Qu'est-ce qui lui est arrivé?

Elle s'est mariée. Elle est allée à Villequier sur la (. . .) dans une (. . .). Elle est allée (. . .). Et le bateau (. . .) et elle (. . .). Et alors, Victor Hugo (. . .).

. . . .

48.48 Mise en scène et réinvention de l'histoire

Imaginez ce que vous feriez si vous faisiez le tour de la France. Par exemple:

	Rouen	:			usines.
	Tourcoing	:			soleil.
Je commencerais par aller à	Ouessant	:			bouillabaisse.
	Marseille	:			Louvre.
	Paris	:		du	Mireille.
		:	à cause	de / de la	beauté de → la ville. / la côte armoricaine.
		:		des	canard rouennais.
		:			sole normande.
		:			homard à l'armoricaine.
		:			crevettes.
		:			huîtres.

J'irais	seul seule		à	
	avec	un ami une amie six amis	dans une en dans mon	

avion
bateau
aéroglisseur
patins à roulettes
yacht de fille à papa
Alpine décapotable
petite 2CV à toit
    ouvrant
hélicoptère
TGV

pour	qu'on	soit serrés comme des sardines. puisse s'amuser comme des fous.
	mieux bien	voir	la campagne. les 5 000 km de côtes. toutes les plages. le canal du Midi. les quais de la Seine.

foncer le pied au plancher.
aller vite.
rouler à toute vitesse.

prendre	mon temps. l'air. mon pied.
faire	de l'exercice. de la vitesse. du 140 à l'heure toute la journée sans chauffer.
ne pas	perdre de temps. m'ennuyer. me perdre.

J'aimerais
surtout voir les

cathédrales et les églises	fortifiées. romanes. gothiques. modernes.
industries	sidérurgiques. automobiles. électroniques. aéronautiques. alimentaires.
sites	historiques. préhistoriques. naturels.
œuvres d'art.	

48.49 Mise en scène et réinvention de l'histoire

Imaginez une conversation entre Marie-Laure et l'homme
en noir. Par exemple:

L'homme en noir:

Bonjour, Marie-Laure.
Salut, petite!
Bonjour, Mademoiselle.

Marie-Laure:

Mais qui êtes-vous, Monsieur?

Bonjour, Tonton | Vladimir!
Joe!
Mao!
Karl!

Salut, crapule!
Salut, chef!

L'homme en noir:

Alors, ils ont tout préparé pour ce voyage?
Tu as fait tout ce que je t'ai dit?
Tu sais où ils vont?
Tu as l'adresse de Robert?
Vous avez du feu?

Marie-Laure:

De quoi s'agit-il?
Je ne comprends pas.
Vous devez vous être trompé de porte.
Vous devez vous être trompé de gamine.
Ce n'est pas à moi que vous voulez parler.
Je ne suis au courant de rien.
Oui, ils ont tout préparé.
Je vais tout vous dire, mais d'abord, donnez-moi mes
    boules de gomme et mes 5.000F.
Je ne sais rien, mais je vous dirai tout.

L'homme en noir:

Alors, où est-ce qu'ils vont?
Vous avez vu ma sœur, la religieuse?
Vous connaissez ma sœur, la religieuse, sans doute?
Est-ce que vous savez ce que votre sœur cherche à faire?
Où est la Tour Eiffel?

Marie-Laure:

Ils vont d'abord à Ouessant ou peut-être à Rouen.
Je ne sais pas.
Oui, elle est venue me voir.

Oui, elle travaille pour les | Suédois.
Russes.
Américains.
Japonais.
Chinois.

L'homme en noir:

Ecoutez, | Marie-Laure,
Mademoiselle,
ma petite,

vous allez tout faire pour | crever les pneus de la Méhari.
faire sauter le bateau.
les accompagner.
les suivre.

votre sœur va se noyer dans un accident que je vais arranger.

notre agent | Hubert
Jean-Michel
Jean-Pierre
le garçon de café | va tuer | Robert.
Mireille.
le président.

venez me retrouver à 5h devant | la fontaine Médicis.
les Deux Magots.
la gare Saint-Lazare.
le guichet d'Air France à Roissy.

prenez | votre
vos | revolver.
boules de gomme.
costume | d'infirmière.
de douanier.
d'argent de police.

Et surtout, pas un mot à | Robert.
vos parents.
votre sœur.
ma sœur.

Mystère . . . et boule de gomme, comme toujours!

Préparation à la lecture et à l'écriture

48.50 Entraînement à la lecture

Observez le document 1 de la leçon 48 dans votre livre de textes.

1. Situez sur la carte les différents endroits représentés par des photos.

2. Cherchez sur la carte le lieu d'origine des différentes friandises que Colette a apportées à Marie-Laure.

3. Marquez sur la carte l'itinéraire évoqué par Robert et Hubert dans la section 4 du texte de cette leçon.

48.51 Entraînement à la lecture

A. Lisez le document 2 et la note suivante.

Tous les Français ont apris à l'école primaire qu'il y a, en France, quatre grands fleuves:

La Seine, qui prend sa source dans le Massif Central et se jette dans la Manche, au Havre.

La Loire, qui prend sa source dans le Massif Central et se jette dans l'Atlantique.

La Garonne, qui prend sa source dans les Pyrénées et se jette dans l'Atlantique.

Le Rhône, qui prend sa source dans les Alpes et se jette dans la Méditerranée.

Cela fait partie des notions de base sur lesquelles ils peuvent construire leur conception du monde. Toute suggestion d'un changement dans une seule de ces notions est extrêmement déconcertante.

B. Maintenant, essayez de répondre à la question saugrenue de Tardieu (au conditionnel, puisqu'il s'agit d'une hypothèse contraire à la réalité!).

_____

_____

48.52 Entraînement à la lecture

Lisez le document 3 et essayez d'imaginer la scène. Qu'est-ce qui s'est passé quand le jeune homme a voulu jeter son vieux boomerang?

_____

. . . .

48.53 Entraînement à la lecture et expansion du vocabulaire

Lisez le document 4 et les notes suivantes. Complétez et répondez.

1. Dans ce poème, Hugo s'addresse à sa fille qui est morte noyée à Villequier.

   La nuit, la campagne est noire. Tôt le matin, quand le soleil va se lever, à l'aube, la campagne _____ .

   Je ne peux pas rester loin de toi, je ne puis pas _____ loin de toi. (Rappelez-vous Apollinaire, dans "Le

   Pont Mirabeau"—leçon 23, document 7: "Les jours s'en vont je _____ .")

2. Il marchera la tête baissée, penché en avant: la ligne de son dos sera <u>incurvée</u>; il marchera le dos _____ .

   Deux lignes qui se coupent à angles droits forment une <u>croix</u>. Jésus-Christ a été <u>crucifié</u> sur une _____ . Les

   chevaliers qui voulaient aller reprendre la Terre Sainte aux Musulmans portaient une _____ sur leurs vêtements, sur

   leur armure ou leur bouclier; c'est pour cela qu'on les appelle des <u>croisés</u>, et leurs expéditions les _____ .

   (Voyez les documents 4 de la leçon 36 et 3 de la leçon 47.)

   Deux routes ou deux rues qui se croisent forment un _____ .

   Quand on ne travaille pas, quelquefois, on se _____ les bras.

   Hugo se <u>croisera</u> les mains; il marchera les mains _____ .

3. Harfleur est une petite ville près du Havre.

   Le houx est un arbuste qui a des feuilles vert foncé, très brillantes et piquantes, et des boules rouges en hiver. On s'en sert

   souvent pour faire des décorations de Noël.

   La bruyère est une plante basse qui fait des fleurs roses ou mauves en forme de toutes petites cloches.

4. Qu'est-ce que Gide pensait de la poésie de Victor Hugo?

   _____

5. Quel mouvement littéraire nouveau Hugo représentait-il au moment de la bataille d'_Hernani_?

   _____

6. Pourquoi Hugo a-t-il passé près de vingt ans en exil?

   _____

7. Donnez des exemples qui montrent qu'Hugo a défendu les droits de la personne humaine.

   _____

48.54 Lecture et interprétation

Lisez le document 5 et les notes suivantes, et répondez.

Sur Marguerite Yourcenar, voyez le document 2 de la leçon 5. *Andromaque* est une tragédie de Racine. *L' Education sentimentale* est un roman de Gustave Flaubert, l'auteur de *Madame Bovary*.
D'après vous, quel doit être le thème central d'*Andromaque* et de *L'Education sentimentale?*

. . . .

48.55 Lecture et interprétation

Lisez le document 6, lisez les notes suivantes et complétez-les, puis répondez aux questions.

1. De quand date l'invention d'une conception nouvelle de l'amour "à la française"?

   _____

2. La classe des chevaliers se ferme, elle tend à se _____ .

3. Ce sont les femmes qui décident de ce qu'on peut dire ou faire, ce sont elles qui donnent _____ .

4. Elles imposent une politesse dans laquelle il y a pas mal de formalisme; cette politesse n'est pas _____
   de formalisme.

   Tonton Guillaume est riche: il n'est pas _____ de ressources.

5. Une ruelle, c'est une petite rue. Au XVIIème siècle, les dames élégantes recevaient dans leur chambre, dans la ruelle,
   c'est-à-dire dans l'espace entre le lit et le mur de la chambre.

6. "Les précieuses" sont des dames de la bonne société qui aimaient parler de littérature, de philosophie, des arts, des bonnes
   manières. Molière s'est moqué d'elles dans *Les Précieuses ridicules.*

7. Cette attitude reflète exactement celle du vassal à l'égard de son suzerain, elle l'imite, elle est copiée sur elle, elle est
   _____ sur elle.

8. Le système féodal est une hiérarchie dans laquelle chacun est le suzerain de quelqu'un d'autre, mais aussi le vassal d'un
   autre. Le roi, le souverain, est au sommet de la hiérarchie; il est le suzerain des grands seigneurs qui sont ses vassaux.
   Chaque grand seigneur est le suzerain de seigneurs moins puissants qui sont ses vassaux, et ainsi de suite. Par exemple,
   un comte est le vassal du roi mais le suzerain d'un baron.

9. Les chansons de geste sont de longs poèmes épiques du Moyen Age (du XIème au XIVème siècle) qui racontent les
   exploits de héros historiques ou purement légendaires. La plus connue est la *Chanson de Roland,* qui raconte les aventures
   et la mort de Roland, neveu de Charlemagne.

10. Quelles sont les caractéristiques de l'amour courtois?

    _____

    _____

    _____

    _____

11. Quelle évolution, dans la société, a favorisé la naissance de l'amour courtois?

    _____

12. Quelle différence y avait-il, aux XIème et XIIème siècles, entre le Midi et le Nord de la France?

    _____

    _____

48.56 Pratique de l'écriture

Vous êtes Robert. Vous écrivez une demi-page de votre journal pour rapporter la discussion sur les projets de voyage. Vous pouvez résumer ce qui a été dit, les diverses suggestions des uns et des autres, vous pouvez dire aussi ce que vous pensez de ces suggestions et des différents personnages.

_____

_____

_____

_____

_____

_____

_____

_____

_____

_____

_____

_____

_____

_____

_____

_____

_____

Leçon 49

Assimilation du texte

🎧 49.1 Mise en œuvre

Ecoutez le texte et la mise en œuvre dans l'enregistrement sonore. Répétez et répondez suivant les indications.

. . . .

🎧 49.2 Compréhensiion auditive

Phase 1: Regardez les images et répétez les énoncés que vous entendez.

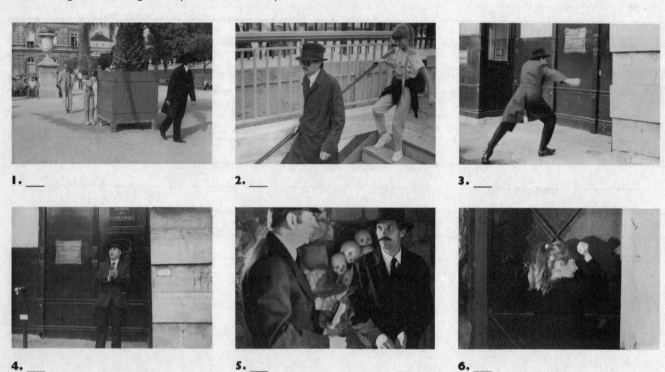

1. ___   2. ___   3. ___

4. ___   5. ___   6. ___

Phase 2: Ecrivez la lettre de chaque énoncé sous l'image qui lui correspond le mieux.

🎧 49.3 Production orale

Ecoutez les dialogues suivants. Vous allez jouer le rôle du second personnage.

1. Mireille: Je ne sais que faire, elle a disparu. Je me disais qu'elle était peut-être partie avec toi!
   Robert: (. . .)

2. Mireille: Mais alors, elle devrait être là! . . . Ah, je ne sais pas que faire!
   Robert: (. . .)

3. Mireille: Son bateau n'est pas là!
   Robert: (. . .)

4. Mireille: Mon Dieu, où peut-elle bien être passée? Mais qu'est-ce qui a bien pu lui arriver? Je n'aurais jamais dû la laisser partir!
   Robert: (. . .)

5. Mireille: Marie-Laure! Mais qu'est-ce que tu fais?
   Marie-Laure: (. . .)

6. Mireille: Mais qu'est-ce qu'elle a bien pu faire?
   Robert: (. . .)

7. Mireille: A Saint-Germain-des-Prés, au petit square près de l'église, juste en face des Deux Magots.
   Robert: (. . .)

8. Mireille: Alors, dis-moi maintenant, qu'est-ce qui t'est arrivé?
   Marie-Laure: (. . .)

9. Mireille: Je me demande où tu vas chercher toutes ces histoires à dormir debout!
   Marie-Laure: (. . .)

- -

🎧 49.4 Compréhension auditive et production orale

Ecoutez les dialogues suivants. Après chaque dialogue, vous allez entendre une question. Répondez à la question.

1. Pourquoi est-ce que Mireille téléphone à Robert?
2. Pourquoi est-ce que Mireille est particulièrement inquiète de ne pas trouver Marie-Laure?
3. Que fait Marie-Laure?
4. Pourquoi est-ce que Marie-Laure ne veut pas manger?
5. Pourquoi est-ce que Marie-Laure ne veut pas dire son secret à Mireille?
6. Pourquoi est-ce que Marie-Laure est rentrée à pied?

Préparation à la communication ▨▨▨▨▨▨▨▨

🎧 49.5 Activation orale: Prononciation; la semi-voyelle /ɥ/ (révision)

Pour prononcer le son /ɥ/ (comme dans *bruit* et *lui*), la langue est appuyée contre les dents inférieures pour prononcer le son /y/ et reste dans cette position pour prononcer le son /i/.

Ecoutez et répétez les énoncés suivants en faisant particulièrement attention à la semi-voyelle /ɥ/.

Je suis un garçon instruit; alors je m'ennuie.
Ça va, depuis hier?
Je ne suis pas sûr que je puisse venir tout de suite.
Il ne lui est rien arrivé du tout!
Je me suis dit: "Il n'a pas l'air net, celui-là." Alors, je me suis mise à le suivre.

- -

🎧 49.6 Observation: Prononciation; *os, bœuf, œuf, œil*

Ecoutez les mots suivants.

un os	des os
un bœuf	des bœufs
un œuf	des œufs
un œil	des yeux

Notez que dans ces mots la consonne finale—ou semi-voyelle finale dans le cas de *œil*—prononcée au singulier n'est pas prononcée au pluriel.

⌂ 49.7 Activation orale: Prononciation; *os, bœuf, œuf, œil*

Ecoutez et répétez.

un os	des os	un œuf	des œufs
un bœuf	des bœufs	un œil	des yeux

. . . .

⌂ 49.8 Observation: Evénement; *arriver à quelqu'un*

	se		passer			arriver	
Qu'est-ce qui **se**			**passe?**		Qu'est-ce qui		**arrive?**
Qu'est-ce qui **s'est**			**passé?**		Qu'est-ce qui **est**		**arrivé?**
Il ne		**s'est** rien	**passé.**		Il **n'est** rien		**arrivé.**

	pronom objet indirect			objet indirect	
Il va		**arriver** quelque chose		**à Marie-Laure.**	
Il va	**lui**	**arriver** quelque chose.			
Qu'est-ce qui		**arrive?**			
Qu'est-ce qui	**t'**	**arrive?**			
Qu'est-ce qui	**est**	**arrivé**		**à Marie-Laure?**	
Il **n'**	**est** rien	**arrivé**		**à Marie-Laure.**	
Il ne	**lui** est rien	**arrivé.**			

. . . .

49.9 Activation écrite: Evénement et réussite; *arriver* (révision)

Lisez, essayez de comprendre, et complétez.

1. Robert: Tu veux que je vienne? J' _____ tout de suite.

2. Mireille: Qu'est-ce que Marie-Laure peut bien faire? Ça fait une heure qu'elle devrait être là! Il _____

   sûrement _____ quelque chose!

3. Mireille: Qu'est-ce qui a bien pu _____ ?

4. Mireille: Qu'est-ce qui _____ ? (46–6)

   Marie-Laure: C'est un secret!

5. Robert: Calme-toi. Tu vois, tout va bien. Il ne _____ du tout!

6. ". . . nous n'avons pas mangé

   nous n'avons pas aimé

   Nous ne sommes personne

   et rien n' _____ ." (Jean Tardieu, 45–document)

7. Mireille: Tonton! Devine ce qui _____ !

8. Robert: Tu fais de l'auto-stop?

   Mireille: Ça _____ une fois.

9. "Il _____ de donner raison à des gens qui ont tort. . . ." (Raymond Devos, 34–document)

10. "Je n' _____ pas _____ avoir un accident!" (Raymond Devos, 30–document)

11. Marie-Laure: Mireille! Viens m'aider, je n' _____ pas _____ attraper mon bateau!

12. "Je n'ai jamais compris de quoi il s'agissait dans ce film. La salle était comble, je n' _____ pas

    _____ lire les sous-titres. Je m'ennuyais à dormir." (Myriam Warner-Vieyra, 38–document)

13. Marie-Laure: Mireille! Viens m'aider, je _____ faire mon problème de maths!

14. Mireille: Tu ne réfléchis pas! Si tu réfléchissais, tu _____ !

15. Mme Belleau: Si tu ne te mets pas à travailler sérieusement, tu _____ jamais _____ rien!

16. Tante Georgette: Avec du travail et de la persévérance, on _____ tout!

. . . .

⌂ 49.10 Activation: Dictée

Ecoutez et écrivez. Vous entendrez la phrase deux fois. Marie-Laure et Mireille jouent au Scrabble.

Marie-Laure: _____

_____ .

. . . .

⌂ 49.11 Observation: Insistance; *du tout*

du tout	
Ça ne va pas. Ça ne va pas **du tout!**	Ce n'est pas drôle. Ce n'est pas drôle **du tout!**
Ça ne me plaît pas. Ça ne me plaît pas **du tout!**	Il ne lui est rien arrivé. Il ne lui est rien arrivé **du tout!**

. . . .

⌂ 49.12 Activation orale: Insistance; *du tout*

Répondez selon l'exemple.

Exemple:
Vous entendez: 1. Vous trouvez ça drôle, vous?
Vous dites: Non, nous ne trouvons pas ça drôle du tout.

2. Tu as eu peur?
3. Tu le connais, ce type?
4. Il t'a dit quelque chose?
5. Il a de la barbe?
6. Il a l'air gentil!

⌂ 49.13 Activation orale: Insistance; *rien du tout*

Répondez selon l'exemple.

Exemple:
Vous entendez: 1. Qu'est-ce que tu as fait?
Vous dites: Je n'ai rien fait du tout.

2. Qu'est-ce que tu lui as dit?
3. Qu'est-ce qui se passe?
4. Combien est-ce que tu as payé pour entrer?
5. Il lui est arrivé quelque chose?
6. Qu'est-ce que tu en as pensé?

🎧 49.14 Observation: Insistance; *mais, pouvoir bien*

	présent	
	Qu'est-ce qu'elle	fait?
Mais	qu'est-ce qu'elle	fait?
	Qu'est-ce qu'elle **peut bien**	faire?
Mais	qu'est-ce qu'elle **peut bien**	faire?
	passé	
	Qu'est-ce qu'elle a	fait?
Mais	qu'est-ce qu'elle a	fait?
	Qu'est-ce qu'elle **a bien pu**	faire?
Mais	qu'est-ce qu'elle **a bien pu**	faire?

🎧 49.15 Activation orale: Insistance; *mais, pouvoir bien*

Répondez selon l'exemple.

Exemple:

Vous entendez: 1. Qu'est-ce qu'elle a fait pendant tout ce temps?

Vous dites: Mais qu'est-ce qu'elle a bien pu faire (pendant tout ce temps)?

2. Qu'est-ce qui lui est arrivé?
3. Où est-elle passée?
4. Où est-elle allée?
5. Qu'est-ce qu'il a fait pendant tout ce temps?
6. Qu'est-ce qu'elle a raconté à ses parents?

🎧 49.16 Observation: Perplexité

interrogation directe		interrogation indirecte		
pronom interrogatif			*pronom interrogatif*	
A	**Que** faire?	Je ne sais plus	**que**	faire.
	Qui appeler?	Je ne sais pas	**qui**	appeler.
	qui m'adresser?	Je ne sais pas à	**qui**	m'adresser.
	Où aller?	Je ne sais pas	**où**	aller.

🎧 49.17 Observation: Perplexité

Répondez selon les exemples.

Exemples:

Vous entendez: 1. Il faut faire quelque chose!
Vous dites: Oui, mais je ne sais pas que faire!

Vous entendez: 2. Il faut aller quelque part.
Vous dites: Oui, mais je ne sais pas où aller.

3. Il faut dire quelque chose!
4. Il faut vous adresser à quelqu'un!
5. Il faut parler à quelqu'un!
6. Il faut chercher quelque part!
7. Il faut appeler quelqu'un!
8. Il faut se plaindre à quelqu'un!

⌑ 49.18 Observation: Doute et intuition; *douter, se douter*

		doute	
Je ne		pense pas	que ça vaille la peine.
Je		**doute**	que ça vaille la peine.
		intuition	
Je		pensais bien	que les phares ne marcheraient pas.
Je	**me**	**doutais**	que les phares ne marcheraient pas.
		douter *de quelque chose = doute*	
Je		**doute**	que ça vaille la peine.
J'en		**doute.**	
	se	**douter** *de quelque chose = intuition*	
Je	**me**	**doutais**	que les phares ne marcheraient pas.
Je	**m'en**	**doutais!**	

. . . .

⌑ 49.19 Activation: Compréhension auditive; doute et intuition

Pour chaque énoncé que vous allez entendre, déterminez s'il s'agit d'un doute ou d'une intuition. Cochez la case appropriée.

	1	2	3	4	5	6	7	8
doute								
intuition								

⌑ 49.20 Activation orale: Doute et intuition

Répondez selon les exemples.

Exemples:
Vous entendez: 1. Je savais que tu viendrais.
Vous dites: Je me doutais que tu viendrais.

Vous entendez: 2. Je ne crois pas que ça vaille la peine.
Vous dites: Je doute que ça vaille la peine.

3. Je ne pense pas qu'elle soit malade.
4. Il savait que je dirais ça.
5. Je pensais bien que ça vous amuserait.
6. Ça m'étonnerait qu'il vienne ce matin.
7. Je pensais bien qu'il serait là.
8. Je ne crois pas que tu veuilles faire ça.

⋒ 49.21 Observation: Décisions, décisions . . . ; *décider de, se décider à, être décidé à, prendre une décision*

	decisions		
Robert **a** décidé	**de**	prendre un an de congé. (comme ça!)
Il s'**est** décidé	**à**	prendre un an de congé. (après beaucoup de réflexion)
Il **est** décidé	**à**	prendre un an de congé. (il ne va pas changer d'idée)
C' **est** décidé!		
Sa décision est prise!		

. . . .

49.22 Activation écrite: Décisions; *décider de, se décider à, être décidé (à), prendre une décision*

Complétez.

1. Vers 19 heures, Mireille se décide _____ téléphoner à Robert.

2. Robert s'arrête devant une pâtisserie, admire la vitrine, et _____ décide _____ entrer. (26–1)

3. Il faut "attendre que l'oiseau _____ décide _____ chanter." (Prévert, 26–document)

4. Il _____ décidé à faire tout ce qu'il faudra pour que Françoise devienne sa femme. (37–document)

5. Jean-Michel et Mireille ont décidé _____ rester en contact avec les gosses de la colo. (46–5)

6. Robert: J'ai décidé _____ me mettre en congé pour un an. (20–4)

7. A vingt ans, Alexandre Dumas a décidé _____ refaire son éducation lui-même. (24–document)

8. Il a décidé _____ faire de la littérature. (24–document)

9. Il faut développer la capacité de _____ décisions des jeunes. (21–document)

🎧 49.23 Observation: Le futur du passé; emploi du conditionnel

proposition principale		proposition subordonnée	
présent		*futur*	
1. Nous **pensons**	que ça ne	**marchera**	pas très bien à trois.
2. Je **sais**	que tu ne me	**croiras**	pas!
passé		*conditionnel*	
3. Nous **avons pensé**	que ça ne	**marcherait**	pas très bien à trois.
4. Je **savais**	que tu ne me	**croirais**	pas!

Les phrases 1 et 2 se situent dans le présent (les propositions principales *nous pensons* et *je sais* sont au présent). Mais elles se réfèrent au futur dans les propositions subordonnées (*ça ne marchera pas* et *tu ne me croiras pas*). Ce **futur** est exprimé par un verbe au **futur de l'indicatif**.

Les phrases 3 et 4 se situent dans le passé (les propositions principales sont au passé: *nous avons pensé* et *je savais*). Les propositions subordonnées se réfèrent à un temps qui était le futur par rapport au temps passé des propositions principales. Ce temps est donc une sorte de futur du passé. Ce **futur du passé** est exprimé par des verbes au **conditionnel**.

passé
←Je savais que tu ne me croirais pas.

présent   *futur*
Je sais que tu ne me croiras pas→

· ·

🎧 49.24 Activation orale: Le futur du passé; emploi du conditionnel

Répondez selon les exemples.

Exemples:
Vous entendez: 1. Ça ne va pas marcher. J'en suis sûr.
Vous dites: Je suis sûr que ça ne marchera pas.

Vous entendez: 2. Ça n'a pas marché. J'en étais sûr.
Vous dites: J'étais sûr que ça ne marcherait pas.

3. Ils n'ont pas trouvé Marie-Laure. Je le savais.
4. Il n'a pas fini son travail. Je le savais bien.
5. Il fera beau demain. J'en suis sûr.
6. Ils sont arrivés en retard. Je le savais.
7. Robert n'a pas aimé ça. J'en étais sûr!

⌂ 49.25 Observation: Subjonctif (révision et extension)

proposition principale		proposition subordonnée subjonctif	
1. Tu veux	que je	**vienne?**	
2. Ça ne servirait à rien	que je te le	**dise.**	
3. Je me suis cachée pour	qu'il ne	**sache**	pas que je le suivais.
4. J'attends	que vous	**ouvriez.**	
5. L'essentiel, c'est	qu'elle	**soit**	là.

Dans la phrase 1, l'intention de Robert **n'est pas** de dire qu'il va venir ou ne pas venir, mais d'établir ce que Mireille veut.

Dans la phrase 2, l'intention de Marie-Laure **n'est pas** d'indiquer si elle va dire ou ne pas dire ce qui s'est passé, mais de souligner que ça ne servirait à rien (et elle insinue qu'elle ne va sans doute rien dire).

Dans la phrase 3, l'intention de Marie-Laure **n'est pas** de dire que l'homme en noir a su ou n'a pas su qu'elle le suivait, mais qu'elle s'est cachée.

Dans la phrase 4, son intention **n'est pas** de dire que le guide a ouvert, ou va ouvrir ou ne pas ouvrir, mais de souligner qu'elle attend.

Dans la phrase 5, l'intention de Robert **n'est pas** de dire que Marie-Laure est là (Mireille le sait), mais que c'est important, que c'est essentiel, que c'est ça qui compte.

· ·

⌂ 49.26 Activation orale: Subjonctif

Répondez selon l'exemple.

Exemple:

Vous entendez: 1. Je sais que ça t'ennuie de partir, mais je veux que tu . . .

Vous dites: . . . je veux que tu partes.

2. Je sais que ça t'ennuie de venir, mais il faut que tu . . .

3. Je sais que ça t'ennuie de me le dire, mais j'ai besoin que tu . . .

4. Il sait que ça nous ennuie d'y aller, mais il veut que nous y . . .

5. Il sait que ça vous ennuie de venir, mais il aimerait beaucoup que vous . . .

6. Je n'ai pas envie de lire ce livre, mais il vaudrait mieux que je le . . .

7. Je sais que tu n'as pas envie d'y aller, mais je crois qu'il serait bon que tu y . . .

· ·

⌂ 49.27 Activation: Dictée; formes et emplois du subjonctif

Ecoutez et complétez.

1. Marie-Laure: Dis, Mireille, _____?

_____!

Regarde. . . .

Mireille: Voyons. . . . Non, mais, eh! _____,

_____ non?

2. Mireille: _____?

Marie-Laure: _____?

_____?

3. Mireille: _____

Hubert: Ah, moi, _____ ,

_____ . Et puis alors, _____

_____ .

Mireille: _____ plastique, ça. . . .

Hubert: Ah, mais _____ !

Mireille: _____ ,

_____ !

Hubert: Ah, _____ !

. . . .

49.28 Activation écrite: Subjonctif

Pour chacune des expressions suivantes, improvisez une phrase en utilisant le subjonctif.

Exemple:
Vous voyez: 1. J'aimerais . . .
Vous écrivez: J'aimerais que vous me prêtiez 100 francs.

2. Je tiens à ce que _____

3. Il serait bon que _____

4. Il est indispensable que _____

5. L'essentiel, c'est que _____

6. Ça ne servirait à rien que _____

7. J'ai envie que _____

8. Ils tiennent absolument à ce que _____

9. Elle insiste pour que _____

10. Il serait utile que _____

11. Nous avons fait ça pour que _____

12. J'attends que _____

. . . .

49.29 Activation écrite: *Apercevoir, recevoir, décevoir*

Lisez et essayez de comprendre de quoi il s'agit et de trouver les mots nécessaires pour compléter.

A.

1. Tout à coup, Mireille _____ le bateau de Marie-Laure caché derrière un palmier.

2. Robert et Mireille courent vers le bassin. Ils _____ des cheveux blonds dans l'eau.

3. M. Belleau: On ne voit pas la Tour Eiffel de ce côté. Mais on peut en _____ le sommet des pièces qui donnent sur la cour. (32–7)

4. Robert a faim. Il _____ un café-restaurant et s'assied à la terrasse. (22–8)

5. Robert et Marie-Laure _____ un mystérieux homme en noir qui se cache derrière un arbre.

6. Mireille va se lever et partir, quand elle _____ Robert au café d'en face. (37–1)

7. Colette: Hier soir, je passais devant le Fouquet's et je crois que j'ai _____ Mireille avec un grand jeune homme blond à la terrasse.

8. "Je me suis _____ que la plupart des gens à qui je donnais raison avaient tort!" (Raymond Devos, 34–document)

9. Ionesco _____ que les gens autour de lui parlaient comme un manuel de conversation franco-anglaise. (39–document)

10. En regardant mieux, Robert _____ que ce n'est pas une chaussette, mais l'extrémité d'un caleçon long en laine rouge. . . . (45–7)

11. Tout à coup, Robert _____ qu'ils sont en train de passer devant la gare Saint-Lazare. (45–8)

12. Pendant qu'ils marchaient le long du boulevard Montparnasse, Robert _____ qu'il n'avait pas son passeport.

13. "L'historien est dominé par des théories, quelquefois sans même _____ ." (Marguerite Yourcenar, 19–document)

14. Marie-Laure: J'ai suivi l'homme en noir sans qu'il _____ .

15. Marie-Laure: Le guide et l'homme en noir étaient sortis sans que je _____ , et je me suis trouvée enfermée dans les catacombes!

B.

16. Marie-Laure: Tu as bien fait de laisser ton cheval en bas, parce que nous n'avons pas trop l'habitude de _____ des cow-boys avec des chevaux. (32–4)

17. La famille Belleau n'aurait pas l'intention de _____ des étrangers, par hasard? (35–6)

18. Les Courtois sont très accueillants. Ils _____ toujours très bien.

19. Mireille: Les théâtres nationaux, ce sont ceux qui _____ une subvention de l'Etat. (39–2)

20. André Malraux _____ le prix Nobel de littérature en 1947.

21. Eh bien, moi, j' _____ un coup de téléphone curieux. (Raymond Devos)

22. Mireille: Tout le monde a toujours été contre l'éducation qu'il _____ . (21–7)

23. Robert n'a jamais raté aucun examen; il a toujours été _____ à tous ses examens.

24. Mireille a _____ au bac l'an dernier. C'est ce qui lui permet d'être à la fac cette année.

C.

25. Mireille: Je ne voudrais pas te _____ , mais j'ai peur que nous n'ayons gagné que 40.000F, parce que tu n'as pris qu'un dixième!

26. "Jean-Michel parle mal! Ce jeune homme, pourtant bien sympathique, nous _____ un peu!" (Les auteurs, 47–1)

27. Mireille: D'accord, allons voir *L'Amour l'après-midi*, mais j'ai peur que tu _____ . (36–5)

28. Robert: Ça a l'air très bien; je ne vois pas pourquoi ça me _____ !

49.30 Activation écrite: Apparences et apparitions; *paraître, apparaître, disparaître, formes et emplois*

Complétez.

1. Mireille: Marie-Laure a _____ ! Qu'est-ce qui a bien pu lui arriver?

2. Marie-Laure: Je me suis trouvée enfermée dans les catacombes. J'ai appelé. Le guide est venu m'ouvrir. Je suis sortie, mais l'homme en noir en avait profité pour _____ . Il n'était plus là!

3. Le pied droit du chauffeur est chaussé d'une chaussure noire au-dessus de laquelle _____ une chaussette rouge. (45–7)

4. Pendant que les jeunes gens discutent, l'homme en noir _____ derrière la fenêtre. Il lave les carreaux. (47–10)

5. Les premiers ballons aérostatiques ont _____ en France au XVIIIème siècle.

6. Le premier appareil volant plus lourd que l'air _____ au siècle suivant. (Clément Ader, 1890)

7. "Mon grand-père _____ à la porte de son bureau quand nous ouvrions celle de l'appartement." (Jean-Paul Sartre, 38–document)

8. En été, le soleil _____ vers cinq heures du matin.

9. Les étoiles _____ quand le soleil a _____ .

10. *L'Officiel des Spectacles* _____ toutes les semaines, le mercredi.

11. *Le Monde, Le Figaro, Libération* _____ tous les jours.

12. L'ascenseur de l'immeuble des Belleau est petit et _____ fragile. (32–3)

13. Vous _____ fatigué! Ça ne va pas? Vous êtes malade?

14. Mireille: Il _____ qu'il y a un drôle de type qui rôde dans le quartier.

15. Robert: Il _____ que les auberges de jeunesse sont très bon marché. (42–6)

16. Robert: Je viens de parler à Mme Courtois. Il _____ que Minouche est malade et que M. Courtois est absent. (23–2)

. . . .

49.31 Activation écrite: Apparences et apparitions (observation et réflexion)

Dans certaines des phrases de l'exercice précédent, il est question d'apparition ou de disparition. Par exemple: 9. Les étoiles paraissent quand le soleil a disparu.
Dans d'autres, il est question d'apparence. Par exemple: 12. L'ascenseur paraît fragile.
Trouvez une autre phrase où il est question d'apparition ou de disparition.

_____

Trouvez une autre phrase où il est question d'apparence.

_____

49.32 Activation écrite: Cause et occasion; participe présent (révision et extension)

Commencez par revoir ce que l'on dit du participe présent au numéro 35.27 de ce cahier d'exercices. Essayez ensuite de trouver l'expression qui manque pour compléter les phrases suivantes. Reportez-vous aux contextes indiqués entre parenthèses si vous en avez besoin.

1. Marie-Laure: J'ai commencé à la suivre . . . en _____ pour qu'il ne sache pas que je le suivais.

2. Mme Courtois: Les contrebandiers vont dans la montagne pour passer des marchandises d'Espagne en France, la nuit, _____ des douaniers. (16–document)

3. Marie-Laure arrive _____ : son bateau est en panne au milieu du bassin. (16–7)

4. Marie-Laure voit Robert et Mireille sur un banc. Elle s'approche _____ . (18–3)

5. Robert va acheter un billet (de train) puis il revient _____ vers Mireille. (27–6)

6. Robert va jeter un billet (de banque) sur la table, puis il repart _____ , et s'élance pour traverser le boulevard. (37–2)

7. Dans les matches de pelote basque, il y a quelqu'un qui compte les points _____ (en basque). (16–document)

8. Le taxi s'éloigne _____ du morse avec ses clignotants. (45–8)

9. A la gare Montparnasse, Mireille attend Robert _____ un journal. (27–6)

10. _____ en parlant, Robert et Mireille sont passés devant l'Assemblée nationale. (38–4)

11. Robert est assis sur un banc, _____ avec Marie-Laure. (23–1)

12. Mireille s'en va, _____ Robert et Marie-Laure sur leur banc. (15–8)

13. Robert: On ne pourrait pas s'arrêter au rayon d'habillement, _____ ? (43–4)

14. Jean-Pierre: Oh, si on ne peut plus draguer une fille _____ , où va-t-on! (13–3)

15. M. Courtois: Mais _____ , vous prendrez bien un apéritif? (24–4)

16. M. Courtois: J'ai mangé à Dijon des œufs brouillés aux truffes! . . . Une merveille! . . . _____ de truffes, il faut aller en Dordogne. (24–8)

17. "Et l'obscurité toute entière pour me rappeler tout cela _____ dans mes bras." (Jacques Prévert, 10–document)

18. La buraliste: Vous avez une boîte aux lettres à gauche _____ . (15–1)

19. _____ du magasin, Robert aperçoit un taxi. (45–7)

20. Les essuie-glace ne marchaient pas. Mireille a dû conduire sous la pluie _____ à la portière. (31–5)

21. _____ mieux, Robert s'aperçoit que ce n'est pas une chaussette rouge mais l'extrémité d'un caleçon long. (45–7)

22. Mme Belleau: Nous n'avons que sept pièces, _____ la cuisine. (35–6)

23. Tante Georgette: L'appétit vient _____ . (24–document)

24. ". . . la soif s'en va _____ ." (Rabelais, 24–document)

25. Mireille: Eh bien, maintenant, _____ , je commence à comprendre. (35–2)

49.33 Activation écrite: Emplois du participe présent (observation et réflexion)

En relisant les phrases de l'exercice précédent, vous remarquerez que les expressions qui contiennent un participe présent prennent des sens un peu différents suivant les contextes. Dans certains cas, elles indiquent que l'action du participe présent est concomitante, parallèle, accessoire à celle de la proposition principale. C'est, par exemple, le cas de la phrase 1, *J'ai commencé à le suivre en me cachant:* Marie-Laure a suivi l'homme en noir et elle s'est cachée en même temps. Dans d'autres cas, l'action du participe présent est plutôt présentée comme la cause de l'action principale. Par exemple, dans la phrase 25: *En vieillissant, je commence à comprendre.* C'est sans doute *parce qu'*elle vieillit que Mireille commence à comprendre. C'est une cause. Cherchez, et notez, un autre exemple du premier cas (action concomitante, parallèle, simultanée, accessoire).

_____

Cherchez et notez un autre exemple du deuxième cas (cause).

_____

. . . .

49.34 Activation écrite: Vocabulaire; *finir, réunir, réussir, réfléchir, grandir, grossir, vieillir*

Complétez.

A.

1. Robert: Tout est bien qui _____ bien.

2. Robert: C'est _____ ? Je peux te laisser?

3. Mireille: Mon exam est l'après-midi. Je devrais _____ vers six heures.

4. Mireille: Tu _____ tes devoirs?

   Marie-Laure: Presque.

5. Mireille: Alors, va les _____ !

6. Mme Courtois: Tu te fatigues trop! Ça _____ mal! (22–7)

7. Les cours _____ vers la fin du mois de mai.

8. Mireille: Je ne peux pas partir tout de suite; il faut que je _____ de passer tous mes examens.

9. A quelle heure est-ce que vous _____ ?

B.

10. Les cinq amis sont _____ chez les Belleau pour discuter de leur voyage.

11. Marie-Laure: Pourquoi est-ce que vous vous _____ toujours à la maison? Pourquoi pas chez Hubert?

12. Mireille: Nous nous _____ peut-être chez lui un jour où ses parents n'y seront pas.

13. Hubert: Mais oui, au fait, pourquoi est-ce qu'on ne se _____ pas chez moi? Ce serait très sympathique.

C.

14. Robert: Moi, j' _____ toujours _____ à tous mes examens! (20–5)

15. Mireille: J' _____ convaincre Jean-Michel de partir avec nous, mais ça m'étonnerait que nous _____ à lui faire accepter l'idée de passer l'été sur le yacht des Pinot-Chambrun.

16. Robert: Si tu essaies, je suis sûr que tu _____ .

D.

17. Mireille: Bon, alors, j' _____ bien _____ . On ne va ni à Rouen ni à Tourcoing.

18. Robert: Je veux _____ , faire le point. (20–4)

19. Robert: Voyons, essaie de te rappeler, quand est-ce que Marie-Laure est partie? _____ bien!

20. Ne téléphonons pas à la police sans avoir _____ ! _____ bien avant de téléphoner!

21. Mireille: Qu'est-ce que tu fais?

    Marie-Laure: Je _____ !

22. "Les miroirs feraient bien de _____ un peu plus avant de renvoyer les images." (Cocteau, 32–document)

E.

23. Le vendeur: Eh bien, vos chaussures ont _____ depuis cet hiver! (44–3)

24. Les enfants _____ toujours trop vite!

25. "Je pensais que le cinéma et moi nous _____ ensemble." (Sartre, 38–document)

26. Cécile n'est pas grosse, mais elle suivait un régime parce qu'elle avait peur de _____ .

27. "Il ne faut surtout pas que je _____ ," disait-elle.

28. Mireille: En _____ , je commence à comprendre. . . . (35–2)

29. Le vieux professeur: Bonjour, Mademoiselle Belleau! Toujours aussi jeune! . . . Vous ne

    _____ pas!

30. Tante Georgette: Oh, si, je _____ ! Je sens l'âge qui vient! Que voulez-vous, nous

    _____ tous! Ah, si on pouvait ne pas _____ !

. . . .

49.35 Activation écrite: Place des pronoms; futur (révision)

Complétez.

1. Mireille: Qu'est-ce qui t'est arrivé?

   Marie-Laure: C'est un secret: Je ne peux pas _____ dire.

2. Mireille: Si, dis _____ !

   Marie-Laure: Non!

3. Mireille: Tu peux bien _____ dire; je ne _____ dirai _____ personne! Promis!

4. Marie-Laure: Non! Je _____ pas!

5. Mireille: Bon! Ne _____ dis pas! Mais tu le diras à Papa et Maman quand ils _____ !

6. Marie-Laure: A eux . . . je _____ dirai peut-être. . . .

7. Mireille: Oui, dis _____ !

49.36 Activation écrite: Vocabulaire

Examinez soigneusement les phrases suivantes et déterminez d'après le contexte s'il s'agit de *crier, pleurer, pleuvoir,* ou *plaire*. Complétez.

1. Mireille s'est mise à _____ parce qu'elle n'en pouvait plus!

2. Devant l'entrée des Catacombes, il y avait un type qui _____ "Dernière visite!"

3. La mère d'Arthur _____ parce qu'elle croyait qu'il était noyé! (17–document)

4. Cécile: Allons! Ne _____ pas, ce n'est pas grave! (9–8)

5. Marie-Laure: Ne _____ pas! Je ne suis pas sourde!

6. ". . . j'ai pris

   Ma tête dans ma main

   Et j' _____ ." (Jacques Prévert, 25–document)

7. "Nous avons gagné!" _____ Robert.

8. Les manifestants _____ des phrases incompréhensibles. (12–6)

9. "Qui rit vendredi, dimanche _____ ." (Racine, 23–document)

10. "Du temps qu'on allait encore aux baleines,

    Si loin que ça faisait, matelot, _____ nos belles. . . ." (Paul Fort, 17–document)

11. Cécile: C'est mortel, la mer, quand il _____ . (9–2)

12. "Il _____ dans mon cœur

    Comme il _____ sur la ville." (Paul Verlaine, 10–document)

13. Mireille: Il a _____ toute la journée; alors, on est allé au cinéma.

14. Mireille: Pourquoi tu n'es pas restée jusqu'à la fin du film? Ça ne t'a pas _____ ?

15. Marie-Laure: Non, c'était trop triste, j'ai _____ !

. . . .

🎧 49.37 Activation: Dictée; *pleurer, pleuvoir, plaire*

Ecoutez et complétez.

1. Cécile: Allons, _____ !

2. Mireille: _____ ?

3. _____ .

4. Mireille: _____ ?

5. _____ !

   _____

   _____ .

   _____ !

49.38 Activation écrite: Vocabulaire

Complétez.

1. Tonton Guillaume a donné à Marie-Laure un magnifique bateau et aussi une _____ qui a plusieurs robes et qui ferme les yeux.

2. On contrôle les voiles du bateau avec des _____ .

3. Quand Marie-Laure a reçu son bateau, il était dans une boîte, la boîte était enveloppée dans du papier, et il y avait une _____ autour. Marie-Laure a coupé la _____ et déchiré le papier pour ouvrir la boîte.

4. Sur un vrai bateau, ce sont plutôt des _____ .

5. Quand Robert laisse son cheval dans le jardin du Luxembourg, il l'attache à un arbre avec une _____ .

6. Marie-Laure a une _____ à sauter. (17–document 7)

7. Quand il pleut très fort, on dit qu'il pleut des _____ .

8. Robert: Tu dois être fatiguée! Va te coucher et _____ de dormir.

   Mireille: Oui, je vais essayer.

9. Marie-Laure: Je me méfie de ce type. Il a un drôle d'air! Il n'a pas l'air _____ .

10. Marie-Laure: Il a eu peur; il est parti en courant, très vite; il est parti à _____ .

11. Mireille: Qu'est-ce que c'est que cette histoire? Où vas-tu _____ ça?

12. Mireille: Le Mont Blanc, 4 810 mètres? Allons, Hubert, où es-tu _____ ça?

13. Marie-Laure raconte des histoires extravagantes, des histoires incroyables, des histoires à _____ .

. . . .

🎧 49.39 Activation: Dialogue entre Robert et Mireille

Vous allez entendre un dialogue entre Robert et Mireille. Ecoutez attentivement. Vous allez apprendre les réponses de Robert.

Mireille: Mais qu'est-ce qu'elle a bien pu faire?
Robert: **L'essentiel, c'est qu'elle soit là. Ça va aller?**
Mireille: Oui. . . . C'est gentil d'être venu. J'ai eu tellement peur!
Robert: **C'est fini! Je peux te laisser? Ça va aller, tu es sûre?**

Exercices-tests

49.40 Exercice-test: Vocabulaire

Complétez.

1. Il est minuit, et il n'est pas dans sa chambre! Mais où est-ce qu'il _____ bien être?

2. Je suis sûre qu'il lui est _____ quelque chose.

3. Je ne trouve pas ça drôle _____ tout!

4. J'aimerais bien aller quelque part pour les vacances, mais je ne sais pas _____ aller.

5. J'aimerais bien partir avec quelqu'un, mais je ne sais pas avec _____ partir.

6. Ça m'étonnerait que tu veuilles voir ça. _____ doute que tu veuilles voir ça.

7. Je pensais bien que c'était l'homme en noir, ce coup de sonnette. _____ doutais que c'était lui.

Vérifiez. Si vous avez fait des fautes, travaillez les sections 49.8 à 49.20 dans votre cahier d'exercices.

49.41 Exercice-test: Futur dans le passé

Mettez les phrases suivantes au passé.

1. Il me semble qu'à cinq, nous serons serrés comme des sardines.

   Il me semblait qu'à cinq, nous _____ serrés comme des sardines.

2. Je ne sais pas s'il viendra.

   Je ne savais pas s'il _____ .

3. J'ai l'impression que ça fera des étincelles.

   J'ai eu l'impression que ça _____ des étincelles.

Vérifiez. Si vous avez fait des fautes, travaillez les sections 49.23 et 49.24 dans votre cahier d'exercices.

Libération de l'expression

49.42 Mise en question

Relisez le texte de la leçon; lisez les questions de la mise en question qui suit la mise en œuvre dans votre livre de textes. Réfléchissez à ces questions et essayez d'y répondre.

· ·

49.43 Mots en liberté

Quand est-ce qu'on se précipite?

On se précipite vers la station la plus proche quand on veut attraper le dernier métro; on se précipite quand on veut prendre la dernière place assise dans un train, quand on veut profiter d'une occasion, quand on veut profiter des soldes dans un grand magasin, quand on aperçoit sa petite sœur qu'on avait perdue, quand sa petite sœur tombe dans le bassin du Luxembourg. . . .

Essayez de trouver au moins trois autres cas où on se précipite.

Quand est-ce qu'on s'endort?

On s'endort quand on voit un programme ennuyeux à la télévision, quand on a étudié la français jusqu'à une heure du matin. . . .

Essayez de trouver encore deux ou trois autres cas.

Qu'est-ce qu'on peut ouvrir?

On peut ouvrir son courrier, son livre de français, une bouteille de champagne, une bouteille d'eau de Vichy, la bouche pour parler. . . .

Essayez de trouver encore au moins six autres possibilités.

· ·

49.44 Mise en scène et réinvention de l'histoire

Reconstituez une conversation entre Robert, Mireille, et Marie-Laure quand Robert et Mireille retrouvent Marie-Laure, qui avait disparu, en train de jouer avec son bateau dans sa chambre.

Mireille: Marie-Laure! Qu'est-ce que tu fais?
Marie-Laure: Tu vois, j'arrange (. . .). Les ficelles sont (. . .).
Mireille: Mais d'où (. . .)?
Marie-Laure: Je viens de (. . .).

Mireille: Mais qu'est-ce qui (. . .)?
Robert: Allons, allons (. . .). Tu vois, il ne (. . .). Tout est bien (. . .). L'essentiel, c'est (. . .).

49.45 Mise en scène et réinvention de l'histoire

Rétablissez la véritable histoire de Marie-Laure. Par exemple:

L'histoire que Marie-Laure a racontée était

| vraie.
| un mensonge.
| le résultat d'une hallucination.
| celle d'un film qu'elle est allée voir à la séance de 6h.

Voici ce qui s'est passé.

A 5h, Marie-Laure | est / a |
| allée jouer au Luxembourg.
| volé une voiture devant le Sénat.
| pris son revolver et quitté l'appartement.
| descendue au sous-sol de l'immeuble.

Elle s'est endormie
| près du chauffage central.
| près des bouteilles de vin.
| au volant.
| sur un banc dans une allée du jardin.
| sur un tas de charbon.

| On n'y voyait rien.
| Il faisait très chaud.
| Le soleil était très fort.
| Il y avait beaucoup de circulation.
| C'était plein de petites souris blanches.

Elle s'est réveillée parce que

| un moineau s'est posé sur son nez.
| elle a accroché un autobus.
| une petite souris lui a chatouillé l'oreille droite.
| un marron lui est tombé sur la tête.
| l'âme du vin chantait dans les bouteilles.
| elle a entendu la sirène d'une voiture de police.
| une voiture de police s'était lancée à sa poursuite.

Elle | a / n'a pas / est |
| entrée dans un parking souterrain
| compris ce que la souris voulait lui dire
| ouvert une porte
| foncé le pied au plancher dans la circulation
| brûlé trois feux rouges
| continué son chemin comme une fleur
| chargé le revolver avec des boules de gomme
| poussé un cri strident
| donné un coup de | volant / frein / pied | à / à la / au / — | droite / moineau / souris / marron

pour
| que ça fasse moins de bruit.
| chasser le moineau.
| faire peur à la souris.
| échapper à la voiture de police.
| éviter un accident plus grave.
| s'échapper.
| voir ce qu'il y avait de l'autre côté.
| ne plus entendre la sirène de la voiture de police.
| l'envoyer rouler dans la poussière.

| Le / L' / La | allée / sous-sol / parking souterrain / rue / chemin |
menait | à / au / aux / à l' / à la / à une | catacombes / sous-sol / grotte / intérieur / égouts | de l' / de la / du | ambassade turque. / Opéra. / gare Montparnasse. / Louvre. / Samaritaine. / lion de Denfert-Rochereau.
| Rome, comme tous les chemins.

Là, elle a | entendu / rencontré / vu / aperçu | l'homme en noir, / un jeune violoniste / un prêtre / un rabbin / un vieux professeur | irlandais, / orthodoxe, / bouddhiste, / musulman, |
Hubert,

qui s'est mis à
| faire des signes / crier des phrases | incompréhensibles.
| cligner des yeux.
| courir.
| jouer du Bach.
| danser un tango.
| faire du morse avec | ses / son | bras. / yeux. / violon.

Elle a voulu partir parce qu'elle

| commençait à avoir | envie de pleurer. / faim. / très peur.
| était sûre / se doutait | qu'on | la suivait. / voulait | tuer sa sœur. / la tuer. / lui donner des boules de gomme.

Elle a voulu se précipiter vers | un | grand magasin.
| une | commissariat de police.
| | gendarmerie.

Mais elle s'est aperçue qu' | il commençait à | pleuvoir.
| | faire nuit.
| | neiger.
| elle n'avait plus son bateau.

Alors elle a | mis | ses | patins à roulettes | aux | pieds.
| pris | le | TGV | à la | gare de Lyon.
| appelé | un | taxi | au | Denfert.
| loué | des | skis | à | Samaritaine.
| | | métro | | Printemps.

Chaque fois qu'elle | levait les yeux | il y avait quelqu'un
| regardait |
| se retournait |

devant | elle qui | faisait semblant de ne pas la voir.
derrière | | l'observait.
| | regardait dans une autre direction.
| | riait d'un air méchant.

Au moment où elle se croyait | perdue, | elle
| morte, |

s'est réveillée | | l'appartement des Belleau.
s'est retrouvée | dans | son lit.
a mangé une boule | | le fossé.
de gomme et a disparu |

Préparation à la lecture et à l'écriture

49.46 Entraînement à la lecture

Lisez le document 1 de la leçon 49 dans votre livre de textes, puis complétez et répondez.

1. Pour construire le métro, il a fallu _____ des galeries souterraines.

   Pour essayer de trouver de l'eau, on peut _____ un puits.

   On a _____ un tunnel sous la Manche pour relier la France à l'Angleterre.

   Quand quelqu'un est mort, on _____ une tombe dans la terre pour l'enterrer.

   Quand on étudie une question sérieusement, à fond, en profondeur, on dit qu'on _____ la question.

2. Pourquoi a-t-on creusé les catacombes?

   _____

   _____

3. Si on veut se cacher, ou cacher quelque chose, il faut trouver une _____ .

4. Les Forces Françaises de l'Intérieur ont combattu contre les Allemands pendant l'occupation allemande de la France et au moment de la Libération. Leur action était clandestine puisqu'elles opéraient sur le territoire français qui était occupé par les Allemands.

5. Un squelette, c'est l'ensemble des os d'un individu qui sont encore plus ou moins en place. Lorsque les os d'un

ou de plusieurs individus sont mélangés, en désordre, et ne forment plus un squelette reconnaissable, on parle

d' _____ .

6. D'où viennent les ossements qui sont dans les catacombes?

_____

7. Pourquoi les a-t-on mis là?

_____

. . . .

49.47 Entraînement à la lecture

Lisez le document 2, et complétez ou répondez.

1. Qu'est-ce que c'est qu'un "routard"?

_____

2. Dans quel quartier de Paris se trouve l'entrée des catacombes? _____

3. Si vous vouliez aller les visiter, à quelle station de métro devriez-vous descendre? _____

4. Si vous vouliez avoir des explications sur ce qu'il y a à voir, quand devriez-vous y aller?

_____

5. On ne travaille pas le jour de Noël, ni le Premier de l'An, le 1er mai, le 14 juillet, ou le 15 août: ce sont des jours

_____ .

6. Quand on parle du corps de quelqu'un qui est mort, on dit quelquefois "la _____ mortelle."

7. A la fin du XVIIIème siècle, les grands cimetières parisiens étaient pleins, il n'y avait plus de place, ils étaient _____ .

8. Le _____ est un fromage qui est souvent plein de trous.

9. Le gypse est un minéral ($CaSO_4$ $2H_2O$, pour les chimistes), une roche sédimentaire qui sert à faire le plâtre. Dans la

construction parisienne, on emploie beaucoup de pierre calcaire et de plâtre. Il y a une sorte de plâtre qui s'appelle

"plâtre de Paris."

10. On a placé cinq ou six millions de squelettes dans les catacombes; on les y a _____ .

11. Près des ports et des gares, il y a des entrepôts dans lesquels on _____ les marchandises.

12. Mme de Pompadour (1721–1764) était la femme d'un fermier général. Elle est devenue la favorite du roi Louis XV, qui

lui a donné le titre de marquise et de dame du palais de la reine. Elle a eu une grande influence sur le roi. On peut

supposer qu'elle était très séduisante, qu'elle avait de beaux yeux et des orbites particulièrement bien dessinées.

Quand vous visiterez les catacombes, en défilant le long des galeries, cherchez le crâne de Mme de Pompadour, essayez de

le reconnaître au passage, _____ -le.

Le chat _____ la souris pour lui sauter dessus dès qu'elle apparaît.

13. Un colimaçon est un escargot. Les colimaçons ont des coquilles en spirale. Il y a des escaliers en _____ .

14. La pierre horizontale qui forme la partie supérieure d'une porte s'appelle un _____ .

15. Un endroit où on a déposé des ossements est un _____ . Il y a dans l'est de la France, en particulier à

Douaumont, des _____ dans lesquels on a déposé les _____ des centaines de milliers

de soldats tués pendant la première guerre mondiale qui n'ont pas pu être identifiés.

16. Quand on a peur, quand on voit ou quand on pense à quelque chose d'horrible, on éprouve un léger tremblement, on
_____ .

17. Même quand vous vous promenez tranquillement, quand vous marchez _____ , vous risquez de voir des choses étranges.

18. Les _____ d'égout ferment les trous qui servent à descendre dans les égouts.

19. Il peut arriver que des jeunes gens sortent brusquement d'un trou d'égout; ils _____ du trou.

20. Si l'eau sort d'une source avec force, on dit qu'elle _____ de la source.

21. Les carrière-parties ont été à la mode; à une certaine époque, c'était dans le vent, c'était un truc " _____ ." Le mot branché est un mot à la mode, dans le vent, mais chebran est encore plus branché que branché. Branché est de l'argot; chebran, c'est un argot particulier; c'est du "verlan." Le verlan consiste à dire les mots à l'envers: "l'envers," à l'envers, c'est "verlan." C'est amusant, mais pas très sérieux; ce sont des modes qui passent.

22. Quelqu'un qui aime aller dans les catacombes, c'est un "cataphile"; les gens qui aiment aller au cinéma, au ciné, sont des
_____ .

23. Belfort est une ville de l'est de la France. Assiégée par les Allemands pendant la guerre franco-allemande de 1870–1871, elle a résisté pendant cent trois jours.

   Le lion de Belfort est la statue de bronze sculptée par Bartholdi pour commémorer cette résistance. Bartholdi (1834–1904) est le sculpteur français qui a réalisé la statue de la Liberté (*La Liberté éclairant le monde,* 1886) qui se trouve à New-York. (Il y en a aussi une plus petite, sur la Seine, près de l'appartement des Courtois.) Le lion de Belfort a l'habitude de voir des embouteillages, ça ne l'impressionne plus, ça ne l'intéresse plus, il est _____ .

24. Quand plusieurs routes ou rues se rencontrent, elles forment un _____ .

25. Autrefois, il fallait payer une taxe, un impôt, sur toutes les marchandises qui entraient dans une ville pour y être vendues. Il y avait, à l'entrée des villes, un "octroi," une maison dans laquelle celui qui faisait payer la taxe avait son bureau et son logement.

   Sous l'Ancien Régime, les fermiers généraux étaient des financiers qui faisaient payer les impôts dûs au roi. Les villes étaient entourées de murs pour arrêter les ennemis qui voudraient l'attaquer, mais aussi ceux qui voudraient y faire entrer des marchandises sans payer l'octroi.

26. Citez deux personnages connus dont les ossements se trouvent sans doute dans les catacombes.

_____

_____

. . . .

49.48 Lecture et interprétation

Lisez le document 3. Complétez et répondez.

1. Vous vous rappelez ce que c'est qu'un conjoint? C'est la personne avec qui on est marié. Donc, si vous êtes une femme mariée, votre conjoint, c'est votre _____ ; et si vous êtes un homme marié, votre femme est votre _____ .

2. Dans quelle catégorie de pleureurs vous situez-vous?

_____

_____

49.49 Entraînement à la lecture

Lisez le document 4. Relisez le document 7 de la leçon 19, puis complétez ce qui suit et répondez à la question.

1. Vous ne savez pas ce qui m'est arrivé l'autre jour? Une chose extraordinaire! Imaginez-vous, _____

   que j'ai vu un corbeau dans mon jardin . . . avec un fromage dans son bec!

2. Vous vous croyez _____ ? Allons, taisez-vous! Vous n'êtes pas amusant. Ne faites pas le _____ ! Vous n'êtes

   pas drôle!

3. Je croyais que j'étais rusé, je me croyais astucieux, je _____ malin! (Mais je ne l'étais pas!)

4. Eh bien, non! Vous vous trompez! Rectifiez votre erreur, _____ .

      Vous vous trompez; je vais vous _____ : je vais vous dire ce qui est vrai.

5. Ce corbeau a été plus malin que moi! Il s'est moqué de moi! Il m'a trompé! Il m' _____ !

6. Une fouine, c'est un animal qui ressemble au renard, mais plus petit avec un nez pointu. Pourquoi est-ce que le voisin à

   tête de fouine a été eu par le corbeau? Pourquoi est-ce que ça ne valait pas la peine de donner une leçon au corbeau?

   _____

   _____

. . . .

49.50 Pratique de l'écriture

Vous êtes Marie-Laure. Après que Mireille est allée se coucher (il faut qu'elle se repose parce qu'elle a un examen demain), vous vous levez et vous écrivez une demi-page dans votre journal pour raconter ce qui s'est véritablement passé cet après-midi. Est-ce que vous avez raconté des blagues à Mireille et Robert, est-ce que vous les avez menés en bateau? Est-ce que l'histoire que vous avez racontée est vraie? En partie vraie? Vous parlez des événements mais aussi des réactions de Mireille et de Robert.

_____

_____

_____

_____

_____

_____

_____

_____

_____

_____

_____

_____

Leçon **50**

Assimilation du texte

🎧 50.1 Mise en œuvre

Ecoutez le texte et la mise en œuvre dans l'enregistrement sonore. Répétez et répondez suivant les indications.

. . . .

🎧 50.2 Compréhension auditive

Phase 1: Regardez les images et répétez les énoncés que vous entendez.

1. ___   2. ___   3. ___

4. ___   5. ___   6. ___

Phase 2: Ecrivez la lettre de chaque énoncé que vous entendez sous l'image qui lui correspond le mieux.

🎧 50.3 Production orale

Ecoutez les dialogues suivants. Vous allez jouer le rôle du second personnage.

1. Hubert: Mireille n'est pas avec vous?
   Robert: (. . .)
2. Hubert: Alors, comment ça va? Ça s'est bien passé?
   Mireille: (. . .)
3. Colette: Ce qu'il y a de mieux, dans le Pays Basque, c'est la pelote et le poulet basquaise.
   Hubert: (. . .)
4. Mireille: Les fureurs de la nature, les cataclysmes, ce n'est pas notre genre! Nous préférons le calme d'une palme qui se balance sur la mer. . . .
   Robert: (. . .)
5. Robert: La France est peut-être le paradis terrestre, mais je doute que vous ayez beaucoup de palmes en France!
   Hubert: (. . .)
6. Robert: Du riz? Ha, ha, je ris! Du riz? Vous voulez rire! Ça m'étonnerait que vous ayez du riz en France!
   Jean-Michel: (. . .)
7. Robert: Et de la canne à sucre, vous en avez, en France?
   Mireille: (. . .)
8. Jean-Michel: La vérité, c'est qu'il y a la France du vin dans le Midi, la France de la bière dans l'est et dans le nord, et la France du cidre dans l'ouest, en Bretagne, et en Normandie.
   Colette: (. . .)

. . . .

🎧 50.4 Compréhension auditive et production orale

Ecoutez les passages et répondez aux questions.

1. Mireille vient de passer un examen, mais elle n'a pas envie d'en parler. De quoi est-ce qu'elle préfère parler?
2. D'après Mireille, quelle sorte de pays est la France?
3. Où est-ce qu'on trouve des palmiers, en France?
4. Est-ce qu'on produit du sucre, en France?
5. Et le café qu'on boit en France, d'où vient-il?
6. Où est-ce qu'on trouve des oliviers, en France?

Préparation à la communication ▰▰▰▰▰▰▰▰▰▰▰▰

🎧 50.5 Activation orale: Prononciation; accent tonique (révision)

Ecoutez et répétez les expressions suivantes. Rappelez-vous qu'il n'y a pas d'accent tonique à l'intérieur d'un groupe rythmique. Il n'y a un léger accent tonique qu'à la fin du groupe (chacune des expressions suivantes constitue un groupe rythmique).

C'est tout à fait naturel.
l'éducation de Robert
C'est historique.
Quelle variété!
C'est intéressant.
en Normandie

la littérature
Il faut s'organiser.
un tour culturel et éducatif
C'est une spécialité américaine.
au Canada
au Portugal

. . . .

🎧 50.6 Observation: Opinion et préoccupation; *penser de, penser à* (révision)

préoccupation: **penser à**	*opinion:* **penser de**
—Tu ne **penses** qu'**à** la bouffe! —Et toi, **à** quoi tu **penses**?	—Qu'est-ce que tu **penses du** film? —Je **pense que** c'était intéressant. J'ai trouvé ça bien.

50.7 Activation écrite: Opinion et préoccupation; *penser de, penser à*

Complétez les passages suivants.

1. —Qu'est-ce que tu as _____ la pièce

   de théâtre?

   —Oh, ça m'a beaucoup plu!

2. Mireille _____ Marie-Laure. Elle se

   demande ce qu'elle fait.

3. —Vous avez oublié de prendre son numéro de

   téléphone!

—Mais non, j'ai _____ le lui

demander.

4. —Qu'est-ce que tu _____ dernier film

   de Godard?

5. —Est-ce que Mireille te manque? Tu

   _____ elle de temps en temps?

6. —Qu'est-ce que tu _____ lui?

. . . .

⌂ 50.8 Observation: Géographie; articles et prépositions devant les noms de pays

noms féminins	**en**	*noms masculins*	**au**
Ils ne connaissent pas la Grèce. Ils ne connaissent pas la Californie.	Ils vont aller **en** Grèce. Ils vont aller **en** Californie.	Ils aiment beaucoup le Portugal. Ils aiment beaucoup le Brésil.	Ils vont aller **au** Portugal. Ils vont aller **au** Brésil.
Ils visitent la Suède. Ils visitent la Pennsylvanie.	Ils sont **en** Suède. Ils sont **en** Pennsylvanie.	Ils connaissent bien le Canada. Ils connaissent bien le Maroc.	Ils sont **au** Canada. Ils sont **au** Maroc.
noms féminins	**de**	*noms masculins*	**du**
Ils ont bien aimé la Tunisie. Ils ont bien aimé la Géorgie.	Ils reviennent **de** Tunisie. Ils reviennent **de** Géorgie.	Ils voulaient connaître le Texas. Ils voulaient connaître le Soudan.	Ils reviennent **du** Texas. Ils reviennent **du** Soudan.
Ils font des affaires avec la Hongrie. Ils font des affaires avec la Chine.	le maïs **de** Hongrie le thé **de** Chine	N'oublions pas le Japon. N'oublions pas le Cambodge.	le saké **du** Japon le riz **du** Cambodge.

. . . .

⌂ 50.9 Activation orale: Géographie; articles et prépositions devant les noms de pays

Répondez selon l'exemple.

Exemple:
Vous entendez: 1. La Grèce m'intéresse.
Vous dites: Allons en Grèce!

2. La Belgique m'intéresse.
3. La Russie me fascine.
4. L'Allemagne m'intéresse.
5. L'Afrique m'intéresse.
6. La Tunisie m'attire.
7. Le Canada m'attirerait assez.

8. Le Liban m'intéresse.
9. Le Portugal m'attire beaucoup.
10. La Chine me fascine.
11. Le Japon m'attirerait beaucoup.
12. Le Soudan m'intéresserait assez.

⟨⟩ 50.10 Activation orale: Articles et prépositions devant les noms de pays; négation

Que voulez-vous, avec Minouche, je ne peux pas voyager!

Imaginez que vous êtes cette pauvre Mme Courtois qui ne peut jamais voyager et répondez selon l'exemple.

Exemple:

Vous entendez: Vous connaissez la Grèce?

Vous dites: Non, je ne suis jamais allé(e) en Grèce.

Vous connaissez

la Bretagne?	la Russie?	l'Australie?
la Belgique?	l'Ethiopie?	l'Amérique du Sud?
l'Allemagne?	l'Alsace?	la Tunisie?
l'Espagne?	l'Afrique?	
l'Egypte?	l'Auvergne?	

Vous connaissez

le Canada?	le Chili?	le Mali?
le Luxembourg?	le Brésil?	le Maroc?
le Liban?	le Venezuela?	

Vous connaissez

la Lorraine?	le Japon?	le Pakistan?
le Turkestan?	la Louisiane?	la Nouvelle-Angleterre?
la Camargue?	la Turquie?	la Tanzanie?
la Roumanie?	le Soudan?	le Congo?
le Portugal?	la Croatie?	la Lybie?
la Suisse?	le Texas?	la Syrie?
le Danemark?	le Mexique?	le Niger?
la Suède?	le Pérou?	le Cameroun?
le Cambodge?	le Viet-Nam?	le Sénégal?
la Chine?	le Laos?	la Guinée?
la Floride?	la Bolivie?	le Kenya?

⟨⟩ 50.11 Observation: Géographie; articles et prépositions devant les noms de régions et provinces

noms féminins	**en**		*noms masculins*	**dans** + *article*	
Ils ne connaissent pas la Normandie.	Ils vont	**en** Normandie.	Ils ne connaissent pas le Midi.	Ils vont	**dans le** Midi.
Ils adorent la Bretagne.	Ils sont	**en** Bretagne.	Ils adorent le Cantal.	Ils sont	**dans le** Cantal.
noms féminins	**de**		*noms masculins*	**du** (des, de l')	
Ils adorent la Provence.	Ils reviennent	**de** Provence.	Ils adorent le Sud-Ouest.	Ils reviennent	**du** Sud-Ouest.
Ils adorent la Normandie.	le cidre	**de** Normandie.	Ils adorent le Beaujolais.	les vins	**du** Beaujolais.
			Ils adorent le Sud-Ouest.	les spécialités	**du** Sud-Ouest.

⟨⟩ 50.12 Activation orale: Géographie; articles et prépositions devant les noms de régions et provinces

Répondez selon l'exemple.

Exemple:

Vous entendez: 1. Vous ne connaissez pas la Normandie?

Vous dites: Si, je suis déjà allé en Normandie.

2. Vous ne connaissez pas le Midi?
3. Vous ne connaissez pas le nord de la France?
4. Vous ne connaissez pas la Bretagne?
5. Vous ne connaissez pas la Provence?
6. Vous ne connaissez pas le Cantal?
7. Vous ne connaissez pas l'est de la France?
8. Vous ne connaissez pas le sud-ouest?

🎧 50.13 Activation orale: Géographie et prépositions devant les noms de pays, régions, et provinces

Test de géographie

Essayez de trouver le plus vite possible une réponse aux questions que vous allez entendre.

Où se trouve Rome?
Où est Bruxelles?
Où est Madrid?
Où est Genève?
Où est Berlin?
Où est Moscou?
Où est Isigny?
Où fait-on le camembert?
Où y a-t-il des gardians?
Dans quels pays cultive-t-on des pommes de terre?
Dans quels pays d'Europe y a-t-il de grandes forêts de sapins?

Dans quels pays d'Europe y a-t-il beaucoup d'olives?
Où trouve-t-on des flamants roses?
Où y a-t-il des volcans, en France?
Où est Montréal?
Où est Phnom Penh?
Où est Santiago?
Où est São Paulo?
Où est Lima?
Où est Caracas?
Où trouve-t-on des cèdres?
Où y a-t-il beaucoup de pétrole, aux Etats-Unis?
Où trouve-t-on beaucoup de touristes au mois d'août, en France?
Où y a-t-il des palmiers, en France?
Où se trouve Villequier?

. . . .

🎧 50.14 Activation orale: Géographie; articles et prépositions devant les noms de régions et provinces

Répondez selon l'exemple.

Exemple:
Vous entendez: 1. Ils connaissent la Provence?
Vous dites: Oui, ils reviennent de Provence.

2. Ils connaissent la Camargue?
3. Ils connaissent le Cantal?
4. Ils connaissent le sud-ouest?
5. Ils connaissent la Bretagne?
6. Ils connaissent l'Alsace?

. . . .

🎧 50.15 Observation: Pays et régions; les îles de la Martinique et de la Guadeloupe

à la
Ils ne connaissent pas la Martinique. Ils vont **à la** Martinique. Ils ne connaissent pas la Guadeloupe. Ils vont **à la** Guadeloupe.
à la
Ils sont **à la** Martinique. Ils sont **à la** Guadeloupe.
de la
Ils viennent **de la** Martinique. Ils viennent **de la** Guadeloupe.
de la
le rhum **de la** Martinique le sucre **de la** Guadeloupe

50.16 Activation écrite: Géographie; les îles de la Martinique et de la Guadeloupe

Complétez.

1. —Ta mère est martiniquaise?

   —Oui, elle vient _____ Martinique.

2. —Tu connais la Guadeloupe?

   —Non, je ne suis jamais allé _____ Guadeloupe.

Et toi?

—Moi, bien sûr! Je viens _____ Guadeloupe. Je suis guadeloupéen.

. . . .

⌂ 50.17 Activation orale: Géographie; pays et régions

Répondez selon l'exemple.

Exemple:
Vous entendez: 1. D'où vient le beurre
   d'Isigny?
Vous voyez: la Normandie
Vous dites: Il vient de Normandie.

2. la France
3. la Bulgarie
4. l'Ecosse
5. l'Egypte
6. la Colombie
7. le Brésil
8. la Louisiane
9. le Portugal

10. le Liban
11. le Chili
12. la Chine
13. la Bretagne
14. la Camargue
15. la Tunisie
16. la Suisse

. . . .

⌂ 50.18 Observation: Géographie; article défini devant les noms de montagnes

	article	nom de montagne
Allons dans	**le**	Massif Central.
Je préférerais	**la**	Meije . . .
. . . ou	**les**	Pyrénées.

Notez que les noms de montagnes sont précédés d'un article défini. Cela est vrai pour les massifs (*le Massif Central*), pour les chaînes (*les Pyrénées*), et pour les pics individuels (*la Meije*).

⌂ 50.19 Activation orale: Géographie; article défini devant les noms de montagnes

Répondez selon l'exemple.

Exemple:
Vous entendez: 1. Où se trouve le Col
   du Tourmalet?
Vous voyez: les Pyrénées
Vous dites: Dans les Pyrénées.

2. l'Himalaya
3. le Massif Central
4. les Pyrénées
5. les Alpes
6. les Alpes

. . . .

⌂ 50.20 Activation orale: Géographie; article défini devant les noms de montagnes

Répondez selon l'exemple.

Exemple:
Vous entendez: 1. Vous connaissez le Jura?
Vous dites: Non, nous ne sommes jamais allés dans le Jura.

2. Vous connaissez le Massif Central?
3. Vous connaissez l'Himalaya?
4. Tu connais les Vosges?
5. Tu connais les Alpes?
6. Tu connais les Pyrénées?

⌕ 50.21 Observation: Géographie; prépositions devant les noms de montagnes

	chaînes, massifs			montagnes, pics individuels	
	dans			**à**	
Ils vont	**dans les**	Alpes.	Ils vont	**au**	Mont Blanc.
Ils vont	**dans le**	Massif Central.	Ils vont	**à la**	Meije.
	dans			**à, sur**	
Ils ont campé	**dans les**	Alpes.	Ils ont campé	**au**	Mont Blanc.
Ils ont campé	**dans le**	Massif Central.	Ils ont campé	**sur le**	Mont Blanc.
			Ils ont campé	**à la**	Meije.
			Ils ont campé	**sur la**	Meije.
	de			**de**	
Ils viennent	**des**	Alpes.	Ils reviennent	**du**	Mont Blanc.
Ils viennent	**du**	Massif Central.	Ils reviennent	**de la**	Meije.

. . . .

⌕ 50.22 Activation orale: Géographie; article défini devant les noms de montagnes

Répondez selon l'exemple.

Exemple:
Vous entendez: 1. Où est-ce qu'ils vont?
Vous voyez: les Alpes
Vous dites: Ils vont dans les Alpes.

2. le Mont Blanc
3. le Massif Central
4. le Massif Central
5. les Vosges
6. la Meije
7. les Alpes

. . . .

⌕ 50.23 Observation: Subjonctif (révision et extension)

proposition principale		proposition subordonnée		
1. Je doute	que vous	**ayez**	beaucoup de palmes!	
2. Admettons	que vous	**ayez**	du sucre . . .	
3. (C'est) dommage	qu' il	n' **aille**	pas en Bretagne.	
4.	Qu' à cela	ne **tienne**!		

Dans la phrase 1, l'intention principale de Robert **n'est pas** de dire qu'il y a ou qu'il n'y a pas de palmes en France, mais d'exprimer un doute.

Dans la phrase 2, son intention **n'est pas** de dire s'il y a ou s'il n'y a pas de sucre en France; il indique qu'il veut bien l'admettre.

Dans la phrase 3, le but d'Hubert **n'est pas** de nous informer que l'oncle Victor ne va pas en Bretagne (tout le monde le sait déjà); son but est de nous dire qu'il le regrette, qu'il trouve ça dommage.

Dans la phrase 4, il n'y a pas de proposition principale. Il s'agit d'une expression toute faite qui veut dire quelque chose comme: "Il ne faut pas que ça fasse de difficulté; ça ne devrait pas être un problème."

50.24 Activation écrite: Emplois du subjonctif; articles et partitifs (révision)

Etudiez les phrases suivantes et essayez de trouver les mots qui les complèteraient le mieux.

1. Mireille: Si ça ne vous fait rien, je préfère que nous ne _____ plus d'examens!

2. Jean-Michel: Nous ne pouvons pas partir sans savoir où nous _____ . Il faut que nous _____ un plan.

3. Colette: Moi, j'aimerais qu'on _____ un voyage culturel et éducatif!

4. Colette: Il faut que nous _____ goûter à Robert toutes _____ spécialités régionales: l'andouille de Vire. . . .

5. Hubert: Méfiez-vous de l'andouille de Vire! Ça m'étonnerait que ça vous _____ !

6. Colette: Mais il n'y a pas de raison! Au contraire, je suis sûre que ça lui _____ !

7. Hubert: Des tripes! Ça m'étonnerait que Robert _____ goûter ça, lui!

8. Robert: Je doute que vous _____ beaucoup ____ canne à sucre en France!

9. Mireille: Mais si, nous _____ . . . à la Martinique!

10–11. Robert: Bon, admettons que vous _____ du sucre . . . mais ça m'étonnerait qu'il y _____ du café en France!

12. Hubert: On produit de tout en France; on produit ____ vin, on produit _____ huile d'olive, on produit ____ blé, ____ riz.

13. Robert: Ça, ça m'étonnerait que vous _____ du riz en France!

14. Colette: Moi, je veux absolument aller manger ____ tripes à la mode de Caen!

. . . .

50.25 Activation écrite: Subjonctif

Cet exercice va vous donner une occasion de réinventer l'histoire pour la mettre davantage à votre goût. Voici ce que vous avez à faire:

L'histoire dit: Robert est américain.
Vous écrivez: Je préférerais que Robert soit suédois (ou italien, ou irlandais . . .).
Ou bien: C'est dommage que Robert ne soit pas russe (ou espagnol . . .).
Ou bien: Il serait plus amusant que Robert soit chinois (ou japonais . . .).

Pour introduire un peu de variété dans votre réinvention, choisissez parmi les expressions de la liste suivante. Notez que toutes ces expressions sont suivies du subjonctif.

J'aime mieux que . . .
J'aimerais mieux que . . .
Je préfère que . . .
Je préférerais que . . .
Il faut que . . .
Il faudrait que . . .
Je tiens à ce que . . .
Je tiendrais à ce que . . .
C'est dommage que . . .
Je ne crois pas que . . .
Ça m'étonnerait que . . .
Je veux que . . .
Je voudrais que . . .
(A mon avis) il est préférable que . . .
Il vaut mieux que . . .
Il vaudrait mieux que . . .
(Je crois qu') il serait plus amusant que . . .
Il serait plus drôle que . . .
Il serait plus dramatique que . . .
Il serait plus comique que . . .
Je ne peux pas croire que . . .

1. Robert est américain. Mireille est française.

   _____

   _____

2. Mireille a les cheveux blonds et les yeux bleus.

   _____

   _____

3. Robert est très sportif.

   _____

   _____

4. Les parents de Robert sont divorcés. Le père de Robert
   est banquier.

   _____

   _____

5. Mireille a un oncle très riche. Nous ne savons pas
   comment cet oncle est devenu riche.

   _____

   _____

6. Cet oncle a plusieurs voitures. Mireille n'a pas de
   voiture.

   _____

   _____

7. Robert sait très bien le français. Les parents de Mireille
   ne savent pas l'anglais.

   _____

   _____

8. Mireille et Robert font connaissance dans la cour de la
   Sorbonne.

   _____

   _____

9. Ils vont se promener au Luxembourg. Ils parlent de
   leurs études. Mireille fait des études d'histoire de l'art.

   _____

   _____

   _____

10. Mireille ne peut pas déjeuner avec Robert à la Closerie.

    _____

    _____

11. Ils vont ensemble à Chartres.

    _____

    _____

12. Mireille ne veut pas emmener Robert à Provins. Nous ne
    savons pas si Mireille est vraiment allée à Provins. Nous
    ne pouvons pas savoir ce qu'elle a fait ce jour-là.

    _____

    _____

    _____

. . . .

50.26 Activation écrite: Substances et préparations; prépositions *de, à* (révision et extension)

Lisez, réfléchissez, et complétez.

Gastronomie et prépositions

1. Hubert: Moi, ce _____ j'aime, c'est le homard _____ l'armoricaine.

2. Jean-Michel: Moi, je _____ préfère _____ américaine!

3. Colette: Ah, les tripes _____ mode de Caen! C'est fameux!

4. Colette: J'adore les crêpes; les crêpes _____ sucre, les crêpes _____ la confiture, aussi les crêpes _____ jambon.

5. Mireille: Le matin, je prends _____ café _____ lait avec _____ croissants.

6. Colette: Chez moi, on fait la cuisine _____ beurre.

7. Mireille: Chez moi, on fait la cuisine _____ huile.

8. Jean-Michel: Et chez moi, _____ graisse.

9. Les conserveries bretonnes produisent des sardines _____ huile.

10. Il y a de la canne _____ sucre aux Antilles.

11. La Normandie produit des pommes _____ cidre.

12. En Provence, on utilise surtout de l'huile _____ olive.

13. Dans le Sud-Ouest, on fait la cuisine _____ graisse _____ porc ou _____ oie.

14. Vous préférez le foie gras _____ oie ou _____ canard?

15. Le camembert, le pont-l'évêque, le brie sont des fromages _____ vache.

16. Le roquefort est un fromage _____ brebis.

17. Le crottin, le valençay sont des fromages _____ chèvre.

18. Colette aime les pieds _____ porc, les tartes _____ citron,

19. les éclairs _____ chocolat, la tête _____ veau,

20. l'omelette _____ fines herbes, les pruneaux _____ armagnac,

21. le foie _____ veau, les sorbets _____ poire,

22. la sole _____ cèpes, les côtelettes _____ mouton,

23. la crème _____ café, et les babas _____ rhum.

. . . .

50.27 Activation écrite: Prépositions; *à, de* + infinitif, et autres (révision et extension)

Complétez avec *à*, ou *de*, ou les formes de *faire, dire, se taire, voir* qui conviennent.

1. Mireille avait un examen _____ passer.

2. Marie-Laure a des devoirs _____ faire.

3. Il y a beaucoup de choses _____ voir en Bretagne.

4. Robert a des gens _____ voir (les Courtois, par exemple).

5. Mireille: Ne reste pas sans rien faire! _____ quelque chose!

6. Marie-Laure: Je n'ai _____ faire!

7. Ne restez pas sans rien dire. _____ quelque chose!

8. Je n'ai _____ !

9. —Pourquoi vous taisez-vous?

   —Je _____ parce que je n'ai pas envie _____ parler!

10. Marie-Laure: Je meurs _____ faim! Il n'y a _____ manger?

11. Je meurs _____ soif. Il n'y a _____ ?

12. Hubert: L'usine marémotrice russe est copiée sur la nôtre!

    Jean-Michel: Ça c'est _____ voir!

13. Hubert: C'est tout _____ !

14. Jean-Michel: La division de la Gaule en trois parties n'a _____ voir avec les matières grasses!

15. Colette: La porcelaine de Limoges, la poterie de Vallauris . . . tout ça c'est pareil!

   Hubert: Mais, pas du tout! Ça n'a absolument _____ !

16. Mireille: Dépêchons-nous, nous n'avons pas de temps _____ perdre!

17. Je n'ai pas le temps _____ écouter vos bêtises.

18. Nous avons encore dix églises romanes _____ visiter!

19. Colette: Nous avons encore 285 fromages _____ goûter.

20. Mireille: Je n'ai pas le courage _____ commencer; je n'ai déjà plus faim!

21. Jean-Michel: Moi, je vous avertis, je n'ai aucune intention _____ passer l'été _____ faire du tourisme sur un yacht

   de fils _____ papa!

. . . .

50.28 Activation écrite: Vocabulaire

Complétez.

1. Cet après-midi, Mireille _____ son dernier examen.

2. Elle ne saura pas si elle a _____ ou si elle a échoué avant huit jours. (20–5)

3. Quand Mireille arrive, après son examen, Hubert lui demande: "Alors, cet examen, ça _____ ?"

4. Jean-Michel veut organiser leur voyage. Il veut avoir un plan. Il ne veut pas partir _____ .

5. Colette: Organiser le voyage autour du thème des châteaux, oui, c'est une bonne idée, mais j'ai une _____ idée.

6. Colette: On pourrait commencer _____ la Normandie.

7. Mireille: Tu nous _____ avec ta bouffe!

8. Tu ne penses _____ ça!

9. Il n'y a pas _____ dans la vie!

10. Mireille: La Normandie, c'est un pays matérialiste! La Bretagne, au contraire, est un pays mystique. C'est un pays qui a de

   l' _____ !

11. Colette: Les tripes à la mode de Caen, c'est une vieille _____ normande.

12. Jean-Michel: Mais qu'est-ce que tu me racontes là? Ça ne va pas? Tu es tombé sur _____ ?

13. Colette: Les poteries, les tapisseries, la dentelle, oui, oui, tout ça c'est très joli, mais il n'y a pas que

   l' _____ !

14. Mireille: Mon oncle prétend que le jambon d'Auvergne est _____ le jambon de Bayonne.

15. Hubert: Le plus intéressant, ce sont les eaux.

   Colette: Les os de jambon?

   Jean-Michel: Ha, ha, ha, elle _____ ! Très amusant!

16. Jean-Michel: Il n'y a plus de Pyrénées? Ha, ha, ha, elle est _____ ! C'est la _____

   l'année! (47–8)

17. Robert: Du riz en France? Ha, ha, ha! Vous _____ ! Ce n'est pas sérieux! C'est une plaisanterie!

18. Mireille: Transformer la grange en garage, ce n'était pas le plus difficile: il suffisait de laisser tomber un *n* et d'ajouter

   un *a*.

   Colette: Oh, eh, arrête tes _____ absurdes. (34–4)

19. Quand Robert dit "Du riz en France? Ha, ha, je ris," il essaie de faire un _____ .

20. Robert: Discipline intellectuelle! Vous me _____ avec votre discipline intellectuelle! (21–4)

21. Mireille: La France est le pays de la raison et de la _____ !

22. Hubert: Avec les pins des Landes, on fait de la résine et du _____ sur lequel on imprime les livres et les journaux.

23. Robert: La France est peut-être le paradis terrestre, mais je _____ que vous ayez beaucoup de palmiers.

24. Mireille: Mais si, nous en avons!

Robert: Hmmm! J'_____ doute!

25. Mireille: Jean-Michel et Hubert vont avoir des discussions politiques, ça va être très intéressant!

Robert: Je n'_____ pas. Mais j'aurais préféré être seul avec toi! (46–7)

26. Mireille: Tu pourais aller voir le spectacle du Lido, mais je _____ ça vaille la peine! (39–3)

27. La sœur d'Arthur: Est-ce que Maman _____ que c'est moi qui ai poussé Arthur dans le bassin? (17–document)

28. Marie-Laure: L'homme en noir avait vachement peur, parce qu'il _____ que je le suivais! (49–6)

29. Mireille: Zut! Les phares ne marchent pas! Je _____ ! J'en étais sûre! (31–5)

30. Hubert: Vous avez envie de boire du cidre? Mais, qu'à cela _____ ! Allons prendre un pot aux Deux Magots!

31. Mireille; J'ai envie de faire la descente du Zambèze.

Robert: Qu'à _____ ! Prenons mon kayak et allons-y!

. . . .

⌂ 50.29 Activation: Dictée; présentation, insistance, emplois de *voilà*

Ecoutez et complétez. Vous entendrez chaque passage deux fois seulement.

1. Hubert: Tiens, _____ l'Amerloque _____ en roulant ses mécaniques!

2. Marie-Laure: Tiens, _____ !

3. Mireille: _____ !

4. Le vendeur: _____ !

5. Robert: Ecoute, _____ .

6. Mireille: Tiens, mais _____ !

7. Mireille: Tiens, _____ !

8. Mme Courtois: Ah, mon petit Robert, _____ !

_____ !

9. Robert: _____ ! _____ !

10. Mireille: Tu vois un *Pariscope* pas là? . . . Tiens, _____ .

11. Mireille (*qui attend le dépanneur*): _____ !

12. Robert: _____ !

🎧 50.30 Activation: Dictée; identification, définition, insistance, emplois de *c'est*

Ecoutez et complétez. Vous entendrez chaque passage deux fois seulement.

1. Mireille: Moi, _____ ,

   _____ .

2. Jean-Michel: _____

   _____ , les travailleurs!

3. Hubert: Les travailleurs! _____

   _____ les Renault!

4. Mireille: Tu vois, _____

   la nature sauvage. . . .

5. Jean-Pierre: _____ , ça!

6. Jean-Pierre: _____ !

7. L'étudiant: _____ !

8. Mme Belleau: Marie-Laure, qu'est-ce que tu fais? Veux-tu bien t'asseoir!

   Marie-Laure: _____ ! . . .

   Mme Belleau: _____ .

9. Robert: Tu viens de casser au moins douze verres blancs!

   Mireille: _____ ! _____ !

   Robert: _____ ! . . . En fait,

   non, _____ Hubert!

10. Mireille: Quand son mari est là, _____ ! Elle, elle ne dit rien.

11. Le vendeur: _____ ! Oh, je ne me trompe pas souvent!

12. Le vendeur: _____ !

13. Mireille: Et là-bas, en face, au fond de la rue Royale, _____ de la Madeleine.

    _____ .

14. Robert: Oh, _____ , l'autre jour,

    quand je suis allé me promener en Bourgogne.

. . . .

50.31 Activation écrite: Identification, définition, insistance; *c'est* . . . (récapitulation)

Lisez, essayez de comprendre ou de vous rappeler de quoi il s'agit, et complétez.

1. Mireille: La culture _____ on a tout oublié! (21–7)

2. Robert, _____ l'homme _____ se perd partout.

3. Mireille: Les théâtres nationaux, ce _____ reçoivent des subventions de l'Etat. (39–2)

4. "Un escalier . . . _____ quelque chose _____ sert à monter, non à descendre!" (Jean Tardieu,

   36–document)

5. Hubert: L'entreprise de construction, _____ mes oncles _____ s'en occupent. (33–5)

6. Robert sonne; _____ Mme Courtois _____ ouvre. (24–1)

7. Robert: Les gens n'étaient pas plus malheureux sans le confort moderne? Ça, _____ dites, cher Monsieur! (33–6)

8. La sœur d'Arthur: Est-ce que maman se doute que _____ ai poussé Arthur dans le bassin? (17–document)

9. Robert reconnaît le présentateur de la météo; _____ lui a indiqué la rue de Vaugirard, quand il était perdu. (32–6)

10. Mireille: L'argent est un peu à Robert . . . _____ a payé le billet! (45–3)

11. Mireille: Non; moi, je ne perds pas les choses! _____ perds les choses et _____ te perds! (41–6)

12. Mais, quand même, je préfère que _____ le gardes. (41–6)

13. Mireille: _____ l'Etat _____ finance et _____ contrôle l'éducation nationale. (19–5)

14. Mireille: Qu'est-ce qu'ils ont, ses yeux? Il a un œil qui dit zut à l'autre?

    Jean-Pierre: Non, non, _____ ses deux yeux _____ disent zut à je ne sais pas qui. (40–1)

15. Robert: Non, sérieusement, je ne crois pas que ça marche très bien à trois.

    Mireille: _____ je me suis dit aussi; alors, j'ai invité Colette à venir. (46–7)

16. Robert: _____ j'ai pour aller me promener dans la nature, _____ un maillot de bain! (43–4)

17. Tonton Guillaume: _____ intéresse Georgette, _____ d'assurer une sépulture décente aux toutous défunts! (45–2)

18. Le Petit Nicolas: La seule chose _____ m'ennuie, _____ Papa et Maman ont l'air un peu tristes. (René Goscinny, 46–document)

19. Mireille: Ça, c'est l'Assemblée nationale. _____ nos députés préparent les projets de lois. (38–4)

20. Colette: _____ mieux, dans le Pays Basque, _____ la pelote et le poulet basquaise!

21. Hubert: _____ intéressant en Auvergne, _____ les eaux.

. . . .

50.32 Activation écrite: Présentation, insistance; *voilà* (récapitulation)

Complétez.

1. Mireille: Ah, la Bretagne! _____ de l'âme!

2. Robert cherche une cabine téléphonique. Ah! _____ une! Mais il n'a pas l'air de comprendre comment elle marche! (22–5)

3. Robert: Eh bien, _____ une jeune fille _____ sûrement être avocate! (18–3)

4. _____ s'est passé: A Fontainebleau, Robert a voulu sortir de l'autoroute. . . . (30–6)

5. Le général Lascy: Père Ubu, ne voyez-vous pas dans la plaine les Russes?

    Père Ubu: C'est vrai, les Russes! _____ joli! Si encore il y avait moyen de s'en aller, mais pas du tout! . . . (Alfred Jarry, 40–document)

6. Tonton Guillaume: Tu as gagné 40.000 francs! _____ voilà riche! (45–1)

7. Hubert: Les autres ne sont pas là?

   Mireille (*entendant un coup de sonnette*): Tiens, _____ ! (48–1)

8. Hubert: Mireille n'est pas avec vous? . . . Ah, _____ ! (48–1)

. . . .

50.33 Activation écrite: Relations spatiales et autres (récapitulation)

Complétez avec *derrière, devant, après, avant, autour, en haut, en bas, au centre, nord, sud, est,* ou *ouest.*

1. Les amis se sont réunis dans le petit square qui est _____ l'église Saint-Germain-des-Prés.

2. Marie-Laure a aperçu un homme en noir qui se cachait _____ un arbre. (22–9)

3. Robert: C'est l'homme qui m'a suivi à la Closerie et qui est descendu au sous-sol _____ moi quand je suis allé téléphoner! (22–9)

4. Dans un coin du compartiment, il y a un passager caché _____ un journal. . . . (29–1)

5. Colette: On se sent chez soi _____ les haies, les murs, les grilles. (33–5)

6. "La France n'est pas seule! Elle a un vaste empire _____ elle!" (Charles de Gaulle, 45–document)

7. Une dizaine d'étudiants attendent _____ un bureau. (13–2)

8. Jean-Pierre: Si vous voulez engager la conversation avec une jeune fille, vous pouvez faire semblant de tomber _____ elle. (13–7)

9. Marie-Laure: _____ la porte, il y avait un type en uniforme qui criait "Dernière visite!" (49–7)

10. Marie-Laure s'installe _____ son bol de chocolat. (42–5)

11. "Cette pièce (*La Cantatrice chauve*) voulait exprimer le sentiment d'étrangeté que j'ai _____ le monde." (Eugène Ionesco, 39–document)

12. Mireille a à peine vingt ans; elle a encore de longues années _____ elle!

13. A partir de 1962, les recettes de la Loterie nationale baissent _____ la concurrence des courses hippiques. (41–document)

14. Marie-Laure a caché son bateau _____ un palmier. (49–3)

15. Elle a suivi l'homme en noir _____ avoir caché son bateau.

16–17. Mireille: Attends-moi _____ la fontaine Médicis. Mais je ne peux pas venir _____ 10 heures.

18. Robert s'étonne de ne pas voir Mireille. Il regarde nerveusement _____ lui. (37–2)

19. Il y a beaucoup de champs de blé _____ Chartres.

20. Ionesco s'est aperçu que les gens _____ lui parlaient comme son manuel de conversation franco-anglaise. (39–document)

21. Colette: On pourrait organiser notre voyage _____ des spécialités régionales.

22. "Provence. Très belle maison _____ d'une colline d'oliviers. Très bon état. 5 chambres." (35–document)

23. Robert: Je voulais être pompier . . . monter _____ la grande échelle. (17–5)

24. Le manuel de conversation anglaise a révélé à Ionesco qu'il y a sept jours dans la semaine, que le plancher est _____ et le plafond _____ . (39–document)

25. Mireille: Quand nous sommes arrivés _____ Kilimandjaro, j'étais un peu essoufflée.

26. Robert: Quand nous sommes arrivés _____ des chutes (du Zambèze), j'étais trempé!

27. L'île de la Cité est _____ Paris.

28. La Cité Universitaire est _____ Paris.

29. Le Massif Central est _____ la France.

30. Les Pyrénées sont _____ Massif Central.

31. Les Alpes sont _____ du Massif Central.

32. Le Massif Armoricain est _____ Paris.

33. Les Ardennes sont _____ Paris.

34. _____ de la France, on fait la cuisine au beurre.

35. On fait la cuisine à la graisse _____ centre et _____ .

36. Et _____ , on fait la cuisine à l'huile.

. . . .

50.34 Activation écrite: Géographie; articles et prépositions

Examen de géographie

Pour vous préparer à cet examen, revoyez les leçons 47, 48, et 50. Répondez aux questions suivantes.

A. Géographie physique

1. Où est Paris? _____

2. Où est la Bretagne? _____

3. Où est la Normandie? _____

4. Où est la Provence? _____

5. Où est le Pays Basque? _____

6. Où sont l'Auvergne et le Cantal? _____

7. Où est le Mont Blanc? _____

8. Où est le col du Tourmalet? _____

B. Géographie régionale

9. Dans quelle région se trouve Caen? _____

10. Marseille? _____

11. Dijon? _____

12. Plougastel? _____

13. Paris? _____

C. Géographie économique

14. Où y a-t-il des forêts de sapins, en France? _____

15. Où y a-t-il des forêts de pins? _____

16. Où trouve-t-on des palmiers? _____

17. Où produit-on du riz? _____

18. Où produit-on de la canne à sucre? _____

19. Où fait-on des recherches sur l'utilisation de l'énergie solaire? _____

20. Où y a-t-il des mines? _____

D. Géographie mondiale

21. Dans quels pays produit-on beaucoup de blé? _____

_____

22. Où y a-t-il de grandes forêts? _____

_____

23. Où trouve-t-on des chênes-lièges? _____

24. Où y a-t-il beaucoup de cèdres? _____

25. Où cultive-t-on le riz? _____

26. Où trouve-t-on de grands troupeaux de bovins (et des cow-boys)? _____

27. Où y a-t-il du coton et des flamants roses? _____

28. D'où vient le café? _____

29. D'où vient le cidre normand? _____

30. D'où viennent les cèdres que l'on trouve dans les jardins publics? _____

31. D'où vient le porto? _____

32. D'où vient le cidre breton? _____

E. Gastronomie

33. Avec quoi fait-on l'aïoli? _____

34. Avec quoi fait-on l'andouille de Vire? _____

35. Où est Vire? _____

36. Avec quoi fait-on le cidre? _____

37. Que sont le camembert, le pont-l'évêque, le livarot? _____

38. Qu'est-ce que vous connaissez comme fromages? (Voyez aussi les leçons 26, 27, et 47.) _____

_____

39. Qu'est-ce que vous connaissez comme confiserie? (Voyez la leçon 48.) _____

_____

40. Et comme pâtisserie? (Voyez aussi les leçons 9 et 26.) _____

_____

41. Qu'est-ce qu'il y a d'intéressant, au point de vue gastronomique, en Alsace? _____

42. Dans la région de Toulouse? _____

43. Dans le Périgord? (Voyez la leçon 24.) _____

44. A Marseille? _____

45. En Normandie? _____

_____

46. En Savoie? _____

47. En Auvergne? _____

48. Au Pays Basque? _____

49. A Bayonne? _____

50. En Bretagne? _____

. . . .

🎧 50.35 Activation orale: Dialogue entre Robert et Mireille

Vous allez entendre un dialogue entre Robert et Mireille.
Ecoutez attentivement. Vous allez apprendre les réponses de
Mireille.

Robert: Et de la canne à sucre, vous en avez?
Mireille: **Bien sûr que nous en avons! A la Martinique!**
Robert: Bon, admettons que vous ayez du sucre . . . mais
est-ce que vous avez du café?

Mireille: **Le café au lait au lit? Tous les matins . . . avec
des croissants!**
Robert: Et des oliviers, vous en avez?
Mireille: **Mais oui! Evidemment qu'on en a, dans le Midi!
Heureusement! Avec quoi est-ce qu'on ferait l'huile
d'olive, l'aïoli ou la mayonnaise?**

Exercices-tests

50.36 Exercice-test: *Penser de, penser à*

Complétez avec le préposition qui convient.

1. Que pensez-vous _____ nos projets?

2. Colette pense toujours _____ manger! C'est une

obsession!

3. Quand je pense _____ ça, ça me rend furieuse!

4. Je me demande ce que Robert aura pensé _____

Courtois.

Vérifiez. Si vous avez fait des fautes, travaillez les sections 50.6
et 50.7 dans votre cahier d'exercices.

. . . .

50.37 Exercice-test: Géographie; articles et prépositions avec les noms de pays et de régions

Complétez.

1. Je suis allée _____ Maroc l'an dernier.

2. Vous revenez _____ Tunisie?

3. Ils viennent de faire un voyage _____

Chine. Ils reviennent _____ Chine.

4. Il est _____ Canada en ce moment.

5. J'aime le café _____ Brésil.

6. Allons _____ Bretagne!

7. Il y a trop de monde _____ Midi.

8. Il a goûté tous les vins _____

Beaujolais.

9. Il est _____ Martinique.

10. Je te rapporterai une bouteille de rhum

_____ Martinique.

11. Nous allons faire une randonnée

_____ Alpes. Nous irons

_____ Mont Blanc et

_____ Aiguille Verte.

Vérifiez. Si vous avez fait des fautes, travaillez les sections 50.8 à
50.22 dans votre cahier d'exercices.

Libération de l'expression

50.38 Mise en question

Relisez le texte de la leçon; lisez les questions de la mise en question qui suit la mise en œuvre dans votre livre de textes. Réfléchissez à ces questions et essayez d'y répondre.

. . . .

50.39 Mots en liberté

Qu'est-ce qui peut être déprimant?

Les vacances à la mer quand il pleut, les vacances d'hiver quand il n'y a pas de neige, le travail quand on en a trop, parler d'un examen. . . .

Essayez de trouver encore deux possibilités.

Qu'est-ce qu'on peut trouver comme spécialités gastronomiques en France?

Les tripes à la mode de Caen, le canard rouennais, les calissons d'Aix, la fondue savoyarde, les bêtises de Cambrai. . . .

Trouvez encore quatre spécialités.

Qu'est-ce qu'on peut trouver comme spécialités artisanales, en France?

La toile basque, les poteries de Vallauris, les tapisseries d'Aubusson. . . .

Essayez de trouver encore quatre spécialités artisanales.

. . . .

50.40 Mise en scène et réinvention de l'histoire

Reconstituez une conversation entre Robert, Mireille, et Jean-Michel sur la variété et la richesse françaises.

Jean-Michel: Il y a de tout, en France!
Robert: De la canne à sucre, vous en avez?
Mireille: Bien sûr que (. . .)! A (. . .).
Robert: Bon, admettons (. . .) mais du café, (. . .)?

Mireille: Le café au (. . .).
Jean-Michel: Evidemment, le café vient (. . .).
Robert: Et des oliviers (. . .)?
Mireille: Mais (. . .) évidemment (. . .). Heureusement (. . .) pour faire (. . .).

. . . .

50.41 Mise en scène et réinvention de l'histoire

Mireille, Colette, Robert, Hubert, et Jean-Michel. Chacun dit à Robert ce qu'il faut voir en France: cathédrales, châteaux, montagnes, artisanat. Robert demande des renseignements supplémentaires et fait quelques objections.

50.42 Mise en scène et réinvention de l'histoire

Imaginez le pays où vous aimeriez vivre. Par exemple:

Ce pays { serait / ne serait pas } { plus / moins } { petit / grand } que { le Texas. / la Russie. / Monaco. / l'île d'Ouessant. / le Canada. / la France. }

Ce serait { une île. / un pays } { de hautes montagnes. / de montagnes à vaches. / de plaine. }

{ Il ne ferait jamais / Il ferait toujours } { froid. / chaud. / doux. }

{ Il y aurait toujours / Il n'y aurait jamais } { beaucoup / un peu } de { neige. / soleil. / vent. / nuages. / pluie. / brouillard. }

Il y aurait des { grandes marées (qui avancent à la vitesse d'un cheval au galop). / volcans tous { éteints. / en éruption. } / plages magnifiques / forêts immenses } avec des { palmiers. / fleurs. / grands sapins. }

Il y aurait { une / de / des } { spectacles de cirque sur toutes les places / cours de danse obligatoires pour tous / liberté totale / classes bien différentes / armée dont tout le monde ferait partie / agents secrets partout }

pour { éviter / entretenir / assurer } { l' / la / les } { coups d'état. / révolutions. / manifestations. / ennui. / discussions. / grèves. / bonne humeur. }

Le gouvernement serait une { démocratie / anarchie / dictature / monarchie } { du / d' / des / de } { techniciens. / droite. / gauche. / centre. / avant-garde. / professeurs. / militaires. / peuple. / poètes. }

Le chef de l'Etat serait { un homme / une femme / Marie-Laure / ma concierge / différent tous les jours }

à condition qu' { il / elle } { n'ait pas / ait / soit / ne soit pas } { bon caractère. / l'esprit vif. / bien élevé(e). / fort(e) en maths. / roux/rousse. / inscrit(e) au MLF. / vulgaire. / snob. / austère. / mystique. / cultivé(e). / chauvin(e). / champion(ne) de boxe. }

Le pays serait célèbre pour { son / sa / ses } { civilisation raffinée. / raffineries de pétrole. / sites grandioses. / littérature. / foies gras. / champagne. / vins rouges. / châteaux. / pâtisserie. }

On { ne mangerait que / mangerait / ne mangerait jamais } { beaucoup de / des / de / de la / du } { légumes. / viande. / poisson. / fruits. / cassoulet. }

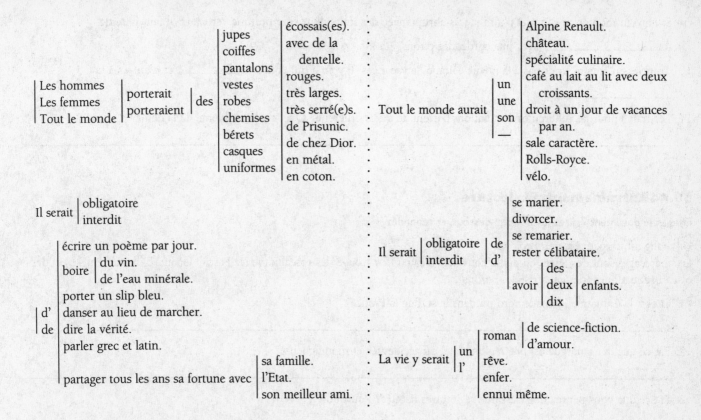

| Les hommes / Les femmes / Tout le monde | porterait / porteraient des | jupes / coiffes / pantalons / vestes / robes / chemises / bérets / casques / uniformes | écossais(es). / avec de la dentelle. / rouges. / très larges. / très serré(e)s. / de Prisunic. / de chez Dior. / en métal. / en coton. |

Tout le monde aurait un / une / son / —

Alpine Renault. / château. / spécialité culinaire. / café au lait au lit avec deux croissants. / droit à un jour de vacances par an. / sale caractère. / Rolls-Royce. / vélo.

Il serait | obligatoire / interdit

d' / de

écrire un poème par jour. / boire | du vin. / de l'eau minérale. / porter un slip bleu. / danser au lieu de marcher. / dire la vérité. / parler grec et latin. / partager tous les ans sa fortune avec | sa famille. / l'Etat. / son meilleur ami.

Il serait | obligatoire / interdit | de / d'

se marier. / divorcer. / se remarier. / rester célibataire. / avoir | des / deux / dix | enfants.

La vie y serait | un / l' | roman | de science-fiction. / d'amour. / rêve. / enfer. / ennui même.

Préparation à la lecture et à l'écriture

50.43 Entraînement à la lecture

Lisez le document 6 de la leçon 50 dans votre livre de textes, puis complétez et répondez aux questions.

1. Comment s'appelait le moniteur du petit Nicolas?

_____

2. Il m'a serré la main, il m'a _____ la main.

3. Le père du petit Nicolas a dit au moniteur: "Nous avons confiance en vous, nous mettons notre fils entre vos mains, occupez-vous de lui, vous êtes responsable de lui; nous vous _____ notre fils."

4. Le moniteur a répondu: "N'ayez pas peur, ne vous inquiétez pas, ne _____ rien, tout ira bien."

5. Est-ce que les paroles du moniteur ont rassuré la maman? Pourquoi a-t-elle sorti son mouchoir?

_____

6. Les moniteurs sont responsables des enfants, ils s'occupent d'eux, ils s'assurent qu'ils ne font pas de bêtises: ils les

_____ .

7. Qu'est-ce qui préoccupe surtout la dame? Qu'est-ce qu'elle veut savoir sur la colonie de vacances? (Comparez avec la discussion dans la section 8 de cette leçon et le document 1.)

_____

8. Qu'est-ce que la dame pensera si le moniteur fait manger à son petit garçon de la cuisine faite à la graisse? Quelle sera sa conclusion?

_____

9. Si on veut monter au sommet d'un pic très abrupt, avec des murs de rocher presque verticaux, il faut faire de

   l' _____ (avec une corde, des pitons, etc.).

10. Tous les enfants ne vont pas à la même colonie de vacances. Il y en a qui vont à la _____ et d'autres à la

    _____ .

11. Les trains pour les différentes destinations partent de quais différents. Quel est le problème de la dame?

   _____

. . . .

50.44 Entraînement à la lecture

Etudiez le document 7, lisez les notes ci-dessous, et répondez.

Un étang est un petit lac peu profond.
Les marécages sont des terres en partie couvertes d'eau. On y trouve des roseaux (voyez Pascal, leçon 16, document 1B) et des oiseaux aquatiques (des canards, des hérons).

1. Où est la Camargue, dans le nord ou dans le sud de la France?

   _____

2. Est-ce que la Camargue est une région plate, ou accidentée et montagneuse?

   _____

3. Est-ce que vous pensez que c'est une région très habitée? Pourquoi?

   _____

   _____

4. D'où le village des Saintes-Maries-de-la-Mer tire-t-il son nom? Qui sont ces Maries?

   _____

   _____

   _____

5. Observez les photos. Qui porte des coiffes, qui porte des chapeaux?

   _____

   _____

6. Comment appelle-t-on les habitantes d'Arles?

   _____

7. D'après vous, qui est cette Mireille qui a une statue aux Saintes-Maries-de-la-Mer? Et pourquoi y a-t-il une place Mireille?

   (Voyez le document 1C de la leçon 5.)

   _____

   _____

50.45 Entraînement à la lecture

Lisez le document 4 et répondez.

1. Quand ils ne sont pas seuls, qu'est-ce que les gens qui veulent fumer demandent aux autres?

   _____

2. Que font les volcans qui ne crachent ni feu ni lave, mais qui ne sont pas complètement éteints?

   _____

. . . .

50.46 Lecture et interprétation

Lisez le document 3, interprétez ces statistiques, et répondez aux questions suivantes.

1. Quelles sont les deux catégories de boisson mentionnées dans ces statistiques? Dans quelle catégorie se rangent les eaux minérales?

   _____

   _____

2. Qu'est-ce que les Français boivent le plus?

   _____

3. Est-ce que la consommation de bière augmente ou diminue?

   _____

4. Est-ce que la majorité des Français boivent de la bière aux repas ou en dehors des repas?

   _____

5. Est-ce que la bière est une boisson qu'on consomme régulièrement pendant toute l'année ou est-ce qu'on en boit surtout quand il fait chaud et qu'on a très soif?

   _____

6. Il y a deux sortes d'eaux minérales: les eaux minérales plates et les eaux minérales gazeuses. Quelle sorte d'eau est l'eau du robinet?

   _____

7. Expliquez comment il y a une "convergence européenne" dans la consommation de la bière et du vin.

   _____

   _____

8. Combien de litres de bière les Français consomment-ils, en moyenne, en dehors de chez eux? _____

50.47 Lecture et interprétation

Lisez le document 1, puis complétez et répondez.

1. Le saindoux, c'est la _____ de porc.

   Notez que dans le sud-ouest de la France on utilise aussi la _____ de canard et d'oie.

2. Maintenant, comparez ce document avec ce que dit Jean-Michel (section 8 de la leçon 50). En quoi sont-ils d'accord et en quoi diffèrent-ils?

   _____

   _____

   _____

   _____

   _____

50.48 Lecture et interprétation

Lisez le document 5 et la note qui suit, et répondez.

Paul Valéry (1871–1945) est un poète né à Sète, sur la Méditerranée, qui s'est intéressé à la mathématique. Son poème le plus connu est *Le Cimetière marin*. Dans ces trois vers, il évoque une palme chargée d'une abondance de fruits. Comparez ces vers avec ce que dit Mireille dans la section 5 de la leçon 50.

   _____

   _____

   _____

50.49 Lecture et interprétation

Lisez le document 2 et répondez.

Peut-on tirer une conclusion de ces statistiques ou non? Pourquoi? A votre avis, quelles peuvent être les causes des crises cardiaques?

   _____

   _____

   _____

   _____

   _____

50.50 Pratique de l'écriture

Vous êtes Robert et vous écrivez quelques lignes (200 mots environ) dans votre journal pour raconter la petite réunion dans le square à Saint-Germain.

   Vous pouvez dire ce qui s'est passé, qui était là, de quoi on a parlé, ce que vous pensez de la conversation, si vous vous êtes ennuyé ou amusé, si vous avez appris quelque chose d'intéressant, ce que vous saviez, ce que vous ne saviez pas, ce que vous pensez des quatre Français, comment vous croyez que le voyage va se passer, où vous irez, si vous avez envie de partir, ce que vous aimeriez faire, pourquoi, etc.

_____

_____

_____

_____

_____

_____

_____

_____

_____

_____

_____

_____

_____

· ·

50.51 Pratique de l'êcriture

Si vous alliez en France, où iriez-vous? Qu'est-ce que vous aimeriez voir? Comment organiseriez-vous votre voyage? Ecrivez de 100 à 150 mots. Notez qu'il faudra utiliser le conditionnel.

_____

_____

_____

_____

_____

_____

_____

_____

_____

Leçon 51

Assimilation du texte

🎧 51.1 Mise en œuvre

Ecoutez le texte et la mise en œuvre dans l'enregistrement sonore. Répétez et répondez suivant les indications.

· ·

🎧 51.2 Compréhension auditive

Phase 1: Regardez les images et répétez les énoncés que vous entendez.

1. ___   2. ___   3. ___

4. ___   5. ___   6. ___

Phase 2: Ecrivez la lettre de chaque énoncé sous l'image qui lui correspond le mieux.

∩ 51.3 Production orale

Ecoutez les dialogues suivants. Vous allez jouer le rôle du second personnage.

1. Hubert: Garçon, une bouteille de cidre bouché, s'il vous plaît!
   Le garçon: (. . .)
2. Mireille: Mais oui, c'est Jean-Pierre, lui-même! Qu'est-ce que vous faites là? Vous venez prendre un pot?
   Jean-Pierre: (. . .)
3. Mireille: Pauvre Tonton Guillaume! Tu veux que je te prête mon sac de couchage?
   Tonton Guillaume: (. . .)
4. Tante Georgette: Hou, hou! Mireille! Tu ne devineras jamais ce qui m'arrive! Je te le donne en mille!
   Mireille: (. . .)
5. Mireille: Tu achètes des billets, maintenant?
   Tante Georgette: (. . .)
6. Hubert: Donnez-nous vite cette bouteille. Nous allons la déboucher nous-mêmes.
   Le garçon: (. . .)

. . . .

∩ 51.4 Compréhension auditive et production orale

Ecoutez les dialogues. Après chaque dialogue, vous allez entendre une question. Répondez à la question.

1. Pourquoi Jean-Pierre ne peut-il pas prendre un pot avec les autres?
2. Pourquoi Ghislaine part-elle en Angleterre?
3. Qu'est-ce que Cécile et son mari viennent d'acheter?
4. Est-ce que Colette veut du cidre breton?
5. Pourquoi est-ce que Tonton Guillaume part pour Katmandou?
6. Est-ce que Tante Georgette a acheté le billet qui a gagné le gros lot?

Préparation à la communication

∩ 51.5 Observation: Prononciation; intonation

Vous vous souvenez que le ton de la voix monte à la fin de beaucoup de phrases interrogatives, en particulier celles qui demandent une réponse du type "oui" ou "non." Par exemple:

Alors, ce cidre, il arrive?

Tu as passé tes examens?

Maintenant observez les variations de hauteur de la voix dans les phrases suivantes.

Il n'a pas changé, celui-là!

On part demain pour le Portugal.

Araignée du matin, chagrin.

Ces phrases, comme un très grand nombre de phrases en français (non interrogatives), sont divisées en deux groupes rythmiques. La voix monte sur la dernière syllabe du premier groupe, et elle descend sur la dernière syllabe du deuxième groupe.

🎧 51.6 Activation orale: Prononciation; intonation

Répétez les phrases suivantes.

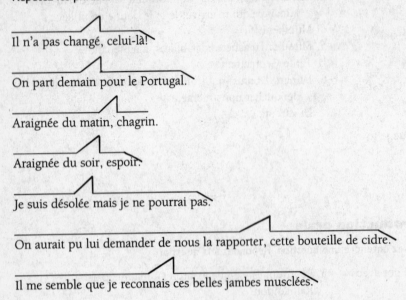

Il n'a pas changé, celui-là!

On part demain pour le Portugal.

Araignée du matin, chagrin.

Araignée du soir, espoir.

Je suis désolée mais je ne pourrai pas.

On aurait pu lui demander de nous la rapporter, cette bouteille de cidre.

Il me semble que je reconnais ces belles jambes musclées.

Remarquez qu'il s'agit ici de la hauteur de la voix. Il ne s'agit pas d'intensité ou de durée.

. . . .

🎧 51.7 Observation: Prononciation; accent tonique et accent d'insistance

Vous vous souvenez qu'en français il n'y a pas d'accent tonique à l'intérieur d'un groupe rythmique (ou d'un mot). Il y a seulement un léger accent tonique sur la dernière syllabe du groupe (ou d'un mot isolé). Comparez les mots français et anglais.

français: horizon   anglais: horizon

En anglais, il y a un accent tonique sur la deuxième syllabe. En français, il y a un léger accent tonique sur la dernière syllabe. En anglais, cet accent tonique est marqué à la fois par l'intensité et par la durée. En français, l'accent tonique est surtout marqué par la durée. La syllabe accentuée est à peu près deux fois plus longue que les autres.

Maintenant observez l'expression suivante:

Une fille superbe!

Il y a un accent sur la première syllabe de *superbe*. Cet accent est surtout marqué par l'intensité; la syllabe est prononcée avec une plus grande intensité. C'est un **accent d'insistance**. En français, l'accent d'insistance est généralement placé sur la première syllabe du mot sur lequel on insiste.

Répétez:

Une fille superbe!
Ah! Je suis désolé!
Ah, non, non, c'est impossible!
Magnifique!
C'est la honte de notre pays!
Une main horrible!
C'est un scandale!
Ce sera très amusant!
Il est adorable!

🎧 51.8 Observation: Niveaux de langue

niveau − 1
Jean-Michel: Où on va?
niveau + 1
Hubert: Où va-t-on?

Jean-Michel et Hubert posent la même question. Le sens général de la question est le même, mais ils s'expriment de façon différente. Ici, Jean-Michel parle d'une façon très familière, relâchée. Hubert s'exprime de façon plus correcte. En général, Jean-Michel parle d'une façon plus familière qu'Hubert. Mais tout le monde parle à des niveaux différents suivant les situations, la personne à qui on parle, l'humeur, etc.

Comparez:

Jean-Michel, Marie-Laure	Mme de Pinot-Chambrun, Tante Amélie
Ouais!	Oui.
Ça non, alors!	Certainement pas!
Pas question!	Il n'en est pas question!
	Je ne suis pas d'accord.
Il ne l'a pas fait pour de vrai.	Il ne l'a pas fait vraiment.
Je suis vraiment crevé.	Je suis extrêmement fatiguée.
Minute!	Attendez un peu!
Minute, papillon!	Ne soyez pas si pressé.
Chouette!	Très bien!
	C'est magnifique!
Elle est bien bonne, celle-là!	C'est très amusant!
Ça, c'est la meilleure de l'année.	Vous voulez plaisanter!
On est copains-copains.	Nous sommes bons amis.
	Nous sommes dans les meilleurs termes.
Il y en a qui commencent à m'embêter.	Certaines personnes que je ne nommerai pas commencent à m'ennuyer.
Qu'est-ce que j'irais f— dans cette galère?	Qu'irais-je faire dans cette galère?
Je m'en fiche.	Ça m'est égal.
Quel aristo!	Quel aristocrate! Qu'il est distingué!
Quelle crapule!	Quel homme malhonnête! Qu'il est vulgaire!
Voilà l'Amerloque qui s'amène en roulant ses mécaniques.	Voilà notre jeune Américain qui arrive en roulant des épaules.
Je peux bien crever dans mon coin!	On me laissera mourir seule!
Ils se tapent le col du Tourmalet.	Ils font le col du Tourmalet.
Ils se sont tapé trois bouteilles de rouge.	Ils ont bu trois bouteilles de vin rouge.
Qui c'est, la nana?	Qui est cette jeune personne?
Les mecs comme ça, moi, ça me tue.	Je ne supporte pas ce genre d'hommes.
Il est puant, ce type.	Cet individu est très désagréable.
Il est fauché comme les blés.	Il n'a aucune fortune.
Il n'a pas un rond.	Il n'a pas un sou.

🎧 51.9 Activation orale et écrite: Niveaux de langue

Ecoutez les phrases suivantes. Trouvez une expression plus correcte pour chaque expression soulignée. Ecrivez votre réponse entre les parenthèses.

1. Cet homme-là est extraordinaire; il a 98 ans et il est en parfaite santé. Il ne *crèvera* (_____) jamais!

2. Qui est la *nana* (_____ _____) sur ce magnifique vélo à dix vitesses?

3. Pas possible! Je n'en crois pas mes yeux. C'est Tonton Guillaume dans *ce vieux tacot* (_____
_____ _____).

4. Ouf! Je suis vraiment *crevé* (_____). Le Tourmalet et l'Aubisque dans la même étape, c'est trop!

5. *J'en ai marre* (_____ _____ _____) de la pluie. Si on partait

quelques jours en Provence?

6. Eh ben, il n'a pas beaucoup changé, celui-là. Toujours aussi *puant* (_____)!

7. Quand je vois *des mecs* (_____ _____) comme ça, j'ai envie de m'inscrire au MLF.

8. Oui, ma petite Mireille, je pars pour Katmandou parce que je n'ai plus un *rond* (_____). Il paraît que

là-bas on peut vivre pour trois fois rien.

9. Pincez-moi, dites-moi que je rêve! C'est pas possible . . . mais non, pas d'erreur, c'est bien Georgette assise à cette table,

en train de *se taper* (_____) des pieds de porc et de la tête de veau!

· ·

🎧 51.10 Observation: Surprise

expressions de surprise	
Pincez-moi! Dites-moi que je rêve! Ce n'est pas possible! Mais non, (il n'y a) pas d'erreur!	Ce n'est pas vrai!, Ça, alors, je ne l'aurais jamais cru! Je n'en crois pas mes yeux (mes oreilles)!

· ·

🎧 51.11 Activation: Compréhension auditive; surprise

Pour chaque énoncé que vous allez entendre, déterminez si la personne qui parle est surprise ou calme, peut-être même blasée.

	1	2	3	4	5	6	7	8	9	10	11	12
surprise												
calme imperturbable												

🎧 51.12 Activation orale: Place des pronoms (révision)

Répondez selon l'exemple.

Exemple:

Vous entendez: 1. La caissière t'a rendu la monnaie?
Vous dites: Oui, elle me l'a rendue.

2. L'ouvreuse t'a rendu les billets?
3. L'ouvreuse t'a rendu ton billet?
4. Tu m'as rendu mon billet?
5. Tu m'as donné les billets?

6. L'ouvreuse nous a rendu nos billets?
7. Pardon, Mademoiselle, vous m'avez rendu la monnaie?
8. La caissière a donné les billets à Mireille?
9. Mireille a donné les billets à Robert?
10. L'ouvreuse a rendu les billets à Robert?
11. L'ouvreuse a rendu leurs billets à Mireille et Robert?

. . . .

🎧 51.13 Observation: Ordres; impératifs, pronoms, *y* et *en* (révision et extension)

			impératif négatif				*impératif*
Tu	**y**	vas?	N'	**y**	va	pas!	Vas-**y**!
Tu	**te**	dépêches?	Ne	**te**	dépêche	pas!	Dépêche-**toi**!
Tu	**t'**	**en** occupes?	Ne	**t'**	**en** occupe	pas!	Occupe-**t'en**!
Vous	**nous**	**l'** apportez?	Ne	**nous**	**l'** apportez	pas!	Apportez-**la-nous**!
Vous	**la**	**leur** apportez?	Ne	**la**	**leur** apportez	pas!	Apportez-**la-leur**!
Vous	**leur**	**en** apportez?	Ne	**leur**	**en** apportez	pas!	Apportez-**leur-en**!

. . . .

🎧 51.14 Activation orale: Ordres; impératifs, pronoms, *y* et *en*

Répondez selon les exemples.

Exemples:

Vous entendez: 1. Elle ne le sait pas.
Vous dites: Dites-le-lui!

Vous entendez: 2. Elle ne doit pas le savoir.
Vous dites: Ne le lui dites pas!

3. Il ne le sait pas.
4. Je ne le sais pas.

5. Nous ne le savons pas.
6. Ils ne le savent pas.
7. Elles ne le savent pas.
8. Il ne doit pas le savoir.
9. Je ne dois pas le savoir.
10. Nous ne devons pas le savoir.
11. Ils ne doivent pas le savoir.
12. Elles ne doivent pas le savoir.

. . . .

🎧 51.15 Activation orale: Ordres; impératifs, pronoms, *y* et *en*

Répondez selon les exemples.

Exemples:

Vous entendez: 1. Ces boules de gomme sont à moi.
Vous dites: Rends-les-moi!

Vous entendez: 2. Ces boules de gomme ne sont pas à elle.
Vous dites: Ne les lui rends pas!

3. Ces boules de gomme sont à elle!
4. Ces boules de gomme sont à nous!
5. Ces boules de gomme sont à eux!
6. Ces boules de gomme ne sont pas à elle!
7. Ces boules de gomme ne sont pas à moi!
8. Ces boules de gomme ne sont pas à nous!

∩ 51.16 Activation orale: Ordres; impératifs, pronoms, *y* et *en*

Répondez selon les exemples.

Exemples:

Vous entendez: 1. Je suis sûr que Katmandou vous plaira.
Vous dites: Allez-y.

Vous entendez: 2. Ça ne vous plaira pas.
Vous dites: N'y allez pas.

3. Je suis sûr que Katmandou nous plaira.
4. Je suis sûr que Katmandou te plaira.
5. Ça ne te plaira pas.
6. Ça ne nous plaira pas.

. . . .

51.17 Activation écrite: Ordres; impératifs, pronoms, *y* et *en*

Récrivez les phrases suivantes en remplaçant les noms par des pronoms.

1. Prête ta voiture à Guillaume.

   _____

2. Prêtez vos vélos à Cécile et son mari.

   _____

3. Achetez des places à l'Opéra.

   _____

4. Achète-moi deux places.

   _____

5. Achetez les places les moins chères.

   _____

6. Remboursez-moi ma place!

   _____

7. Rapportez-moi une bouteille de cidre.

   _____

8. Donnez-nous cette bouteille tout de suite.

   _____

. . . .

∩ 51.18 Activation: Dictée; impératif et pronoms (révision)

Ecoutez et complétez.

1. M. Belleau: Marie-Laure, _____.

2. Marie-Laure: Eh bien, _____! Quel sans-gêne!

3. Marie-Laure: Eh, _____ boules de gomme! _____!

4. Mireille: Ah! _____!

5. Mme Belleau: Marie-Laure, _____!

6. M. Belleau: _____ ton bateau, je _____.

7. Mireille: _____, ce n'est pas la peine.

8. Mme Belleau: _____.

   Marie-Laure: Je n'ai pas envie.

   Mme Belleau: _____ quand même!

9. Mme Belleau: Marie-Laure, _____ Tante Georgette. _____!

∩ 51.19 Observation: Sensibilité et indifférence; *ça vous fait quelque chose?*

Quand Robert, à Chartres, a vu les vitraux projeter un rayon de lumière sur les cheveux de Mireille . . . **ça lui a fait quelque chose**; il a été ému.

Hubert: **Ça ne vous fait rien** de penser que vous êtes peut-être assis sur la chaise de Jean-Paul Sartre?

Mireille: Parlons d'autre chose, si **ça ne vous fait rien.**

sensibilité	
Ça me fait quelque chose:	Je suis ému.
	Ça me dérange.
indifférence	
Ça ne me fait rien:	Ça m'est égal.
	Ça ne me dérange pas.

. . . .

∩ 51.20 Activation: Dictée; sensibilité

Ecoutez et complétez.

1. —Tu as gagné à la loterie! Quelle chance!

   —Ah, oui, ça _____ . J'ai été très ému.

2. —Ça ne t'ennuie pas si on ne va pas au cinéma ce soir?

   —Non, non! Ça _____ du tout! De toute façon, j'ai du travail. Ça m'arrange.

. . . .

∩ 51.21 Activation: Dictée; sensibilité et indifférence

Ecoutez et complétez.

1. Mme Belleau: _____ ?

   Marie-Laure: _____ .

   Mme Belleau: _____ ?

   Marie-Laure: _____ .

2. Marie-Laure: Dis, eh, _____ , sors de là!

. . . .

51.22 Activation écrite: Faits et effets; *faire* (récapitulation)

Rappelez-vous toutes les façons dont le verbe *faire* a été utilisé dans toutes les leçons précédentes. . . . Servez-vous de vos souvenirs pour essayer de compléter les phrases suivantes. Si vous ne vous rappelez pas très bien, utilisez les références aux diverses leçons qui sont données entre parenthèses.

A.

1. Jean-Michel: Vous ne trouvez pas que _____ un peu snob de venir prendre un pot aux Deux Magots?

2. Hubert: Mais non, pas du tout. Et puis _____ de l'éducation de Robert!

3. Hubert: _____ pas quelque chose de penser que vous êtes peut-être assis sur la chaise de Jean-Paul Sartre?

4–5. Mireille: Parlons d'autre chose, si _____ rien! Ça n'a aucune importance; ça

   _____ rien!

6. Colette: Je trouve que l'huile d'olive a un goût trop fort. Chez moi, on _____ au beurre.

7. Tante Georgette: Regardez-moi ça! Le verre est sale, l'assiette et la fourchette aussi! On ne

    _____ , dans cette maison? (25–5)

8. Robert se lève comme un ressort, bondit, _____ en avant, s'arrête, revient en arrière. . . . (37–2)

9. Mireille repart. Elle n' _____ cent mètres qu'il se met à pleuvoir. (31–5)

10. Juste comme Robert sortait de l'autoroute, il a vu une Alpine rouge qui arrivait en sens inverse et s'engageait sur

    l'autoroute. Aussitôt, Robert _____ et s'est lancé à la poursuite de l'Alpine. (30–6)

11. Mireille: Ne t'inquiète pas; tu comprendras! Et si tu ne comprends pas, je _____ un petit _____ .

    (37–7)

12. Tante Georgette: Si j'étais toi, je _____ à la Société Protectrice des Animaux. (44–5)

13. Tonton Guillaume: Moi, je te conseillerais plutôt de _____ quelques bons _____ avec des copains!

    Tu garderais les menus; ça _____ de bons _____ pour tes vieux jours! (45–3)

14. Jean-Michel: Moi, je ne vais pas passer l'été à _____ sur un yacht de fils à papa. (48–6)

15. Mireille: Au lycée, j' _____ naturelles, de la zoologie, de la botanique. (19–7)

16. Mireille: J'ai manqué ma leçon de karaté, samedi; je commençais à me rouiller; il fallait que je _____ un peu

    d' _____ . (38–6)

17. Jean-Pierre: Vous avez vu le type à côté qui cligne des yeux? Je croyais qu'il _____ à

    Mireille; mais non, ce n'est pas ça; il _____ morse! (40–1)

18. Robert pense qu'il est plus prudent de sauter en marche du taxi. C'est ce qu'il _____ . Et le taxi s'éloigne en

    _____ morse avec ses clignotants.

19. Hubert veut l'addition. Il _____ au garçon pour l'appeler. (41–10)

20. Hubert: Ce sont mes oncles qui s'occupent de l'entreprise de construction, mais ils ne _____ bien

    fascinant! (33–5)

21. Hubert: Ça me rappelle une _____ latine que j' _____ quand j'étais en 5ème. (50–8)

22. Mireille est tombée en panne. Heureusement, deux jeunes gens qui _____ auto-stop l'ont poussée

    jusqu'à une station-service. (31–3)

B.

23. Mireille: Cécile et son mari _____ de la Loire à vélo.

24. Mireille: On pourrait longer les côtes en bateau. . . .

    Hubert: Oui, c'est une idée. _____ la France en bateau!

25. M. Belleau: Nous y avons beaucoup travaillé, sur cette maison! Nous _____ toutes les réparations nous-

    mêmes! Nous _____ les maçons, les charpentiers. . . . (34–3)

26. M. Belleau: Nous _____ l'électricité par l'électricien. (34–3)

27. Mireille: Je ne peux pas venir maintenant. Il faut d'abord que je _____ déjeuner Marie-Laure. (42–3)

28. Mireille: Tu pourrais remonter l'Amazone. . . . Ça _____ beaucoup, en ce moment; c'est très à la mode. (42–3)

29. Marie-Laure: Tu as laissé ton cheval en bas? Tu _____ , parce qu'ici nous n'avons pas la place pour des

    chevaux. (32–4)

30. Mireille: Si vous aviez, par hasard, l'intention de voyager dans le même wagon que moi, vous _____ d'acheter un billet de seconde. (27–6)

31. Jean-Pierre a vu le numéro 13 au-dessus d'une porte, et comme il avait les yeux levés pour le regarder, il a heurté une borne et il _____ à la jambe. (43–7)

32. Robert: Qu'est-ce que c'est que ce vélosolex? Ce Suédois avait une Alpine, autrefois! Qu'est-ce qu'il _____ son Alpine?

33. Mireille: Bien sûr que nos volcans sont tous éteints! Nous n'avons pas besoin de volcans en éruption! Que _____ volcans en éruption dans notre douce France? (50–5)

C.

34. Mireille: 400 000 divisé par 10, ça _____ 40 000!

35. Robert: Prends n'importe quel billet, pourvu que les deux derniers chiffres _____ 9. (41–5)

36. Mireille: Tout ça, ça _____ beaucoup de bonnes raisons, mais je ne peux pas accepter. Je rentre tous les jours déjeuner à la maison. (21–8)

37. Robert n'est pas très grand. Il ne _____ 1 mètre 70, ou 1 mètre 71, tout au plus.

38. Robert: Combien est-ce que je vous dois? Ça _____ combien? (22–4)

39. Onze heures et demie du soir! Il _____ tard! Il est temps d'aller dormir. (36–2)

40. Mireille: Marie-Laure devait être là à 6 heures; il est 7 heures 30! _____ une heure et demie qu'elle devrait être rentrée! Il lui est sûrement arrivé quelque chose! (49–2)

41. Mireille: M. Courtois est toujours optimiste. Il ne _____ jamais! Il répète toujours: "Ne vous inquiétez pas; ne _____ pas, tout ira bien!" (23–3)

42. Quand Robert et Mireille se sont rencontrés chez les Courtois, ils se connaissaient déjà; mais ils _____ ne pas se connaître. (24–3)

43. Quand Robert et Mireille se sont rencontrés dans la cour de la Sorbonne, c'était une belle matinée de printemps, il _____ très beau. Et les étudiants _____ la grève.

44. Les jeunes gens sont assis à la terrasse des Deux Magots. Mireille _____ au boulevard.

45. Une dernière question: Qu'est-ce que vous _____ ce soir?

. . . .

⋂ 51.23 Observation: Usage et disposition; *faire de*

usage	*disposition*
—Qu'est-ce que tu **fais de** ça? Tu t'en sers? —Bien sûr que je m'en sers! C'est très utile! D'ailleurs, c'est à moi: j'**en fais** ce que je veux!	—Qu'est-ce que tu **as fait de** ta 604? —Je l'ai vendue. Je ne l'ai plus. —Qu'est-ce que tu **as fait de** ta sœur? —Je l'ai enfermée dans sa chambre. Je l'ai jetée dans la Seine. Je l'ai donnée au zoo.

🎧 51.24 Observation: Négation et infinitif

ne   *verbe*   **pas**
Ne   faites **pas** sauter le bouchon.
ne pas *verbe*
Attention de **ne pas** faire   sauter le bouchon.

Vous vous rappelez que dans une proposition négative le verbe est entre les deux mots négatifs. On trouve généralement *ne* **devant** le verbe (l'auxiliaire dans les temps composés), et le deuxième mot négatif (*pas, plus, jamais,* etc) **après** le verbe. Quand le verbe est à l'infinitif, les **deux** mots négatifs sont placés **devant** le verbe:

Attention de *ne pas* tomber.

. . . .

🎧 51.25 Activation orale: Négatif et infinitif

Répondez selon l'exemple.

Exemple:
Vous entendez: 1. Ne tombez pas!
Vous dites: Attention de ne pas tomber!

2. Ne roulez pas trop vite.
3. Ne brûlez pas le feu rouge.
4. Ne tombez pas dans le fossé.
5. Ne laissez pas tomber le plateau.
6. Ne faites pas sauter le bouchon.
7. Ne dépensez pas tout votre argent.

. . . .

🎧 51.26 Observation: Bonnes affaires; *pour* + prix

	pour	*prix*
Cécile et son mari ont eu leurs deux vélos	pour	4.000F.
Il paraît qu'au Portugal le porto est	pour	rien.
Et à Katmandou on peut vivre	pour	trois fois rien.

Remarquez que *pour 4.000F* suggère que ce n'est pas très cher. Quand c'est *pour rien,* évidemment, c'est très bon marché. Et quand c'est *pour trois fois rien,* c'est encore meilleur marché: c'est trois fois meilleur marché. *Pour* + prix indique souvent que le prix est considéré comme relativement avantageux, peu élevé.

. . . .

🎧 51.27 Observation: Destination; *pour* + nom de lieu

		pour	*destination*
Tout le monde part en vacances:			
Les Courtois	partent	pour	la Bulgarie.
Cécile et son mari	partent	pour	le Portugal.
Le Suédois	part	pour	la Grèce.
Ghislaine	part	pour	l'Angleterre.
Jean-Pierre	part	pour	la Martinique.
Tonton Victor	part	pour	Bordeaux.
Tonton Guillaume	part	pour	Katmandou.

Pour introduit leur destination, leur objectif, qu'ils atteindront ou n'atteindront pas.

∩ 51.28 Observation: Intention; *pour* + durée

		pour	*durée*
Mireille et ses amis	partent	**pour**	**deux mois.**
Les Courtois	partent	**pour**	**trois semaines.**
Tonton Victor	part	**pour**	**l'été.**

Pour introduit le temps pendant lequel ils comptent être absents, mais pas nécessairement le temps pendant lequel ils seront réellement absents; ils resteront peut-être absents longtemps, ou reviendront plut tôt. *Pour* indique une intention.

Comparez:

réalité (regard sur le passé)
Robert est en France **depuis un mois.**
intention (regard sur le futur)
Robert est venu en France **pour un an.**

. . . .

∩ 51.29 Activation: Dictée

A. Ecoutez ce que dit Hubert et écrivez ce que répond le garçon.

1. _____ , Monsieur.

_____ , Monsieur!

2. _____ .

3. _____ .

4. _____ , Monsieur.

5. _____ , Monsieur.

6. _____ , Monsieur. _____ , Monsieur.

B. Ecoutez ce que dit le client et écrivez ce que dit le garçon.

7. _____ ?

_____ ? _____ .

8. _____

_____ .

_____ .

9. _____

_____ .

C. Ecoutez ce que dit Robert et écrivez ce que dit le garçon.

10. Oui, Monsieur, _____

_____ .

Oui, Monsieur, _____

_____

_____ .

D. Ecoutez ce que dit Tante Georgette et écrivez ce que dit le garçon.

11. _____

_____ .

12. _____ .

E. Ecoutez et écrivez ce que dit le garçon.

13. _____ ?

_____ ?

_____ ?

14. _____ ?

_____

_____ .

15. _____ ?

_____ ?

· ·

51.30 Activation écrite: Emploi des temps; imparfait, passé composé, et autres (récapitulation)

Rappelez-vous ce qui s'est passé dans la leçon 51 et dans les leçons précédentes, puis essayez de reconstituer les phrases suivantes. Il va falloir utiliser des verbes à des temps différents, en particulier à l'imparfait et au passé composé. Attention aux passés composés: il va falloir résoudre des problèmes d'auxiliaires (*avoir? être?*) et, sans doute, aussi d'accord des participes passés. . . .

1. Les jeunes gens _____ s'installer à la terrasse des Deux Magots, parce que Colette a dit qu'elle _____ envie de boire du cidre.

2. Autrefois, Jean-Paul Sartre et Simone de Beauvoir _____ souvent aux Deux Magots.

3. Robert et Mireille _____ boire un pot à la Closerie des Lilas, il y a quelques jours.

4. Dans les années vingt, Hemingway y _____ souvent. C' _____ un habitué de la Closerie.

5. A la Closerie, Robert _____ (peut-être . . .) sur la chaise sur laquelle Hemingway _____ toujours quand il _____ à la Closerie.

6. Mireille _____ Jean-Pierre Bourdon qui _____ devant les Deux Magots.

7. Elle l' _____ à prendre un pot avec eux, mais il _____ qu'il _____ pas parce qu'il _____ pressé. Une "fille superbe" l' _____ au Club Med à la Martinique.

8. Il y a quelques jours, nous _____ Jean-Pierre dans un couloir, au deuxième étage de la Sorbonne, où une dizaine d'étudiants _____ la queue devant un bureau. Il _____ parce qu'il _____ rendez-vous avec "une fille superbe" qui l' _____ à l'Escholier.

9. Hier, Mireille _____ au rendez-vous un peu après les autres parce qu'elle _____ un examen.

10. Quand Robert _____ à Mme Courtois pour la première fois, au téléphone, elle lui a expliqué qu'elle

_____ toujours à la maison parce qu'elle _____ pas voyager à cause de Minouche;

mais maintenant tout est changé: elle _____ partir en Bulgarie.

11. Elle ne _____ emmener Minouche parce que les autorités bulgares _____ lui donner de

visa.

12. Il y a quelques jours, Mireille _____ une carte postale de Ghislaine. Mireille _____ à

Ghislaine. A ce moment-là, Ghislaine _____ en Angleterre, à Brighton. Maintenant, elle _____

d'Angleterre, puisqu'elle est à Paris! Mais elle _____ à Brighton, où Bruce l'attend.

13. Quand Cécile et Jean-Denis _____ fiancés, ils _____ les châteaux de la Loire à vélo.

Maintenant, ils _____ au Portugal à vélo. Ce _____ des sportifs, des fanas du vélo!

14. Aujourd'hui ils ont des vélos neufs. Ils les _____ hier au Bazar de l'Hôtel de Ville.

15. Quand les jeunes gens _____ au Fouquet's, ils _____ plusieurs fois l'addition au garçon.

Mais chaque fois qu'ils l' _____ , le garçon _____ vers une autre table. Finalement, c'est

Robert qui _____ l'addition . . . et c'est lui qui _____ !

16. La première fois que nous _____ parler de l'oncle Victor, c' _____ à la leçon 10,

quand Mireille et ses cousins _____ aux portraits, en Bretagne, parce qu'il _____ et

qu'ils _____ aller à la plage. Mireille a dit que l'oncle Victor _____ un œil qui _____ du côté

de Brest et l'autre du côté de Bordeaux. Maintenant, Mireille _____ l'œil droit d'Oncle Victor qui

_____ vers Brest, alors elle _____ qu'il _____ à Brest! Mais, en fait,

il va du côté où son œil gauche regarde, c'est-à-dire du côté de Bordeaux.

17. Quand Mireille _____ son oncle Guillaume, à la leçon 8, il _____ riche! Mais maintenant il

_____ sa fortune en jouant à la roulette. Dans le passé, quand Mireille _____ besoin d'une voiture,

elle en _____ toujours une (la 604 en général) à Tonton Guillaume, parce qu'il _____ deux

voitures! Mais maintenant il n'a plus sa 604; il _____ parce qu'il est ruiné.

18. Quand Robert _____ le Suédois pour la première fois, à Chartres, il _____ que ce beau Suédois

_____ une Alpine. Mais maintenant Mireille dit que ce Suédois-là _____ jamais _____ d'Alpine.

19. Quand nous _____ la connaissance de Tante Georgette, elle _____ pauvre, elle

_____ de voiture, mais maintenant elle a une très jolie décapotable.

20. Elle est riche parce qu'elle _____ la loterie, avec un billet qu'elle n' _____ . C'est Fido

qui _____ ce billet pendant que Tante Georgette et lui _____ le long de la grille du Luxembourg.

Ce billet _____ cinq cent mille francs! Et le lendemain, Tante Georgette _____ Georges. Vous vous

rappelez sans doute (leçon 44) qu'elle _____ ce Georges sur le boulevard des Italiens, qu'ils _____

l'intention d'acheter un salon de coiffure pour chiens, mais qu'il _____ en emportant les économies de

Tante Georgette. Nous ne savons pas grand-chose sur Georges, si ce n'est qu'il _____ beau, grand et brun, et qu'il

_____ beaucoup les lentilles.

21. Le numéro du billet qui _____ cinq cent mille francs _____ 99 999 999. Vous vous

rappelez que quand Mireille et Robert _____ un billet, Robert _____ que les deux derniers

chiffres _____ 9.

22. Quand, finalement, le garçon _____ la bouteille de cidre, c'est Robert qui _____ . Le bouchon _____ parce que _____ du cidre mousseux. Le bouchon _____ en plein front un monsieur qui _____ à une table voisine.

. . . .

51.31 Activation écrite: Prépositions, *en* (récapitulation)

Complétez en utilisant la préposition qui convient. Attention: dans certains cas, il se peut qu'aucune préposition ne soit nécessaire. Laissez alors en blanc.

1. Mireille: Tonton Guillaume! Qu'est-ce que tu as fait _____ ta 604?

2. Robert: Qu'est-ce qu'il a fait _____ son Alpine, ce Suédois de malheur!

3. Mireille: Que ferions-nous _____ volcans en éruption dans notre douce France!

4. Jean-Michel: C'est une drôle d'idée _____ venir prendre un pot ici.

5. Hubert: Ça ne vous fait pas quelque chose _____ penser que vous êtes peut-être assis sur la chaise de Jean-Paul Sartre?

6. Hubert: Et ce cidre?

   Le garçon: Je _____ occupe!

7. (*Le garçon s'occupe _____ trouver une bouteille de cidre.*)

8. Hubert: Alors, ce cidre? Nous commençons _____ avoir soif.

9. Colette: Je ne veux pas de cidre breton! Je tiens _____ mon cidre de Normandie!

10. Hubert: Nous avons failli _____ attendre!

11. Hubert: Garçon, nous attendons _____ notre cidre!

12. Hubert: Donnez-nous cette bouteille, nous tenons _____ l'ouvrir nous-mêmes. Tenez, Robert, à vous l'honneur.

13. Hubert: Faites attention _____ ne pas faire sauter le bouchon.

14. Robert: L'ouvreuse s'attendait _____ ce que nous lui donnions un pourboire. . . . (37–5)

15. Robert: Mais je ne m'attendais pas _____ le bouchon saute.

16. Robert: J'ai été surpris. Je ne m'attendais pas _____ ça!

17. Georges: Vous voulez une décapotable? Qu'à cela ne tienne! Allons voir ce qu'ils ont chez Peugeot. Ça n'engage _____ rien!

18. Georges: Il ne faudra pas oublier _____ aller à la banque pour prendre des chèques de voyage.

19. Mireille a été surprise _____ voir Jean-Pierre.

20. Elle l'a invité _____ prendre un pot avec eux.

21. Colette: Je vous trouve assez puant!

   Jean-Pierre: Je me passe _____ vos remarques! Gardez-les pour vous!!

22. Tonton Guillaume n'a plus sa 604. Il a été obligé _____ la vendre.

23. Tonton Guillaume a besoin _____ changer _____ horizon.

24. Il a décidé _____ aller refaire sa vie à Katmandou.

25–26. Mme Courtois: Je suis triste _____ laisser Minouche seule à Paris. C'est fou, ce qu'on s'attache _____ ces petites bêtes!

🎧 51.32 Activation orale: Dialogue entre le garçon et Hubert

Vous allez entendre un dialogue entre le garçon et Hubert. Ecoutez attentivement. Vous allez apprendre les réponses d'Hubert.

Le garçon: Monsieur?
Hubert: **Garçon, une bouteille de cidre bouché, s'il vous plaît!**
Le garçon: Je regrette, Monsieur, nous n'en avons pas.
Hubert: **Mademoiselle veut une bouteille de cidre.**

Le garçon: Mais puisque je vous dis. . . .
Hubert: **Débrouillez-vous! Trouvez-nous du cidre . . . de Normandie!**

Exercices-tests

🎧 51.33 Exercice-test: Niveaux de langue

Déterminez si c'est plutôt Jean-Pierre ou Tante Amélie qui dit chaque énoncé que vous allez entendre. Cochez la case qui convient.

	1	2	3	4	5	6	7	8	9	10
Jean-Pierre										
Tante Amélie										

Vérifiez. Si vous avez fait des fautes, travaillez les sections 51.8 et 51.9 dans votre cahier d'exercices.

51.34 Exercice-test: Impératifs et pronoms

Récrivez les phrases suivantes selon les exemples.

Exemples:
Vous voyez: Tu veux prendre ton ciré?
Vous écrivez: Eh bien, prends-le!

Vous voyez: Tu ne veux pas prendre ton ciré?
Vous écrivez: Eh bien, ne le prends pas!

1. Vous voulez aller à Rouen?

   Eh bien, _____ !

2. Tu ne veux pas nous donner de bonbons?

   Eh bien, _____ !

3. Vous ne voulez pas me parler de ça?

   Eh bien, _____ !

4. Tu veux te coucher?

   Eh bien, _____ !

5. Tu veux prêter ta Méhari à Mireille?

   Eh bien, _____ !

6. Tu veux demander des tuyaux à Robert?

   Eh bien, _____ !

7. Tu veux acheter des bêtises de Cambrai?

   Eh bien, _____ !

8. Vous voulez me prendre mes bêtises de Cambrai?

   Eh bien, _____ !

Vérifiez. Si vous avez fait des fautes, travaillez les sections 51.13 à 51.17 dans votre cahier d'exercices.

Libération de l'expression

51.35 Mise en question

Relisez le texte de la leçon; lisez les questions de la mise en question qui suit la mise en œuvre dans votre livre de textes.
Réfléchissez à ces questions et essayez d'y répondre.

51.36 Mots en liberté

Qu'est-ce qui peut faire snob?

Ne parler que des restaurants à trois étoiles, descendre dans les palaces, aller à Cannes pour le Festival du Cinéma, parler de gens qu'on ne connaît pas comme si on les connaissait très bien, faire habiller son chien chez Dior. . . .

Essayez de trouver encore deux exemples.

Comment peut-on se ruiner?

On peut se ruiner en huile solaire, en cadeaux pour ses neveux, en gâteaux, en jouant aux courses, à la roulette, pour une danseuse, pour un danseur de tango argentin, en voitures de sport. . . .

Trouvez encore au moins quatre possibilités.

Comment peut-on refaire sa vie?

On peut aller vivre au Brésil, construire une station de ski en Patagonie, prendre sa retraite en Amazonie, vendre tout ce qu'on possède, entrer dans un ordre de bonnes sœurs, se faire prêtre, se marier, divorcer, partir à l'aube avec un beau ténébreux ou une jolie brune . . . dans une Alpine décapotable. . . .

Trouvez encore au moins quatre possibilités.

51.37 Mise en scène et réinvention de l'histoire

Reconstituez une conversation entre Mireille, Hubert, Colette, et Robert à la terrasse des Deux Magots, et Tante Georgette qui passe dans un cabriolet décapotable.

Mireille: C'est bien elle!
Hubert: Qui?
Mireille: Là, dans le (. . .) avec les (. . .) et la grande (. . .).
Robert: Mais qui? Où?
Mireille: Mais là! Vous ne (. . .)? Là, dans la (. . .) à côté de ce (. . .) avec la chemise (. . .).
Colette: Ah, il n'est pas (. . .). Mais qui (. . .)?
Mireille: Mais c'est (. . .)!
Colette: Non! Pas (. . .)!

Mireille: Mais (. . .)!
Georgette: Houhou, Mireille! Tu ne devineras jamais! Je te le (. . .)!
Mireille: Puisque je (. . .).
Georgette: Tu n'as pas (. . .).
Mireille: C'est pas (. . .)! Tu achètes des (. . .)?
Georgette: Pense-tu! Il y a longtemps que (. . .). Je ne (. . .). Mais c'est un billet (. . .). Il a gagné (. . .). Et le lendemain, j'ai retrouvé (. . .). Nous (. . .). N'est-ce pas que c'est (. . .)?

51.38 Mise en scène et réinvention de l'histoire

Puisque les auteurs de cette fascinante histoire ne semblent pas avoir l'intention de résoudre l'énigme de l'homme en noir, il va falloir que vous la résolviez (notez le subjonctif) vous-mêmes. Qui donc est cet homme en noir? Essayez de faire quelques suppositions. Par exemple:

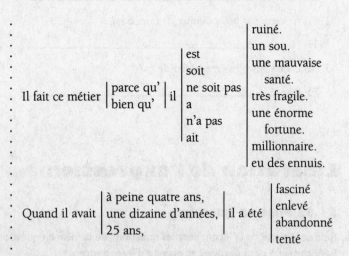

par
- l'informatique.
- le Club Med.
- ses parents.
- les espions
  - belges.
  - russes.
  - américains.

Deux ans plus tard, il s'est retrouvé

- dans une troupe de cirque.
- perdu dans la Forêt Noire.
- professeur de mathématiques à l'université d'Upsala.
- gardien de nuit dans
  - un hôtel de Katmandou.
  - un garage d'Athènes.
  - une maison de bonnes sœurs.
- cuisinier à l'ambassade
  - américaine.
  - soviétique.
  - argentine.

C'est là qu'il a appris

- à faire sauter les
  - lions.
  - éléphants.
  - monuments.
  - ambassades.
  - gouvernements.
  - pommes de terre.
- le
  - tango.
  - russe.
  - grec.
  - morse.
  - pascal.

Il
- étudiait
- travaillait
- dormait

- tous les jours jusqu'à trois heures du matin.
- très peu.
- mal.

Il mangeait trop de
- haricots verts.
- crevettes.
- matières grasses.
- lentilles.
- caviar.
- foie gras.
- pommes de terre.

Il a commencé à
- avoir le teint
  - terreux.
  - vert.
- être sérieusement malade.
- avoir mal au foie.
- aller très mal.
- gagner beaucoup d'argent.

Il a dû
- soigner son foie.
- faire
  - un régime.
  - une cure
    - de yaourt.
    - d'eau de Vichy.
- changer d'air.
- refaire sa vie.
- ouvrir un compte dans une banque suisse.

Il était devenu horriblement
- tendu.
- nerveux.
- triste.
- inquiet.

Il a décidé de
- sauver
  - la santé physique, intellectuelle, et morale des étudiants de français.
  - les mouvements ouvriers.
  - les petites filles qui risquent de se noyer dans les bassins.
  - les âmes.
  - le monde.
- défendre
  - les pauvres.
  - la veuve et l'orphelin.
  - les victimes des descendants des oppresseurs du Moyen Age.
- supprimer
  - le crime.
  - tous les sales types.
  - les bidets.
  - les descendants des oppresseurs du Moyen Age.
  - la droite.
  - la gauche.
  - tous les personnages de cette histoire.

Pour cela,

il
- ne porterait que du noir.
- essaierait de retrouver la chaussette noire qu'il avait perdue quand il était petit.
- se ferait écraser si c'était nécessaire.
- ferait l'idiot devant tout le monde pour passer inaperçu.
- suivrait
  - nuit et jour
  - de très près
  - de loin
    - Mireille.
    - toute la famille Belleau.
    - Robert.
    - la situation internationale.

Mais sa véritable et unique obsession était

- d'
- de
  - acheter un pavillon de chasse en Sologne.
  - tuer
    - Robert.
    - Mireille.
    - l'ambassadeur américain.
  - faire sauter
    - le Louvre.
    - la Tour Eiffel.

A la fin de l'histoire,

il
| réussit.
| se heurte au karaté de Mireille et échoue.
| se noie dans | le Zambèze.
| | la Seine.
| | une tasse de thé.
| épouse | Mme Belleau qui a divorcé.
| | Tante Georgette qui a abandonné Georges.
| | Mireille qui a | dans la poussière.
| | envoyé Robert rouler | sous une voiture.
| meurt | de soif | dans | le désert.
| | d'ennui | devant | les catacombes.
| | | | sa télévision.
| | d'avoir | trop cligné des yeux.
| | | oublié de mettre son clignotant.
| | d'une indigestion | de | caviar.
| | | d' | bonbons au chocolat.
| | | | choucroute.
| | | | eau de Vichy.
| reçoit | une étoile rouge.
| | la croix de la Légion d'Honneur.
| | une somme de 500.000F.
| | un coup de pied dans le postérieur.

Préparation à la lecture et à l'écriture

51.39 Entraînement à la lecture

Lisez le document I de la leçon 51 dans votre livre de textes. Lisez les notes suivantes et complétez ou répondez.

1. Il y a les pilotes qui conduisent les bateaux; il y a les pilotes de course qui conduisent les voitures de course, et il y a les _____ qui conduisent les avions. Un pilote d'essai essaie les nouveaux modèles d'avions pour voir s'ils fonctionnent bien.

   Est-ce que le pilote dont il s'agit ici est un pilote expérimenté ou plutôt un débutant?

   _____

2. Le "mur du son" c'est la résistance supplémentaire que rencontre un avion qui vole à la vitesse du son (331 mètres à la seconde). Il est difficile pour un avion de dépasser cette vitesse, c'est-à-dire de _____ le mur du son.

3. Quand on monte en avion pour la première fois, on dit qu'on prend son _____ de l'air.

4. Pour ne pas se noyer, si on tombe à l'eau, il faut mettre une _____ .

5. Un parachute ventral se met sur le ventre, bien sûr, et un parachute dorsal se met sur _____ .

6. Dans le cas d'un saut en parachute, il est certainement bon d'avoir un parachute dans le dos, surtout si l'autre parachute ne s'ouvre pas. . . . Mais dans la langue familière, "l'avoir dans le dos" se réfère à quelque chose de déplaisant. Devos fait un jeu de mots.

7. Quand on n'a pas assez d'air, quand on respire mal, on _____ .

8. Les premiers avions marchaient avec des moteurs à hélice. Il y a encore beaucoup d'avions à hélices, mais les gros avions modernes ont des moteurs à réaction, des _____ .

9. Quand un avion part, il commence par rouler sur la piste, il prend de la vitesse et il _____ : il quitte le sol. (Il y a des gens qui ont les oreilles décollées—voyez le prof de maths de Georges dans la leçon 10, section 4.)

10. Tante Georgette pense que tout peut s'expliquer, que tout effet a une cause; elle dit: "Il n'y a pas de fumée _____ ."

11. Quand un pneu éclate, le routier dit "Zut (ou autre chose . . .)! Il y a un pneu qui vient de _____ ." (Voyez le document 1 de la leçon 18.)

12. Pourquoi est-ce que Devos a l'impression qu'ils vont plus vite que tout à l'heure?

_____

13. Quand un croyant a peur, quand il est en danger, il prie Dieu de le protéger, il adresse une _____ à Dieu. Il _____ une prière.

14. Si l'avion s'écrase, ils vont se retrouver au paradis, au ciel, _____ .

15. Il y a ici un jeu de mots sur deux sens de sauter: Devos et le pilote vont _____ de l'avion, comme Robert _____ du taxi en marche (leçon 45, section 8); l'avion va _____ , comme le pneu du poids lourd _____ dans le document 1 de la leçon 18.

16. Une chaise, un fauteuil, un banc, une banquette de voiture sont des _____ .

17. Quand on est à l'aise, quand on est bien assis, confortablement installé, on dit "Je suis comme dans un _____ ."

18. Dans un incendie, quand la maison brûle, on essaie, si on peut, de sauver les _____ , pour ne pas tout perdre. On _____ ce qu'on peut.

19. Vous vous rappelez que quand il pleut on utilise un parapluie; sur la plage, au soleil, on utilise un _____ .

20. Quand un pneu est à plat, il faut pomper de l'air dans le pneu, il faut _____ le pneu. (Dans les stations-service il y a des postes de gonflage.) On souffle dans un ballon pour le _____ . Mais ce n'est pas la peine de souffler dans la ceinture de sauvetage: elle se _____ toute seule, automatiquement.

21. . . . l'eau, la mer, les vagues, les _____ . . .

22. Quand ils se sont retrouvés sur la plage, après avoir flotté deux jours, ils étaient inconscients, ils avaient perdu _____ .

· ·

51.40 Entraînement à la lecture

Lisez le petit texte de Prévert intitulé "Composition française" (document 2). Lisez le texte suivant et complétez.

1. Quand Napoléon était jeune, il n'était pas gros; il était _____ . Plus tard, il est devenu plus gros. Quand il était jeune, il était officier d'artillerie. Plus tard, il est _____ empereur.

2. Quand Napoléon était jeune, il n'avait pas de ventre. Plus tard, il a pris du _____ . Quand Napoléon était empereur, il a fait beaucoup de conquêtes; il a _____ beaucoup de pays.

3. Quand Napoléon est mort, il était un peu gros; il avait du _____ . Et il n'était plus aussi grand que quand il était jeune; il était _____ plus _____ .

51.41 Entraînement à la lecture

Lisez le document 3. Complétez et répondez.

1. Pourquoi vaut-il mieux ne penser à rien que de ne pas penser du tout? Pour vous aider à répondre à cette question hautement philosophique, rappelez-vous ce que dit Descartes (leçon 16, document 1A).

   _____

   _____

2. De penser à vous n'est pas bon pour moi, ça me fait du mal, ça ne me réussit pas, ça ne me _____ .

   Mais je pense à vous comme si ça ne me faisait pas de mal; je pense à vous quand même, comme si de _____ .

3. Je pense à toutes ces petites choses qui me venaient de vous, je pense à tous ces _____ .

   J'ai rassemblé tout ces petits riens, je les ai mis l'un à côté de l'autre; je les ai mis _____

4. J'admets que je vous envie, j'_____ que je vous envie.

5. J'ai du ressentiment, je suis fâché contre vous, je vous _____ .

. . . .

51.42 Entraînement à la lecture

Lisez le document 4 et les notes suivantes, et complétez ou répondez.

1. Qu'est-ce qu'on vendait aux Deux Magots, avant que ça ne devienne un café?

   _____

2. Il y avait un magasin à cet endroit, à cet _____ .

3. "Les Deux Magots" était le nom du magasin, son _____ .

4. Qui est Verlaine? (Si vous avez oublié, voyez les documents 2A de la leçon 6, 4B et 4C de la leçon 10, et 4 de la leçon 11.)

   _____

5. Qui est Rimbaud? (Si vous avez oublié, voyez les notes sur le document 1 de la leçon 46 dans votre cahier d'exercices.)

   _____

6. Qui est André Breton? (Voyez le document 3 de la leçon 13, et aussi les notes sur le document 1 de la leçon 45 dans votre cahier d'exercices.)

   _____

7. Sur Desnos, voyez la leçon 20, document 3. **Bataille** est un écrivain et un homme de théâtre qui a participé au mouvement surréaliste; **Giacometti** est un sculpteur qui a été surréaliste, lui aussi, et **Jean Giraudoux** est un écrivain qui a aussi été diplomate. Tous ces gens connus venaient régulièrement aux Deux Magots: ils y avaient

   _____ .

8. Le prix des Deux Magots est un _____ littéraire, comme le _____ Goncourt, le _____ Fémina, le _____ Renaudot.

9. Vous connaissez Raymond Queneau? (Voyez la leçon 21, document 2, et la leçon 26, document 2.)

   _____

10. Jean-Paul Sartre et Simone de Beauvoir écrivaient deux heures sans s'arrêter, sans _____ .

11. Dans quoi servait-on le chocolat aux Deux Magots, autrefois? Et maintenant? Pourquoi?

_____

_____

12. Si vous voulez aller prendre quelque chose aux Deux Magots, l'été, pourquoi vaut-il mieux y aller le matin de bonne

heure?

_____

13. L'Action française est un mouvement politique de droite nationaliste, royaliste, catholique (condamné par le pape Pie XI
en 1926 mais réhabilité par le pape Pie XII en 1939), favorable au gouvernement du maréchal Pétain pendant
l'occupation allemande.

14. **Marcel Carné:** cinéaste né en 1909. Réalisateur de films célèbres: *Drôle de drame* (1937), *Quai des brumes* (1938), *Les
Visiteurs du soir* (1942), *Les Tricheurs* (1958). Son film le plus célèbre: *Les Enfants du paradis* (1945).

15. Sartre, Prévert, Camus, Carné sont-ils des gens de droite ou de gauche?

_____

16. Le café de Flore s'est vendu pour une somme énorme, une somme _____ .

17. Anciens francs: Un franc "nouveau" (1F) vaut 100 francs "anciens." Bien que les "nouveaux francs" aient remplacé les
"anciens francs" depuis plus de trente ans (depuis 1959), beaucoup de Français comptent encore en anciens francs.
Vérifiez le taux actuel du franc par rapport au dollar, et calculez combien le Flore s'est vendu en 1982.

_____

18. Dans les cafés, on sert de la bière, de la _____ , des apéritifs, des jus de fruits, des eaux minérales, du
café et bien d'autres boissons, mais la limonade qui était très populaire autrefois a donné son nom à ce genre de
commerce.

19. Vendre de la limonade, c'est un bon métier, ça rapporte, ça _____ .

20. Bernard Pivot est très connu pour son émission télévisée "Apostrophes" qui passait en revue les livres publiés récemment.
Cette émission a été remplacée par "Bouillon de culture." Pivot a aussi organisé un concours international d'orthographe
(française) qui a eu un énorme succès. Un de ces concours a eu lieu à l'ONU (Organisation des Nations Unies) à New-
York.

21. Il faut reconnaître, on est bien obligé d'avouer, _____ est de constater qu'il n'est pas si difficile que ça d'être admis
chez Lipp!

22. Le décor est un peu vieillot, un peu "passé," un peu _____ .

23. Les fresques ne sont plus aussi nettes qu'autrefois, elles deviennent plus pâles et moins distinctes, elles s' _____ .

24. Quel genre de clientèle trouve-t-on chez Lipp?

_____

25. Le punch est une _____ à base de rhum.

26. Pourquoi le guide conseille-t-il d'acheter tout de suite un ticket de Loto si vous trouvez une place à la Rhumerie sans avoir à attendre?

_____

27. Est-ce qu'il y a beaucoup d'artistes et de poètes à la Rhumerie? Qu'est-ce que les artistes et les poètes ont cédé aux bourgeois?

_____

28. Il y a des animaux qui ont le <u>pelage</u> brun, d'autres qui ont des <u>poils</u> gris, d'autres qui ont des fourrures blanches, d'autres dont les <u>poils</u> sont noirs: il y a des animaux de tout _____ . De même, il y a toutes sortes de bourgeois; il y a des bourgeois de _____ .

29. Qu'est-ce que c'était que Saint-Germain-des-Prés avant la Révolution?

_____

30. Le lierre est une plante qui grimpe sur le tronc des arbres et sur les murs.

31. **Marguerite Duras**, romancière et cinéaste, née en Indochine (Viet-Nam) en 1914. *L'Amante anglaise; Détruire, dit-elle; Un Barrage contre le Pacifique; Moderato cantabile; L'Amant.*

32. **Eugène Delacroix** (1798–1863), grand peintre romantique. Ses œuvres les plus connues sont *Dante et Virgile aux Enfers, La Mort de Sardanapale, La Liberté guidant le peuple.* Il figure sur un billet de banque avec *La Liberté guidant le peuple.*

33. C'est un endroit paisible, tranquille, un endroit _____ .

34. Qu'est-ce que l'auteur du guide pense de l'architecture de l'école de Médecine?

_____

35. A votre avis, pourquoi y a-t-il beaucoup d'oxyde de carbone dans cette partie de la rue des Saints-Pères?

_____

36. En argot, on appelle un agent de police un _____ .

37. A quoi sert une tente à oxygène?

_____

38. **Jean-Paul Belmondo** est un acteur de cinéma très populaire (voyez le document 5 de la leçon 17).

39. Une guérite, c'est une petite construction en bois qui sert à abriter un soldat qui monte la garde.

40. C'est calme, tranquille, silencieux, une atmosphère _____ .

41. Enceinte de Philippe Auguste. Philippe Auguste (1165–1223), roi de France, avait fait construire des fortifications tout autour de Paris. Il en reste encore quelques rares fragments. Voyez ce que Marie-Laure dit de Philippe Auguste, leçon 47, document 3.

42. Une impasse, c'est une rue qui ne débouche pas dans une autre rue.

43. **Richelieu** (1585–1642) était cardinal et conseiller du roi Louis XIII.

44. Quand l'Académie française a-t-elle été fondée?

_____

45. Que font les académiciens?

_____

_____

46. Après Marguerite Yourcenar, l'Académie française a accueilli une autre femme, Jacqueline de Romilly, une helléniste.

47. Les péniches sont des bateaux qui transportent des marchandises sur les fleuves et les canaux.

48. L'auteur du guide aime beaucoup la rue Visconti: il a eu un _____ pour cette rue pittoresque.

49. **Bernard Palissy** (vers 1510–1589), célèbre potier céramiste, savant et écrivain protestant. On raconte que pour arriver à produire un nouvel émail, n'ayant plus d'argent pour acheter de quoi alimenter son four, il a brûlé ses meubles.

50. **La Saint-Barthélemy**, massacre général des protestants ordonné par le roi Charles IX en 1572, le 29 août, jour de la Saint-Barthélemy. Plus de 3 000 protestants furent tués ce jour-là à Paris et beaucoup d'autres en province les jours suivants. Pourquoi beaucoup de protestants qui habitaient rue Visconti ont-ils échappé au massacre de la Saint-Barthélemy?

_____

_____

· ·

51.43 Lecture et interprétation

Etudiez le document 5 et répondez aux questions suivantes.

1. Pourquoi Christophe Colomb ne s'est-il pas arrêté à la Martinique?

_____

2. Qu'est-ce qui a fait la richesse de l'île à partir du XVIIIème siècle?

_____

_____

3. Quelles sont les ressources de l'île aujourd'hui?

_____

4. Que s'est-il passé à la Martinique en 1902?

_____

5. Pourquoi l'unique survivant de cette catastrophe a-t-il échappé à la mort?

_____

6. Qui est Joséphine de Beauharnais? Pourquoi est-elle très connue?

_____

51.44 Lecture et interprétation

Lisez le document 6 et répondez.

Un sexagénaire, c'est quelqu'un qui a entre soixante et soixante-neuf ans. Qu'est-ce que c'est qu'un septuagénaire?

_____

Et un nonagénaire?

_____

Gustave Flaubert (1821–1880), l'auteur de _Madame Bovary_ et de _l'Education sentimentale,_ se moque des tics de langage. On associe souvent, automatiquement, certains adjectifs à certains noms, par exemple.

Les Bulgares ont la réputation de vivre longtemps, et de manger du yaourt. On parle beaucoup du yaourt bulgare. (Voyez Mme Courtois dans la section 4 de cette leçon.) Les pots de yaourt se recommandent souvent au public par la mention "goût bulgare."

Si les Bulgares ont la réputation de vivre vieux et de manger beaucoup de yaourt, peut-on en conclure qu'il faut manger du yaourt pour vivre longtemps? Pourquoi? (Voyez aussi le document 2 de la leçon 50, qui pourrait donner lieu au même genre de raisonnement.)

_____

_____

. . . .

51.45 Pratique de l'écriture: Jeux de mots

Les personnages de cette fascinante histoire font souvent des jeux de mots . . . plus ou moins bien réussis. Pouvez-vous les trouver? Essayez d'en trouver le plus grand nombre possible et expliquez-les.
Voici quelques indications qui vous aideront à en trouver quelques-uns.

1. Dans la leçon 33, par exemple, avec quels mots Hubert joue-t-il?

_____

_____

2. Et dans la leçon 34, expliquez le jeu de mots de Mireille.

_____

_____

3. Est-ce que vous pouvez trouver un jeu de mots de Robert dans la leçon 46?

_____

_____

4. Dans la leçon 48, Colette fait un jeu de mots, un peu difficile. Lequel?

_____

_____

_____

5. Et Robert, est-ce qu'il fait un jeu de mots dans la leçon 48, lui aussi, ou est-ce qu'il ne le fait pas exprès?

_____

_____

_____

6. Est-ce que vous pouvez trouver un jeu de mots de Robert dans la leçon 50?

_____

_____

_____

7. Dans la leçon 51, le Suédois fait un jeu de mots très évident que vous ne pouvez pas manquer. Lequel?

_____

_____

_____

8. Pouvez-vous en trouver d'autres?

_____

_____

_____

_____

_____

. . . .

51.46 Pratique de l'écriture

Vous êtes Mireille. Vous confiez à votre journal quelques réflexions pleines de philosophie sur ce que vous avez pu observer, cet après-midi, de la terrasse des Deux Magots. Vous vous étonnez de ce défilé de personnages, de ce qui est arrivé à chacun d'eux, des vicissitudes de la condition humaine, des caprices de la roulette et de la roue de la fortune.

_____

_____

_____

_____

_____

_____

_____

_____

_____

_____

_____

_____

_____

_____

_____

_____

_____

_____

_____

_____

_____

_____

"Rien de stable dans ce monde: aujourd'hui au sommet, demain au bas de la roue." (Denis Diderot)

_____

Leçon **52**

Assimilation du texte

🎧 52.1 Mise en œuvre

Ecoutez le texte et la mise en œuvre dans l'enregistrement sonore. Répétez et répondez suivant les indications.

Préparation à la communication

Vous devez être suffisamment préparés à la communication. Passez directement à la section suivante.

Libération de l'expression

52.2 Mise en question

Relisez le texte de la leçon; lisez les questions de la mise en question qui suit la mise en œuvre dans votre livre de textes. Réfléchissez à ces questions et essayez d'y répondre.

. . . .

52.3 Mise en scène et réinvention de l'histoire

Vous pouvez réinventer complètement l'histoire depuis le début en une vingtaine de phrases, ou bien vous pouvez imaginer une nouvelle version du voyage et de ce qui se passe après le voyage. Par exemple:

Le voyage est | une catastrophe. / un succès complet. / un rêve. | Ça commence · · · mais ça finit | bien. / mal. | par | un crime. / un accident. / deux mariages. / faire des étincelles.

comme | un film | d'horreur. / de Hollywood. | une comédie.

bien, / mal, / comme | un rêve, / une comédie musicale, / une tragédie, / par une discussion sur | le / la / l' / les | politique, / nombre de sacs de couchage à emporter, / fromages, / argent, / amour,

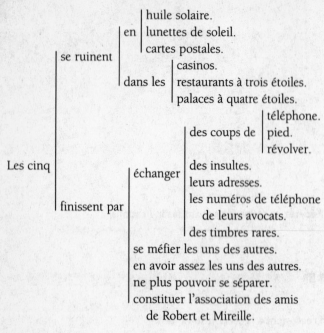

Les cinq

se ruinent
- en | huile solaire. / lunettes de soleil. / cartes postales.
- dans les | casinos. / restaurants à trois étoiles. / palaces à quatre étoiles.

finissent par
- échanger | des coups de | téléphone. / pied. / révolver.
- des insultes.
- leurs adresses.
- les numéros de téléphone de leurs avocats.
- des timbres rares.
- se méfier les uns des autres.
- en avoir assez les uns des autres.
- ne plus pouvoir se séparer.
- constituer l'association des amis de Robert et Mireille.

Hubert, Colette, et Jean-Michel
Mireille et Robert

partent sans les autres.
décident de rester chez eux.
abandonnent les autres | dans un embouteillage. / à un feu rouge. / en pleine mer.
meurent d'une indigestion de | madeleines. / chocolats. / tripes à la mode de Caen.
prennent l'Orient-Express.

On découvre que l'homme en noir

n'est pas un vrai cinéaste.
est une vraie bonne sœur.
est un frère d'Hubert.
est un faux frère.
n'a jamais existé.
a poussé Robert du balcon | à la Nouvelle-Orléans. / à Cannes.
conduisait l'Alpine que Robert a vue près de Fontainebleau.
a fait sauter le Carlton.
a payé le voyage de Robert en France.
se fait appeler Georges de Pignerol.

L'homme en noir travaille pour | Hubert, / la mère / le père / le beau-père / Mme Courtois, | de Robert,

qui veut faire | disparaître | Robert, Mireille, / épouser Mireille à Robert,

parce que | l'oncle / la grand-mère | d'Hubert / de Mireille / de Robert | a laissé une grande fortune

qui ira | à / aux enfants de | Robert, Hubert, Mireille,

à condition que | Hubert / Mireille / Robert | épouse | un veuf. / une Française. / un Américain. / une spécialiste d'histoire de l'art. / une veuve.

Au bout d'un mois de voyage, Robert et Mireille sont

complètement fauchés.
perdus dans | un petit bateau sur l'Amazone. / la campagne autour de Provins. / un petit avion au-dessus de l'Himalaya.
écœurés.

Ils décident de rentrer chez eux | en auto-stop / immédiatement / séparément / en TGV

avec
- l'intention de | se marier le plus vite possible, / ne jamais se revoir, / se faire | prêtre, / bonne sœur, / berger, / bergère, / banquier comme Papa,
- joie,
- mauvaise conscience (pourquoi?),
- un groupe de militaires | en permission, / à la retraite, / mexicains,

parce que, pendant le voyage,

Robert est tombé amoureux
- de Mireille.
- de Colette.
- d'une serveuse de café.
- de l'Inconnue de l'Orient-Express.

Mireille est tombée amoureuse
- d'Hubert.
- de Robert.
- d'un prince russe.
- d'un douanier italien.
- de l'homme en noir.

ils ont assisté à
- un accident.
- un miracle.
- une cérémonie religieuse.

Plus tard, cinq ans après le voyage,

Robert et Mireille
- sont
  - divorcés.
  - mariés.
- ne sont pas encore mariés.
- se téléphonent tous les jours.
- ont
  - cinq enfants.
  - trois chiens et deux chats.
  - envie de divorcer.
- ne se connaissent plus.
- se détestent cordialement.

Mireille
- ne peut pas trouver de travail.
- est conservateur en chef au musée
  - de Provins.
  - du Louvre.
- a fait construire une pyramide en verre au milieu du Louvre.
- est mère supérieure d'un ordre de bonnes sœurs.
- est professeur d'histoire de l'art à la Sorbonne.
- est pompier bénévole à Provins.
- vend des motocyclettes.
- travaille avec son mari, l'espion.
- est très
  - triste
  - contente
  parce que:

Robert
- est infirmier bénévole à l'hôpital de
  - Cannes.
  - Provins.
- a ouvert une école de tango argentin.
- fait de la saucisse en Argentine.
- programme des robots chez Renault.
- est gardien de nuit au Ministère de la Santé.
- travaille
  - à l'amélioration de
    - son français.
    - la race chevaline.
  - à la modernisation de l'industrie automobile.
  - à la destruction des descendants des oppresseurs de l'époque médiévale.
  - à la restauration des manuscrits carolingiens à la Bibliothèque nationale.
  - à déchiffrer le linéaire A.
  - dans la banque de son papa.
  - pour Hubert dans l'entreprise de construction Pinot-Chambrun.

Préparation à la lecture et à l'écriture

52.4 Lecture et interprétation

Lisez le document 1 de la leçon 52 dans votre livre de textes; lisez les notes suivantes et complétez ou répondez selon le cas.

Dimanches d'août est une sorte de roman d'amour, et aussi une sorte de roman policier. On n'y voit pas beaucoup la police et il n'y a pas de crimes horrifiants, mais il y a beaucoup de mystère, d'énigmes. Essayons d'en résoudre quelques-unes.

1. Relisez le texte, en particulier les paragraphes 1, 2, 3, 4, et 6. Où est le narrateur?

_____

2. Relisez le paragraphe 4. Où le narrateur et Sylvia étaient-ils, il y a une semaine?

_____

3. Relisez le paragraphe 1. Le narrateur cherche un refuge pour lui et Sylvia. Il ne veut pas qu'on les trouve. Il veut disparaître. Pourquoi ne sont-ils pas allés se réfugier à Bruxelles?

_____

4. Pourquoi peuvent-ils facilement passer inaperçus à Nice?

_____

5. Relisez le paragraphe 2. Qu'est-ce qui montre, dans ce paragraphe, que le narrateur veut oublier ou cacher son passé? Il dit qu'il est allé à Nice pour _____.

6. Relisez les paragraphes 3 et 6. Comment Sylvia arrive-t-elle à Nice?

_____

7. Relisez le paragraphe 3. Est-ce que le narrateur sait où est la gare? Pourquoi est-ce qu'il peut marcher un peu au hasard? Est-ce qu'il est en avance ou en retard?

_____

8. Relisez les paragraphes 5 et 6. Qu'est-ce qui montre que le narrateur est inquiet?

_____

_____

9. Qu'est-ce que Sylvia porte au cou?

_____

10. Est-ce que vous pensez que ça lui appartient légalement?

_____

11. Le narrateur et Sylvia cherchent un refuge. Ils ont pensé à se _____ à Bruxelles.

12. Ils ne veulent pas qu'on les remarque. Ils ne veulent pas qu'on les aperçoive. Ils veulent passer _____.

13. Ils ne veulent pas qu'on les voie. Ils veulent _____.

14. Sylvia arrive à Nice. Le narrateur y était arrivé une semaine _____.

15. Qu'est-ce que Sylvia portait sous son manteau?

_____

16. On voyait la Croix du Sud dans _____ du manteau.

17. Pour cacher la Croix du Sud, elle a rabattu le _____ du manteau.

18. Qu'est-ce que la Croix du Sud, un bijou en or, un diamant, une perle?

_____

19. Pourquoi le narrateur a-t-il pensé qu'il aurait pu y avoir un diamantaire dans le train? C'est une drôle d'idée! C'est une pensée _____; il n'y a pas de diamantaires dans tous les compartiments de train!

20. Le narrateur observait avec attention le visage des voyageurs. Il _____ tous les voyageurs qu'il rencontrait.

. . . .

52.5 Entraînement à la lecture

Lisez le document 2 et répondez aux questions suivantes.

1. Quels étaient les deux combattants principaux qui se sont affrontés pendant la Guerre de Cent Ans? Quel était l'enjeu de la guerre, pourquoi se battaient-ils?

_____

_____

2. Qui est-ce qui a gagné la bataille de Crécy?

_____

3. Qui était Du Guesclin?

_____

4. Qui a gagné la bataille d'Azincourt?

_____

5. Pourquoi Jeanne d'Arc a-t-elle décidé d'aller voir le dauphin Charles?

_____

6. On s'est beaucoup étonné que Jeanne d'Arc ait tout de suite reconnu le dauphin qu'elle n'avait jamais vu, au milieu de la foule des seigneurs présents dans la salle du château. Qu'en pensez-vous? Comment l'expliqueriez-vous?

_____

_____

7. Pourquoi appelle-t-on Jeanne d'Arc la Pucelle d'Orléans? (_Pucelle,_ à l'époque, était l'équivalent de _jeune fille._)

_____

8. Qu'est-ce qui s'est passé à Reims?

_____

9. Qui a condamné Jeanne d'Arc? Pourquoi?

_____

10. Qui est-ce qui l'a brûlée sur un bûcher?

_____

11. Est-ce que l'aventure de Jeanne d'Arc s'est terminée par un échec ou une réussite? Expliquez.

_____

_____

_____

12. On raconte souvent, pour s'en moquer, l'histoire de la jeune recrue à qui on demande, au cours de son éducation militaire, ce que c'est qu'un héros et qui cite comme exemples Jeanne d'Arc et Napoléon. Qu'en pensez-vous? Qu'est-ce que cela montre sur la place que ces deux personnages historiques occupent dans l'inconscient collectif des Français? Comment cela peut-il s'expliquer? Qu'est-ce que Jeanne d'Arc et Napoléon peuvent avoir en commun?

_____

_____

_____

_____

13. Comparez ce que dit Michelet avec ce que dit Hubert dans la section 6 du texte de la leçon 52.

_____

_____

_____

_____

52.6 Entraînement à la lecture

Lisez le document 3 et les notes suivantes, et complétez ou répondez.

1. Devos écrit *Jehanne,* avec un *h;* c'est l'orthographe ancienne.

2. En quoi les choses ont-elles changé depuis l'époque de Jeanne d'Arc?

_____

_____

3. Pourquoi Jeanne d'Arc ne s'amuserait-elle pas à faire des plaisanteries?

_____

4. Où était Jeanne d'Arc? Pourquoi? (Voyez le document précédent.)

_____

_____

5. Pourquoi Devos ne voyait-il qu'une petite flamme? (Voyez le document 2 de cette leçon.)

_____

6. Qui est-ce qui habite à l'Elysée?

_____

7. Pourquoi Jeanne d'Arc est-elle contre le tunnel sous la Manche?

_____

8. Le président de la République va dire: Ce Devos est fou! Il est _____ !

9. Jeanne n'est pas en pleine forme, elle n'a plus toute son énergie, elle est un peu _____ (. . . comme les volcans d'Auvergne. . . . Rappelez-vous comment elle est morte!).

Cette petite histoire de Devos date du temps où le général de Gaulle était président de la République.

On plaisantait souvent en disant que le général de Gaulle avait le sentiment de la grandeur—de la grandeur de la France et de la sienne propre; qu'il avait le sentiment d'avoir, comme Jeanne d'Arc, sauvé la France en chassant les ennemis qui l'occupaient; qu'il ne voulait recevoir d'ordres ni de Roosevelt, ni de Churchill, ni de Staline, ni de Jeanne d'Arc, ni de personne, sauf de Dieu, évidemment, mais alors, directement.

. . . .

52.7 Entraînement à la lecture

Observez le document 4 et répondez.

1. Qui est-ce qui se réclame de Jeanne d'Arc, la droite ou la gauche?

_____

2. Le Parti Socialiste est-il un parti de droite ou de gauche? Et le Front National?

_____

Keys

Leçon 27

27.2 Compréhension auditive
1. C; 2. H; 3. E; 4. B; 5. A; 6. D; 7. F; 8. G

27.21 Activation
1. à; 2. à; 3. à; 4. à; 5. à; 6. en; 7. en, en; 8. en, en; 9. en

27.23 Activation
1. rapide, vite; 2. vite, rapide; 3. rapide; 4. rapides; 5. vite; 6. vite; 7. rapide, vite; 8. vite; 9. rapide, rapide, vite; 10. vite; 11. rapide; 12. vite; 13. vite; 14. rapide; 15. rapide; 16. rapide, vite

27.27 Activation: Discrimination auditive
indicatif: 1, 4, 5, 7, 9, 12
conditionnel: 2, 3, 6, 8, 10, 11

27.28 Activation
1. pourrions, pourrait, pourrais, verrait; 2. louerais, prendrions, serait (coûterait); 3. irions, aurions, prendrais, perdrais, irais, serait; 4. arriverais, serait, attendrait, lirait; 5. achèterais, oublierions, monterions, partirait, passerait, arrêterait, pourrions; 6. inviterait, aimeraient (voudraient), irions, verrions

27.31 Activation
1. sonne, décroche, Allô, trompez (êtes trompé de numéro), Il n'y a pas de mal, un faux, quittez, la passe, pour toi; 2. numéro, numéro, annuaire; 3. à, Je voudrais téléphoner, s'il vous plaît; Oui, Monsieur (Madame, Mademoiselle), (les cabines téléphoniques sont) au sous-sol (en bas) à côté des toilettes; cabine, de monnaie, carte (magnétique), en acheter une, décrochez, carte (magnétique), fente, composez, Allô? Est-ce que je pourrais parler à Mademoiselle Mireille Belleau, s'il vous plaît?, Rappelez, décroche, C'est, moi, C'est, voulais vous demander, coup de fil

27.33 Exercice-test
1. n'as qu'à; 2. tient à; 3. a peur de; 4. se tromper de

27.34 Exercice-test
1. à; 2. à; 3. En; 4. en; 5. en

27.35 Exercice-test
indicatif: 1, 4, 5, 7, 10, 11
conditionnel: 2, 3, 6, 8, 9, 12

27.41 Entraînement à la lecture
A. le volume des feuilles séparées; B. savoir nager

27.42 Entraînement à la lecture
1. de bus; 2. Le RER; 3. 39 000; 4. des caméras cachées dans les couloirs; 5. entre 1 440 000 et 2 280 000 tickets; 9 millions; environ 7 millions

27.43 Lecture et interprétation
1. De train; 2. De Paris à Marseille; 3. Une place assise; 4. En 2ème classe; 5. Non, c'est sur le couloir; 6. C'est la place numéro 62 dans la voiture numéro 18; 7. Non; 8. Il faut le composter; 9. Oui; 10. 4 heures 43 minutes; 11. L'heure de départ

27.44 Lecture et interprétation
A. 1. oui; 2. non; 3. oui; 4. non
B. 1. les trains à vapeur; 2. non

27.45 Lecture et interprétation
1. irrévérencieux; 2. celle de Mme Belleau; 3. panier, panier

Leçon 28

28.2 Compréhension auditive
1. D; 2. B; 3. F; 4. H; 5. A; 6. C; 7. G; 8. E

28.9 Activation: Discrimination auditive
il y a une heure: 1, 5, 9, 11
tout à l'heure: 2, 3, 7, 8, 12
dans une heure: 4, 6, 10

28.13 Activation: Discrimination auditive
en avance: 2, 6, 7
à l'heure: 3, 5, 9
en retard: 1, 4, 8, 10

28.18 Activation
1. depuis; 2. pendant; 3. pendant; 4. pendant; 5. depuis; 6. pendant; 7. pendant; 8. pendant; 9. depuis; 10. depuis; 11. depuis; 12. pendant; 13. depuis; 14. pour; 15. depuis, pour; 16. pour; 17. pour

28.31 Activation
2. Si je prenais la voiture, elle aurait peur; 3. Si nous étions pressés, nous prendrions un taxi; 4. Si nous avions faim, nous nous arrêterions au restaurant; 5. S'il osait, il lui achèterait un cadeau; 6. Si c'était loin, ils prendraient un taxi; 7. Si elle voulait, je voyagerais en première; 8. S'il osait, il la suivrait derrière la cathédrale; 9. Si nous savions ce qui se passe (passait), nous lui ferions signe

28.37 Activation
1. professionnelle; 2. partielle; 3. mortelle; 4. nulle; 5. éternelle; 6. essentielle; 7. solennelle; 8. belle; 9. gentille

28.39 Activation

Elle s'appelait Emilie. Elle était née en 1963. Elle était fille unique. A douze ans, Emilie était une petite fille fragile, assez laide, plutôt blonde mais presque rousse, et qui paraissait assez méchante et pas très intelligente. En réalité, elle était très malheureuse, toujours seule, sans aucun(e) ami(e). A vingt ans, Emilie était devenue très différente: grande, pleine de charme, on peut même dire gracieuse. Elle avait à présent beaucoup d'ami(e)s. A l'université, c'était une étudiante assez brillante, et spécialement bonne en mathématiques. C'est pourquoi, à la sortie de l'université, elle est entrée dans une banque comme caissière. Chose curieuse, on a remarqué qu'à partir de ce moment-là, elle s'est toujours habillée en noir. Elle s'est mariée peu après avec un beau jeune homme brun; mais elle a divorcé au bout de quelques semaines, on ne sait pas pourquoi. Elle s'est remariée l'année d'après avec un jeune veuf qu'elle croyait très riche, mais qui dépensait simplement beaucoup d'argent. Pour plaire à son mari, elle a commencé à prendre de l'argent dans la caisse. Un beau jour, elle a été prise et a été arrêtée. Mais elle s'est échappée de la voiture de police qui l'emmenait en prison au moment où cette voiture passait dans un tunnel obscur (il y avait une grève de l'Electricité de France). A la sortie du tunnel, elle avait disparu, et on ne l'a jamais revue. Cette femme mystérieuse, c'était . . .

28.41 Exercice-test

1. il y a, dans; 2. à l'heure, pile, en retard; 3. passées; 4. à

28.42 Exercice-test

1. irais; 2. prenait; 3. étais; 4. partirais; 5. ferais

28.48 Entraînement à la lecture

A. Paris, pèlerinage, quitté, petits; pèlerinage, retour, Notre-Dame, Cité, robe; B. 1. Notre-Dame de Chartres, Saint-Jacques-de-Compostelle, Lourdes; 2. Au printemps (au mois de mai); 3. C'est à 90 km de Paris (à trois jours de Paris à pied); 4. Dans la Beauce, dans le Parisis; 5. il était libraire, et aussi écrivain; 6. (Ils l'appellent) Notre-Dame; 7. La cathédrale Notre-Dame de Paris

28.49 Entraînement à la lecture

A. ponctuels, ponctuels (à l'heure), ponctuels (à l'heure), ponctuel; B. s'en va (part)

28.50 Entraînement à la lecture et expansion du vocabulaire

rondes, garçons (hommes)

Leçon 29

29.2 Compréhension auditive

1. D; 2. E; 3. C; 4. A; 5. F; 6. B

29.8 Activation

1. Je suis sûr (Tu vas voir / Tu verras / Je parie), Qu'est-ce que je (te) disais? (Tu vois! / Je l'avais dit!), J'étais sûr (Je savais / Je t'avais dit), Qu'est-ce que je (te) disais, J'ai toujours raison; 2. C'est bien ce que je disais, Je ne me trompe jamais; 3. Je te l'avais (bien) dit; 4. Ça ne m'étonnerait pas, Je parie / Je suis sûr / Vous allez voir; 5. Je te l'avais dit / Je le savais / J'en étais sûre, Qu'est-ce que je (te) disais

29.12 Activation

1. Ça, c'est une; 2. Ça, c'est de la; 3. Ça, c'est un; 4. Ça, c'est des; 5. Ça, c'est un; 6. Ça, c'est de la; 7. Ça, c'est un; 8. Ça, c'est des; 9. Ça, c'est de la; 10. Ça, c'est du (un); Ça, c'est du (un); 11. Ça, c'est du; Ça, c'est du; Ça, c'est un; 12. Ça, c'est du; Ça, c'est un; 13. Ça, c'est de la; Ça, c'est un

29.16 Activation

1. à moi; 2. n'arrive qu'à elle; 3. n'arrive qu'à toi; 4. n'arrive qu'à moi; 5. ça n'arrive qu'à vous; 6. Ça n'arrive qu'à elles; 7. Ça n'arrive qu'à eux; 8. Ça n'arrive qu'à nous

29.18 Activation: Compréhension auditive

avantage: 2, 3, 4, 8, 9, 12, 13, 16
inconvénient: 1, 5, 6, 7, 10, 11, 14, 15, 17, 18

29.25 Activation

1. Si Mireille gagnait de l'argent, elle n'habiterait pas chez ses parents; 2. Si Mireille n'habitait pas chez ses parents, elle pourrait faire ce qu'elle veut; 3. Si Mme Belleau ne travaillait pas, elle aurait le temps de s'occuper des études de Marie-Laure; 4. Si Mireille ne suivait pas de cours à la Sorbonne, elle n'irait pas souvent au Quartier Latin; 5. Si Mireille ne faisait pas d'études d'histoire de l'art, elle ne suivrait pas de cours à l'Institut d'Art et d'Archéologie

29.26 Activation: Dictée

vous saviez ce que j'ai lu! . . . J'ai lu énormément de livres

29.29 Activation

1. avait pas quitté, aurait pas rencontré; 2. avait pas été, serait pas venue; 3. avait pas habité, aurait pas voulu; 4. était pas descendu, serait pas allé; 5. avait pas eu, aurait pas eu; 6. s'était pas promené, aurait pas vu; 7. avait pas suivi, serait pas entré; 8. avait pas voulu, serait pas entrée; 9. était pas entré, aurait pas vu; 10. avait pas trouvé, aurait pas souri; 11. avait pas souri, aurait pas souri; 12. avait pas souri, aurait pas engagé; 13. avait pas engagé, auraient pas fait; 14. avait pas eu, se seraient pas

29.31 Exercice-test

1. ça m'est; 2. ça leur; 3. ça nous; 4. ça lui

29.32 Exercice-test

1. S'il ne pleuvait pas, je ne resterais pas à la maison; 2. Si on avait une voiture, on ne prendrait pas le train; 3. Si on avait eu une voiture, on n'aurait pas pris le train; 4. Si Mireille avait été libre, Robert aurait pu l'inviter à dîner; 5. Si l'autobus n'était pas arrivé, Robert aurait eu le temps de lui parler

29.39 Entraînement à la lecture

1. (Il y en a) moins; 2. au centre; 3. plus; 4. des sandwichs

29.40 Lecture et interprétation

2. à 20h, tous les jours; 3. 3 heures; 4. 550F

29.42 Entraînement à la lecture

à, à

29.43 Entraînement à la lecture

1. coupe; 2. bois; 3. rigoureux; 4. dicton

29.44 Lecture et interprétation

1. Saint-Germain-des-Prés; 2. Non; Elle habite à Saint-Germain; 3. des cafés-crème

Leçon 30

30.2 Compréhension auditive

1. C; 2. F; 3. B; 4. E; 5. G; 6. H; 7. D; 8. A

30.10 Activation

1. a l'air; 2. avez pas l'air; 3. avez l'air; 4. On dirait; 5. Il paraît qu'; 6. On dirait; 7. ai l'air; 8. a pas l'air; 9. semble (a l'air de); 10. faire semblant de; 11. n'a pas l'air de (ne semble pas); 12. a l'air (paraît), avez l'air, on a (nous avons) l'air; 13. paraît (a l'air); 14. ont fait semblant de; 15. a l'air; 16. avait l'air; 17. avez, l'air

30.14 Activation

nord: 1, 8, 14, 16
sud: 2, 5, 6, 10
est: 4, 7, 11, 13
ouest: 3, 9, 12, 15

30.15 Activation

A. sortir de l', Je vais prendre (suivre), jusqu'à la, (Puis) Je vais prendre l', (sur la gauche) (et je vais la suivre) jusqu'à (la place), puis je vais descendre (prendre) le, jusqu'au

B. Vous suivez la Nationale 5 jusqu'à Dijon. A Dijon, vous prenez la route des vignobles, sur la droite, jusqu'à Chagny, et vous continuez sur la Nationale 6 jusqu'à Châlon. A Châlon, vous prenez la Nationale 78 sur la droite, puis vous obliquez à gauche pour aller à Givry. Il y a des panneaux partout. Vous ne pouvez pas vous perdre!

C. au sud-est; au sud; au nord-ouest

30.20 Activation

1. (Elle a) 450F; 2. (Il lui reste) 1.290F

30.21 Activation

1. Quel, Celui, prêté, donné, prêté; 2. l'ai prêté, rends-, le, donner (rendre), l', l'ai, perdu; 3. le-, te, rendre, l', emprunté, lui, lui, le rendre, te prête

30.24 Activation

A. veux, Ça m'est égal, prends le, celui, voulais, t'est égal, t'est pas égal, m'est pas égal, ne t'était pas égal, ça m'est égal, prendre

B. 1. un gâteau; 2. le chou à la crème

30.26 Activation

1. voudrez, servira, prendrez, sera, faudra, irez, sera, aurez, pourrez; 2. remonterez, verrez, obliquerez, suivrez, aurez; 3. plaira; 4. fera, dérangera, serai, pourra, raconterez, reviendrez

30.28 Activation: Compréhension auditive

voir: 1, 8, 17
savoir: 3, 18
vouloir: 4, 7
croire: 2, 5
boire: 9
descendre: 6
rendre: 16
se perdre: 15
tenir: 11
revenir: 12
connaître: 13
disparaître: 14
plaire: 10

30.30 Activation

1. est descendu, avait; 2. était, avait; 3. a demandé, était; 4. est allé, a loué; 5. a pris, était, avait; 6. a suivi; 7. s'est pas trompé; 8. s'est perdu; 9. est allée; 10. voulait (a voulu); 11. est sorti; 12. sortait, a vu, engageait; 13. s'est lancé; 14. s'est arrêtée; 15. était, est descendue, Ce n'était

30.31 Activation

1. du, au, de l', l', le, du (à), de l'; 2. au, du, au, de la; 3. au, du, à la; 4. au; 5. à la; 6. de l'; 7. au; 8. de l'

30.32 Activation

1. suis, avais, me, ai, patron, louer, m', en, y, sa; 2. a, lui, me, moins chère, pris (loué), paraît, de moins; 3. avait, connaissais, était, moyen de, remonté, jusqu'à, obliqué à, pris, suivie jusqu'à la, ai, eu, autoroute, se, panneaux; 4. faisait, à l', foncé, au plancher, ai, la, l'ai, vignobles

30.34 Exercice-test

1. de; 2. de; 3. à, de; 4. de; 5. à; 6. à

30.35 Exercice-test

vouloir: 4
savoir: 2, 8
voir: 1
plaire: 5, 10
venir: 3, 9
boire: 7
croire: 6

30.36 Exercice-test

1. a voulu; 2. est arrivé; 3. a parlé; 4. a tenu; 5. a démarré;
   6. a remonté; 7. n'a pas vu; 8. s'est arrêté; 9. a bu; 10.
   est allé

30.42 Entraînement à la lecture

1. oui; 2. Non, parce qu'il faut avoir au moins 21 ans

30.43 Entraînement à la lecture

Léa, cauchemar; Elle est magnifique, toute neuve, elle a de
   beaux sièges en jean, de gros pneus et un essuie-vitre à
   l'arrière

30.44 Lecture et interprétation

1. des artistes inconnus; des artistes inconnus; 2. pour un
   peuple entier, non; 3. magique

30.45 Entraînement à la lecture

1. Elles contiennent une rime; 2. cordes; 3. tienne, la vôtre

30.46 Entraînement à la lecture

1. leçons (de conduite); 2. moniteur; 3. moniteur, conduire;
   4. Non, c'est la première fois; 5. métier, débute; 6.
   prend, tombe; 7. dur; 8. pare-brise, dur, dur

30.47 Entraînement à la lecture

1. assuré(e); 2. assuré(e); 3. rembourser; 4. endroit, bon,
   reposant; 5. dérobe, bifurqué; 6. tombeau; 7. cassé,
   figure; 8. blessures; 9. noir, blanc, sur blanc

Leçon 31

31.2 Compréhension auditive

1. C; 2. B; 3. A; 4. H; 5. F; 6. G; 7. E; 8. D

31.8 Activation

1. la porte; 2. portières; 3. portail; 4. portail

31.10 Activation

1. virage; 2. déraper; 3. dépanner; 4. garer; 5. freinage; 6.
   démarre

31.13 Activation

1. paierez; 2. payé; 3. payer; 4. ai, payé; 5. paie; 6. paieras

31.15 Activation: Discrimination auditive

vert: 1, 5, 7, 12;   orange: 4, 8, 10;   rouge: 2, 3, 6, 9, 11

31.17 Activation: Discrimination auditive

1. G; 2. A; 3. B; 4. J; 5. N; 6. M; 7. L; 8. D

31.18 Activation

1. clignotant; 2. phares; 3. accus; 4. essuie-glace; 5. capot;
   6. essence; 7. plein; 8. essence; 9. rouge; 10. freins; 11.
   contact

31.20 Activation

2. réussi; 3. ri; 4. servi; 5. suivi; 6. sorti; 7. parti(e); 8.
   dormi; 9. choisi; 10. fini; 11. compris

31.21 Activation

2. mis; 3. permis; 4. assis; 5. surpris(e); 6. mis; 7. repris; 8.
   surprise; 9. assise; 10. promis

31.23 Activation

2. cuit; 3. fait; 4. conduit; 5. fait; 6. dit; 7. écrit

31.24 Activation

2. offert; 3. ouvert; 4. découvert; 5. mort

31.27 Activation

1. suis allée, avais téléphoné, avait dit, suis habillée (levée,
   réveillée), suis amenée, a dit, a donné, ai ouvert, suis
   montée, J'ai mis, a refusé, m'a donné, a démarré; 2. Je
   suis, j'ai, J'ai brûlé, j'ai continué, suis arrêtée, a ouvert,
   a, suis repartie; 3. a calé, est, m'ont poussée, ai fait, suis
   repartie, avait; 4. j'ai crevé, suis préparée, est arrivé, est
   reparti; 5. suis assise, attendu, est arrivé, a remorqué, a
   réparé, suis repartie; 6. s'est mis, conduit, suis arrivée;
   7. ai mis, je suis repartie; 8. a dérapé, J'ai donné, j'ai
   mis, J'ai accroché; j'ai téléphoné

31.32 Exercice-test

1. phares; 2. feu; 3. plein; 4. freins; 5. pneu, roue; 6.
   portière

31.33 Exercice-test

1. écrit; 2. sorties; 3. permis; 4. pris; 5. ouverte; 6. compris;
   7. fait; 8. morte

31.39 Entraînement à la lecture

énervent, énervant

31.40 Lecture et interprétation

1. chanceuse, malchance, malchanceuse; 2. arrive, arrivent;
   3. à, arrive, à, n'arrive pas à

31.41 Entraînement à la lecture

1. prunes, poires, pommes; 2. quand elles sont rouges;
   3. On s'arrête, On passe

31.42 Entraînement à la lecture

1. carrefour; 2. guet; 3. siffle; 4. (tout) vert

31.43 Entraînement à la lecture

1. pouce; 2. pouce; 3. deux doigts

31.44 Entraînement à la lecture

1. brouillés; 2. surveillais; 3. banquette; 4. prévu; 5. signe

31.45 Entraînement à la lecture

1. rengaines; 2. rengaine; 3. retenu; 4. repris; 5. confondu;
   6. pendu

Leçon 32

32.2 Compréhension auditive

1. E; 2. C; 3. A; 4. B; 5. H; 6. G; 7. D; 8. F

32.9 Activation: Dictée

1. immeuble, étages; 2. rez-de-chaussée; 3. étage; 4. appartement, pièces, entrée, salle de séjour, salon, salle à manger, chambres à coucher; 5. salle de bains, toilettes, cuisine

32.11 Activation: Dictée

un drôle de lapin; Qu'est-ce qu'il a de drôle

32.14 Activation

1. inactif; 2. immoral; 3. imprudente; 4. indépendant; 5. illégal; 6. illisible; 7. incorrect; 8. incomprise; 9. injuste; 10. insuffisant; 11. inutile; 12. inattendue; 13. inconnu; 14. impossible; 15. incompréhensible

32.15 Activation

2. improbable; 3. incomparable; 4. imbattable; 5. insupportables; 6. inséparables; 7. incapable; 8. inconsolable; 9. incroyable; 10. infaisable; 11. inévitable

32.16 Activation

1. accélérateur; 2. auto-stoppeur, auto-stoppeuse; 3. dépanneur; 4. dépanneuse; 5. loueur; 6. acheteur, vendeur; 7. emprunteur, prêteur; 8. répondeur; 9. tondeuse; 10. voyageuse; 11. pondeuse

32.17 Activation

1. dépanneur, dépanneuse, dépanné; 2. démarreur, démarrer; 3. réglage; 4. allumage; 5. embrayage

32.18 Activation

2. constructeur; 3. producteur; 4. instructeur; 5. instruit; 6. produit; 7. conduit

32.19 Activation

2. dérange; 3. désorganisée; 4. défait; 5. désordre; 6. décourageant; 7. désagréable; 8. déplaît; 9. détendu; 10. dépanner

32.23 Activation

1. essuient; 2. ennuyer, ennuie, ennuie, ennuyez; 3. essuie; 4. essuient, essuie; 5. appuie, appuyez, appuyer, appuient

32.25 Activation: Dictée

1. s'est éteinte; 2. s'éteint; 3. s'éteindra; 4. éteindre, éteindre, éteins; 5. éteignais; 6. peignent; 7. peins, peins, peignais, ai pas peint, peindrai

32.26 Activation: Dictée

tu dors, faut dormir; Il est tard; Je ne peux pas dormir; Tu dois dormir, éteins et compte les moutons

32.27 Activation

1. ai découvert, suis essuyé; 2. ai sonné, suis entré, ai attendu, suis passé; 3. suis né, ai, été, ai obéi; 4. suis mis, suis allé; 5. ai suivi, suis entré, ai souri, ai adressé, ai invitée; 6. ai envoyé, suis assis, suis servi, ai donné; 7. a servi, a ouvert; 8. a pris

32.31 Activation

1. a appris, s'occupait; 2. a fait, voulait; 3. n'a pas aimé, avait; 4. a choisi, savait; 5. a décidé, voulait

32.32 Activation

1. a rencontré; 2. se sont rencontrés; 3. était; 4. faisait; 5. était; 6. avait; 7. était; 8. est allé; 9. se promenait, a aperçu (vu); 10. criaient; 11. a suivis, avait; 12. est entré

32.33 Activation

C'était une journée magnifique. Il n'y avait pas un seul nuage au ciel. Elle se promenait sur les Grands Boulevards. Il y avait toutes sortes de manifestations qu'elle regardait d'un œil amusé. Par curiosité, elle a suivi un groupe qui manifestait contre une chose ou l'autre.

Leur cause ne l'intéressait pas beaucoup: elle était fort heureuse de sa condition. Tout ce qu'elle demandait à la vie, c'était un bon mari, une vie aisée, de beaux enfants. Elle aimait la vie et le monde, et elle était prête à aimer un homme, profondément et pour toujours. Elle s'est arrêtée au coin de la rue de Richelieu; et là, tout à coup, elle a rencontré celui qui, sûrement, allait être l'homme de sa vie. Il venait du boulevard des Italiens. Il s'est arrêté près d'elle. Il était grand, beau, brun. Il sentait bon, un parfum viril, Barbouze de chez Fior, sûrement. Il était habillé avec distinction, tout en noir. C'était peut-être un jeune veuf. Il lui a souri. Elle lui a souri à son tour. Il lui a adressé la parole. Il lui a dit d'abord quelques banalités sur le temps. Puis il lui a fait des compliments discrets sur ses cheveux. Il lui a dit qu'elle était belle, qu'elle s'habillait très bien, que la blouse qu'elle portait lui allait à ravir. Elle n'a pas osé (Elle n'osait pas) lui répondre que, elle aussi, elle le trouvait beau, et qu'elle trouvait qu'il s'habillait avec distinction. Avec toutes sortes de précautions, il l'a invitée à prendre le thé dans une pâtisserie voisine. Sa maman lui avait toujours défendu d'accepter une invitation d'un étranger; mais cette fois, elle a accepté: dans son cœur, il n'était déjà plus un étranger. Il lui a demandé son nom. Il lui a dit qu'il s'appelait Georges de Pignerol. Georges, Georgette: elle a trouvé cela providentiel. Il lui a dit qu'il voyageait beaucoup, qu'il avait plusieurs résidences en France et à l'étranger. Il lui a posé beaucoup de questions sur sa famille. Elle comprenait (a compris) à son regard qu'il l'aimait. Elle était prête à passer sa vie avec lui.

Elle a passé l'après-midi avec lui. Elle était prête à le suivre au bout du monde.

Par hasard, Georges et elle ont rencontré ses parents au Procope: Georges a paru contrarié. Le soir, sa mère lui a répété qu'il ne fallait pas accepter une invitation d'un étranger. Mais elle pouvait voir que sa mère trouvait Georges charmant. Son père lui a dit de se méfier de tous les hommes.

Georges n'est pas venu au rendez-vous.

Georges n'a pas téléphoné; et pourtant, il connaissait son numéro de téléphone.

L'article disait que la police recherchait un individu brun, qui portait souvent une chemise de soie noire et qui se faisait appeler de différents noms aristocratiques: Georges de Pignerol, Bernard de Fontevrault, Hubert de la Santé, Marius des Baumettes, etc. . . . Elle voulait l'interroger sur le sort de dix-huit jeunes femmes avec qui il avait lié connaissance dans les six derniers mois et qui avaient disparu. Il avait été arrêté le vendredi 13 mai, mais il s'était échappé et on avait perdu sa trace.

32.34 Activation: Dictée
aurais dû demander à, à quel étage; aurait été

32.35 Activation
1. aurait, donné; 2. aurait été; 3. aurait pu; 4. avait marché, aurait préféré; 5. serait, trompé; 6. aurait vu; 7. aurait été; 8. avait, serait, essuyé; 9. avait, aurait, reconnu; 10. avait, rencontré, aurait, trouvé

32.37 Exercice-test
1. un appartement, un immeuble; 2. Au rez-de-chaussée, au quatrième étage; 3. l'entrée, la salle de séjour, une pièce; 4. la cuisine, la salle à manger; 5. la salle de bains; 6. La chambre, la cour; 7. une maison

32.38 Exercice-test
1. a consulté, était; 2. a arrêté, a demandé; 3. est arrivé, n'avait pas; 4. est entré, s'est éteinte; 5. était, sentait

32.43 Entraînement à la lecture
1. renvoient; 2. réfléchir, réfléchir

32.44 Entraînement à la lecture
1. au sérieux; 2. sérieux(se); 3. Parce qu'il ne prend pas (ce que dit) le client au sérieux

32.45 Entraînement à la lecture
1. fermés, fermés, relations; 2. postier; 4. parente, proche; 5. dépassait; 6. 36, un; 7. 36

32.46 Entraînement à la lecture
1. 7 en comptant la cuisine et la salle de bains; 2. 3 chambres, 9 fenêtres; 3. 5 fenêtres sur la rue; 4. 4 fenêtres sur la cour

32.47 Lecture et interprétation
2. canapé; 3. cheminée; 4. ménage; 5. foyer; 6. feu; 7. les meubles traditionnels; 8. le style moderne; 9. Oui. Presque tout le monde en a au moins une; 10. Oui. Plus de la moitié des foyers en ont un; 11. Ils les offrent, ils les portent au cimetière, ils les gardent

Leçon 33

33.2 Compréhension auditive
1. D; 2. B; 3. A; 4. H; 5. F; 6. C; 7. E; 8. G

33.7 Activation
1. Les affaires; 2. marche; 3. ascenseur ne marchait pas; 4. freins ne marchaient pas; 5. essuie-glace ne marchaient pas; 6. marchent; 7. cabines téléphoniques qui marchent; 8. trucs, marchent; 9. marcher; 10. à pied, marche; 11. marche pas

33.8 Activation
1. pommiers; 2. poiriers; 3. cerisier; 4. prunes; 5. abricotier; 6. fraises; 7. framboisiers; 8. dattiers; 9. fruitiers

33.10 Activation
1. soi; 2. elle; 3. moi; 4. soi; 5. soi; 6. eux; 7. eux; 8. elle; 9. lui; 10. soi; 11. moi; 12. soi; 13. soi; 14. soi

33.13 Activation: Dictée
te; peux, en empêcher

33.18 Activation: Dictée
aimerais; deux; est pas plus malheureux pour ça

33.26 Activation: Dictée
A. as mis; pour; en; B. huit; Soixante-douze; tu as mis le temps; fait ce qu'on peut; n'est pas des

33.27 Activation
1. à dix; 2. à; 3. en, nous sommes mis à

33.30 Activation: Dictée
moi; me faut; te faut; Il te faut autre chose

33.33 Activation
1. auriez pas dû, aurais voulu; 2. vivais, ennuierais, aimerais, devais, en, j'aimerais, en, à; 3. avaient, débrouilleraient, n'aviez, seriez, feriez, irais

33.35 Activation: Dictée
A. ça fait; suis; J'ai toujours habité; j'étais; B. me suis mariée; C'était; J'aimais

33.36 Activation
1. entrait, entrait; 2. s'est arrêtée; 3. est passée; 4. est arrivée; 5. se trouvait; 6. a remarqué; 7. portait; 8. s'est approché; 9. a souri; 10. a rendu; 11. a demandé, se passait; 12. a répondu, ne savait pas; 13. a demandé, était, fallait; 14. a dit, faisait; 15. a appris, venait; 16. a compris, était; 17. a remarqué, n'avait pas; 18. a demandé, avait, était; 19. a répondu, était; 20. ne connaissait; 21. avait; 22. comptait; 23. connaissait; 24. c'était

33.37 Activation
1. étais (ai été), eu, mal, ai, m'a, suis, a ouvert, je m'étais trompé (me trompais), étais, était, s'appelait, m'a, a, étais; 2. suis, l'a, salle, a l'air (est), ont l'air (sont), 3. étions, avons entendu, l'a reconnu, a, venait, était, fallait, le, eu, l', eu, l'avaient; 4. est allée, est entré, a, l'a, lui, avait, remarquées, aurais dû; 5. a, embrassée, présentés, sommes; 6. sommes passés, suis, à côté; 7. a, était, était, l'avait fait (les faisait); 8. Soyez sûr que je partage entièrement votre opinion, Veuillez avoir

l'obligeance de me passer le sel; 9. a, avait, qu', Quel, lui, aurais, y, aux, en, ai, au, lui, du côté, (m') a, fallait, en ai, lui, connaissais, lui ai, en, été; 10. a, ses, que, en, que, voulaient, leur, débrouiller, ai, pu m'empêcher, lui, lui, disait, étais, le, lui, à, son, sa, ses, ses, étais, serait; 11. étions allés, prennent, au

33.39 Exercice-test
1. Il n'y a pas de quoi; 2. pas plus heureux pour ça; 3. si heureux que ça; 4. Il n'y en a que pour; 5. s'empêcher d'

33.40 Exercice-test
1. Ayez; 2. Sois; 3. Veuillez; 4. Sache; 5. Soyez

33.41 Exercice-test
1. a sonné, étaient; 2. étaient, était; 3. a sonné, s'est précipitée; 4. est arrivé, l'a remercié; 5. venait, apportait

33.47 Lecture et interprétation
1. Ils préfèrent acheter un logement, être propriétaires. Les Belleau représentent la tendance générale. 2. Il doit comporter des WC intérieurs, une baignoire ou une douche, et le chauffage central.

Leçon 34

34.2 Compréhension auditive
1. B; 2. D; 3. C; 4. H; 5. G; 6. A; 7. E; 8. F

34.12 Activation: Dictée
un peu; travailler; de faire l'; fais pas l'imbécile; fais l'avion; fais la

34.13 Activation
1. (avec) le propriétaire; 2. au locataire; 3. à la concierge (au gardien); 4. à la concierge (au gardien); 5. un domestique (une bonne, un mari, une femme . . .); 6. un (le) charpentier; 7. un (le) plombier; 8. un (le) menuisier; 9. un (le) vitrier; 10. un tapissier (décorateur); 11. un fermier; 12. à un peintre; 13. à un (l') électricien; 14. chez le pharmacien (la pharmacienne); 15. mécanicien; 16. un dépanneur (garagiste)

34.15 Activation
1. nettoyage; 2. garage; 3. dérapages; 4. chauffage; 5. gardiennage

34.17 Activation
1. loue, locataire, loyer, locataire (en location); 2. propriétaire, co-propriétaire (en co-propriété), co-propriétaires

34.18 Activation
A. 1. sert; 2. sers; 3. servir; 4. servir; 5. la sert; 6. servent; 7. sert, à; 8. se sert; 9. servez-vous; 10. vous êtes, servi; 11. Servez-vous; 12. me suis, servi; B. 13. serveuse; 14. servi, n'est plus servi; 15. service; 16. service; C. 17. servi; 18. service; 19. service; 20. service; D. 21. servir, service; 22. station-service, en service; 23. service; 24. service; E. 25. sert à; 26. servent à; 27. service; F. 28.

sert; 29. te sers de; 30. m'en sers; 31. vous en servez; 32. nous en servons; G. 33. nous sert; 34. leur sert de

34.27 Activation
A. 1. de; 2. de; 3. de; 4. du; 5. en; 6. de; 7. du; 8. en; 9. de; 10. des, de la, des, des, du, du, de la, du, du; B. 11. de, de; 12. de; 13. de; 14. des; 15. de; 16. (de) la, (de) la; 17. d'; 18. des, des, des, un

34.28 Activation
1. a invité; 2. a accepté, le trouvait; 3. sont allés, n'était pas; 4. ont traversé, c'était; 5. sont passés; 6. l'a montré, suivait (suit); 7. sont arrivés; 8. se sont assis, faisait, c'était; 9. ont commandé; 10. ont repris; 11. approchait, a invité, commençait; 12. n'a pas pu, l'attendaient; 13. est allé; 14. a répondu; 15. a demandé, pouvait; 16. a répondu, n'était pas, était; 17. fallait; 18. n'a pas compris; 19. n'a pas demandé; 20. a demandé; 21. a demandé; 22. a promis; 23. se sont quittés

34.29 Activation
1. de, avons, en, château, pas de, de, de chalet, de gentilhommière, de cottage, n'avons (ne possédons), amènent, de, achèterais, de l', à, (lui) emprunter de, ton, mon, rien; 2. as, l'ai achetée, êtes, ne sommes, avons (acheté), à, mauvais, la, est, fais, la, état, venir, charpentier, la réparera; 3. cassées, as qu', vitrier, remplacera, sont, rend, as qu'à faire, peintres, les repeindront, repeignez-les, supporte, rend malade, de, qui, les, enlève, ai, au, à, t'; 4. t', amène, peux, demande à Marie-Laure (Mireille, Guillaume, Fido . . .) de t'aider, mets-la, la, moi, suis (bien), suis, fais-la mettre, électricien, as qu'à transformer la grange en

34.31 Exercice-test
1. met; 2. fallu; 3. mis; 4. pris; 5. faut; 6. prend

34.32 Exercice-test
1. rend; 2. faire; 3. fais; 4. rendre; 5. rendu

34.33 Exercice-test
1. avons fait remettre par; 2. avons fait repeindre par; 3. ai fait retapisser par; 4. ai fait construire par

34.38 Entraînement à la lecture
1. tort, raison; 2. raison, tort

34.39 Entraînement à la lecture
1. raison, tort, tort, raison; 2. raison

34.40 Entraînement à la lecture
2. prendre, baignoire, douche, prendre une douche

Leçon 35

35.2 Compréhension auditive
1. C; 2. B; 3. A; 4. E; 5. F; 6. D

35.7 Activation

1. rappeler; 2. retéléphoné; 3. redémarrer; 4. est repartie; 5. est redescendu; 6. s'est remariée; 7. repris; 8. a repris; 9. reprend, reprises; 10. revoir, revoir; 11. reconnaître; 12. raccroche; 13. rapporter; 14. reconduire; 15. relit; 16. remonte; 17. repeindre; 18. retapisser; 19. retenu; 20. retrouvé; 21. l'a retrouvé

35.11 Activation

1. attachée; 2. (s') y est attachée; 3. s'attache; 4. attachée à, attachante; 5. vous attacher à; 6. s'attachent à; 7. attachant; 8. attachantes; 9. t'attacher; 10. attaché

35.14 Activation

2. de la, des, en; 3. de la, des, de la, en; 4. en, en, en; 5. en, du; 6. en

35.16 Activation

1. de; 2. de; 3. à; 4. de; 5. de; 6. à; 7. de; 8. de; 9. de; 10. à; 11. de; 12. de; 13. à; 14. à

35.21 Activation

1. qui c'est; 2. ce que c'est; 3. qui c'est; 4. ce que c'est; 5. ce que c'est; 6. qui c'est; 7. ce que c'est; 8. qui c'est

35.22 Activation: Dictée

1. Je me demande ce que ça peut bien être!
2. Alors, qu'est-ce que c'était?
3. Qu'est-ce que c'est que cette histoire?

35.26 Activation

1. à; 2. d'; 3. à; 4. de, d'; 5. d'; 6. à; 7. de; 8. à; 9. à; 10. de; 11. à; 12. à; 13. d'; 14. —; 15. —; 16. —; 17. —; 18. de; 19. à; 20. à; 21. de

35.28 Activation

2. en essayant d'; 3. en sortant; 4. en allant; 5. en sortant; 6. en voulant; 7. en se penchant; 8. en jouant

35.30 Activation

1. grandit; 2. vieillissent; 3. blanchissent; 4. grossit; 5. épaissit; 6. maigrit

35.31 Activation

1. n'avons que; 2. n'a que; 3. n'a qu'; 4. n'a qu'un; 5. n'y prend que; 6. n'ont qu'une

35.34 Activation

1. n'est ni à la, ni à la; 2. n'est ni, ni en; 3. n'est ni un petit château, ni un manoir, ni une gentilhommière, ni un chalet; 4. n'est ni en chaume, ni en ardoise, en tuile; 5. ne sont ni en bois, ni en brique, en pierre; 6. n'avons ni gardien, ni jardinier; 7. nous n'avons ni chevaux, ni chiens; 8. il n'y a ni piscine, ni court de tennis

35.37 Activation

1. auraient; 2. ont; 3. avaient eu; 4. avaient; 5. auront

35.38 Activation

A. 1. était, a sonné, est arrêté, est allée; 2. était, a demandé, avait, avait l'air, a dit

B. 1. a, habitent, habite, prend; 2. habitaient, habiterait, aurait, prendrait; 3. prennent, est, est, a, sont; 4. prendraient, habitait

C. 1. prenons, sommes, avons, avons, suis; 2. êtes, avez, prenez

35.40 Exercice-test

en ville: 3, 5, 6
à la campagne: 1, 2, 4, 7, 8

35.41 Exercice-test

une personne: 1, 3, 4, 6, 9
une chose: 2, 5, 7, 8, 10

35.42 Exercice-test

1. sachant; 2. ayant; 3. étant; 4. allant; 5. finissant

35.43 Exercice-test

1. n'a ni frères ni; 2. ne prends ni lait ni; 3. n'aime ni le thé ni le; 4. n'avons ni cuisine ni; 5. ne connais ni le père ni la mère

35.48 Entraînement à la lecture

1. Le clos; 2. Sa petite maison de village; 3. Elle est ancienne. Elle a été bâtie (construite) par ses aïeux, ses ancêtres; 4. De sa maison; 5. Sa petite maison; 6. En ardoise

35.49 Entraînement à la lecture

1. Un jeune homme; 2. En banlieue; 3. Locataires; 4. Un grand immeuble; 5. rangement; 6. Ceux qui partent

35.50 Lecture et interprétation

1. la maison de Domme et le pavillon de banlieue; 2. des fleurs; 3. Une grille; 4. A Béthune dans la maison de gauche; 5. A Béthune dans la maison de droite; 6. 13

35.51 Entraînement à la lecture

1. 2; dans la garage; du vin (de vieux meubles); 2. ancienne, en mauvais état

35.54 Ecriture

ai été (étais), rencontrée, s'appelle, n'a, était, ont (sont propriétaires d'). . . .

Leçon 36

36.2 Compréhension auditive

1. D; 2. F; 3. C; 4. A; 5. G; 6. B; 7. E

36.8 Activation

1. éteindre; 2. éteint, Allume; 3. éteins; 4. allume, allumée, éteint

36.12 Activation: Dictée

1. couche, lever; 2. sommeil, coucher; 3. coucher; 4. Dormez

36.13 Activation: Dictée

1. se fait tard, partir; mais non, restez donc; ne vais pas, déranger; si, allez dîner avec nous; 2. au lit, va te coucher; de discussion au lit; Bonsoir, bonne nuit

36.14 Activation

1. au; 2. à l'; 3. au; 4. à la; 5. à la; 6. au; 7. à la; 8. à l'; 9. aux; 10. Au; 11. A la; 12. Au; 13. A la; 14. A la; 15. Au; 16. Au; 17. A la; 18. Au; 19. A la; 20. Aux

36.19 Activation: Dictée

1. rien d'intéressant; 2. allait au cinéma, n'ai pas, jouent rien d'intéressant; 3. y a d'intéressant; 4. n'avez rien de; 5. fais, prends, fais, du, matin, Rien de

36.21 Activation

1. Rien; ne faites rien; 2. ne fais rien; 3. ne font rien; 4. n'y a rien; 5. n'a rien à faire; 6. n'avez rien à; 7. n'avez rien; 8. n'ai rien contre; 9. ne, rien; 10. ne, rien; 11. ne dit rien; 12. ne, rien; 13. ne fait rien; 14. ne, rien, ne fait rien; 15. ne, rien, n', rien; 16. ne prends rien; 17. n'est rien; 18. De rien; 19. n'est rien; 20. Ce n'est rien; 21. Rien; 22. Rien que; 23. rien qu'; 24. ne, rien de; 25. n'avez rien de; 26. n', rien de; 27. ne, à rien

36.22 Activation: Dictée

1. as vu, est, est trop tard, Ça ne fait rien, ira demain; 2. poulet, vous plaît, regrette, n'en reste plus, Ça ne fait rien, prendrai; 3. prends, ne fait pas froid, Ça ne fait rien, prends-le, ne sait

36.30 Activation

1. se; 2. s'est terminé; 3. se fait; 4. te; 5. me; 6. me; 7. s'; 8. m'en; 9. s'; 10. se; 11. nous coucher; 12. nous nous, nous nous sommes couchés; 13. se; 14. s'est réveillée; 15. se sont réveillés; 16. réveille-toi; 17. te; 18. te, te perds (trompe); 19. s'; 20. Dépêche-toi; 21. s'est pas dépêché, s'est éteinte

36.31 Activation

1. jeudi, que j'ai, est venu, à la, a, du, était, est, l', ne le, l'avait, l'a, lui a; 2. est, qui, allée, j'étais, m', a vu, s'était trompé de, lui, était, à, d', lui a, a pas plu, a pas, a, a dit; 3. est retournée (rentrée), est partie, a pris congé (est parti), me suis, était allée, se sont, avait, était, trop tard, avais, lui avais, sommes (étions) allés, lui avais, pouvait (pourrait), ai, savais, allait, déçu (désolé, triste, fâché . . .), pouvait (pourrait), lui, y aller, lui ai, à la, lui, prendre, descendre, à, de, peut (pouvait), se, me, lui

36.33 Exercice-test

1. quelque chose de; 2. quelqu'un de; 3. rien d'; 4. personne d'; 5. quelque chose d'

36.34 Exercice-test

1. veniez; 2. partes; 3. comprenne; 4. comprenions; 5. descendent; 6. sorte; 7. boives; 8. boivent; 9. attende; 10. finisse

36.39 Entraînement à la lecture

1. magnétoscope; 2. micro-ordinateur; 3. Minitel; 4. Minitel; 5. données

36.40 Entraînement à la lecture

1. Ils ont peur de rater le train; 2. Parce que ce n'est pas cher; 3. prix

36.41 Entraînement à la lecture

soleil

36.42 Entraînement à la lecture

1. crier, rentrer; 2. Un hareng de la Baltique, un; 3. faits; 5. seuil; 6. éclair; 7. marche; 9. vertige; 10. assassiné; 11. Parce que ça sert à monter, non à descendre

36.43 Entraînement à la lecture

1. Deux; minuterie; porte; Celui de la porte du voisin; trompé; Il est en vacances; côté; 2. tâtonnant; 3. monter; baisser; Le bruit de la radio est plus fort que le bruit du voisin; 4. Quand Devos est là; 5. soupçonne; 7. ordures; poubelle; 8. cassent; cassent; 9. cloisons; 10. tisonnier; 11. coup d'œil

36.44 Ecriture

est, est, entré dans, s'est éteinte

Leçon 37

37.2 Compréhension auditive

1. A; 2. F; 3. D; 4. B; 5. E; 6. C

37.12 Activation

1. sonnette; 2. pied; 3. téléphone; 4. volant; 5. canon

37.16 Activation

1. en; 2. en; 3. en; 4. en; 5. dans; 6. dans; 7. en

37.19 Activation

1. levé; 2. s'est levé; 3. levez; 4. levons; 5. levez; 6. lèverais; 7. se lève; 8. me levais; 9. me lèverai; 10. jeté; 11. jetons; 12. jette; 13. jetterai; 14. jette; 15. jetés, les jeter; 16. achetait; 17. acheter; 18. achèterais; 19. achetions; 20. achète

37.23 Activation

1. me l'; 2. vous le; 3. te l'; 4. me l'; 5. te la; 6. te le

37.28 Activation

36.4: Il faut que je puisse comprendre (pouvoir); 36.5: J'ai peur que tu sois déçu (être), Tu veux qu'on y aille (aller); 36.6: Il faut que je descende en deux minutes (descendre), Il faut que tu comprennes ça (comprendre); 37.3: Tu veux qu'on y aille (aller); 37.4: Il faut que vous attendiez un peu (attendre); 37.5: Elle s'attendait à ce que nous lui donnions un pourboire (donner), Comment voulais-tu que je sache (savoir); 37.6 Il faut que tu aies un peu de patience (avoir)

37.29 Activation

A. 1. soit; 2. sache; 3. puisse; 4. aie; 5. ailles; 6. aie
B. 3. Je ne crois pas que; 4. Ça m'étonnerait que; 5. Il faudrait que; 6. C'est forcé que

37.30 Activation: Dictée

A. 1. qu'on soit; 2. ne sais pas; que je le sache; 3. veux, peux, qu'on puisse prendre, ne crois pas qu'il y ait; 4. il est, Il faut que, aille, vais être, 5. as, passe, que j'aie

B. 1. soient riches comme; 2. ne croit pas qu'il y ait d'aéroport à Chartres; 3. Parce qu'il est huit heures et qu'elle va être en retard; 4. Parce qu'elle passe ses nuits à faire des devoirs

37.31 Activation

1. aille, allions; 2. retrouvions; 3. perdes, viennes, prennes, descendes; 4. attende; 5. sois, attendions; 6. achetions, soyons, attendes, aies; 7. sois, plaise; 8. allions, promenions, sois; 9. taise

37.34 Activation

1. vais, irons; 2. êtes allés; 3. sommes pas allés, aller, serions allés, soyons, allions, allions; 4. va; 5. allons; 6. vont; 7. ira (va); 8. irait; 9. ira

37.35 Activation: Récapitulation

2. l', depuis; 3. lui a, et; 4. moins, là (arrivé); 5. en; 6. s'est; 7. a, par, de; 8. s'est, de; 9. à la, de la; 10. d', d', assis, elle; 11. de; 12. les; 13. un, des, noires; 14. a, de, à, de, de; 15. qui; 16. se, qui, à la, du, en; 17. lui, sa; 18. en retard; 19. lève les, la, en; 20. se lève; 21. en, s', en, jeter; 22. élance, ni à, ni à; 23. les; 24. failli, a eu de la; 25. les, à, d'elle; 26. lui, au, y aille, y va, allons-y, y vont; 27. les, leur; 28. plaisent, de l'; 29. leur, des, qui, plus; 30. lui; 31. sait, a, de, aux; 32. lui, rien; 33. attend, s'en va; 34. l', ne lui a rien; 35. ne lui avons rien donné; 36. lui, aurait dû le lui, pouvait pas le, au

37.37 Exercice-test

1. dans; 2. dans; 3. en; 4. en; 5. en

37.38 Exercice-test

1. nous l'; 2. me l'; 3. vous (te) les; 4. vous (nous) l'; 5. nous (me) les

37.39 Exercice-test

1. aille; 2. alliez; 3. puisse; 4. puissiez; 5. sache; 6. sachiez; 7. ayez; 8. aies; 9. soyez; 10. soit

37.44 Entraînement à la lecture

1. cinéma; 2. tremblement

37.45 Entraînement à la lecture

cinéaste

37.46 Lecture et interprétation

1. *Ma Nuit chez Maud, Le Genou de Claire, L'Amour l'après-midi*; 2. Ils sont catholiques et s'intéressent à la physique et à la technologie; 3. A l'église; 4. parier; 7. cossu; 8. rayonnages; 9. fourrure; 10. moquette; 11. moelleux; 13. plutôt grande et mince (élancée); 16. coi; 17. canadienne; 18. tâche; 19. entorse; 20. contenance; 21. engin; 22. crispé; 23. enchaîné

Leçon 38

38.2 Compréhension auditive

1. B; 2. E; 3. G; 4. D; 5. H; 6. F; 7. C; 8. A

38.9 Activation: Compréhension auditive

surprise: 1, 2, 6, 9, 10, 11, 12
incitation au calme: 3, 4, 5, 7, 8

38.10 Activation: Dictée

1. tu lis, Quelle idée, te plaît; 2. mes boules de gomme, Rends-les-moi, ça ne va pas, qui te prend

38.12 Activation: Dictée

regrette, il n'y a pas moyen de, y avoir un moyen, il n'y a pas moyen, ai tout essayé

38.13 Activation

1. moyen de; 2. n'y a pas moyen de; 3. moyen de; 4. y avait pas moyen de (y a pas eu moyen de)

38.21 Activation

1. manque jamais; 2. me trompe jamais; 3. sait jamais; 4. ne sait jamais; 5. ne fait jamais; 6. n'est jamais sûr de réussir; 7. ne venez jamais; 8. ne sait jamais; 9. ne la mets presque jamais; 10. n'est jamais; 11. ne me moque jamais; 12. Jamais de la; 13. devront jamais découvrir; 14. ne commencerait jamais; 15. a jamais parlé; 16. n'ai jamais raté; 17. n'a jamais eu

38.22 Activation

1. est toujours; 2. a toujours; 3. parle toujours; 4. m'habille toujours; 5. parlais toujours; 6. me donnaient toujours; 7. allions toujours; 8. vit toujours; 9. parlent toujours; 10. toujours suivi; 11. est toujours; 12. est toujours

38.23 Activation

1. J'ai toujours eu (J'avais toujours); 2. J'ai toujours eu; 3. J'ai toujours été; 4. J'ai toujours réussi; 5. J'ai toujours été; 6. j'ai toujours été; 7. marcher souvent; 8. venez souvent; 9. (m')en parlait souvent; 10. je viens souvent; 11. n'as jamais; 12. tombe jamais

38.29 Activation: Dictée

1. va faire tes devoirs, écoute, n'est pas là, l'ai envoyée faire ses devoirs; 2. devrais téléphoner à, cette heure-ci, doute qu'elle soit chez elle, Essaie, ne répond pas, n'est pas rentrée; 3 tu as fait de mes, les ai rangés, croyais que tu les avais mangés; 4. vous croyez que j'ai, sept, huit ans, au plus, J'ai dix ans, dix ans et trois mois

38.33 Activation

Cette vérification ne couvre que les formes des verbes. Pour le reste, on vous fait confiance.
2. ne soit pas; 3. ait; 4. soient; 5. sache; 6. sachent; 7. fassent connaissance; 8. aillent; 9. puisse; 10. fasse

38.34 Activation

1. voudrait; 2. voudrais; 3. voudras; 4. pourras, voudras; 5. voudriez; 6. voudriez bien; 7. voulais; 8. voulais, pourrais; 9. voulait; 10. vouliez; 11. ai voulu; 12. voulu; 13. veulent; 14. Veuillez; 15. pouvais, puisse; 16. voulez, peux, pouvons, voulez, veux; 17. veulent; 18. peuvent; 19. peuvent, veulent, peux, veux, pouvez, voulez; 20. ai (aurais) voulu, ai pas pu, ont pas voulu

38.35 Activation

n'aimait, préférait, avions, prenions, descendions, faisions, allions, voyions, étaient, discutaient, déjeunions, visitions, était, entrions, passions, restions, était, allaient, revenais, regardais, avait, sortais, promenais, observais, apercevais, savaient, voulais

38.36 Activation

1. suis, du, sommes allés, lui ai, était, des, des; 2. nous promenions (marchions), est arrêté, cherchait, trouvait, croyait, l'avait, lui ai, l'avait, est allé (est parti), est revenu, l'avait, me, rendre; 3. avons, du, lui ai, lui avait, préférait, m', ait, m', lui ait, ai, a, lui ai, eu, connaître (comprendre); 4. avons, voulu, m', puisse, se, avait, de, avais, me; 5. sommes, avons, ont vu, en, se sont, sa (cette), j'ai, me suis, ai envoyé, baignaient, ont, est, jeté, l'ai, l'ai, faire

38.37 Activation: Dictée

A. deux ans, ai eu, accident, voiture, étais, un ami, m'écraser, le mur, suis.

B. 1. (C'est arrivé) il y a deux ans; 2. (C'était) un accident de voiture; 3. Un ami (de la personne qui parle / de la victime); 4. Elle a été écrasée contre un mur; 5. Non, elle s'en est très bien sortie

38.39 Exercice-test

1. où; 2. que; 3. que; 4. où

38.40 Exercice-test

1. la lui; 2. les lui; 3. le lui; 4. les leur

38.41 Exercice-test

1. essaient; 2. essaierai; 3. enverras; 4. envoyé; 5. ennuyiez

38.42 Exercice-test

1. fasses; 2. fassiez; 3. fassent

38.48 Entraînement à la lecture

1. Le septième art; 2. comble; 4. Le Boul' Mich'; 5. déambuler

38.49 Entraînement à la lecture

2. fronçait; 3. hausse; 4. jeudi, jeudi; mercredi; 5. trébuche; 6. pancarte; 7. la criée; 8. frotte; 9. rideaux, rideau, rideau; 10. coups; 11. pompes poussiéreuses; 12. salles; 13. 1912; 27; mutisme

38.50 Entraînement à la lecture

1. à jeun; 2. jeûne; jeûner; jeûner; 3. En été; Il fait chaud; 4. Très froid; 5. A midi; 6. Non, elle n'en a pas

Leçon 39

39.2 Compréhension auditive

1. D; 2. F; 3. B; 4. E; 5. A; 6. C

39.9 Activation: Dictée

1. ennuie, n'as qu'à lire, ne te fera que du bien; 2. tu es riche, ça ne fait que; 3. as fait tes devoirs, devoirs, l'école, n'y a pas que ça dans la vie, ton âge; 4. Donne-moi, ne m'en reste plus qu'un, te l'achète, Combien, regrette, ce, n'est pas à vendre

39.10 Activation

1. sonnes, entende; 2. viennes, viennent, habitiez, rendiez; 3. travaille, achetiez; 4. finisses, maries; 5. conduises, marchiez, prennes; 6. sorte, boive, aimiez, aimions

39.20 Activation

2. Il faudrait / Il faut absolument; 3. Je ne pense pas / Ça m'étonnerait / Je doute; 4. Je doute / Ça m'étonnerait / Je ne pense pas; 5. Ça m'étonnerait / Je doute / Je ne pense pas; 6. Je doute / Je ne pense pas / Ça m'étonnerait; 7. Il faut absolument / Il faudrait; 8. Je doute / Ça m'étonnerait / Je ne pense pas

39.23 Activation: Dictée

te fait rire, moi, ça ne me fait pas rire

39.25 Activation

1. le lui; 2. me l'; 3. me les; 4. le lui; 5. le leur; 6. les lui; 7. me les; 8. le lui; 9. nous (me) l'; 10. nous (me) les

39.26 Activation

1. ne crois; 2. crois; 3. aurais pas cru; 4. croire; 5. croire; 6. croit; 7. croit; 8. a cru; 9. croyais; 10. crois, croyais; 11. croyez; 12. croient; 13. crois; 14. croirai; 15. croyiez; 16. croyais

39.27 Activation

1. vit; 2. vie; 3. vivant; 4. ont vécu; 5. vécue; 6. a (aurait) vécu; 7. vivant; 8. vit; 9. vivent; 10. gagnent leur vie; 11. vivez-vous; 12. pas sa vie; 13. vit; 14. vit; 15. vit, vit; 16. vivaient, vivait

39.28 Activation

1. dois, devrais; 2. doit, doit; 3. dois; 4. doit; 5. devais; 6. dois; 7. dois; 8. ai dû; 9. a dû; 10. avons dû; 11. devrais; 12. devrais; 13. aurait dû; 14. devrions; 15. devront; 16. devront; 17. dois; 18. devez; 19. doit; 20. doit; 21. doit; 22. doit; 23. doit; 24. doivent

39.29 Activation

Obligation: voir 39.28, 1–16; Probabilité: voir 39.28, 19–24; Argent: voir 39.28, 17–18

39.30 Activation

A. 1. plains; 2–7: plains, me plaindre, se plaignent, se plaignaient, me plaindrais, me plaigne, me plaignais (me plains), se plaindrait (se plaindra)

B. 1. craint; 2. crains; 3. craignais; 4. craintes; 5. crains; 6. craindrait; 7. craint; 8. craignez; 9. craignons, craignons

39.31 Activation
1. soignées; 2. soigné; 3. mise; 4. places; 5. places; 6. places; 7. méninges; 8. indiscret; 9. bousculés; 10. sans-gêne; 11. pourboire; 12. honte; 13. abuse; 14. mensonge; 15. mensonges; 16. abrutis

39.33 Exercice-test
1. veuille; 2. allions; 3. aille; 4. vaille; 5. voulions; 6. faille

39.34 Exercice-test
1. me le; 2. le lui; 3. les leur; 4. te la; 5. vous l'; 6. vous la

39.39 Entraînement à la lecture
mec, pote

39.41 Lecture et interprétation
1. Le 27 et le 31 décembre, le 1er et le 26 janvier; 2. Pour la matinée du 27 décembre, on peut louer des places entre le 12 et le 21 décembre, etc. (entre le 15ème et le 6ème jour avant la représentation); 3. Au Palais-Royal; 4. Avant 2h de l'après-midi; 5. Molière; 6. Le 27 décembre, parce que c'est plus cher le 31 décembre et que le théâtre est fermé le 9 janvier (ils font relâche); Entre 5h et 9h 30 du soir; A Saint-Michel; Avant 7h 30 du soir

Leçon 40

40.2 Compréhension auditive
1. F; 2. A; 3. C; 4. E; 5. D; 6. B

40.8 Activation: Discrimination auditive
une bonne sœur: 4
un motocycliste: 6
une Bretonne: 1
une Martiniquaise: 2
un Basque: 3
l'homme en noir: 5

40.12 Activation: Compréhension auditive
critique: 4, 5, 9, 10
affectation d'indifférence: 1, 6, 8
appréciation: 2, 3, 7

40.14 Activation: Dictée
1. te débrouilles très bien, vraiment très bien; 2. n'as pas acheté de pain, j'ai oublié, ne peut vraiment pas compter sur toi; 3. des amis qui habitent là, tout à fait

40.21 Activation
2. Non, il n'y est pas encore allé; 3. Il en a acheté un ce matin; 4. Oui, il y en a beaucoup / Oui, c'est fou ce qu'il y en a; 5. Il y en a une quarantaine; 6. Non, elle ne les lui conseille pas; 7. Non, il ne le lui a pas dit; 8. Oui, il en a déjà bu une; 9. Oui, ils se connaissent; 10. La France lui plaît assez; 11. Non, elles vous le vendent; 12. Il s'en plaint

40.22 Activation
2. n'en ai jamais vu; 3. Rien ne pourra jamais; 4. personne ne pourra (plus) jamais; 5. de rien n'était; 6. n'y vont que; 7. n'en ai vu qu'; 8. n'y a que; 9. ne servent qu'à; 10. ne sert qu'à; 11. ne s'en plaint; 12. il n'y a que

40.23 Activation
1. sont passés; 2. sont; 3. est passée; 4. devant; 5. dans; 6. sous; 7. passaient; 8. passent à; 9. passe, passera; 10. a passé; 11. ont passé; 12. a passé; 13. est passé; 14. passions; 15. est passé; 16. me passer; 17. la passe; 18. passe (a passé); 19. a passé; 20. passe; 21. a passé; 22. a passé; 23. passer; 24. ont passé; 25. Passent, passent; 26. se passe; 27. s'est passé; 28. s'est passé; 29. se passer; 30. se passait

40.24 Activation
1. faisait de l'; 2. fait du; 3. Faisons; 4. faites de la; 5. en fait; 6. en faisais, fais du; 7. ne fais; 8. (me) fait mal; 9. vous faites; 10. ça fait; 11. avons fait; 12. se fait; 13. auriez fait; 14. feriez; 15. fasses; 16. te ferai

40.25 Activation
1. faire sauter; 2. me faire découvrir; 3. fassent, penser; 4. font pleurer; 5. faites rire; 6. me faites rire; 7. ferez pas (jamais) croire

40.26 Activation
1. pouvez; 2. pourra; 3. pourra; 4. pouvais; 5. pourrais; 6. pouvais; 7. pourrions; 8. puissions; 9. pourrai; 10. peux

40.28 Exercice-test
1. ne vois rien; 2. personne ne pleure; 3. rien n'est tombé; 4. ne connais personne

40.29 Exercice-test
1. viendras; 2. ira; 3. aurai; 4. pourrons; 5. voudras; 6. serons

40.30 Exercice-test
1. leur; 2. en; 3. en; 4. en, un; 5. y

40.36 Entraînement à la lecture
1. Les séries-feuilletons; 3. A Paris, près du pont de la Concorde; c'est un musée du XIXème siècle

40.37 Entraînement à la lecture
1. Des jeux médiatiques, télévisés

40.38 Entraînement à la lecture
1. nous; périr; soldat; monture; en butte; 3. décollation; chandelle; 4. bas, pied, pieds

40.39 Entraînement à la lecture
1. à gogo; 2. trombones; 4. fumant; 5. passionnant; 6. garde-robe, garde-robe; foudroyante; 8. suaire

40.40 Entraînement à la lecture

2. coucher (couché); 3. topo; 4. Il s'endort quand il le regarde à la télé; 5. pieds-noirs, pieds-noirs; 6. bassinaient; 7. défoncé; 8. souci; 9. bloquent; 10. miné; 11. godasses

40.41 Entraînement à la lecture

1. temps; 2. Il travaille dans le commerce; 3. de sa personne; 4. titube; titubait; 5. cassé la figure; 6. fou rire; 7. relâche; 8. Fondu, tendu, attitude '

40.42 Entraînement à la lecture

1. C'est pour son enfant (son gamin); 2. Les gamins ne lisent pas; 3. Parce que la personne qui le demande va le recopier

40.43 Entraînement à la lecture

Il mourra pour son public si son public le souhaite. Il espère que son public ne le souhaitera pas.

40.44 Entraînement à la lecture

On peut rester chez soi

Leçon 41

41.2 Compréhension auditive

1. B; 2. D; 3. C; 4. A; 5. H; 6. F; 7. E; 8. G

41.11 Activation: Dictée

1. Choisis, n'importe laquelle; 2. Tu veux un, Lequel tu veux, m'est égal, N'importe lequel, celui-là

41.15 Activation: Compréhension auditive

chance: 1, 2, 4, 7, 9
malchance: 3, 5, 6, 8, 10

41.19 Activation

2. tentions; 3. viennes; 4. fasses; 5. perdes; 6. tenions; 7. prenne; 8. allions

41.23 Activation

1. soit; 2. fassent; 3. rende; 4. soient; 5. soit; 6. tienne; 7. gagnions; 8. achetions; 9. choisisse; 10. soit; 11. fassent; 12. ayons

41.24 Activation

1. étaient; 2. a demandé; 3. a regardé; 4. a fait; 5. a appelé; 6. s'est dirigé; 7. a tenté; 8. a demandé, pouvait; 9. a apportée; 10. a donné; 11. a payé; 12. faisait; 13. a donné (tendu); 14. a pris; 15. sont détournés; 16. a posé; 17. rendait, est tombée; 18. s'est précipité; 19. est tombé; 20. se sont cassés; 21. sont levés, sont; 22. descendaient, a remarqué, se tenaient; 23. n'a pas pris (n'a pas osé prendre); 24. a, valait

41.26 Activation

1. ai demandé, demanderai; 2. ai, eu, avais, aurai; 3. tentes, tentes, tenterais; 4. gagnerai, gagnerais, gagnions; 5. descendons, descends; 6. prend (prendra), prenne, prendra, Prenons; 7. se tenir, nous tenions, te tiens, me tiennes

41.27 Activation

1. tendu; 2. tend; 3. a tendu; 4. tendre; 5. tendrait, à; 6. entend; 7. a entendu; 8. entends; 9. entends; 10. s'entend; 11. entende; 12. entendrait; 13. entendait; 14. as entendu; 15. as, entendu; 16. en ai, entendu; 17. j'ai entendu parler; 18. entendu; 19. attend; 20. t'attend pas; 21. a attendu; 22. attendant; 23. attendent; 24. Attendez; 25. t'attends; 26. t'attends; 27. Attends (-moi), (m')attendre; 28. attendiez; 29. t'attendrai; 30. m'attendais pas à; 31. s'attendait à; 32. vendre; 33. vendent; 34. a vendu, à; 35. vendeuses; 36. ont, m'ont, m'ont; 37. suspends; 38. lui rend; 39. Rends; 40. me les rends; 41. te les a rendus

41.28 Activation

1. besoin; 2. ont besoin d'; 3. besoin de; 4. as besoin de, en as besoin; 5. avons, besoin de lui; 6. besoin d'elle; 7. besoin d'eux; 8. pas besoin qu'on; 9. auras, besoin de; 10. besoin d'; 11. besoin de; 12. en ai; 13. De, besoin, J'ai besoin de . . .

41.29 Activation

1. de; 2. en; 3. en profiter; 4. profit d'; 5. profite de la; 6. profiter du; 7. en a profité; 8. en profite; 9. en profite

41.30 Activation

1. s'occupe de; 2. s'occupe pas; 3. s'en occupent; 4. s'occupe pas des; 5. s'en occupe; 6. occupe (plus); 7. eux; 8. s'occupe, de; 9. s'occupe, de toi; 10. moi; 11. occupée; 12. Occupe-toi de; 13. m'occupe de mes; 14. occupez pas de nous; 15. s'occuper de l'; 16. m'en occupe; 17. occupez de, m'occupe de

41.31 Activation

1. à la, du; 2. au; 3. le; 4. lui, d'; 5. vers; 6. vers; 7. à; 8. au; 9. des, à; 10. par; 11. pour; 12. en; 13. au; 14. par; 15. à la; 16. à la; 17. à; 18. pour les; 19. au

41.32 Activation: Dictée

A. Ferme les yeux et ouvre la bouche, Sale gamine, c'est un abus de confiance, C'est bien fait pour toi, t'apprendra à voler mes, N'importe quoi
B. 1. Elle s'attendait à ce que Marie-Laure lui donne un bonbon, un chocolat, une boule de gomme; 2. Elle lui a mis dans la bouche quelque chose qui n'est pas bon à manger (un insecte ou un escargot, par exemple); 3. Marie-Laure accuse Mireille de lui avoir volé ses boules de gomme; 4. Mireille accuse Marie-Laure de dire n'importe quoi

41.34 Exercice-test

1. où; 2. quand; 3. quoi; 4. lequel

41.35 Exercice-test

1. n'ai rien compris; 2. personne n'a compris; 3. rien ne s'est cassé; 4. n'ai rencontré personne

41.36 Exercice-test

1. prennes; 2. allions; 3. sortes; 4. aille; 5. fasses

41.41 Entraînement à la lecture

1. Je pense donc je suis; 2. jeu; 3. Non, mais l'Etat en a le monopole et peut accorder des dérogations à des entreprises privées; 4. percepteurs

41.42 Entraînement à la lecture

1. 1776; 2. La loterie a été supprimée; 3. Les loteries clandestines se multipliaient; 4. Pour en profiter, pour ramasser de l'argent; 5. Des veuves de guerre; 6. Les courses de chevaux et le PMU; 7. Le Loto

41.43 Entraînement à la lecture

1. Il y en a plus qui jouent aux courses de chevaux; 2. La mise moyenne est de 20F; on peut gagner jusqu'à 33.450.000F (record en 1988)

41.44 Entraînement à la lecture

1. chômeurs; 2. grisé; 3. régalé; 4. revers; 5. fond, neige; 6. factures; 8. expulser; 9. obstine; 11. la fête; 12. médusés

41.45 Lecture et interprétation

2. Il a demandé du feu au narrateur; 3. lentement, d'une démarche molle; 4. amorce

Leçon 42

42.2 Compréhension auditive

1. E; 2. B; 3. A. 4. C; 5. D

42.8 Activation: Compréhension auditive

4.000.000F: 4
400.000F: 1
4.000F: 3
400F: 2

42.12 Activation: Compréhension auditive

une demi-heure: 5
une demi-bouteille: 6
La moitié de la bouteille: 4
trois quarts d'heure: 2
la moitié d'un canard rôti: 1
un dixième: 3

42.14 Activation: Compréhension auditive

Non, il n'est que 8h 04
Oui, il était arrivé dès 8h 05
Oui, il est déjà 8h 01
Oui, il n'était pas encore arrivé à 8h 02
Non, il est parti dès 8h 03

42.22 Activation

1 ayons gagné; 2. ait; 3. puissions; 4. fassions; 5. viennes; 6. voie; 7. achetions; 8. veuillent; 9. puisse; 10. dise; 11. finisse

42.24 Activation: Dictée

je pourrai regarder le film; pourvu que tu aies fini

42.30 Activation

1. choisisse; 2. ai choisi, ai choisi; 3. soit; 4. soit; 5. soit; 6. soit, choisisse; 7. ai; 8. aie; 9. suis allé; 10. allions; 11. vaut; 12. vaille; 13. fais; 14. fassions; 15. fassions; 16. fassions; 17. fassions; 18. avons fait

42.31 Activation

1. Aucun; 2. aucun rapport; 3. aucun; 4. n'ai aucun; 5. n'ai jamais raté aucun; 6. n'est d'aucun, aucun; 7. n'avoir lu aucun; 8. aucun; 9. n'ai aucune; 10. ne ressemble à aucune; 11. n'ont aucune; 12. ne, aucune; 13. n'avait aucune; 14. n'ai aucune; 15. n'en ai aucun; 16. n'ai aucune; 17. Ça n'a aucune; 18. n'ai aucune; 19. n'ai aucune; 20. n'ai aucune intention

42.32 Activation

1. n'as acheté qu'; 2. ne fait que; 3. ne l'aurai que; 4. ne serai libre que; 5. n'y a qu'à en; 6. n'y a qu'à en; 7. n'as qu'à; 8. ne partons que

42.33 Activation

1. ira; 2. prendrons; 3. louera; 4. auras; 5. fera; 6. pourra; 7. essaiera; 8. sera; 9. perdra; 10. ferons; 11. achèterons; 12. saurai; 13. verras; 14. faudra; 15. voudront; 16. viendra

42.34 Activation

1. comme s'il; 2. comme s'; 3. comme si; 4. comme si; 5. comme; 6. comme; 7. comme; 8. comme; 9. comme; 10. comme; 11. faisait semblant de; 12. avons fait semblant de; 13. fait comme si; 14. fait semblant de; 15. fait comme si; 16. faire semblant de; 17. j'ai l'air; 18. d'un air; 19. avait l'air d'; 20. as pas l'air; 21. as pas l'air d'; 22. a pas l'air de; 23. a l'air d'être; 24. a fait comme s'; 25. fait semblant de

42.35 Activation

1. la peine d'; 2. n'est pas la peine; 3. ce n'est pas la peine; 4. n'est pas la peine de; 5. vaut la peine d'; 6. vaille la peine; 7. prends la peine de; 8. la peine de; 9. pris la peine de; 10. la peine; 11. peine; 12. de peine; 13. peine; 14. peine; 15. à peine; 16. à peine; 17. à peine

42.36 Activation

1. vous, nous, nous, vous, moi; 2. Nous, Toi, moi; 3. nous Lui, moi; 4. est à moi (nous), est à lui (nous), à vous, à moi

42.37 Activation

1. Lève-toi; 2. habille-toi; 3. fais-la; 4. bois-le; 5. dépêche-toi; 6. cherche-le; 7. Va-t-en; 8. débrouille-toi; 9. m'attends; 10. Attends-moi

42.40 Exercice-test

1. sont déjà là; 2. n'avons pas encore fini; 3. est déjà arrivé; 4. n'y sommes pas encore

42.41 Exercice-test
1. n'ai rien gagné; 2. ne gagne jamais; 3. n'avons plus rien gagné; 4. ne gagne jamais rien

42.42 Exercice-test
1. aille; 2. aient; 3. vienne; 4. fassiez

42.48 Entraînement à la lecture
1. A Beaume, Néoux, Mainsat, Croizet-Chevalier ou Evaux-les-Bains; 2. Des hôtels où on trouve le calme, la tranquillité, le repos

42.49 Entraînement à la lecture
1. bourré; 2. dépité; 3. Taisez-vous; 4. profiter

42.51 Lecture et interprétation
6. jouissaient d', jouit d', jouissent; 7. Il ne fallait tuer personne; 8. encadrée, encadrent, encadrent, cadres; 9. arbres; 10. mouches; 11. beignets; 12. adonnaient à; 13. en, traite; 14. adonnaient à, cueillette

Leçon 43

43.2 Compréhension auditive
1. B; 2. F; 3. D; 4. A; 5. E; 6. C

43.7 Activation
1. voyage; 2. randonnées; 3. tour; 4. excursions; 5. randonnées; 6. promenades

43.9 Activation
1. arrondissement; 2. pièces; 3. rayon; 4. appartements; 5. arrondissement; 6. départements

43.14 Activation: Dictée
1. tente, solde, tente; 2. affaire, prix; 3. bonne qualité, bon marché; 4. cher, bonne qualité, mauvaise affaire

43.16 Activation
1. plus, que, la plus, des; 2. moins, moins, des; 3. plus, que, le plus, de

43.17 Activation: Dictée
1. avez des, en ai une, quel âge a votre sœur, est beaucoup plus vieille que moi, elle a 41 ans; 2. frère, est grand, petit, mon frère, il a 14 ans, est un peu plus petit que moi, il va; 3. suis plus, que toi; 4. Franchement, Mireille, c'est la plus intelligente des trois

43.18 Activation
1. plus, que, la plus, des; 2. plus, qu'; 3. moins, qu'; 4. les plus, que; 5. les plus, du; 6. le plus, du; 7. plus, que; 8. plus, que; 9. la plus, de; 10. la plus, de; 11. plus, que; 12. le plus; 13. plus, que; 14. la plus, du; 15. la plus, de; 16. plus, que; 17. plus, de; 18. plus, plus, que; 19. plus, qu'une; 20. moins (plus), de

43.21 Activation: Dictée
1. Excusez-moi, le camping ce n'est pas mon rayon. Je n'y connais rien; 2. Ce modèle fait 955F; 3. Nous en avons à tous les prix. Tenez, voilà un très bel article à 1 200F; 4. Ce modèle-ci est en solde. Il fait 174F. C'est ce qu'il y a de moins cher; 5. Dans le haut de gamme, vous avez ça. C'est ce qu'on fait de mieux

43.24 Activation
1. adressiez; 2. ayons; 3. ayez; 4. ayons; 5. perdes; 6. revienne; 7. aille; 8. dise; 9. ayez gagné; 10. fasse; 11. passiez; 12. fasses

43.28 Activation
1. voudrions; 2. (ne) pourrait (pas); 3. auriez; 4. accepteriez; 5. passez; 6. passeriez; 7. faites; 8. feriez; 9. prendrais, jetterais; 10. écrasez; 11. voyiez; 12. aurez; 13. étiez; 14. portera; 15. allait, serait; 16. avais, attirerait, serait; 17. faudra; 18. faudrait; 19. perdrai; 20. laissais

43.30 Activation
1. de; 2. de, de; 3. de; 4. d'; 5. à; 6. à; 7. à; 8. à; 9. de

42.31 Activation
1. aux; 2. au; 3. au; 4. au, de; 5. à; 6. à, de, d'; 7. du, à; 8. au; 9. avec; 10. à, chez; 11. dans; 12. à; 13. à, au; 14. à; 15. pour, sous, dessus; 16. sur, par-dessus; 17. à; 18. à; 19. sur; 20. à; 21. au; 22. avec

43.32 Activation
1. Espérons; 2. espérer; 3. espère; 4. l'espère; 5. espère; 6. espéraient; 7. espérions; 8. espérais; 9. espérions; 10. espoir; 11. espérait; 12. espoir; 13. espoir; 14. vie, l'espoir; 15. espoir; 16. Espérance; 17. Espérance; 18. espoir

43.34 Exercice-test
1. appartement, arrondissement, pièces; 2. rayon; 3. département; 4. tour; 5. exursion

43.35 Exercice-test
1. que; 2. de; 3. que; 4. de, que; 5. de

43.36 Exercice-test
1. ayons; 2. sois; 3. puisses; 4. connaisse; 5. ait

43.43 Entraînement à la lecture
A. 1. coiffeur; 2. un coiffeur; 3. commis; 4. comble
B. 1. chat; 2. il faut, comme il faut
C. 1. encaissent; 2. licenciement

43.44 Entraînement à la lecture
1. pâtés; 2. droit; le droit; ont, droits; 3. chouchou; 4. mémé; 5. cessé, rigoler; 6. guignol, guignol; 7. Qu'ils ne vont pas partir en vacances avec lui, il va partir seul; 8. Dans une colonie de vacances; 9. Ils vont faire un petit voyage; 10. que ça, que ça, que ça; 11. bois, bois; cache-cache, terrible; 12. coup; 13. comme tout, comme tout; 14. mouchoir, mouchoir; 15. conduis, conduis; 16. tousse, toussé

Leçon 44

44.2 Compréhension auditive
1. B; 2. E; 3. A; 4. C; 5. F; 6. D

44.7 Activation: Dictée et compréhension
A. Alors, vous jouez aux courses; pas tous les jours

44.9 Activation: Compréhension auditive
annonce: 1, 2, 5, 8, 9
réponse: 3, 4, 6, 7, 10

44.11 Activation: Compréhension auditive
suggestion: 4
proposition: 3, 5
conseil: 2
recommandation: 1, 6

44.12 Activation
1. suggère; 2. propose; 3. conseille; 4. recommande

44.14 Activation: Compréhension auditive
différence: 1, 2, 3, 6, 10, 11
pas de différence: 4, 5, 7, 8, 9, 12

44.15 Activation: Dictée
A. 1. as vu, est 10 heures, Va te coucher; 2. ai eu 10; 3. ne vois pas le rapport, n'y a aucun rapport
B. 1. cinq, quatre; 2. Vingt; 3. Cinq fois cinq; 4. Vingt-cinq; 5. Cinq fois six; 6. Trente; 7. neuf fois huit; 8. c'est une autre histoire, ce n'est pas pareil, Neuf fois huit, quatre-vingt-treize

44.18 Activation: Dictée
1. Vous cherchez des bottes; 2. Vous voulez des chaussures de montagne; 3. Du combien chaussez-vous; 4. Quelle est votre pointure; 5. Asseyez-vous, que je prenne vos mesures; 6. Voilà ce qu'il vous faut; 7. Ce sont des chaussures montantes; 8. Essayez-les, vous verrez; 9. Comment vous vont-elles

44.22 Activation
1. Celles, celle, celle; 2. Celui, Celui, Ceux, Celui

44.25 Activation
1. qui; 2. qui; 3. qui; 4. qui; 5. qui; 6. qui; 7. qui; 8. que; 9. que; 10. qui; 11. qui; 12. que; 13. qui; 14. qui; 15. que; 16. qui

44.26 Activation
1. celles que; 2. celui qui; 3. celui qui; 4. celle que; 5. celle qui; 6. Celui qui; 7. celui qui; 8. Celui qui; 9. celui qui; 10. celle qui; 11. celles qui; 12. ceux qui; 13. ceux qui; 14. ceux que, ceux, qui, ceux qui; 15. Ceux qui; 16. ceux qui; 17. ceux qui, ceux qui; 18. ceux qui; 19. ceux qui; 20. ceux qui, ceux, qui

44.29 Activation
1. ce qui; 2. ce que; 3. ce qui; 4. ce qui; 5. ce qu'; 6. ce qui; 7. ce que

44.30 Activation
1. ce que; 2. ce qu'; 3. ce qu'; 4. ce que; 5. ce que; 6. C', qui; 7. Ce, qui; 8. c'est, qui; 9. ce qui; 10. C'est, qui; 11. ce que; 12. ce qui; 13. Ce qui; 14. Ce qui; 15. Ce qui; 16. C'est, ce que; 17. C'est, ce que; 18. ce qu'; 19. ce que; 20. ce que; 21. ce que, ce qui

44.31 Activation
1. n'invite jamais personne; 2. ne fait rien; 3. n'a jamais rien fait; 4. ne lit rien; 5. je n'ai rencontré personne; 6. je n'(y) ai rien vu d'intéressant; 7. n'a rien acheté, n'a (avait) pas d', ne, jamais (pas); 8. n'y avait personne; 9. ne gagne jamais (rien); 10. ne devineras jamais

44.32 Activation
1. n'y a que le, qui soit; 2. ne, plus, ne, (plus) que sur; 3. ne fait rien; 4. n'y en a (plus) que; 5. n'ont plus qu'à; 6. ne l'ai jamais; 7. ne suis pas; 8. n'ai rien; 9. n'ai qu'; 10. ce que j'ai; 11. n'ai pas, n'ai qu'un; 12. n'avez rien de; 13. que nous ayons; 14. n'avons que des; 15. soient; 16. ne, que; 17. ne (me), plus rien; 18. ne prenais que; 19. n'y a que, soient (aillent); 20. n'y a que, tiennent; 21. n'y a que, ne sache pas

44.33 Activation
1. avions l'habitude de; 2. d'habitude; 3. l'habitude; 4. d'habitude; 5. (pris) l'habitude; 6. une habitude; 7. d'habitude; 8. l'habitude; 9. habitude, prendre; 10. n'avons pas l'habitude de; 11. a l'habitude de l'; 12. c'est l'habitude; 13. vous y habituerez; 14. s'habitue à; 15. l'habitude de; 16. est habitué à; 17. L'habitude; 18. l'habitude, y est habituée; 19. y est habitué; 20. habitué; 21. habitué; 22. habitués; 23. un habitué du; 24. une habituée des

44.34 Activation
1. rayon; 2. bottes; 3. montantes, tient, cheville; 4. soient; 5. sont, légères; 6. souples; 7. semelles; 8. pointure, chausse, mesures, fait (chausse); 9. serrent; 10. espadrilles, semelles; 11. sandales; 12. pantoufles; 13. randonnée

44.35 Activation
Cette vérification ne vous donne que les verbes. Pour le reste, on vous fait confiance.
1. se promenait; 2. faisait; 3. C'était; 4. a remarqué, regardait; 5. s'est arrêtée; 6. a souri; 7. était; 8. a rendu; 9. l'a invitée; 10. se sont assis; 11. s'appelait; 12. a appelé; 13. a commandé; 14. ont parlé; 15. parlait, était, ont bu; 16. se sont revus; 17. était, ont déjeuné; 18. C'est, a découvert, adorait; 19. ont décidé; 20. a fait; 21. ne lui a pas plu; 22. trouvait (a trouvé), avait; 23. ont eu; 24. a dit, pensait; 25. est parti, avait donné

44.37 Exercice-test
1. puisse; 2. sache; 3. vienne; 4. parte; 5. aille

44.38 Exercice-test
1. connaisse; 2. ayons; 3. soit; 4. prenne

44.39 Exercice-test

1. que; 2. qui; 3. qui; 4. ce qu'; 5. ce qu'

44.44 Entraînement à la lecture

A. 1. Sur les chevaux; 2. Sur 4 chevaux; Sur 5 chevaux; 3. Les ouvriers parient pour s'enrichir, ou pour le plaisir de jouer. Hubert, lui, travaille pour l'amélioration de la race chevaline

B. 1. gain; appât; appât; 2. combinaison

44.45 Entraînement à la lecture

1. Il a gagné au tiercé; 2. C'est peut-être une émotion religieuse; 3. Parce que le jeu est une tentation à laquelle il n'a pas résisté; 4. Il a joué; 5. malice; 6. éprouver; 7. biens de ce monde; 8. point; retient; 9. Trois; 10. C'est Dieu qui a choisi sa femme . . . pour le punir de ses fautes; 11. Parce que Dieu l'abandonne; 12. maintenu; sombrer; 13. De déchirer Lui-même le ticket; 14. Parce que Dieu n'a pas déchiré le ticket

44.46 Entraînement à la lecture

1. Il augmente (il a doublé en 22 ans); 2. Elles vivent plus longtemps, et après le divorce elles se remarient moins souvent que les hommes; 3. A cause de la pression de leur famille, et la peur qu'il sera un jour trop tard pour trouver une âme sœur

44.47 Entraînement à la lecture

1. Que les chiens sont plus tendres, plus fidèles, meilleurs que les humains; 2. a survécu; survécu

44.48 Lecture et interprétation

Que la personne qu'il aime le quitte

44.49 Entraînement à la lecture

1. marcher; marche; marche; 2. font; 3. retourner; retourner; retourner; 4. bonne mine; mine; mine; bonne mine; 5. béret; 6. revolver; 7. a pris; 8. Il regarde en l'air, l'automobiliste s'arrête pour regarder en l'air aussi, et il passe

Leçon 45

45.2 Compréhension auditive

1. C; 2. B; 3. A; 4. E; 5. F; 6. D

45.8 Activation: Dictée

1. y a, qui, Je n'en sais rien. Je ne sais pas; 2. temps fera-t-il demain, Je ne sais pas du tout; 3. tu ne sais pas où est mon, Aucune idée

45.10 Activation

1. donation; 2. dépense; 3. investissement; 4. placement; 5. économies, épargne; 6. dépenser

45.22 Activation

1. rien, ce qu', rien, qui, qui, personne, ce qui; 2. qui, qui, rien, personne, ce que; 3. personne, qui, que; 4. qui, personne, qui, que, qui, Ce que, qui

45.25 Activation

1. ait . . . ; 2. croie . . . ; dise . . . ; 3. prenne . . . ; 4. comprenne . . . ; 5. connaisse . . . ; 6. fasse . . . ; 7. veuille . . . ; 8. soit . . . ; 9. ait . . . ; 10. sache . . . ; 11. croie . . . ; 12. veuille . . . ; 13. dise . . . ; 14. se tienne . . . ; 15. mette . . .

45.26 Activation

1. me le; 2. que je vais en, lui en, la lui; 3. la lui, t'en, te la; 4. me les; 5. leur en ai; 6. vous les, me les montrez; 7. n'y; 8. le lui

45.27 Activation

1. avais, de; 2. envie d'; 3. envie d'; 4. de, envie; 5. ai envie de; 6. de, de; 7. en ai; 8. envie de donner; 9. d'; 10. des 11. de; 12. de; 13. de; 14. des; 15. de; 16. besoin de; 17. besoin de; 18. besoin de, de, des; 19. besoin de; 20. d'un; 21. de; 22. de, d'un; 23. de; 24. besoin de; 25. aurai besoin d'un; 26. de, en; 27. besoin de; 28. besoin d'une; 29. besoin d'une, de la; 30. besoin d'

45.28 Activation

A. 1. a, à; 2. a, à, pour lui, nouvelle; 3. a, à, fêter; 4. se, ce qu', qu'; 5. d', fasse, doit, connaître; 6. lui, ce qu'; 7. conseille; 8. actions, méfier, baisse; 9. faire, cimetière, occupe, placements; 10. lui, de, à; 11. foie; 12. cure;

B. 13. de, achats; 14. maillot, vêtements; 15. utile (pratique); 16. d', blouson, de la, du, mieux qu'; 17. soit, salissante, salit; 18. foncée, mieux; 19. taille, poitrine; 20. lui; 21. essaie, lui; 22. lui va, gant; 23. pantalon; 24. tour de taille; 25. garde; 26. sèchent; 27. slips; 28. ce qu', lui

45.29 Activation

1. occupe de; 2. comme, ma, chose, soit, à; 3. quelque, de; 4. vaut; 5. y, de, cher; 6. ce, ce que; 7. rien d', besoin d'; 8. merci, ce qu'il; 9. en, doit, taille, l'; 10. merci

45.31 Activation

1. puisse, ce que; 2. tiens, à, soit, trop; 3. ce qu', de plus, vous; 4. me plaît, trop; 5. moins, que; 6. le moins; 7. très, plus, que, foncé, quelque chose de plus; 8. votre, essayer; 9. trop, le, serre, taille; 10. Essayez, vous va-t; 11. trop; 12. réfléchir, reviendrai

45.32 Activation: Dictée

1. On s'occupe de vous; 2. Vous tenez à une couleur particulière; 3. Vous faites quelle taille; 4. Voyons. Permettez, je vais prendre votre tour de poitrine; 5. Tenez, celui-ci devrait vous aller. C'est votre taille; 6. C'est le seul que nous ayons dans votre taille; 7. Tenez, essayez-le donc; 8. Il vous va comme un gant; 9. C'est exactement ce qu'il vous faut; 10. Vous voulez l'essayer; 11. Vous n'avez pas besoin de chemises

45.33 Activation

1. le, puisse; 2. mieux, investisse; 3. plus, que; 4. la, la plus; 5. vaut; 6. fais, plus, que; 7. rien de; 8. toi, les; 9. de, qui; 10. meilleur; 11. très; 12. meilleurs; 13. les meilleurs; 14. plus, d'; 15. moins, ceux; 16. soit, qui, plus, que; 17. les plus, de, vaut

45.35 Exercice-test

1. rien; 2. demande; 3. moindre; 4. gagné, garder, mettre; 5. bien, craché; 6. vous, de

45.36 Exercice-test

1. je n'ai envie de rien; 2. rien ne me fait envie; 3. je n'ai parlé à personne; 4. personne n'a téléphoné

45.37 Exercice-test

1. soit; 2. fasse; 3. ait; 4. plaise

45.42 Entraînement à la lecture

1. La deuxième guerre mondiale; en 1939; 2. envahit; effondre; 3. combat; 4. serré; 5. Il a rassemblé autour de lui ceux qui refusaient l'armistice; 6. connaissance de cause; 7. faire bloc; 8. mettre en rapport, lui; 10. faire face; 11. saboté, voies; 12. en main; 13. déclenché; 14. rangée; ranger; 15. figure

45.43 Entraînement à la lecture

1. épais, épaisse, épais; 2. être; indicatif; modes, temps; 3. sens

45.44 Entraînement à la lecture

1. Un cinéaste, un réalisateur (de films); une actrice, puis une réalisatrice et productrice (de films); 2. Pendant l'exode de 1940; 3. fuient, fuient, fuite, fuite; 4. routes; 5. défilaient; 6. traînaient, se traînent; 7. charrettes; 8. atteler; 9. avertisseur; 10. pique; 11. assourdissant; 12. ventre; 13. effrayant; 14. affolé; 15. lâchent, éclatent; 16. contre-plongée; 17. guimbarde; 18. prairies, pente; pente; 19. récupèrent; 20. saisit, saisit; 21. escadrille; 22. saccadé; 23. balles; 24. traînée; 25. sursaut; 26. soulève; 27. secouées; 28. bougent

45.46 Lecture et interprétation

1. Plus d'eau minérale; 2. Les hommes; 3. Parce qu'ils préfèrent d'autres boissons; 4. Les vins fins

45.49 Pratique de l'écriture

A. voudrais, ce que, comme, de, soit . . .
B. moi, que, avez, ce, chaud, mien, est un, du, rien de plus, plus, que . . .

Leçon 46

46.2 Compréhension auditive

1. A; 2. C; 3. F; 4. B; 5. E; 6. D

46.8 Activation: Dictée

1. Je n'en peux plus; 2. fatigué; 3. Je n'en peux plus, Je suis crevée; 4. tu travailles, Je suis fatiguée

46.14 Activation: Dictée

1. que tu fais, Rien, Tu n'as rien à faire, fais quelque chose, Je ne sais pas, étudie tes leçons; 2. Quoi? Qu'est-ce qu'il y a, Tu ne peux pas m'arranger ça, il y en a, arrange-moi ça, fais-moi mes devoirs, donne-moi à goûter, Il n'y en a que pour toi, ai autre chose à faire que de m'occuper de toi

46.20 Activation

1. droite; 2. gauche, droite; 3. gauche, droite

46.23 Activation: Dictée

1. Tu t'es regardée, Tu es pleine de confiture, Va changer de; 2. J'ai besoin de changer d'air, ça fait du bien de changer d'air; 3. tu ne peux pas changer de disque, Pourquoi, il ne te plaît pas, celui-là

46.32 Activation

1. méfier; 2. méfie-toi; 3. Méfie-toi des; 4. Méfiez-vous; 5. s'est, méfiée de, se méfie; 6. confiance; 7. confiance; 8. se méfier de; 9. me méfie; 10. De quoi s'agit-il, de, il s'agit; 11. s'agit de; 12. de quoi il s'agissait; 13. s'agit d'; 14. de; 15. de; 16. d'; 17. de; 18. m'en passerais, des; 19. m'en passer; 20. t'en passeras; 21. se passer de; 22. m'en passe; 23. d'; 24. de; 25. d'; 26. fâché de; 27. de; 28. d'; 29. disposer d'; 30. disposent d'; 31. dispose d'; 32. dispose d'

46.33 Activation

1. de, —; 2. dans, de; 3. d'; 4. —; 5. d'; 6. d'; 7. de; 8. à; 9. —; 10. de; 11. à; 12. à; 13. d'; 14. d'; 15. de; 16. à, de; 17. à; 18. de; 19. à; 20. d'; 21. de; 22. de, à; 23. des

46.37 Activation

1. qu'; 2. dont; 3. dont; 4. qu'; 5. dont (de qui); 6. que; 7. qui; 8 dont; 9. dont; 10. dont; 11. qui; 12. que; 13. qui; 14. dont; 15. que; 16. dont, dont, qui; 17. dont; 18. qu'; 19. qu'; 20. dont; 21. que; 22. dont; 23. que; 24. dont; 25. que; 26. dont; 27. qui; 28. dont, dont, que; 29. qui; 30. dont; 31. dont

46.39 Activation

1. en plein champ; 2. sentiront; 3. coûte les yeux de la; 4. passe; 5. chameau, résistante; 6. sobre, essence, d'; 7. décapotable; 8. suspension; 9. changement de vitesses; 10. rapide, faire du; 11. reprises; 12. freins; 13. essuie-glace, roue de secours; 14. retrouvent; 15. se sont retrouvés; 16. a retrouvé; 17. projets (fermes); 18. lui rendra; 19. épatant; 20. résoudra; 21. en ont assez; 22. principe; 23. colonie de vacances, monitrice, moniteur; 24. réunissent; 25. crevé, en peut; 26. déprimé; 27. en a assez (marre); 28. besoin de changer (un peu) d'; 29. sent, changer d'air; 30. lui changerait les; 31. l'a, fini; 32. à, prennent forme; 33. lui, nouvelle; 34. méfie d'; 35. étincelles; 36. doute

46.40 Activation

1. t'en aller (partir) (toute); 2. m'en aille (parte), m'en irais (partirais), m'en vais (pars); 3. t'ennuyer; 4. m'ennuierai, m'ennuie, m'ennuierais, passerons; 5. passer; 6. passerons, passions, passerions; 7. louerons; 8. louer; 9. louions, louerions; 10. prendre; 11. prendriez, preniez; 12. venir (partir); 13. viendrais, viennes; 14. viendrai; 15. être; 16. soyons; 17. serait; 18. a, été; 19. ait, été

46.42 Exercice-test

1. plus, mort; 2. rien; 3. à; 4. à; 5. plein

46.43 Exercice-test

1. que; 2. qui; 3. que; 4. dont, qui; 5. dont

46.49 Entraînement à la lecture

1. ramer; 2. ration

46.50 Entraînement à la lecture

1. rit; riz; riz; riz; rit, riz; 2. Le contraire

46.51 Entraînement à la lecture

1. fardeaux; 2. fardeaux, allège; 3. trottent; 4. révérence; révérence; 5. caillou, cailloux, cailloux; 6. daims; 7. flots, flots; 8. sabots, sabots

46.52 Entraînement à la lecture

1. manches courtes; 2. billes, billes; 3. filet; 4. paquet; 5. Elle disait qu'elle avait quelque chose dans l'oeil, mais en fait elle était triste de voir partir son petit Nicolas; 6. une grosse boule dans la gorge; 7. gronde(ro)nt; 8. plus (pas) en place; 9. travers; 10. Entre le quai numéro 10 et le quai numéro 12; 11. parapluie; 12. arrangé

Leçon 47

47.2 Compréhension auditive

1. D; 2. B; 3. E; 4. A; 5. C; 6. F

47.13 Activation: Dictée

1. Débrouille-toi toute seule; 2. Tu as fait tous tes devoirs, Oui, Tous? Tu as tout fait, tu dois être fatiguée, Va te coucher; 3. a encore mangé tous les biscuits; 4. Tu as mangé tous les chocolats, Non, pas tous, Oui, enfin, presque tous; 5. les hommes, ne m'en parlez pas! Tous les mêmes; 6. les femmes, Ne m'en parlez pas, Toutes les mêmes; 7. vous êtes bien tous les mêmes, vous les hommes, Tous aussi sexistes; 8. Rends-moi mes, Donne-les-moi tout de suite, en voilà une, Je n'en veux pas une, je les veux toutes.

47.21 Activation

1. n', que, n'ai eu que; 2. n', que, n', qu', n'ai, qu', n', que, n', que; 3. n', que, n', que, je n'ai eu que; 4. n'ai que, je n'ai qu'un, ne, qu', n', que; 5. je n'ai que, je ne prends que, je ne, qu'; 6. ne, que, n', qu', ne, que; 7. ne, qu', je ne, qu', n', que, ne, qu', n', que

47.27 Activation

A. 1. peut, veut; 2. peux; 3. veut; 4. veut; 5. veut; 6. veut; 7. veux; 8. veux; 9. veux; 10. veut; 11. veux; 12. peux; 13. veux, veux, 14. veux; 15. veux; 16. veux; 17. peux; 18. peux; 19. peux, voulez; 20. peux; 21. peux; 22. peux; 23. pouvons; 24. pouvez; 25. pouvez, voulez; 26. peux; 27. peux; 28. peux; 29. peut; 30. peux; 31. peux; 32. peux; 33. peux; 34. veulent; 35. peuvent; 36. pouvez; 37. pouvez; 38. peux

47.28 Activation

1. voulu; 2. a voulu; 3. j'ai voulu; 4. avez voulu; 5. ai voulu; 6. ai pas pu; 7. ai pas pu; 8. ai pas pu; 9. voudra, pourra; 10. voudras; 11. voudras; 12. pourront, voudront; 13. pourrai; 14. pourra; 15. pourrai; 16. pourras; 17. pourra; 18. voudrez; 19. voudrions; 20. pourriez; 21. pourrions; 22. voudriez (voulez); 23. pourrais; 24. voudriez (voulez); 25. pourrais (peux); 26. pourrais; 27. pouvais; 28. pouvais; 29. pourrait; 30. voudrais; 31. pourrais (peux); 32. voudrais; 33. pourrais (peux); 34. voudrait (veut); 35. voudrait; 36. pourrais; 37. pourrais; 38. pourrais; 39 pourrait; 40. pourrais; 41. pourrait; 42. veuilles; 43. puisse; 44. puisse; 45. voudrais, puisse; 46. veuillent; 47. Veuillez; 48. voulez; 49. Veuillez; 50. Veuillez; 51. Veuillez

47.29 Compréhension et interprétation

1. Voyez les phrases 1 à 5, 42, 46; 2. Voyez 6 à 8, 14 à 17, 29, 41, 43, 44; 3. Voyez 36 à 40, 48; 4. Voyez 18 à 26, 30 à 33, 45, 47 à 51

47.30 Activation

1. sait; 2. sais; 3. savoir; 4. savait; 5. sait; 6. connaître; 7. connaître; 8. connaître; 9. savoir; 10. connaître; 11. savoir; 12. connaît, connaissance; 13. connaissaient, se connaître; 14. savoir; 15. savoir; 16. savoir; 17. savoir; 18. sais, sais; 19. sais; 20. savoir; 21. sais; 22. sais; 23. sais; 24. sais; 25. connais; 26. connais; 27. connaissez; 28. connais; 29. savez, connais, connaissais; 30. connu; 31. connu; 32. saurons; 33. avais su; 34. sauras; 35. connais; 36. sais; 37. sais, connais; 38. connais, sais; 39. connais; 40. sais; 41. connais, connais, sais, sais; 42. connaît, sait pas; 43. sache; 44. sache; 45. sache; 46. sachez

47.31 Activation

1. voyiez; 2. voie; 3. allions; 4. fasse; 5. fasse; 6. puisse; 7. ayons; 8. veuille; 9. voudra, plaise; 10. choisissiez

47.32 Activation

1. qui, que, dont, qui; 2. qui, dont, qui; 3. qui, qu', qui; 4. qui, que, dont, qui; 5. qui, que, dont; 6. qui, qui, qui; 7. qui, que, dont, qu', dont; 8. dont, qui

47.33 Activation

1. en; 2. y; 3. m'en as (nous en as); 4. y; 5. en ai vu; 6. les; 7. qui, en; 8. qui, en; 9. que; 10. le; 11. qui les; 12. vous l'; 13. y

47.34 Activation

A. 1. voyage; 2. randonnée; 3. randonnées; 4. randonnées; 5. randonnée; 6. voyage; 7. en voyage; 8. voyage; 9. voyage; 10. voyagé, allé; 11. voyage; 12. voyage; 13. voyageur; 14. voyage, voyager

B. 15. promener; 16. promenade; 17. promenade; 18. promener

C. 19. faire un tour; 20. faire un tour; 21. faire un tour

D. 22. excursion; 23. excursions; 24. fait; 25. ascension; 26. ascension

E. 27. promener, randonnée, ascensions; 28. fait, à; 29. descend, sens, monte; 30. Monter

47.35 Activation

1. celle de, qui; 2. Celle de, où; 3. Celle de, dont; 4. Celle de, celle du; 5. de, celui de; 6. celles de, celle de, celles de; 7. celle; 8. celui du; 9. ceux, celui de, celui que; 10. celles de; 11. Celle que; 12. celui des; 13. celle, celle; 14. ceux qui, ceux qui, ceux qui, qui; 15. celui-ci; 16. celles que

47.36 Activation

1. monstres, sang; 2. du sang; 3. sang, saignant; 4. sang, rouges; 5. soignées; 6. soignée; 7. soin; 8. soin; 9. l'hôpital, soigné; 10. soigner; 11. cavalerie; 12. partout; 13. partout; 14. partout dans; 15. partout; 16. entier; 17. entier, tout entière; 18. entièrement; 19. articulations; 20. articulations; 21. grimper; 22. grimpé; 23. massifs; 24. col; 25. marre; 26. sépare; 27. étapes; 28. allé(e) chercher; 29. sens (inverse); 30. en sens inverse; 31. sens; 32. de sens; 33. de sens; 34. un sens; 35. le sens; 36. aiguilles; 37. aiguilles; 38. aiguille, grande, aiguille; 39. d'aiguilles; 40. bureau; 41. usine; 42. mange bien; 43. manger; 44. (bien) manger; 45. mange, bien; 46. (bien) manger

47.37 Activation

1. Il y a des aiguilles; 2. Une abbaye, des remparts et de grandes marées; 3. Une église romane et du fromage!; 4. Un château (un des châteaux de la Loire); 5. La France est un peu plus grande que le Texas, un tiers des terres émergées; 6. C'est un col dans les Pyrénées; 7. C'est un massif de montagnes; 8. C'est une plaine; 9. Dans les Alpes; 10. Dans le nord de la France; 11. En Normandie

47.39 Exercice-test

1. Tout ça ne m'intéresse pas; 2. Tu as vu toutes ces vaches; 3. Vous visitez tous les châteaux de la Loire; 4. Oui, je les ai tous visités

47.40 Exercice-test

1. n'y a que; 2. n'a visité que; 3. n'en a que; 4. n'en ai acheté que

47.41 Exercice-test

1. soit; 2. veuillent; 3. fasses; 4. soit

47.46 Entraînement à la lecture

2. découper; 3. écailler; 4. épingles; 5. souffle, soufflait, souffler, souffle; 6. couper, coupaient; 7. traire, traient; 8. poumons, poumons; 9. à boire; 10. Suisse

47.47 Entraînement à la lecture

1. franchir; 2. Parce qu'il est obstrué par la neige; 3. chaise à porteurs; 4. crues

47.48 Entraînement à la lecture

1. prévoit; prévu; 2. éprouve; 3. haie; 4. s'ébranle; 6. voiture; 7. robe

47.49 Entraînement à la lecture

1. Parce qu'il y en a trop; 2. Les Gaulois; 3. Il a été élu par ses soldats; 4. culottes; 10. bagarre; 11. bricoler

Leçon 48

48.2 Compréhension auditive

1. C; 2. E; 3. B; 4. D; 5. F; 6. A

48.7 Activation: Compréhension auditive

sérieux: 1, 2, 4, 6, 7, 8
plaisanterie: 3, 5, 9, 10

48.11 Activation: Dictée

1. excusez-moi, ai dû me tromper, cherchais les, C'est bien ici, vous ne vous êtes pas trompé; 2. vous êtes bien chez, Je vais voir s'il est là, C'est de la part de qui, Très bien, ne quittez pas, C'est pour toi, à l'appareil

48.17 Activation

1. à; 2. y intéresse; 3. aux; 4. s'y intéresse; 5. à; 6. fasse (ait fait) attention à lui; 7. de; 8. lui; 9. des, qu'; 10. m'en souviens; 11. de; 12. de lui; 13. de; 14. me souviens de; 15. y; 16. au; 17. à; 18. à elle; 19. à toi; 20. à, à lui; 21. A; 22. à toi; 23. à, y; 24. pensé à moi; 25. y pense; 26. à; 27. y pensais; 28. A; 29. pense à; 30. y penser, à; 31. pensé du; 32. en, en; 33. pensez de, en; 34. du; 35. en pense, le, qu'en; 36. de lui; 37. penses d'elle; 38. penses d'eux; 39. en penses; 40. en penses

48.20 Activation: Dictée

1. laisse, seul; 2. laisse tomber; 3. ont laissé, ont laissé, libre

48.21 Activation: Dictée

1. Idiote, Tu as eu peur, tu ne peux pas me laisser tranquille; 2. non, elle n'est pas là, Est-ce que vous voulez laisser un message

48.26 Activation: Dictée

1. peux aller regarder, Quand tu auras, Pas avant; 2. quand je serai grande, voudrais être; 3. On se téléphone, Quand, Quand tu voudras

48.29 Activation

1. te; 2. de te voir; 3. voit; 4. est pas vu(s); 5. verra; 6. voyions; 7. voyait; 8. voie, ce que, l'ai

48.32 Activation: Dictée

1. Les enfants, mauvaise nouvelle, On ne part pas ce week-end, la voiture est en panne, Il n'y a qu'à demander à, qu'il nous prête une des siennes; 2. A qui est ce mouchoir, C'est à moi, c'est le mien

48.33 Activation

1. les lui ai; 2. me les; 3. vous les; 4. ne le lui ai, me l'a; 5. ne me l'avais jamais; 6. nous le; 7. le leur; 8. me les a; 9. les lui ai; 10. leur en; 11. ne leur en donnerai

48.34 Activation

1. à; 2. à; 3. de, à; 4. à; 5. à; 6. par; 7. par; 8. par; 9. par; 10. par; 11. de; 12. de; 13. de; 14. de; 15. par; 16. par; 17. par; 18. par; 19. par

48.35 Activation

1. côtes; 2. à, des côtes; 3. la; 4. sur la Côte; 5. Les côtes; 6. Côte; 7. la côte; 8. à côté; 9. côté d'eux; 10. à côté; 11. De ce, de l'; 12. du côté de; 13. côté; 14. d'un côté, d'un; 15. de l'autre côté de; 16. du côté, du côté; 17. de l'autre côté du; 18. de quel côté; 19. du côté des, du côté de; 20. du côté de; 21. de côté; 22. de côté; 23. de côté

48.36 Activation

1. chez, la maison; 2. à la maison; 3. à la maison, à la maison; 4. à la maison; 5. à la maison; 6. au; 7. à la maison; 8. chez eux; 9. à la maison; 10. chez toi; 11. chez, au; 12. Chez, aux, Chez, au, Chez, à, Chez, à l', A la, chez, Chez, à l', Au, au; 13. chez, à; 14. au, chez, aux, chez; 15. à la, chez; 16. à l', chez le; 17. chez le, chez le; 18. chez les; 19. chez; 20. chez le, à la, chez

48.37 Activation

1. la gâte; 2. gâte; 3. gâtée; 4. gâterait; 5. goûter; 6. goûtez; 7. goûte; 8. goûter; 9. goûter; 10. goût; 11. goût; 12. un goût; 13. goûts; 14. goûts; 15. garde; 16. ai gardé; 17. garde; 18. garde, par; 19. garder; 20. garder, serai; 21. garderais; 22. gardien; 23. gardiens; 24. que, mener en bateau; 25. menée en bateau; 26. mener en bateau; 27. plages; 28. plage; 29. la plage; 30. la plage; 31. frileux; 32. ours, frileux; 33. ours; 34. ours; 35. ours; 36. réussite; 37. réussite; 38. réussir; 39. réussir; 40. réussi; 41. réussissent

48.38 Activation

1. plaira; 2. plaise; 3. te plairait; 4. plaisent; 5. me plaît; 6. plairait, plaisait; 7. plaisait, a pas plu, a plu; 8. me plaît

48.40 Exercice-test

1. pour; 2. sur; à; 3. Laisse; 4. laissé

48.41 Exercice-test

1. ce dont; 2. ce qu'; 3. ce qui; 4. ce que; 5. ce dont

48.42 Exercice-test

1. saurai; 2. vois; 3. viens; 4. voudras

48.43 Exercice-test

1. les nôtres; 2. les miennes; 3. la sienne; 4. le tien; 5. le leur; 6. les leurs

48.51 Entraînement à la lecture

B. Elle se jetterait dans la Méditerranée ou dans l'ocean Atlantique

48.52 Entraînement à la lecture

Le boomerang est revenu

48.53 Entraînement à la lecture

1. blanchit; demeurer; demeure; 2. courbé; croix; croix, croisades; croisement; croise; croisées; 4. Il disait qu'Hugo était le plus grand poète français . . . hélas!; 5. Le romantisme; 6. Il s'est opposé au coup d'état de Louis-Napoléon

48.55 Lecture et interprétation

1. Du XIIème siècle; 2. clore; 3. le ton; 4. dénuée; dénué; 7. calquée

Leçon 49

49.2 Compréhension auditive

1. C; 2. D; 3. B; 4. A; 5. E; 6. F

49.9 Activation

1. arrive; 2. lui est, arrivé; 3. lui arriver; 4. t'est arrivé; 5. lui est rien arrivé; 6. est arrivé; 7. m'arrive; 8. m'est arrivé; 9. m'arrive; 10. arrive, à; 11. arrive, à; 12. arrivais, à; 13. n'arrive pas à; 14. y arriverais; 15. n'arriveras, à; 16. arrive à

49.10 Activation: Dictée

Il ne me reste plus qu'une lettre, et je n'arrive pas à la placer

49.19 Activation: Compréhension auditive

doute: 1, 4, 7
intuition: 2, 3, 5, 6, 8

49.22 Activation

1. à; 2. se, à; 3. se, à; 4. est; 5. de; 6. de; 7. de; 8. de; 9. prendre des

49.27 Activation: Dictée

1. tu ne peux pas m'aider, Je n'y comprends rien, Tu t'attends pas à ce que je te fasse tes devoirs; 2. Qu'est-ce qu'il y a, Tu ne comprends pas, Tu veux que je te fasse un petit dessin; 3. Je me demande si je ne devrais pas m'acheter une petite voiture comme ça, je te le conseille, c'est formidable, ça tient la route d'une façon exceptionnelle, C'est du, du plastique qui roule, Mais qui tienne la route, ça, je n'en suis pas sûre, si, si

49.29 Activation

1. aperçoit; 2. aperçoivent; 3. apercevoir; 4. aperçoit; 5. aperçoivent; 6. aperçoit; 7. aperçu; 8. aperçu; 9. s'est aperçu; 10. s'aperçoit; 11. s'aperçoit; 12. s'est aperçu; 13. s'en apercevoir; 14. s'en aperçoive; 15. m'en aperçoive; 16. recevoir; 17. recevoir; 18. reçoivent; 19. reçoivent; 20. a reçu; 21. ai reçu; 22. a reçue; 23. reçu; 24. été reçue; 25. décevoir; 26. déçoit; 27. sois déçu; 28. décevrait

49.30 Activation

1. disparu; 2. disparaître; 3. apparaît; 4. apparaît; 5. paru (apparu); 6. a paru (apparu); 7. paraissait; 8. paraît; 9. paraissent, disparu (disparaissent, paru); 10. paraît; 11. paraissent; 12. paraît; 13. paraissez; 14. paraît; 15. paraît; 16. paraît

49.31 Activation

Apparition / Disparition: phrases 1 à 11
Apparence: phrases 12 à 16

49.32 Activation

1. me cachant; 2. en se cachant; 3. en pleurant; 4. en souriant; 5. en courant; 6. en courant; 7. en chantant; 8. en faisant; 9. en lisant; 10. Tout; 11. parlant; 12. laissant; 13. en descendant; 14. en passant; 15. en attendant; 16. En parlant; 17. En te serrant; 18. en sortant; 19. En sortant; 20. en se penchant; 21. En regardant; 22. en comptant; 23. en mangeant; 24. en buvant; 25. en vieillissant

49.33 Activation

Action concomitante: phrases 2 à 15, 17 à 22
Cause: phrases 16, 21, 23, 24

49.34 Activation

1. finit; 2 fini; 3. avoir fini; 4. as fini; 5. finir; 6. finira; 7. finissent; 8. finisse; 9. finissez; 10. réunis; 11. réunissez; 12. réunirions; 13. réunit; 14. ai, réussi; 15. ai réussi à, réussissions; 16. réussiras; 17. ai, réfléchi; 18. réfléchir; 19. Réfléchis; 20. réfléchi, Réfléchissons; 21. réfléchis; 22. réfléchir; 23. grandi; 24. grandissent; 25. grandirions; 26. grossir; 27. grossisse; 28. vieillissant; 29. vieillissez; 30. vieillis, vieillissons, vieillir

49.35 Activation

1. te le; 2. -le-moi; 3. me le, le, à; 4. ne te le dirai; 5. me le, reviendront; 6. le; 7. -le-leur

49.36 Activation

1. pleurer; 2. criait; 3. pleurait; 4. pleure; 5. crie; 6. ai pleuré; 7. crie (a crié); 8. crient (criaient); 9. pleurera; 10. pleurer; 11. pleut; 12. pleure, pleut; 13. plu; 14. plu; 15. pleuré

49.37 Activation: Dictée

1. ne pleure pas; 2. Il ne pleut plus; 3. Elle se met à pleurer; 4. Ça t'a plu; 5. Il a plu toute la journée; On s'est ennuyé à pleurer; Quand il n'a plus plu on est allé faire du bateau; Ça, ça nous a bien plu!

49.38 Activation

1. poupée; 2. ficelles; 3. ficelle, ficelle; 4. cordes; 5. corde; 6. corde; 7. cordes; 8. tâche; 9. net; 10. toute vitesse; 11. chercher; 12. allé chercher; 13. dormir debout

49.40 Exercice-test

1. peut; 2. arrivé; 3. du; 4. où; 5. qui; 6. Je; 7. Je me

49.41 Exercice-test

1. serions; 2. viendrait; 3. ferait

49.46 Entraînement à la lecture

1. creuser; creuser; creusé; creuse; creuse; 2. Pour extraire de la pierre; 3. cachette; 5. ossements; 6. Des grands cimetières parisiens; 7. Les cimetières étaient pleins

49.47 Entraînement à la lecture

1. Un jeune qui prend la route, sac au dos; 2. Dans le 14e arrondissement; 3. A Denfert-Rochereau; 4. Le mercredi à 14h 45; 5. fériés; 6. dépouille; 7. saturés; 8. gruyère; 10. déversés; 11. entrepose; 12. guettez, guette; 13. colimaçon; 14. linteau; 15. ossuaire, ossuaires, ossements; 16. frissonne; 17. benoîtement; 18. plaques; 19. jaillissent; 20. jaillit; 21. branché; 22. cinéphiles; 23. désabusé; 24. carrefour

49.48 Lecture et interprétation

1. mari, conjoint

49.49 Lecture et interprétation

1. figurez-vous; 2. malin; malin; 3. me croyais; 4. détrompez-vous; détromper; 5. a eu

Leçon 50

50.2 Compréhension auditive

1. A; 2. E; 3. F; 4. B; 5. D; 6. C

50.7 Activation

1. pensé de; 2. pense à; 3. pensé à; 4. as pensé du; 5. penses à; 6. penses de

50.16 Activation

1. de la; 2. à la, de la

50.24 Activation

1. parlions; 2. allons, ayons; 3. fasse; 4. fassions, les; 5. plaise; 6. plaira; 7. veuille; 8. ayez, de; 9. en avons; 10. ayez; 11. ait; 12. du, de l', du, du; 13. produisiez; 14. des

50.25 Activation

1. soit, soit; 2. ait; 3. soit; 4. soient, soit; 5. ait, sachions; 6. ait, ait; 7. sache, sachent; 8. fassent; 9. aillent, parlent, fasse; 10. puisse; 11. aillent; 12. veuille, est, sachions, puissions, a fait

50.26 Activation

1. que, à; 2. le, à l'; 3. à la; 4. au, à la, au; 5. du, au, des; 6. au; 7. à l'; 8. à la; 9. à l'; 10. à; 11. à; 12. d'; 13. à la, de, d'; 14. d', de; 15. de; 16. de; 17. de; 18. de, au; 19. au, de; 20. aux, à l'; 21. de, à la; 22. aux, de; 23. au, au

50.27 Activation

1. à; 2. à; 3. à; 4. à; 5. Fais; 6. rien à; 7. Dites; 8. rien à dire; 9. me tais, de; 10. de, rien à; 11. de, rien à boire; 12. à; 13. vu; 14. rien à; 15. rien à voir; 16. à; 17. d'; 18. à; 19. à; 20. de; 21. de, à, à

50.28 Activation

1. passe (passait, a passé); 2. réussi; 3. s'est bien passé; 4. au hasard; 5. meilleure; 6. par; 7. embêtes; 8. qu'à; 9. que ça; 10. âme; 11. recette; 12. la tête; 13. artisanat; 14. meilleur que; 15. est bien bonne; 16. bien bonne (,celle-là), meilleure de; 17. voulez rire; 18. jeux de mots; 19. jeu de mots; 20. faites rire; 21. mesure; 22. papier; 23. doute; 24. en; 25. en doute; 26. doute que; 27. se doute; 28. se doutait; 29. m'en doutais; 30. ne tienne; 31. cela ne tienne

50.29 Activation: Dictée

1. voilà, qui arrive; 2. voilà ma sœur qui revient; 3. Tiens, voilà mon bus qui arrive; 4. Voilà ce qu'il vous faut; 5. voilà ce que je te propose; 6. voilà quelqu'un que nous connaissons; 7. le voilà; 8. vous voilà, Comme je suis contente de vous voir; 9. Te voilà, Tu as mis le temps; 10. en voilà un; 11. Tiens, le voilà; 12. Voilà encore que vous vous moquez de moi

50.30 Activation: Dictée

1. ce que je préfère dans les voyages, c'est la préparation; 2. La vraie France, c'est la France qui travaille; 3. Ce ne sont pas eux qui fabriquent; 4. ce qui m'attirerait plutôt, ce serait; 5. C'est un truc qui a de l'avenir; 6. Ça, c'est un truc qui marche à tous les coups; 7. C'est vous qui décidez; 8. Mais c'est Papa qui m'a dit, Ah, bon; 9. Ce n'est pas moi qui les ai cassés, C'est toi, Non, ce n'est pas moi, c'est toi, c'est; 10. c'est lui qui parle; 11. C'est bien ce que je pensais; 12. C'est bien ce que je disais; 13. c'est l'église, C'est là que Maman veut que je me marie; 14. c'est là que j'ai loué une voiture

50.31 Activation

1. c'est ce qui reste quand; 2. c'est, qui; 3. sont ceux qui; 4. c'est, qui; 5. ce sont, qui; 6. c'est, qui; 7. c'est vous qui le; 8. c'est moi qui; 9. c'est lui qui; 10. C'est lui qui; 11. C'est toi qui, qui; 12. ce soit toi qui; 13. C'est, qui, qui; 14. ce sont, qui; 15. C'est ce que; 16. Tout ce que, c'est; 17. Tout ce qui, c'est; 18. qui, c'est que; 19. C'est là que; 20. Ce qu'il y a de, c'est; 21. Ce qu'il y a d', ce sont

50.32 Activation

1. Voilà un pays qui a; 2. En voilà; 3. voilà, qui va; 4. Voilà ce qui; 5. Me voilà; 6. Te; 7. les voilà; 8. la voilà

50.33 Activation

1. derrière; 2. derrière; 3. derrière; 4. derrière; 5. derrière; 6. derrière; 7. devant; 8. devant; 9. Devant; 10. devant; 11. devant; 12. devant; 13. devant; 14. derrière; 15. après; 16. devant; 17. avant; 18 autour de; 19. autour de; 20. autour de; 21. autour; 22. en haut; 23. en haut de; 24. en bas, en haut; 25. en haut du; 26. en bas; 27. au centre de; 28. au sud de; 29. au centre de; 30. au sud-ouest du (à l'ouest du); 31. à l'est; 32. à l'ouest de; 33. au nord de; 34. Dans le nord; 35. dans le, (dans) le sud-ouest; 36. dans le sud

50.34 Activation

1. Dans le nord de la France; 2. Dans l'ouest; 3. Dans le nord-ouest; 4. Dans le sud (dans le Midi); 5. Dans le sud-ouest; 6. Dans le centre; 7. Dans les Alpes; 8. Dans les Pyrénées; 9. En Normandie; 10. En Provence; 11. En Bourgogne; 12. En Bretagne; 13. Dans l'Ile-de-France; 14. Dans les Vosges et dans les Alpes; 15. Dans les Landes; 16. Sur la Côte d'Azur; 17. En Camargue; 18. A la Martinique; 19. Dans les Pyrénées orientales; 20. Dans le nord et dans l'est (en Lorraine); 21. Aux Etats-Unis et en Ukraine; 22. Au Canada, en Norvège; 23. Au Portugal; 24. Au Liban; 25. En Chine, au Cambodge; 26. Au Texas; 27. En Egypte; 28. Du Brésil, de Côte d'Ivoire, de Colombie; 29. De Normandie; 30. Du Liban; 31. Du Portugal; 32. De Bretagne; 33. Avec de l'aïl et de l'huile d'olive; 34. Avec des tripes de porc; 35. En Normandie; 36. Avec des pommes; 37. Des fromages (de vache); 38. Le brie, le (fromage de) chèvre, le roquefort, le saint-andré, le fromage à la crème . . . ; 39. Les bonbons, les chocolats, les boules de gomme, les berlingots de Carpentras, le nougat de Montélimar, les bêtises de Cambrai . . . ; 40. Le gâteau Saint-Honoré, les madeleines de Commercy, les éclairs, les choux à la crème, les tartes, les religieuses, les galettes bretonnes . . . ; 41. La choucroute, la bière; 42. le cassoulet; 43. Les truffes, le foie gras, le confit d'oie, les cèpes; 44. La bouillabaisse; 45. Le cidre, le beurre, la crème, les fromages, l'andouille de Vire, la sole normande, le canard rouennais, les tripes à la mode de Caen; 46. La fondue savoyarde; 47. Le jambon de montagne, le saint-nectaire et les eaux minérales; 48. Le poulet basquaise; 49. Le jambon; 50. Les crêpes, les huîtres, le homard à l'armoricaine, les galettes bretonnes

50.36 Exercice-test

1. de; 2. à; 3. à; 4. des

50.37 Exercice-test

1. au; 2. de; 3. en, de; 4. au; 5. du; 6. en; 7. dans le; 8. du; 9. à la; 10. de la; 11. dans les, au, à l'

50.43 Entraînement à la lecture

1. Gérard Lestouffe; 2. donné; 3. confions; 4. craignez; 5. Parce qu'aparemment elle avait encore quelque chose dans l'œil (en réalité elle était triste); 6. surveillent; 7. Si on y fait la cuisine à l'huile, au beurre, ou à la graisse; 8. que le moniteur veut rendre son petit garçon malade; 9. escalade; 10. plage, montagne; 11. son petit garçon doit aller à la montagne, mais elle est sur le quai d'un train qui va à la mer

50.44 Entraînement à la lecture

1. Dans le sud de la France; 2. Plate; 4. D'un miracle local; Ce sont des amies et parentes de Jésus-Christ qui, d'après la légende, ont débarqué sur cette plage; 5. Les Arlésiennes, les gardians; 6. Les Arlésiennes

50.45 Entraînement à la lecture

1. Ça ne vous dérange pas que je fume?; 2. ils fument

50.46 Lecture et interprétation

1. Les boissons alcoolisées et les boissons non-alcoolisées; Dans le catégorie des boissons non-alcoolisées; 2. Les boissons non-alcoolisées; 3. Elle diminue; 4. En dehors des repas; 5. Quand il fait chaud; 6. Une eau plate; 8. 28,2 litres par personne et par an

50.47 Lecture et interprétation

1. graisse; graisse

Leçon 51

51.2 Compréhension auditive

1. D; 2. F; 3. C; 4. A; 5. B; 6. E

51.9 Activation

1. mourra; 2. jeune femme (jeune fille); 3. cette vieille voiture; 4. fatigué; 5. J'en ai assez; 6. désagréable; 7. des hommes; 8. sou; 9. manger

51.11 Activation; Compréhension auditive

surprise; 1, 4, 6, 7, 10
calme imperturbable: 2, 3, 5, 8, 9, 11, 12

51.17 Activation

1. Prête-la-lui; 2. Prêtez-les-leur; 3. Achetez-en; 4. Achète-m'en deux; 5. Achetez-les; 6. Remboursez-la-moi; 7. Rapportez-m'en une; 8. Donnez-la-nous

51.18 Activation: Dictée

A. 1. sois gentille et donne-moi mes lunettes; 2. ne te gêne pas; 3. rends-moi mes, Rends-les-moi; 4. Ah, tais-toi; 5. tiens-toi bien; 6. Apporte-moi, vais te l'arranger; 7. Ne vous dérangez pas; 8. Va faire tes devoirs, Vas-y; 9. n'ennuie pas, Ne l'ennuie pas

51.20 Activation: Dictée

1. m'a fait quelque chose; 2. ne me fait rien

51.21 Activation: Dictée

1. Hum, ça ne te fait rien d'avoir 10 ans, Si, ça me fait quelque chose, Qu'est-ce que ça te fait d'avoir 10 ans, Je me sens vieille; 2. si ça ne te fait rien

51.22 Activation

1. ça fait; 2. ça fait partie; 3. Ça ne vous fait; 4. ça ne vous fait; 5. ne fait; 6. fait la cuisine (tout); 7. fait plus la vaisselle; 8. fait quelques pas; 9. a pas fait; 10. a fait demi-tour; 11. te ferai, dessin; 12. ferais une donation; 13. faire, gueuletons, te ferait, souvenirs; 14. faire du tourisme; 15. ai fait des sciences; 16. fasse, exercice; 17. faisait de l'œil, fait du; 18. fait, faisant du; 19. fait signe; 20. font rien de; 21. version, ai faite; 22. faisaient de l'; 23. ont fait les châteaux; 24. Faisons; 25. avons fait, avons fait; 26. avons fait mettre; 27. fasse; 28. se fait; 29. as bien fait; 30. feriez bien; 31. s'est fait mal; 32. a fait de; 33. ferions-nous de; 34. fait; 35. fassent; 36. fait; 37. fait qu'; 38. fait; 39. se fait; 40. Ça fait; 41. s'en fait, vous en faites; 42. ont fait semblant de; 43. faisait, faisaient; 44. fait face; 45. faites

51.29 Activation: Dictée

1. Je suis désolé, nous n'en avons pas, Mais puisque je vous dis que nous n'en avons pas; 2. Oui, Monsieur, je m'en occupe; 3. Tout de suite; 4. Une minute; 5. Mais certainement; 6. Le voilà, Méfiez-vous, c'est du mousseux; 7. Qu'est-ce que je vous sers; Un express; Très bien; 8. Ah, non! Il faut aller dans un bureau de poste ou un bureau de tabac, 4F 50; 9. Vous en avez un là-bas, de l'autre côté du pont, à droite; 10. au sous-sol, à côté des toilettes; les cabines téléphoniques sont au sous-sol, en bas, à côté des toilettes, au fond de la salle à droite; 11. Je suis désolé, Madame, il n'y en a plus, Mais nous avons un très bon pied de porc; 12. Bien, Madame, une côtelette d'agneau; 13. Vous avez choisi, Et comme cuisson, pour la grillade, Et pour commencer; 14. Vous prendrez du fromage, camembert, roquefort, pont-l'évêque, cantal, saint-andré, brie, chavignol. . . . Ça aussi c'est un chèvre; 15. Vous désirez un dessert, Poire, framboise, fruit de la passion?

51.30 Activation

1. sont allés, avait; 2. venaient (allaient); 3. étaient allés (sont allés); 4. allait, était; 5. s'est assis, s'asseyait, venait; 6. a aperçu (vu), passait; 7. a invité, a dit, ne pouvait, était, attendait; 8. avons vu, faisaient, ne pouvait pas rester, avait, attendait; 9. est arrivée, passait (avait); 10. a parlé, restait (était), ne pouvait, va; 11. peut pas, n'ont pas voulu; 12. a reçu, a téléphoné, était, est revenue, retourne (va); 13. étaient, ont fait, vont, sont; 14. ont achetés; 15. étaient, ont demandé, ont demandée, s'est dirigé, a obtenu (demandé), a payé; 16. avons entendu, était, jouaient, pleuvait, ne pouvaient pas, avait, regardait, voit, regarde, pense, va; 17. a présenté, était, a perdu, avait, empruntait, avait, l'a vendue; 18. a vu, a cru (a vu), avait, n'a, eu; 19. avons fait, était, n'avait pas; 20. a gagné à, a pas acheté, a trouvé, se

promenaient, a gagné, a retrouvé, avait rencontré, avaient eu, était parti, est, aime; 21. a gagné, est, ont acheté, voulait, fassent; 22. a apporté, l'a débouchée, a sauté, c'était, a frappé, était assis

51.31 Activation
1. de; 2. de; 3. de; 4. de; 5. de; 6. m'en; 7. de; 8. à; 9. à; 10. —; 11. —; 12. à; 13. de; 14. à; 15. à ce que; 16. à; 17. à; 18. d'; 19. de; 20. à; 21. de; 22. de; 23. de, d'; 24. d'; 25. de; 26. à

51.33 Exercice-test
Jean-Pierre: 3, 5, 6, 7, 9
Tante Amélie: 1, 2, 4, 8, 10

51.34 Exercice-test
1. allez-y; 2. ne nous en donne pas; 3. ne m'en parlez pas; 4. couche-toi; 5. prête-la-lui; 6. demande-lui-en; 7. achètes-en; 8. prenez-les-moi

51.39 Entraînement à la lecture
1. pilotes, plutôt inexpérimenté; 2. franchir; 3. baptême; 4. ceinture de sauvetage; 5. le dos; 7. étouffe; 8. réacteurs; 9. décolle; 10. sans feu; 11. sauter; 12. Parce qu'ils descendent; 13. prière, fait; 14. là-haut; 15. sauter, a sauté (saute), sauter, (saute); 16. sièges; 17. fauteuil; 18. meubles, sauve; 19. parasol; 20. gonfler, gonfler, gonfle; 21. flots; 22. connaissance

51.40 Entraînement à la lecture
1. maigre; devenu; 2. ventre; pris; 3. ventre; devenu, petit

51.41 Entraînement à la lecture
1. Parce que si on ne pense pas, on n'est (existe) pas; 2. vaut rien; rien n'était; 3. petits riens; bout à bout; 4. avoue; 5. en veux

51.42 Entraînement à la lecture
1. De la soie chinoise et des tissus; 2. emplacement; 3. enseigne; 7. leurs habitudes; 8. prix, prix, prix, prix; 10. relâche; 11. Autrefois, dans des pots en argent; maintenant, dans des pots en porcelaine; parce que les clients volaient les pots en argent; 12. Parce que la terrasse est prise d'assaut; 15. Plutôt de gauche; 16. faramineuse; 18. limonade; 19. marche; 21. force; 22. suranné; 23. estompent; 24. Des acteurs, des auteurs, des vedettes . . . ; 25. boisson; 26. Parce que vous avez beaucoup de chance; 27. Non, ils ont cédé la place aux bourgeois; 28. poil; tout poil; 29. Une grande abbaye; 33. serein; 34. Qu'elle ressemble à ce qu'on faisait sous Mussolini et Staline; 35. Parce qu'il y a beaucoup de circulation; 36. flic; 37. A donner de l'oxygène; 40. feutrée; 44. En 1635; 45. Ils défendent la langue française; 48. coup de cœur; 50. C'est une rue très isolée, discrète

51.43 Lecture et interprétation
1. Il avait entendu dire que les indiens des Caraïbes étaient cannibales; 2. Les bananes et la canne à sucre; 3. Le tourisme la culture de la canne à sucre, de la banane, de l'ananas; 4. Il y a eu une éruption du volcan local, la montagne Pelée; 5. On l'avait mis en prison la veille, les murs de sa prison l'ont protégé; 6. C'est une Martiniquaise qui a épousé Napoléon

51.44 Lecture et interprétation
Quelqu'un qui a entre soixante-dix et soixante-dix-neuf ans; Quelqu'un qui a entre quatre-vingt-dix et quatre-vingt-dix-neuf ans

51.45 Pratique de l'écriture
1. province, Provence, et Provins; 2. Elle transforme le mot *grange* en *garage* (c'est plus facile que de transformer une vraie grange en garage!); 3. Hubert a une Méhari; Robert appelle Hubert "chameau"; 4. Elle parle de *sidérurgie* (la production d'acier) parce que Jean-Michel dit qu'il a été *sidéré* (frappé de stupeur) par le spectacle d'un four solaire qui liquéfiait les métaux; 5. Il fait écho à *Ouessant* en disant "Où est-ce, ça?", mais c'est peut-être inconscient; 6. Il joue sur "le *riz*" et le verbe "je *ris*"; 7. *Parthénon* et "vous *partez, non?*"

Leçon 52

52.4 Lecture et interprétation
1. A Nice; 2. A Annecy; 3. Ils n'ont pas voulu quitter la France; 4. C'est une grande ville (500 000 habitants); 5. effacer ce qui avait précédé; 6. En train; 7. Non, mais il est en avance: le train de Sylvia n'arrive qu'à 22h 30; 8. Il a pensé qu'il aurait pu y avoir des diamantaires dans le train. Il dévisageait les voyageurs; 9. la Croix du Sud; 11. réfugier; 12. inaperçus; 13. disparaître; 14. auparavant; 15. Un jersey noir; 16. l'encolure; 17. col; 18. Un diamant; 19. saugrenue; 20. dévisageait

52.5 Entraînement à la lecture
1. Les Anglais et les Français; les Anglais voulaient s'installer en France; 2. Le roi d'Angleterre, Edouard III; 3. Un général français; 4. Les Anglais; 5. Elle a entendu des voix célestes qui lui disaient d'aider le dauphin à chasser les Anglais; 7. Elle a libéré la ville d'Orléans; 8. Jeanne d'Arc y a fait couronner le dauphin; 9. Un tribunal ecclésiastique; ils l'ont condamnée comme hérétique et sorcière; 10. Les Anglais

52.6 Entraînement à la lecture
2. Maintenant, les voix se manifestent par téléphone . . . ; 3. C'est une femme sérieuse (une sainte!); 4. Au paradis (là-haut), parce qu'elle a été canonisée; 5. Le corps de Jeanne d'Arc a été brûlé, il ne restait d'elle qu'une petite flamme (spirituelle?); 6. Le Président de la République; 7. Elle ne veut pas que les Anglais reviennent en France; 8. dérangé; 9. éteinte

52.7 Entraînement à la lecture
1. La droite; 2. Le parti socialiste est un parti de gauche. Le Front National est un parti de droite.

Conjugaison des verbes types

Modes et temps	Personnes du singulier			Personnes du pluriel		
	1ère	2ème	3ème	1ère	2ème	3ème

1. Avoir

INDICATIF

présent	ai	as	a	avons	avez	ont
passé composé	ai eu	as eu	a eu	avons eu	avez eu	ont eu
imparfait	avais	avais	avait	avions	aviez	avaient
plus-que-parfait	avais eu	avais eu	avait eu	avions eu	aviez eu	avaient eu
futur	aurai	auras	aura	aurons	aurez	auront
passé simple	eus	eus	eut	eûmes	eûtes	eurent

CONDITIONNEL

présent	aurais	aurais	aurait	aurions	auriez	auraient
passé	aurais eu	aurais eu	aurait eu	aurions eu	auriez eu	auraient eu

SUBJONCTIF

présent	aie	aies	ait	ayons	ayez	aient
passé	aie eu	aies eu	ait eu	ayons eu	ayez eu	aient eu

IMPERATIF

	—	—	aie	ayons	ayez	—

PARTICIPE

présent		ayant
passé		eu

INFINITIF

avoir

2. Etre

INDICATIF

présent	suis	es	est	sommes	êtes	sont
passé composé	ai été	as été	a été	avons été	avez été	ont été
imparfait	étais	étais	était	étions	étiez	étaient
plus-que-parfait	avais été	avais été	avait été	avions été	aviez été	avaient été
futur	serai	seras	sera	serons	serez	seront
passé simple	fus	fus	fut	fûmes	fûtes	furent

CONDITIONNEL

présent	serais	serais	serait	serions	seriez	seraient
passé	aurais été	aurais été	aurait été	aurions été	auriez été	auraient été

SUBJONCTIF

présent	sois	sois	soit	soyons	soyez	soient
passé	aie été	aies été	ait été	ayons été	ayez été	aient été

IMPERATIF

	—	sois	—	soyons	soyez	—

PARTICIPE

présent		étant
passé		été

INFINITIF

être

Modes et temps	Personnes du singulier			Personnes du pluriel		
	1ère	2ème	3ème	1ère	2ème	3ème

3. Aller

INDICATIF

présent	vais	vas	va	allons	allez	vont
passé composé	suis allé(e)	es allé(e)	est allé(e)	sommes allé(e)s	êtes allé(e)(s)	sont allé(e)s
imparfait	allais	allais	allait	allions	alliez	allaient
plus-que-parfait	étais allé(e)	étais allé(e)	était allé(e)	étions allé(e)s	étiez allé(e)(s)	étaient allé(e)s
futur	irai	iras	ira	irons	irez	iront
passé simple	allai	allas	alla	allâmes	allâtes	allèrent

CONDITIONNEL

présent	irais	irais	irait	irions	iriez	iraient
passé	serais allé(e)	serais allé(e)	serait allé(e)	serions allé(e)s	seriez allé(e)(s)	seraient allé(e)s

SUBJONCTIF

présent	aille	ailles	aille	allions	alliez	aillent
passé	sois allé(e)	sois allé(e)	soit allé(e)	soyons allé(e)s	soyez allé(e)(s)	soient allé(e)s

IMPERATIF

	—	va	—	allons	allez	—

PARTICIPE

présent			allant			
passé			allé			

INFINITIF

			aller			

4. -er, Parler

INDICATIF

présent	parle	parles	parle	parlons	parlez	parlent
passé composé	ai parlé	as parlé	a parlé	avons parlé	avez parlé	ont parlé
imparfait	parlais	parlais	parlait	parlions	parliez	parlaient
plus-que-parfait	avais parlé	avais parlé	avait parlé	avions parlé	aviez parlé	avaient parlé
futur	parlerai	parleras	parlera	parlerons	parlerez	parleront
passé simple	parlai	parlas	parla	parlâmes	parlâtes	parlèrent

CONDITIONNEL

présent	parlerais	parlerais	parlerait	parlerions	parleriez	parleraient
passé	aurais parlé	aurais parlé	aurait parlé	aurions parlé	auriez parlé	auraient parlé

SUBJONCTIF

présent	parle	parles	parle	parlions	parliez	parlent
passé	aie parlé	aies parlé	ait parlé	ayons parlé	ayez parlé	aient parlé

IMPERATIF

	—	parle	—	parlons	parlez	—

PARTICIPE

présent			parlant			
passé			parlé			

INFINITIF

			parler			

Modes et temps	Personnes du singulier			Personnes du pluriel		
	1ère	2ème	3ème	1ère	2ème	3ème

4a. -cer, Commencer

INDICATIF

présent	commence	commences	commence	commençons	commencez	commencent
passé composé	ai commencé	as commencé	a commencé	avons commencé	avez commencé	ont commencé
imparfait	commençais	commençais	commençait	commencions	commenciez	commençaient
plus-que-parfait	avais commencé	avais commencé	avait commencé	avions commencé	aviez commencé	avaient commencé
futur	commencerai	commenceras	commencera	commencerons	commencerez	commenceront
passé simple	commençai	commenças	commença	commençâmes	commençâtes	commencèrent

CONDITIONNEL

présent	commencerais	commencerais	commencerait	commencerions	commenceriez	commenceraient
passé	aurais commencé	aurais commencé	aurait commencé	aurions commencé	auriez commencé	auraient commencé

SUBJONCTIF

présent	commence	commences	commence	commencions	commenciez	commencent
passé	aie commencé	aies commencé	ait commencé	ayons commencé	ayez commencé	aient commencé

IMPERATIF

	—	commence	—	commençons	commencez	—

PARTICIPE

présent   commençant
passé   commencé

INFINITIF   commencer

4b. -ger, Manger

INDICATIF

présent	mange	manges	mange	mangeons	mangez	mangent
passé composé	ai mangé	as mangé	a mangé	avons mangé	avez mangé	ont mangé
imparfait	mangeais	mangeais	mangeait	mangions	mangiez	mangeaient
plus-que-parfait	avais mangé	avais mangé	avait mangé	avions mangé	aviez mangé	avaient mangé
futur	mangerai	mangeras	mangera	mangerons	mangerez	mangeront
passé simple	mangeai	mangeas	mangea	mangeâmes	mangeâtes	mangèrent

CONDITIONNEL

présent	mangerais	mangerais	mangerait	mangerions	mangeriez	mangeraient
passé	aurais mangé	aurais mangé	aurait mangé	aurions mangé	auriez mangé	auraient mangé

SUBJONCTIF

présent	mange	manges	mange	mangions	mangiez	mangent
passé	aie mangé	aies mangé	ait mangé	ayons mangé	ayez mangé	aient mangé

IMPERATIF

	—	mange	—	mangeons	mangez	—

PARTICIPE

présent   mangeant
passé   mangé

INFINITIF   manger

Modes et temps	Personnes du singulier			Personnes du pluriel		
	1ère	2ème	3ème	1ère	2ème	3ème

5. -ir, Choisir

INDICATIF

présent	choisis	choisis	choisit	choisissons	choisissez	choisissent
passé composé	ai choisi	as choisi	a choisi	avons choisi	avez choisi	ont choisi
imparfait	choisissais	choisissais	choisissait	choisissions	choisissiez	choisissaient
plus-que-parfait	avais choisi	avais choisi	avait choisi	avions choisi	aviez choisi	avaient choisi
futur	choisirai	choisiras	choisira	choisirons	choisirez	choisiront
passé simple	choisis	choisis	choisit	choisîmes	choisîtes	choisirent

CONDITIONNEL

présent	choisirais	choisirais	choisirait	choisirions	choisiriez	choisiraient
passé	aurais choisi	aurais choisi	aurait choisi	aurions choisi	auriez choisi	auraient choisi

SUBJONCTIF

présent	choisisse	choisisses	choisisse	choisissions	choisissiez	choisissent
passé	aie choisi	aies choisi	ait choisi	ayons choisi	ayez choisi	aient choisi

IMPERATIF

	—	choisis	—	choisissons	choisissez	—

PARTICIPE

présent			choisissant			
passé			choisi			

INFINITIF

			choisir			

6. -re, Attendre

INDICATIF

présent	attends	attends	attend	attendons	attendez	attendent
passé composé	ai attendu	as attendu	a attendu	avons attendu	avez attendu	ont attendu
imparfait	attendais	attendais	attendait	attendions	attendiez	attendaient
plus-que-parfait	avais attendu	avais attendu	avait attendu	avions attendu	aviez attendu	avaient attendu
futur	attendrai	attendras	attendra	attendrons	attendrez	attendront
passé simple	attendis	attendis	attendit	attendîmes	attendîtes	attendirent

CONDITIONNEL

présent	attendrais	attendrais	attendrait	attendrions	attendriez	attendraient
passé	aurais attendu	aurais attendu	aurait attendu	aurions attendu	auriez attendu	auraient attendu

SUBJONCTIF

présent	attende	attendes	attende	attendions	attendiez	attendent
passé	aie attendu	aies attendu	ait attendu	ayons attendu	ayez attendu	aient attendu

IMPERATIF

	—	attends	—	attendons	attendez	—

PARTICIPE

présent			attendant			
passé			attendu			

INFINITIF

			attendre			

Modes et temps	Personnes du singulier			Personnes du pluriel		
	1ère	2ème	3ème	1ère	2ème	3ème

7. Laver (Se)

INDICATIF

présent	me lave	te laves	se lave	nous lavons	vous lavez	se lavent
passé composé	me suis lavé(e)	t'es lavé(e)	s'est lavé(e)	nous sommes lavé(e)s	vous êtes lavé(e)(s)	se sont lavé(e)s
imparfait	me lavais	te lavais	se lavait	nous lavions	vous laviez	se lavaient
plus-que-parfait	m'étais lavé(e)	t'étais lavé(e)	s'était lavé(e)	nous étions lavé(e)s	vous étiez lavé(e)(s)	s'étaient lavé(e)s
futur	me laverai	te laveras	se lavera	nous laverons	vous laverez	se laveront
passé simple	me lavai	te lavas	se lava	nous lavâmes	vous lavâtes	se lavèrent

CONDITIONNEL

présent	me laverais	te laverais	se laverait	nous laverions	vous laveriez	se laveraient
passé	me serais lavé(e)	te serais lavé(e)	se serait lavé(e)	nous serions lavé(e)s	vous seriez lavé(e)(s)	se seraient lavé(e)s

SUBJONCTIF

présent	me lave	te lave	se lave	nous lavions	vous laviez	se lavent
passé	me sois lavé(e)	te sois lavé(e)	se soit lavé(e)	nous soyons lavé(e)s	vous soyez lavé(e)(s)	se soient lavé(e)s

IMPERATIF

	—	lave-toi	—	lavons-nous	lavez-vous	—

PARTICIPE

présent		se lavant
passé		lavé

INFINITIF

		se laver

8. Acheter

INDICATIF

présent	achète	achètes	achète	achetons	achetez	achètent
passé composé	ai acheté	as acheté	a acheté	avons acheté	avez acheté	ont acheté
imparfait	achetais	achetais	achetait	achetions	achetiez	achetaient
plus-que-parfait	avais acheté	avais acheté	avait acheté	avions acheté	aviez acheté	avaient acheté
futur	achèterai	achèteras	achètera	achèterons	achèterez	achèteront
passé simple	achetai	achetas	acheta	achetâmes	achetâtes	achetèrent

CONDITIONNEL

présent	achèterais	achèterais	achèterait	achèterions	achèteriez	achèteraient
passé	aurais acheté	aurais acheté	aurait acheté	aurions acheté	auriez acheté	auraient acheté

SUBJONCTIF

présent	achète	achètes	achète	achetions	achetiez	achètent
passé	aie acheté	aies acheté	ait acheté	ayons acheté	ayez acheté	aient acheté

IMPERATIF

	—	achète	—	achetons	achetez	—

PARTICIPE

présent		achetant
passé		acheté

INFINITIF

		acheter

Modes et temps	Personnes du singulier			Personnes du pluriel		
	1ère	2ème	3ème	1ère	2ème	3ème

9. Appeler

INDICATIF

présent	appelle	appelles	appelle	appelons	appelez	appellent
passé composé	ai appelé	as appelé	a appelé	avons appelé	avez appelé	ont appelé
imparfait	appelais	appelais	appelait	appelions	appeliez	appelaient
plus-que-parfait	avais appelé	avais appelé	avait appelé	avions appelé	aviez appelé	avaient appelé
futur	appellerai	appelleras	appellera	appellerons	appellerez	appelleront
passé simple	appelai	appelas	appela	appelâmes	appelâtes	appelèrent

CONDITIONNEL

présent	appellerais	appellerais	appellerait	appellerions	appelleriez	appelleraient
passé	aurais appelé	aurais appelé	aurait appelé	aurions appelé	auriez appelé	auraient appelé

SUBJONCTIF

présent	appelle	appelles	appelle	appelions	appeliez	appellent
passé	aie appelé	aies appelé	ait appelé	ayons appelé	ayez appelé	aient appelé

IMPERATIF

	—	appelle	—	appelons	appelez	—

PARTICIPE

présent			appelant			
passé			appelé			

INFINITIF

			appeler			

9a. Jeter

INDICATIF

présent	jette	jettes	jette	jetons	jetez	jettent
passé composé	ai jeté	as jeté	a jeté	avons jeté	avez jeté	ont jeté
imparfait	jetais	jetais	jetait	jetions	jetiez	jetaient
plus-que-parfait	avais jeté	avais jeté	avait jeté	avions jeté	aviez jeté	avaient jeté
futur	jetterai	jetteras	jettera	jetterons	jetterez	jetteront
passé simple	jetai	jetas	jeta	jetâmes	jetâtes	jetèrent

CONDITIONNEL

présent	jetterais	jetterais	jetterait	jetterions	jetteriez	jetteraient
passé	aurais jeté	aurais jeté	aurait jeté	aurions jeté	auriez jeté	auraient jeté

SUBJONCTIF

présent	jette	jettes	jette	jetions	jetiez	jettent
passé	aie jeté	aies jeté	ait jeté	ayons jeté	ayez jeté	aient jeté

IMPERATIF

	—	jette	—	jetons	jetez	—

PARTICIPE

présent			jetant			
passé			jeté			

INFINITIF

			jeter			

Modes et temps	Personnes du singulier			Personnes du pluriel		
	1ère	2ème	3ème	1ère	2ème	3ème

10. Préférer

INDICATIF

présent	préfère	préfères	préfère	préférons	préférez	préfèrent
passé composé	ai préféré	as préféré	a préféré	avons préféré	avez préféré	ont préféré
imparfait	préférais	préférais	préférait	préférions	préfériez	préféraient
plus-que-parfait	avais préféré	avais préféré	avait préféré	avions préféré	aviez préféré	avaient préféré
futur	préférerai (préfèrerai)	préféreras (préfèreras)	préférera (préfèrera)	préférerons (préfèrerons)	préférerez (préfèrerez)	préféreront (préfèreront)
passé simple	préférai	préféras	préféra	préférâmes	préférâtes	préférèrent

CONDITIONNEL

présent	préférerais (préfèrerais)	préférerais (préfèrerais)	préférerait (préfèrerait)	préférerions (préfèrerions)	préféreriez (préfèreriez)	préféreraient (préfèreraient)
passé	aurais préféré	aurais préféré	aurait préféré	aurions préféré	auriez préféré	auraient préféré

SUBJONCTIF

présent	préfère	préfères	préfère	préférions	préfériez	préfèrent
passé	aie préféré	aies préféré	ait préféré	ayons préféré	ayez préféré	aient préféré

IMPERATIF

	—	préfère	—	préférons	préférez	—

PARTICIPE

présent			préférant			
passé			préféré			

INFINITIF   préférer

11. Essayer

INDICATIF

présent	essaie	essaies	essaie	essayons	essayez	essaient
passé composé	ai essayé	as essayé	a essayé	avons essayé	avez essayé	ont essayé
imparfait	essayais	essayais	essayait	essayions	essayiez	essayaient
plus-que-parfait	avais essayé	avais essayé	avait essayé	avions essayé	aviez essayé	avaient essayé
futur	essaierai	essaieras	essaiera	essaierons	essaierez	essaieront
passé simple	essayai	essayas	essaya	essayâmes	essayâtes	essayèrent

CONDITIONNEL

présent	essaierais	essaierais	essaierait	essaierions	essaieriez	essaieraient
passé	aurais essayé	aurais essayé	aurait essayé	aurions essayé	auriez essayé	auraient essayé

SUBJONCTIF

présent	essaie	essaies	essaie	essayions	essayiez	essaient
passé	aie essayé	aies essayé	ait essayé	ayons essayé	ayez essayé	aient essayé

IMPERATIF

	—	essaie	—	essayons	essayez	—

PARTICIPE

présent			essayant			
passé			essayé			

INFINITIF   essayer

Modes et temps	Personnes du singulier			Personnes du pluriel		
	1ère	2ème	3ème	1ère	2ème	3ème

12. Boire

INDICATIF

présent	bois	bois	boit	buvons	buvez	boivent
passé composé	ai bu	as bu	a bu	avons bu	avez bu	ont bu
imparfait	buvais	buvais	buvait	buvions	buviez	buvaient
plus-que-parfait	avais bu	avais bu	avait bu	avions bu	aviez bu	avaient bu
futur	boirai	boiras	boira	boirons	boirez	boiront
passé simple	bus	bus	but	bûmes	bûtes	burent

CONDITIONNEL

présent	boirais	boirais	boirait	boirions	boiriez	boiraient
passé	aurais bu	aurais bu	aurait bu	aurions bu	auriez bu	auraient bu

SUBJONCTIF

présent	boive	boives	boive	buvions	buviez	boivent
passé	aie bu	aies bu	ait bu	ayons bu	ayez bu	aient bu

IMPERATIF

	—	bois	—	buvons	buvez	—

PARTICIPE

présent		buvant
passé		bu

INFINITIF

	boire

13. Conduire

INDICATIF

présent	conduis	conduis	conduit	conduisons	conduisez	conduisent
passé composé	ai conduit	as conduit	a conduit	avons conduit	avez conduit	ont conduit
imparfait	conduisais	conduisais	conduisait	conduisions	conduisiez	conduisaient
plus-que-parfait	avais conduit	avais conduit	avait conduit	avions conduit	aviez conduit	avaient conduit
futur	conduirai	conduiras	conduira	conduirons	conduirez	conduiront
passé simple	conduisis	conduisis	conduisit	conduisîmes	conduisîtes	conduisirent

CONDITIONNEL

présent	conduirais	conduirais	conduirait	conduirions	conduiriez	conduiraient
passé	aurais conduit	aurais conduit	aurait conduit	aurions conduit	auriez conduit	auraient conduit

SUBJONCTIF

présent	conduise	conduises	conduise	conduisions	conduisiez	conduisent
passé	aie conduit	aies conduit	ait conduit	ayons conduit	ayez conduit	aient conduit

IMPERATIF

	—	conduis	—	conduisons	conduisez	—

PARTICIPE

présent		conduisant
passé		conduit

INFINITIF

	conduire

Modes et temps	Personnes du singulier			Personnes du pluriel		
	1ère	2ème	3ème	1ère	2ème	3ème

14. Connaître

INDICATIF

présent	connais	connais	connaît	connaissons	connaissez	connaissent
passé composé	ai connu	as connu	a connu	avons connu	avez connu	ont connu
imparfait	connaissais	connaissais	connaissait	connaissions	connaissiez	connaissaient
plus-que-parfait	avais connu	avais connu	avait connu	avions connu	aviez connu	avaient connu
futur	connaîtrai	connaîtras	connaîtra	connaîtrons	connaîtrez	connaîtront
passé simple	connus	connus	connut	connûmes	connûtes	connurent

CONDITIONNEL

présent	connaîtrais	connaîtrais	connaîtrait	connaîtrions	connaîtriez	connaîtraient
passé	aurais connu	aurais connu	aurait connu	aurions connu	auriez connu	auraient connu

SUBJONCTIF

présent	connaisse	connaisses	connaisse	connaissions	connaissiez	connaissent
passé	aie connu	aies connu	ait connu	ayons connu	ayez connu	aient connu

IMPERATIF

	—	connais	—	connaissons	connaissez	—

PARTICIPE

présent			connaissant			
passé			connu			

INFINITIF

			connaître			

15. Courir

INDICATIF

présent	cours	cours	court	courons	courez	courent
passé composé	ai couru	as couru	a couru	avons couru	avez couru	ont couru
imparfait	courais	courais	courait	courions	couriez	couraient
plus-que-parfait	avais couru	avais couru	avait couru	avions couru	aviez couru	avaient couru
futur	courrai	courras	courra	courrons	courrez	courront
passé simple	courus	courus	courut	courûmes	courûtes	coururent

CONDITIONNEL

présent	courrais	courrais	courrait	courrions	courriez	courraient
passé	aurais couru	aurais couru	aurait couru	aurions couru	auriez couru	auraient couru

SUBJONCTIF

présent	coure	coures	coure	courions	couriez	courent
passé	aie couru	aies couru	ait couru	ayons couru	ayez couru	aient couru

IMPERATIF

	—	cours	—	courons	courez	—

PARTICIPE

présent			courant			
passé			couru			

INFINITIF

			courir			

Modes et temps	Personnes du singulier			Personnes du pluriel		
	lère	2ème	3ème	lère	2ème	3ème

16. Croire

INDICATIF

présent	crois	crois	croit	croyons	croyez	croient
passé composé	ai cru	as cru	a cru	avons cru	avez cru	ont cru
imparfait	croyais	croyais	croyait	croyions	croyiez	croyaient
plus-que-parfait	avais cru	avais cru	avait cru	avions cru	aviez cru	avaient cru
futur	croirai	croiras	croira	croirons	croirez	croiront
passé simple	crus	crus	crut	crûmes	crûtes	crurent

CONDITIONNEL

présent	croirais	croirais	croirait	croirions	croiriez	croiraient
passé	aurais cru	aurais cru	aurait cru	aurions cru	auriez cru	auraient cru

SUBJONCTIF

présent	croie	croies	croie	croyions	croyiez	croient
passé	aie cru	aies cru	ait cru	ayons cru	ayez cru	aient cru

IMPERATIF

	—	crois	—	croyons	croyez	—

PARTICIPE

présent			croyant
passé			cru

INFINITIF

			croire

17. Devoir

INDICATIF

présent	dois	dois	doit	devons	devez	doivent
passé composé	ai dû	as dû	a dû	avons dû	avez dû	ont dû
imparfait	devais	devais	devait	devions	deviez	devaient
plus-que-parfait	avais dû	avais dû	avait dû	avions dû	aviez dû	avaient dû
futur	devrai	devras	devra	devrons	devrez	devront
passé simple	dus	dus	dut	dûmes	dûtes	durent

CONDITIONNEL

présent	devrais	devrais	devrait	devrions	devriez	devraient
passé	aurais dû	aurais dû	aurait dû	aurions dû	auriez dû	auraient dû

SUBJONCTIF

présent	doive	doives	doive	devions	deviez	doivent
passé	aie dû	aies dû	ait dû	ayons dû	ayez dû	aient dû

IMPERATIF

	—	dois	—	devons	devez	—

PARTICIPE

présent			devant
passé			dû

INFINITIF

			devoir

Modes et temps	Personnes du singulier			Personnes du pluriel		
	1ère	2ème	3ème	1ère	2ème	3ème

18. Dire

INDICATIF

présent	dis	dis	dit	disons	dites	disent
passé composé	ai dit	as dit	a dit	avons dit	avez dit	ont dit
imparfait	disais	disais	disait	disions	disiez	disaient
plus-que-parfait	avais dit	avais dit	avait dit	avions dit	aviez dit	avaient dit
futur	dirai	diras	dira	dirons	direz	diront
passé simple	dis	dis	dit	dîmes	dîtes	dirent

CONDITIONNEL

présent	dirais	dirais	dirait	dirions	diriez	diraient
passé	aurais dit	aurais dit	aurait dit	aurions dit	auriez dit	auraient dit

SUBJONCTIF

présent	dise	dises	dise	disions	disiez	disent
passé	aie dit	aies dit	ait dit	ayons dit	ayez dit	aient dit

IMPERATIF

	—	dis	—	disons	dites	—

PARTICIPE

présent		disant
passé		dit

INFINITIF

	dire

19. Ecrire

INDICATIF

présent	écris	écris	écrit	écrivons	écrivez	écrivent
passé composé	ai écrit	as écrit	a écrit	avons écrit	avez écrit	ont écrit
imparfait	écrivais	écrivais	écrivait	écrivions	écriviez	écrivaient
plus-que-parfait	avais écrit	avais écrit	avait écrit	avions écrit	aviez écrit	avaient écrit
futur	écrirai	écriras	écrira	écrirons	écrirez	écriront
passé simple	écrivis	écrivis	écrivit	écrivîmes	écrivîtes	écrivirent

CONDITIONNEL

présent	écrirais	écrirais	écrirait	écririons	écririez	écriraient
passé	aurais écrit	aurais écrit	aurait écrit	aurions écrit	auriez écrit	auraient écrit

SUBJONCTIF

présent	écrive	écrives	écrive	écrivions	écriviez	écrivent
passé	aie écrit	aies écrit	ait écrit	ayons écrit	ayez écrit	aient écrit

IMPERATIF

	—	écris	—	écrivons	écrivez	—

PARTICIPE

présent		écrivant
passé		écrit

INFINITIF

	écrire

Modes et temps	Personnes du singulier			Personnes du pluriel		
	1ère	2ème	3ème	1ère	2ème	3ème

20. Eteindre

INDICATIF

présent	éteins	éteins	éteint	éteignons	éteignez	éteignent
passé composé	ai éteint	as éteint	a éteint	avons éteint	avez éteint	ont éteint
imparfait	éteignais	éteignais	éteignait	éteignions	éteigniez	éteignaient
plus-que-parfait	avais éteint	avais éteint	avait éteint	avions éteint	aviez éteint	avaient éteint
futur	éteindrai	éteindras	éteindra	éteindrons	éteindrez	éteindront
passé simple	éteignis	éteignis	éteignit	éteignîmes	éteignîtes	éteignirent

CONDITIONNEL

présent	éteindrais	éteindrais	éteindrait	éteindrions	éteindriez	éteindraient
passé	aurais éteint	aurais éteint	aurait éteint	aurions éteint	auriez éteint	auraient éteint

SUBJONCTIF

présent	éteigne	éteignes	éteigne	éteignions	éteigniez	éteignent
passé	aie éteint	aies éteint	ait éteint	ayons éteint	ayez éteint	aient éteint

IMPERATIF

	—	éteins	—	éteignons	éteignez	—

PARTICIPE

présent			éteignant	
passé			éteint	

INFINITIF

			éteindre	

21. Faire

INDICATIF

présent	fais	fais	fait	faisons	faites	font
passé composé	ai fait	as fait	a fait	avons fait	avez fait	ont fait
imparfait	faisais	faisais	faisait	faisions	faisiez	faisaient
plus-que-parfait	avais fait	avais fait	avait fait	avions fait	aviez fait	avaient fait
futur	ferai	feras	fera	ferons	ferez	feront
passé simple	fis	fis	fit	fîmes	fîtes	firent

CONDITIONNEL

présent	ferais	ferais	ferait	ferions	feriez	feraient
passé	aurais fait	aurais fait	aurait fait	aurions fait	auriez fait	auraient fait

SUBJONCTIF

présent	fasse	fasses	fasse	fassions	fassiez	fassent
passé	aie fait	aies fait	ait fait	ayons fait	ayez fait	aient fait

IMPERATIF

	—	fais	—	faisons	faites	—

PARTICIPE

présent			faisant	
passé			fait	

INFINITIF

			faire	

Modes et temps	Personnes du singulier			Personnes du pluriel		
	1ère	2ème	3ème	1ère	2ème	3ème

22. Falloir

INDICATIF

présent	—	—	faut	—	—	—
passé composé	—	—	a fallu	—	—	—
imparfait	—	—	fallait	—	—	—
plus-que-parfait	—	—	avait fallu	—	—	—
futur	—	—	faudra	—	—	—
passé simple	—	—	fallut	—	—	—

CONDITIONNEL

présent	—	—	faudrait	—	—	—
passé	—	—	aurait fallu	—	—	—

SUBJONCTIF

présent	—	—	faille	—	—	—
passé	—	—	ait fallu	—	—	—

IMPERATIF

	—	—	—	—	—	—

PARTICIPE

présent			—			
passé			fallu			

INFINITIF

			falloir			

23. Lire

INDICATIF

présent	lis	lis	lit	lisons	lisez	lisent
passé composé	ai lu	as lu	a lu	avons lu	avez lu	ont lu
imparfait	lisais	lisais	lisait	lisions	lisiez	lisaient
plus-que-parfait	avais lu	avais lu	avait lu	avions lu	aviez lu	avaient lu
futur	lirai	liras	lira	lirons	lirez	liront
passé simple	lus	lus	lut	lûmes	lûtes	lurent

CONDITIONNEL

présent	lirais	lirais	lirait	lirions	liriez	liraient
passé	aurais lu	aurais lu	aurait lu	aurions lu	auriez lu	auraient lu

SUBJONCTIF

présent	lise	lises	lise	lisions	lisiez	lisent
passé	aie lu	aies lu	ait lu	ayons lu	ayez lu	aient lu

IMPERATIF

	—	lis	—	lisons	lisez	—

PARTICIPE

présent			lisant			
passé			lu			

INFINITIF

			lire			

Modes et temps	Personnes du singulier			Personnes du pluriel		
	1ère	2ème	3ème	1ère	2ème	3ème

24. Mettre

INDICATIF

présent	mets	mets	met	mettons	mettez	mettent
passé composé	ai mis	as mis	a mis	avons mis	avez mis	ont mis
imparfait	mettais	mettais	mettait	mettions	mettiez	mettaient
plus-que-parfait	avais mis	avais mis	avait mis	avions mis	aviez mis	avaient mis
futur	mettrai	mettras	mettra	mettrons	mettrez	mettront
passé simple	mis	mis	mit	mîmes	mîtes	mirent

CONDITIONNEL

présent	mettrais	mettrais	mettrait	mettrions	mettriez	mettraient
passé	aurais mis	aurais mis	aurait mis	aurions mis	auriez mis	auraient mis

SUBJONCTIF

présent	mette	mettes	mette	mettions	mettiez	mettent
passé	aie mis	aies mis	ait mis	ayons mis	ayez mis	aient mis

IMPERATIF

	—	mets	—	mettons	mettez	—

PARTICIPE

présent		mettant
passé		mis

INFINITIF   mettre

25. Mourir

INDICATIF

présent	meurs	meurs	meurt	mourons	mourez	meurent
passé composé	suis mort(e)	es mort(e)	est mort(e)	sommes mort(e)s	êtes mort(e)(s)	sont mort(e)s
imparfait	mourais	mourais	mourait	mourions	mouriez	mouraient
plus-que-parfait	étais mort(e)	étais mort(e)	était mort(e)	étions mort(e)s	étiez mort(e)(s)	étaient mort(e)s
futur	mourrai	mourras	mourra	mourrons	mourrez	mourront
passé simple	mourus	mourus	mourut	mourûmes	mourûtes	moururent

CONDITIONNEL

présent	mourrais	mourrais	mourrait	mourrions	mourriez	mourraient
passé	serais mort(e)	serais mort(e)	serait mort(e)	serions mort(e)s	seriez mort(e)(s)	seraient mort(e)s

SUBJONCTIF

présent	meure	meures	meure	mourions	mouriez	meurent
passé	sois mort(e)	sois mort(e)	soit mort(e)	soyons mort(e)s	soyez mort(e)(s)	soient mort(e)s

IMPERATIF

	—	meurs	—	mourons	mourez	—

PARTICIPE

présent		mourant
passé		mort

INFINITIF   mourir

Modes et temps	Personnes du singulier			Personnes du pluriel		
	lère	2ème	3ème	lère	2ème	3ème

26. Naître

INDICATIF

présent	nais	nais	naît	naissons	naissez	naissent
passé composé	suis né(e)	es né(e)	est né(e)	sommes né(e)s	êtes né(e)(s)	sont né(e)s
imparfait	naissais	naissais	naissait	naissions	naissiez	naissaient
plus-que-parfait	étais né(e)	étais né(e)	était né(e)	étions né(e)s	étiez né(e)(s)	étaient né(e)s
futur	naîtrai	naîtras	naîtra	naîtrons	naîtrez	naîtront
passé simple	naquis	naquis	naquit	naquîmes	naquîtes	naquirent

CONDITIONNEL

présent	naîtrais	naîtrais	naîtrait	naîtrions	naîtriez	naîtraient
passé	serais né(e)	serais né(e)	serait né(e)	serions né(e)s	seriez né(e)(s)	seraient né(e)s

SUBJONCTIF

présent	naisse	naisses	naisse	naissions	naissiez	naissent
passé	sois né(e)	sois né(e)	soit né(e)	soyons né(e)s	soyez né(e)(s)	soient né(e)s

IMPERATIF

	—	nais	—	naissons	naissez	

PARTICIPE

présent			naissant			
passé			né			

INFINITIF

			naître			

27. Offrir

INDICATIF

présent	offre	offres	offre	offrons	offrez	offrent
passé composé	ai offert	as offert	a offert	avons offert	avez offert	ont offert
imparfait	offrais	offrais	offrait	offrions	offriez	offraient
plus-que-parfait	avais offert	avais offert	avait offert	avions offert	aviez offert	avaient offert
futur	offrirai	offriras	offrira	offrirons	offrirez	offriront
passé simple	offris	offris	offrit	offrîmes	offrîtes	offrirent

CONDITIONNEL

présent	offrirais	offrirais	offrirait	offririons	offririez	offriraient
passé	aurais offert	aurais offert	aurait offert	aurions offert	auriez offert	auraient offert

SUBJONCTIF

présent	offre	offres	offre	offrions	offriez	offrent
passé	aie offert	aies offert	ait offert	ayons offert	ayez offert	aient offert

IMPERATIF

	—	offre	—	offrons	offrez	—

PARTICIPE

présent			offrant			
passé			offert			

INFINITIF

			offrir			

Modes et temps	Personnes du singulier			Personnes du pluriel		
	1ère	2ème	3ème	1ère	2ème	3ème

28. Partir

INDICATIF
présent	pars	pars	part	partons	partez	partent
passé composé	suis parti(e)	es parti(e)	est parti(e)	sommes parti(e)s	êtes parti(e)(s)	sont parti(e)s
imparfait	partais	partais	partait	partions	partiez	partaient
plus-que-parfait	étais parti(e)	étais parti(e)	était parti(e)	étions parti(e)s	étiez parti(e)(s)	étaient parti(e)s
futur	partirai	partiras	partira	partirons	partirez	partiront
passé simple	partis	partis	partit	partîmes	partîtes	partirent

CONDITIONNEL
présent	partirais	partirais	partirait	partirions	partiriez	partiraient
passé	serais parti(e)	serais parti(e)	serait parti(e)	serions parti(e)s	seriez parti(e)(s)	seraient parti(e)s

SUBJONCTIF
présent	parte	partes	parte	partions	partiez	partent
passé	sois parti(e)	sois parti(e)	soit parti(e)	soyons parti(e)s	soyez parti(e)(s)	soient parti(e)s

IMPERATIF
	—	pars	—	partons	partez	—

PARTICIPE
présent		partant
passé		parti

INFINITIF
partir

29. Plaire

INDICATIF
présent	plais	plais	plaît	plaisons	plaisez	plaisent
passé composé	ai plu	as plu	a plu	avons plu	avez plu	ont plu
imparfait	plaisais	plaisais	plaisait	plaisions	plaisiez	plaisaient
plus-que-parfait	avais plu	avais plu	avait plu	avions plu	aviez plu	avaient plu
futur	plairai	plairas	plaira	plairons	plairez	plairont
passé simple	plus	plus	plut	plûmes	plûtes	plurent

CONDITIONNEL
présent	plairais	plairais	plairait	plairions	plairiez	plairaient
passé	aurais plu	aurais plu	aurait plu	aurions plu	auriez plu	auraient plu

SUBJONCTIF
présent	plaise	plaises	plaise	plaisions	plaisiez	plaisent
passé	aie plu	aies plu	ait plu	ayons plu	ayez plu	aient plu

IMPERATIF
	—	plais	—	plaisons	plaisez	—

PARTICIPE
présent		plaisant
passé		plu

INFINITIF
plaire

Modes et temps	Personnes du singulier			Personnes du pluriel		
	1ère	2ème	3ème	1ère	2ème	3ème

30. Pleuvoir

INDICATIF
présent	—	—	pleut	—	—	—
passé composé	—	—	a plu	—	—	—
imparfait	—	—	pleuvait	—	—	—
plus-que-parfait	—	—	avait plu	—	—	—
futur	—	—	pleuvra	—	—	—
passé simple	—	—	plut	—	—	—

CONDITIONNEL
présent	—	—	pleuvrait	—	—	—
passé	—	—	aurait plu	—	—	—

SUBJONCTIF
présent	—	—	pleuve	—	—	—
passé	—	—	ait plu	—	—	—

IMPERATIF
	—	—	—	—	—	—

PARTICIPE
présent			pleuvant			
passé			plu			

INFINITIF
			pleuvoir			

31. Pouvoir

INDICATIF
présent	peux	peux	peut	pouvons	pouvez	peuvent
passé composé	ai pu	as pu	a pu	avons pu	avez pu	ont pu
imparfait	pouvais	pouvais	pouvait	pouvions	pouviez	pouvaient
plus-que-parfait	avais pu	avais pu	avait pu	avions pu	aviez pu	avaient pu
futur	pourrai	pourras	pourra	pourrons	pourrez	pourront
passé simple	pus	pus	put	pûmes	pûtes	purent

CONDITIONNEL
présent	pourrais	pourrais	pourrait	pourrions	pourriez	pourraient
passé	aurais pu	aurais pu	aurait pu	aurions pu	auriez pu	auraient pu

SUBJONCTIF
présent	puisse	puisses	puisse	puissions	puissiez	puissent
passé	aie pu	aies pu	ait pu	ayons pu	ayez pu	aient pu

IMPERATIF
	—	—	—	—	—	

PARTICIPE
présent			pouvant			
passé			pu			

INFINITIF
			pouvoir			

Modes et temps	Personnes du singulier			Personnes du pluriel		
	1ère	2ème	3ème	1ère	2ème	3ème

32. Prendre

INDICATIF

présent	prends	prends	prend	prenons	prenez	prennent
passé composé	ai pris	as pris	a pris	avons pris	avez pris	ont pris
imparfait	prenais	prenais	prenait	prenions	preniez	prenaient
plus-que-parfait	avais pris	avais pris	avait pris	avions pris	aviez pris	avaient pris
futur	prendrai	prendras	prendra	prendrons	prendrez	prendront
passé simple	pris	pris	prit	prîmes	prîtes	prirent

CONDITIONNEL

présent	prendrais	prendrais	prendrait	prendrions	prendriez	prendraient
passé	aurais pris	aurais pris	aurait pris	aurions pris	auriez pris	auraient pris

SUBJONCTIF

présent	prenne	prennes	prenne	prenions	preniez	prennent
passé	aie pris	aies pris	ait pris	ayons pris	ayez pris	aient pris

IMPERATIF

	—	prends	—	prenons	prenez	—

PARTICIPE

présent			prenant	
passé			pris	

INFINITIF

		prendre	

33. Recevoir

INDICATIF

présent	reçois	reçois	reçoit	recevons	recevez	reçoivent
passé composé	ai reçu	as reçu	a reçu	avons reçu	avez reçu	ont reçu
imparfait	recevais	recevais	recevait	recevions	receviez	recevaient
plus-que-parfait	avais reçu	avais reçu	avait reçu	avions reçu	aviez reçu	avaient reçu
futur	recevrai	recevras	recevra	recevrons	recevrez	recevront
passé simple	reçus	reçus	reçut	reçûmes	reçûtes	reçurent

CONDITIONNEL

présent	recevrais	recevrais	recevrait	recevrions	recevriez	recevraient
passé	aurais reçu	aurais reçu	aurait reçu	aurions reçu	auriez reçu	auraient reçu

SUBJONCTIF

présent	reçoive	reçoives	reçoive	recevions	receviez	reçoivent
passé	aie reçu	aies reçu	ait reçu	ayons reçu	ayez reçu	aient reçu

IMPERATIF

	—	reçois	—	recevons	recevez	—

PARTICIPE

présent			recevant	
passé			reçu	

INFINITIF

		recevoir	

Modes et temps	Personnes du singulier			Personnes du pluriel		
	1ère	2ème	3ème	1ère	2ème	3ème

34. Savoir

INDICATIF

présent	sais	sais	sait	savons	savez	savent
passé composé	ai su	as su	a su	avons su	avez su	ont su
imparfait	savais	savais	savait	savions	saviez	savaient
plus-que-parfait	avais su	avais su	avait su	avions su	aviez su	avaient su
futur	saurai	sauras	saura	saurons	saurez	sauront
passé simple	sus	sus	sut	sûmes	sûtes	surent

CONDITIONNEL

présent	saurais	saurais	saurait	saurions	sauriez	sauraient
passé	aurais su	aurais su	aurait su	aurions su	auriez su	auraient su

SUBJONCTIF

présent	sache	saches	sache	sachions	sachiez	sachent
passé	aie su	aies su	ait su	ayons su	ayez su	aient su

IMPERATIF

	—	sache	—	sachons	sachez	—

PARTICIPE

présent			sachant			
passé			su			

INFINITIF

			savoir			

35. Sourire

INDICATIF

présent	souris	souris	sourit	sourions	souriez	sourient
passé composé	ai souri	as souri	a souri	avons souri	avez souri	ont souri
imparfait	souriais	souriais	souriait	souriions	souriiez	souriaient
plus-que-parfait	avais souri	avais souri	avait souri	avions souri	aviez souri	avaient souri
futur	sourirai	souriras	sourira	sourirons	sourirez	souriront
passé simple	souris	souris	sourit	sourîmes	sourîtes	sourirent

CONDITIONNEL

présent	sourirais	sourirais	sourirait	souririons	souririez	souriraient
passé	aurais souri	aurais souri	aurait souri	aurions souri	auriez souri	auraient souri

SUBJONCTIF

présent	sourie	souries	sourie	souriions	souriiez	sourient
passé	aie souri	aies souri	ait souri	ayons souri	ayez souri	aient souri

IMPERATIF

	—	souris	—	sourions	souriez	—

PARTICIPE

présent			souriant			
passé			souri			

INFINITIF

			sourire			

Modes et temps	Personnes du singulier			Personnes du pluriel		
	1ère	2ème	3ème	1ère	2ème	3ème

36. Suivre

INDICATIF
présent	suis	suis	suit	suivons	suivez	suivent
passé composé	ai suivi	as suivi	a suivi	avons suivi	avez suivi	ont suivi
imparfait	suivais	suivais	suivait	suivions	suiviez	suivaient
plus-que-parfait	avais suivi	avais suivi	avait suivi	avions suivi	aviez suivi	avaient suivi
futur	suivrai	suivras	suivra	suivrons	suivrez	suivront
passé simple	suivis	suivis	suivit	suivîmes	suivîtes	suivirent

CONDITIONNEL
présent	suivrais	suivrais	suivrait	suivrions	suivriez	suivraient
passé	aurais suivi	aurais suivi	aurait suivi	aurions suivi	auriez suivi	auraient suivi

SUBJONCTIF
présent	suive	suives	suive	suivions	suiviez	suivent
passé	aie suivi	aies suivi	ait suivi	ayons suivi	ayez suivi	aient suivi

IMPERATIF
	—	suis	—	suivons	suivez	—

PARTICIPE
présent			suivant			
passé			suivi			

INFINITIF
			suivre			

37. Tenir

INDICATIF
présent	tiens	tiens	tient	tenons	tenez	tiennent
passé composé	ai tenu	as tenu	a tenu	avons tenu	avez tenu	ont tenu
imparfait	tenais	tenais	tenait	tenions	teniez	tenaient
plus-que-parfait	avais tenu	avais tenu	avait tenu	avions tenu	aviez tenu	avaient tenu
futur	tiendrai	tiendras	tiendra	tiendrons	tiendrez	tiendront
passé simple	tins	tins	tint	tînmes	tîntes	tinrent

CONDITIONNEL
présent	tiendrais	tiendrais	tiendrait	tiendrions	tiendriez	tiendraient
passé	aurais tenu	aurais tenu	aurait tenu	aurions tenu	auriez tenu	auraient tenu

SUBJONCTIF
présent	tienne	tiennes	tienne	tenions	teniez	tiennent
passé	aie tenu	aies tenu	ait tenu	ayons tenu	ayez tenu	aient tenu

IMPERATIF
	—	tiens	—	tenons	tenez	—

PARTICIPE
présent			tenant			
passé			tenu			

INFINITIF
			tenir			

Modes et temps	Personnes du singulier			Personnes du pluriel		
	1ère	2ème	3ème	1ère	2ème	3ème

38. Valoir

INDICATIF

présent	vaux	vaux	vaut	valons	valez	valent
passé composé	ai valu	as valu	a valu	avons valu	avez valu	ont valu
imparfait	valais	valais	valait	valions	valiez	valaient
plus-que-parfait	avais valu	avais valu	avait valu	avions valu	aviez valu	avaient valu
futur	vaudrai	vaudras	vaudra	vaudrons	vaudrez	vaudront
passé simple	valus	valus	valut	valûmes	valûtes	valurent

CONDITIONNEL

présent	vaudrais	vaudrais	vaudrait	vaudrions	vaudriez	vaudraient
passé	aurais valu	aurais valu	aurait valu	aurions valu	auriez valu	auraient valu

SUBJONCTIF

présent	vaille	vailles	vaille	valions	valiez	vaillent
passé	aie valu	aies valu	ait valu	ayons valu	ayez valu	aient valu

IMPERATIF

	—	vaux	—	valons	valez	—

PARTICIPE

présent		valant
passé		valu

INFINITIF   valoir

39. Venir

INDICATIF

présent	viens	viens	vient	venons	venez	viennent
passé composé	suis venu(e)	es venu(e)	est venu(e)	sommes venu(e)s	êtes venu(e)(s)	sont venu(e)s
imparfait	venais	venais	venait	venions	veniez	venaient
plus-que-parfait	étais venu(e)	étais venu(e)	était venu(e)	étions venu(e)s	étiez venu(e)(s)	étaient venu(e)s
futur	viendrai	viendras	viendra	viendrons	viendrez	viendront
passé simple	vins	vins	vint	vînmes	vîntes	vinrent

CONDITIONNEL

présent	viendrais	viendrais	viendrait	viendrions	viendriez	viendraient
passé	serais venu(e)	serais venu(e)	serait venu(e)	serions venu(e)s	seriez venu(e)(s)	seraient venu(e)s

SUBJONCTIF

présent	vienne	viennes	vienne	venions	veniez	viennent
passé	sois venu(e)	sois venu(e)	soit venu(e)	soyons venu(e)s	soyez venu(e)(s)	soient venu(e)s

IMPERATIF

	—	viens	—	venons	venez	—

PARTICIPE

présent		venant
passé		venu

INFINITIF   venir

Modes et temps	Personnes du singulier			Personnes du pluriel		
	1ère	2ème	3ème	1ère	2ème	3ème

40. Vivre

INDICATIF

présent	vis	vis	vit	vivons	vivez	vivent
passé composé	ai vécu	as vécu	a vécu	avons vécu	avez vécu	ont vécu
imparfait	vivais	vivais	vivait	vivions	viviez	vivaient
plus-que-parfait	avais vécu	avais vécu	avait vécu	avions vécu	aviez vécu	avaient vécu
futur	vivrai	vivras	vivra	vivrons	vivrez	vivront
passé simple	vécus	vécus	vécut	vécûmes	vécûtes	vécurent

CONDITIONNEL

présent	vivrais	vivrais	vivrait	vivrions	vivriez	vivraient
passé	aurais vécu	aurais vécu	aurait vécu	aurions vécu	auriez vécu	auraient vécu

SUBJONCTIF

présent	vive	vives	vive	vivions	viviez	vivent
passé	aie vécu	aies vécu	ait vécu	ayons vécu	ayez vécu	aient vécu

IMPERATIF

	—	vis	—	vivons	vivez	—

PARTICIPE

présent			vivant			
passé			vécu			

INFINITIF

			vivre			

41. Voir

INDICATIF

présent	vois	vois	voit	voyons	voyez	voient
passé composé	ai vu	as vu	a vu	avons vu	avez vu	ont vu
imparfait	voyais	voyais	voyait	voyions	voyiez	voyaient
plus-que-parfait	avais vu	avais vu	avait vu	avions vu	aviez vu	avaient vu
futur	verrai	verras	verra	verrons	verrez	verront
passé simple	vis	vis	vit	vîmes	vîtes	virent

CONDITIONNEL

présent	verrais	verrais	verrait	verrions	verriez	verraient
passé	aurais vu	aurais vu	aurait vu	aurions vu	auriez vu	auraient vu

SUBJONCTIF

présent	voie	voies	voie	voyions	voyiez	voient
passé	aie vu	aies vu	ait vu	ayons vu	ayez vu	aient vu

IMPERATIF

	—	vois	—	voyons	voyez	—

PARTICIPE

présent			voyant			
passé			vu			

INFINITIF

			voir			

Modes et temps	Personnes du singulier			Personnes du pluriel		
	1ère	2ème	3ème	1ère	2ème	3ème

42. Vouloir

INDICATIF

	1ère	2ème	3ème	1ère	2ème	3ème
présent	veux	veux	veut	voulons	voulez	veulent
passé composé	ai voulu	as voulu	a voulu	avons voulu	avez voulu	ont voulu
imparfait	voulais	voulais	voulait	voulions	vouliez	voulaient
plus-que-parfait	avais voulu	avais voulu	avait voulu	avions voulu	aviez voulu	avaient voulu
futur	voudrai	voudras	voudra	voudrons	voudrez	voudront
passé simple	voulus	voulus	voulut	voulûmes	voulûtes	voulurent

CONDITIONNEL

présent	voudrais	voudrais	voudrait	voudrions	voudriez	voudraient
passé	aurais voulu	aurais voulu	aurait voulu	aurions voulu	auriez voulu	auraient voulu

SUBJONCTIF

présent	veuille	veuilles	veuille	voulions	vouliez	veuillent
passé	aie voulu	aies voulu	ait voulu	ayons voulu	ayez voulu	aient voulu

IMPERATIF

	—	veuille	—	veuillons	veuillez	—

PARTICIPE

présent — voulant
passé — voulu

INFINITIF — vouloir

* Accroître

INDICATIF

	1ère	2ème	3ème	1ère	2ème	3ème
présent	accrois	accrois	accroît	accroissons	accroissez	accroissent
passé composé	ai accru	as accru	a accru	avons accru	avez accru	ont accru
imparfait	accroissais	accroissais	accroissait	accroissions	accroissiez	accroissaient
plus-que-parfait	avais accru	avais accru	avait accru	avions accru	aviez accru	avaient accru
futur	accroîtrai	accroîtras	accroîtra	accroîtrons	accroîtrez	accroîtront
passé simple	accrus	accrus	accrût	accrûmes	accrûtes	accrûrent

CONDITIONNEL

présent	accroîtrais	accroîtrais	accroîtrait	accroîtrions	accroîtriez	accroîtraient
passé	aurais accru	aurais accru	aurait accru	aurions accru	auriez accru	auraient accru

SUBJONCTIF

présent	accroisse	accroisses	accroisse	accroissions	accroissiez	accroissent
passé	aie accru	aies accru	ait accru	ayons accru	ayez accru	aient accru

IMPERATIF

	—	accrois	—	accroîssons	accroîssez	—

PARTICIPE

présent — accroissant
passé — accru

INFINITIF — accroître

Modes et temps	Personnes du singulier 1ère	2ème	3ème	Personnes du pluriel 1ère	2ème	3ème
* Acquérir (Conquerir)						
INDICATIF						
présent	acquiers	acquiers	acquiert	acquérons	acquérez	acquièrent
passé composé	ai acquis	as acquis	a acquis	avons acquis	avez acquis	ont acquis
imparfait	acquérais	acquérais	acquérait	acquérions	acquériez	acquéraient
plus-que-parfait	avais acquis	avais acquis	avait acquis	avions acquis	aviez acquis	avaient acquis
futur	acquerrai	acquerras	acquerra	acquerrons	acquerrez	acquerront
passé simple	acquis	acquis	acquit	acquîmes	acquîtes	acquirent
CONDITIONNEL						
présent	acquerrais	acquerrais	acquerrait	acquerrions	acquerriez	acquerraient
passé	aurais acquis	aurais acquis	aurait acquis	aurions acquis	auriez acquis	auraient acquis
SUBJONCTIF						
présent	acquière	acquières	acquière	acquérions	acquériez	acquièrent
passé	aie acquis	aies acquis	ait acquis	ayons acquis	ayez acquis	aient acquis
IMPERATIF	—	acquiers	—	acquérons	acquérez	—
PARTICIPE						
présent			acquérant			
passé			acquis			
INFINITIF			acquérir			
* Asseoir (S')						
INDICATIF						
présent	m'assieds	t'assieds	s'assied	nous asseyons	vous asseyez	s'asseyent
passé composé	me suis assis(e)	t'es assis(e)	s'est assis(e)	nous sommes assis(es)	vous êtes assis(e)(es)	se sont assis(es)
imparfait	m'asseyais	t'asseyais	s'asseyait	nous asseyions	vous asseyiez	s'asseyaient
plus-que-parfait	m'étais assis(e)	t'étais assis(e)	s'était assis(e)	nous étions assis(es)	vous êtiez assis(e)(es)	s'étaient assis(es)
futur	m'assiérai	t'assiéras	s'assiéra	nous assiérons	vous assiérez	s'assiéront
passé simple	m'assis	t'assis	s'assit	nous assîmes	vous assîtes	s'assirent
CONDITIONNEL						
présent	m'assiérais	t'assiérais	s'assiérait	nous assiérions	vous assiériez	s'assiéraient
passé	me serais assis(e)	te serais assis(e)	se serait assis(e)	nous serions assis(es)	vous seriez assis(e)(es)	se seraient assis(es)
SUBJONCTIF						
présent	m'asseye	t'asseyes	s'asseye	nous asseyions	vous asseyiez	s'asseyent
passé	me sois assis(e)	te sois assis(e)	se soit assis(e)	nous soyons assis(es)	vous soyez assis(e)(es)	se soient assis(es)
IMPERATIF	—	assieds-toi	—	asseyons-nous	asseyez-vous	—
PARTICIPE						
présent			s'asseyant			
passé			assis			
INFINITIF			s'asseoir			

Modes et temps	Personnes du singulier			Personnes du pluriel		
	1ère	2ème	3ème	1ère	2ème	3ème

* Conclure (Exclure)

INDICATIF
présent	conclus	conclus	conclut	concluons	concluez	concluent
passé composé	ai conclu	as conclu	a conclu	avons conclu	avez conclu	ont conclu
imparfait	concluais	concluais	concluait	concluions	concluiez	concluaient
plus-que-parfait	avais conclu	avais conclu	avait conclu	avions conclu	aviez conclu	avaient conclu
futur	conclurai	concluras	conclura	conclurons	conclurez	concluront
passé simple	conclus	conclus	conclut	conclûmes	conclûtes	conclurent

CONDITIONNEL
présent	conclurais	conclurais	conclurait	conclurions	concluriez	concluraient
passé	aurais conclu	aurais conclu	aurait conclu	aurions conclu	auriez conclu	auraient conclu

SUBJONCTIF
présent	conclue	conclues	conclue	concluions	concluiez	concluent
passé	aie conclu	aies conclu	ait conclu	ayons conclu	ayez conclu	aient conclu

IMPERATIF
	—	conclus	—	concluons	concluez	—

PARTICIPE
présent			concluant			
passé			conclu			

INFINITIF
			conclure			

* Conquerir. *See Acquérir*

* Convaincre

INDICATIF
présent	convaincs	convaincs	convainc	convainquons	convainquez	convainquent
passé composé	ai convaincu	as convaincu	a convaincu	avons convaincu	avez convaincu	ont convaincu
imparfait	convainquais	convainquais	convainquait	convainquions	convainquiez	convainquaient
plus-que-parfait	avais convaincu	avais convaincu	avait convaincu	avions convaincu	aviez convaincu	avaient convaincu
futur	convaincrai	convaincras	convaincra	convaincrons	convaincrez	convaincront
passé simple	convainquis	convainquis	convainquit	convainquîmes	convainquîtes	convainquirent

CONDITIONNEL
présent	convaincrais	convaincrais	convaincrait	convaincrions	convaincriez	convaincraient
passé	aurais convaincu	aurais convaincu	aurait convaincu	aurions convaincu	auriez convaincu	auraient convaincu

SUBJONCTIF
présent	convainque	convainques	convainque	convainquions	convainquiez	convainquent
passé	aie convaincu	aies convaincu	ait convaincu	ayons convaincu	ayez convaincu	aient convaincu

IMPERATIF
	—	convaincs	—	convainquons	convainquez	—

PARTICIPE
présent			convainquant			
passé			convaincu			

INFINITIF
			convaincre			

Modes et temps	Personnes du singulier			Personnes du pluriel		
	1ère	2ème	3ème	1ère	2ème	3ème

* Coudre

INDICATIF

présent	couds	couds	coud	cousons	cousez	cousent
passé composé	ai cousu	as cousu	a cousu	avons cousu	avez cousu	ont cousu
imparfait	cousais	cousais	cousait	cousions	cousiez	cousaient
plus-que-parfait	avais cousu	avais cousu	avait cousu	avions cousu	aviez cousu	avaient cousu
futur	coudrai	coudras	coudra	coudrons	coudrez	coudront
passé simple	cousis	cousis	cousit	cousîmes	cousîtes	cousirent

CONDITIONNEL

présent	coudrais	coudrais	coudrait	coudrions	coudriez	coudraient
passé	aurais cousu	aurais cousu	aurait cousu	aurions cousu	auriez cousu	auraient cousu

SUBJONCTIF

présent	couse	couses	couse	cousions	cousiez	cousent
passé	aie cousu	aies cousu	ait cousu	ayons cousu	ayez cousu	aient cousu
IMPERATIF	—	couds	—	cousons	cousez	—

PARTICIPE

présent			cousant			
passé			cousu			
INFINITIF			coudre			

* Cueillir

INDICATIF

présent	cueille	cueilles	cueille	cueillons	cueillez	cueillent
passé composé	ai cueilli	as cueilli	a cueilli	avons cueilli	avez cueilli	ont cueilli
imparfait	cueillais	cueillais	cueillait	cueillions	cueilliez	cueillaient
plus-que-parfait	avais cueilli	avais cueilli	avait cueilli	avions cueilli	aviez cueilli	avaient cueilli
futur	cueillerai	cueilleras	cueillera	cueillerons	cueillerez	cueilleront
passé simple	cueillis	cueillis	cueillit	cueillîmes	cueillîtes	cueillirent

CONDITIONNEL

présent	cueillerais	cueillerais	cueillerait	cueillerions	cueilleriez	cueilleraient
passé	aurais cueilli	aurais cueilli	aurait cueilli	aurions cueilli	auriez cueilli	auraient cueilli

SUBJONCTIF

présent	cueille	cueilles	cueille	cueillions	cueilliez	cueillent
passé	aie cueilli	aies cueilli	ait cueilli	ayons cueilli	ayez cueilli	aient cueilli
IMPERATIF	—	cueille	—	cueillons	cueillez	—

PARTICIPE

présent			cueillant			
passé			cueilli			
INFINITIF			cueillir			

Modes et temps	Personnes du singulier			Personnes du pluriel		
	1ère	2ème	3ème	1ère	2ème	3ème

* Distraire (Extraire, Traire)

INDICATIF

présent	distrais	distrais	distrait	distrayons	distrayez	distraient
passé composé	ai distrait	as distrait	a distrait	avons distrait	avez distrait	ont distrait
imparfait	distrayais	distrayais	distrayait	distrayions	distrayiez	distrayaient
plus-que-parfait	avais distrait	avais distrait	avait distrait	avions distrait	aviez distrait	avaient distrait
futur	distrairai	distrairas	distraira	distrairons	distrairez	distrairont
passé simple	—	—	—	—	—	—

CONDITIONNEL

présent	distrairais	distrairais	distrairait	distrairions	distrairiez	distrairaient
passé	aurais disrait	aurais distrait	aurait distrait	aurions distrait	auriez distrait	auraient distrait

SUBJONCTIF

présent	distraie	distraies	distraie	distrayions	distrayiez	distraient
passé	aie distrait	aies distrait	ait distrait	ayons distrait	ayez distrait	aient distrait

IMPERATIF

	—	distrais	—	distrayons	distrayez	—

PARTICIPE

présent	distrayant	
passé	distrait	

INFINITIF distraire

* S'Enfuir. See Fuir

* Envoyer (Renvoyer)

INDICATIF

présent	envoie	envoies	envoie	envoyons	envoyez	envoient
passé composé	ai envoyé	as envoyé	a envoyé	avons envoyé	avez envoyé	ont envoyé
imparfait	envoyais	envoyais	envoyait	envoyions	envoyiez	envoyaient
plus-que-parfait	avais envoyé	avais envoyé	avait envoyé	avions envoyé	aviez envoyé	avaient envoyé
futur	enverrai	enverras	enverra	enverrons	enverrez	enverront
passé simple	envoyai	envoyas	envoya	envoyâmes	envoyâtes	envoyèrent

CONDITIONNEL

présent	enverrais	enverrais	enverrait	enverrions	enverriez	enverraient
passé	aurais envoyé	aurais envoyé	aurait envoyé	aurions envoyé	auriez envoyé	auraient envoyé

SUBJONCTIF

présent	envoie	envoies	envoie	envoyions	envoyiez	envoient
passé	aie envoyé	aies envoyé	ait envoyé	ayons envoyé	ayez envoyé	aient envoyé

IMPERATIF

	—	envoie	—	envoyons	envoyez	—

PARTICIPE

présent	envoyant	
passé	envoyé	

INFINITIF envoyer

Modes et temps	Personnes du singulier			Personnes du pluriel		
	1ère	2ème	3ème	1ère	2ème	3ème

* Exclure. See Conclure

* Extraire. See Distraire

* Faillir

INDICATIF						
présent	—	—	—	—	—	—
passé composé	ai failli	as failli	a failli	avons failli	avez failli	ont failli
imparfait	—	—	—	—		
plus-que-parfait	avais failli	avais failli	avait failli	avions failli	aviez failli	avaient failli
futur	faillirai	failliras	faillira	faillirons	faillirez	failliront
passé simple	faillis	faillis	faillit	faillîmes	faillîtes	faillirent
CONDITIONNEL						
présent	faillirais	faillirais	faillirait	faillirions	failliriez	failliraient
passé	aurais failli	aurais failli	aurait failli	aurions failli	auriez failli	auraient failli
SUBJONCTIF						
présent	—		—	—	—	—
passé	aie failli	aies failli	ait failli	ayons failli	ayez failli	aient failli
IMPERATIF	—				—	—
PARTICIPE						
présent			faillant			
passé			failli			
INFINITIF			faillir			

* Fuir (S'Enfuir)

INDICATIF						
présent	fuis	fuis	fuit	fuyons	fuyez	fuient
passé composé	ai fui	as fui	a fui	avons fui	avez fui	ont fui
imparfait	fuyais	fuyais	fuyait	fuyions	fuyiez	fuyaient
plus-que-parfait	avais fui	avais fui	avait fui	avions fui	aviez fui	avaient fui
futur	fuirai	fuiras	fuira	fuirons	fuirez	fuiront
passé simple	fuis	fuis	fuit	fuîmes	fuîtes	fuirent
CONDITIONNEL						
présent	fuirais	fuirais	fuirait	fuirions	fuiriez	fuiraient
passé	aurais fui	aurais fui	aurait fui	aurions fui	auriez fui	auraient fui
SUBJONCTIF						
présent	fuie	fuies	fuie	fuyions	fuyiez	fuient
passé	aie fui	aies fui	ait fui	ayons fui	ayez fui	aient fui
IMPERATIF	—	fuis	—	fuyons	fuyez	—
PARTICIPE						
présent			fuyant			
passé			fui			
INFINITIF			fuir			

Modes et temps	Personnes du singulier			Personnes du pluriel		
	1ère	2ème	3ème	1ère	2ème	3ème

* Haïr

INDICATIF
présent	hais	hais	hait	haïssons	haïssez	haïssent
passé composé	ai haï	as haï	a haï	avons haï	avez haï	ont haï
imparfait	haïssais	haïssais	haïssait	haïssions	haïssiez	haïssaient
plus-que-parfait	avais haï	avais haï	avait haï	avions haï	aviez haï	avaient haï
futur	haïrai	haïras	haïra	haïrons	haïrez	haïront
passé simple	haïs	haïs	haït	haïmes	haïtes	haïrent

CONDITIONNEL
présent	haïrais	haïrais	haïrait	haïrions	haïriez	haïraient
passé	aurais haï	aurais haï	aurait haï	aurions haï	auriez haï	auraient haï

SUBJONCTIF
présent	haïsse	haïsses	haïsse	haïssions	haïssiez	haïssent
passé	aie haï	aies haï	ait haï	ayons haï	ayez haï	aient haï

IMPERATIF
	—	hais	—	haïssons	haïssez	—

PARTICIPE
présent			haïssant			
passé			haï			

INFINITIF
			haïr			

* Prévoir

INDICATIF
présent	prévois	prévois	prévoit	prévoyons	prévoyez	prévoient
passé composé	ai prévu	as prévu	a prévu	avons prévu	avez prévu	ont prévu
imparfait	prévoyais	prévoyais	prévoyait	prévoyions	prévoyiez	prévoyaient
plus-que-parfait	avais prévu	avais prévu	avait prévu	avions prévu	aviez prévu	avaient prévu
futur	prévoirai	prévoiras	prévoira	prévoirons	prévoirez	prévoiront
passé simple	prévis	prévis	prévit	prévîmes	prévîtes	prévirent

CONDITIONNEL
présent	prévoirais	prévoirais	prévoirait	prévoirions	prévoiriez	prévoiraient
passé	aurais prévu	aurais prévu	aurait prévu	aurions prévu	auriez prévu	auraient prévu

SUBJONCTIF
présent	prévoie	prévoies	prévoie	prévoyions	prévoyiez	prévoient
passé	aie prévu	aies prévu	ait prévu	ayons prévu	ayez prévu	aient prévu

IMPERATIF
	—	prévois	—	prévoyons	prévoyez	—

PARTICIPE
présent			prévoyant			
passé			prévu			

INFINITIF
			prévoir			

*Renvoyer. See Envoyer

Modes et temps	Personnes du singulier 1ère	2ème	3ème	Personnes du pluriel 1ère	2ème	3ème

* Resoudre

INDICATIF

présent	résous	résous	résout	résolvons	résolvez	résolvent
passé composé	ai résolu	as résolu	a résolu	avons résolu	avez résolu	ont résolu
imparfait	résolvais	résolvais	résolvait	résolvions	résolviez	résolvaient
plus-que-parfait	avais résolu	avais résolu	avait résolu	avions résolu	aviez résolu	avaient résolu
futur	résoudrai	résoudras	résoudra	résoudrons	résoudrez	résoudront
passé simple	résolus	résolus	résolut	résolûmes	résolûtes	résolurent

CONDITIONNEL

présent	résoudrais	résoudrais	résoudrait	résoudrions	résoudriez	résoudraient
passé	aurais résolu	aurais résolu	aurait résolu	aurions résolu	auriez résolu	auraient résolu

SUBJONCTIF

présent	résolve	résolves	résolve	résolvions	résolviez	résolvent
passé	aie résolu	aies résolu	ait résolu	ayons résolu	ayez résolu	aient résolu

IMPERATIF

	—	résous	—	résolvons	résolvez	—

PARTICIPE

présent			résolvant	
passé			résolu	

INFINITIF

		résoudre

* Revêtir

INDICATIF

présent	revêts	revêts	revêt	revêtons	revêtez	revêtent
passé composé	ai revêtu	as revêtu	a revêtu	avons revêtu	avez revêtu	ont revêtu
imparfait	revêtais	revêtais	revêtait	revêtions	revêtiez	revêtaient
plus-que-parfait	avais revêtu	avais revêtu	avait revêtu	avions revêtu	aviez revêtu	avaient revêtu
futur	revêtirai	revêtiras	revêtira	revêtirons	revêtirez	revêtiront
passé simple	revêtis	revêtis	revêtit	revêtîmes	revêvîtes	revêtirent

CONDITIONNEL

présent	revêtirais	revêtirais	revêtirait	revêtirions	revêtiriez	revêtiraient
passé	aurais revêtu	aurais revêtu	aurait revêtu	aurions revêtu	auriez revêtu	auraient revêtu

SUBJONCTIF

présent	revête	revêtes	revête	revêtions	revêtiez	revêtent
passé	aie revêtu	aies revêtu	ait revêtu	ayons revêtu	ayez revêtu	aient revêtu

IMPERATIF

	—	revêts	—	revêtons	revêtez	—

PARTICIPE

présent			revêtant	
passé			revêtu	

INFINITIF

		revêtir

*Traire. See Distraire

Index